Daber Haftungsrisiken und statutarische Haftungsbeschränkungen für Aufsichtsratsmitglieder in AG und GmbH

Abhandlungen
zum deutschen und europäischen
Handels- und Wirtschaftsrecht

Gegründet von
Götz Hueck Marcus Lutter Wolfgang Zöllner

Herausgegeben von
Peter Hommelhoff Ulrich Noack Marc-Philippe Weller

267

Carl Heymanns Verlag 2025

Alexander Daber

Haftungsrisiken und statutarische Haftungsbeschränkungen für Aufsichtsratsmitglieder in AG und GmbH

Eine rechtsdogmatische, rechtsvergleichende und rechtsökonomische Untersuchung

Carl Heymanns Verlag 2025

Zitiervorschlag: *Daber*, Haftungsrisiken und statutarische Haftungsbeschränkungen für Aufsichtsratsmitglieder in AG und GmbH (AHW Bd. 267), S. 1

Bibliografische Information der Deutschen Nationalbibliothek
Die Deutsche Nationalbibliothek verzeichnet diese Publikation in der Deutschen Nationalbibliografie; detaillierte bibliografische Daten sind im Internet über http://dnb.d-nb.de abrufbar.

ISBN 978-3-452-30571-8

www.wolterskluwer.com

Umschlagkonzeption: Martina Busch, Grafikdesign, Homburg-Kirrberg
Satz: R. John + W. John GbR, Köln
Druck und Weiterverarbeitung: SDK Systemdruck Köln GmbH & Co. KG

Gedruckt auf säurefreiem, alterungsbeständigem und chlorfreiem Papier.

Vorwort

Die Haftung von Organmitgliedern und deren Beschränkung sind in den letzten Jahrzehnten zunehmend in den Fokus von Rechtsprechung, Gesetzgebung und Wissenschaft gerückt. Die Debatte erreichte ihren Höhepunkt, als sich der 70. Deutsche Juristentag 2014 mit einer Reform des Organhaftungsrechts befasste und die Einführung statutarischer Haftungsbeschränkungen empfahl. Die Diskussion konzentrierte sich jedoch bisher auf Geschäftsleiter und ließ die Besonderheiten von Aufsichtsratsmitgliedern weitgehend unberücksichtigt. Die vorliegende Arbeit schließt diese Forschungslücke. Sie untersucht, ob und inwieweit Gesellschafter durch Satzungsbeschluss die Haftung ihrer Aufsichtsratsmitglieder als Reaktion auf deren Haftungsrisiken beschränken können sollten. Diese Frage wird rechtsdogmatisch, rechtsvergleichend (USA und UK) und rechtsökonomisch untersucht, wobei der Schwerpunkt auf der rechtsökonomischen Analyse liegt. Reicht eine begrenzte Haftung zur Steuerung der Aufsichtsratsmitglieder? Was spricht aus Sicht der Gesellschafter für eine Haftungsbeschränkung? Kann die Entscheidung über eine Haftungsbeschränkung den Gesellschaftern und damit »dem Markt« überlassen werden, oder besteht ein Marktversagen, das eine zwingende Haftung erforderlich macht? Berücksichtigt werden dabei insbesondere die moderne mitunternehmerische Rolle des Aufsichtsrats, Unterschiede zwischen AG und GmbH sowie gewandelte Gesellschafterformen. Auch verhaltensökonomische Erkenntnisse und aktuelle gesellschaftsrechtliche Themen wie der Klimaschutz finden Eingang in die Analyse. Abschließend wird ein Reformvorschlag unterbreitet, der die zwingende Aufsichtsratshaftung auf das angemessene Maß zurückführen soll.

Meinem Doktorvater, Prof. Dr. *Patrick C. Leyens*, LL.M. (London), möchte ich herzlich für die großartige Betreuung, die wichtigen und hilfreichen Vorschläge und die stete und zügige Beantwortung meiner Fragen danken. Dies hat erheblich zum Entstehen dieser Arbeit beigetragen, und ich hätte mir keinen besseren Doktorvater wünschen können. Ferner danke ich Herrn Prof. Dr. *Gralf-Peter Calliess* für die zügige Erstellung des Zweitgutachtens und seine wertvollen Anmerkungen.

Besonderer Dank gilt meinen Eltern, deren wissenschaftliches Interesse auch das meine gefördert hat, und die mich zum eigenständigen Denken erzogen, mich immer in allen Lebensbereichen unterstützt und meine universitäre Laufbahn ermöglicht haben. Auch meinen Freunden danke ich herzlich für wertvolle Korrekturanmerkungen, motivierende Gespräche und zahlreiche schöne Mittagspausen während der Promotionszeit. Abschließend gilt mein besonderer Dank auch meiner Frau, die mich durch die Übernahme alltäglicher Aufgaben entlastet hat, bei Zweifeln und Problemen stets ein offenes Ohr hatte, mich geduldig und unermüdlich unterstützte und immer an mich geglaubt hat.

Düsseldorf, im August 2025 *Alexander Daber*

Inhaltsübersicht

Inhalt

Gegenstand, Anlass und Gang der Untersuchung

Die vorliegende Arbeit behandelt die Frage, ob Aktionäre und GmbH-Gesellschafter die Möglichkeit haben sollten, durch Satzungsbeschluss die Haftung ihrer Aufsichtsratsmitglieder zu beschränken, um auf Haftungsrisiken der Aufsichtsratsmitglieder zu reagieren. Mit Haftung ist insofern ausschließlich die Innenhaftung gegenüber der Gesellschaft gemäß den §§ 116 S. 1, 93 Abs. 2 S. 1 AktG, 52 Abs. 1 GmbHG, 1 Abs. 1 Nr. 3 DrittelbG, 25 Abs. 1 Nr. 2 MitbestG, 3 Abs. 2 MontanMitbestG gemeint, nicht hingegen die Außenhaftung gegenüber Dritten. Mit Haftungsbeschränkungen sind wiederum summenmäßige Beschränkungen auf einen Haftungshöchstbetrag sowie bei konkreter Nennung auch eine Absenkung des Verschuldensmaßstabs gemeint.

Vor der Jahrtausendwende spielte die Aufsichtsratshaftung in der Praxis keine Rolle[1]. Organhaftungsrecht galt als tote Rechtsmaterie[2]. Zwar waren die materiellen Voraussetzungen auch früher streng, aber es fehlte an der Durchsetzung der Ansprüche. In den letzten 25 Jahren setzten sich jedoch Gerichte und Gesetzgeber das Ziel, die Haftung in die Praxis überzuführen. Beginnend mit der ARAG/Garmenbeck-Entscheidung[3] des BGH zur verpflichtenden Anspruchsverfolgung und mehrerer schärfender Gesetzesänderungen[4] gewann die Organhaftung an Praxisrelevanz und Aufmerksamkeit. Hinzu kam öffentlicher Druck infolge des Zusammenbruchs des Neuen Marktes, der Finanzkrise und mehrerer Unternehmensskandale[5]. Exemplarisch spricht *Hopt* daher nun von einer »Klagewelle vor Zivil- und Schiedsgerichten«[6].

Wegen der Strenge des materiellen Organhaftungsrechts und der Höhe der Schäden kam in der wissenschaftlichen Diskussion die Frage auf, ob Vorstandsmitglieder und Geschäftsführer (zusammen nachfolgend: Geschäftsleiter) vor Haftungsrisiken geschützt werden sollten. Die Diskussion gipfelte darin,

1 *Lutter*, ZGR 1998, 191 (206) mit Blick auf die AG; *Spindler*, AG 2013, 889 (897): »law in the books«.

2 BeckOGK/*Fleischer*, AktG, § 93 Rn. 7; *Paefgen*, AG 2014, 554.

3 BGH, NJW 1997, 1926 (1927) – ARAG/Garmenbeck.

4 Zum Beispiel: Stärkung der Verfolgungsrechte der (Minderheits-)Aktionäre durch das UMAG im Jahre 2005; Normierung der Haftung der Aufsichtsratsmitglieder für eine unangemessene Vorstandsvergütung sowie Einführung eines zwingenden Selbstbehalts für Vorstandsmitglieder durch das VorstAG im Jahre 2009; Verschärfung der Verjährungsfrist von Organhaftungsansprüchen in börsennotierten Unternehmen auf zehn Jahre durch das Restrukturierungsgesetz (BGBl. I 2010 S. 1900) im Jahre 2010.

5 Stellvertretend BeckOGK/*Fleischer*, AktG, § 93 Rn. 7; *Bachmann*, Gutachten 70. DJT 2014, E 11.

6 *Hopt*, ZIP 2013, 1793 (1794).

dass sich der 70. Deutsche Juristentag nach einem Gutachten von *Bachmann*[7] mit einer Reform des Organhaftungsrechts beschäftigte und de lege ferenda für die Einführung statutarischer Haftungsbeschränkungen aussprach[8]. Zuletzt sprach sich auch ein Arbeitskreis der wissenschaftlichen Vereinigung für Unternehmens- und Gesellschaftsrecht (VGR) im Zuge der Reformdiskussion zum Aktienrecht für summenmäßige Haftungsbeschränkungen aus[9].

Mit dem Anstieg der Haftungsrisiken der Geschäftsleiter wächst auch das Haftungsrisiko der Aufsichtsratsmitglieder als deren Überwacher. Auf die Feststellung der Pflichtwidrigkeit eines Geschäftsleiters folgt meist die Frage: »Wo war der Aufsichtsrat?«[10]. Auch Aufsichtsratsmitglieder könnten daher inzwischen mit einem hohen Haftungsrisiko konfrontiert sein, auf welches mit Haftungsbeschränkungen reagiert werden könnte. Die Aufarbeitung durch das Schrifttum konzentriert sich bisher aber weitgehend auf Vorstandsmitglieder[11]. Mehrere Monografien beschäftigen sich mit deren Haftungsrisiken sowie möglichen Schutzmechanismen[12]. Auch das Gutachten von *Bachmann* widmet dem Aufsichtsrat nur viereinhalb Seiten[13]. *Ph. Scholz* fordert daher in seiner Monografie zum Vorstand abschließend dazu auf, dass entsprechende Überlegungen auch zum Aufsichtsrat gemacht werden müssten[14]. Diese Lücke soll durch die vorliegende Arbeit geschlossen werden.

Die Beschränkung hoher Haftungsrisiken von Vorstandsmitgliedern wird vor allem gefordert, weil solche Risiken zu Risikoaversion führen[15] und von der

7 *Bachmann*, Gutachten 70. DJT 2014, E 1 – E 124.

8 70. DJT 2014, N 61, Beschlüsse: »Es sollte im Grundsatz unter Wahrung berechtigter Informationsinteressen möglich sein, die aktienrechtliche Innenhaftung der Organmitglieder durch die Satzung zu begrenzen«, angenommen: 74:7:6; »die Satzung sollte dabei Haftungshöchstgrenzen einführen können«, angenommen: 63:16:6.

9 *Bachmann/Goette*, Reformbedarf im Aktienrecht 2024, § 11, 275 (289).

10 *Bachmann*, ZIP 2014, 579 (581): »unausweichliche Anschlussfrage«; zum Beispiel aktuell beim Wirecard-Skandal: *Maier*: »Wirecard: Wo war der Aufsichtsrat?«, Berliner Zeitung vom 29. Juli 2020.

11 Beispielsweise: *Bayer/Scholz* NZG, 2014, 926 (927 ff.); *Koch*, AG 2012, 429 ff.; *ders.*, AG 2014, 513 ff.; *Schöne/Petersen*, AG 2012, 700 (701 ff.).

12 Beispielsweise: *Ph. Scholz*, Die existenzvernichtende Haftung von Vorstandsmitgliedern, 2014; *N. Fischer*, Die existenzvernichtende Vorstandshaftung und ihre Begrenzung durch Satzungsbestimmung, 2018; *S. Binder*, Grenzen der Vorstandshaftung, 2016; *Eßwein*, Privatautonome Gestaltung der Vorstandshaftung, 2015; *Pospiech*, Rechtsfolgen der zivilrechtlichen Organhaftung, 2017.

13 *Bachmann*, Gutachten 70. DJT 2014, E 68 – E 72.

14 *Ph. Scholz*, Die existenzvernichtende Haftung von Vorstandsmitgliedern, 2014; *N. Fischer*, Die existenzvernichtende Vorstandshaftung und ihre Begrenzung durch Satzungsbestimmung, 2018, S. 404.

15 Beispielsweise: *Fleischer*, ZIP 2014, 1305 (1311); *Ph. Scholz*, Die existenzvernichtende Haftung von Vorstandsmitgliedern in der Aktiengesellschaft, 2014, S. 236 ff.; *Bayer/Ph. Scholz,* NZG 2014, 926 (927); *Brommer*, AG 2013, 121 (123); *Spindler*, AG 2013, 889 (896); *E. Vetter*, NZG 2014, 921 (923); *N. Fischer*, Die existenzver-

Amtsübernahme abschrecken könnten[16]. Mit Blick auf die moderne Funktion des Aufsichtsrats, als Mitunternehmer neben den Geschäftsleitern zu agieren, könnten diese Argumente auch für den Aufsichtsrat gelten, zumal Aufsichtsratsmitglieder anders als Geschäftsleiter in der Regel keine variable Vergütung erhalten[17], welche einer etwaigen Risikoaversion entgegenwirkt.

Gleichzeitig könnten auch Gefahren drohen, wenn Gesellschafter durch Satzungsbeschluss die Haftung ihrer Aufsichtsratsmitglieder beschränken könnten. Ist die Gesamtheit der Gesellschafter in der Lage, angemessene Haftungsbeschränkungen zu beschließen oder müssen sie durch zwingendes Recht vor sich selbst geschützt werden? Müssen Anleger oder Stakeholder wie Gläubiger, Arbeitnehmer und Öffentlichkeit samt Umwelt und Klima vor überraschenden und/oder übermäßigen Haftungsbeschränkungen geschützt werden?

Die vorliegende Arbeit widmet sich Haftungsrisiken von Aufsichtsratsmitgliedern und statutarischen Haftungsbeschränkungen für Aufsichtsratsmitglieder in fünf Teilen. Im ersten Teil der Arbeit wird als Prämisse für die nachfolgenden Teile untersucht, ob inzwischen ein relevantes Haftungsrisiko für Aufsichtsratsmitglieder besteht. Im zweiten Teil werden rechtsvergleichend Haftungsrisiken und statutarische Beschränkungsmöglichkeiten in den USA und UK analysiert. In den USA erlaubt insbesondere Delaware mit bestimmten Ausnahmen statutarische Haftungsbeschränkungen für *outside directors*[18]. UK hingegen verbietet solche Haftungsbeschränkungen in Gänze[19]. Ausgehend von den ersten beiden Teilen wird im dritten Teil der Arbeit untersucht, ob und in welchen Fällen Gesellschaftern aus ökonomischer Sicht die Möglichkeit gegeben sein sollte, durch die Satzung die Haftung ihrer Aufsichtsratsmitglieder (insbesondere summenmäßig) zu beschränken. Können Haftungsbeschränkungen für Aufsichtsratsmitglieder den Gesellschaftern und damit »dem Markt« überlassen werden oder liegt diesbezüglich ein Marktversagen vor, sodass allein zwingendes Recht die Haftung regeln sollte? Der vierte Teil behandelt die Frage, ob AktG und GmbHG Haftungsbeschränkungen für Aufsichtsratsmitglieder vielleicht schon

nichtende Vorstandshaftung und ihre Begrenzung durch Satzungsbestimmung, 2018, S. 110 ff.; zum Geschäftsführer: *Lutter*, GmbHR 2000, 301 (311).

16 Beispielsweise: *Haarmann/Weiß*, BB 2014, 2115; *Dreher*, ZHR 2001, 293 (310); *Peltzer*, FS Hadding 2004, 593 (599 f.); *ders.*, FS Hoffmann-Becking 2013, 861 (865); *N. Fischer*, Die existenzvernichtende Vorstandshaftung und ihre Begrenzung durch Satzungsbestimmung, 2018, S. 114 f.; *Niemeier*, 70. DJT 2014, N 108; *Ph. Scholz*, Die existenzvernichtende Haftung von Vorstandsmitgliedern in der Aktiengesellschaft, 2014, S. 230 ff.

17 *Dörrwächter*, NZG 2020, 370; *v. Preen/Pacher/Bannas*, DB 2014, 1633; *Hopt/Leyens*, ZGR 2019, 929 (987); *Lutter/Krieger/Verse*, 7. Aufl. 2020, § 12 Rn. 857; *Koch*, 19. Aufl. 2025, § 113 Rn. 11.

18 Stellvertretend für alle Bundesstaaten: Sec. 102 (b) (7) Delaware Code; »outside directors« sind Teil des Boards und in ihrer Funktion den deutschen Aufsichtsratsmitgliedern ähnlich, siehe dazu 2. Teil § 1.

19 Sec. 232 CA.

de lege lata ermöglichen. Insofern soll insbesondere der obligatorische Aufsichtsrat der mitbestimmten GmbH betrachtet werden, für den fast das gesamte Schrifttum diese Möglichkeit ablehnt[20]. Mit Blick auf die Unterschiede zwischen AG und GmbH sowie die Ziele der Mitbestimmung könnte das Recht bereits de lege lata mehr Gestaltungsspielraum aufweisen als bisher angenommen. Anschließend wird geprüft, ob de lege lata auf anderem Wege (nicht über die Satzung) in der AG eine ausreichende Haftungsbeschränkung für Aufsichtsratsmitglieder erreicht werden kann. Dies würde einen Eingriff des Gesetzgebers, de lege ferenda statutarische Haftungsbeschränkungen zu ermöglichen, obsolet machen. Im fünften Teil der Arbeit wird schließlich ausgehend von den Erkenntnissen aus den vorherigen Teilen ein Reformvorschlag für Haftungsbeschränkungen für Aufsichtsratsmitglieder in der AG de lege ferenda hergeleitet.

20 BeckOK/*C. Jaeger*, GmbHG, § 52 Rn. 78; Henssler/Strohn/*Henssler*, 6. Aufl. 2024, § 52 GmbHG Rn. 35; MünchKomm-GmbH/*Spindler*, 4. Aufl. 2023, § 52 Rn. 674; Bork/Schäfer/*Rieble*, 5. Aufl. 2022, § 52 Rn. 114 f.; Saenger/Inhester/*Peres*, 5. Aufl. 2024, § 52 Rn. 192; Michalski/Heidinger/Leible/J. Schmidt/*Giedinghagen*, 4. Aufl. 2023, § 52 Rn. 307; Lutter/Hommelhoff/*Hommelhoff/Bayer*, 21. Aufl. 2023, § 52 Rn. 138; GmbH-GK/*Heermann*, 3. Aufl. 2020, § 52 Rn. 256, 307; *Lutter/Krieger/Verse*, 7. Aufl. 2022, § 15 Rn. 1167; Semler/v. Schenk/Wilsing/*W. Doralt/P. Doralt*, 5. Aufl. 2021, § 16 Rn. 217; a.A. nur *Altmeppen*, ZIP 2010, 1973 (1978).

1. Teil Haftungsrisiken für Aufsichtsratsmitglieder

Im ersten Teil der Arbeit soll der Frage nachgegangen werden, ob und warum Aufsichtsratsmitglieder inzwischen einem erhöhten Haftungsrisiko unterliegen, welches Prämisse für die Forderung von Haftungsbeschränkungen im dritten Teil ist.

Das Schrifttum erkennt mittlerweile ein Haftungsrisiko für Organmitglieder an. *Spindler* sieht einen »leicht erhöhten Druck«[21] zur Anspruchsdurchsetzung, *Bachmann* »keine gravierenden Enforcement-Lücken«[22] mehr, »unter der Hand« habe sich »das Haftungsrisiko für Aufsichtsräte […] vergrößert«[23]. *Bayer* konstatiert, dass sich der »Wind gedreht«[24] habe. *Hopt* geht sogar von einer »Klagewelle vor Zivil- und Schiedsgerichten«[25] aus. *W. Doralt* resümierte: »Organhaftung nur auf dem Papier? – *no more*«[26]; entsprechend sieht der Arbeitskreis des VGR die Haftung »nicht nur auf dem Papier«[27]. Auch führende Kommentare sowie Praktiker sprechen von einem »grundlegenden Wandel«[28] und einem »erheblichen«[29] oder »sprunghaften«[30] Anstieg der Haftung.

Nachfolgend soll zunächst die von der Literatur aufgestellte These des neuen Haftungsrisikos seit der Jahrtausendwende empirisch geprüft werden (§ 1). Anschließend soll auf die Gründe für das neue Haftungsrisiko eingegangen werden. Dazu werden der Rollenwandel des Aufsichtsrats (§ 2), sein strenges Haftungsrecht (§ 3), die Durchsetzung von Ansprüchen gegen Aufsichtsratsmitglieder (§ 4) sowie die Schutzmöglichkeiten durch Versicherung und Schadloshaltung bei den Geschäftsleitern (§ 5) untersucht.

21 So *Spindler*, AG 2013, 889 (899).
22 *Bachmann*, Gutachten 70. DJT 2014, E 101; dem zustimmend *Bayer*, NJW 2014, 2546 (2549).
23 *Bachmann*, AR 2024, 138 (138).
24 *Bayer*, NJW 2014, 2546.
25 *Hopt*, ZIP 2013, 1793 (1794).
26 *W. Doralt*, ZGR 2019, 996 (1002).
27 *Bachmann/Goette*, Reformbedarf im Aktienrecht 2024, § 11, 275 (276).
28 *Thümmel*, Persönliche Haftung von Managern und Aufsichtsräten, 6. Aufl. 2024, Rn. 2.; Hölters/Weber/*Hölters/Hölters*, 4. Aufl. 2022, § 93 Rn. 22; *Koch*, 19. Aufl. 2025, § 93 Rn. 2; BeckOGK/*Fleischer*, AktG, § 93 Rn. 7.
29 Schmidt/Lutter/*Sailer-Coceani*, 5. Aufl. 2024, § 93 Rn. 5.
30 GK-AktG/*Hopt/Roth*, 5. Aufl. 2014, § 93 Rn. 40.

§ 1 Neues Haftungsrisiko aus empirischer Sicht

Die These des neuen Haftungsrisikos und damit vor allem des Durchsetzungswandels bedarf einer empirischen Basis. Allein die öffentlich in der Presse diskutierten Schadensersatzforderungen sowohl gegen Aufsichtsratsmitglieder wie bei Balsam[31], ISION[32] oder Arcandor[33] als auch gegen Geschäftsleiter wie bei Siemens[34], VW[35] oder Wirecard[36] haben zwar eine starke Auswirkung auf das Empfinden von Haftungsrisiken. Mehr als anekdotische Evidenz liefern sie aber nicht.

Empirische Studien zum Thema Haftungsrisiken für Aufsichtsratsmitglieder in Deutschland fehlen fast gänzlich[37]. Der These, dass sich die Haftungssituation für Aufsichtsratsmitglieder geändert hat und inzwischen ein tatsächliches Haftungsrisiko besteht, soll sich daher nachfolgend durch Indizien genähert werden.

A. Anzahl veröffentlichter Entscheidungen und Dunkelziffer

Ein erstes Indiz für den Haftungswandel ist die wachsende Anzahl veröffentlichter höchstrichterlicher Entscheidungen zur Aufsichtsratshaftung aus den letzten Jahren[38]. Eine kurze Abfrage bei juris bestätigt, dass Entscheidungen zur

31 *Werres*: »Das Ende der Schonzeit«, manager magazin 8/2000 v. 31. Juli 2000; LG Bielefeld, BB 1999, 2630 – Balsam.

32 *Nitsche*: »Alexander Falk muss Entschädigung zahlen«, FINANCE Magazin v. 21. September 2012; BGH, NZG, 2011, 1271 – ISION.

33 »Aufsichtsräte zu 53,6 Mio. Euro Schadensersatz verurteilt«, Süddeutsche Zeitung online v. 06. April 2022; OLG Hamm, NZG 662, Rn. 113: Haftung von sechs Aufsichtsratsmitgliedern über EUR 53.6 Mio. wegen unterlassener Inanspruchnahme von Vorstandsmitgliedern.

34 *Giesen*: »Ex-Finanzchef Neubürger soll 15 Millionen zahlen«, Süddeutsche Zeitung online v. 11. Dezember 2013; *Knop*: »Siemens' langer Marsch aus der Schmiergeldaffäre«, FAZ online v. 30. Juli 2008; LG München I, NZG 2014, 345 – Siemens/Neubürger.

35 *Germis*: »VW schließt den Dieselskandal ab«, FAZ online v. 22. Juli 2021.

36 *Hagen*: Ex-Wirecard-Chef gewinnt gegen Versicherer«, Süddeutsche Zeitung online v. 07. Juli 2021.

37 Ähnliches gilt für Vorstände und Geschäftsführer.

38 Vgl. LG München I, NZG 2024, 1605; BGH, NJW-RR 2007, 390; BGH, NJW 2009, 850; BGH, NJW 2011, 221; BGH, NZG 2006, 141 – Mannesmann/Vodafone; BGH, NZG 2009, 550; BGH, NZG 2011, 1271 – ISION; BGH, AG 2008, 383; KG Berlin, Urt. v. 29. April 2021, Az. 2 U 108/18; OLG Düsseldorf, AG 2008, 666; OLG Düs-

Aufsichtsratshaftung zunehmen. Sucht man dort unter dem Stichwort § 116 AktG nach Rechtsprechung der ordentlichen Gerichtsbarkeit, finden sich für die Jahre 1991 bis einschließlich 2000 nur 16 Treffer, für die Jahre 2001 bis 2010 71 Treffer, für die Jahre 2011 bis 2020 bereits 85 Treffer. Bei Beck-online ergibt sich mit 8, 109 und 137 Treffern ein ähnliches Bild. Dies lässt sich auch nicht mit einem entsprechenden Anstieg an AGs und GmbHs erklären[39].

Diese Zahlen lassen sich ins Verhältnis zur Anzahl der Aufsichtsräte setzen. In Deutschland gibt es ca. 14.000 AGs[40], ca. 370 GmbHs mit paritätischer Mitbestimmung[41], ca. 700 GmbHs mit Drittelbeteiligung[42] und ca. 970 GmbHs mit fakultativem Aufsichtsrat[43], folglich insgesamt ca. 16.000 Kapitalgesellschaften mit Aufsichtsrat[44]. Daher kommt man selbst für den Zeitraum 2011 bis 2020 für juris nur auf einen Haftungsfall pro ca. 200 (Beck-online: ca. 120) Unternehmen.

Ein solches Ergebnis ist vordergründig noch nicht alarmierend. Es muss jedoch bedacht werden, dass nicht alle Entscheidungen veröffentlicht werden. Zudem werden Organhaftungsprozesse in der Regel nicht durch staatliche Gerichte, sondern in nicht-öffentlichen Schiedsverfahren entschieden[45]. Die Parteien bevorzugen die besondere Sachkunde der Schiedsrichter, die kürzere Verfahrensdauer und die Vertraulichkeit der Informationen[46]. Noch öfter werden aus ähnlichen Gründen Vergleiche geschlossen, um Verfahren ganz zu vermeiden[47]. Es wird geschätzt, dass weniger als 5 % der Organhaftungsfälle in die Öffentlichkeit gelangen[48]. Hinzu kommt, dass Aufsichtsratsmitglieder regelmäßig als Gesamtschuldner verklagt werden, sodass die Anzahl verfolgter Ansprüche deutlich höher ist als die Anzahl an Verfahren. Für die Management-Haftung

seldorf, AG 2010, 126; OLG Düsseldorf, NZG 2008, 713; OLG Düsseldorf, ZIP 2015, 1586; OLG Frankfurt, AG 2009, 897; OLG Karlsruhe, AG 2008, 900; OLG München, AG 2010, 299; OLG München, Urt. v. 08. Juli 2015, Az. 7 U 3130/14; OLG Hamm, Urt. v. 20. März 2006, Az. 8 U 208/01; LG Bielefeld, BB 1999, 2630 – Balsam; OLG Hamm, NZG 662 – Arcandor.

39 Vgl. unten im selben Abschnitt zum Anstieg der Treffer zur Geschäftsleiterhaftung.

40 Stand 2021: *Kornblum*, GmbHR 2021, 681 (682).

41 Stand 2020 (373), Mitbestimmte Unternehmen in Deutschland, Hans-Böckler-Stiftung.

42 Stand 2010: *Bayer/Hoffmann*, AG 2010, R151 (R153).

43 Stand 2021: *Lieder/Becker/Hoffmann*, GmbHR 2021, 621 (624).

44 Sonstige Aufsichtsräte wie nach MontanMitbestG werden wegen der geringen Anzahl vernachlässigt.

45 *Schumacher*, NZG 2016, 969; *Heinrich*, NZG 2016, 1406 ff.; *Leuering*, NJW 2014, 657; *Herresthal,* ZIP 2014, 345; BeckOGK/*Fleischer*, AktG, § 93 Rn. 383; eher skeptisch bzgl. der zukünftigen praktischen Relevanz: *Borris*, r+s, 2020, 316 (322).

46 *Heinrich*, NZG 2016, 1406 ff.; *Leuering*, NJW 2014, 657; *Bachmann*, Gutachten 70. DJT 2014, E 12.

47 *Bachmann*, Gutachten 70. DJT 2014, E 12.

48 *Ihlas*, D&O Directors & Officers Liability, 2. Aufl. 2009, S. 120; *Hopt*, ZIP 2013, 1793 (1794).

wird von durchschnittlich zwei bis drei Beklagten pro Fall ausgegangen[49]. Die Dunkelziffer dürfte daher deutlich höher liegen.

Rückschlüsse lassen sich zudem aus der Anzahl veröffentlichter Entscheidungen zur Geschäftsleiterhaftung ziehen. Ein Anstieg der Geschäftsleiterhaftung ist ein starkes Indiz für einen Anstieg der Aufsichtsratshaftung, da Letztere regelmäßig der Ersteren in Form des Überwachungsverschuldens folgt oder bei mitunternehmerischen Aufgaben parallel verläuft. Auf die Feststellung der Pflichtwidrigkeit eines Geschäftsleiters folgt meist die Frage: »Wo war der Aufsichtsrat?«[50] Ferner reagieren Geschäftsleiter auf Klagen immer häufiger mit der Streitverkündung gegen Aufsichtsratsmitglieder, um diese als Gesamtschuldner in Regress nehmen zu können[51]. Haftungsrisiken für Aufsichtsratsmitglieder steigen daher proportional mit den Haftungsrisiken der Geschäftsleiter.

Für die Geschäftsleiterhaftung lässt sich ebenfalls ein deutlicher Anstieg feststellen. So erhält man bei juris unter den Stichworten §§ 93 Abs. 2 AktG bzw. 43 Abs. 2 GmbHG, beschränkt auf die ordentliche Gerichtsbarkeit, für den Zeitraum 1991 bis 2000 nur 38 (Vorstand) bzw. 75 (Geschäftsführer) Treffer, für den Zeitraum 2001 bis 2010 schon 149 bzw. 108 und für den Zeitraum 2011 bis 2020 immerhin 156 bzw. 141 Treffer. Bei Beck-online dasselbe: 31, 290 und 434 Treffer zur Vorstandshaftung; 266, 379 und 439 Treffer zur Geschäftsführerhaftung. Diese Tendenz entspricht auch der Auswertung von *Ihlas*, wonach sich die auf Ersatz von Vermögensschäden gegen Organmitglieder gerichteten Ansprüche seit Mitte der 70er Jahre alle 10 Jahre mehr als verdoppelt haben, ohne dass ein Ende dieses Trends in Sicht sei[52]. Dieser Anstieg lässt sich auch nicht damit begründen, dass sich die Anzahl der AGs/GmbHs entsprechend vergrößert hätte. Im Jahr 2000 gab es ca. 900.000 GmbHs, im Jahr 2010 ca. 17.500 AGs und ca. 1. Mio. GmbHs und im Jahr 2020 ca. 14.200 AGs und ca. 1.4 Mio. GmbHs[53]. Die Anzahl der AGs ist mithin sogar rückläufig[54], die Anzahl der GmbHs steigt zumindest unterproportional.

Aus den empirischen Auswertungen von *Ihlas* lässt sich schließlich auch ableiten, wie kritisch die Haftungssituation für Aufsichtsratsmitglieder im Vergleich zu Geschäftsleitern ist, welche bisher die deutlich größere Aufmerksam-

49 *Hendricks*, in Tödtmann, Schadenersatzforderungen: Wenn Manager ihre Vorgänger verklagen, WirtschaftsWoche Management-Blog v. 17. Dezember 2013; die Belastbarkeit der Schätzung ist schwer überprüfbar, wegen der Gesamtverantwortung der Aufsichtsratsmitglieder aber realistisch.

50 *Bachmann*, ZIP 2014, 579 (581): »unausweichliche Anschlussfrage«; aktuell beim Wirecard-Skandal: *Maier*: »Wirecard: Wo war der Aufsichtsrat?«, Berliner Zeitung v. 29. Juli 2020.

51 Siehe dazu 1. Teil § 4 E.

52 *Ihlas*, D&O Directors & Officers Liability, 2. Aufl. 2009, S. 617.

53 *Bayer/Lieder/Hoffmann*, GmbHR 2023, 709 (719 ff.); *Kornblum*, GmbHR 2021, 681 (682); *ders.*, GmbHR 2020, 677 (678); *ders.*, GmbHR 2010, 739 (740).

54 Dies ein anhaltender Trend, vgl. *Bayer/Lieder/Hoffmann*, GmbHR 2023, 709 (716).

keit im Schrifttum erfuhren[55]. Nach einer Auswertung von *Ihlas* ergab sich für den Zeitraum 1976–2008, dass die Haftung der Aufsichtsratsmitglieder in AGs und GmbHs immerhin 30–40 % der Organhaftungsfälle ausmachte[56]. Dies trotz Nebenamtscharakter, deutlich geringerer Vergütung[57] und nur zwei bzw. bei Börsennotierung vier Pflichtsitzungen pro Jahr, § 110 Abs. 3 AktG. Der Anteil dürfte infolge des Wandels zum Mitunternehmer noch anwachsen. Erklären lässt sich dies mit dem organtypischen Risiko, womit gemeint ist, dass Aufsichtsratsmitglieder typischerweise Entscheidungen mit hohem Schadenspotenzial treffen müssen[58].

B. Schlussfolgerungen aus dem Versicherungsgeschäft

Ein weiteres Indiz für den Anstieg der Haftungsfälle sind Eindrücke aus dem Versicherungsgeschäft der D&O-Versicherer. Die Zahlen beruhen zwar oft auf Schätzungen, zeigen aber eindeutige Tendenzen.

Zunächst spricht für einen Wandel seit der Jahrtausendwende die zunehmende Verbreitung von D&O-Versicherungen. Bis Ende 1995 waren D&O-Policen in Deutschland noch selten[59]. Heute sind D&O-Versicherungen für Aufsichtsratsmitglieder hingegen Standard[60]. Nach einer Befragung von *Köhler et. al.* waren bereits 2005 ca. 95 % der Aufsichtsratsmitglieder durch eine D&O-Versicherung geschützt[61]. In diese Richtung tendiert auch die Studie von *Towers Perrin und Ihlas & Köberich*, wonach ca. 75 % der Gesellschaften (in AGs sogar 90 %[62]) für ihre Organmitglieder eine D&O-Versicherung abgeschlossen haben[63].

55 Etwa allein aus dem Dissertationsspektrum: *Ph. Scholz*, Die existenzvernichtende Haftung von Vorstandsmitgliedern, 2014; *N. Fischer*, Die existenzvernichtende Vorstandshaftung und ihre Begrenzung durch Satzungsbestimmung, 2018; *S. Binder*, Grenzen der Vorstandshaftung, 2016; *Eßwein*, Privatautonome Gestaltung der Vorstandshaftung, 2015; *Pospiech*, Rechtsfolgen der zivilrechtlichen Organhaftung, 2017; *Arden*, Haftung der Geschäftsleiter und Aufsichtsratsmitglieder bei unklarer Rechtslage, 2018; entsprechende Monografien zum Aufsichtsrat sind selten, beispielsweise: *Riebartsch*, Die Haftung des Aufsichtsrates einer Aktiengesellschaft bei Verletzung der Überwachungspflichten, 2020.

56 *Ihlas*, D&O Directors & Officers Liability, 2. Aufl. 2009, S. 218, 221 f.

57 PricewaterhouseCoopers, Vergütungsstudie 2020; zu DAX-Unternehmen siehe *Lutter/Krieger/Verse*, 7. Aufl. 2022, Anhang.

58 Siehe dazu 1. Teil § 3 A. II.

59 *Ihlas*, D&O Directors & Officers Liability, 2. Aufl. 2009, S. 603.

60 *Hemeling*, FS Hoffmann-Becking 2013, 491: »als Standard etabliert«.

61 *Köhler/Marten/Hülsberg/Bender*, BB 2005, 501 (509 f.).

62 *Towers Perrin und Ihlas & Köberich*: »Directors and Officers Liability – Erste D&O-Versicherungsstudie Deutschland 2007«, S. 12.

63 *Towers Perrin und Ihlas & Köberich*: »Directors and Officers Liability – Erste D&O-Versicherungsstudie Deutschland 2007«, S. 10.

Dieser Trend kann als Reaktion auf gestiegene und von den Organen bewusst wahrgenommene[64] Haftungsrisiken verstanden werden.

Für einen Anstieg der Haftungsrisiken sprechen auch die deutlichen Erhöhungen der Versicherungsprämien, die als Reaktion auf vermehrte Schadenfälle gedeutet werden können. Gingen Schätzungen für die Jahre 1996 bis 2000 noch von ca. EUR 40 Mio. an Versicherungsprämien pro Jahr aus[65], stiegen die Schätzungen in den Jahren 2001 bis 2005 auf ca. EUR 200[66] – 250 Mio. pro Jahr[67]. Für die Jahre 2006 bis 2010 erhöhten sich die Schätzungen auf Beträge zwischen EUR 350 Mio.[68] bis 400. Mio.[69] pro Jahr, vereinzelt sogar EUR 500. Mio.[70]. In den Jahren 2011 bis 2015 stiegen die Schätzungen weiter auf ca. EUR 500[71] – 700 Mio. pro Jahr[72]. Für 2016 ging man schließlich von EUR 750 Mio. pro Jahr aus[73]. Der GDV[74] schätzt das Gesamtvolumen für 2021 auf ca. EUR 690 Mio.[75]. Gestützt wird die These auch dadurch, dass die Versicherer trotz der Prämiensteigerungen nicht mehr rentabel sein sollen[76]. Mit dem Industrieversicherer Chubb, dem ein Marktanteil von

64 *Ihlas*, D&O Directors & Officers Liability, 2. Aufl. 2009, S. 622.
65 *Schumacher/Hielscher/Tödtmann*: »Jetzt sollen die Manager bezahlen«, Wirtschafts-Woche v. 14. Dezember 2013.
66 *Schumacher/Hielscher/Tödtmann*: »Jetzt sollen die Manager bezahlen«, Wirtschafts-Woche v. 14. Dezember 2013.
67 So die damalige Einschätzung bei: *Plück/Lattwein*, Haftungsrisiken für Manager, 2. Aufl. 2004, S. 189.
68 So der Mittelwert für 2006 bei *Ihlas*, D&O Directors & Officers Liability, 2. Aufl. 2009, S. 126; 2007 sollen es ca. EUR 350 Mio. gewesen sein: *Ihlas*, D&O Directors & Officers Liability, 2. Aufl. 2009, S. 127.
69 *Schumacher/Hielscher/Tödtmann*: »Jetzt sollen die Manager bezahlen«, Wirtschafts-Woche v. 14. Dezember 2013.
70 *Bechert*, in Kullrich: »D&O-Versicherer wollen Preise hochtreiben«, Börsen-Zeitung v. 15. Oktober 2008.
71 So bei *Hopt*, ZIP 2013, 1793 (1800).
72 *Schumacher/Hielscher/Tödtmann*: »Jetzt sollen die Manager bezahlen«, Wirtschafts-Woche v. 14. Dezember 2013.
73 *Tödtmann/Rother/Böhmer*: »Wer haftet, wenn Manager versagen?«, Wirtschafts-Woche online v. 14. März 2016.
74 Gesamtverband der Deutschen Versicherungswirtschaft (GDV).
75 GDV, Schaden und Unfall, GDV korrigiert D&O-Statistik – Schadenquote sinkt 2021 deutlich, Artikel vom 07. Oktober 2022: Schätzung für das gesamte Marktvolumen, nicht nur der GDV-Mitgliedsunternehmen.
76 *Hendricks*, in Tödtmann: »Interview mit D&O-Experte Michael Hendricks: Die unerklärliche Geheimnistuerei der Versicherer«, WirtschaftsWoche Management-Blog v. 31. Januar 2018.

5,7 %[77] zukam, hat sich der erste Versicherer mangels Rentabilität sogar aus dem Markt zurückgezogen[78].

Dieselbe Tendenz erkennt man auch bei den Auszahlungen und Rückstellungen der Versicherer. Diese haben sich im Vergleich der Jahre 2001 bis 2005 mit den Jahren 2011 bis 2015 auf vier Milliarden Euro verdoppelt[79]. Bei den Mitgliedern des GDV stiegen die für Versicherungsfälle ausgezahlten Leistungen von EUR 176 Mio. (2017) auf EUR 186 Mio. (2021)[80].

Auch die Schadenmeldungen bei D&O-Versicherern unterstreichen den Haftungsanstieg. So meldete die Allianz, dass die Schadenmeldungen von 2014 bis 2018 in der Sparte D&O um 47 % gewachsen sind[81]. Laut Recherchen von *Bachmann* hat Deutschland inzwischen weltweit nach den USA die höchste Anzahl an Organhaftpflichtfällen zu melden[82], was sich mit Einschätzungen aus der Praxis deckt[83]. Nach Auswertung des GDV sind deren Schadenmeldungen seit kurzem zwar wieder rückläufig. Allerdings nehmen die Schadenssummen deutlich zu[84].

C. Haftungssensibilität der Aufsichtsratsmitglieder und Geschäftsleiter

Für einen Anstieg spricht auch, dass Aufsichtsratsmitglieder selbst inzwischen mit Haftungsrisiken rechnen und sich davor schützen wollen. Die empirische Datenlage ist allerdings klein. Nach der Studie von *Köhler et. al.* aus dem Jahre 2005 gingen nach Verabschiedung des UMAG vier von fünf Aufsichtsratsmitgliedern von einer Haftungszunahme aus[85]. Nach einer Panel-Befragung von

77 Laut *Towers Perrin und Ihlas & Köberich*: »Directors and Officers Liability – Erste D&O-Versicherungsstudie Deutschland 2007«, S. 175 waren es 2007 immerhin 5,7 %.

78 *Hendricks*, in Tödtmann: »Teure Managementfehler, Verluste der D&O-Versicherer – der erste stellt den Geschäftsbetrieb ein«, WirtschaftsWoche Management-Blog v. 18. Juni 2018.

79 *Hendricks*, in Tödtmann, Schadenersatzforderungen: Wenn Manager ihre Vorgänger verklagen, WirtschaftsWoche Management-Blog v. 17. Dezember 2013; *Bachmann*, Gutachten 70. DJT 2014, E 12.

80 GDV, Schaden und Unfall, GDV korrigiert D&O-Statistik – Schadenquote sinkt 2021 deutlich, Artikel vom 07. Oktober 2022.

81 Allianz Studie: Fünf Risiken, auf die sich Vorstände im Jahr 2020 einstellen müssen, Pressemitteilung v. 04. Dezember 2019.

82 *Bachmann*, Gutachten 70. DJT 2014, E 16.

83 *Hendricks*, in Tödtmann/Rother/Böhmer: »Wer haftet, wenn Manager versagen?«, WirtschaftsWoche online v. 14. März 2016.

84 GDV, Schaden und Unfall, GDV korrigiert D&O-Statistik – Schadenquote sinkt 2021 deutlich, Artikel vom 07. Oktober 2022: Von 5.900 Fällen im Jahr 2017 sanken die Fälle auf 2.300 im Jahr 2020; gleichzeitig stieg die durchschnittliche Schadenssumme pro Fall von EUR 30.000 auf EUR 81.000.

85 *Köhler/Marten/Hülsberg/Bender*, BB 2005, 501 (504).

Theisen/Probst aus dem Jahre 2009 sahen sich 64 % der befragten Aufsichtsratsmitglieder einem Haftungsrisiko ausgesetzt, welches eine Gefahr für die Funktion des Aufsichtsrats darstelle[86]. 69 % wünschten sich eine Haftungsbegrenzung[87] (2010: 70 %[88]). Nach einer Studie des Deutschen Kundeninstituts aus dem Jahr 2017, in welcher Daten von 85 Aufsichtsräten aus DAX, MDAX, SDAX und TecDAX erhoben wurden, hielten ca. ¾ der Aufsichtsratsmitglieder ihr Haftungsrisiko für »sehr relevant« oder »relevant«, wobei insbesondere die Mitglieder der Anteilseigner zu 80 % dieser Ansicht waren[89].

Auch für Geschäftsleiter lässt sich nach Studien der VOV GmbH eine leicht steigende Sensibilisierung für das Thema Haftung ausmachen. Danach befragt, ob sie die Gefahr sehen, selbst einmal in einen Haftungsfall verwickelt zu werden, stuften 2012 noch 24 % der befragten Geschäftsleiter dieses Risiko als »hoch« oder »sehr hoch« ein[90]. 2013 sahen bereits ca. 28 % ein solches Risiko[91]. Der Wert stieg 2014 weiter auf 31 %[92]. Dort blieb er in den Jahren 2015[93], 2016[94] und 2017[95] konstant. Auffällig ist, dass die Risiken in größeren Unternehmen deutlich höher eingeschätzt werden[96] – mithin solchen Unternehmen, in denen wegen der Rechtsform der AG oder den Arbeitnehmerschwellen[97] auch in der GmbH Aufsichtsräte obligatorisch sind.

Auch Befragungen zu persönlichen Haftungsfällen sprechen gegen eine »tote Rechtsmaterie«. Befragt nach persönlichen Haftungsfällen oder solchen von Kollegen aus dem eigenen Unternehmen konnte im Schnitt ca. jeder fünfte von miterlebten Haftungsfällen berichten[98]. Nach einer Befragung von *Bachmann*

86 *Probst/Theisen*, AR 2009, 154 (156).
87 *Probst/Theisen*, AR 2009, 154 (156).
88 *Probst/Theisen*, DB 2010, 1573 (1578).
89 *Favoccia/Thorborg*, AR 2017, 170.
90 »VOV D&O-Studie 2013: Managerhaftung & D&O-Versicherung« der VOV GmbH, S. 39.
91 »VOV D&O-Studie 2013: Managerhaftung & D&O-Versicherung« der VOV GmbH, S. 40.
92 »VOV D&O-Studie 2014: Managerhaftung & D&O-Versicherung« der VOV GmbH, S. 33.
93 »VOV D&O-Studie 2017: Managerhaftung & D&O-Versicherung« der VOV GmbH, S. 36.
94 »VOV D&O-Studie 2016: Managerhaftung & D&O-Versicherung« der VOV GmbH, S. 28.
95 »VOV D&O-Studie 2017: Managerhaftung & D&O-Versicherung« der VOV GmbH, S. 36.
96 »VOV D&O-Studie 2017: Managerhaftung & D&O-Versicherung« der VOV GmbH, S. 38.
97 §§ 1 Abs. 1 Nr. 2 MitbestG, 1 Abs. 1 Nr. 3 DrittelbG, 1 Abs. 2 MontanMitbestG.
98 2012 (23 %): »VOV D&O-Studie 2013: Managerhaftung & D&O-Versicherung« der VOV GmbH, S. 52; 2013 (21 %): VOV D&O-Studie 2013: Managerhaftung & D&O-Versicherung« der VOV GmbH, S. 52; 2014 (17 %): »VOV D&O-Studie 2014: Managerhaftung & D&O-Versicherung« der VOV GmbH, S. 41.

unter 60 Geschäftsleitern und Aufsichtsratsmitgliedern berichteten ca. 7 % bereits in Anspruch genommen worden zu sein, entsprechend viele machten keine Angabe, der Rest verneinte eine bisherige Inanspruchnahme[99].

Für ein bestehendes Haftungsrisiko spricht auch, dass fast alle Manager Maßnahmen treffen, um ihre Haftungsrisiken zu reduzieren. 97 % der befragten Manager treffen solche Maßnahmen[100]. Auch sind immer mehr Geschäftsleiter bereit, selbst eine D&O-Versicherung abzuschließen, um das eigene Risiko zu verringern. 2012 waren hierzu erst 15 % bereit[101], 2013 17 %[102] und 2014 bereits 33 %[103].

Deutliche Ergebnisse liefern schließlich Befragungen zu haftungsentlastenden Reformen. Anlässlich des 70. DJT 2014 wurden Geschäftsleiter gefragt, ob sie den geforderten Reformen des DJT zustimmen würden, welche ihre Risiken reduzieren würden. Mit großer Mehrheit stimmten die Geschäftsleiter den Reformvorschlägen zu. So sprachen sich 92 % für eine Begrenzbarkeit der Haftung, 90 % für eine Begrenzung auf grobe Fahrlässigkeit, 85 % für eine Änderung der Beweislastumkehr und 86 % für eine Verkürzung der Verjährungsfristen aus[104]. Ähnliche Ergebnisse erhielt zuvor der Gutachter *Bachmann*, nach dessen Befragung 73 % der Geschäftsleiter und Aufsichtsratsmitglieder eine Änderung der Beweislastregel und 48 % geeignete Instrumente zur Begrenzung existenzgefährdender Risiken einforderten. 67 % sahen das deutsche Haftungsrecht als zu streng an[105]. Zwar ist es naheliegend, dass Geschäftsleiter der eigenen Haftungsentschärfung positiv gegenüberstehen. Die Deutlichkeit dieser Ergebnisse zeigt aber dennoch, dass Geschäftsleiter ein tatsächliches Haftungsrisiko sehen und die Zeit der »toten Rechtsmaterie« vorbei ist.

D. Befragung unter Insolvenzverwaltern

Selbst Insolvenzverwalter, für welche Manager ein lohnendes Ziel darstellen und die daher ein Interesse an einem scharfen Haftungsrecht haben, sind nach einer Studie von 2018 zu 40 % der Ansicht, dass die Haftungsrisiken für Ge-

99 *Bachmann*, Gutachten 70. DJT 2014, E 17.

100 »VOV D&O-Studie 2017: Managerhaftung & D&O-Versicherung« der VOV GmbH, S. 29.

101 »VOV D&O-Studie 2013: Managerhaftung & D&O-Versicherung« der VOV GmbH, S. 48.

102 »VOV D&O-Studie 2013: Managerhaftung & D&O-Versicherung« der VOV GmbH, S. 48.

103 »VOV D&O-Studie 2014: Managerhaftung & D&O-Versicherung« der VOV GmbH, S. 38.

104 »VOV D&O-Studie 2014: Managerhaftung & D&O-Versicherung« der VOV GmbH, S. 48.

105 *Bachmann*, Gutachten 70. DJT 2014, E 18.

schäftsleiter in Deutschland inzwischen zu hoch sind[106]. 44 % der Insolvenzverwalter schätzen auch die Haftungssummen als zu hoch ein[107]. Auch zeigt sich, dass Aufsichtsratsmitglieder immer mehr in den Haftungsfokus geraten. Ca. 15 % der Insolvenzverwalter nehmen inzwischen häufig oder sehr häufig Aufsichtsratsmitglieder neben den Geschäftsleitern in Anspruch[108]. Weitere 43 % halten sich zumindest gelegentlich auch an Aufsichtsratsmitglieder[109].

E. Zusammenfassung § 1

In § 1 wurde untersucht, ob sich die in der Literatur vertretene Ansicht des Anstiegs der Haftungsrisiken bzw. des inzwischen bestehenden Haftungsrisikos auch empirisch belegen lässt. Studien existieren hierzu kaum. Indizien bestätigen diese Ansicht jedoch.

So nehmen die veröffentlichten Entscheidungen zur Aufsichtsratshaftung bei juris und Beck-online stetig zu. Dasselbe gilt für die Vorstands- und Geschäftsführerhaftung, welche der Aufsichtsratshaftung regelmäßig vorgeht. Auch Zahlen aus dem Versicherungsgeschäft sprechen für einen Anstieg der Haftungsrisiken. So nehmen allgemein D&O-Versicherungen für Aufsichtsratsmitglieder, die Höhe der Prämienzahlungen, die Höhe der Auszahlungen für Schäden und die Schadenmeldungen bei den Versicherern zu.

Für ein tatsächliches Haftungsrisiko spricht auch, dass sowohl Aufsichtsratsmitglieder als auch Geschäftsleiter inzwischen selbst von einem Haftungsrisiko ausgehen, wenngleich die Datenlage dafür bisher klein ist. Zudem treffen fast alle Geschäftsleiter Maßnahmen zur Reduktion der Haftungsrisiken und ca. 1/5 der Geschäftsleiter kann von persönlichen oder Haftungsfällen von Kollegen berichten. Sowohl Aufsichtsratsmitglieder als auch Geschäftsleiter wünschen sich eine Begrenzung der Haftung, insbesondere auch gesetzgeberische Reformen. Schließlich ist fast die Hälfte der Insolvenzverwalter, für die Organmitglieder ein lohnendes Ziel sind, der Ansicht, dass deren Haftungsrisiken inzwischen zu hoch sind.

106 VOV Studie: »Managerhaftung bei Unternehmensinsolvenzen in Deutschland 2018«, S. 10.

107 VOV Studie: »Managerhaftung bei Unternehmensinsolvenzen in Deutschland 2018«, S. 10.

108 VOV Studie: »Managerhaftung bei Unternehmensinsolvenzen in Deutschland 2018«, S. 13.

109 VOV Studie: »Managerhaftung bei Unternehmensinsolvenzen in Deutschland 2018«, S. 13.

§ 2 Wandel der Rolle des Aufsichtsrats

Auch der Rollenwandel des Aufsichtsrats ist Teilursache für das neue Haftungsrisiko der Aufsichtsratsmitglieder. Funktion, Rechte und Pflichten des Aufsichtsrats haben sich in den letzten 20 bis 25 Jahren signifikant verändert[110]. Der Aufsichtsrat hat sich zum (professionellen[111]) Mitunternehmer (A.) und zum Gesprächspartner für Investoren (B.) entwickelt. Diese Entwicklung verändert das Haftungsrisiko der Aufsichtsratsmitglieder (C.). Zudem verändern sich die Themen, mit denen sich der Aufsichtsrat beschäftigen muss. Auch dies fördert Überforderung und damit Haftungsrisiken (D.).

A. Wandel zum Mitunternehmer

Traditionell sah man den Aufsichtsrat vorrangig als Kontrollorgan an, das retrospektiv die Geschäftsleitung kontrolliert[112]. Es herrschte eine strikte Trennung zwischen dem Geschäftsleitungsorgan, welches die unternehmerischen Entscheidungen traf und dem Aufsichtsrat als dessen Überwacher. Diese Funktion entspricht dem historischen Grund eines Pflichtaufsichtsrats: der Unfähigkeit der Hauptversammlung zur Kontrolle[113]. Inzwischen wird dem Aufsichtsrat jedoch auch eine unternehmerische Rolle zugesprochen. Er wird als »mitunternehmerisches«[114] oder »mitentscheidendes«[115] Kontrollorgan, teilweise sogar als »Co-Entscheidungs-«[116] oder »mitunternehmerisches Führungsorgan«[117] bezeichnet.

Auf den ersten Blick widerspricht diese Einschätzung dem Gesetz. So heißt es in § 111 Abs. 4 S. 1 AktG, dass dem Aufsichtsrat keine Maßnahmen der Geschäftsführung übertragen werden können[118]. Die Leitung obliegt in der AG

110 *Arbeitskreis Recht des Aufsichtsrats*, NZG 2021, 477.

111 Siehe zur Professionalisierung des Aufsichtsrats: *Hopt*, ZGR 2019, 507 (523); *Bachmann*, Gutachten 70. DJT 2014, E 68; *ders.*, AG 2011, 181 (184, 188, 193); *Schnorbus/Ganzer*, BB 2019, 258; *Behme*, BB 2019, 451 (455).

112 Schmidt/Lutter/*Drygala*, 5. Aufl. 2024, § 111 Rn. 4; *Lutter/Krieger/Verse*, 7. Aufl. 2020, § 2 Rn. 57.

113 *Lutter/Krieger/Verse*, 7. Aufl. 2020, § 2 Rn. 57; *Koch*, 19. Aufl. 2025, § 111 Rn. 7.

114 *Lutter/Krieger/Verse*, 7. Aufl. 2020, § 2 Rn. 58; Schmidt/Lutter/*Drygala*, 5. Aufl. 2024, § 111 Rn. 5; MünchKomm-AktG/*Habersack*, 6. Aufl. 2023, § 111 Rn. 13.

115 GK-AktG/*Hopt/Roth*, 5. Aufl. 2018, § 111 Rn. 45 ff.

116 *Seibt*, DB 2018, 237 (238).

117 *Säcker/Rehm*, DB 2008, 2814 (2815).

118 Entsprechendes gilt in der GmbH: §§ 52 Abs. 1 GmbHG, 25 Abs. 1 Nr. 2 MitbestG, 1 Abs. 1 Nr. 3 DrittelbG.

dem Vorstand und in der GmbH den Geschäftsführern und Gesellschaftern[119]. Indes schränkt das Gesetz diese Kompetenzverteilung selbst wieder ein und begründet an mehreren Stellen ausdrücklich Kompetenzen für den Aufsichtsrat. Der Aufsichtsrat ist dann kraft gesetzlicher Anordnung berechtigt, innerhalb des Kompetenzbereichs der Geschäftsleiter tätig zu werden[120]. Daneben treten originär dem Aufsichtsrat zugewiesene Kompetenzen.

Infolge des erheblichen Ausbaus dieser Kompetenzen durch Gesetzgebung und Rechtsprechung wurde die klassische Trennung verwischt[121]. Hinzu kommt das moderne Verständnis einer effektiven Überwachung, die auch präventiv erfolgen muss[122]. Der Gesetzgeber stärkt dieses Verständnis fortwährend. Beispielsweise beziehen sich die Berichtspflichten seit dem TransPuG[123] auch auf die »Unternehmensplanung« und mit dem UMAG[124] hat der Gesetzgeber auch für den Aufsichtsrat die Business Judgment Rule normiert.

Nachfolgend soll die neue mitunternehmerische Funktion in vier Stufen dargestellt und begründet werden: Beratung (1.), Mitentscheidung (2.), Vetorechte (3.) und Alleinentscheidung (4.).

I. Beratungsbefugnisse

Die mitunternehmerische Tätigkeit des Aufsichtsrats zeigt sich auf erster Stufe durch seine Berechtigung, Diskussionspartner und Ratgeber der Geschäftsleiter zu sein[125]. Teil der Überwachung ist auch eine vorausschauende und begleitende Kontrolle[126], die eine Beratung der Geschäftsleiter umfasst[127]. Der BGH hatte

119 *Altmeppen*, 11. Aufl. 2023, § 6 Rn. 4.
120 *Leyens*, FS E. Vetter 2019, 397 (404).
121 *Koch*, 19. Aufl. 2025, § 76 Rn. 2.
122 Stellvertretend GK-AktG/*Hopt/Roth*, 5. Aufl. 2018, § 111 Rn. 47.
123 Gesetz zur weiteren Reform des Aktien- und Bilanzrechts, zu Transparenz und Publizität (Transparenz- und Publizitätsgesetz) vom 19. Juli 2002 – BGBl. 2002 I 2681.
124 Gesetz zur Unternehmensintegrität und Modernisierung des Anfechtungsrechts (UMAG) vom 22. September 2005 – BGBl. I S. 2802.
125 KK-AktG/*Mertens/Cahn*, 3. Aufl. 2013, § 111 Rn. 40; Lutter/Hommelhoff/*Hommelhoff/Bayer*, 21. Aufl. 2023, § 52 Rn. 36; Schmidt/Lutter/*Drygala*, 5. Aufl. 2024, § 111 Rn. 18.
126 Scholz/*Seyfarth*, 13. Aufl. 2024, § 52 Rn. 304; *Lutter/Krieger/Verse*, 7. Aufl. 2020, Rn. 103 f.
127 Zur GmbH: Michalski/Heidinger/Leible/J. Schmidt/*Giedinghaben*, 4. Aufl. 2023, § 52 Rn. 217; Scholz/*Seyfarth*, 13. Aufl. 2024, § 52 Rn. 304; zur AG: Grigoleit/*Grigoleit/Tomasic*, 2. Aufl. 2020, § 111 Rn. 33 f.; *Koch*, 19. Aufl. 2025, § 111 Rn. 28; MünchKomm-AktG/*Habersack*, 6. Aufl. 2023, § 111 Rn. 12; Schmidt/Lutter/*Drygala*, 5. Aufl. 2024, § 111 Rn. 18 f.; GK-AktG/*Hopt/Roth*, 5. Aufl. 2018, § 111 Rn. 274 ff.

im Jahre 1991 entschieden, dass die Kontrolltätigkeit des Aufsichtsrats sich neben abgeschlossenen Sachverhalten auch auf die künftige Geschäftspolitik erstreckt und eine wirksame Kontrolle nur durch eine ständige Diskussion mit dem Vorstand sowie dessen Beratung ausgeübt werden kann[128].

Der DCGK unterstreicht diese Beratungsfunktion. Danach stimmt der Vorstand die strategische Ausrichtung des Unternehmens mit dem Aufsichtsrat ab[129] und der Aufsichtsrat berät den Vorstand bei dessen Leitung und wird in dessen grundlegende Entscheidungen eingebunden[130]. Beide arbeiten vertrauensvoll zusammen[131]. Der DCGK empfiehlt, dass der Aufsichtsratsvorsitzende mit dem Vorstandsvorsitzenden regelmäßig Kontakt halten und mit ihm Strategie, Geschäftsentwicklung, Risikolage, Risikomanagement und Compliance des Unternehmens beraten soll[132].

Stellungnahmen oder Beanstandungen des Aufsichtsrats kommen zwar keine rechtliche Verbindlichkeit zu[133]. Die Möglichkeit zu Beratung und Diskussion gibt den Aufsichtsratsmitgliedern aber die Möglichkeit, ihre Expertise und ihre Überzeugungen einzubringen und die Geschäftsleiter gegebenenfalls von ihrem Standpunkt zu überzeugen.

II. Mitentscheidungsbefugnisse

Auf der zweiten Stufe kommen Mitentscheidungsbefugnisse des Aufsichtsrats dazu. Diese sind im Gesetz als Sonderrechte konzipiert, die sich auf spezifische Aufgaben beziehen. Aufsichtsrat und Geschäftsleiter entscheiden gemeinsam. Dem Aufsichtsrat wird ein gleichberechtigtes Mitspracherecht und damit Einfluss eingeräumt[134].

So sind Vorstand und Aufsichtsrat gemeinsam zur Feststellung des Jahresabschlusses der Gesellschaft berechtigt, § 170 Abs. 1 S. 1, 172 S. 1 AktG. Durch die Feststellung wird der Jahresabschluss verbindlich und somit Grundlage für die Fortführung der Geschäfte im neuen Jahr[135]. Im Rahmen des Regelfalls[136] der Feststellung des Jahresabschlusses durch Vorstand und Auf-

128 BGH, NJW 1991, 1830.

129 Grundsatz 2 DCGK 2022.

130 Grundsatz 6 DCGK 2022.

131 Grundsatz 13 DCGK 2022.

132 Empfehlung D.5 DCGK 2022.

133 *Lutter/Krieger/Verse*, 7. Aufl. 2020, Rn. 110.

134 Ähnlich *Schönberger*, Der Zustimmungsvorbehalt des Aufsichtsrates bei Geschäftsführungsmaßnahmen des Vorstands, 2006, S. 53.

135 Schmidt/Lutter/*Drygala*, 5. Aufl. 2024, § 172 Rn. 7; Henssler/Strohn/*E. Vetter*, 6. Aufl. 2024, § 172 AktG Rn. 2; MünchKomm-AktG/*Hennrichs/Pöschke*, 6. Aufl. 2023, § 172 Rn. 10.

136 Stellvertretend MünchKomm-AktG/*Bayer*, 6. Aufl. 2014, § 58 Rn. 38; BeckOGK/*Cahn/v. Spannenberg*, AktG, § 58 Rn. 36.

sichtsrat können diese gemeinsam bis zu 50 % des Jahresüberschusses in eine Gewinnrücklage einstellen. An diese Festlegung ist die Hauptversammlung bei ihrem Beschluss über die Verwendung des Bilanzgewinns gebunden, § 174 Abs. 1 S. 2 AktG[137]. Die Organe können daher gemeinsam die Eigenkapitalausstattung der Gesellschaft durch eine hohe Selbstfinanzierung vergrößern und dadurch ihre Widerstandsfähigkeit erhöhen[138]. Durch die gemeinsame Feststellungs- und Gewinnverwendungskompetenz entscheiden sie gemeinsam über die Bilanzpolitik der Gesellschaft[139]. Der Aufsichtsrat kann somit an einem wesentlichen Akt der Geschäftsführung gleichberechtigt mitwirken[140].

In börsennotierten Aktiengesellschaften bestehen Mitwirkungsrechte auch im Bereich einiger Berichtskompetenzen. Vorstand und Aufsichtsrat geben Erklärungen ab, welche den Diskurs zwischen beiden Organen, insbesondere durch rechtlichen oder faktischen Einigungszwang, anregt. Dadurch werden die Möglichkeiten der Einflussnahme auf den Vorstand erweitert und die mitunternehmerische Rolle des Aufsichtsrats ausgebaut[141]. So haben Vorstand und Aufsichtsrat seit 2020 jährlich gemeinsam einen Bericht über die Vergütung der Organmitglieder, § 162 Abs. 1 S. 1 AktG, seit Inkrafttreten des TransPuG einen Bericht über die Befolgung des DCGK, § 161 Abs. 1 AktG und seit 2001 jeweils eine Stellungnahme zu Übernahmeangeboten, § 27 Abs. 1 S. 1 WpÜG, zu erstellen. Teilweise wird rechtlich ein einheitlicher Bericht verlangt[142], teilweise besteht faktischer Einigungsdruck[143], da nach außen kommunizierte Uneinigkeit zu Spekulationen bei Investoren und Analysten führen kann[144].

III. Vetorechte

Auf der dritten Stufe stehen die Vetorechte des Aufsichtsrats. Sie sind seine zentralen Geschäftsführungsrechte[145]. Dem Aufsichtsrat wird ein Zustimmungsvorbehalt eingeräumt. Zwar wirkt sich eine Verweigerung der Zustimmung nicht auf die Vertretungsmacht der Geschäftsleiter aus, §§ 82 Abs. 1,

137 Die Satzung kann die Befugnisse der Verwaltungsorgane aber einschränken, vgl. § 58 Abs. 2 S. 2 AktG.
138 BeckOGK/*Cahn/v. Spannenberg*, AktG, § 58 Rn. 3.
139 *Hennrichs*, FS Röhricht 2005, 881 (886); MünchKomm-AktG/*Hennrichs/Pöschke*, 6. Aufl. 2024, § 172 Rn. 3.
140 Zutreffend MünchKomm-AktG/*Hennrichs/Pöschke*, 6. Aufl. 2024, § 172 Rn. 3.
141 *Leyens*, FS E. Vetter 2019, 397 (405).
142 So zu § 162 Abs. 1 S. 1 AktG: BeckOGK/*Bayer/Scholz*, AktG, § 162 Rn. 21; *Koch*, 19. Aufl. 2025, § 162 Rn. 2.
143 So zu § 161 Abs. 1 AktG: GK-AktG/*Leyens*, 5. Aufl. 2018, § 161 Rn. 236.
144 So auch Hölters/Weber/*Hölters/Hölters*, 4. Aufl. 2022, § 161 Rn. 20.
145 Stellvertretend MünchKomm-AktG/*Habersack*, 6. Aufl. 2023, § 111 Rn. 14.

2 AktG[146]. Ein Handeln der Geschäftsleiter ohne Zustimmung ist aber pflichtwidrig[147], sodass Haftung droht. Dadurch erhält der Aufsichtsrat erheblichen Einfluss[148]. Geschäftsleiter kommen nicht darum herum, den Aufsichtsrat von ihren unternehmerischen Entscheidungen zu überzeugen.

Die Vetorechte ergeben sich teilweise aus spezialgesetzlichen Regelungen. So sind die Kreditvergabe an Vorstandsmitglieder oder Prokuristen, § 89 Abs. 1 S.1, Abs. 2 S. 1 AktG, die Möglichkeit des Vorstands, ein eigenes Handelsgewerbe zu betreiben, § 88 Abs. 1 S. 1 AktG, eine Abschlagszahlung des voraussichtlichen Gewinns an die Aktionäre, § 59 Abs. 3 AktG, der Vertragsschluss mit Aufsichtsratsmitgliedern, §§ 114 Abs. 1, 115 Abs. 1 S. 1 AktG sowie bestimmte Maßnahmen zur Übernahmeverteidigung, § 33 Abs. 1 S. 2 3. Alt. WpÜG, an die Zustimmung gekoppelt. Seit dem ARUG II[149] von 2019 hat der Vorstand zudem in börsennotierten Gesellschaften die Zustimmung des Aufsichtsrats für hochvolumige Geschäfte mit nahestehenden Personen einzuholen, § 111b Abs. 1 AktG.

Das wichtigste Vetorecht für seine mitunternehmerische Rolle ergibt sich aus § 111 Abs. 4 S. 2 AktG. Danach hat die Satzung oder der Aufsichtsrat zu bestimmen, dass bestimmte Arten von Geschäften nur mit Zustimmung des Aufsichtsrats vorgenommen werden dürfen. Ursprünglich wurden dem Aufsichtsrat in der Praxis auf Grund der Mitbestimmung der Arbeitnehmer nur in geringem Umfang Zustimmungsvorbehalte zugestanden[150]. Als Reaktion darauf führte der Gesetzgeber mit dem TransPuG durch die Formulierung »hat [...] zu bestimmen« eine Pflicht zur Einführung von Zustimmungsvorbehalten ein und stärkte damit die unternehmerische Position des Aufsichtsrats. Zustimmungsvorbehalte werden in der Satzung durch die Gesellschafter oder durch den Aufsichtsrat selbst festgesetzt. Da die Kompetenz des Aufsichtsrats nicht beschränkt werden kann[151], kann er sich selbst Zustimmungsvorbehalte schaffen, um unternehmerische Entscheidungen an sich zu ziehen. Im Ernstfall kann er eine Entscheidung der Geschäftsleiter sogar Ad-hoc an einen Zustimmungsvorbehalt knüpfen[152] und dadurch in die Geschäftsführung eingreifen.

146 So zu § 111 Abs. 4 S. 2 AktG: BeckOGK/*Veil*, AktG, § 111 Rn. 98; KK-AktG/*Mertens*/*Cahn*, 3. Aufl. 2013, § 111 Rn. 112; eine Ausnahme stellen nur die Grundsätze über den Missbrauch der Vertretungsmacht dar, vgl. dazu MünchKomm-BGB/*Schubert*, 10. Aufl. 2025, § 164 Rn. 225 ff.

147 OLG Hamm, NZG 662, Rn. 201.

148 BeckOGK/*Veil*, AktG, § 111 Rn. 81.

149 Gesetz zur Umsetzung der zweiten Aktionärsrechtrichtlinie vom 12. Dezember 2019 – BGBl. I S. 2637.

150 *Fleischer*, BB 2013, 835 (838 f.).

151 Schmidt/Lutter/*Drygala*, 5. Aufl. 2024, § 111 Rn. 54; Grigoleit/*Grigoleit*/*Tomasic*, 2. Aufl. 2020, § 111 Rn. 78; MünchKomm-AktG/*Habersack*, 6. Aufl. 2023, § 111 Rn. 117 f.

152 BGH, NJW 1994, 520 (524); OLG Düsseldorf, AG 2016, 410; *Koch*, 19. Aufl. 2025, § 111 Rn. 62; MünchKomm-AktG/*Habersack*, 6. Aufl. 2023, § 111 Rn. 131.

Der Aufsichtsrat darf indes nicht alle Geschäfte unter seinen Zustimmungsvorbehalt stellen. Das Tagesgeschäft verbleibt bei der Geschäftsleitung. Der Aufsichtsrat kann sich aber in die grundlegende Unternehmenspolitik einmischen. Der genaue Rahmen, welche Entscheidungen der Geschäftsleitung unter Vorbehalt gestellt werden können (nicht müssen), ist umstritten. Einig ist man sich, dass der Aufsichtsrat Geschäftsleiter nicht bei Alltagsgeschäften[153] bzw. im Rahmen des gewöhnlichen Geschäftsbetriebs[154] binden darf. Der Vorbehalt wird auf grundlegende Geschäfte beschränkt[155]. Zu deren Konkretisierung wird überwiegend darauf abgestellt, ob die Entscheidung Auswirkungen auf die Vermögens-, Finanz- oder Ertragslage der Gesellschaft hat[156]. Konsens ist zudem, dass die zustimmungspflichtigen Geschäfte eindeutig bezeichnet werden müssen[157].

Seine unternehmerische Funktion zeigt sich auch bei seinen Entscheidungsoptionen. Der Aufsichtsrat ist nicht darauf beschränkt, offensichtlichen Fehlern der Geschäftsleiter seine Zustimmung zu verweigern[158]. Seine Entscheidung ist nicht auf eine Rechtmäßigkeitskontrolle beschränkt, sondern er hat auch die wirtschaftliche Zweckmäßigkeit einzubeziehen[159]. Er ist nicht an den Ermessensspielraum der Geschäftsleiter gebunden, sondern hat einen eigenen unternehmerischen Handlungsspielraum[160] und kann eine andere geschäftspolitische Auffassung vertreten[161]. Er kann daher seine Zustimmung auch dann verweigern, wenn die Entscheidung der Geschäftsleiter im Rahmen ihres Ermessens liegt, er aber seiner Auffassung den Vorrang einräumt[162].

Faktisch kann der Aufsichtsrat diese Zustimmungsrechte auch in weiterem Umfang nutzen. So könnte er seine (späteren) Vetorechte schon im Beratungsstadium als Druckmittel nutzen, um bereits früh starken Einfluss zu neh-

153 Stellvertretend *Koch*, 19. Aufl. 2025, § 111 Rn. 65.

154 MünchKomm-AktG/*Habersack*, 6. Aufl. 2023, § 111 Rn. 121.

155 *Brouwer*, Zustimmungsvorbehalte des Aufsichtsrats im Aktien- und GmbH-Recht, 2008, S. 103; *Fleischer*, BB 2013, 835 (839 ff.); *Koch*, 19. Aufl. 2025, § 111 Rn. 65; MünchKomm-AktG/*Habersack*, 6. Aufl. 2023, § 111 Rn. 121; dies entspricht auch der Formulierung in Grundsatz 6 Abs. 2 DCGK 2022.

156 *Fleischer*, BB 2013, 835 (839 ff.); *Schönberger*, Der Zustimmungsvorbehalt des Aufsichtsrates bei Geschäftsführungsmaßnahmen des Vorstands, 2006, S. 139.

157 OLG Stuttgart, Beschl. v. 28. Mai 2013, Az. 20 U 5/12; MünchKomm-AktG/*Habersack*, 6. Aufl. 2023, § 111 Rn. 121; *Koch*, 19. Aufl. 2025, § 111 Rn. 64.

158 GK-AktG/*Hopt/Roth*, 5. Aufl. 2018, § 111 Rn. 634.

159 GK-AktG/*Hopt/Roth*, 5. Aufl. 2018, § 111 Rn. 713.

160 BGH, Urt. v. 10. Juli 2018, Az. II ZR 24/17 – Schloss Eller, Rn. 50; *Fleischer*, DB 2018, 2619 (2623); *Cahn*, WM 2013, 1293 (1294).

161 BGH, Urt. v. 10. Juli 2018, Az. II ZR 24/17 – Schloss Eller, Rn. 50.

162 MünchKomm-AktG/*Habersack*, 6. Aufl. 2023, § 111 Rn. 145; Grigoleit/*Grigoleit/Tomasic*, 2. Aufl. 2020, § 111 Rn. 94; KK-AktG/*Mertens/Cahn*, 3. Aufl. 2013, § 111 Rn. 111.

men[163]. Mitunter kann er sogar bereichsübergreifend dort, wo selbst keine eigenständigen Vetorechte bestehen, in gewissem Umfang agieren, indem er Vetorechte aus anderen Bereichen als eine Art Verhandlungsgrundlage oder Druckmittel nutzt.

Der Aufsichtsrat kann zwar nicht initiativ tätig werden[164]. Indes kann er der Geschäftsleitung eine Empfehlung geben, wie eine Entscheidung oder Maßnahme umgestaltet werden müsste, damit sie seine Zustimmung findet[165]. Zwar wird es teilweise für unzulässig gehalten, wenn der Aufsichtsrat den Geschäftsleitern kommuniziert, er werde nur einer spezifischen Entscheidung seine Zustimmung erteilen[166]. Jedenfalls faktisch kann er jedoch im Diskurs mit den Geschäftsleitern über seine »Bedenken« indirekt seine eigene Vorstellung kommunizieren.

Seine unternehmerischen Rechte werden auch kaum dadurch eingeschränkt, dass die fehlende Zustimmung des Aufsichtsrats durch eine Zustimmung der Hauptversammlung ersetzt werden kann, § 111 Abs. 4 S. 3 AktG. Mit Blick auf die erforderliche Mehrheit von drei Vierteln der abgegebenen Stimmen, dem hohen Aufwand für außerordentliche Hauptversammlungen, der fehlenden Sachkenntnis der Aktionäre sowie der dadurch entstehenden endgültigen Zerrüttung des Verhältnisses von Vorstand und Aufsichtsrat, findet sie in der Praxis der AG keine Beachtung[167]. In der GmbH gilt dies zwar nicht in demselben Maße. Dort wird überwiegend eine einfache Mehrheit für ausreichend erachtet[168], eine Gesellschafterversammlung erfordert in der Regel weniger Aufwand und Gesellschafter sind besser informiert. Die Zerrüttung von Geschäftsführung und Aufsichtsrat dürfte diese Option aber auch in der GmbH regelmäßig ausschließen.

163 Dies betonen auch: *Brouwer*, Zustimmungsvorbehalte des Aufsichtsrats im Aktien- und GmbH-Recht, 2008, S. 54; GK-AktG/*Hopt/Roth*, 5. Aufl. 2018, § 111 Rn. 637.

164 MünchKomm-AktG/*Habersack*, 6. Aufl. 2023, § 111 Rn. 14.

165 So explizit auch *Götz*, ZGR 1990, 633 (640); *ders*., NZG 2002, 599, 602; zumindest Abstimmung im Vorfeld der Maßnahme: *Leyens*, Information des Aufsichtsrats, S. 138; *Säcker/Rehm*, DB 2008, 2814 (2818).

166 So z.B. KK-AktG/*Mertens/Cahn*, 3. Aufl. 2013, § 111 Rn. 111.

167 BeckOGK/*Veil*, AktG, § 111 Rn. 95; *Götz*, ZGR 1990, 633 (645).

168 ½ Mehrheit: *Deilmann*, BB 2004, 2253 (2256); *Gaul/Otto*, GmbHR 2003, 6 (12); *Altmeppen*, 11. Aufl. 2023, § 52 Rn. 74; BeckOK/*C. Jaeger*, GmbHG, § 52 Rn. 40; Michalski/Heidinger/Leible/J. Schmidt/*Giedinghagen*, 4. Aufl. 2023, § 52 Rn. 233; MünchKomm-GmbH/*Spindler*, 4. Aufl. 2023, § 52 Rn. 424; ¾ Mehrheit: *Oetker*, ZIP 2015, 1461(1469); Rowedder/Pentz/*Belz*, 7. Aufl. 2022, § 37 Rn. 34; ¾ Mehrheit nur für den obligatorischen Aufsichtsrat: Lutter/Hommelhoff/*Hommelhoff/Bayer*, 21. Aufl. 2023, § 52 Rn. 131.

IV. Alleinentscheidungsbefugnisse

Auf vierter Stufe obliegen dem Aufsichtsrat sogar einige Alleinentscheidungsbefugnisse. So ist der Aufsichtsrat gegenüber dem Vorstand und dem Abschlussprüfer das vertretungsberechtigte Organ der Gesellschaft, §§ 112, 111 Abs. 2 S. 3 AktG. Nach der Rechtsprechung erstreckt sich seine Geschäftsführungs-, Vertretungs- und sogar Prozessführungsbefugnis zudem auf Hilfsgeschäfte, die zur Wahrnehmung seiner Aufgaben abgeschlossen werden: etwa die Hinzuziehung von Sachverständigen[169]. Diese Vertretungsbefugnis wird umfassend auf die Beauftragung von sonstigen Experten zu seiner Unterstützung übertragen[170].

Dem AG-Aufsichtsrat[171] sowie dem Aufsichtsrat nach MitbestG[172] kommt weiter die Personalkompetenz zu. Der Aufsichtsrat entscheidet über Bestellung und Abberufung der Geschäftsleiter, §§ 84 Abs. 1, 3 AktG, 31 MitbestG. Er hat das Recht zur selbstständigen Auswahl der Mitglieder und ist dabei keinerlei Weisungen unterworfen. Er ist berechtigt und verpflichtet, eigenständig zu entscheiden[173]. Durch die Auswahl der Geschäftsleiter entscheidet er mittelbar über die zukünftige Geschäftspolitik des Unternehmens. Im Fall eines wichtigen Grundes kann er die Bestellung widerrufen, § 84 Abs. 3 S. 1 AktG. Allein durch die Kompetenz des Widerrufs kann er eine Drohkulisse aufbauen und Entscheidungen beeinflussen. Zudem lenkt er die Geschäftsleiter durch Festsetzung der Vergütung, § 87 AktG.

Schließlich muss der Aufsichtsrat seit der ARAG/Garmenbeck-Entscheidung des BGH eigenverantwortlich Schadensersatzansprüche gegen Geschäftsleiter prüfen und darüber entscheiden, ob diese geltend gemacht werden[174]. Hierbei steht ihm in engen Grenzen ein Entscheidungsermessen zu, ob er trotz Erfolgsaussicht einer Klage aus Gründen des Unternehmenswohls von der Durchsetzung absehen möchte[175]. Da die Durchsetzung der Ansprüche im Zweifel auch zum Ausscheiden der Geschäftsleiter führt und sich bei öffentlichen Verfahren auf die Reputation des Unternehmens auswirkt, nimmt er unternehmerisch Einfluss auf die Zukunft.

169 BGH, NZG 2018, 629, Rn. 11 ff.
170 Siehe dazu umfassend: *E. Vetter*, ZGR 2020, 35 ff.
171 Stellvertretend *Koch*, 19. Aufl. 2025, § 84 Rn. 1.
172 Stellvertretend *Altmeppen*, 11. Aufl. 2023, § 52 Rn. 70.
173 OLG Düsseldorf, NZG 2015, 1115 (1117); OLG München, ZIP 2017, 372 (374).
174 BGH, NJW 1997, 1926 (1927) – ARAG/Garmenbeck.
175 BGH, NJW 1997, 1926 (1928) – ARAG/Garmenbeck.

B. Wandel zum Gesprächspartner für Investoren

Der Aufsichtsrat hat sich nicht nur zum Mitunternehmer, sondern auch zum Gesprächspartner für Investoren entwickelt. Ursprünglich galt er als reines Innenorgan. Seine Aufgaben konzentrierten sich auf den Innenbereich der Gesellschaft, nach außen sollte er nicht in Erscheinung treten[176]. Dies ändert sich langsam durch faktischen Druck von außen. Institutionelle Investoren erwarten zunehmend, dass der Aufsichtsrat, insbesondere der Vorsitzende, zu Investorengesprächen bereit ist[177] und damit seine Rolle als Innenorgan verlässt. Vor allem ausländische Investoren kontaktieren die Aufsichtsräte, um überwachungsspezifische Fragen zu stellen[178]. Der DCGK hat diesen Trend aufgegriffen und regt an, »der Aufsichtsratsvorsitzende sollte in angemessenem Rahmen bereit sein, mit Investoren über aufsichtsratsspezifische Themen Gespräche zu führen«[179].

C. Proportionaler Anstieg der Pflichten und Gefahr der Überforderung

Dieser Funktionswandel zum Mitunternehmer und Gesprächspartner für Investoren wirkt sich auf die Haftungsgefahren der Aufsichtsratsmitglieder aus. Der Zuwachs an Rechten des Aufsichtsrats geht mit einem proportionalen Zuwachs an Pflichten einher[180].

Die meisten der neuen unternehmerischen Rechte stellen zugleich haftungsträchtige Pflichten dar. So umfasst die präventive Überwachung nach der Rechtsprechung nicht nur ein Beratungsrecht, sondern auch eine Beratungspflicht[181]. Auch die Sonderkompetenzen sind als Pflichten konzipiert. So geht mit dem Recht, am Jahresabschluss und an der Ergebnisverwendung gleichberechtigt mitzuwirken, auch die haftungsbewehrte[182] Pflicht einher, selbstständig zu prüfen, § 171 Abs. 1 S. 1 AktG. Eine fehlerhafte Erklärung zum DCGK kann zur Anfechtung des Hauptversammlungsbeschlusses und anschließend zur Organhaftung

176 So auch heute noch: *Lutter/Krieger/Verse*, 7. Aufl. 2020, § 2 Rn. 40 ff.; Lutter/Hommelhoff/*Hommelhoff/Bayer*, 21. Aufl. 2023, § 52 Rn. 58

177 *E. Vetter*, AG 2016, 873 (873 f.); *Arbeitskreis Recht des Aufsichtsrats*, NZG 2021, 477 (479).

178 Hopt/J.-H. Binder/Böcking/*Hopt/Leyens*, 2. Aufl. 2020, § 1 Rn. 86.

179 Anregung A.6 DCGK 2022.

180 Ähnlich auch *Hopt*, ZGR 2019, 507 (538); *Arbeitskreis Recht des Aufsichtsrats*, NZG 2021, 477.

181 So ausdrücklich BGH, Urt. v. 04. Juli 1994, Az. II ZR 197/93, Rn. 8.

182 So z.B. im Fall des OLG Düsseldorf, Urt. v. 06. November 2014, Az. 6 U 16/14.

führen[183]. Auch ein Verstoß gegen die Vorgaben des neuen Vergütungsberichts nach § 162 AktG kann zur Haftung führen[184].

Besondere haftungsrechtliche Relevanz haben die Vetorechte. Sowohl im Bereich der Schaffung der Zustimmungsvorbehalte, § 111 Abs. 4 S. 2 AktG, als auch bei der konkreten Entscheidung über die Zustimmung bestehen Haftungsrisiken. Beispielsweise kann sich das Ermessen des Aufsichtsrats, Zustimmungsvorbehalte zu erlassen, zur Verhinderung gesetzeswidriger Maßnahmen der Geschäftsleiter zu einer Pflicht verdichten, wenn die Maßnahme nicht mehr anders verhindert werden kann[185]. Ignorieren Geschäftsleiter eine verweigerte Zustimmung, trifft den Aufsichtsrat die Pflicht, einzuschreiten und dies zu verhindern[186]. Erteilt der Aufsichtsrat die Zustimmung, obwohl sie bei pflichtgemäßem Handeln hätte verweigert werden müssen, können die Aufsichtsratsmitglieder auf Schadensersatz haften[187]. Dasselbe gilt, wenn Aufsichtsratsmitglieder sich vor der Zustimmung nicht ausreichend informieren[188] oder Vor- und Nachteile nicht ausreichen abwägen[189]. Bei Einführung des neuen Zustimmungsvorbehalts für Geschäfte mit nahestehenden Personen, § 111b AktG, verweist die Begründung des Regierungsentwurfs sogar ausdrücklich darauf, dass eine Verletzung zu einer »höhenmäßig unbegrenzten Haftung der Organe« führen könne[190].

Erst recht besteht ein Haftungsrisiko im Rahmen der Alleinentscheidungsbefugnisse. Die Nichtgeltendmachung von Haftungsansprüchen gegen Geschäftsleiter führt zur eigenen Haftung, wenn objektiv kein ausreichender Nichtverfolgungsgrund gegeben ist[191]. Auch die Bestellung eines ungeeigneten Geschäftsleiters kann zur Haftung führen, wenn dieser einen Schaden verursacht[192]. Ebenso kann sich das Abberufungsermessen zu einer Pflicht verdichten[193] oder die erfolgte Abberufung kann mangels wichtigen Grundes pflicht-

183 BeckOGK/*Bayer/Scholz*, AktG, § 161, Rn. 144.

184 *Bayer*, DB 2018, 3034 (3041); *J. Schmidt*, NZG 2018, 1201 (1208).

185 BGH, NJW 1994, 520 (524).

186 *Brouwer*, Zustimmungsvorbehalte des Aufsichtsrats im Aktien- und GmbH-Recht, 2008, S. 252 f.

187 So beispielsweise geschehen bei: BGH, NJW-RR 2007, 390, Rn. 9.

188 BGH, NJW-RR 2007, 390, Rn 12.

189 Melot de Beauregard/Lieder/Liersch/*Humrich*, § 4 Rn. 431.

190 BT-Drucksacke 19/9739, S. 84.

191 So z.B. bei: BGH, NZG 2018, 1301; OLG Hamm, NZG 2022, 662 – Arcandor: Haftung der Aufsichtsratsmitglieder über EUR 53.6 Mio.

192 GK-AktG/*Hopt/Roth*, 5. Aufl. 2018, § 116 Rn. 108; Krieger/Schneider/*Krieger*, 4. Aufl. 2023, Rn. 4.25.

193 OLG Düsseldorf, Urt. v. 24. März 2011, Az. U 18/10, 6 U 18/10, Rn. 100, im vorliegenden Fall wurde indes keine Pflicht angenommen.

widrig sein[194]. Bei Festsetzung einer unangemessenen Vorstandsvergütung droht eine Haftung auf die Differenz zu einer angemessenen Vergütung[195].

Auch seine neue Rolle als Gesprächspartner für Investoren birgt Haftungsgefahren. Bisher ist nicht geklärt, ob und wann dem Aufsichtsrat aktienrechtlich die Kompetenz zur Außenkommunikation zusteht oder ob und wann er sich pflichtwidrig verhält[196]. Sollte infolge der Kommunikation ein Schaden entstehen, z.B. durch ein Abrutschen des Börsenkurses oder den Absprung von Vertragspartnern, könnte bei Verneinung der Kompetenz eine erhebliche Haftung drohen.

Schließlich führt der Anstieg an neuen Aufgaben dazu, dass Aufsichtsratsmitglieder sich mit immer mehr Aufgaben beschäftigen müssen, sodass leicht eine Überforderung eintreten kann. Dies begünstigt fahrlässige Pflichtverletzungen.

D. Neue Pflichten in einer gewandelten Welt

Schließlich erhöhen in den letzten Jahren weltliche Veränderungen den Pflichtenumfang und damit die Haftungsrisiken der Aufsichtsratsmitglieder. Der Pflichtenumfang des Aufsichtsrats wird immer auch durch die sonstige Welt determiniert. Veränderungen wirken sich auf das Aufgabenfeld der Geschäftsleiter aus, was sich indirekt auf die Überwachungs- und Beratungsaufgabe des Aufsichtsrats auswirkt[197].

So muss sich der Aufsichtsrat beispielsweise infolge der Globalisierung immer mehr mit ausländischen Rechtsordnungen befassen[198]. Er muss sich der Digitalisierung stellen[199] und sich mit künstlicher Intelligenz befassen[200]. Geschäftsleiter müssen für »Digital Compliance« sorgen[201] und der Aufsichtsrat soll einen »Technik-Ausschuss« einrichten[202]. Cyber- und Datenrisiken können neue schadens- und damit auch haftungsträchtige Herausforderungen darstellen[203]. Schäden

194 Melot de Beauregard/Lieder/Liersch/*Humrich*, § 4 Rn. 377.
195 Melot de Beauregard/Lieder/Liersch/*Humrich*, § 4 Rn. 388.
196 Stellvertretend m.w.N.: Grigoleit/*Grigoleit/Tomasic*, 2. Aufl 2020, § 111 Rn. 71 ff.; *Arbeitskreis Recht des Aufsichtsrats*, NZG 2021, 477 (479) fordert daher eine gesetzliche Grundlage für den Investorendialog.
197 Zutreffend *Arbeitskreis Recht des Aufsichtsrats*, NZG 2021, 477; *Bachmann*, AR 2024, 138 (139): »Verändertes Geschäftsumfeld«.
198 So schon *Habersack*, NZG 2020, 881 (882).
199 Dazu *Noack*, ZHR 2019, 105 (115, 135, 140 ff.).
200 Dazu *Strohn*, ZHR 2018, 371; *Noack*, FS E. Vetter 2019, 497 (506 ff.).
201 *Noack*, FS E. Vetter 2019, 497 (499).
202 *Noack*, FS E. Vetter 2019, 497 (506).
203 Dazu *Fortmann*, r+s 2019, 688; speziell zur Geschäftsführerhaftung bei Cybersicherheitsfällen: *Schreiber/Brinke*, BB 2024, 2696.

können durch Cyberkriminalität, Datenpannen, Beeinträchtigungen der IT-Infrastruktur oder durch Datenschutzverletzungen entstehen[204].

Bereits heute aber noch stärker in der Zukunft dürften vor allem CSR-Themen verstärkt Einfluss auf die Pflichtenlage des Aufsichtsrats nehmen. Gemeint ist die Verantwortung der Unternehmen für ihre Auswirkungen auf die Gesellschaft. Deutlich unterstreicht dies der DCGK: Die [...] Organe haben sich in ihrem Handeln der Rolle des Unternehmens in der Gesellschaft und ihrer gesellschaftlichen Verantwortung bewusst zu sein. [...] Tätigkeiten des Unternehmens haben Auswirkungen auf Mensch und Umwelt. Vorstand und Aufsichtsrat berücksichtigen dies bei der Führung und Überwachung im Rahmen des Unternehmensinteresses[205]. Überwachung und Beratung des Aufsichtsrats umfassen auch Nachhaltigkeitsfragen[206], sein Kompetenzprofil soll eine entsprechende Expertise umfassen[207] und das interne Kontroll- und Risikomanagementsystem soll nachhaltigkeitsbezogene Ziele abdecken[208].

Jedes neue Gesetz zu CSR verschärft das Haftungsrisiko der Aufsichtsratsmitglieder, welches der Gesetzgeber aufgrund der Wichtigkeit dieser Themen vernachlässigen könnte. Als Beispiel sei auf das neue Lieferkettensorgfaltspflichtgesetz[209] verwiesen. Unternehmen müssen sicherstellen, dass auch im Ausland im Rahmen der Lieferkette menschenrechtliche- und umweltbezogene Risiken adressiert werden. Erfüllt das Unternehmen diese Pflichten nicht, drohen Schäden durch Bußgelder sowie Gewinneinbußen durch Reputationsverluste. Aufgrund von Legalitäts- und Legalitätskontrollpflicht kann eine Missachtung solcher Gesetze gesellschaftsintern zu einer Pflichtverletzung der Geschäftsleiter und damit zugleich zu einer potenziellen Überwachungspflichtverletzung der Aufsichtsratsmitglieder führen. Selbst Regelungen ausländischer Rechtsordnungen sollen Geschäftsleiter beachten müssen, wenn dem Unternehmen bei Verletzung Schäden drohen[210].

Ferner drohen den Unternehmen Schäden durch Klimaklagen, welche Aufsichtsratsmitglieder ggf. per Regress übernehmen müssen. International bekannt geworden ist die Verurteilung von Royal Dutch Shell in den Niederlanden zur Reduzierung seiner CO2-Emissionen[211]. Doch auch in Deutschland sind erste Klagen anhängig, beispielsweise hat das LG Stuttgart eine Klage gegen Mercedes abgelehnt[212].

204 *Fortmann*, r+s 2019, 688 f.
205 Präambel des DCGK 2022.
206 Grundsatz 6 Abs. 1 S. 2 DCGK 2022.
207 Empfehlung C.1 DCGK 2022.
208 Empfehlung A.3. DCGK 2022
209 Gesetz über die unternehmerischen Sorgfaltspflichten in Lieferketten (LkSG).
210 *Walden*, NZG 2020, 50 (55): z.B. den UK Modern Slavery Act.
211 Rechtbank Den Haag, Urt. v. 26. Mai 2021, Az. C/09/571932 / HA ZA 19-379.
212 Dazu *Hösch/Schrader*, BOARD 2022, 190.

In Zukunft könnte sich die Lage schließlich dahin ändern, dass Geschäftsleiter und Aufsichtsratsmitglieder sich grundsätzlich an den Auswirkungen des Unternehmens auf Umwelt und Gesellschaft orientieren müssen. Der Trend zeigt in diese Richtung[213].

E. Zusammenfassung § 2

Eng verbunden mit den Haftungsrisiken der Aufsichtsratsmitglieder ist der Wandel des Aufsichtsrats in den letzten 20 bis 25 Jahren. Der Aufsichtsrat hat sich vom Kontrollorgan zum Mitunternehmer neben den Geschäftsleitern entwickelt. Diese mitunternehmerische Funktion lässt sich durch vier verschiedene Arten von Befugnissen des Aufsichtsrats begründen: Beratung der Geschäftsleiter, Mitentscheidung, Vetorechte und Alleinentscheidung. Zudem wird der Aufsichtsrat entgegen seiner früheren Rolle als reines Innenorgan zunehmend von institutionellen Investoren als Gesprächspartner herangezogen.

Dieser Funktionswandel verändert auch das Haftungsrisiko der Aufsichtsratsmitglieder. Denn die meisten der neuen Rechte des Aufsichtsrats sind gleichzeitig als haftungsträchtige Pflichten konzipiert. Zudem kann eine Erhöhung der Pflichten zu Überforderung führen und damit fahrlässige Pflichtverletzungen begünstigen.

Schließlich vergrößert sich der Pflichtenumfang und damit das Haftungsrisiko des Aufsichtsrats auch durch weltliche Veränderungen. Der Pflichtenumfang der Geschäftsleiter und damit der Kontrollumfang des Aufsichtsrats werden durch außenstehende Umstände determiniert. Insofern ist in den letzten Jahren ein stetiger Anstieg neuer von den Organen zu berücksichtigender Themen und Gesetze festzustellen, welche den Pflichtenumfang ständig erhöhen.

213 Beispielsweise empfiehlt der Sustainable Finance Beirat der Bundesregierung in die §§ 76 Abs. 1, 107 Abs. 3, 111 Abs. 1 AktG ausdrücklich Nachhaltigkeits- und Klimarisiken einzufügen, vgl. »Shifting the Trillions«, S. 96.

§ 3 Strenges Aufsichtsratshaftungsrecht

Die hohen Haftungsrisiken der Aufsichtsratsmitglieder sind vor allem Folge des scharfen Haftungsrechts. Aufsichtsratsmitglieder haften höhenmäßig unbegrenzt für leichte Fahrlässigkeit, §§ 116 S. 1, 93 Abs. 2 S. 1 AktG, obwohl typischerweise hohe Schäden auftreten. Die Darlegungs- und Beweislast ist umgekehrt, §§ 116 S. 1, 93 Abs. 2 S. 2 AktG und die Verjährung lang, §§ 116 S. 1, 93 Abs. 6 AktG, 52 Abs. 4 GmbHG. Richter unterliegen in besonderem Maße dem Rückschaufehler. Beim Sorgfaltsmaßstab werden Sonderwissen und –fähigkeiten schärfend[214], Mängel hingegen nicht entlastend gewertet[215]. Eine Entlastung durch Vertrauen auf externen Rat ist nur unter strengen Voraussetzungen möglich[216]. Überdies trifft Aufsichtsratsmitglieder eine Gesamtverantwortung, die dazu führt, dass im Grundsatz sämtliche Aufsichtsratsmitglieder für alle Überwachungsaufgaben zuständig sind und für etwaige Fehler haften können. Selbst bei Delegation an Ausschüsse verbleibt mindestens die Pflicht, den jeweiligen Ausschuss zu überwachen[217]. Schließlich können sich Aufsichtsratsmitglieder erst drei Jahre nach Entstehung eines Anspruchs mit der Gesellschaft vergleichen, §§ 116 S. 1, 93 Abs. 4 S. 3 AktG.

Schutz soll die Business Judgment Rule versprechen. *Ph. Scholz* hat indes herausgearbeitet, dass sie kein besonderes Haftungsprivileg darstellt[218]. Jedenfalls bietet sie wegen ihrer Begrenzung auf unternehmerische Aufgaben und der strengen Vorgaben der Rechtsprechung an die zu schaffende Informationsbasis keinen umfassenden Schutz[219].

Da nicht alle diese Aspekte ausführlich aufgegriffen werden können, soll sich der nachfolgende Teil im Detail mit dem Risiko hoher Schäden (A.), der Beweislastumkehr (B.), der langen Verjährung (C.) sowie dem bei der Aufsichtsratshaftung besonders ausgeprägten Rückschaufehler (D.) beschäftigen.

214 BGH, NZG 2011, 1271 – ISION.

215 OLG Düsseldorf, AG 2015, 434; BGH, NJW 1983, 991 – Hertie.

216 BGH, NZG 2011, 1271 – ISION; übertragen auf jeglichen Expertenrat: OLG Hamm, NZG 2022, 662 – Arcandor; zuletzt LG München I, NZG 2024, 1605.

217 *Fleischer*, ZIP 2009, 1397 (1401 f.); MünchKomm-AktG/*Habersack*, 6. Aufl 2023, § 116 Rn. 26; OLG Hamburg, AG 1996, 84 (85); LG München I, NZG 2024, 1605.

218 *Ph. Scholz*, Die existenzvernichtende Haftung von Vorstandsmitgliedern in der Aktiengesellschaft, 2014, S. 70 ff.

219 *Freund*, NZG 2021, 579 (580 f.).

A. Hohe Schäden als systemisches Risiko

Ein Kerngrund für das Haftungsrisiko der Aufsichtsratsmitglieder ist das Risiko hoher Schäden sowie damit gepaart das auch für die Aufsichtsratshaftung geltende Prinzip der Totalreparation: Der Ersatz des gesamten Schadens, der durch das zum Ersatz verpflichtende Ereignis eingetreten ist.

Dass im Rahmen der Organhaftung allgemein ein Risiko für hohe Schäden besteht, ist Folge des rechtsformtypischen Risikos von Kapitalgesellschaften, solche Schäden zu erleiden[220] (I.). Speziell bei Aufsichtsratsmitgliedern kommt es darüber hinaus zu einem organtypischen Risiko, womit gemeint ist, dass immer dann Risiken für hohe Schäden bestehen, wenn der Aufsichtsrat in die Pflicht genommen wird (II.).

I. Rechtsformtypisches Risiko

Kapitalgesellschaften erleiden typischerweise hohe Schäden und bergen damit das Risiko ihrer Organmitglieder, für solche Schäden haften zu müssen. Wesensmerkmal der Kapitalgesellschaft ist die beschränkte Haftung der Gesellschafter[221]. Diese dient dem Zweck, potenzielle Kapitalgeber zu Investitionen anzureizen und damit Kapital einzusammeln[222]. Eine solche Akkumulation von Kapital in einer Unternehmung hat das Ziel, Unternehmen mit größeren Umsatzvolumina zu ermöglichen[223]. Solche Unternehmen führen größere Einzeltransaktionen durch, sie investieren höhere Geldbeträge, nehmen höhere Kredite auf und können höhere Gewinne erzielen. Proportional dazu steigen aber auch die potenziellen Schäden, wenn Geschäfte misslingen, etwa ein Gewinn ausbleibt, § 252 BGB. Dies gilt sowohl für das Unternehmen des haftenden Organs als auch für mit dem Unternehmen kontrahierende Vertragspartner, die typischerweise ähnliche Größen aufweisen. Da Organmitglieder sowohl für die Schäden des eigenen Unternehmens als auch des Vertragspartners haften können, fördern Kapitalgesellschaften das Risiko hoher Schadensersatzleistungen ihrer Organmitglieder[224].

220 So schon *Hemeling*, 69. DJT, N 38; *Schall*, 70. DJT, N 83; *Ph. Scholz*, Die existenzvernichtende Haftung von Vorstandsmitgliedern in der Aktiengesellschaft, 2014, S. 68 ff.; *N. Fischer*, Die existenzvernichtende Vorstandshaftung und ihre Begrenzung durch Satzungsbestimmung, 2018, S. 28 ff.

221 GK-AktG/*Bachmann*, 5. Aufl. 2017, § 1 Rn. 1.

222 GK-AktG/*Bachmann*, 5. Aufl. 2017, § 1 Rn. 3, 71, 92: »Kapitalpumpe«.

223 GK-AktG/*Bachmann*, 5. Aufl. 2017, § 1 Rn. 3.

224 *Ph. Scholz*, Die existenzvernichtende Haftung von Vorstandsmitgliedern in der Aktiengesellschaft, 2014, S. 68 ff.; *N. Fischer*, Die existenzvernichtende Vorstandshaftung und ihre Begrenzung durch Satzungsbestimmung, 2018, S. 28 f.; *Pospiech*, Rechtsfolgen der zivilrechtlichen Organhaftung, 2017, S. 64.

Zudem orientieren sich Strafzahlungen von Unternehmen oft an deren Umsatz oder wirtschaftlicher Kraft. Nimmt eine Gesellschaft für eine solche umsatzorientierte Zahlungspflicht bei natürlichen Personen wie ihren Aufsichtsratsmitgliedern Regress, ist deren hohe Insolvenzgefahr evident[225]. Bekannt ist das Problem vor allem bei staatlichen Bußgeldern. Die Bemessung von Geldbußen orientiert sich an den wirtschaftlichen Verhältnissen eines Unternehmens, der Höchstsatz oft an deren Umsatz. So bemisst sich im Kartellrecht die Höhe einer Geldbuße gemäß § 81d Abs. 2 S. 1 GWB nach den wirtschaftlichen Verhältnissen des Unternehmens. Der Höchstrahmen der Geldbuße beträgt zehn Prozent des durch das Unternehmen im vorausgegangenen Geschäftsjahr erzielten Gesamtumsatzes, § 81c Abs. 2 S. 2 GWB. Ähnliches gilt z.B. im Kapitalmarktrecht[226], im Recht gegen den unlauteren Wettbewerb[227] oder im Datenschutzrecht[228] und die Tendenz zeigt in die Richtung, in Zukunft verstärkt auf umsatzorientierte Geldbußen zu setzen. So setzt auch das neue Lieferkettensorgfaltspflichtengesetz auf entsprechende Geldbußen[229]. Gleiches gilt bei zivilrechtlichen Vertragsstrafen. Vereinbaren Unternehmen Vertragsstrafen, um sich gegenseitig zur Erfüllung ihrer Leistungspflichten anzureizen[230], orientiert sich die Strafhöhe an den jeweiligen wirtschaftlichen Gegebenheiten der Unternehmen. Zumindest für Kartellbußen hat aber der 6. Kartellsenat des OLG Düsseldorf[231] inzwischen die Regressfähigkeit verneint. Es bleibt abzuwarten, ob der BGH sich dem OLG anschließen, zudem die Rechtsprechung in Zukunft auf andere Geldbußen übertragen wird.

Dieses Phänomen, dass den Kapitalgesellschaften ein Risiko großer Schäden innewohnt, wird zu Recht mit Blick auf die AG beschrieben[232], lässt sich in geringerem Maße aber auch auf GmbHs mit Aufsichtsrat übertragen. Zwar sind GmbH-Anteile nicht fungibel, sodass nicht breit gestreut Kapital eingesammelt wird und daher typischerweise mittelständische Unternehmen als GmbH organi-

225 Insofern als »wirtschaftliche Todesstrafe« bezeichnend: *Bayer*, FS K. Schmidt, 2009, 85 (97); *N. Fischer*, Die existenzvernichtende Vorstandshaftung und ihre Begrenzung durch Satzungsbestimmung, 2018, S. 29.

226 Der Höchstrahmen einer Geldbuße beträgt je nach Verstoß bis zu fünfzehn bzw. bis zu zwei Prozent des Gesamtumsatzes: §§ 120 Abs. 18 S. 2 Nr. 1, Nr. 2 WpHG.

227 Der Höchstrahmen einer Geldbuße beträgt bis zu vier Prozent des Jahresumsatzes: § 19 Abs. 2 S. 2 UWG.

228 Der Höchstrahmen einer Geldbuße beträgt bis zu vier Prozent des Gesamtumsatzes: Art. 83 Abs. 4, Abs. 5 DSGVO.

229 §§ 24 Abs. 3 S. 1, 24 Abs. 4 S. 2 LkSG.

230 Zur spezialpräventiven Druckfunktion der Vertragsstrafe: Staudinger/*Rieble*, 2020, Vorb. zu §§ 339 ff. Rn. 25.

231 OLG Düsseldorf, NZG 2023, 1279, Rn. 160 ff, die Revision ist zugelassen.

232 *Ph. Scholz*, Die existenzvernichtende Haftung von Vorstandsmitgliedern in der Aktiengesellschaft, 2014, S. 68 ff.; *Bayer/Ph. Scholz*, NZG 2014, 926 (927); *N. Fischer*, Die existenzvernichtende Vorstandshaftung und ihre Begrenzung durch Satzungsbestimmung, 2018, S. 28 ff.

siert sind[233]. Allerdings kann und wird die Rechtsform der GmbH zum einen dennoch als Rechtsform für Großunternehmen genutzt[234]. So befanden sich 2016 gemessen an der inländischen Wertschöpfung unter den 100 größten deutschen Unternehmen immerhin elf GmbHs oder GmbH & Co. KGs[235]. Zum anderen werden Aufsichtsräte vor allem in mitbestimmten GmbHs eingesetzt[236]. Da die Mitbestimmungsgesetze erst ab Erreichen der Arbeitnehmerschwellen (500[237], 1000[238] bzw. 2000 Arbeitnehmer[239]) Anwendung finden, bestehen auch GmbH-Aufsichtsräte tendenziell in größeren Unternehmen mit entsprechenden Schadensrisiken.

II. Organtypisches Risiko

Daneben tritt für Aufsichtsratsmitglieder ein »organtypisches Risiko«. Damit ist gemeint, dass der Aufsichtsrat immer dann in die Pflicht genommen wird, wenn für die Gesellschaft wirtschaftlich relevante Entscheidungen mit hohem Schadensrisiko anstehen. Für ein Unternehmen ist es zweckmäßig, gerade bei wichtigen Entscheidungen die Kontroll- und Beratungsinstanz Aufsichtsrat einzuschalten, um Fehlentscheidungen der Geschäftsleiter vorzubeugen. Aufsichtsratsmitglieder müssen daher zwar zeitlich deutlich seltener agieren als Geschäftsleiter – dann aber wichtige Entscheidungen treffen. Für den Aufsichtsrat bedeutet dies, dass er immer dann in die Pflicht genommen wird, wenn ein Fehler zu potenziell hohen Schäden führt. Nicht überraschend ist daher die Auswertung von *Ihlas*, wonach das Haftungsrisiko eines Aufsichtsratsmitglieds pro Tag verglichen mit einem Vorstandsmitglied deutlich höher ist[240].

So ist anerkannt, dass sich die Überwachungspflicht nicht auf sämtliche Angelegenheiten der Gesellschaft, sondern nur auf die für die Lage und Entwicklung des Unternehmens bedeutsamen Geschäftsführungsmaßnahmen erstreckt[241]. Bei Geschäften, die wegen ihres Umfangs, der mit ihnen verbundenen Risiken oder ihrer strategischen Funktion für die Gesellschaft besonders essenziell sind, inten-

233 Noack/Servatius/Haas/*Servatius*, 24. Aufl. 2025, Einleitung Rn. 13.
234 Noack/Servatius/Haas/*Servatius*, 24. Aufl. 2025, Einleitung Rn. 14.
235 Hauptgutachten XXII der Monopolkommission: Wettbewerb 2018 Kapitel II Abschnitt 2.2.1 Tabelle II.1.
236 §§ 6 Abs. 1 MitbestG, 1 Abs. 1 Nr. 3 DrittelbG, 1 Abs. 2, 3 Abs. 1 MontanMitbestG; dagegen sieht § 52 Abs. 1 GmbHG den Aufsichtsrat nur fakultativ vor und die Einrichtung eines fakultativen Aufsichtsrats bei kleineren Gesellschaften ist eher selten: Noack/Servatius/Haas/*Kraft*, 24. Aufl. 2025, § 52 Rn. 1; »Ausnahmefall«, Henssler/Strohn/*Henssler*, 6. Aufl. 2024, § 52 GmbHG Rn. 1.
237 § 1 Abs. 1 Nr. 3 DrittelbG.
238 § 1 Abs. 2 MontanMitbestG.
239 § 1 Abs. 1 Nr. 2 MitbestG.
240 *Ihlas*, D&O Directors & Officers Liability, 2. Aufl. 2009, S. 613.
241 Stellvertretend MünchKomm-AktG/*Habersack*, 6. Aufl. 2023, § 111 Rn. 19.

siviert sich die Überwachungspflicht[242]. Auch das vom Aufsichtsrat geforderte Informationsniveau erhöht sich, wenn außergewöhnliche Geschäfte, insbesondere solche mit hohem finanziellem Risiko, getätigt werden sollen[243]. Zudem bezieht sich die Überwachungspflicht des Aufsichtsrats im Grundsatz nur auf Geschäftsleiter und nicht auf sonstige Angestellte im Unternehmen[244]. In größeren Unternehmen können Aufgaben durch die Geschäftsleiter an untere Ebenen delegiert werden. Geschäfte mit außergewöhnlichem Charakter oder besonders hohem Risiko müssen hingegen bei den Geschäftsleitern verbleiben[245], sodass sich auch die Überwachungstätigkeit des Aufsichtsrats insbesondere auf solche Geschäfte bezieht.

Auch die Beratungsfunktion des Aufsichtsrats erstreckt sich vor allem auf die grundlegenden Geschäfte der Gesellschaft[246]. Nach dem DCGK ist der Aufsichtsrat bei Entscheidungen von grundlegender Bedeutung einzubinden[247]. Bei besonders bedeutsamen Entscheidungen reicht eine Rechtmäßigkeitskontrolle der Geschäftsleiter nicht mehr aus, sondern der Aufsichtsrat muss Maßnahmen auch auf Zweckmäßigkeit und Wirtschaftlichkeit prüfen[248].

Dasselbe gilt im Bereich der mitunternehmerischen Aufgaben. Der Aufsichtsrat muss immer dann unternehmerische Entscheidungen treffen, wenn für die Gesellschaft ein Misslingen zu hohen Schäden führt, sodass die Entscheidungen auch für den Aufsichtsrat mit einem hohen Schadensrisiko verbunden sind. So bestehen für den Aufsichtsrat gemäß § 111 Abs. 4 S. 2 AktG zwingende Zustimmungsvorbehalte nur für bestimmte Arten von Geschäften. Der DCGK konkretisiert auch diese als Geschäfte von grundlegender Bedeutung[249]. Zwingend zustimmungspflichtig sind solche Geschäfte, die grundlegende Auswirkung auf Finanz-, Vermögens- und Ertragslage des Unternehmens haben[250]. Auch freiwillige Zustimmungsvorbehalte werden Gesellschafter in der Satzung nur für wichtige Entscheidungen festsetzen. Entsprechend besteht

242 OLG Stuttgart, AG 2012, 298 (300); Schmidt/Lutter/*Drygala*, 5. Aufl. 2024, § 111 Rn. 23; AktG-GK/*Hopt/Roth*, 5. Aufl. 2018, § 111 Rn. 303.

243 OLG Düsseldorf, ZIP 1984, 825 (30); GK-AktG/*Hopt/Roth*, 5. Aufl. 2018, § 116 Rn. 136, 147.

244 Zum Vorstand in der AG: MünchKomm-AktG/*Habersack*, 6. Aufl. 2023, § 111 Rn. 20 f.; zum Geschäftsführer in der GmbH: BeckOK/*C. Jaeger*, GmbHG, § 52 Rn. 28.

245 Zum Delegationsverbot des Vorstands MünchKomm-AktG/*Spindler*, 6. Aufl. 2023, § 76 Rn. 20; entsprechend zum Geschäftsführer: Michalski/Heidinger/Leible/J. Schmidt/*Ziemons*, 4. Aufl. 2023, § 43 Rn. 351.

246 GK-AktG/*Hopt/Roth*, 5. Aufl. 2018, § 116 Rn. 278.

247 Grundsatz 6 Abs. 1 DCGK 2022.

248 GK-AktG/*Hopt/Roth*, 5. Aufl. 2018, § 116 Rn. 258 f., 301.

249 Grundsatz 6 Abs. 2 DCGK 2022.

250 MünchKomm-AktG/*Habersack*, 6. Aufl. 2023, § 111 Rn. 124; *Koch*, 19. Aufl. 2025, § 111 Rn. 59.

der Zustimmungsvorbehalt bei Geschäften mit nahestehenden Personen erst bei solchen Geschäften, deren wirtschaftlicher Wert 1,5 % des Anlage- und Umlaufvermögens des Unternehmens übersteigt, § 111b Abs. 1 AktG.

B. Umkehr der Beweislast – Nähe zur Garantiehaftung

Materiell fördert die Verteilung der Darlegungs- und Beweislast das Haftungsrisiko der Aufsichtsratsmitglieder. Ist streitig, ob Aufsichtsratsmitglieder die Sorgfalt eines ordentlichen und gewissenhaften Geschäftsleiters angewandt haben, so trifft sie, anders als in den USA oder UK[251], die Beweislast, §§ 116 S. 1, 93 Abs. 2 S. 2 AktG[252]. Die klagende Gesellschaft muss nur darlegen und beweisen, dass ein Verhalten des Aufsichtsratsmitglieds möglicherweise pflichtwidrig war und dadurch kausal ein Schaden entstanden ist[253]. Bezüglich des Schadens kann die Gesellschaft sich unter Umständen zudem auf die Beweiserleichterung gemäß § 287 ZPO[254] und bezüglich der Kausalität auf den Beweis des ersten Anscheins berufen[255]. Das Aufsichtsratsmitglied hingegen muss anders als im Rahmen der Vertragshaftung[256] und erst recht der Arbeitnehmerhaftung[257] die fehlende Pflichtwidrigkeit seines Handelns sowie das fehlende Verschulden darlegen und beweisen[258]. Dies gilt auch beim Vorwurf eines Unterlassens[259] und damit beim klassischen Überwachungsverschulden.

I. Keine rechtfertigende Sachnähe der Aufsichtsratsmitglieder

Mit Blick auf Vorstandsmitglieder wird diese Abkehr von den allgemeinen Grundsätzen mit der Sachnähe gerechtfertigt. Diese könnten die Umstände ihres Verhaltens und die Gesichtspunkte, die für eine ordnungsgemäße Ausführung

251 Siehe dazu 2. Teil § 2 B. I. 2., § 4 B. I. 2.
252 Entsprechend in der GmbH: §§ 52 Abs. 1 GmbHG, 1 Abs. 1 Nr. 1 DrittelbG, 25 Abs. 1 S. 1 Nr. 2 MitbestG.
253 BeckOGK/*Fleischer*, AktG, § 93 Rn. 275; BGH, ZIP 2002, 2314 (2315); OLG Stuttgart, NZG 2010, 141.
254 BGH, NJW 2003, 358; BGH, NZG 2008, 314.
255 *Thümmel*, Persönliche Haftung von Managern und Aufsichtsräten, 6. Aufl. 2024, Rn. 228.
256 § 280 Abs. 1 S. 1 BGB erfasst nur das Verschulden und nicht die Pflichtverletzung.
257 Bei Arbeitnehmern besteht auch bzgl. des Verschuldens keine Beweislastumkehr, § 619a BGB.
258 Stellvertretend dazu: BeckOGK/*Fleischer*, AktG, § 93 Rn. 276.
259 So zum Geschäftsführer mit Verweis auf § 93 Abs. 2 S. 2 AktG: BGH, ZIP 2002, 2314 (2316); OLG Stuttgart, Urt. v. 25. November 2009, Az. 20 U 5/09.

ihrer Pflichten sprächen, besser überblicken als die klagende Gesellschaft, die daher regelmäßig in Beweisnot geriete[260].

Diese Argumentation wird schon bei Vorstandsmitgliedern angezweifelt[261]. Sie lässt sich noch damit begründen, dass Geschäftsleiter als Entscheider alle Informationen bündeln, die Aktionäre aufgrund ihrer Struktur hingegen kaum Einblicke haben und auch der bei der Klage vertretungsberechtigte Aufsichtsrat nicht den Kenntnistand des Vorstands innehat[262]. Ob jedoch ein Aufsichtsratsmitglied, das seine Informationen primär von den Geschäftsleitern erhält, besseren Zugriff auf die notwendigen Informationen hat, als die Gesellschaft, ist zu bezweifeln. Denn auf Seiten der Gesellschaft stehen ebenjene Geschäftsleiter, welche die Informationen bündeln.

II. Nähe zur Garantiehaftung nach Ausscheiden aus dem Amt

Eine Beweislastumkehr stellt schon für sich genommen eine Haftungsverschärfung dar. Im Fall der Aufsichtsratshaftung rückt die Beweislastumkehr die Innenhaftung jedoch in die Nähe einer Garantiehaftung[263]. Ist das Aufsichtsratsmitglied im Zeitpunkt der Klageerhebung noch im Amt, kann es die fehlende Pflichtwidrigkeit noch durch Notizen, E-Mails, Korrespondenz oder Geschäftsunterlagen nachweisen[264]. Die Nähe zur Garantiehaftung rührt daher, dass die meisten Prozesse gegen Aufsichtsratsmitglieder erst deutlich nach deren Ausscheiden aus dem Amt geführt werden (1.). In diesem Fall gilt weiterhin die Beweislastumkehr, obwohl das Aufsichtsratsmitglied nicht mehr die zur Verteidigung erforderlichen Unterlagen besitzt (2.) und keinen ausreichenden Anspruch auf Herausgabe der Unterlagen gegen die klagende Gesellschaft hat (3.).

1. Späte Klageerhebung nach Ausscheiden aus dem Amt

Die Gründe dafür, dass regelmäßig erst spät und deutlich nach dem Ausscheiden der Aufsichtsratsmitglieder Klage erhoben wird, sind vielfältig:

Pflichtverletzungen werden oft erst mehrere Jahre später aufgedeckt[265] und die Aufarbeitung von Ansprüchen gegen Aufsichtsratsmitglieder bereitet allein

260 BGH, ZIP 2002, 2314 (2315); OLG Stuttgart, NZG 2010, 141; BeckOGK/*Fleischer*, AktG, § 93 Rn. 274.

261 *Krieger*, FS Uwe H. Schneider, 2011, 717 (718 f.); *Danninger*, Organhaftung und Beweislast, S.58.

262 *Groh*, ZIP 2021, 724 (725 f.).

263 So auch *Thümmel*, Persönliche Haftung von Managern und Aufsichtsräten, 6. Aufl. 2024, Rn. 228; *Bachmann*, ZIP 2014, 579 (582).

264 So auch *Grooterhorst*, AG, 2011, 389.

265 Siehe etwa die Zeiträume in: BGH, Urt. NZG 2018, 1301; BGH NJW 2009, 68; OLG Düsseldorf, WM 2000, 1393; OLG Stuttgart, AG 2010, 133; OLG Hamm, NZG 2022, 662 – Arcandor; LG München I, NZG 2014, 345 – Siemens/Neubürger.

wegen der Größe von Unternehmen mit Aufsichtsrat[266] und der Komplexität der Sachverhalte großen Aufwand. Häufig müssen durch spezialisierte Kanzleien Unmengen von internen Dokumenten und Daten durchforstet und analysiert werden, bevor entschieden werden kann, ob Ansprüche geltend gemacht werden. Erst darauf folgt der langwierige Prozess an sich. Beispielhaft aus neuerer Zeit sei auf die Aufarbeitung des Dieselskandals im VW-Konzern hingewiesen. Dort dauerte es allein von der Aufdeckung des Skandals 2015 bis zur Entscheidung über die Klageerhebung gegen den Vorstand mehr als sechs Jahre[267]. Bei Schadensersatzansprüchen gegen Aufsichtsratsmitglieder wegen Überwachungsverschuldens kommt hinzu, dass die Verfahren sich meist erst an die Verfahren gegen die aktiv handelnden Geschäftsleiter anschließen und daher durch diese weiter nach hinten geschoben werden[268].

Darüber hinaus sind Vorstandsmitglieder während der Amtszeit der Aufsichtsratsmitglieder auf Grund ihrer Abhängigkeit vom Aufsichtsrat oft gehemmt, Ansprüche geltend zu machen, sodass dies meist erst nach dem Ausscheiden der Organmitglieder durch neue Vorstandmitglieder, infolge eines Wechsels des Mehrheitsgesellschafters oder durch den Insolvenzverwalter geschieht[269].

Schließich ermöglicht die Verjährungszeit von fünf, in börsennotierten Gesellschaften sogar zehn Jahren, §§ 116, 93 Abs. 6 AktG, 52 Abs. 4 GmbHG[270], eine späte Verfolgung[271]. Speziell für den Fall der pflichtwidrigen Nichtverfolgung von Ansprüchen gegen Geschäftsleiter verdoppelt sich die Verjährungsfrist sogar auf bis zu zwanzig Jahre[272]. Hinzu kommen nicht selten Verjährungsverzichte[273].

266 Vor allem AGs oder GmbHs, welche die Arbeitnehmergrenzen zur Mitbestimmung übersteigen, fakultative Aufsichtsräte sind selten.

267 2021 wurden Vergleiche mit den Vorstandsmitgliedern abgeschlossen: *Germis*: »VW schließt den Dieselskandal ab«, FAZ online v. 22. Juli 2021; *Tödtmann/Rother/Böhmer*: »Wer haftet, wenn Manager versagen?«, WirtschaftsWoche online v. 14. März 2016.

268 *Reichert/Suchy*, NZG 2017, 88 (89).

269 Parallel dazu beim Vorstand: BeckOGK/*Fleischer*, AktG, § 93 Rn. 7; *Baums*, ZHR 2010, 593 (599).

270 Entsprechendes gilt über die Verweise auch für den obligatorischen Aufsichtsrat in mitbestimmten GmbHs.

271 *Groh*, ZIP 2021, 724 (726).

272 Siehe dazu 1. Teil § 3 C.

273 *Thomas*, AG 2016, 473: »große praktische Bedeutung«; *Groh*, ZIP 2021, 724 (726); *Schnorbus/Klormann*, NZG 2015, 938; zur Veranlassung durch den Versicherer: *Freund*, NZG 2018, 1361 (1367).

2. Beweislastumkehr trotz fehlender Unterlagen zur Verteidigung

Die Beweislastverteilung gilt nach Rechtsprechung und Schrifttum uneingeschränkt auch nach dem Ausscheiden aus dem Amt[274]. In diesen Fall stellt der Entlastungsnachweis die Aufsichtsratsmitglieder vor Probleme[275]. Denn Aufsichtsratsmitglieder müssen gemäß den §§ 666 ff. BGB alle Geschäftsunterlagen, gleich ob geheimhaltungsbedürftig oder nicht, einschließlich etwaiger Mehrfertigungen und Ablichtungen nach dem Ausscheiden an die Gesellschaft herausgeben[276]. Hierbei müssen sie der Gesellschaft aktiv Auskunft über die bei ihnen vorhanden Unterlagen erteilen, §§ 675, 666, 667 BGB[277]. Ohne diese Unterlagen ist ein Entlastungsbeweis kaum zu führen. Die Vorwürfe in großen Unternehmen beruhen oft auf komplizierten wirtschaftlichen Geschäftsvorgängen, die ohne Einsicht und Auswertung einer Vielzahl an Dokumenten und Schriftstücken nicht nachvollziehbar sind, sodass auch eine entsprechende Verteidigung Kenntnis und Auswertung dieser Dokumente voraussetzt.

Die klagende Gesellschaft hingegen hat Einsicht in alle im Unternehmen gespeicherten und archivierten Dokumente. Infolge von Digitalisierung[278], moderner Software und ggf. der Beiziehung spezialisierter Kanzleien kann die Gesellschaft die Datensätze systematisch auf anspruchsbegründendes Material untersuchen[279].

3. Anspruch auf Einsicht in Unterlagen zur Verteidigung entschärft Haftungsrisiko kaum

Die Rechtsprechung versucht diese Ungerechtigkeit dadurch zu entschärfen, dass sie den Aufsichtsratsmitgliedern im Fall der Klageerhebung einen Anspruch auf Einsicht in alle zur Verteidigung erforderlichen Unterlagen zubilligt[280]. Der An-

274 BGH, Urt. v. 04. November 2002 – II ZR 224/00; OLG Stuttgart, Urt. v. 25. November 2009 – 20 U 5/09; LG München I, NZG 2024, 1605; *Fleischer/Danninger*, AG 2020, 193 (198); *Bachmann*, FS Thümmel 2020, 27 (31 f.); Krieger/Schneider/*Born*, 4. Aufl. 2023, § 16 Rn. 16.34; *Koch*, 19. Aufl. 2025, § 93 Rn. 108; MünchKomm-AktG/*Spindler*, 6. Aufl. 2023, § 93 Rn. 235; a.A. teleologische Reduktion: *Foerster*, ZHR 2012, 221 (230 ff.).

275 Melot de Beauregard/Lieder/Liersch/*Humrich*, § 4 Rn. 345 ff.; Spätestens nun keine Sachnähe mehr: *Foerster*, ZHR 2012, 221 (223 ff.).

276 BGH, Beschl. v. 07. Juli 2008 – II ZR 71/07; zur Kritik an dieser Rechtsprechung: *von Schenk*, 70. DJT 2014, N 161.

277 BGH, Beschl. v. 07. Juli 2008 – II ZR 71/07; siehe auch *Deilmann/Otte*, BB 2011, 1291 (1292).

278 Darauf verweisen auch *Haarmann/Weiß*, BB 2014, 2015 (2018); *Haarmann*, 70. DJT 2014, N 97; *J. Vetter*, 70. DJT 2014, N 110.

279 *Danninger*, Organhaftung und Beweislast, S. 59.

280 BGH, Urt. v. 04. November 2002 – II ZR 224/00; BGH, Beschl. v. 07. Juli 2008 – II ZR 71/07; OLG Stuttgart, Urt. v. 25. November 2009 – 20 U 5/09.

spruch folgt aus § 810 BGB[281] sowie der nachwirkenden Treuepflicht[282]. Vereinzelt wird auch erwogen, Auskunftsansprüche auf Art. 15 Abs. 1, 2 DSGVO zu stützen[283].

Der Herausgabeanspruch entschärft das Haftungsrisiko der Aufsichtsratsmitglieder jedoch nur unzureichend. Denn überwiegend wird der Umfang des Herausgabeanspruchs so beschränkt, dass Aufsichtsratsmitglieder keine echte Verteidigung aufbauen können. In der bisherigen Rechtsprechung wird der Umfang kaum konkretisiert. Das Organmitglied habe ein Recht auf Einsicht in die für die Pflichtverletzung »maßgeblichen Unterlagen«[284] bzw. soweit diese »zu seiner Verteidigung erforderlich«[285] sind. Das LG München legt einen strengen Maßstab an und führt aus, dass das »Vorstandsmitglied nachvollziehbar darlegen« müsse, »welche Unterlagen es einsehen möchte und warum es glaubt, aus den ihm dann vorgelegten Unterlagen zur Rechtsverteidigung geeignete Informationen zu erlangen«[286]. In der Literatur ist man sich nur einig, dass kein Einsichtsrecht für interne Dokumente bestehe, welche die Gesellschaft im Zusammenhang mit der Klageerhebung erstellt hat. Zu denken ist an: interne Untersuchungsprotokolle, Mitarbeiterbefragungen oder Haftungsgutachten[287].

Darüber hinaus ist die Reichweite umstritten. Einige Stimmen in der Literatur sprechen sich für einen weiten Anspruch aus. Das Organmitglied habe Anspruch auf Einsicht in alle Unterlagen und könne selbst die Mitarbeiter des Unternehmens befragen[288]. Teilweise soll einschränkend die Gesellschaft darlegen und beweisen können, dass bestimmte Unterlagen nicht erforderlich seien. Diese seien dann vom Anspruch ausgeklammert[289]. Vereinzelt wird der weite Anspruch zeitlich auf Unterlagen beschränkt, auf die das Organmitglied während seiner Amtsausübung zugreifen konnte[290], wobei dagegen zu Recht angeführt wird, dass auch Unterlagen nach Amtsbeendigung, beispielsweise zur Darlegung

281 *Krieger*, FS Uwe H. Schneider, 2011, 717 (722 ff.); LG München I, NZG 2024, 1605.

282 Stellvertretend BeckOGK/*Fleischer*, AktG, § 93 Rn. 279.

283 Dafür *Korch/Chatard*, NZG 2020, 893; dagegen: *Reichert/Groh*, NZG 2021, 1381; KK-AktG/*Cahn*, 4. Aufl. 2023, § 93 Rn. 165; LG München I, NZG 2024, 1605.

284 BGH, ZIP 2008, 1821 (1822).

285 Zum Geschäftsführer in der GmbH: BGH, ZIP 2002, 2314 (2316).

286 LG München I, NZG 2024, 1605.

287 *Ruchatz*, AG 2015, 1 (3); *Deilmann*/Otte, BB 2011, 1291 (1293); *Krieger*, FS Uwe H. Schneider, 2011, 717 (727); Schmidt/Lutter/*Sailer-Coceani*, 5. Aufl. 2024, § 93 Rn. 44; *Groh*, ZIP 2021, 724 (728 f.); Melot de Beauregard/Lieder/Liersch/*Humrich*, § 4 Rn. 346; a.A. nur *Bachmann*, FS Thümmel 2020, 27 (36 f.).

288 *Rieger*, FS Peltzer 2001, 339 (352); *Foerster*, ZHR 2012, 221 (235); *Bachmann*, FS Thümmel 2020, 27 (35); Melot de Beauregard/Lieder/Liersch/*Bayer*/*Scholz*, § 3 Rn. 462: ohne Anspruch auf Mitarbeiterbefragung.

289 *Foerster*, ZHR 2012, 221 (236); *Groh*, ZIP 2021, 724 (728 ff.); *Bachmann*, FS Thümmel 2020, 27 (35).

290 *Ruchatz*, AG 2015, 1 (3).

des Schadensverlaufs und eines späteren Mitverschuldens der Gesellschaft, erforderlich sind[291].

Die meisten Stimmen sind hingegen deutlich restriktiver und verlangen eine Bestimmung der Dokumente durch das Organmitglied. So wird angenommen, dass das beklagte Organ die Unterlagen hinreichend bestimmen müsse[292]. Andere fordern, dass das Organmitglied einen Zusammenhang zwischen dem seiner Inanspruchnahme zugrundeliegenden Sachverhalt und den angeforderten Geschäftsunterlagen herstellen müsse[293]. Wieder andere Stimmen sind noch strenger. So sei das Recht auf solche Unterlagen beschränkt, die für die Beurteilung des Pflichtvorwurfs unmittelbar relevant sind[294]. Ferner müsse das Organmitglied nachvollziehbar darlegen, welche Unterlagen es einsehen wolle und warum es glaube, aus den Unterlagen für seine Verteidigung notwendige Informationen gewinnen zu können[295]. Mitunter wird sogar verlangt, dass das Organmitglied konkret darlegen müsse, welche Information es aus den Dokumenten gewinnen wolle, dass die Information in dem Dokument enthalten sei und warum sie für die Rechtsverteidigung hilfreich sei[296]. Die Befragung von Mitarbeitern wird von den restriktiven Stimmen abgelehnt[297].

Alle restriktiven Ansätze, welche zur Geltendmachung des Einsichtsanspruchs eine konkrete Darlegung des Aufsichtsratsmitglieds einfordern, entschärfen das Haftungsrisiko der Aufsichtsratsmitglieder aber kaum. Um entsprechende Dokumente zu bestimmen und einen Zusammenhang mit dem der Inanspruchnahme zugrunde liegenden Sachverhalt oder eine Relevanz für die Bedeutung des Pflichtenvorwurfs herzustellen, muss das Aufsichtsratsmitglied zunächst Kenntnis von der Existenz der entsprechenden Unterlagen haben. Die meisten Unterlagen wird das Aufsichtsratsmitglied aber nicht kennen und sich erst recht nicht im Zeitpunkt der Klageerhebung noch daran erinnern.

Prozesse finden regelmäßig erst Jahre nach Begehung der Pflichtverletzung statt, sodass Erinnerungen an einzelne Dokumente verblassen[298]. Denn Aufsichtsratsmitglieder haben nach Gesetz (§ 100 Abs. 2 Nr. 1 AktG) und Praxis oft mehrere Aufsichtsmandate inne[299] und das Aufsichtsratsamt ist als Nebenamt konzipiert[300]. Im Gegensatz zu Geschäftsleitern stellt die Aufsichtsratstätigkeit nicht die einzige Tätigkeit dar. Wird man daher bei den Geschäftsleitern

291 *Groh*, ZIP 2021, 724 (728).
292 *Deilmann/Otte*, BB, 2011, 1291 (1293); wohl auch *Thümmel*, Persönliche Haftung von Managern und Aufsichtsräten, 6. Aufl. 2024, Rn. 228a.
293 *Grooterhorst*, AG 2011, 389 (396); MünchKomm-AktG/*Spindler*, 6. Aufl. 2023, § 93 Rn. 235.
294 Schmidt/Lutter/*Sailer-Coceani*, 5. Aufl. 2024, § 93 Rn. 44.
295 Schmidt/Lutter/*Sailer-Coceani*, 5. Aufl. 2024, § 93 Rn. 44.
296 *Krieger*, FS Uwe H. Schneider, 2011, 717 (726).
297 *Krieger*, FS Uwe H. Schneider, 2011, 717 (728).
298 *Danninger*, Organhaftung und Beweislast, S. 58 f.; *Hopt*, 70. DJT 2014, N 129.
299 Siehe dazu 3. Teil § 2 A. III; wenngleich diese Tendenz rückläufig ist.
300 Stellvertretend MünchKomm-AktG/*Habersack*, 6. Aufl. 2023, § 100 Rn. 22.

ggf. noch unterstellen können, dass sie die zur Verteidigung erforderlichen Unterlagen noch kennen und bestimmen können[301], ist eine solche Sichtweise bei Aufsichtsratsmitgliedern Fiktion.

Hinzu kommt, dass Prozesse in Großunternehmen oft nicht an einzelnen Dokumenten hängen, sondern an einer Gesamtschau mehrerer interner Berichte, Gutachten, Auskünfte und Korrespondenzen. E-Mail-Verteiler und der unternehmensinterne Diskurs sind verzweigt[302]. Es ist kaum vorstellbar, eine solche Anzahl von Dokumenten nach Jahren noch bestimmen zu können. Erst recht gilt dies, wenn sogar dargelegt werden soll, welche Information sich in welchem Dokument befinden soll[303]. Auch trägt die enorme Anzahl an Informationen, die Organe im Rahmen ihrer Amtsausübung erhalten, dazu bei, dass sie später Schwierigkeiten haben, sich an einzelne Dokumente zu erinnern. Dieses Problem tritt bei der Aufsichtsratshaftung systematisch auf, da Aufsichtsräte vor allem in AGs oder mitbestimmten GmbHs[304], also meist größeren Unternehmen, eingesetzt werden.

Überdies beruht die Pflichtverletzung von Aufsichtsratsmitgliedern regelmäßig auf einem Unterlassen potenziell erforderlicher Überwachungsmaßnahmen. Die Entlastung von Unterlassungsvorwürfen ist ohne umfassende Einsichtsrechte aber besonders schwierig[305]. Wirft man dem Aufsichtsratsmitglied nachträglich vor, etwas übersehen zu haben, wird das Aufsichtsratsmitglied kaum Kenntnis von Dokumenten haben, die Umstände darlegen könnten, aus denen sich ergibt, dass es kein Verschulden trifft. Da es im Zeitpunkt der potenziellen Pflichtverletzung bei einem »Übersehen« kein Bewusstsein für eine Pflichtverletzung hat, wird es auch später keine besondere Erinnerung an diesen Zeitabschnitt und damit an entlastende Dokumente oder Informationen haben. Dasselbe gilt, wenn die Pflichtverletzung auf einer nicht ausreichenden Überwachung eines Ausschusses beruht und das Aufsichtsratsmitglied daher mit der inhaltlichen Aufgabe nicht direkt befasst war. Gleichzeigt bedarf die Entlastung von einer Unterlassung aber einer besonders aufwendigen Rekonstruktion der damaligen Geschehensabläufe.

Fast aussichtslos wird das Unterfangen der Entlastung, wenn bewiesen werden soll, dass der Schaden auch bei pflichtgemäßen Alternativverhalten, im Falle des Unterlassens bei Vornahme der gebotenen Handlung, eingetreten wäre. Die Darstellung eines solches Szenarios erfordert eine umfassende Darlegung

301 Dies setzen einige Autoren als Prämisse voraus: *Fleischer/Danninger*, AG 2020, 193 (198); GK-AktG/*Hopt/Roth*, 5. Aufl. 2014, § 93 Rn. 426.

302 *Reuter*, ZIP 2016, 597 (598); GK-AktG/*Hopt/Roth*, 5. Aufl. 2014, § 93 Rn. 448.

303 *Hopt*, 70. DJT 2014, N 129.

304 Fakultative Aufsichtsräte sind bei kleineren Gesellschaften eher selten: Noack/Servatius/Haas/*Kraft*, 24. Aufl. 2025, § 52 Rn. 1; Henssler/Strohn/*Henssler*, 6. Aufl. 2024, § 52 GmbHG Rn. 1: »Ausnahmefall«.

305 Ähnlich zu Unterlassungsvorwürfen beim Vorstand: *Bachmann*, ZIP 2014, 579 (582); GK-AktG/*Hopt/Roth*, 5. Aufl. 2014, § 93 Rn. 448.

von internen Dokumenten, um zu zeigen, wie Geschäftsleiter auf zusätzliche Überwachungsmaßnahmen reagiert hätten. So könnte beispielweise die Notwendigkeit bestehen, auch interne Korrespondenz zwischen Geschäftsleitern und anderen unverklagten Aufsichtsratsmitgliedern als Nachweis anzuführen, die das Aufsichtsratsmitglied selbst nie gesehen hat.

Solange mit der überwiegenden Ansicht die Herausgabe der Dokumente und Informationen davon abhängt, ob das Aufsichtsratsmitglied diese bestimmen und mit dem Prozess in Verbindung bringen kann, besteht die Gefahr, diese Dokumente nicht anfordern zu können. Geboten sind stattdessen die weniger restriktiven Ansichten, die ein umfassendes Recht auf Einsicht in alle Dokumente gewähren. Den Geheimhaltungsinteressen der Gesellschaft kann dadurch Rechnung getragen werden, dass sie einzelne Dokumente ausschließen kann, soweit diese keine Relevanz für die Verteidigung haben. Zudem unterliegt das Aufsichtsratsmitglied weiterhin seiner Verschwiegenheitspflicht[306] und die Offenlegung von Geheimnissen durch den Prozess kann durch Schiedsklauseln verhindert werden. Technisch könnte dies so funktionieren, dass dem Organmitglied ein Blick in einen abgeschotteten Datenraum mit allen Dokumenten gewährt wird. Anschließend kann das Organmitglied eine Liste mit allen benötigten Dokumenten erstellen[307]. Darauf kann die Gesellschaft reagieren.

Schließlich besteht, selbst wenn die Rechtsprechung dem Aufsichtsratsmitglied eine umfassende Einsichtnahme in sämtliche Dokumente gewähren sollte, infolge der Verjährungszeit von bis zu zwanzig Jahren[308] nicht die Gewähr, dass alle Dokumente noch vorhanden sind[309]. So betragen die Aufbewahrungsfristen verschiedener Geschäftsdokumente sechs oder zehn Jahre (§§ 257 Abs. 4 HGB, 147 Abs. 3 AO) und können daher noch vor Ablauf der Verjährungsfrist vernichtet werden[310]. Auch elektronische Dokumente wie E-Mails oder interner Schriftverkehr dürfte aus faktischen Gründen nach langer Zeit nicht vollständig auffindbar sein. Fehlen die Dokumente, kann das Aufsichtsratsmitglied keine Verteidigung aufbauen. Auch dieses »Dokumentationsverlustrisiko« trägt das Aufsichtsratsmitglied, soweit dem nicht wie vereinzelt gefordert mit einer »dynamischen Handhabung« der Beweisregel[311] begegnet wird.

306 *Bachmann*, FS Thümmel 2020, 27 (35).
307 *Groh*, ZIP 2021, 724 (730).
308 Siehe dazu 1. Teil § 3 C.
309 Zu diesem Problem auch: *Foerster*, ZHR 2012, 221 (237).
310 *Koch*, 19. Aufl. 2025, § 93 Rn. 112.
311 *Koch*, 19. Aufl. 2025, § 93 Rn. 112.

C. Lange Verjährung der Ansprüche gegen Aufsichtsratsmitglieder

Ein weiterer Grund für die hohen Haftungsrisiken der Aufsichtsratsmitglieder ist die lange Verjährung. Die Aufsichtsratshaftung kennt nur eine kenntnisunabhängige Verjährungsfrist von fünf[312], bei börsennotierten Unternehmen und Kreditinstituten zehn Jahren, §§ 116 S. 1, 93 Abs. 6 AktG, 52a Abs. 1 KWG[313]. Die Dauer der Verjährung hat für die Aufsichtsratshaftung wegen der regelmäßig späten Geltendmachung[314] hohe praktische Relevanz. Beispielsweise der Arbeitskreis des VGR forderte jüngst eine Streichung der zehnjährigen Verjährungsfrist für börsennotierte AGs[315].

I. Doppelte Verjährung bei Nichtverfolgung von Ansprüchen gegen Vorstandsmitglieder in der AG

Besonders lang ist die Verjährungsfrist in der klassischen Konstellation, in der ein Aufsichtsratsmitglied es pflichtwidrig versäumt, Schadensersatzansprüche gegen Vorstandsmitglieder durchzusetzen, wozu es nach der ARAG/Garmenbeck-Rechtsprechung verpflichtet ist[316]. Nach der Easy-Software-Entscheidung des BGH beginnt die Verjährungsfrist in dieser Konstellation erst dann, wenn die nicht verfolgten Ansprüche gegen die Vorstandsmitglieder ihrerseits nicht mehr durchsetzbar, vor allem also verjährt sind[317].

Im Ergebnis führt diese Rechtsprechung zu einer Verdopplung der Verjährungsfrist auf zehn bzw. bei Börsennotierung sogar zwanzig Jahre[318]. Denn diese Rechtsprechung gilt auch dann, wenn das Aufsichtsratsmitglied bereits pflichtwidrig an der Pflichtverletzung des Vorstands beteiligt war[319]. In diesem Fall läuft zunächst für die ursprüngliche Beteiligung an der Pflichtverletzung durch das Aufsichtsratsmitglied und parallel für die Pflichtverletzung des Vorstands die fünf- oder zehnjährige Verjährungsfrist ab. Anschließend beginnt für

312 Für die GmbH entsprechend: §§ 52 Abs. 4 GmbHG, 25 Abs. 1 Nr. 2 MitbestG, 1 Abs. 1 Nr. 3 DrittelbG.

313 Im Vergleich zum allgemeinen Zivilrecht: Regelmäßige Verjährung von drei Jahren ab Kenntnis/grob fahrlässiger Unkenntnis, §§ 195, 199 Abs. 1 Nr. 2 BGB. Daneben objektive kenntnisunabhängige Verjährungsfrist von zehn Jahren, § 199 Abs. 3 S. 1 Nr. 1 BGB.

314 Siehe dazu 1. Teil § 3 B. I. 1.

315 *Bachmann/Goette*, Reformbedarf im Aktienrecht 2024, § 11, 275 (296).

316 BGH, NJW 1997, 1926 – ARAG/Garmenbeck.

317 BGH, NZG 2018, 1301 – Easy-Software; bestätigt durch OLG Hamm, Urt. v. 06. April 2022, Az. 8 U 73/12 = BeckRS 2022, 7597, Rn. 250 – Arcandor.

318 So auch: *Cahn*, ZHR 2020, 297 (305); *Schockenhoff*, AG 2019, 745 (747); *Bayer/Scholz*, NZG 2019, 201 (202, 208).

319 BGH, NZG 2018, 1301, Rn. 28 ff.

das Aufsichtsratsmitglied aber erneut die fünf- oder zehnjährige Verjährungsfrist wegen Nichtverfolgung der Ansprüche gegen die Vorstandsmitglieder.

Im Falle einer Beteiligung an der Pflichtverletzung des Vorstands wird das Aufsichtsratsmitglied aber keine Ansprüche gegen den Vorstand geltend machen, sodass immer die zweite Verjährungsfrist zu laufen beginnen wird. Denn *Cahn* weist zu Recht daraufhin, dass ein Aufsichtsratsmitglied ohne neue Hinweise seine ursprüngliche Überwachungspflichtverletzung nicht erkennen und daher auch nicht später Ansprüche gegen den Vorstand verfolgen wird[320]. Außerdem dürfte ein Aufsichtsratsmitglied, selbst wenn es nachträglich Kenntnis von der Pflichtverletzung des Vorstands erlangt, vor einer Verfolgung zurückschrecken, um nicht mittelbar das eigene Überwachungsverschulden zu offenbaren.

In der Easy-Software-Entscheidung hatte der Vorstand an ein Aufsichtsratsmitglied unzulässige Zahlungen geleistet. Schadensersatzansprüche gegen die Vorstandsmitglieder wegen unzulässiger Auszahlungen sowie Rückzahlungsansprüche und Schadensersatzansprüche gegen das Aufsichtsratsmitglied wegen Annahme der Zahlungen waren unstreitig verjährt. Entscheidend war nur, ob ein Schadensersatzanspruch gegen das Aufsichtsratsmitglied wegen Nichtverfolgung der inzwischen verjährten Schadensersatzansprüche gegen die Vorstandsmitglieder ebenfalls verjährt ist. Der BGH verneinte dies.

1. Verjährungsbeginn im Zeitpunkt der Verjährung der Ansprüche gegen die Vorstandsmitglieder

Allgemein richtet sich der Beginn der Verjährung von Organhaftungsansprüchen nach § 200 BGB und damit nach der Entstehung des Schadensersatzanspruchs[321]. Ein Schadensersatzanspruch ist entstanden, sobald erstens der Gläubiger in der Lage ist, seinen Anspruch gerichtlich geltend zu machen, also mit Eintritt des durch die Verletzungshandlung verursachten Schadens dem Grunde nach, ohne dass der Schaden schon bezifferbar sein muss[322]. Zweitens muss jedenfalls nach der überwiegenden Ansicht die pflichtwidrige Handlung beendet sein[323]. Der Ersatzanspruch kann folglich nicht vor Abschluss der pflichtwidri-

320 *Cahn*, ZHR 2020, 297 (319).

321 AG: BeckOGK/*Fleischer*, AktG, § 93 Rn. 367; Grigoleit/*Grigoleit/Tomasic*, 2. Aufl. 2020, § 93 Rn. 102; Hölters/Weber/*Hölters/Hölters*, 4. Aufl. 2022, § 93 Rn. 323; *Koch*, 19. Aufl. 2025, § 93 Rn. 177; GmbH: *Altmeppen*, 11. Aufl. 2023, § 52 Rn. 45; Michalski/Heidinger/Leible/J. Schmidt/*Giedinghausen*, 4. Aufl. 2023, § 52 Rn. 316.

322 BGH, NZG 2018, 1301; OLG Stuttgart, AG 2010, 133; Grüneberg/*Ellenberger*, 84. Aufl. 2025, § 199 Rn. 3, 14 f.

323 Rechtsprechung: LG München I, NZG 2014, 345 – Siemens/Neubürger; LG Essen, NZG 2012, 1307 – Arcandor; herrschende Literatur: *Harbarth/Jaspers*, NZG 2011, 368 (370); *Harbarth/Höfer*, NZG 2016, 686 (689); Hölters/Weber/*Hölters/Hölters*, 4. Aufl. 2022, § 93 Rn. 324; GK-AktG/*Hopt/Roth*, 5. Aufl. 2014, § 93 Rn. 593;

gen Handlung, aber bei zeitlich verzögerten Schäden nach Abschluss der Handlung entstehen[324].

Umstritten ist die Bestimmung des Beginns bei schädigendem Dauerverhalten, worunter auch die pflichtwidrige Unterlassung fällt – etwa notwendiger Überwachungsmaßnahmen oder eben der Verfolgung von Schadensersatzforderungen gegen Vorstandsmitglieder. Der BGH differenziert für fortdauernde Unterlassungen danach, ob das Unterlassen als eine einheitliche Dauerhandlung zu betrachten sei, oder ob mehrere, sich wiederholende Eingriffe vorlägen. Bei einer einheitlichen Dauerhandlung beginne die Verjährung nicht, solange der Eingriff noch andauere[325]. Nach Ansicht der Literatur ist dies der Fall, bis die Handlung nicht mehr nachgeholt werden könne[326], was der Fall sei, wenn dem Handlungsgebot aus rechtlichen oder tatsächlichen Gründen nicht mehr entsprochen werden könne[327]. Bei mehreren sich wiederholenden Unterlassungen beginnt die Verjährung nach Ansicht des BGH dagegen für jeden in Folge der Unterlassung eintretenden Schaden gesondert[328].

In der Easy-Software-Entscheidung hat der BGH diese Differenzierung dahinstehen lassen. Nach Ansicht des BGH beginne die Verjährung des Schadensersatzanspruchs gegen das Aufsichtsratsmitglied wegen Nichtverfolgung der Ansprüche gegen die Vorstandsmitglieder erst im Zeitpunkt der Verjährung der Schadensersatzansprüche gegen die Vorstandsmitglieder (Primärforderung). Dieser Zeitpunkt gelte sowohl bei Annahme einer einheitlichen Dauerhandlung als auch bei Annahme wiederholender Eingriffe[329].

Dies beruht auf dem Gedanken, dass bei Annahme einer Dauerhandlung die Nichtverfolgung erst mit Eintritt der Verjährung der Primärforderung beendet sei[330]. Bei Annahme wiederholender Unterlassungen hingegen trete der erforderliche Schaden erst mit Eintritt der Verjährung der Primärforderung ein[331]. Der BGH begründet dies damit, dass die Nichtverfolgung der Primärforderung zwar bereits Zins- und Verzögerungsschäden auslösen könne. Erst die Verjährung aber führe zur Nichtdurchsetzbarkeit und damit zum Wegfall des Ersatzanspruchs gegen die Vorstandsmitglieder und damit zum Schaden[332].

MünchKomm-AktG/*Spindler*, 6. Aufl. 2023, § 93 Rn. 356; KK-AktG/*Cahn*, 4. Aufl. 2023, § 93 Rn. 224; a.A. *Guntermann*, NZG 2018, 851 (853); *Goj*, ZIP 2019, 447 (448).

324 Zutreffend *Harbarth/Jaspers*, NZG 2011, 368 (369).

325 BGH, NZG 2018, 1301, Rn. 18.

326 So die inzwischen h.M.: *Harbarth/Jaspers*, NZG 2011, 368 (370); BeckOGK/*Fleischer*, AktG, § 93 Rn. 370; Hölters/Weber/*Hölters/Hölters*, 4. Aufl. 2022, § 93 Rn. 325; *Koch*, 19. Aufl. 2025, § 93 Rn. 179.

327 *Harbarth/Jaspers*, NZG 2011, 368 (370).

328 BGH, NZG 2018, 1301, Rn. 18.

329 BGH, NZG 2018, 1301, Rn. 19.

330 BGH, NZG 2018, 1301, Rn. 20.

331 BGH, NZG 2018, 1301, Rn. 21.

332 BGH, NZG 2018, 1301, Rn. 22.

2. Zwei Fragestellungen dieser Entscheidung

Der durch den BGH zu entscheidende Rechtsstreit beinhaltete insbesondere zwei Fragestellungen, die die Rechtsprechung in ähnlicher Weise schon zuvor beschäftigt hatten. Die erste Fragestellung war, ob ein Schaden bereits durch Auszahlung der Gelder durch den Vorstand eingetreten war und die Nichtverfolgung etwaiger Ersatzansprüche gegen den Vorstand wirtschaftlich denselben Schaden darstellte. Der zweite Aspekt betraf die Frage, ob die Annahme der Zahlungen durch das Aufsichtsratsmitglied und die spätere Nichtgeltendmachung der Ansprüche gegen die Vorstandsmitglieder verjährungsrechtlich getrennt zu beurteilende Pflichtverletzungen darstellten.

In einer älteren Entscheidung zur Haftung eines Geschäftsführers hatte der BGH die Haftung an diesen Punkten noch scheitern lassen[333]. Ein Geschäftsführer hatte entgegen § 30 GmbHG Auszahlungen an Gesellschafter vorgenommen und damit gegen seine Pflicht aus § 43 Abs. 1 GmbHG verstoßen. Darauf basierende Ansprüche gegen den Geschäftsführer waren verjährt. Anschließend versäumte der Geschäftsführer es, Rückzahlungsansprüche gegen die Gesellschafter einzutreiben und verstieß damit abermals gegen seine Pflichten. Für den zweiten Pflichtverstoß verneinte der BGH den Schaden sowie einen eigenen Schadensersatzanspruch. Durch die Uneinbringlichkeit des Rückzahlungsanspruchs sei weder ein neuer Schaden noch ein neuer Anspruch entstanden[334].

In der Easy-Software-Entscheidung zum Aufsichtsrat ließ der BGH den Anspruch gegen das Aufsichtsratsmitglied hingegen weder an der wirtschaftlichen Identität der Schäden (a)) noch an einer einheitlichen Pflichtverletzung scheitern (b)).

a) Wirtschaftliche Identität der Schäden

Nach Ansicht des BGH sei ein Schaden zwar bereits durch Auszahlung der Gelder durch den Vorstand eingetreten und dieser entspreche wirtschaftlich auch demselben Schaden, den das Aufsichtsratsmitglied durch Nichtverfolgung der Ansprüche gegen den Vorstand verursacht habe.

Im Falle einer Pflichtverletzung durch ein Aufsichtsratsmitglied sei dies aber irrelevant[335]. Die zur Geschäftsführerentscheidung konträre Position beim Aufsichtsratsmitglied begründet der BGH mit der besonderen Stellung des Aufsichtsrats, dessen Funktion gemäß § 111 Abs. 1 AktG in erster Linie darin bestehe, die Geschäftsführung zu überwachen, sowie seiner Kompetenz, Ansprüche gegen die Vorstandsmitglieder durchzusetzen, § 112 AktG. Infolge dieser Stellung sei in den meisten Fällen eine wirtschaftliche Identität gegeben, sodass die Pflicht zur Anspruchsverfolgung leerliefe, wenn die Verjährung der Ver-

333 BGH, NZG 2008, 908.
334 BGH, NZG 2008, 908 (910), Rn. 17.
335 BGH, NZG 2018, 1301, Rn. 26.

letzung dieser Pflicht bereits ab dem Zeitpunkt der Entstehung des Anspruchs gegen das Vorstandsmitglied und damit zeitgleich zu dessen Verjährungsbeginn beginne[336]. Der BGH sieht daher in der Nichtdurchsetzbarkeit der Primärforderung eine Art »zweiten« Schaden.

b) Keine einheitliche Pflichtverletzung

Die zweite Fragestellung war, ob die Annahme der Zahlungen und die spätere Nichtverfolgung der Ansprüche durch das Aufsichtsratsmitglied verjährungsrechtlich nur eine einheitliche Pflichtverletzung oder getrennt zu beurteilende Pflichtverletzungen darstellten.

Der BGH verneinte eine einheitliche Pflichtverletzung. Zwar stelle bereits die Annahme der Zahlungen durch das Aufsichtsratsmitglied bzw. die »Nichtverhinderung der Zahlungen« eine Pflichtverletzung gemäß den §§ 116 S. 1, 93 Abs. 3 Nr. 1 AktG dar[337]. Die Nichtverfolgung der Ansprüche gegen die Vorstandsmitglieder stelle aber eine eigene Pflichtverletzung dar, die auch verjährungsrechtlich gesondert zu behandeln sei[338]. Der BGH argumentierte, die Pflichten würden an unterschiedliche Lebenssachverhalte anknüpfen und seien unterschiedlich ausgestaltet – insbesondere betonte der BGH das besondere Prüfkonzept der Verfolgungspflicht nach ARAG/Garmenbeck[339].

II. Verdopplung der Verjährungsfrist gilt auch beim GmbH-Aufsichtsrat

Bisher wurde noch nicht untersucht, ob die Rechtsprechung zur doppelten Verjährung beim AG-Aufsichtsrat auch auf den GmbH-Aufsichtsrat übertragen werden kann. In der Kommentarliteratur werden die Grundsätze vereinzelt ohne kritische Auseinandersetzung sowohl auf den fakultativen als auch auf den obligatorischen GmbH-Aufsichtsrat übertragen[340].

Auch nach der hier vertretenen Ansicht ist dies zu bejahen. Evident ist diese Lösung aber nicht. Dies zeigt sich schon daran, dass der BGH für den Geschäftsführer in der GmbH die konträre Position eingenommen hat[341]. Um dies zu untersuchen, soll zunächst überprüft werden, ob den GmbH-Aufsichtsrat überhaupt die entsprechende Pflicht trifft, Ansprüche gegen die Geschäftsführer

336 BGH, NZG 2018, 1301, Rn. 26 ff.

337 Naheliegender als die »Nichtverhinderung der Zahlungen« wäre wohl ein Verstoß gegen die Treuepflicht durch Annahme der Zahlungen, vgl. auch *Cahn*, ZHR 2020, 297 (319).

338 BGH, NZG 2018, 1301, Rn. 30.

339 BGH, NZG 2018, 1301, Rn. 31.

340 BeckOK/*C. Jaeger*, GmbHG, § 52 Rn. 79; *Altmeppen*, 11. Aufl. 2023, § 52 Rn. 45.

341 BGH, NZG 2008, 908 (910), Rn. 17.

zu verfolgen (1.). Anschließend soll überlegt werden, ob sich die Rechtsprechung des BGH zur Verdopplung der Verjährungsfrist übertragen lässt (2.).

1. Abgewandelte Verfolgungspflicht beim GmbH-Aufsichtsrat

Prämisse für eine Übertragbarkeit ist zunächst, dass auch der GmbH-Aufsichtsrat Ansprüche gegen Geschäftsführer nach den ARAG/Garmenbeck-Grundsätzen[342] verfolgen muss.

Das Schrifttum bejaht für den GmbH-Aufsichtsrat die Pflicht zur Prüfung von Schadensersatzansprüchen gegen Geschäftsführer in tatsächlicher und rechtlicher Hinsicht – mithin die erste Stufe der ARAG/Garmenbeck-Prüfung[343]. Die zweite Stufe der ARAG/Garmenbeck-Prüfung, die Entscheidung über die Verfolgung der Ansprüche, obliegt in der GmbH indes in Abweichung zur AG nicht dem Aufsichtsrat, sondern gemäß § 46 Nr. 8 GmbH den Gesellschaftern[344], soweit die Satzung hiervon nicht abweicht[345]. Eine Klage des Aufsichtsrats ist ohne den Beschluss der Gesellschafterversammlung unbegründet[346]. Stattdessen obliegt dem Aufsichtsrat daher die Aufgabe, die Gesellschafter über (wahrscheinlich) bestehende Ansprüche zu unterrichten, damit diese die Verfolgungsentscheidung treffen können[347]. Ein Ermessensspielraum besteht insofern nicht[348].

Überträgt man die Fallkonstellation daher auf den GmbH-Aufsichtsrat, modifiziert sich die Frage. Das Aufsichtsratsmitglied überwacht unzureichend den Geschäftsführer oder wirkt an dessen Pflichtverletzung mit. Daraus resultierende Ansprüche gegen den Geschäftsführer sowie das Aufsichtsratsmitglied sind verjährt[349]. Im Anschluss an die mangelnde Überwachung unterlässt es das Aufsichtsratsmitglied, Ansprüche gegen den Geschäftsführer ausreichend zu prüfen oder die Gesellschafter über die Ansprüche zu informieren. Beginnt für diese zweite Pflichtverletzung eine eigenständige Verjährungsfrist?

342 BGH, NJW 1997, 1926.

343 *Bachmann*, FS Krieger 2020, 61 (64, 66); *Allmendinger/Lüneborg*, ZIP 2017, 1842 (1844); *E. Vetter*, GmbHR 2011, 449 (458 f.).

344 *Bachmann*, FS Krieger 2020, 61 (65 f.); *Allmendinger/Lüneborg*, ZIP 2017, 1842 (1844 f.); *Kleindiek*, FS Graf von Westphalen 2010, 387 (389); *Hasselbach*, DB 2010, 2037 (2038).

345 *Kleindiek*, FS Graf von Westphalen 2010, 387 (390); *Hasselbach*, DB 2010, 2037 (2038).

346 Stellvertretend Noack/Servatius/Haas/*Noack*, 24. Aufl. 2025, § 46 Rn. 73.

347 *Bachmann*, FS Krieger 2020, 61 (64); *Allmendinger/Lüneborg*, ZIP 2017, 1842 (1844); *Kleindiek*, FS Graf von Westphalen 2010, 387 (389, 388); *E. Vetter*, GmbHR 2011, 449 (458 f.); *Hasselbach*, DB 2010, 2037 (2038).

348 *Allmendinger/Lüneborg*, ZIP 2017, 1842 (1844); *Kleindiek*, FS Graf von Westphalen 2010, 387 (389); *Hasselbach*, DB 2010, 2037 (2038).

349 Die Geschäftsführerhaftung verjährt ebenfalls in fünf Jahren, § 43 Abs. 4 GmbHG.

2. Übertragung der BGH-Kriterien

Eine Übertragung der BGH-Rechtsprechung zur doppelten Verjährungsfrist setzt voraus, dass dem wiederum weder eine wirtschaftliche Identität der Schäden (a)) noch eine einheitliche Pflichtverletzung (b)) entgegensteht.

a) Wirtschaftliche Identität der Schäden steht nicht entgegen

Auch wenn ein Mitglied des GmbH-Aufsichtsrats es unterlässt, Ansprüche gegen den Geschäftsführer zu prüfen oder die Gesellschafter über die Ansprüche zu informieren und diese Ansprüche dadurch verjähren, führt dies wirtschaftlich zu demselben Schaden, der bereits entstanden ist, als das Aufsichtsratsmitglied unzureichend den Geschäftsführer überwacht und dieser eine Pflichtverletzung begangen hat.

Zur Erinnerung: Nach dem BGH stand die wirtschaftliche Identität der Schäden einem eigenständig verjährenden Anspruch nicht entgegen, weil der Aufsichtsrat eine besondere Stellung innehabe, welche aus dessen Funktion gemäß § 111 Abs. 1 AktG folge, »in erster Linie« die Geschäftsführung zu überwachen, sowie in diesem Rahmen aufgrund seiner Eigenschaft als Vertreter gegenüber den Vorstandsmitgliedern, § 112 AktG, Schadensersatzansprüche zu verfolgen. Infolge dieser Stellung sei in den meisten Fällen eine wirtschaftliche Identität gegeben, sodass die Pflicht zur Anspruchsverfolgung leerliefe, wenn die Verjährung der Verletzung dieser Pflicht bereits ab dem Zeitpunkt beginne, in dem der Anspruch gegen den Vorstand entstehe[350].

Ob auch der GmbH-Aufsichtsrat diese »besondere Stellung« innehat, könnte zumindest zweifelhaft sein.

Gegen eine vergleichbare Funktion, »in erster Linie« die Geschäftsführung zu überwachen, spricht, dass dem GmbH-Aufsichtsrat anders als dem AG-Aufsichtsrat kein Überwachungsmonopol zukommt: auch die Gesellschafter behalten bei Einrichtung eines Aufsichtsrats ihre Überwachungskompetenz, § 46 Nr. 6 GmbHG[351]. Dagegen lässt sich wiederum einwenden, dass der Gesetzgeber auch dem GmbH-Aufsichtsrat, sofern er eingerichtet wird, die Überwachungsaufgabe überträgt. § 111 AktG findet Anwendung und die Überwachung wird dabei als seine »unverzichtbare Mindestaufgabe« angesehen[352]. Andernfalls besteht nur ein Beirat. Auch der GmbH-Aufsichtsrat ist daher immer noch *Aufsicht*srat. Auch ihm obliegt daher »in erster Linie« die Überwachung.

Jedoch kommt dem GmbH-Aufsichtsrat nicht dieselbe Eigenschaft zu, als Vertreter gegenüber den Geschäftsführern Schadensersatzansprüche zu verfolgen. Während dem AG-Aufsichtsrat gemäß § 112 AktG zwingend die Kompe-

350 BGH, NZG 2018, 1301, Rn. 26 ff.

351 *E. Vetter*, GmbHR 2011, 449 (452 f.); *Altmeppen*, 11. Aufl. 2023, § 46 Rn. 73; Henssler/Strohn/*Mollenkopf*, 6. Aufl. 2024, § 46 GmbHG Rn. 33.

352 Henssler/Strohn/*Henssler*, 6. Aufl. 2024, § 52 GmbHG Rn. 12.

tenz zur Geltendmachung der Ansprüche gegen Vorstandsmitglieder zukommt, obliegt dem GmbH-Aufsichtsrat nicht die materielle Entscheidung, ob Ansprüche gegen Geschäftsführer verfolgt werden, § 46 Nr. 8 GmbHG. Selbst die Frage, ob ihm die Vertretungsbefugnis zukommt, ist höchst umstritten[353].

Schließlich lässt auch der Zweck der Verdopplung der Verjährungsfrist Zweifel an einer Übertragbarkeit aufkommen. Die Verdopplung der Verjährungsfrist dient dem Schutz der Aktionäre. Sie konserviert die Organhaftung[354] und verhindert dadurch, dass sich Aufsichtsrat und Vorstand durch Nichtverfolgung gegenseitig entlasten. GmbH und AG unterscheiden sich aber dahingehend, dass GmbH-Gesellschafter mangels vergleichbarer Kollektivhandlungsprobleme und Kontrollapathie nicht eines entsprechenden Schutzes durch den Aufsichtsrat bedürfen wie Aktionäre[355]. Die Rechtsprechung muss GmbH-Gesellschafter daher nicht in demselben Maße durch eine Verdopplung der Verjährung schützen.

Trotz dieser Zweifel sollte im Ergebnis dennoch eine Übertragbarkeit bejaht werden, denn entscheidend ist das durch den BGH zuletzt aufgeworfene Argument: Die Pflicht des Aufsichtsrats zur Verfolgung der Ansprüche liefe leer, da andernfalls in den meisten Fällen eine wirtschaftliche Identität gegeben sei. Dieser Aspekt gilt gleichermaßen auch für den GmbH-Aufsichtsrat. Sowohl seine Pflicht, Ansprüche gegen Geschäftsführer zu prüfen als auch Gesellschafter über diese Ansprüche zu informieren, liefe leer, wenn man wegen wirtschaftlicher Identität einen eigenständig verjährbaren Anspruch ablehnte.

Hinzu kommt, dass andernfalls ein Mitglied des GmbH-Aufsichtsrats, welches »nur« nicht ausreichend Ansprüche gegen Geschäftsführer prüft und die Gesellschafter informiert, schlechter stände als ein Aufsichtsratsmitglied, das zusätzlich vorher den Geschäftsführer nicht ordnungsgemäß überwacht.

b) Differenzierbare Pflichtverletzungen

Zweite Voraussetzung für eine Übertragung der BGH-Rechtsprechung zur Verdopplung der Verjährungsfrist ist, dass nicht eine einheitliche, sondern zwei unterschiedliche Pflichtverletzungen gegeben sind. Die vorbeugende pflichtwidrige Überwachung und die anschließende Unterlassung, Ansprüche zu prüfen und die Gesellschafter zu informieren, müssten daher zwei Pflichtverletzungen darstellen.

353 Vertretungsbefugnis der Gesellschafter: MünchKomm-GmbH/*Spindler*, 4. Aufl. 2023, § 52 Rn. 327; Scholz/*Seyfarth*, 13. Aufl. 2024, § 52 Rn. 361, 367 f.; zumindest für Rechtsstreitigkeiten im Zusammenhang mit dem Anstellungsvertrag: Michalski/Heidinger/Leible/J. Schmidt/*Giedinghausen*, 4. Aufl. 2023, § 52 Rn. 277; Vertretungsbefugnis des Aufsichtsrats: Noack/Servatius/Haas/*Kraft*, 24. Aufl. 2025, § 52 Rn. 118; Henssler/Strohn/*Henssler*, 6. Aufl. 2024, § 52 GmbHG Rn. 16; Lutter/Hommelhoff/*Bayer*, 21. Aufl. 2023, § 46 Rn. 43; *Bachmann*, FS Krieger 2020, 61 (66).

354 *Bayer*/*Scholz*, NZG 2019, 201 (210).

355 Siehe 3. Teil § 3 B. I. 2.

Zur Erinnerung: Der BGH begründete die Unterschiedlichkeit der Pflichtverletzungen damit, dass diese an unterschiedliche Lebenssachverhalte anknüpften und unterschiedlich ausgestaltet seien. Bezüglich der unterschiedlichen Ausgestaltung der Pflichten hat der BGH für die AG an das besondere Prüfkonzept des AG-Aufsichtsrats i.S. ARAG/Garmenbecks angeknüpft[356].

Diese Kriterien sind übertragbar. Analog der Situation bei der AG knüpfen die Pflichten an unterschiedliche Sachverhalte an. Die vorbeugende Überwachungspflicht setzt zeitlich vor der Pflichtverletzung des Geschäftsführers an. Die Prüfungs- und Informationspflicht ist retrospektiv ausgestaltet. Für den GmbH-Aufsichtsrat besteht zwar nicht dasselbe Prüfkonzept i.S. ARAG/Garmenbecks, da er nicht über die Verfolgung entscheiden und daher abwägen muss, wann ausnahmsweise von einer Anspruchsverfolgung Abstand genommen wird. Die Gesellschafter muss er informieren und darf davon nicht absehen. Letztlich stellt aber auch die Prüfung der Ansprüche sowie die anschließende Information eine eigenständige und im Vergleich zur präventiven Überwachung anders ausgestaltete Pflicht dar.

III. Auswirkung der langen Verjährungsfrist auf sonstige Risikofaktoren

Die Länge der Verjährungsfrist ist für die Haftungsrisiken der Aufsichtsratsmitglieder essenziel, da mit zunehmender Länge bis zur Klageerhebung die Verteidigungsmöglichkeiten im Prozess immer schlechter werden. So nehmen sowohl der Effekt des Rückschaufehlers[357] als auch die Auswirkungen der Beweislastumkehr, §§ 116, 93 Abs. 2 S. 2 AktG, beispielsweise infolge verblassender Erinnerungen und dem Verlust entlastender Dokumente, zu[358].

Besonders lang ist die Verjährungsfrist, wenn ein Geschäftsleiter eine pflichtwidrige Dauerhandlung begeht und der Aufsichtsrat es unterlässt, den Geschäftsleiter ausreichend zu überwachen. Begeht auch der Geschäftsleiter eine pflichtwidrige Dauerhandlung, beginnt die Verjährung des Anspruchs gegen den Geschäftsleiter erst mit Beendigung dieser Handlung bzw. bei Unterlassung, wenn die gebotene Handlung nicht nachgeholt werden kann. Unterlässt ein Geschäftsleiter es beispielsweise, über einen längeren Zeitraum eine leistungsfähige Compliance-Organisation zu implementieren, beginnt die Verjährung erst, wenn die Implementierung der Compliance-Organisation nicht mehr nachgeholt werden kann[359]. Unterlässt es in diesem Zeitraum der Aufsichtsrat, den Geschäftsleiter ausreichend zu kontrollieren und auf die Implementierung

356 BGH, NZG 2018, 1301, Rn. 31.
357 Siehe dazu 1. Teil § 3 D.
358 Siehe dazu 1. Teil § 3 B.
359 So auch die Entscheidung des LG München I, NZG 2014, 345 – Siemens/Neubürger.

der Compliance-Organisation hinzuwirken[360], beginnt die Verjährung des Anspruchs wegen Überwachungsverschuldens ebenfalls erst in dem Zeitpunkt, in dem die Compliance-Organisation und damit auch das erforderliche Einwirken durch den Aufsichtsrat nicht mehr nachgeholt werden kann. Eine solche pflichtwidrige Dauerhandlung kann aber unproblematisch mehrere Jahre dauern – man denke an den Zeitraum, bis eine unzureichende Compliance-Organisation im Großunternehmen zu einem Schaden führt[361].

Der Zeitraum zwischen erstmaliger unzureichender Überwachung und Verjährung des darauf gründenden Anspruchs gegen das Aufsichtsratsmitglied kann daher einen sehr langen Zeitraum einnehmen, selbst ohne Einbeziehung der oben dargestellten Verdopplung der Verjährungsfrist. Dadurch kann ein sehr langer Zeitraum zwischen ursprünglichem Überwachungsverschulden und Klageerhebung gegen das Aufsichtsratsmitglied entstehen, der sich stark auf die anderen Risikofaktoren (Rückschaufehler, Beweislastumkehr) auswirkt.

D. Risikoerhöhung durch besonders ausgeprägten Rückschaufehler

Neben dem materiellen und dem Prozessrecht spielen auch kognitive Verzerrungen aus der Psychologie eine Rolle für den Ausgang eines Gerichtsverfahrens. Es existiert kein »Homo Iuridicus«: ein Mensch, der wie ein Computer wertfrei, neutral und immer gleich einen Sachverhalt ohne Einfluss externer Faktoren unter die Gesetze subsumiert[362]. Wo immer Menschen in eine Entscheidungsfindung einbezogen sind, haben kognitive Verzerrungen Einfluss auf die Entscheidung.

Neben dem Ankereffekt[363] ist für juristische Entscheidungen der Rückschaufehler (engl. hindsight bias) relevant. Dieser Effekt bewirkt, dass Menschen, die die Wahrscheinlichkeit und Vorhersehbarkeit des Eintritts eines Ereignisses aus einer ex-ante Perspektive bewerten sollen, den Eintritt als deutlich wahrscheinlicher und vorhersehbarer ansehen, wenn sie im Rahmen ihrer eigenen ex-post Perspektive wissen, dass das Ereignis tatsächlich eingetreten ist, obwohl der Eintritt des Ereignisses bezogen auf die ex-ante Perspektive keine Relevanz hat. Da Menschen infolge dieser Verzerrung Wahrscheinlichkeit und Vorhersehbarkeit ex-post überbewerten, überschätzen sie auch, was andere Menschen – die Entscheider in der ex-ante Situation – als wahrscheinlich erachten und vorher-

360 Zu dieser Pflicht: *Arnold*, ZGR 2014, 76 (86).

361 Vgl. als Beispiel den Fall Siemens: LG München I, NZG 2014, 345 – Siemens/Neubürger; zum Strafverfahren und Bußgeld gegen Siemens: LG München I, Urt. v. 04. Oktober 2007 – 5 Kls 563 Js 45994/07 = BeckRS 2008, 1235.

362 Mit einem ähnlichen Begriffsverständnis eines »Homo iuridicus«: *Risse*, NJW 2018, 2848.

363 Dieser wirkt sich beispielsweise auf die Höhe der Bemessung eines Schmerzensgeldes aus.

sehen hätten können. Die Verzerrung führt daher dazu, dass der aus der ex-post Perspektive Urteilende die Qualität einer ex-ante Entscheidung nicht nur danach beurteilt, ob der Entscheidungsprozess fehlerfrei war, sondern danach, ob das Ergebnis positiv oder negativ war[364].

Dieser Effekt wurde zuerst durch Experimente von *Fischhoff*[365] entdeckt und später auch in Bezug auf die Rechtsanwendung bei Fahrlässigkeitstatbeständen festgestellt[366]. In der Rechtsanwendung urteilen Menschen (vor allem Richter) über Entscheidungen anderer. Der richterliche Maßstab ist zwar nach dem Willen des Gesetzgebers in Deutschland die ex-ante Perspektive[367]. Die Richter haben zur Zeit der Bewertung aber zwingend Kenntnis vom schadhaften Ausgang der Entscheidung. Denn andernfalls wird die Entscheidung dem Gericht mangels Schadens nicht zur Überprüfung vorgelegt.

Diese Ausgangslage ist auch bei der Haftung von Organmitgliedern gegeben[368]. Entsprechend ist auch schon mehrfach gegenüber Richtern in Organhaftungsprozessen der Vorwurf eines Rückschaufehlers erhoben worden[369]. Wie im Folgenden gezeigt werden soll, bietet im speziellen die Aufsichtsratshaftung optimalen Nährboden für eine starke Auswirkung des Rückschaufehlers.

I. Besondere Ausprägung

Faktoren, die den Rückschaufehler verstärken, treten im Rahmen der Aufsichtsratshaftung systematisch auf. So erhöht sich der Einfluss des Rückschaufehlers mit Zunahme der zeitlichen Differenz zwischen ex-ante Entscheidung und ex-post-Überprüfung. Je mehr Zeit seit der ex-ante Entscheidung vergeht, desto

364 *Baron/Hershey*, 54 Journal of Personality and Social Psychology 1988, 569 ff.; *Kahneman*, Schnelles Denken, Langsames Denken, 2011, S. 252.

365 *Fischhoff/Beyth*, 13 Organizational Behavior and Human Performance 1975, 1–16.

366 So eine Auswertung sämtlicher dazu ergangener Studien bei: *Giroux/Coburn/Harley/Conolly/Bernstein*, Zeitschrift für Psychologie 2016, 190 (193).

367 So im Bürgerlichen Recht: zur Fahrlässigkeit: MünchKomm-BGB/*Wagner*, 9. Aufl. 2024, § 823 Rn. 54, 962; zur Kausalität: MünchKomm-BGB/*Oetker*, 9. Aufl. 2022, § 249 Rn. 111.

368 Mit Blick auf den Vorstand: *Fleischer*, ZIP 2004, 685 (686); *ders.*, FS Wiedemann 2002, 827 (831 f.); *Arnold*, Steuerung des Vorstandshandelns, 2007, S. 174; *Koch*, ZGR 2006, 769 (782); *Schneider*, DB 2005, 707 (708); *Schäfer*, ZIP 2005, 1253 (1253 f.); *Pospiech*, Rechtsfolgen der zivilrechtlichen Organhaftung, 2017, S. 65 f.

369 Etwa *Grunewald*, NZG 2013, 841 (845) zur Entscheidung: OLG Düsseldorf, AG 2013, 171; insbesondere der IKB-Beschluss (OLG Düsseldorf, ZIP 2010, 28) war mehrfach diesem Vorwurf ausgesetzt: »klarer Fall von Hindsight Bias«: Schmidt/Lutter/*Drygala*, 5. Aufl. 2024, § 116 Rn. 23; ausdrücklich auch: *Hopt*, ZIP 2013, 1793 (1801); *Fleischer*, NJW 2010, 1504 (1506); *Spindler*, NZG 2010, 281 (284); *Bachmann*, NZG 2024, 1598: »Gerichte […] neigen zu einer ex-post-Betrachtung« mit Blick auf Vertrauensgrundsatz und Gesamtverantwortung.

größer ist die Wirkung[370]. Bis ein Richter eine Entscheidung in einem Haftungsprozess gegen ein Aufsichtsratsmitglied fällt, vergeht – wie oben bereits dargelegt[371] – regelmäßig sehr viel Zeit.

Ein weiterer Faktor für eine starke Wirkung des Rückschaufehlers sind die regelmäßig hohen Schäden. Aus der Forschung geht hervor, dass die Wirkung des Rückschaufehlers umso größer ist, je gravierender die Folgen der zu bewertenden Entscheidung sind[372]. Beispielsweise fanden mehrere Studien heraus, dass der Rückschaufehler bei der ex-post Bewertung von Fahrlässigkeit in Arzthaftungsprozessen besonders stark auftritt, wenn der Kläger schwere Verletzungen erlitt[373], dasselbe gilt für die Annahme von Vorsatz[374]. Auch konnten Richter sich von dem Effekt mit Blick auf die Vorhersehbarkeit einer Insolvenz durch Geschäftsleiter nicht freimachen, wenn das Unternehmen später in die Insolvenz geriet[375]. Ein Millionen- oder gar Milliardenschaden dürfte daher einen stärkeren Effekt hervorrufen. In AGs und mitbestimmen GmbHs kommt es aber rechtsformtypisch und bei Aufsichtsratsmitgliedern zudem organtypisch zu hohen Schäden[376]. Prozesse gegen Aufsichtsratsmitglieder sind daher für einen starken Einfluss des Rückschaufehlers prädestiniert.

In Verfahren wegen Überwachungsverschuldens kann sich der Rückschaufehler überdies zweifach auswirken. Überprüft der Richter die Überwachung des Aufsichtsrats bzgl. einer Entscheidung der Geschäftsleiter, unterliegt der Richter zunächst bei der Bewertung der ursprünglichen Geschäftsleiterentscheidung dem Rückschaufehler. Diese Bewertung wirkt sich wiederum auf den dann erforderlichen Überwachungsmaßstab durch den Aufsichtsrat aus. Im Rahmen der anschließenden Überprüfung der vom Aufsichtsrat getroffenen Überwachungsentscheidungen wirkt sich der Effekt erneut aus.

Allgemein wird der Rückschaufehler im Rahmen des Überwachungsverschuldens als besonders schwerwiegend angesehen[377]. Er tritt stärker auf, wenn der Überprüfer eine Bewertungsaufgabe vornehmen muss, die ihm nicht vertraut ist[378], was auf Richter mit Blick auf unternehmerische Aufgaben meistens

370 *Roese/Vohs*, 7 Perspectives on Psychological Science 2012, 411 – 426.

371 Siehe dazu 1. Teil § 3 B. II. 1.

372 So die Studienauswertung bei: *Harley*, 25 Social Cognition 2007, 48 (51); *Hawkins/Hastie*, 107 Psychological Bulletin 1990, 311 (312); *Kahneman*, Schnelles Denken, Langsames Denken, 2011, S. 253.

373 Studienauswertung bei: *Harley*, 25 Social Cognition 2007, 48 (51); *Green/Johns/Bowman*, 98 Law and Human Behaviour 1999, 675 (689 f.).

374 *Kneer/Bourgeois-Gironde*, 169 Cognition 2017, 139 ff.

375 *Strohmaier/Pluut/van den Bos/Adriaanse/Vriesendorp*, 51 Journal of Applied Social Psychology 2020, 141 ff.

376 Siehe dazu 1. Teil § 3 A.

377 *Faure/Leyens*, Directors' and Officers' Liability: Economic Analysis, ECGI Law Working Paper No. 376/2017, S. 26.

378 *Christensen-Szalanski/Willham*, 48 Organizational Behavior and Human Decision Process 1991, 147 (155).

zutreffen dürfte. Es ist bereits schwer, Unternehmensentscheidungen auf Grundlage von ex-ante Informationen nachzuprüfen. Noch schwieriger ist es aber, zu bewerten, welche Überwachungsmaßnahme bei solchen Geschäftsentscheidungen wann notwendig und erfolgversprechend gewesen wäre, um Schäden abzuwenden[379].

Schließlich begünstigt den Rückschaufehler, dass die Pflichten und damit die möglichen Anknüpfungspunkte für eine Organhaftung stetig einem schnellen Wandel unterzogen sind[380]. Im Zusammenhang mit den langen zeitlichen Differenzen zwischen Entscheidung und Überprüfung kann dies dazu führen, dass der thematische Anknüpfungspunkt zum Überprüfungszeitpunkt bekannt erscheint – etwa neue Branchenstandards, die bei Richtern oder Sachverständigen verinnerlicht sind. Diese Standards können aber zum Zeitpunkt der Entscheidung des Aufsichtsrats noch unbekannt oder zumindest weniger bekannt gewesen sein[381]. Der ex-post Entscheider kann sich aber von seinen eigenen Kenntnissen kaum freimachen. Exemplarisch kann auf die Diskussion zur Haftung wegen Compliance Mängeln verwiesen werden[382]. So haben sich in den letzten Jahren die Anforderungen an interne Compliance-Systeme als auch das allgemeine Bewusstsein hierfür deutlich erhöht[383]. Bewertet ein Gericht ex-post, ob ausreichende Compliance-Vorkehrungen getroffen wurden bzw. bezogen auf den Aufsichtsrat, ob er die Geschäftsleiter dahingehend ausreichend kontrolliert hat, kann sich das Gericht kaum davon freimachen, die aktuellen Standards zur Compliance in die eigene Bewertung einfließen zu lassen[384].

II. Tangierte Tatbestandsmerkmale

Der Rückschaufehler kann sich im Rahmen der Aufsichtsratshaftung bei mehreren Tatbestandsmerkmalen auswirken. Am stärksten wirkt er sich auf die Frage aus, ob Pflichtverletzung und Verschulden gegeben sind. So bejaht die Rechtsprechung beispielsweise im Rahmen von Spekulationsgeschäften eine Pflichtverletzung, wenn ein Organ die Bereitschaft, unternehmerische Risiken einzugehen, in unverantwortlicher Weise überspannt[385]: etwa, wenn die Wahrscheinlichkeit eines Misslingens überwiegt[386] oder das unternehmerische Risiko in keinem

379 *Faure/Leyens*, Directors' and Officers' Liability: Economic Analysis, ECGI Law Working Paper No. 376/2017, S. 26.
380 Siehe zu dem Wandel der Pflichten 1. Teil § 2.
381 *Ott/Klein*, AG 2017, 209 (217).
382 Explizit zum Rückschaufehler bei potenziellen Compliance Verstößen: *Ott/Klein*, AG 2017, 209.
383 *Harbarth/Brechtel*, ZIP 2016, 241; zum Wachstum der entsprechenden Literatur: *Ott/Klein*, AG 2017, 209 (216 ff.).
384 *Wiedmann/Greubel*, CCZ, 2019, 88 (92 f.); *Grunewald*, NZG, 2013, 841 (842).
385 BGH, NJW 1997, 1926 – ARAG/Garmenbeck.
386 OLG Jena, Urt. v. 08. August 2000, Az. 8 U 1387/98.

Verhältnis zum potenziellen Gewinn steht[387]. Schätzt der ex-post Überprüfer das Risiko des Misslingens infolge des Rückschaufehlers aber höher ein, neigt er dazu, Entscheidungen im Nachhinein vorschnell als unvertretbar einzustufen und eine Pflichtverletzung zu bejahen. Auch der Aufsichtsrat muss im Rahmen seiner neuen mitunternehmerischen Stellung[388] solche Entscheidungen treffen. Allgemein ist die im unternehmerischen Bereich so wichtige Abwägung zwischen Kosten und Nutzen einer Entscheidung, wobei Kosten auch Risiken inkludieren, ein Einfallstor für den Rückschaufehler[389]. Fahrlässigkeit dürfte daher bei rückschauender Bewertung öfter angenommen werden, als dies nach dem materiellen Recht gerechtfertigt wäre[390].

Ein weiterer Anwendungsbereich kann das Merkmal der Kausalität sein[391]. Im Rahmen der Adäquanz wird gefragt, ob ein Schadenseintritt nicht außerhalb aller Wahrscheinlichkeit liegt[392]. Wird aber im Rahmen der rückschauenden Bewertung die Eintrittswahrscheinlichkeit überschätzt, nimmt der ex-post Überprüfer mitunter zu Unrecht Adäquanz an[393].

Speziell im Rahmen der Organhaftung kann sich der Rückschaufehler schließlich auch auf die Entlastung durch die Business Judgment Rule auswirken, was eine gewisse Komik in sich trägt, da diese Regelung unter anderem zur Überwindung dieses Effekts eingeführt wurde[394]. Um sich zu entlasten, muss das Aufsichtsratsmitglied nachweisen, dass es annehmen durfte, auf angemessener Informationsgrundlage zu handeln. Kriterien für die Angemessenheit der Informationsgrundlage sind unter anderen die Bedeutung der zu treffenden Entscheidung[395] sowie das Verhältnis von Informationsbeschaffungskosten und Informationsnutzen[396]. Die Angemessenheit der Informationsgrundlage muss auf Grundlage der ex-ante Perspektive bewertet werden[397]. Sowohl die Bedeutung der Entscheidung, die wiederum von ihrem Schadensrisiko abhängt, als auch der Nutzen weiterer Informationen werden aber infolge des Rückschaufehlers überschätzt, wenn diese in Kenntnis des Schadenseintritts bewertet werden. Es ist daher nicht verwunderlich, dass auch im internationalen Schrifttum die

387 Fleischer/*Fleischer*, Hdb. des Vorstandsrechts, 1. Aufl. 2006, § 7 Rn. 64.
388 Siehe dazu 1. Teil § 2. A.
389 *Sunstein/Jolls/Thaler*, 50 Stanford Law Review 1998, 1471 (1523).
390 *Sunstein/Jolls/Thaler*, 50 Stanford Law Review 1998, 1471 (1524); *Ott/Klein*, AG 2017, 209 (218).
391 *Ott/Klein*, AG 2017, 209 (217).
392 Grüneberg/*Grüneberg*, 84. Aufl. 2025, Vorb. v. § 249 Rn. 26.
393 Zum Hindsight bei der Beurteilung von Adäquanz im österreichischen Recht: *Knötzl/Schacherreiter/Shopper*, Juristische Blätter 2017, 2 (4).
394 Zur Einführung der Business Judgment Rule: *Bachmann*, ZHR 2013, 1 (4).
395 BeckOGK/*Fleischer*, AktG, § 93 Rn. 92.
396 *Peters*, AG 2010, 811 (812); *Baums*, ZGR 2011, 218 (236 f.).
397 BGH, NJW 2017, 578: »Die konkrete Entscheidungssituation ist danach der Bezugsrahmen des Ausmaßes der Informationspflichten«.

Haftung wegen Informationsdefiziten als wichtiger Anwendungsbereich für den Rückschaufehler angesehen wird[398].

III. *Vom Rückschaufehler betroffene für die Aufsichtsratshaftung relevante Personen*

Der Rückschaufehler betrifft alle Menschen. Selbst Experten unterliegen in ihren Fachgebieten der Verzerrung[399]. Auch Richter können sich von dem Effekt nicht freimachen[400]. Sie sind die wichtigste Gruppe, die dem Effekt mit direkter Auswirkung für die Aufsichtsratshaftung unterliegt. Ihre ex-post Kontrolle im Rahmen der Urteilsbildung entspricht der klassischen Konstellation für den Rückschaufehler. Dasselbe gilt in den für die Organhaftung praktisch immer wichtigeren Schiedsverfahren[401] für Schiedsrichter. Daneben können auch andere am Verfahren beteiligte Personen wie Sachverständige dem Effekt unterliegen[402].

Ferner kann sich der Effekt schon vor dem Beginn des Verfahrens auswirken. Dies betrifft zunächst die Klageerhebung. Der Vorstand muss nach den Grundsätzen der ARAG/Garmenbeck-Entscheidung Klage erheben, wenn ein Anspruch besteht und keine überwiegenden Gründe des Gesellschaftswohls dagegensprechen[403]. Unterliegt er dem Rückschaufehler, fühlt er sich zur Klage verpflichtet, obwohl eine solche Pflicht materiell-rechtlich mitunter nicht besteht. Auch GmbH-Gesellschafter sowie der Insolvenzverwalter fühlen sich infolge des Effekts zwar nicht verpflichtet. Auch sie sind aber deutlich klagegeneigter. Ergänzend wirkt sich der Effekt auch bei Rechtsanwaltskanzleien aus, welche im Auftrag der Gesellschaft eine potenzielle Haftung eines Aufsichtsratsmitglieds, etwa im Rahmen der ARAG/Garmenbeck-Prüfung durch den Vorstand, bewerten sollen und infolgedessen zu Unrecht eine Klageerhebung

398 *Faure/Leyens*, Directors' and Officers' Liability: Economic Analysis, in ECGI Law Working Paper No. 376/2017, S. 26.

399 *Harley*, 25 Social Cognition 2007, 48 (55); *Arkes/Faust/Guilmette/Hart*, 73 Journal of Applied Psychology 1988, 305 ff.; dazu auch: *Sunstein/Jolls/Thaler*, 50 Stanford Law Review 1998, 1471 (1523 f.).

400 *Giroux/Coburn/Harley/Conolly/Bernstein*, Zeitschrift für Psychologie 2016, 190 (196); *Harley*, 25 Social Cognition 2007, 48 (55); *Anderson/Lowe/Reckers*, 14 Journal of Economic Psychology 1993, 711 ff.; *Guthrie/Rachlinski/Wistrich*, 86 Cornell Law Faculty Publications 2001, 777 (799–805); *Schweizer*, Kognitive Täuschungen vor Gericht, 2005, S. 656 ff.; *Viscusi*, 1 American Law and Economic Review 1999, 26.

401 *Schumacher*, NZG 2016, 969; *Heinrich*, NZG 2016, 1406 ff.; *Leuering*, NJW 2014, 657; *Herresthal*, ZIP 2014, 345; BeckOGK/*Fleischer*, AktG, § 93 Rn. 383; eher skeptisch bzgl. der zukünftigen praktischen Relevanz: *Borris*, r+s, 2020, 316 (322).

402 *Harley*, 25 Social Cognition 2007, No. 1, 48 (55).

403 Siehe dazu 1. Teil § 4 A. I.

empfehlen. Insgesamt kommt es daher in Situationen zur Klageerhebung, in denen aus unverzerrter Wahrnehmung von einer solchen abgesehen worden wäre.

Der Rückschaufehler entfaltet daher durch alle Kontrollebenen bis zum Urteil hindurch seine Wirkung. Mitunter könnten Anwälte den Effekt sogar innerhalb des Klageverfahrens bewusst nutzen, um Richter dazu zu bewegen, Schadensersatzansprüche zuzusprechen. Dazu könnten sie die Folgen der Entscheidung dramatisieren und den Schwerpunkt der Sachverhaltsschilderung gezielt auf das negative Ergebnis und den hohen Schaden anstatt auf die Entscheidungsfindung legen[404].

E. Zusammenfassung § 3

Das hohe Haftungsrisiko der Aufsichtsratsmitglieder ist Folge des strengen Aufsichtsratshaftungsrechts und damit zusammenhängender Faktoren. Da wegen des Umfangs vorliegend nicht auf alle Aspekte im Detail eingegangen werden konnte, wurden gezielt das hohe Schadensrisiko, die Beweislastumkehr, die Verjährung und der Rückschaufehler untersucht.

Das hohe Schadensrisiko im Rahmen der Aufsichtsratshaftung hat zwei Gründe. Erstens erleiden Kapitalgesellschaften allgemein typischerweise hohe Schäden, sodass im Regressfalle das Aufsichtsratsmitglied für einen solchen Schaden haften muss. Zweitens werden Aufsichtsratsmitglieder faktisch sowie von Gesetzes wegen immer dann in die Pflicht genommen, wenn für die Gesellschaft finanziell wichtige Entscheidungen anstehen. In diesem Fall führt eine Pflichtverletzung der Aufsichtsratsmitglieder gleichzeitig zu einem hohen Schaden.

Auch die Umkehr der Darlegungs- und Beweislast erhöht das Haftungsrisiko deutlich. Typischerweise werden Aufsichtsratsmitglieder erst lange nach dem Ausscheiden aus dem Amt verklagt. In diesem Zeitpunkt können sie sich jedoch kaum entlasten. Sie sind nicht im Besitz der Unterlagen und können diese auch nur unzureichend von der Gesellschaft herausverlangen. Nach überwiegender Ansicht müssen sie Dokumente und Informationen konkret anfordern, obwohl ihnen die Dokumente regelmäßig nicht bekannt sind oder sie sich im Zeitpunkt der Klagerhebung nicht mehr daran erinnern können.

Die lange Verjährungsfrist verschärft ebenfalls erheblich das Haftungsrisiko des Aufsichtsrats. Eine lange Verjährungsfrist wirkt sich stark auf das Haftungsrisiko aus, da sie andere Risikofaktoren wie Beweislastumkehr und Rückschaufehler verstärkt. Hinzu kommt, dass die Verjährungsfrist sich im klassischen Falle der Nichtverfolgung von Ansprüchen gegen Vorstandsmitglieder faktisch verdoppelt. Denn die Nichtverfolgung der Ansprüche stellt nach der Rechtspre-

404 Ähnlich auch *Risse*, NJW 2018, 2848 (2850).

chung des BGH eine neben der Überwachungspflichtverletzung eigenständig verjährende Pflichtverletzung dar, dessen Verjährung erst beginnt, wenn die Ansprüche gegen die Vorstandsmitglieder verjährt sind. Diese Rechtsprechung lässt sich auch auf die Nichtverfolgung von Ansprüchen gegen Geschäftsführer in der GmbH übertragen.

Schließlich erhöht der Rückschaufehler das Haftungsrisiko. Infolge dieses Effekts überschätzen Menschen systematisch die ex ante Wahrscheinlichkeit und Vorhersehbarkeit von Ereignissen, wenn sie aus ihrer ex post Perspektive wissen, dass ein Ereignis tatsächlich eingetreten ist. Bei der Aufsichtsratshaftung tritt dieser Effekt besonders ausgeprägt auf, da die lange Zeit bis zur Entscheidung eines Richters über den Schadensersatzanspruch, die regelmäßig hohen Schäden, das Überwachungsverschulden der Aufsichtsratsmitglieder sowie der stetige Wandel der Aufsichtsratspflichten den Effekt begünstigen. Der Effekt kann sich zu Lasten des Aufsichtsratsmitglieds auf mehrere Tatbestandsmerkmale ausüben: Fahrlässigkeit, adäquaten Kausalzusammenhang und Entlastung durch die Business Judgment Rule. Beeinflusst werden können zuvorderst die (Schieds-)Richter. Daneben wirkt sich der Effekt aber auch auf die Klageerhebung aus sowie auf Rechtsanwaltskanzleien, die entsprechende Schadensersatzansprüche prüfen sollen.

§ 4 Durchsetzung von Ansprüchen gegen Aufsichtsratsmitglieder

Zwingende Voraussetzung für eine bestehende Haftungsgefahr ist, dass Ansprüche auch verfolgt und durchgesetzt werden. *Nullo actore nullus iudex* (lat.: »[Wo] kein Kläger, [da] kein Richter«) – und damit auch keine Haftungsgefahr. Die tatsächliche Durchsetzung war zur Jahrtausendwende das Kernproblem der Organhaftung. Mehrfach wurde ein »Gleichklang von materiellem Recht und Rechtsverfolgung«[405] gefordert.

Im Folgenden soll daher ein Blick auf alle potenziellen Klägergruppen geworfen werden, welche Organhaftungsansprüche gegen Aufsichtsratsmitglieder geltend machen und den Ansprüchen damit heute eine praktische Relevanz geben können.

A. Vorstand

Der Vorstand ist als Vertreter der AG für die Anspruchsverfolgung gegenüber den Aufsichtsratsmitgliedern zuständig, § 78 Abs. 1 S. 1 AktG. Sein Wille zur Durchsetzung ist aber zweifelhaft[406]. Der Aufsichtsrat bestellt gemäß § 84 Abs. 1 S. 1 AktG den Vorstand, sodass dieser aus Dankbarkeit auf Ersatzansprüche verzichten könnte[407]. Außerdem bestimmt der Aufsichtsrat die Vergütung des Vorstands, § 87 AktG, und kann bei Vorliegen eines wichtigen Grundes die Bestellung widerrufen, § 84 Abs. 3 S. 1 AktG. Dadurch kann ein Abhängigkeitsverhältnis entstehen. Ferner setzt eine erfolgreiche Unternehmensführung die Kooperation beider Organe voraus – man denke etwa an die Vetorechte aus § 111 Abs. 4 S. 2 AktG oder die Beratungsfunktion des Aufsichtsrats. Eine Kooperation wird durch die Verfolgung von Schadensersatzansprüchen aber zerstört.

Auch ist es immer noch gängige Praxis, dass Vorstandsmitglieder nach ihrer Amtszeit in den Aufsichtsrat wechseln[408]. Dies zeigt sich schon an der Einfüh-

405 *Ulmer*, ZHR 1999, 290 (299).

406 *Lutter*, 70. DJT 2014, N 92: »Das kommt nicht vor. Das geht einfach gegen die menschliche Natur«; *Koch*, ZHR 2016, 578 (584); *Habersack*, Gutachten 69. DJT, E 92: »erscheint undenkbar«; Melot de Beauregard/Lieder/Liersch/*Humrich*, § 4 Rn. 355 ff.; *Bachmann*, AR 2024, 138 (139): bei amtierendem Vorstand »theoretisches Szenario«.

407 RegE UMAG, BT-Drs. 15/5092, S. 20.

408 Hölters/Weber/*Krebs*, 4. Aufl. 2022, § 147 Rn. 1.

rung[409] der Karenzzeit für börsennotierte Unternehmen, § 100 Abs. 2 Nr. 4 AktG. Wenn dies geplant ist, wird ein Vorstandsmitglied wenig Interesse daran haben, die zukünftigen Kollegen zu verklagen.

Besonders zweifelhaft ist die Durchsetzung im Rahmen des Überwachungsverschuldens. Ein Anspruch wegen mangelhafter Überwachung setzt ein schadensstiftendes Verhalten eines Vorstandsmitglieds voraus. Macht der Vorstand Ansprüche gegen ein Aufsichtsratsmitglied geltend, muss er sich selbst belasten und die eigene Haftung fürchten, ggf. auch im Wege des Gesamtschuldnerregresses durch das selbst verklagte Aufsichtsratsmitglied[410].

I. Zivilrechtliche Motivation durch strenge Verfolgungspflicht (gegen Bachmann, Hopt/Roth und OLG Hamm)

Für den umgekehrten Fall der Klage des Aufsichtsrats gegen den Vorstand bestand ein ähnliches Problem. Dies änderte sich nach dem Grundsatzurteil des BGH in der Sache ARAG/Garmenbeck[411]. Der BGH entschied, dass den Aufsichtsrat die Pflicht trifft, das Bestehen von Schadensersatzansprüchen der Gesellschaft gegen Vorstandsmitglieder zu prüfen und, soweit die gesetzlichen Voraussetzungen dafür vorliegen, solche unter Beachtung des Gesetzes- und Satzungsrechts zu verfolgen[412]. Verletzen Aufsichtsratsmitglieder diese Pflicht, machen sie sich selbst schadensersatzpflichtig, §§ 116, 93 AktG. Dogmatisch stützt der BGH diese Pflicht einerseits auf die aus § 111 AktG folgende Aufgabe des Aufsichtsrats, den Vorstand zu überwachen, andererseits auf dessen aus § 112 AktG folgende Kompetenz, die Gesellschaft gerichtlich und außergerichtlich gegenüber dem Vorstand zu vertreten. Zusätzlich führt er an, dass die Nichtverfolgung einem Verzicht sehr nahekomme. Dieser bedürfe aber der Zustimmung der Hauptversammlung, § 93 Abs. 4 S. 3 AktG[413]. Diese Rechtsprechung hat der BGH jüngst erneut bestätigt[414].

Konkret trifft den Aufsichtsrat ein zweistufiges Prüfprogramm. Auf der ersten Stufe muss er feststellen, ob der zum Schadensersatz verpflichtende Tatbestand in tatsächlicher und rechtlicher Hinsicht erfüllt ist. Dabei muss er auch das Prozessrisiko sowie die Betreibbarkeit der Forderung analysieren. Führt die Prüfung auf der ersten Stufe zu dem Ergebnis, dass der Gesellschaft voraussichtlich Schadensersatzansprüche zustehen, muss der Aufsichtsrat den Anspruch auf der zweiten Stufe verfolgen. Er darf davon nur absehen, wenn gewichtige Interessen

409 Eingeführt durch Gesetz zur Angemessenheit der Vorstandsvergütung vom 31.7.2009, BGBl. 2009 I 2509.
410 RegE UMAG, BT-Drs. 15/5092, S. 20.
411 BGH, NJW 1997, 1926 – ARAG/Garmenbeck.
412 BGH, NJW 1997, 1926 (1927).
413 BGH, NJW 1997, 1926 (1927 ff.).
414 BGH, NZG 2018, 1301.

und Belange der Gesellschaft dagegensprechen. Gründe außerhalb des Unternehmenswohls – etwa die Schonung eines verdienen Vorstandsmitglieds oder die sozialen Folgen für das Mitglied und seine Familie – rechtfertigen dies nur ausnahmsweise. Zentral ist, dass dem Aufsichtsrat auf beiden Stufen kein unternehmerischer Ermessensspielraum zukommt[415].

Für das Haftungsrisiko des Aufsichtsrats ist daher von entscheidender Bedeutung, ob die im ARAG/Garmenbeck-Urteil für den Aufsichtsrat entwickelte Verfolgungspflicht umgekehrt auch den Vorstand trifft.

1. Ansichten in Literatur und Rechtsprechung

Die überwiegende Literatur[416] und ein Teil der Rechtsprechung[417] bejaht spiegelbildlich wie für den Aufsichtsrat eine Verfolgungspflicht des Vorstands und wendet die Grundsätze des ARAG/Garmenbeck-Urteils[418] entsprechend an. Eine echte Begründung fehlt bisher aber. Der Übertragung kritisch gegenüber stehen *Hopt/Roth*[419] und vor allem *Bachmann*[420]. Jüngst hat zudem das OLG Hamm (Arcandor) entschieden, dass bei der Inanspruchnahme von Aufsichtsratsmitgliedern durch den Vorstand nicht dieselben Maßstäbe gelten würden[421]. Eine Klärung durch den BGH fehlt bisher.

Bachmann verneint eine Verfolgungspflicht zwar nicht kategorisch. Die Pflicht sei aber zumindest eingeschränkt. Der Vorstand müsse »die Rechtsverfolgung nicht im gleichen Umfang und mit gleicher Akribie betreiben wie umgekehrt der Aufsichtsrat«[422]. »Zumindest auf der ersten Stufe« solle der Vor-

415 BGH, NJW 1997, 1926 (1927 ff.).

416 *Stelzer*, Die Überwachung des Aufsichtsrats durch den Vorstand in der Aktiengesellschaft, 2022, S. 384, 400, 403; *Koch*, ZHR 2016, 578 (584); *ders.*, 17. Aufl. 2023, § 116 Rn. 13; *Arnold*, FS Krieger 2020, 41 (47 f.); *Jenne/Miller*, AG 2019, 112 (119); *Thum/Klofat*, NZG 2010, 1087; *Leyendecker-Langner*, NZG 2012, 721, (722); *Fassbach/Wettich*, KSzW 2016, 269 (272); BeckOGK/*Veil*, AktG, § 116 Rn. 154; Henssler/Strohn/*Henssler*, 6. Aufl. 2024, § 116 AktG Rn. 15; Hölters/*Hambloch-Gesinn/Gesinn*, 4. Aufl. 2022, § 116 Rn. 94; MünchKomm-AktG/*Habersack*, 6. Aufl. 2023, § 116 Rn. 8; Schmidt/Lutter/*Drygala*, 5. Aufl. 2024, § 116 Rn. 55; *Lutter/Krieger/Verse*, 7. Aufl. 2020, § 13 Rn. 1025; Melot de Beauregard/Lieder/Liersch/*Humrich*, § 4 Rn. 358; Melot de Beauregard/Lieder/Liersch/*Bayer/Scholz*, § 3 Rn. 753.

417 OLG Stuttgart, AG 2016, 370 (375); zumindest indirekt: LG Essen, ZIP 2012, 2061 (2062) – Arcandor.

418 BGH, NJW 1997, 1926.

419 GK-AktG/*Hopt/Roth*, 5. Aufl. 2014, § 93 Rn. 178.

420 Zunächst *Bachmann*, ZHR 2016, 563 (764): »drängen sich Zweifel auf«; konkreter dann *ders.*, FS Krieger 2020, 61 (69 ff.).

421 OLG Hamm, Urt. v. 6. April 2022, Az. I-8 U 73/12, Rn. 424 – Arcandor.

422 *Bachmann*, FS Krieger 2020, 61 (72).

stand mehr Freiheiten als der Aufsichtsrat genießen[423]. Nach *Hopt/Roth* treffe den Vorstand keine vergleichbare Pflicht. Er könne von der Verfolgung absehen, wenn gleichwertige Belange der Gesellschaft dies rechtfertigten[424]. Nach den Ausführungen des Senats des OLG Hamm sei die Geltendmachung von Ansprüchen gegen Aufsichtsratsmitglieder nicht anders zu behandeln als die Geltendmachung gegenüber Dritten[425].

Gegenüber Dritten (z.B. Arbeitnehmern, Vertragsschuldnern) trifft den Vorstand zwar grundsätzlich auch eine Pflicht zur Geltendmachung[426]. Im Gegensatz zur vom BGH entwickelten Verfolgungspflicht nach ARAG/Garmenbeck werden aber weitgehendere Gründe zum Absehen von der Verfolgung akzeptiert[427]. Vor allem wird dem Vorstand insofern ein unternehmerisches Ermessen gemäß § 93 Abs. 1 S. 2 AktG zugestanden[428]. Diese Pflicht gegenüber Dritten wird aus der Vermögensbetreuungspflicht des Vorstands abgeleitet. Im Einklang mit dem Unternehmensinteresse muss er das Vermögen des Unternehmens mehren[429]. Folgerichtig leitet auch der OLG-Senat die Verfolgungspflicht gegenüber dem Aufsichtsrat »nur« aus der Vermögensbetreuungspflicht ab[430].

2. Argumente gegen eine strenge Verfolgungspflicht des Vorstands

Der OLG-Senat, *Bachmann* und *Hopt/Roth* argumentieren damit, dass der BGH die Verfolgungspflicht zunächst mit der Überwachungsaufgabe des Aufsichtsrats gemäß § 111 Abs. 1 AktG begründet hat. Dem Vorstand komme aber keine dem Aufsichtsrat vergleichbare Überwachungsaufgabe zu[431]. *Bachmann* führt aus, der Vorstand müsse zwar infolge der Legalitätskontrollpflicht einen Blick auf den Aufsichtsrat richten. Diese Pflicht ginge aber nicht so weit, dass er den Aufsichtsrat in gleicher Weise kontrollieren müsse. Die Überwachung des Auf-

423 *Bachmann*, FS Krieger 2020, 61 (72).

424 GK-AktG/*Hopt/Roth*, 5. Aufl. 2014, § 93 Rn. 178.

425 OLG Hamm, Urt. v. 6. April 2022, Az. I-8 U 73/12, Rn. 424 – Arcandor.

426 *Fleischer*, AG 2015, 133 (144); GK-AktG/*Hopt/Roth*, 5. Aufl. 2014, § 93 Rn. 199; BeckOGK/*Fleischer*, AktG, § 93 Rn. 116; Schmidt/Lutter/*Sailer-Coceani*, 5. Aufl. 2024, § 93 Rn. 10.

427 *Bayer/Scholz*, NZG 2019, 201 (203); GK-AktG/*Hopt/Roth*, 5. Aufl. 2014, § 93 Rn. 199; BeckOGK/*Fleischer*, AktG, § 93 Rn. 116.

428 *Bayer/Scholz*, NZG 2019, 201 (203); GK-AktG/*Hopt/Roth*, 5. Aufl. 2014, § 93 Rn. 199; BeckOGK/*Fleischer*, AktG, § 93 Rn. 116; a.A. kein Ermessen bei Anspruchsverfolgung gegenüber Dritten: *Altmeppen*, ZIP 2019, 1253 ff.

429 *Zeyher/Mader*, ZHR 2021, 125 (130 f.); *Fleischer*, AG 2015, 133 (143 ff.); *Altmeppen*, ZIP 2019, 1253 ff.

430 OLG Hamm, Urt. v. 6. April 2022, Az. I-8 U 73/12, Rn. 424.

431 OLG Hamm, Urt. v. 6. April 2022, Az. I-8 U 73/12, Rn. 424 – Arcandor; *Bachmann*, FS Krieger 2020, 61 (70 f.); GK-AktG/*Hopt/Roth*, 5. Aufl. 2014, § 93 Rn. 178.

sichtsrats sei eine Nebenaufgabe des Vorstands, sodass sie nicht dieselbe Intensität erfordere[432].

Bezüglich des zweiten Arguments des BGH, der Kompetenz gemäß § 112 AktG, bezweifelt *Bachmann* bereits grundsätzlich, dass sich aus ihr Argumente für eine Verfolgungspflicht ableiten ließen[433]. Jedenfalls aber lasse sich aus der Vertretungsbefugnis des Vorstands keine Klagepflicht desselben ableiten. § 112 AktG sei als Annex zu § 111 AktG konzipiert und stehe mit dieser Norm im Zusammenhang. Die Vertretungsbefugnis des Vorstands sei allgemein und gelte auch gegenüber Dritten. Auch gegenüber diesen sei er nicht zur unbedingten Durchsetzung von Ansprüchen verpflichtet, sondern habe in diesen Fällen ein Ermessen[434].

Zudem wolle das AktG nicht zwei Organe, die sich gegenseitig beäugen. Dies störe das immer wieder betonte vertrauensvolle Zusammenwirken der beiden Organe und widerspreche der im Gesetz angelegten, austarierten Gewaltenteilung[435]. Eine Haftungsklage des Überwachten (Vorstand) gegen den Überwacher (Aufsichtsrat) wirke sich negativ auf die Überwachung aus[436]. Auch führe die Anspruchsverfolgung bzw. eine entsprechende Kontrollpflicht dazu, dass der Vorstand sich selbst kontrollieren müsse[437].

Schließlich verweist *Bachmann* auf die – anders als im umgekehrten Falle – fehlende Personalkompetenz des Vorstands gegenüber dem Aufsichtsrat. Der verpflichtete Vorstand sei genötigt, das Aufsichtsratsmitglied durch die Anspruchsverfolgung faktisch aus der Gesellschaft zu drängen. Dadurch würde er eine Entscheidung usurpieren, welche ausschließlich den Aktionären obläge[438].

3. Vorstand trifft strenge Verfolgungspflicht i.S. des ARAG/Garmenbeck-Urteils

Der Mindermeinung von *Bachmann*, *Hopt/Roth* und dem Senat kann nicht gefolgt werden. Den Vorstand trifft gegenüber den Aufsichtsratsmitgliedern dieselbe Verfolgungspflicht wie den Aufsichtsrat gegenüber den Vorstandsmitgliedern. Es gelten nicht die eingeschränkten Maßstäbe, welche gegenüber sonstigen Dritten gelten, sondern die strengen ARAG/Garmenbeck-Grundsätze.

Der Mindermeinung ist in dem Punkt zuzustimmen, dass die Überwachung für den Aufsichtsrat dessen Kernaufgabe darstellt, für den Vorstand hingegen nur eine unter vielen ist. Der Aufsichtsrat ist historisch aus der Trennung von Geschäftsführung und Kontrolle hervorgegangen. Sein Zweck war die Über-

432 *Bachmann*, FS Krieger 2020, 61 (70).
433 *Bachmann*, FS Krieger 2020, 61 (71); so auch: *Bieder*, NZG 2015, 1178 (1179).
434 *Bachmann*, FS Krieger 2020, 61 (71).
435 *Bachmann*, FS Krieger 2020, 61 (70).
436 GK-AktG/*Hopt*/*Roth*, 5. Aufl. 2014, § 93 Rn. 178.
437 *Bachmann*, FS Krieger 2020, 61 (70).
438 *Bachmann*, FS Krieger 2020, 61 (71 f.).

wachung der Geschäftsführung[439]. Sein Name wird aus seiner Kerntätigkeit abgeleitet[440] und das AktG unterstreicht seine besondere Aufgabe. Es weist ihm konkret die Aufgabe der Überwachung zu, § 111 AktG, und stattet ihn mit Überwachungsinstrumenten aus: beispielsweise die Einsicht in Unterlagen der Gesellschaft, § 111 Abs. 2 AktG, und die Berichterstattung durch den Vorstand, § 90 AktG. Dem Vorstand hingegen überträgt das AktG die Aufgabe, die Gesellschaft zu leiten, § 76 Abs. 1 AktG. Er ist der Überwachte, nicht der Überwacher. Weder gewährt das AktG dem Vorstand besondere Überwachungsrechte gegenüber dem Aufsichtsrat, noch muss dieser ihm berichten.

Diesbezüglich muss aber zunächst bedacht werden, dass die Rollen von Aufsichtsrat und Vorstand praktisch immer mehr verschwimmen. Überwachungsaufgaben und -kompetenzen des Aufsichtsrats lassen sich nicht immer trennscharf von den Leitungsaufgaben des Vorstands abgrenzen[441]. Der Aufsichtsrat übernimmt zunehmend eine mitunternehmerische Rolle[442]. Mehrfache Gesetzes- und Rechtsprechungsänderungen haben seine Rolle weg vom reinen Kontrollorgan hin zum Mitunternehmer neben dem Vorstand geformt. Dadurch wird der funktionale Unterschied zwischen den beiden Organen geringer. Für den Aufsichtsrat ist die Überwachung zwar keine Nebenaufgabe. Es ist aber auch nicht mehr seine einzige Aufgabe. Eine strenge Verfolgungspflicht des Vorstands kann daher nicht allein damit verneint werden, dass die Überwachung des Aufsichtsrats für den Vorstand nur eine von mehreren Tätigkeiten ist. Gleichzeitig bedarf die zunehmend mitunternehmerische Rolle des Aufsichtsrats einer verstärkten Überwachung durch den Vorstand.

Ferner hat der BGH in seinem Grundsatzurteil nur auf die allgemeine Überwachungsaufgabe des Aufsichtsrats abstellt, nicht hingegen darauf, dass dies seine alleinige Kernaufgabe sei. Dies gilt auch für das Easy-Software-Urteil des BGH[443] zur Verfolgungspflicht des Aufsichtsrats. *Bachmann* sieht sich zu Unrecht durch dieses Urteil bestätigt[444]. Der BGH hat darauf hingewiesen, dass dem Aufsichtsrat eine »besondere Funktion« als Überwachungsorgan zukomme und er »in erster Linie« die Geschäftsführung zu überwachen habe. Der BGH nutzte dies aber nur zur Begründung eines Schadens im Rahmen einer verjährungsrechtlichen Sonderproblematik[445]. Die Verfolgungspflicht hingegen leitete er wie schon in der ARAG/Garmenbeck-Entscheidung aus der allgemeinen Überwachungspflicht des Aufsichtsrats ab. Eine Betonung auf die »besondere Funktion« oder das Überwachen »in erster Linie« blieb aus. E contrario lässt

439 GK-AktG/*Hopt*/*Roth*, 5. Aufl. 2018, § 111 Rn. 102.
440 GK-AktG/*Hopt*/*Roth*, 5. Aufl. 2018, § 111 Rn. 102.
441 GK-AktG/*Hopt*/*Roth*, 5. Aufl. 2018, § 76 Rn. 9.
442 Siehe dazu 1. Teil § 2 A.
443 BGH, NZG 2018, 1301.
444 *Bachmann*, FS Krieger 2020, 61 (71).
445 BGH, NZG 2018, 1301 (1303).

sich daher vielmehr schlussfolgern, dass es auch nach dem BGH für die Verfolgungspflicht keiner *besonderen* Überwachungsfunktion bedarf.

Eine allgemeine Überwachungspflicht trifft aber ebenso den Vorstand – und zwar auch gegenüber dem Aufsichtsrat. Diese folgt aus seiner Legalitätskontrollpflicht, welche das gesamte Unternehmen erfasst. So stellte das LG München I in seinem wegweisenden Urteil zur Compliance-Pflicht des Vorstands klar, dass ein Vorstandsmitglied dafür Sorge zu tragen hat, dass das Unternehmen so organisiert und beaufsichtigt wird, dass keine Gesetzesverletzungen stattfinden[446]. Auch der Aufsichtsrat ist aber, etwa im Gegensatz zur externen Überwachung durch den Abschlussprüfer[447], Teil des Unternehmens. Andere leiten die Überwachungspflicht des Vorstands aus dessen Schadensabwendungspflicht ab[448]. Allein aus dem Fehlen einer speziellen Überwachungszuweisung gegenüber dem Aufsichtsrat durch das AktG kann daher nicht geschlossen werden, dass der Vorstand diesen nicht zu überwachen hat. Eine spezielle Zuweisung ist nicht notwendig, da die Überwachung des Unternehmens bereits Teil der Leitungsaufgabe gemäß § 76 Abs. 1 AktG ist.

Die Kompetenz des Aufsichtsrats zur gerichtlichen und außergerichtlichen Vertretung der Gesellschaft gegenüber dem Vorstand gemäß § 112 AktG lässt sich problemlos auf den Vorstand übertragen. Dieser vertritt die Gesellschaft spiegelbildlich gegenüber dem Aufsichtsrat, § 78 Abs. 1 S. 1 AktG. Der BGH nutzt die Kompetenzvorschriften auch weiterhin als dogmatische Anknüpfung seiner Argumentation. In seinem jüngsten Urteil[449] leitete er die Verfolgungspflicht erneut aus der Überwachungsaufgabe und »zum anderen daraus« ab, dass der Aufsichtsrat die Kompetenz zur Vertretung hat. Die Kompetenz aus § 112 AktG versteht der BGH also keineswegs nur als bloßen Annex zu § 111 AktG, sondern als gleichwertige Argumentationsbasis.

Bachmann ist zwar zuzustimmen, dass die Kompetenz des Vorstands auch gegenüber Dritten besteht[450]. Genauso besteht die Legalitätskontrollpflicht jedenfalls gegenüber Arbeitnehmern[451]. Dennoch besteht in diesen Fällen nur die allgemeine Pflicht zur Geltendmachung von Ansprüchen. Insofern könnte man vorschnell dem OLG-Senat beipflichten und die Grundsätze gegenüber Dritten auf Aufsichtsratsmitglieder übertragen. Der entscheidende Unterschied zur Geltendmachung gegenüber Dritten liegt aber in einem Aspekt, den *Bachmann*, *Hopt/Roth* und der OLG-Senat nicht aufgreifen: der Rechtsgedanke des Verzichtsverbots in § 93 Abs. 4 S. 3 AktG.

446 LG München I, NZG 2014, 345 (346).

447 Dieser steht außerhalb der Gesellschaft: vgl. MünchKomm-HGB/*Ebke*, 5. Aufl. 2024, § 316 Rn. 33.

448 *Stelzer*, Die Überwachung des Aufsichtsrats durch den Vorstand in der Aktiengesellschaft, 2022, S. 46 ff.

449 BGH, NZG 2018, 1301 (1302).

450 *Bachmann*, FS Krieger 2020, 61 (71).

451 Grigoleit/*Grigoleit*, 2. Aufl. 2020, § 93 Rn. 44; *Koch*, 19. Aufl. 2025, § 93 Rn. 17.

Die Verfolgungspflicht muss im Zusammenhang mit der Handlungsunfähigkeit der Hauptversammlung und dem daher erforderlichen Aktionärsschutz gesehen werden. Aktionäre sind aufgrund ihrer Kollektivhandlungs- und Trittbrettfahrerprobleme nicht selbst in der Lage, ihre Organe ausreichend zu kontrollieren und Ansprüche gemäß den §§ 147, 148 AktG geltend zu machen[452]. Folglich besteht die Gefahr, dass sich die Organe gegenseitig zu Lasten der Aktionäre entlasten. Der BGH wollte mit der strengen Verfolgungspflicht der »institutionalisierten Beißhemmung«[453] zwischen den Organen bzw. der kollusiven Enthaftung (oft auch: kollegiale Rücksichtnahme) entgegentreten[454]. Diese Gefahr besteht gleichsam bezüglich der Ansprüche gegen Vorstands- wie Aufsichtsratsmitglieder.

Dieser Gedanke der Verhinderung kollusiver Enthaftung lässt sich in § 93 Abs. 4 S. 3 AktG dogmatisch verorten. Nach § 93 Abs. 4 S. 3 AktG darf nur die Hauptversammlung auf Organansprüche verzichten. Zweck des Zustimmungserfordernisses der Hauptversammlung ist es, die kollusive Enthaftung zwischen Vorstand und Aufsichtsrat zu vermeiden. Aufsichtsrat und Vorstand könnten sich sonst ohne Einbindung der Hauptversammlung gegenseitig entlasten und von der Haftung befreien (*back-scratching*)[455]. Die strenge Verfolgungspflicht folgt daher nicht nur aus der Vermögensbetreuungspflicht[456], sondern aus der Kombination von Überwachungspflicht, Kompetenz zur Geltendmachung und dem Zweck des Zustimmungserfordernisses der Hauptversammlung, kollusive Enthaftungen zu verhindern. Das Verzichtsverbot gilt aber nur gegenüber Organmitgliedern, nicht gegenüber Dritten.

Der Zusammenhang zwischen Anspruchsverfolgung und Verzichtsverbot lässt sich auch aus den Urteilen des BGH ableiten. Der BGH hatte schon im ARAG/Garmenbeck-Urteil ergänzend argumentiert, dass das Absehen von der Verfolgung einem Verzicht gemäß § 93 Abs. 4 S. 3 AktG »sehr nahekäme«[457] und auch daher die Verfolgung der Regelfall sein müsse. In einem neueren Urteil aus dem Jahr 2014 führt der BGH im Zusammenhang mit dem Verzichtsverbot aus, dass »der Aufsichtsrat […] in der Regel verpflichtet ist, Ansprüche wegen einer vom Vorstand verfolgten Pflichtverletzung zu verfolgen«[458].

452 Siehe unten 1. Teil § 4 C., F.

453 *Holle*, ZHR 2018, 569 (572); *Fleischer*, ZIP 2018, 2341 (2347).

454 *Fleischer*, ZIP 2018, 2341 (2347).

455 BGH, NZG 2014, 1058, Rn. 20; *Fleischer*, AG 2015, 133 (135); *Bachmann*, Gutachten 70. DJT 2014, E 48; *Mertens*, FS Fleck 1988, 209 (210); *Harbarth*, Liber amicorum M. Winter 2011, 215 (225); *Hasselbach/Seibel*, AG 2008, 770 (772); *K. Zimmermann*, FS Duden 1977, 773 (774); Hölters/Weber/*Hölters/Hölters*, 4. Aufl. 2022, § 93 Rn. 291; siehe zu der praktischen Gefahr schon oben.

456 Teilweise zieht auch die sonstige Literatur dieses Argument ergänzend heran: *Koch*, ZHR 2016, 578 (584); Grigoleit/*Grigoleit/Tomasic*, 2. Aufl. 2020, § 111 Rn. 5 »Vermögenswiederherstellung«; *Altmeppen*, ZIP 2019, 1253 ff.

457 BGH, NJW 1997, 1926 (1928).

458 BGH, NZG 2014, 1058 (1059), Rn. 19.

Ansprüche verjähren zu lassen stellt zwar als rein passives Unterlassen keinen echten Verzicht dar[459], sodass die Verjährung nicht unwirksam ist. Das Schrifttum hat aber herausgearbeitet, dass dem Verzichtsverbot der Grundsatz entnommen werden kann, dass es den Organen verboten ist, Ansprüche gegen Organmitglieder verjähren zu lassen[460]. Daraus leiten *Bayer/Scholz* weiter ab, dass einem Organ bei der Geltendmachung gegenüber einem anderen Organ (anders als gegenüber Dritten) kein unternehmerisches Ermessen gemäß § 93 Abs. 1 S. 2 AktG zukomme. Dogmatisch fehle es infolge des Verbots an einer unternehmerischen Entscheidung[461]. Auch *Stelzer* zieht § 93 Abs. 4 S. 3 AktG heran und begründet mit dessen Telos, dass der Vorstand sich bei der Geltendmachung von Ansprüchen gegen Aufsichtsratsmitglieder nicht auf die Business Judgment Rule berufen kann[462]. Diese Sichtweise ist zutreffend. Der Rechtsgedanke des Zustimmungserfordernisses der Hauptversammlung, die Verhinderung kollegialer Rücksichtnahme, muss sich auch im Rahmen der dem echten Verzicht vorgeschalteten Anspruchsverfolgung fortsetzen.

Die sonstigen genannten Gegenargumente gebieten nicht, von der strengen Verfolgungspflicht des Vorstands abzusehen. So mag die Anspruchsverfolgung zwar die Zusammenarbeit zwischen Aufsichtsrat und Vorstand stören. Umgekehrt muss aber auch der Aufsichtsrat Ansprüche gegen den Vorstand verfolgen. Auch dies zerstört jede vertrauensvolle Zusammenarbeit[463]. In beiden Fällen sollte aber dem Schutz der Aktionäre vor kollegialer Rücksichtnahme der Organe der Vorrang eingeräumt werden. Dasselbe gilt für die negative Wirkung einer Haftungsklage des Vorstands auf die Überwachungstätigkeit des Aufsichtsrats.

Das Argument, dass der Vorstand sich in diesem Fall selbst kontrollieren müsse, hat zwar allgemein seine Berechtigung und sollte dazu führen, dass die Legalitätskontrollpflicht durch den Vorstand gegenüber den Aufsichtsratsmitgliedern nicht so weit reicht, wie die Überwachungspflicht des Aufsichtsrats[464]. Sie verbietet aber keine strenge Verfolgungspflicht, welche nur ein Teilaspekt der Überwachung ist und speziell aus dem Verzichtsverbot folgt. Die Situation ist zwar misslich, folgt aber daraus, dass kein anderes Organ besteht, welches

459 *Casper*, ZHR 2012, 617 (644).

460 *Bayer/Scholz*, NZG 2019, 201 (205); Melot de Beauregard/Lieder/Liersch/*dies.*, § 3 Rn. 753; *Jaeger/Trölitzsch*, ZIP 1995, 1157 (1160 f.); a.A. *Holle*, ZHR 2018, 569 (578).

461 *Bayer/Scholz*, NZG 2019, 201 (205); teilweise wird die Verfolgungspflicht auch direkt aus dem Verzichtsverbot abgeleitet: so etwa *Koch*, AG 2009, 93; MünchKomm-AktG/*Habersack*, 6. Aufl 2023, § 111 Rn. 36.

462 *Stelzer*, Die Überwachung des Aufsichtsrats durch den Vorstand in der Aktiengesellschaft, 2022, S. 391 f.

463 Henssler/Strohn/*Henssler*, 6. Aufl. 2024, § 111 AktG Rn. 9.

464 So auch zum fehlenden Gegenstück zu § 111 AktG: *Bayer/Scholz*, NZG 2019, 201 (206).

diese Aufgabe übernehmen könnte. Einen Aufsichtsrat des Aufsichtsrats sieht das AktG nicht vor und die Hauptversammlung ist dazu nicht in der Lage.

Schließlich überzeugt auch das letzte Argument *Bachmanns,* die fehlende Personalkompetenz des Vorstands, nicht. Insofern schränkt er seine These zutreffend schon dahingehend ein, dass Verfolgungs- und Abberufungskompetenz nicht miteinander einhergehen müssen465. Er weist selbst darauf hin, dass die Personalkompetenz des obligatorischen GmbH-Aufsichtsrats gemäß § 31 MitbestG nicht dazu führt, dass der Aufsichtsrat anstelle der Gesellschafter die Entscheidung über die Anspruchsverfolgung treffen darf[466]. Entsprechend gebietet die fehlende Personalkompetenz des Vorstands nicht, ihm die Verfolgungspflicht abzusprechen. Nur weil eine Klage regelmäßig faktisch zur Abberufung führen wird, wird dadurch die Abberufungskompetenz der Aktionäre nicht »usurpiert«. Sie verbleibt bei den Aktionären und wird durch eine Verfolgungspflicht weder übertragen noch unterlaufen. Beides ist schlichtweg zu trennen. Auch trotz Anspruchsverfolgung können Aktionäre theoretisch von einer Abberufung absehen. Das gilt erst recht vor dem Hintergrund, dass immer häufiger eine Schiedsklausel besteht[467], die Anspruchsverfolgung nicht öffentlich wird und daher auf die Klage kein öffentlicher Druck zur Abberufung folgt.

II. Strafrechtliche Motivation

Neben die Motivation durch die zivilrechtliche Haftungsgefahr einer Nichtgeltendmachung von Schadensersatzansprüchen tritt eine strafrechtliche Dimension[468]. Mit der Mannesmann-Entscheidung hat der BGH klargestellt, dass sich ein Aufsichtsratsmitglied wegen Untreue strafbar machen kann, wenn es einem Vorstandsmitglied nachträglich eine nicht vereinbarte Sonderzahlung gewährt, die ausschließlich belohnenden Charakter hat[469]. Auch die Unterlassung der Geltendmachung von bestehenden Haftungsansprüchen der Gesellschaft kann als eine solche Sonderzahlung angesehen werden und damit in der hiesigen umgekehrten Konstellation im Ausnahmefall zur Strafbarkeit der Vorstandsmitglieder führen[470].

465 *Bachmann*, FS Krieger 2020, 61 (71 f.).

466 Zutreffend *Bachmann*, FS Krieger 2020, 61 (67).

467 *Schumacher*, NZG 2016, 969; *Heinrich*, NZG 2016, 1406 ff.; *Leuering*, NJW 2014, 657; *Herresthal,* ZIP 2014, 345; BeckOGK/*Fleischer*, AktG, § 93 Rn. 383; eher skeptisch bzgl. der zukünftigen praktischen Relevanz: *Borris*, r+s, 2020, 316 (322).

468 So zum Aufsichtsrat: *Sailer-Coceani*, 70. DJT 2014, N 11.

469 BGH, NStZ 2006, 214.

470 Zur Untreue durch Unterlassen des Aufsichtsrats: *Helmrich/Eidam*, ZIP 2011, 257 ff.; entsprechend zur Nichtgeltendmachung gegenüber Arbeitnehmern: *Eufinger*, GWR 2018, 267 (268 f.).

B. Gesellschafterversammlung der GmbH

Die Durchsetzung von Ansprüchen gegen Aufsichtsratsmitglieder in der GmbH ist deutlich erfolgversprechender als in der AG. Deren Geltendmachung obliegt nicht dem Geschäftsführer, sondern der Gesellschafterversammlung, § 46 Nr. 8 GmbHG analog[471]. Dies gilt auch für ausgeschiedene Aufsichtsratsmitglieder[472]. Durch die Satzung kann davon abgewichen werden, § 45 Abs. 2 GmbHG. Das Vorgehen gegenüber Mitgliedern des fakultativen und des obligatorischen Aufsichtsrats unterscheidet sich nicht. Die Gesellschafterversammlung entscheidet durch Beschluss, wobei ein Gesellschafter-Aufsichtsratsmitglied einem Stimmrechtsverbot unterliegt, § 47 Abs. 4 S. 2 2. Alt. GmbHG[473]. Dasselbe gilt nach der Rechtsprechung für alle Gesellschafter, die an der Pflichtverletzung mitgewirkt haben[474].

I. Keine durchsetzungshindernden Interessenkonflikte

Bei der GmbH bestehen im Rahmen der Haftungsdurchsetzung nicht die bei der AG auftretenden Interessenkonflikte. Der Überwachte (hier: der Geschäftsführer) entscheidet nicht über die Klage gegen seinen Überwacher (den Aufsichtsrat).

Der Gesellschafterversammlung steht sowohl gemäß § 46 Nr. 8 1. Alt. GmbHG die Entscheidungskompetenz zu, ob Ersatzansprüche geltend gemacht werden, als auch gemäß § 46 Nr. 8 2. Alt. GmbHG, wer die GmbH im Prozess vertreten soll[475]. Sie kann hierzu den Geschäftsführer bestimmen oder aber entsprechend § 147 Abs. 2 AktG einen besonderen Vertreter bestellen[476]. Auch der prozessbevollmächtigte Rechtsanwalt kann die organschaftliche Vertretungsbefugnis erhalten[477]. Teilweise wird dieses Recht zur Bestimmung des Vertretungsbemäch-

471 BeckOK/*C. Jaeger*, GmbHG, § 52 Rn. 81; Scholz/*Seyfarth*, 13. Aufl. 2024, § 52 Rn. 642; BeckOK/*Schindler*, GmbHG, § 46 Rn. 96; Henssler/Strohn/*Mollenkopf*, 6. Aufl. 2024, § 46 GmbHG Rn. 39; Michalski/Heidinger/Leible/J. Schmidt/*Römermann*, 4. Aufl. 2023, § 46 Rn. 414; *Wicke*, 5. Aufl. 2024, § 46 Rn. 19; Scholz/*K. Schmidt*/*Bochmann*, 13. Aufl. 2024, § 46 Rn. 146; Lutter/Hommelhoff/*Bayer*, 21. Aufl. 2023, § 46 Rn. 35.

472 Scholz/*Seyfarth*, 13. Aufl. 2024, § 52 Rn. 642; gegen ausgeschiedene Geschäftsführer: vgl. BGH, NJW 1959, 194.

473 »andere Organmitglieder«: vgl. MünchKomm-GmbH/*Liebscher*, 4. Aufl. 2023, § 46 Rn. 289.

474 BGH, NJW 1986, 2051.

475 Scholz/*Seyfarth*, 13. Aufl. 2024, § 52 Rn. 642.

476 Michalski/Heidinger/Leible/J. Schmidt/*Römermann*, 4. Aufl. 2023, § 46 Rn. 465; Henssler/Strohn/*Mollenkopf*, 6. Aufl. 2024, § 46 GmbHG Rn. 44.

477 Stellvertretend für die h.M: Michalski/Heidinger/Leible/J. Schmidt/*Römermann*, 4. Aufl. 2023, § 46 Rn. 494.

tigten für Ansprüche gegen Aufsichtsratsmitglieder bezweifelt[478], mit der Folge, dass der Geschäftsführer zwingend die Vertretung der GmbH im Prozess übernehmen müsste. Selbst in diesem Fall könnten die Gesellschafter aber durch Weisungen auf den Geschäftsführer einwirken und ihn beispielsweise anweisen eine bestimmte Kanzlei zu mandatieren und dieser die Prozessführung zu überlassen. Faktisch wird damit dasselbe Ergebnis erzielt[479], sodass die Prozessführung nicht durch Interessenkonflikte beeinträchtigt wird.

II. Keine durchsetzungshindernden Kollektivhandlungsprobleme in phänotypischer GmbH

Im Gegensatz zur Hauptversammlung der AG, die nur eingeschränkt zur Geltendmachung der Ansprüche fähig ist[480], sind die Gesellschafter einer phänotypischen[481] GmbH dazu regelmäßig in der Lage[482]. Die bei der AG vorherrschenden Kollektivhandlungs- und Trittbrettfahrerprobleme treten deutlich weniger auf[483].

GmbH-Gesellschafter kennen sich im Gegensatz zu den oft anonymen Aktionären regelmäßig persönlich, der Gesellschafterkreis ist in der Regel erheblich kleiner. Dadurch sinken Abstimmungskosten und es treten weniger Interessengegensätze auf, die in Einklang gebracht werden müssen. Auch ist der Gesellschafterkreis stabiler. Der Exit (Verkauf des Anteils) ist in der GmbH keine oder nur selten eine Option, sodass die einzelnen Gesellschafter die Gesellschaft nicht einfach durch einen Verkauf verlassen können. Erschwert wird ein Gesellschafterwechsel zudem durch Formerfordernisse und Vinkulierung. Auch die Mehrheitsverhältnisse bleiben meist konstant[484].

Weiter ist das Interesse der einzelnen Gesellschafter an der Willensbildung und anschließenden Geltendmachung der Ansprüche größer. Die fehlende Exit-Option verstärkt das Interesse nach aktivem Engagement in der Gesellschaft[485]. Besteht als Alternative nicht die Möglichkeit, die Gesellschaft zu verlassen, wird der Gesellschafter sich stärker dafür einsetzen, innere Vorgänge zu regeln und dafür etwaige Haftungsansprüche durchzusetzen. Ferner ist die individuelle Kapitalbeteiligung im Schnitt deutlich größer, sodass ein stärkerer finanzieller

478 Etwa Michalski/Heidinger/Leible/J. Schmidt/*Römermann*, 4. Aufl. 2023, § 46 Rn. 488.
479 Michalski/Heidinger/Leible/J. Schmidt/*Römermann*, 4. Aufl. 2023, § 46 Rn. 488.
480 Siehe dazu noch 1. Teil § 4 C, F.
481 Mit »phänotypischer GmbH« ist vorliegend als Annahmegerüst der empirische Durchschnittstyp einer GmbH gemeint. Siehe dazu und zu den Merkmalen der »phänotypischen GmbH«: 3. Teil § 1 C. I.
482 So auch Scholz/*Seyfarth*, 13. Aufl. 2024, § 52 Rn. 642.
483 Speziell zum Fehlen der Kollektivhandlungsprobleme in der GmbH auch: 3. Teil § 3 I. 1. e).
484 Siehe dazu und zu den Merkmalen der »phänotypischen GmbH«: 3. Teil § 1 C. I.
485 Siehe dazu und zu den Merkmalen der »phänotypischen GmbH«: 3. Teil § 1 C. I.

Anreiz für jeden einzelnen Gesellschafter besteht. Denn GmbH-Gesellschafter können ihr Vermögen meist nicht wie ein Aktionär, etwa durch ETFs, auf sehr viele Gesellschaften verteilen[486].

Schließlich sind GmbH-Gesellschafter infolge umfassender Informationsrechte, der Weisungsbefugnis gegenüber dem Geschäftsführer, kurzer Informationswege untereinander sowie der regelmäßigen operativen Einbindung in das Unternehmen besser über die internen Vorgänge in der Gesellschaft informiert[487]. Sie leiten daher eher interne Untersuchungen ein und können besser über eine Klageerhebung entscheiden.

C. Verpflichtung durch die Hauptversammlung – gemeinsamer Vertreter

Auch die Hauptversammlung der AG kann nach § 147 Abs. 1 S. 1 AktG mit einfacher Stimmenmehrheit beschließen, dass Ersatzansprüche der Gesellschaft aus der Gründung gegen die nach den §§ 46 bis 48, 53 AktG verpflichteten Personen oder aus der Geschäftsführung gegen die Mitglieder des Vorstands und des Aufsichtsrats oder aus § 117 AktG geltend gemacht werden müssen. Aktionäre können folglich den Vorstand zur Geltendmachung der Ansprüche gegen den Aufsichtsrat verpflichten. Alternativ kann die Hauptversammlung einen besonderen Vertreter für die Geltendmachung der Schadensersatzansprüche bestellen, § 147 Abs. 2 AktG.

Lange Zeit wurde der Norm jede praktische Bedeutung abgesprochen[488]. Ursache ist die rationale Apathie der Aktionäre, die kein Interesse an aktiver Beeinflussung und Kontrolle der Verwaltungsorgane haben[489]. Seit einigen Jahren werden aber zunehmend Anträge auf Verpflichtung und Bestellung eines gemeinsamen Vertreters gestellt[490]. Indes erfolgten erfolgreiche Verpflichtungs- und Bestellungsanträge vor allem bei der Geltendmachung von konzernrechtlichen Ansprüchen gegen herrschende Aktionäre[491]. Denn in dieser Konstellation kann relativ leicht die einfache Mehrheit gewonnen werden. Zielt der Antrag auf Ansprüche gegen den herrschenden Aktionär ab, unterliegt dieser bei der Beschlussfassung einem Stimmrechtsverbot, § 136 Abs. 1 S. 1 3. Alt. AktG. Die verbleibende Minderheit kann dann den Beschluss fassen.

486 Siehe dazu und zu den Merkmalen der »phänotypischen GmbH«: 3. Teil § 1 C. I.
487 Siehe dazu 3. Teil § 1 C. II. 2.
488 *Mock*, DB 2008, 393: »Dornröschenschlaf«; *J. Vetter*, 70. DJT 2014, N 171.
489 Stellvertretend *Bayer*, AG 2016, 637 (639).
490 *Bayer/Hoffmann*, AG 2018, 337; *Koch*, 19. Aufl. 2025, § 147 Rn. 2; BeckOGK/*Mock*, AktG, § 147 Rn. 35.
491 *Bayer/Hoffmann*, AG 2018, 337 (344); *Riekers*, DB 2015, 2131 (2134).

Beschlussfassungen zur Geltendmachung von Ansprüchen gegen Organmitglieder haben dagegen nur selten Erfolg[492], da Großaktionäre sie schützen können[493]. Dieser Schutz dürfte insbesondere bei der Geltendmachung von Ansprüchen gegen Aufsichtsratsmitglieder (jedenfalls der Anteilseignerseite) gegeben sein, da diese regelmäßig durch Großaktionäre eingesetzt werden. Erfolgsversprechend wären Beschlussfassungen daher nur, wenn auch bei Ansprüchen gegen Aufsichtsratsmitglieder Stimmrechtsverbote für den schützenden Großaktionär bestünden.

Solch ein Verbot greift u.a. dann, wenn ein Aufsichtsratsmitglied selbst in Personalunion Aktionär der Gesellschaft ist[494]. Ein oder mehrere Aufsichtsratsmitglieder, die allein oder zusammen einen Großteil der Stimmanteile an einer AG halten, dürften aber die Ausnahme darstellen.

Nach der überwiegenden Literatur greift ein Stimmrechtsverbot des Aktionärs zudem, wenn sowohl Pflichtverletzungen des Aktionärs als auch der Organe im Raum stehen und diese auf demselben Lebenssachverhalt beruhen bzw. eine innere Verbindung zwischen ihnen besteht. Denn dann ist es naheliegend, dass der Großaktionär die Inanspruchnahme der Organe verhindert[495]. Entsprechend hat der BGH zu Stimmrechtsverboten bei mehreren Gesellschaftern in einer GmbH entschieden[496]. Kürzlich hat der BGH zudem für die AG entschieden, dass ein herrschendes Unternehmen in der Hauptversammlung der abhängigen Gesellschaft wegen eines Interessenkonflikts vom Stimmrecht ausgeschlossen ist, wenn über die Geltendmachung von Ersatzansprüchen gegen Organmitglieder der abhängigen Gesellschaft Beschluss gefasst wird und die vorgeworfene Pflichtverletzung auf Veranlassung und zugunsten des herrschenden Unternehmens begangen worden sein soll[497]. Pflichtverstöße des Aufsichtsrats mit innerer Verbindung zu pflichtwidrigen Geschäften von Großaktionären könnten dieser Fallgruppe Praxisrelevanz geben. Der Gesetzgeber hat die Relevanz dieses Problemkreises durch Einführung der §§ 111a ff. AktG selbst unterstrichen.

Teilweise wird das Kriterium der inneren Verbindung aber dahingehend eingeschränkt, dass ein Stimmrechtsverbot ausscheide, wenn Aktionär und Organ andersartige Pflichten verletzt haben, insbesondere wenn den Aktionär eine

492 Bei Ansprüchen gegen den Aufsichtsrat 18.5 % Erfolgsquote; bei Ansprüchen ausschließlich gegen Vorstand und Aufsichtsrat 11,2 % Erfolgsquote, vgl. dazu die empirischen Ergebnisse bei *Bayer/Hoffmann*, AG 2018, 337 (344).

493 *Bayer/Hoffmann*, AG 2018, 337 (344).

494 Stellvertretend *Bayer/Hoffmann*, AG 2018, 337 (344).

495 *Lochner/Beneke*, ZIP 2015, 2010 (2013); *Mock*, DB 2008, 393 (395); Schmidt/Lutter/*Spindler*, 5. Aufl. 2024, § 147 Rn. 14b; Grigoleit/*Grigoleit/Rachlitz,* 2. Aufl. 2020, § 147 Rn. 9; oft in Anlehnung an: OLG München, NZG 2008, 230.

496 BGH, NJW 1986, 2051 (2053).

497 BGH, NZG 2024, 198.

vorsätzliche und das Organ nur eine Aufsichtspflichtverletzung trifft[498]. Eine Aufsichtspflichtverletzung gegenüber dem Aktionär scheidet zwar sowieso aus, da der Aufsichtsrat nur den Vorstand überwachen muss (nicht aber Hauptversammlung[499] oder Aktionäre). Nach dieser Ansicht dürfte aber die Überwachungspflichtverletzung des Aufsichtsrats aus dem Anwendungsbereich des Stimmrechtsverbots herausfallen, wenn dieser eine gemeinsame Pflichtverletzung von Aktionär und Vorstand übersieht. Damit verbliebe im Anwendungsbereich des Stimmrechtsverbots nur noch die Konstellation, dass Aufsichtsratsmitglieder aktiv und kollusiv mit einem Aktionär zusammenwirken.

Nach hiesiger Ansicht spricht gegen die einschränkende Ansicht aber generell, dass der Aktionär bei der Durchsetzung des Anspruchs gegen das Aufsichtsratsmitglied trotz reiner Aufsichtspflichtverletzung nicht im Unternehmensinteresse, sondern im Eigeninteresse abstimmen wird[500]. Zudem soll der genaue Tatbeitrag des Aufsichtsratsmitglieds ggf. erst durch den besonderen Vertreter geklärt werden[501]. In der Folge wäre der Anwendungsbereich auch dann eröffnet, wenn ein Aufsichtsratsmitglied eine gemeinsame Pflichtverletzung von Vorstand und Großaktionär übersieht bzw. seine Überwachungspflicht verletzt.

Unabhängig von dem Stimmrechtsverbot bestehen zudem gewisse Erfolgschancen für eine Beschlussfassung, wenn Gesellschaftsanteile breit gestreut sind, sodass kein dominierender Aktionär sich schützend vor seine Aufsichtsratsmitglieder stellen kann[502]. Ferner, wenn ehemalige Organmitglieder verklagt werden, nachdem der Mehrheitsaktionär gewechselt hat. Der neue Mehrheitsaktionär hat mangels Verflechtung kein Interesse daran, das Aufsichtsratsmitglied zu decken[503]. Indes kann der neue Mehrheitsaktionär dann schlicht die Organe austauschen, sodass der neue Vorstand gegen die ausgeschiedenen Aufsichtsratsmitglieder vorgehen kann[504].

Insgesamt sind die Haftungsrisiken für Aufsichtsräte durch Haftungsklagen infolge von Anträgen nach § 147 Abs. 1 S. 1 AktG sowie durch den gemeinsamen Vertreter nach § 147 Abs. 2 S. 1 AktG (noch) überschaubar. Erfolgsver-

498 So OLG Karlsruhe NZG 2018, 508 (513); Schmidt/Lutter/*Spindler*, 5. Aufl. 2024, § 147 Rn. 14b; wohl auch *Koch*, 19. Aufl. 2025, § 147 Rn. 7; entsprechend zur GmbH: BGH, NZG 2009, 1309 (1310); jedenfalls konkrete Anhaltspunkte für eine Gesamtschuld voraussetzend: BeckOGK/*Riekers*, AktG, § 136 Rn. 14; nur bei kollusivem Zusammenwirken: OLG Köln, AG 2017, 351 (357 f.); a.A. Grigoleit/*Grigoleit/Rachlitz*, 2. Aufl. 2020, § 147 Rn. 9, wohl auch OLG Düsseldorf, AG 2022, 203 (211 f.); *Schmolke*, AG 2022, 192 (196).

499 GK-AktG/*Hopt/Roth*, 5. Aufl. 2018, § 111 Rn. 247; MünchKomm-AktG/*Habersack*, 6. Aufl. 2023, § 111 Rn. 26.

500 Grigoleit/*Grigoleit/Rachlitz*, 2. Aufl. 2020, § 147 Rn. 9.

501 OLG Düsseldorf, AG 2022, 203 (211 f.).

502 *Bayer/Hoffmann*, AG 2018, 337 (344).

503 *Bayer/Hoffmann*, AG 2018, 337 (344).

504 *Bayer*, AG 2016, 637 (639).

sprechend sind Anträge in Sonderkonstellation, in denen Aufsichtsratsmitglieder gemeinsam mit einem Großaktionär ihre Pflichten verletzen. Ob das Stimmrechtsverbot des Aktionärs auch auf Überwachungspflichtverletzungen des Aufsichtsrats erstreckt wird, bleibt abzuwarten.

Die Empirie spricht bisher deutlich gegen ein Haftungsrisiko durch den gemeinsamen Vertreter. Laut der Studie von *Bayer/Hoffmann* kam es bisher zu keiner einzigen erfolgreichen Haftungsklage durch den gemeinsamen Vertreter. Indes ist die Diskussion in vollem Gange. Insbesondere *Bayer* weist daraufhin, dass der Einsatz des gemeinsamen Vertreters sich zu einem Berufsklägertum entwickeln könnte. Im Gegensatz zu den klagenden Minderheitsaktionären nach § 148 AktG trägt der gemeinsame Vertreter kein Kostenrisiko und wird für seine Tätigkeit fürstlich entlohnt[505]. Arbeiten Minderheitsaktionäre und gemeinsamer Vertreter zusammen, könnte für beide ein Interesse bestehen, die Organe mit Haftungsklagen zu überziehen.

Schließlich hat der BGH das Recht zur Verpflichtung zur Geltendmachung sowie zur Bestellung des gemeinsamen Vertreters jüngst gestärkt. Im Schrifttum ist umstritten, ob ein Geltendmachungsbeschluss nichtig ist, wenn keine tatsächlichen Anhaltspunkte für die Ersatzansprüche bestehen[506]. Der BGH hat dies verneint[507]. Ferner hat er sich für einen weiten Anwendungsbereich ausgesprochen und Konzernhaftungsansprüche einbezogen. Er betont das Ziel, dem »das pflichtgemäße Verhalten bewirkenden Haftungsdruck für die Organe Nachdruck« zu verleihen[508]. Man wird daher annehmen dürfen, dass der BGH sich auch in Zukunft dafür einsetzen wird, dass § 147 Abs. 1 AktG mehr Bedeutung für die Organhaftung bekommt[509]. Insgesamt könnte § 147 AktG daher ein neuer Faktor für die Durchsetzung der Aufsichtsratshaftung werden. Zum jetzigen Zeitpunkt ist die Relevanz aber gering.

D. Insolvenzverwalter

Durch die Eröffnung des Insolvenzverfahrens geht das Recht des Schuldners, das zur Insolvenzmasse gehörende Vermögen zu verwalten und über es zu verfügen, auf den Insolvenzverwalter über, § 80 Abs. 1 InsO. Dies umfasst auch

505 Stundenhonorare von EUR 450,00, vgl. *Bayer/Hoffmann*, AG 2018, 337 (351).
506 Stellvertretend dafür OLG Karlsruhe, NZG 2018, 508; stellvertretend dagegen *Spindler*, FS E. Vetter 2019, 763 (778).
507 BGH, NZG 2020, 1025.
508 BGH, NZG 2020, 1025 (1028).
509 Zuletzt auch für eine Vertretungsbefugnis des gemeinsamen Vertreters im Erkenntnisverfahren für Vergütungsansprüche eines von ihm beauftragten Rechtsanwalts: BGH, Urt. v. 21. Juni 2022, II ZR 181/21.

die Führung von Prozessen[510] und gilt sowohl für die AG als auch die GmbH[511]. Ab diesem Zeitpunkt steht die Erhebung einer Schadensersatzklage damit ausschließlich im Befinden des Insolvenzverwalters. Im Gegensatz zum Vorstand bestehen für den Insolvenzverwalter keine Gründe, von einer Anspruchsverfolgung abzusehen. Weder ist er personell mit dem Aufsichtsrat verflochten noch ist er von diesem abhängig, muss mit diesem kooperieren oder befürchten, eigene Pflichtverstöße zu offenbaren. Auch besteht für ihn kein Interesse, Organe aus Gründen des zukünftigen Unternehmenswohls oder zur Sicherstellung der Fortsetzung der Verträge mit den D&O-Versicherern zu schonen, da die Gesellschaft letztlich liquidiert werden soll[512]. Ganz im Gegenteil hat er ein Interesse an der Vergrößerung der Insolvenzmasse, weil dadurch seine Vergütung steigt, § 63 Abs. 1 S. 2 InsO. Schließlich trifft den Insolvenzverwalter sogar die Pflicht, die Insolvenzmasse zu vermehren. Insofern muss er Ansprüche gerichtlich geltend machen, wenn die Erfolgsaussichten günstig sind und die Prozessführung wirtschaftlich vertretbar erscheint[513]. Anderenfalls haftet er selbst, § 60 Abs. 1 S. 1 InsO. Die schützende Business Judgment Rule gemäß § 93 Abs. 1 S. 2 AktG findet auf ihn keine Anwendung[514].

Der Insolvenzverwalter gilt daher zu Recht als »aktivster« und »gefährlichster« Kläger für die Organe[515]. In der Praxis verfolgt er kompromisslos die Organhaftungsansprüche[516]. Die Verfolgung von Schadensersatzansprüchen gegen ausgeschiedene Organmitglieder – auch Aufsichtsratsmitglieder – gehört inzwischen zum Pflichtprogramm jedes Insolvenzverwalters, der hierzu auf die Einschaltung professioneller und spezialisierter Anwaltskanzleien[517] und zunehmend auf Prozessfinanzierer[518] zurückgreift. Diese klare Tendenz bestätigen auch Insider aus dem Geschäft[519].

Gerade für Aufsichtsratsmitglieder dürfte dieses Risiko zunehmen. Den Insolvenzverwaltern dürfte immer bewusster werden, dass sich die Rolle des Aufsichtsrats hin zu einer mitunternehmerischen entwickelt hat und die Aufsichtsratspflichten deutlich zugenommen haben. Je mehr der Aufsichtsrat in die

510 MünchKomm-InsO/*Vuia*, 4. Aufl. 2019, § 80 Rn. 73 ff.; Schmidt/*Sternal*, InsO, 20. Aufl. 2023, § 80 Rn. 37.

511 Kein Gesellschafterbeschluss analog § 46 Nr. 8 GmbHG notwendig: vgl. BGH, NZG 2004, 962; BeckOK/*Schindler*, GmbHG, § 46 Rn. 101.

512 *Paefgen*, AG 2014, 554 (573).

513 BGH, NJW 1994, 323 (324); MünchKomm-InsO/*Schoppmeyer*, 4. Aufl. 2019, § 60 Rn. 29.

514 BGH, NJW 2020, 1800 (1801).

515 So *Bachmann*, NJW-Beil. 2014, 43 (46); *ders.*, AR 2024, 138 (139).

516 *V. Schenk*, NZG 2015, 494 (495).

517 *Freund*, NZG 2018, 1361 (1366).

518 *Tödtmann*: »Interview mit Michael Hendricks: Die unerklärliche Geheimnistuerei der Versicherer«, WirtschaftsWoche Management-Blog v. 31. Januar 2018.

519 So Insolvenzverwalter *Dirk Andres*, in Schumacher/Tödtmann/Hielscher: »Jetzt sollen die Manager bezahlen«, WirtschaftsWoche online v. 14. Dezember 2013.

Aufgaben der Geschäftsführung eingebunden wird, desto mehr werden auch Insolvenzverwalter den Aufsichtsrat von Anfang an in das Blickfeld nehmen[520].

Hinzu kommt, dass bei einer Inanspruchnahme durch den Insolvenzverwalter ein erhöhtes Risiko für eine Vollstreckung in das persönliche Vermögen besteht, da Schäden mitunter nicht ausreichend versichert sind. Bei D&O-Versicherungen gilt das Claims-made-Prinzip[521]. Ein Versicherungsfall tritt nicht mit der Pflichtverletzung, sondern erst mit der Geltendmachung des Schadensersatzanspruchs ein. Entscheidend ist daher, ob auch im Zeitpunkt der Geltendmachung noch Versicherungsschutz besteht. Nach einem Urteil des BGH trifft den Insolvenzverwalter aber keine Pflicht, D&O-Versicherungen für die Organe fortzuführen. Er darf diese beenden[522]. Entscheidet er sich folglich erst nach Beendigung der Versicherung für eine Klageerhebung, besteht kein Versicherungsschutz.

E. Gesamtschuldnerklage des verklagten Geschäftsleiters

Immer mehr Haftungsgefahren gehen auch von selbst verklagten Geschäftsleitern aus. Denn diese können im Wege der Gesamtschuldnerklage Regress bei den Aufsichtsratsmitgliedern nehmen. Die Gesamtschuldnerklage nach § 426 BGB durch einen Geschäftsleiter ist zwar kein Innenhaftungsanspruch der Gesellschaft. Da er aber mittelbar auf dem Innenhaftungsanspruch (Gesamtschuld) beruht, wird er hier mitbehandelt.

Haften sowohl der Geschäftsleiter als auch, etwa wegen Mitwirkung oder fehlender Überwachung, ein Aufsichtsratsmitglied, haften beide als Gesamtschuldner[523]. Im Innenverhältnis haften Geschäftsleiter nach hier vertretener Auffassung auch bei einer reinen Aufsichtspflichtverletzung des Aufsichtsratsmitglieds, erst recht bei mitunternehmerischen Tätigkeiten, keinesfalls allein. Je nach Einzelfall müssen auch Aufsichtsratsmitglieder einen nicht unerheblichen Anteil des Gesamtschadens im Innenverhältnis tragen[524]. Der vielfach beschriebene Anstieg der Haftungsrisiken für Geschäftsleiter[525] führt daher proportional auch zu einem Anstieg des Risikos der Aufsichtsratsmitglieder, als Regressschuldner in Anspruch genommen zu werden.

520 So auch *Freund*, NZG 2018, 1361 (1366).
521 Siehe dazu 1. Teil § 5 A.
522 BGH, NZG 2016, 838 (840), Rn. 16.
523 Siehe dazu 1. Teil § 5 B.
524 Siehe dazu 1. Teil § 5 B.
525 *Hopt*, ZIP 2013, 1793 (1794): »Klagewelle vor Zivil- und Schiedsgerichten«; *Bayer/Scholz*, NZG 2014, 926: »nicht nur ausnahmsweise […] existenzvernichtende Haftung«.

Im Rahmen der Gesamtschuldnerklage tritt für den Aufsichtsrat ein weiteres Problem hinzu: die Streitverkündung, welche eine wirksame Verteidigung einschränkt. Regelmäßig werden Aufsichtsratsmitglieder bereits im Wege der Streitverkündung des Geschäftsleiters gemäß §§ 72 ff. ZPO frühzeitig in dessen Schadensersatzprozess einbezogen. Eine Streitverkündung ist zulässig, wenn für den Fall des ungünstigen Ausgangs ein Anspruch auf Schadloshaltung gegen einen Dritten besteht, § 72 Abs. 1 ZPO. Auch der Gesamtschuldnerausgleichsanspruch fällt darunter[526]. Ziel der Streitverkündung ist es, die Schadloshaltung beim Aufsichtsrat abzusichern und vorzubereiten. Der Gesamtschuldnerausgleichsanspruch gemäß § 426 Abs. 1 BGB unterliegt nicht der aktienrechtlichen, sondern der regelmäßigen, kenntnisabhängigen und kürzeren Verjährung gemäß den §§ 195, 199 BGB. Diese Verjährung beginnt nicht erst mit der Zahlung des Geschäftsleiters an die Gesellschaft, sondern bereits früh mit dem Entstehen der Gesamtschuld[527]. Der Geschäftsleiter muss daher zur Absicherung seiner Regressforderung frühzeitig die Verjährung hemmen, § 204 Nr. 6 BGB. Den langen Prozess kann er nicht abwarten und eine eigene parallele Klage würde seine eigene Prozessverteidigung unterlaufen[528].

Die Streitverkündung führt aber gleichzeitig zur Interventionswirkung, §§ 74 Abs. 3, 68 ZPO. Im Regressprozess gegen das Aufsichtsratsmitglied sind die Parteien zu Gunsten des Geschäftsleiters an die Feststellungen sowie deren rechtliche Beurteilung gebunden. Grundsätzlich kann der Streitverkündungsempfänger dem Streitverkünder als Nebenintervenient beitreten und damit Einfluss darauf nehmen, welche Feststellungen und Beurteilungen für den Folgeprozess bindend werden. Dies ist insbesondere sinnvoll, wenn der Streitverkündungsempfänger davon ausgehen muss, dass der Streitverkünder den Prozess nicht ausreichend sorgfältig führt[529].

Das Aufsichtsratsmitglied hat diese Möglichkeit aber faktisch nicht. Tritt das Aufsichtsratsmitglied dem verklagten Geschäftsleiter bei, stellt es sich gegen seine eigene Gesellschaft. Denn zumindest der AG-Aufsichtsrat vertritt die Gesellschaft im Rahmen der Klage gegen den Vorstand, § 112 AktG. Nach den ARAG/Garmenbeck-Grundsätzen ist der Aufsichtsrat zur Verfolgung der Ansprüche verpflichtet. Er ist Organ der Gesellschaft. Die Aufsichtsratsmitglieder trifft eine Treuepflicht gegenüber der Gesellschaft. Das Aufsichtsratsmitglied steht daher auf der Seite der Gesellschaft. Es ist praxisfern anzunehmen, dass es sich aus dieser Position heraus dem Geschäftsleiter als Nebenintervenient anschließen wird[530]. Etwas anderes könnte nur dann gelten, wenn es bereits aus der Gesellschaft ausgeschieden ist[531].

526 BGH, NJW-RR 2015, 1058.
527 BGH, NJW 2010, 60 (61).
528 *Guntermann*, AG 2017, 606 (610).
529 *Thora*, NJW 2019, 3624 (3626).
530 Zutreffend *Kocher/Frhr. von Falkenhausen*, AG 2016, 848 (850).
531 Auf diese Ausnahme weist zu Recht *Freund*, NZG 2018, 1361 (1367) hin.

Auf Seiten der Gesellschaft wird das Aufsichtsratsmitglied dagegen nur belastend gegenüber dem Geschäftsleiter und damit letztlich gegen sich selbst vortragen können. Im Ergebnis ist das Aufsichtsratsmitglied daher im Regressprozess an die Ergebnisse des Vorprozesses gebunden, ohne darauf positiv Einfluss nehmen zu können. Dies stellt eine deutliche Verschlechterung gegenüber sonstigen Gesamtschuldnern dar.

F. Sonstige Klageberechtigte

Daneben existieren noch weitere Klageberechtigte. Für die Praxis und damit auch für die Haftungsgefahren sind sie bisher aber belanglos geblieben. Eine Durchsetzung der Ansprüche durch sie stellt eher ein theoretisches Szenario dar. Sie sollen daher nur der Vollständigkeit halber kurz genannt werden.

In der AG besteht gemäß § 148 Abs. 1 AktG ein Klagerecht für eine Aktionärsminderheit von mindestens 1 % des Grundkapitals oder eines anteiligen Betrags von mindestens EUR 100.000,00. Die Minderheit kann bei Gericht erzwingen, etwaige Ansprüche selbst geltend zu machen. Voraussetzung ist, dass die Aktionäre ihre Aktionärsstellung nachweisen, der Gesellschaft eine Frist zur Klageerhebung gesetzt haben, der Verdacht für eine Unredlichkeit oder grobe Gesetzes- oder Satzungsverletzung besteht und keine überwiegenden Gründe des Gesellschaftswohls entgegenstehen, § 148 Abs. 1 S. 2 AktG. Bisher ist es aber zu keiner Klageerzwingung gekommen[532]. Lediglich zweimal wurde gerichtlich über einen Antrag auf Zulassung entschieden[533], wobei sich nur ein Antrag auf Aufsichtsratsmitglieder bezog.

Für den einzelnen Aktionär fehlt ein Anreiz zur Klageerhebung. Bei Erfolg erhält er keine Vergütung. Sein mittelbarer Gewinn infolge der Wertsteigerung seiner Aktien steht in keinem Verhältnis zu dem Kostenrisiko der Anspruchsverfolgung[534] sowie den Kosten der Koordination mit den anderen Aktionären zur Erreichung des Quorums. Ein rationaler Aktionär wird vielmehr das Bemühen der anderen Aktionäre abwarten, um davon zu profitieren[535]. Auch sind die Sachverhalte in Organhaftungsklagen oft komplex, sodass einzelne Aktionäre ungeeignet sind, diese aufzuarbeiten[536]. Meistens sind teure Rechtsberater erforderlich. Zudem fehlen dem Aktionär oft die notwendigen Informationen[537].

Selbst institutionelle Investoren haben wenig Anreiz zu klagen. Verteilen sie zur Risikominimierung ihr Kapital breitgestreut auf dem Aktienmarkt, erzielen

532 BeckOGK/*Mock*, AktG, § 148 Rn. 28.
533 LG München I, NZG 2007, 477; OLG Köln, NZG 2019, 582.
534 *Schmolke*, ZGR 2011, 398 (406 f.); BeckOGK/*Mock*, AktG, § 148 Rn. 13.
535 Schmidt/Lutter/*Spindler*, 5. Aufl. 2024, § 148 Rn. 58.
536 Aus der Praxis: *Sieg*, 70. DJT, N 150 f.
537 *Bachmann*, 70. DJT 2014, N 209.

sie keinen Vorteil, wenn sie in einzelnen Gesellschaften Organhaftungsansprüche durchsetzen. Da auch konkurrierende Investoren infolge deren Kapitalstreuung an denselben Gesellschaften beteiligt sind, würden auch jene an Gewinnsteigerungen durch die Anspruchsverfolgung in derselben Weise partizipieren. Da Portfoliomanager aber relativ zur Konkurrenz bewertet werden, besteht für sie kein Anreiz, solche Gewinnsteigerungen zu erwirken[538].

Überdies kann ein Gläubiger der Gesellschaft den Anspruch geltend machen, soweit dieser von der Gesellschaft keine Befriedigung erhalten und ein Aufsichtsratsmitglied entweder einen Sondertatbestand gemäß § 116, 93 Abs. 3 AktG erfüllt oder eine Pflicht gröblich verletzt hat, §§ 116 S. 1, 93 Abs. 5 S. 1, 2 AktG. Auch diese Durchsetzungsmöglichkeit hat aber wenig praktische Bedeutung[539]. Eine fehlende Befriedigung ist meist erst in der Insolvenz gegeben. Dann übernimmt aber ohnehin der Insolvenzverwalter, soweit keine masselose Insolvenz gegeben ist, §§ 116 S. 1, 93 Abs. 5 S. 4 AktG[540].

Schließlich scheidet die Klage eines einzelnen Aktionärs aus[541]. § 148 AktG stellt eine abschließende Regelung dar[542]. Auch in der GmbH kann ein einzelner Gesellschafter oder eine Minderheit von Gesellschaftern keine Klage erheben (actio pro societate)[543].

G. Zusammenfassung § 4

Zwingende Voraussetzung für ein Haftungsrisiko ist die Durchsetzung der Haftung. Sowohl in der AG als auch in der GmbH kann eine Durchsetzung durch unterschiedliche Personenkreise drohen.

In der AG ist für die Durchsetzung zunächst der Vorstand zuständig. Die Durchsetzung durch den Vorstand wird durch Interessenkonflikte beeinträchtigt. Um den Vorstand dennoch zur Durchsetzung zu motivieren, besteht eine zivilrechtliche Pflicht zur Verfolgung von Ansprüchen gegen Aufsichtsratsmitglieder, dessen Verletzung zur Haftung der Vorstandsmitglieder führen kann. Die Verfolgungspflicht des Vorstands besteht spiegelbildlich wie beim Aufsichtsrat. Anders als bei Ansprüchen gegenüber Dritten trifft den Vorstand die strenge Verfolgungspflicht i.S. der ARAG/Garmenbeck-Rechtsprechung. Dafür spricht neben der allgemeinen Überwachungspflicht des Vorstands und seiner Durchsetzungskompetenz der Rechtsgedanke des Zustimmungserfordernisses der

538 Dazu *Tröger*, ZHR 2015, 453 (482); *Schmolke*, ZGR 2011, 398 (407).
539 GK-AktG/*Hopt*/*Roth*, 5. Aufl. 2018, § 116 Rn. 306.
540 GK-AktG/*Hopt*/*Roth*, 5. Aufl. 2014, § 93 Rn. 547.
541 GK-AktG/*Hopt*/*Roth*, 5. Aufl. 2018, § 116 Rn. 306.
542 Stellvertretend für die h.M.: *Koch*, 19. Aufl. 2025, § 148 Rn. 2.
543 BGH, ZIP 2022, 635, Rn. 19 ff.: Dies gilt jedenfalls, soweit das Aufsichtsratsmitglied nicht zugleich Gesellschafter ist; siehe dazu näher 4. Teil § 3 B. I. 2. b) 2) i.

Hauptversammlung gemäß § 93 Abs. 4 S. 3 AktG. Dieses Erfordernis besteht nicht gegenüber Dritten und will eine kollusive Enthaftung von Aufsichtsrat und Vorstand zu Lasten der Aktionäre verhindern.

In der GmbH ist zunächst die Gesellschafterversammlung zuständig, § 46 Nr. 8 GmbHG. Die Gesellschafter unterliegen keinen Interessenkonflikten und in der phänotypischen GmbH bestehen zudem keine Kollektivhandlungs- oder Trittbrettfahrerprobleme, sodass die Gesellschafter Ansprüche gegen Aufsichtsratsmitglieder durchsetzen.

Auch in der AG können zusätzlich Aktionäre die Geltendmachung beschließen, § 147 Abs. 1 AktG. § 147 AktG erlangt seit einiger Zeit praktische Relevanz, bisher aber vor allem bei Ansprüchen gegen herrschende Aktionäre. Denn diese Aktionäre unterliegen dann Stimmrechtsverboten, sodass die Minderheit die Durchsetzung beschließen kann. Gegenüber Aufsichtsratsmitgliedern ist die Relevanz hingegen bisher noch gering, da Großaktionäre ihre Aufsichtsratsmitglieder durch ihre Stimmrechte schützen können. Nach hiesiger Ansicht sollte ein Aktionär indes auch beim Beschluss über die Geltendmachung von Ansprüchen gegen Aufsichtsratsmitglieder einem Stimmrechtsverbot unterliegen, wenn sowohl Pflichtverletzungen des Aktionärs (z.B. gemeinsam mit dem Vorstand) als auch Überwachungspflichtverletzungen der Aufsichtsratsmitglieder im Raum stehen. Insofern könnte die Norm in Zukunft Relevanz bezüglich der Durchsetzung von Ansprüchen gegen Aufsichtsratsmitglieder erlangen.

Die größte Durchsetzungsgefahr geht sowohl in der AG als auch in der GmbH vom Insolvenzverwalter aus, auf den im Falle der Eröffnung des Insolvenzverfahrens die Durchsetzungsbefugnis übergeht. Der Insolvenzverwalter unterliegt keinen hindernden Interessenkonflikten, sondern wird zur Vergrößerung der Insolvenzmasse und damit zur Durchsetzung angereizt. Er wird in Zukunft auch vermehrt Aufsichtsratsmitglieder in den Blick nehmen.

Überdies geht zunehmend ein Durchsetzungsrisiko von Geschäftsleitern aus, nachdem diese selbst verklagt worden sind. Geschäftsleiter erklären den Aufsichtsratsmitgliedern den Streit und nehmen im Anschluss an ihren Prozess im Rahmen der Gesamtschuldnerklage Regress. Im Prozess gegen den Geschäftsleiter können Aufsichtsratsmitglieder faktisch nicht einmal auf Seite des Geschäftsleiters am Prozess mitwirken, sodass sie sich schlechter als sonstige Streitverkündungsempfänger verteidigen können.

Eine Durchsetzung durch eine Gesellschafterminderheit gemäß § 148 Abs. 1 AktG, Gläubiger gemäß § 93 Abs. 5 oder eine Minderheit von GmbH-Gesellschaftern hat hingegen keine praktische Bedeutung für das Haftungsrisiko.

§ 5 Eingeschränkter Schutz vor persönlicher Inanspruchnahme

Einem strengen Haftungsrecht muss nicht zwingend durch statutarische Haftungsbeschränkungen entgegengewirkt werden, wenn für Aufsichtsratsmitglieder andere Möglichkeiten bestehen, sich zu schützen. Aufsichtsratsmitglieder können sich aber weder vollständig durch Versicherungen (A.) noch durch Gesamtschuldnerregress bei den Geschäftsleitern (B.) vor einer persönlichen Inanspruchnahme schützen.

A. Kein vollständiger Versicherungsschutz

Für Aufsichtsratsmitglieder besteht die Möglichkeit, sich durch eine D&O-Versicherung abzusichern. D&O-Versicherungen sind Vermögensschaden-Haftpflichtversicherungen. Der Versicherungsschutz umfasst Ansprüche Dritter, die haftungsträchtige Innenhaftung gemäß den §§ 116, 93 AktG[544] sowie die gerichtlichen und außergerichtlichen Kosten der Rechtsverteidigung, auch bei unbegründeter Inanspruchnahme[545]. Typischerweise übernimmt die Gesellschaft die Prämienzahlungen, meist als Vertragspartner der Versicherung[546]. Aktienrechtlich ist dies zulässig[547]. Im Gegensatz zu Vorstandsmitgliedern besteht für Aufsichtsratsmitglieder nicht einmal die Pflicht eines Selbstbehalts. Weder § 116 AktG, § 52 GmbHG noch die Mitbestimmungsgesetze verweisen auf § 93 Abs. 2 S. 3 AktG. Auch der DCGK empfiehlt einen solchen Selbstbehalt seit Streichung von Ziff. 3.8 Abs. 3 DCGK 2017 nicht mehr. Rechtstatsächlich ist der Selbstbehalt gleichwohl keine Seltenheit[548].

Im Detail ist der Schutz aber lückenhaft. Nicht ohne Grund wurde mehrfach resümiert, die »D&O-Versicherung bleibe […] mit zahlreichen Unbekannten und Unsicherheiten behaftet«[549]. Das Haftungsrisiko sei »in hohem Maße unberechenbar«[550]. Die Versicherung helfe »nur bedingt«[551] und biete eine »trügerische

544 GK-AktG/*Hopt*/*Roth*, 5. Aufl. 2014, § 93 Rn. 451.
545 *Ihlas*, D&O, 2. Aufl. 2009, S. 393.
546 Stellvertretend BeckOGK/*Veil*, AktG, § 116 Rn. 205.
547 Stellvertretend BeckOGK/*Fleischer*, AktG, § 93 Rn. 283.
548 Siehe dazu 3. Teil § 1 B. III. 1.
549 *Hemeling*, FS Hoffmann-Becking 2013, 491 (508).
550 *Hemeling*, 69. DJT, N 38.
551 *Habersack*, ZHR 2013, 782 (796).

Sicherheit«[552]. Die Schutzlücken, welche den Organmitgliedern oft nicht bekannt sind[553], sollen im Folgenden zusammengefasst aufgeführt werden, um zu zeigen, dass das persönliche Haftungsrisiko der Aufsichtsratsmitglieder durch die D&O-Versicherung zwar deutlich reduziert, aber nicht vollständig ausgeschlossen werden kann. Da der Versicherungsschutz durch einen Dritten (die Versicherung) erfolgt, kann der Schutz immer nur so weit reichen, wie der Markt einen solchen Schutz anbietet. *Moral hazard*-Befürchtungen verhindern aber ein umfassendes Angebot auf dem Markt[554].

I. Kein Anspruch auf Abschluss einer Versicherung

Zwar sind D&O-Versicherungen für Aufsichtsratsmitglieder zumindest in börsennotierten Gesellschaften inzwischen üblich[555]. Ca. 95 % der Aufsichtsratsmitglieder sind durch eine D&O-Versicherung geschützt[556]. Auch in größeren GmbHs sind sie mittlerweile verbreitet[557]. Ein Anspruch auf eine Versicherung besteht aber ohne eigenständige Regelung in der Satzung oder individuelle Vereinbarung nicht[558]. Weder folgt eine Pflicht aus dem Dienstvertrag noch aus der Fürsorgepflicht der Gesellschaft[559]. Aufgrund der selbstständigeren Stellung der Aufsichtsratsmitglieder im Vergleich zu Arbeitnehmern mutet man ihnen zu, sich selbst um den Versicherungsschutz zu kümmern[560]. Mit Blick auf die neue Stellung des Aufsichtsrats als Co-Unternehmer[561] dürfte sich diese Ansicht in Zukunft weiter durchsetzen.

II. Unzureichende und ausgeschöpfte Deckungssummen für Aufsichtsratsmitglieder

Ein Kernproblem des Versicherungsschutzes besteht darin, dass die Versicherungssummen gedeckelt sind. Die Deckungssummen beziehen sich dabei nicht auf einen Versicherungsfall, sondern auf eine Versicherungsperiode, meistens

552 *Kumpan*, FS Hopt 2020, 631 (637).
553 *v. Schenk*, NZG 2015, 494 (499).
554 *Davies*, Introduction to Company Law, 3. Aufl. 2020, S. 219.
555 *Hemeling*, FS Hoffmann-Becking 2013, 491: »als Standard etabliert«.
556 *Köhler/Marten/Hülsberg/Bender*, BB 2005, 501 (509 f.).
557 *Fassbach/Wettich*, KSzW 2016, 269 (274).
558 BGH, NZG 2009, 550 (552).
559 MünchKomm-AktG/*Spindler*, 6. Aufl. 2023, § 84 Rn. 110; *Fleischer*, WM 2005, 909 (919); *R. Koch*, GmbHR 2004, 160 (168 f.).
560 MünchKomm-AktG/*Spindler*, 6. Aufl. 2023, § 84 Rn. 110.
561 Siehe dazu 1. Teil § 2 A.

ein Versicherungsjahr[562]. Übersteigen die Kosten die Deckungssumme, haftet das Aufsichtsratsmitglied mit seinem Privatvermögen. Neben den Schäden der Gesellschaft muss die Versicherungssumme auch die Kosten der Rechtsverteidigung abdecken, etwa für hohe Anwaltsgebühren sowie Sachverständigen-, Zeugen- und Gerichtskosten. Der Versicherer hat bei plausiblen Ansprüchen keinen Anreiz, die Verteidigungskosten gering zu halten, da er insgesamt nie mehr als die Deckungssumme bezahlen muss[563]. Diese allein können daher weite Teile der Deckungssumme aufzehren[564], angenommen werden um die 50–70 % aller geleisteten Zahlungen[565].

Der Versicherungsmarkt bietet keine ausreichend hohen Deckungssummen an, da sich das Geschäft dann wegen zu hoher Risiken nicht mehr rechnen würde. Branchenkenner gehen davon aus, dass kein Versicherungskonsortium eine höhere Summe als EUR 1 Milliarde stemmen wird[566]. Selbst wenn der Markt ein Produkt anbieten würde, welches ohne Begrenzung jede Schadenssumme abdeckte, wären die Prämienzahlungen zu hoch[567]. Weder Geschäftsleiter noch Gesellschafter werden daher für die Aufsichtsratsmitglieder ein solches Produkt wählen.

Die Krux besteht insbesondere darin, dass D&O-Versicherungen von der Gesellschaft meistens als Gruppenversicherung abgeschlossen werden. Die Gruppenversicherung dominiert den D&O-Markt[568]. Nach diesem Modell werden amtierende wie ausgeschiedene Vorstands-, Aufsichtsrats- und Beiratsmitglieder sowie leitende Angestellte zusammen versichert[569]. In Konzernen sind konzernweite Policen verbreitet[570], teilweise werden auch Prokuristen, Datenschutzbeauftragte, Compliance-Officer und weitere Angestellte einbezogen[571], wobei die beschränkte Arbeitnehmerhaftung zumindest deren Haftungspotenzial

562 Ziff. B1-2.3 AVB D&O, Musterbedingungen des GDV, Stand: Mai 2020; *Lange*, D&O-Versicherung und Managerhaftung, 2. Aufl. 2022, § 15 Rn. 3.

563 *Thiele/Stübinger*, BB 2022, 1027 (1028 f.).

564 *Fassbach/Wettich*, GWR 2016, 199 (200).

565 *Hendricks*, in Schumacher/Hielscher/Tödtmann: »Jetzt sollen die Manager bezahlen«, WirtschaftsWoche v. 14. Dezember 2013; *ders.*, in Tödtmann: »Interview mit D&O-Experte Michael Hendricks: Die unerklärliche Geheimnistuerei der Versicherer«, WirtschaftsWoche Management-Blog v. 31. Januar 2018.

566 *Hendricks*, in Tödtmann/Rother/Böhmer: »Wer haftet, wenn Manager versagen?«, WirtschaftsWoche v. 14. März 2016.

567 *Koch*, AG 2014, 513 (520).

568 *Dreher*, FS Bergmann 2018, 145 (147).

569 *Fassbach/Wettich*, GWR 2016, 199.

570 *Lange*, D&O-Versicherung und Managerhaftung, 2. Aufl. 2022, § 6 Rn. 2: »typische Erscheinungsform«; *ders.*, BOARD 2022, 63; GK-AktG/*Hopt/Roth*, 5. Aufl.2014, § 93 Rn. 451.

571 *Cyrus*, NZG 2018, 7 (9); *Lange*, D&O-Versicherung und Managerhaftung, 2. Aufl. 2022, § 6 Rn. 21 ff.

reduziert[572]. Die Deckungssumme der Gruppenversicherung bezieht sich auf alle versicherten Personen gemeinschaftlich. Da die Deckungssumme für alle Schadensfälle zusätzlich nur innerhalb einer Periode gilt, kann diese bei Zusammentreffen mehrerer Großschadenfälle leicht aufgebraucht sein. Dazu kommen die Kosten der Rechtsverteidigung für jeden Beklagten. Da infolge der Gesamtverantwortung jedes Organmitglied potenziell schadensersatzpflichtiger Gesamtschuldner ist, kann es die anwaltliche Vorsicht gebieten, alle Mitglieder zu verklagen, was zu explodierenden Rechtsverteidigungskosten führt.

Im Besonderen trifft dieses Problem die Aufsichtsratsmitglieder. Der Überwachungsfunktion geschuldet tritt eine Pflichtverletzung selten allein auf. Verletzt ein Aufsichtsratsmitglied seine Überwachungs- oder eine seiner Mitgeschäftsführungspflichten, geht dies fast zwingend mit Pflichtverletzungen der Geschäftsleiter einher. Dasselbe gilt, wenn ein Aufsichtsratsmitglied seine Personalkompetenzen fehlerhaft gebraucht, da es nur zum Schaden kommt, wenn der bestellte Geschäftsleiter seinerseits eine Pflichtverletzung begeht. Dadurch steht die Deckungssumme dem Aufsichtsratsmitglied nie allein zur Verfügung.

Vor allem aber werden Aufsichtsratsmitglieder bei Überwachungsfehlern meist erst zeitlich nach der Klage gegen die unmittelbar handelnden Geschäftsleiter verklagt oder von den Geschäftsleitern nach Streitverkündung in Gesamtschuldnerregress genommen. Zu diesem Zeitpunkt kann die Deckungssumme aber längst durch den Erstprozess mit den Geschäftsleitern aufgebraucht sein[573]. Zwar stellen die Schäden aus dem Erstprozess und die Überwachungsschäden wirtschaftlich denselben Schaden dar und fallen daher nicht erneut an. Dies gilt aber nicht für die erheblichen Rechtsverteidigungskosten[574]. Selbst wenn das Aufsichtsratsmitglied den anschließenden Prozess gewinnt, kann es vom Kläger (Gesellschaft/Geschäftsleiter) nur Kosten nach RVG ersetzt verlangen, die restlichen Anwaltskosten muss es selbst tragen[575]. Nicht übertragbar ist dieses Szenario auf die Mitgeschäftsführungsaufgaben, da Geschäftsleiter und Aufsichtsratsmitglieder zeitgleich und gleich schuldhaft handeln, sodass die Gesellschaft die Mitglieder beider Organe zeitgleich verklagen wird[576]. Im haftungsrelevanten Fall der Nichtverfolgung[577] ist das Problem mangels Klage gegenüber dem Geschäftsleiter sogar ausgeschlossen, da ein Schaden und damit ein Anspruch gegen das Aufsichtsratsmitglied erst ab dem Zeitpunkt der Verjährung der Forderung gegen den Geschäftsleiter entsteht[578].

572 BAG, NZA 1994, 1083.

573 *Reichert/Suchy*, NZG 2017, 88 (89).

574 *v. Schenk*, NZG 2015, 494 (497); *Fassbach/Wettich*, KSzW 2016, 269 (278).

575 Insbesondere die Stundenhonorare auf Organhaftung spezialisierter Kanzleien, *Fassbach/Wettich*, KSzW 2016, 269 (278).

576 *Armbrüster*, NJW 2016, 897 (898).

577 BGH, NJW 1997, 1926 – ARAG/Garmenbeck.

578 BGH NZG 2018, 1301.

Zur Bewältigung dieser Probleme werden Zusätze oder Alternativen zur Gruppenversicherung angeboten. So werden »Two-Tier-Trigger«-Policen angeboten. Diese ergänzen die Gruppenversicherung und bieten in bestimmten Fallkonstellationen, vor allem bei Ausschöpfung der Deckungssumme[579], allein den Aufsichtsratsmitgliedern einen zusätzlichen Puffer. Bei Aufsichtsratsmitgliedern sind sie bisher aber eher unbekannt und führen ein Schattendasein[580]. Möglich sind auch Individualpolicen. Das Angebot ist aber gering und die Prämien sind hoch[581]. Die Versicherer haben an solchen Modellen wenig Interesse, da eine Vielzahl von Einzelversicherungen die Klagebereitschaft der Gesellschaft deutlich erhöht[582] und Vergleichsverhandlungen zwischen allen Beteiligten erschwert[583]. Bei Aufsichtsratsmitgliedern sind sie daher noch selten[584] und die Literatur steht ihnen kritisch gegenüber[585]. Als letzte Alternative existiert das »Twin-Tower-Modell«. Dieses sieht unterschiedliche Gruppenversicherungen für Geschäftsleitung und Aufsichtsrat vor[586]. Auch ein solches Modell ist aber mit deutlich erhöhten Kosten verbunden[587].

III. Gefahren des Claims-made-Prinzips für Aufsichtsratsmitglieder

Für D&O-Versicherungen gilt das Prinzip der Anspruchserhebung (Claims-made-Prinzip). Als Versicherungsfall gilt nicht das schadensstiftende Ereignis (die Pflichtverletzung), sondern der Zeitpunkt der erstmaligen Geltendmachung darauf beruhender Schadensersatzansprüche. Daher sind Schadensfälle, welche auf Pflichtverletzungen beruhen, die innerhalb der Laufzeit des Versicherungsschutzes begangen wurden, aber erst nach Ablauf der Laufzeit geltend gemacht werden, nicht versichert[588].

Scheiden Aufsichtsratsmitglieder aus ihrem Amt aus, haben sie aber keinen Einfluss mehr darauf, dass die Versicherungsverträge zu denselben Bedingungen fortgeführt werden, sofern ihre Anstellungsverträge oder die Satzung nicht entsprechende Ansprüche vorsehen[589]. Die Gesellschaft hat zwar selbst ein Interesse an der Aufrechterhaltung des Schutzes, um im Schadenfalle einen solven-

579 Dazu *Reichert/Suchy*, NZG 2017, 88 (89); *Lange*, BOARD 2022, 63.
580 *Reichert/Suchy*, NZG 2017, 88.
581 *Dreher*, FS Bergmann 2018, 145 (150); GK-AktG/*Hopt/Roth*, 5. Aufl. 2014, § 93 Rn. 451.
582 *Dreher*, FS Bergmann 2018, 145 (150): »Deckung schafft Haftung«; zu diesem Effekt auch unten den Abschnitt: Deep pocket Phänomen.
583 *W. Doralt*, ZGR 2019, 996 (1016).
584 *W. Doralt*, ZGR 2019, 996 (1025).
585 Etwa *Dreher*, FS Bergmann 2018, 145 ff.
586 BeckOGK/*Spindler/Veil*, AktG, § 116 Rn. 210.
587 *W. Doralt*, ZGR 2019, 996 (1016).
588 *Hemeling*, FS Hoffmann-Becking 2013, 491 (494 ff.).
589 *Hemeling*, FS Hoffmann-Becking 2013, 491 (497).

ten Schuldner zu haben. Gesichert ist dies aber nicht. In finanziell schwierigen Phasen könnten die hohen Prämienzahlungen für ausgeschiedene Aufsichtsratsmitglieder eingespart werden. Auch den Insolvenzverwalter trifft keine Pflicht, den Versicherungsschutz der Aufsichtsratsmitglieder aufrechtzuerhalten[590].

In Aufweichung des Claims-made-Prinzips werden zwar Nachhaftungsfristen angeboten, vgl. A-5.3 AVB D&O[591]. Danach können Ansprüche, die auf Pflichtverletzungen währen der Laufzeit beruhen, nach Ablauf der Laufzeit geltend gemacht werden. Die Nachhaftungsfristen betragen indes nur ein bis maximal zehn Jahre[592] und variieren in der Praxis enorm[593]. Die Verjährungsfrist von faktisch bis zu zwanzig Jahren[594] ist zu diesem Zeitpunkt aber regelmäßig noch nicht abgelaufen. Hinzukommen nicht selten Verjährungsverzichte[595]. Ansprüche gegen Aufsichtsratsmitglieder werden zudem meist erst nach einem Wechsel der Geschäftsleiter, des Mehrheitsgesellschafters oder in der Insolvenz, mithin sehr spät, geltend gemacht[596]. Überdies entfällt je nach Versicherungsvertrag der Nachhaftungsschutz, wenn die Gesellschaft mit den Prämienzahlungen in Verzug ist oder ihren Versicherer wechselt[597], worauf das ausgeschiedene Aufsichtsratsmitglied keinen Einfluss hat.

Neben dem Entfall des Versicherungsschutzes kann das Claims-made-Prinzip schließlich auch das Problem der begrenzten Deckungssummen intensivieren. Da es auf den Zeitpunkt der Anspruchserhebung ankommt, wird die Deckungssumme ggf. für mehrere Schadensersatzforderungen gleichzeitig in Anspruch genommen, welche sich durch Pflichtverletzungen aus mehreren Vorjahren addiert haben[598]. Überdies kann sich die Deckungssumme im Laufe der Amtszeit des Aufsichtsratsmitglieds durch Wechsel des Versicherers oder Erneuerung der Police reduzieren. Da es auf den Zeitpunkt der Anspruchserhebung ankommt, gilt die reduzierte Summe[599]. Der Aufsichtsrat (insbesondere ein ausgeschiede-

590 BGH, NZG 2016, 838 (840), Rn. 16.

591 AVB D&O, Musterbedingungen des GDV, Stand: Mai 2020.

592 *Hemeling*, FS Hoffmann-Becking 2013, 491 (495); *v. Schenk*, NZG 2015, 494 (498); *Thümmel*, Persönliche Haftung von Managern und Aufsichtsräten, 6. Aufl. 2024, Rn. 466; *Lange*, D&O-Versicherung und Managerhaftung, 2. Aufl. 2022, § 10 Rn. 75.

593 *Lange*, D&O-Versicherung und Managerhaftung, 2. Aufl. 2022, § 10 Rn. 75.

594 Siehe dazu 1. Teil § 3 C.

595 *Thomas*, AG 2016, 473: »große praktische Bedeutung«; *Groh*, ZIP 2021, 724 (726); *Schnorbus/Klormann*, NZG 2015, 938; zur Veranlassung durch den Versicherer: *Freund*, NZG 2018, 1361 (1367).

596 BeckOGK/*Fleischer*, AktG, § 93 Rn. 7; *Baums*, ZHR 2010, 593 (599).

597 *Lange*, D&O-Versicherung und Managerhaftung, 2. Aufl. 2022, § 10 Rn. 108.

598 *Hemeling*, FS Hoffmann-Becking 2013, 491 (494 f.); *v. Schenk*, NZG 2015, 494 (496).

599 *Hemeling*, FS Hoffmann-Becking 2013, 491 (497).

nes Mitglied) kann hierauf wenig Einfluss nehmen, da der Geschäftsleitung die Kompetenz zukommt.

IV. Ausschlussklauseln

Zudem sehen die Versicherungsbedingungen Ausschlussklauseln vor, die den Versicherungsschutz entfallen lassen. Aufgrund ihrer Unschärfe entsteht ein Restrisiko[600]. Die Musterbedingungen AVB D&O sehen ganze 17 Ausschlussgründe vor. Die Praxis übernimmt davon zwar bisher nur wenige. Branchenkenner gehen aber davon aus, dass die Versicherer in Zukunft immer mehr Ausschlussklauseln einführen werden, da viele Versicherer mit ihren D&O-Sparten Verluste machen[601].

So besteht nach Ziff. A-7.1 AVB D&O[602] kein Versicherungsschutz, wenn das Aufsichtsratsmitglied nicht nur fahrlässig, sondern (bedingt[603]) vorsätzlich oder wissentlich gegen seine Pflichten verstoßen hat. Eine billigende Inkaufnahme liegt z.B. oft bei Verstößen gegen die Kapitalerhaltungspflichten, gegen Gesellschafter-Weisungen, gegen Satzungsregeln oder bei Insolvenzverschleppung nahe[604]. Da die Abgrenzung zwischen bedingtem Vorsatz und bewusster Fahrlässigkeit schwammig ist, verbleibt das Restrisiko. Regelmäßig wird der Ausschluss aber auf Wissentlichkeit beschränkt, sodass dolus directus 2. Grades gegeben sein muss[605]. Dem Versicherten muss dann sowohl die Pflicht als auch deren Nichterfüllung bewusst gewesen sein[606]. Praktisch bedeutsam sind Verstöße gegen unternehmensinterne Regelungen, die Insolvenzantragspflicht oder die Erfüllung von Steuerschulden[607].

Vereinzelt wird auch der Ausschluss der Haftung für Pflichtverletzungen im Ausland oder für bestimmte Rechtsbereiche, etwa dem Umweltrecht, vereinbart[608]. Insbesondere der Ausschluss von Sachverhalten mit USA-Bezug hat

600 BeckOGK/*Fleischer*, AktG, § 93 Rn. 285.

601 *Hendricks*, in Tödtmann: »Interview mit D&O-Experte Michael Hendricks: Die unerklärliche Geheimnistuerei der Versicherer«, WirtschaftsWoche Management-Blog v. 31. Januar 2018.

602 AVB D&O, Musterbedingungen des GDV, Stand: Mai 2020.

603 So zu § 103 VVG: MünchKomm-VVG/*Littbarski*, 3. Aufl. 2024, § 103 Rn. 22; billigende Inkaufnahme reicht: *Thümmel*, Persönliche Haftung von Managern und Aufsichtsräten, 6. Aufl. 2024, Rn. 473.

604 *Thümmel*, Persönliche Haftung von Managern und Aufsichtsräten, 6. Aufl. 2024, Rn. 494.

605 *Thomas*, NZG 2015, 1409 (1417).

606 *Lange*, D&O-Versicherung und Managerhaftung, 2. Aufl. 2022, § 11 Rn. 15.

607 *Lange*, D&O-Versicherung und Managerhaftung, 2. Aufl. 2022, § 11 Rn. 23 f.

608 *Dreher*, AG 2008, 429 (434); *Lange*, D&O-Versicherung und Managerhaftung, 2. Aufl. 2022, § 11 Rn. 185.

praktische Bedeutung[609]. Für Aufsichtsräte international tätiger Unternehmen führt der Ausschluss zu Risiken, in den USA etwa vor dem Hintergrund der *punitive damages*.

Bedeutsam ist auch der Ausschluss nach Ziff. A-7.10 AVB D&O. Danach werden Schäden aufgrund von Vertragsstrafen, Kautionen, Bußgeldern und Entschädigungen mit Strafcharakter, die gegen den Versicherungsnehmer verhängt werden, ausgeschlossen. Bußgelder, welche die Gesellschaft infolge eines pflichtwidrigen Organverhaltens zahlt und sich per Innenhaftungsregress vom Organmitglied zurückholt[610], stellen für Organmitglieder ein hohes Risiko dar. Denn die Höhe der Bußgelder orientiert sich regelmäßig an den wirtschaftlichen Gegebenheiten des Unternehmens (und nicht des Organs)[611]. Nach der überwiegenden Literaturmeinung erfasst die Ausschlussregelung diesen Fall[612], wobei es auf den genauen Wortlaut der Klausel ankommt[613]. Ähnliche Risiken bestehen für den Regress zivilrechtlicher Vertragsstrafen, da sich auch diese an den wirtschaftlichen Gegebenheiten der Unternehmen orientieren[614].

Im Zuge der verstärkten Insolvenzrisiken durch die Corona-Pandemie sollen schließlich bei Neuabschlüssen zunehmend Ausschlüsse für pandemiebezogene Risiken, aber auch prinzipiell für die Inanspruchnahme wegen der Verletzung insolvenzbezogener Pflichten, vereinbart werden. Für die Gesellschaft ist dies verkraftbar, da sie in der Insolvenz nicht mehr auf solvente Schuldner angewiesen ist[615]. Die Aufsichtsratsmitglieder hingegen sind im praxisrelevanten Fall der sorgfaltswidrigen Überwachung[616] insolvenzbezogener Geschäftsleiterpflichten nicht mehr geschützt.

V. Ausschluss wegen arglistiger Täuschung durch einen Kollegen

Auch Versicherungsverträge können wegen arglistiger Täuschung angefochten werden, §§ 123 BGB, 22 VVG, was zu deren Nichtigkeit ex tunc führt, § 142 Abs. 1 BGB. Relevant sind unwahre oder ins Blaue getätigte Angaben im Rah-

609 *Lange*, D&O-Versicherung und Managerhaftung, 2. Aufl. 2022, § 11 Rn. 149.
610 Die Regressfähigkeit von Bußgeldern ist umstritten, siehe dazu schon 1. Teil § 3 A. I.
611 Siehe dazu 1. Teil § 3 A.
612 *Koch*, AG 2014, 513 (519); *Gaul*, AG 2015, 109 (111).
613 *U. Binder/Kraayvanger*, BB 2015, 1219 (1229).
614 Siehe dazu 1. Teil § 3 A. I.
615 *Armbrüster*, Herausforderungen für Geschäftsleiter und Versicherer, Handelsblatt live v. 04. April 2022; *Lange*, D&O-Versicherung und Managerhaftung, 2. Aufl. 2022, § 11 Rn. 191, 200.
616 Beispielsweise Haftung der Aufsichtsratsmitglieder wegen fehlender Überwachung des Vorstands mit Blick auf das insolvenzrechtliche Zahlungsverbot: KG Berlin, ZRI 2021, 502 ff.; Haftung des Vorstands für Zahlungen nach Eintritt der Überschuldung: OLG Schleswig, AG 2022, 293.

men der *warranty statements*[617]. So kann beispielsweise das die Gesellschaft vertretende Organmitglied bei Vertragsschluss vergangene Pflichtverletzungen selbst auf Nachfrage des Versicherers verschweigen[618]. Das Organmitglied ist nicht Dritter i.S. des § 123 Abs. 2 BGB[619]. Dieses Risiko ist insbesondere dann erheblich, wenn das zuständige Organmitglied eigene bisher nicht aufgedeckte oder zumindest vertraulich behandelte Pflichtverstöße offenbaren muss. Auch kann es ein Interesse haben, die Höhe der Prämienzahlungen gering zu halten. Ferner mag es schlicht einer Fehleinschätzung der Pflichtwidrigkeit unterliegen und einen Sachverhalt daher unbewusst verschweigen. Ein Gericht kann später dennoch von Arglist ausgehen.

Das täuschende Organmitglied selbst ist nicht schützenswert. Das Problem liegt aber darin, dass die Anfechtung des Versicherers auch zur Unwirksamkeit des Versicherungsschutzes für alle anderen versicherten Personen führt[620]. Dies führt in den umfassenden Gruppenversicherungen zu einem echten Schutzrisiko, dem das einzelne Aufsichtsratsmitglied nicht selbst begegnen kann. Denn an dem Vertragsabschluss ist es nicht beteiligt[621]. Die *warranty statements* werden in der Regel vom Vorstandsvorsitzenden, dem Finanzvorstand und dem Leiter der Rechtsabteilung beantwortet, nicht aber von den Aufsichtsratsmitgliedern[622].

Auch ein vertraglicher Ausschluss des Anfechtungsrechts des Versicherers in den Versicherungsbedingungen löst dieses Problem nicht[623]. Nach der ständigen Rechtsprechung des BGH ist ein Verzicht auf das Anfechtungsrecht unwirksam, wenn die Täuschung von dem Geschäftspartner selbst oder von einer Person verübt wird, die nicht Dritter i.S. des § 123 Abs. 2 BGB ist[624]. Da die Geschäftsleiter nicht Dritte in diesem Sinne sind, schützt der vertragliche Ausschluss des Anfechtungsrechts die Aufsichtsratsmitglieder nicht. Einen eingeschränkten Schutz bieten Severability-Klauseln, welche die Wissenszurechnung nach § 47 VVG beschränken. Jedenfalls das Wissen der für das Unternehmen am Vertragsschluss beteiligten Personen kann aber nicht ausgeschlossen werden[625]. Ist ein Versicherter selbst Repräsentant des Versicherungsnehmers (wie das Organ bei der Gesellschaft), kann sein Wissen nicht ausgeschlossen werden[626]. Im Ergebnis müssen Aufsichtsratsmitglieder daher auf die Ehrlichkeit der

617 *Reichert/Suchy*, NZG 2017, 88 (91).
618 So geschehen bei: OLG Düsseldorf, NJW-RR 2006, 1260.
619 MünchKomm-VVG/*Bußmann*, 3. Aufl. 2022, § 22 Rn. 36.
620 OLG Düsseldorf, NJW-RR 2006, 1260.
621 *Fassbach/Wettich*, KSzW 2016, 269 (280).
622 *Reichert/Suchy*, NZG 2017, 88 (91).
623 *Fassbach/Wettich*, KSzW 2016, 269 (280).
624 BGH, NJW 2007, 1058; BGH, NJW 2012, 296; BGH, Urt. v. 08. Dezember 2011, Az. IV ZR 5/10.
625 *Hemeling*, FS Hoffmann-Becking 2013, 491 (500).
626 MünchKomm-VVG/*Langheid*, 3. Aufl. 2022, § 47 Rn. 12.

handelnden Geschäftsleiter vertrauen oder sich durch eine eigene Versicherung (z.B. Two-Tier-Trigger bei Anfechtung) zusätzlich schützen[627].

VI. Ausschluss wegen Obliegenheitsverletzungen

Daneben sehen die Versicherungsbedingungen regelmäßig eine Mehrzahl von Obliegenheiten für die Gesellschaft als Versicherungsnehmerin sowie die Versicherten vor. Eine Verletzung dieser Pflichten kann je nach Verschuldensgrad den Versicherungsschutz beschränken oder ausschließen[628]. Die wichtigsten Obliegenheiten sind die Anzeige des Versicherungsfalls und anderer Ereignisse, die Beachtung des Wahlrechts des Versicherers zwischen Anspruchsabwehr und Freistellung, die Schadensminderungs- und die Auskunftsobliegenheit[629].

VII. Deckung schafft Haftung

Abschließend muss zur Darstellung der Haftungsrisiken auf das Deep pocket Phänomen hingewiesen werden. Die Solvenz der Versicherer erhöht den Anreiz, die Aufsichtsratsmitglieder zu verklagen[630]: »Deckung erzeugt Haftung«[631]. Dies gilt jedenfalls, wenn Ansprüche, wie in der Organhaftung üblich, die Privatvermögen der Beklagten übersteigen[632]. Geschäftsleiter müssen im Rahmen der ARAG/Garmenbeck-Entscheidung sogar die Betreibbarkeit der Forderung in ihre Abwägung einzubeziehen[633]. Aber auch GmbH-Gesellschafter oder der Insolvenzverwalter werden das immer bestehende Prozessrisiko eher eingehen, wenn eine große Vollstreckungsmasse zur Verfügung steht. Ferner nimmt die Beißhemmung aufgrund persönlicher Verbundenheit ab, wenn nicht mit einer Vollstreckung in das persönliche Vermögen zu rechnen ist[634]. Entsprechend ist auch die Justiz psychologisch geneigter, eine Haftung anzunehmen, wenn eine Haftpflichtversicherung hinter dem verklagten Organmitglied steht[635]. Umso mehr gilt dies, wenn Aufsichtsratsmitglieder ausnahmsweise durch eine Individual-

627 *Reichert/Suchy*, NZG 2017, 88 (91); *Lange*, BOARD 2022, 63.

628 Ziff. B3-1.2, B3-2.5.1, B3-3.3 AVB D&O, Musterbedingungen des GDV, Stand: Mai 2020.; *Lange*, D&O-Versicherung und Managerhaftung, 2. Aufl. 2022, § 12 Rn. 295 ff.

629 *Lange*, D&O-Versicherung und Managerhaftung, 2. Aufl. 2022, § 12 Rn. 1.

630 *Hemeling*, 69. DJT, N 38; *v. Schenk*, NZG 2015, 494 (495); *Koch*, 19. Aufl. 2025, § 93 Rn. 2.

631 *Ihlas*, D&O Directors & Officers Liability, 2. Aufl. 2009, S. 620; *Dreher*, AG 2008, 429 (434).

632 *W. Doralt*, ZGR 2019, 996 (1010).

633 BGH, NJW 1997, 1926 – ARAG/Garmenbeck.

634 *Kumpan*, FS Hopt 2020, 631 (636).

635 Krieger/Schneider/*Sieg*, 4. Aufl. 2023, § 23 Rn. 23.60.

muss sich auch in der persönlichen Verantwortung widerspiegeln. Insbesondere Berufsaufsichtsräte dürfen sich nicht dahinter verstecken, lediglich nicht ausreichend kontrolliert zu haben und damit die Verantwortung auf die Geschäftsleiter abwälzen.

Dieses Ergebnis lässt sich auch dogmatisch begründen. Die überwiegende gesellschaftsrechtliche Literatur stützt sich auf den Rechtsgedanken oder eine entsprechende Anwendung der §§ 840 Abs. 2, 1833 Abs. 2 S. 2 BGB, wodurch gesetzlich eine anderweitige Bestimmung getroffen wird. Nach § 840 Abs. 2 BGB müssen die nach den §§ 831, 832 BGB Verantwortlichen den Schaden im Innenverhältnis neben einem handelnden Verrichtungsgehilfen bzw. einem Beaufsichtigten nicht tragen. Die gesellschaftsrechtliche Literatur verallgemeinert diesen Rechtsgedanken dahingehend, dass der Handlungsverantwortliche im Verhältnis zum Überwachungsverantwortlichen allein hafte[647]. Auf eine Abwägung nach § 254 BGB analog kommt es dann nicht mehr an. Entsprechend soll daher auch ein handelndes ressortzuständiges Vorstandsmitglied den Schaden im Verhältnis zu einem ressortunzuständigen überwachenden Vorstandsmitglied allein tragen[648]. Dasselbe gelte für die interne Haftungsverteilung zwischen handelnden und überwachenden Geschäftsführern[649] sowie zwischen einem Ausschuss angehörenden Aufsichtsratsmitgliedern und nicht dem Ausschuss angehörenden Aufsichtsratsmitgliedern[650].

Diese Auslegung von § 840 Abs. 2 BGB entspricht aber schon nicht dem überwiegenden Verständnis in Rechtsprechung und allgemeiner zivilrechtlicher Literatur. Wohl mehrheitlich wird der Normzweck darin gesehen, dass derjenige, der aus nachgewiesenem Verschulden haftet, keine Ausgleichsansprüche

647 *Guntermann/Noack*, FS Grunewald 2021, 253 (254 ff.); Hölters/Weber/*Hölters/Hölters*, 4. Aufl. 2022, § 93 Rn. 229; Scholz/*Verse*, 13. Aufl. 2024, § 43 Rn. 349; BeckOK/*Pöschke*, GmbHG, § 43 Rn. 259; Michalski/Heidinger/Leible/J. Schmidt/*Ziemons*, 4. Aufl. 2023, § 43 Rn. 380; Noack/Servatius/Haas/*Beurskens*, 24. Aufl. 2025, § 43 Rn. 65.

648 *Schnorbus/Ganzer*, WM 2015, 1877 (1881); *Freund*, GmbHR 2013, 785 (788); *ders.*, NJW 2013, 2545 (2546); *Guntermann*, AG 2017, 606 (607); *Guntermann/Noack*, FS Grunewald 2021, 253 (259 f.); BeckOGK/*Fleischer*, AktG, § 93 Rn. 324; Hölters/Weber/*Hölters/Hölters*, 4. Aufl. 2022, § 93 Rn. 229; Bürgers/Körber/Lieder/*Bürgers*, 6. Aufl. 2024, § 93 Rn. 31; a.A. *Pospiech*, Rechtsfolgen der zivilrechtlichen Organhaftung, 2017, S. 189 ff.; *Hoss*, Gesamtschuldnerische Vorstandshaftung, 2021, S. 213.

649 *Leuering/Dornhegge*, NZG 2010, 13 (16); MünchKomm-GmbH/*Fleischer*, 4. Aufl. 2023, § 43 Rn. 388; BeckOK/*Pöschke*, GmbHG, § 43 Rn. 259; Michalski/Heidinger/Leible/J. Schmidt/*Ziemons*, 4. Aufl. 2023, § 43 Rn. 380; Noack/Servatius/Haas/*Beurskens*, 24. Aufl. 2025, § 43 Rn. 65; Scholz/*Verse*, 13. Aufl. 2024, § 43 Rn. 349; Bork/Schäfer/*Klöhn*, 5. Aufl. 2022, § 43 Rn. 78; Melot de Beauregard/Lieder/Liersch/*Bayer/Scholz*, § 3 Rn. 355.

650 Mit Blick auf § 254 BGB: *Guntermann/Noack*, FS Grunewald 2021, 253 (259); abgestufte Haftungsverteilung: *Reichert/Ullrich*, FS Uwe H. Schneider 2011, 1017 (1035).

gegenüber demjenigen geltend machen soll, der dem Geschädigten nur aus vermutetem Verschulden oder Gefährdung haftet[651]. Geschäftsleiter und Aufsichtsratsmitglieder haften aber beide aus vermutetem Verschulden, §§ 116 S. 1, 93 Abs. 2 S. 2 AktG, § 43 Abs. 1 GmbHG[652]. Der Regelungszweck lässt sich daher nicht übertragen[653].

Allerdings ist auch der vom gesellschaftsrechtlichen Schrifttum herangezogene Zweck in der Rechtsprechung verankert. So hat der BGH in zwei Entscheidungen zum allgemeinen Zivilrecht entschieden, dass ein Gesamtschuldner den anderen vollständig freizustellen habe, wenn der Freizustellende nur wegen einer Aufsichtspflicht hafte. Dieser Grundsatz sei in den §§ 840 i. V. m. 831, 832, 1833 Abs. 2 S. 2 BGB angelegt[654]. Selbst wenn man aber den Zweck darin sieht, dass der Handlungsverantwortliche im Verhältnis zum Überwachungsverantwortlichen allein haftet, lässt sich dieser Zweck nicht auf das Verhältnis zwischen Geschäftsleiter und überwachendem Aufsichtsratsmitglied übertragen. Ein Geschäftsleiter haftet im Verhältnis zum überwachungspflichtigen Aufsichtsratsmitglied nicht allein.

Zunächst befindet sich § 840 Abs. 2 BGB systematisch innerhalb des Titels »unerlaubte Handlungen«, wozu die Organhaftung nicht zählt[655]. Die Vorschrift findet sich nicht als allgemeine Norm im Schadensrecht oder in Abschnitt 7 des BGB zur Mehrheit von Schuldnern und Gläubigern. § 1833 Abs. 2 S. 2 BGB befindet sich sogar im Familienrecht[656]. § 840 Abs. 2 BGB wird zudem restriktiv ausgelegt[657]. Nach der zivilrechtlichen Literatur sei der Norm daher auch gerade kein allgemeiner Grundsatz zu entnehmen[658]. Auch zeigt schon das Gesetz, dass nicht in jedem Fall der Aufsichtspflichtige im Innenverhältnis vollständig entlastet werden muss. In § 840 Abs. 2 2. Hs. BGB weist er dem Auf-

651 So BGH, Urt. v. 11. November 2013, Az. VI ZR 13/03; BGH, NJW 2005, 2309 (2310); MünchKomm-BGB/*Wagner*, 9. Aufl. 2024, § 840 Rn. 19; Grüneberg/*Sprau*, 84. Aufl. 2025, § 840 Rn. 10; Erman/*Wilhelmi*, 17. Aufl. 2023, § 840 Rn. 11.

652 Für GmbH-Aufsichtsratsmitglieder gilt dies entsprechend über die Verweisvorschriften in § 52 Abs. 1 GmbH sowie in den Mitbestimmungsgesetzen; beim Geschäftsführer gilt § 93 Abs. 2 S. 2 AktG analog, vgl. dazu stellvertretend: *Altmeppen*, 11. Aufl. 2023, § 43 Rn. 110.

653 *Schäfer/Groh*, FS Ebke 2021, 855 (861); entsprechend zu ressortzuständigen und ressortunzuständigen Vorstandsmitgliedern: *Hoss*, Gesamtschuldnerische Vorstandshaftung, 2021, S. 212.

654 BGH, Urt. v. 22 April 1980, Az. VI ZR 134/78, Rn. 25; BGH, Urt. v. 13. Oktober 2004, Az. I ZR 249/01, Rn. 23.

655 *Hoss*, Gesamtschuldnerische Vorstandshaftung, 2021, S. 204.

656 *Hoss*, Gesamtschuldnerische Vorstandshaftung, 2021, S. 211.

657 Staudinger/*Vieweg*/*Lorz*, 2023, § 840 Rn. 80.

658 Staudinger/*Vieweg*/*Lorz*, 2023, § 840 Rn. 80; Erman/*Wilhelmi*, 17. Aufl. 2023, § 840 Rn. 11.

sichtspflichtigen die Haftung zu[659]. Die Freistellung des Aufsichtspflichtigen ist daher höchstens Grundsatz, nicht Dogma.

Auch der BGH hat daher schon früh entschieden, der Grundsatz der Freistellung des Aufsichtspflichtigen sei unter *besonderen Umständen* einzuschränken[660]. Ein solcher Umstand ist aber auch in der besonderen Überwachungspflicht des Aufsichtsrats zu sehen. Der Grundsatz des § 840 Abs. 2 BGB passt nicht zur Aufsichtspflicht des Aufsichtsrates. Die Aufsichtspflicht ist die Kernaufgabe des Aufsichtsrats[661], nicht nur eine Sekundärpflicht wie die eines ressortunzuständigen Geschäftsleiters[662]. Sein Name »Aufsichtsrat« leitet sich aus dieser Funktion ab[663]. Der Gesetzgeber hat den Aufsichtsrat ausdrücklich zur Überwachung geschaffen[664]. Das Organ verdankt historisch seine Existenz dem Zweck, die praktische Unfähigkeit der Hauptversammlung, das eigene Management zu kontrollieren, auszugleichen[665]. Sowohl in der Überarbeitung des Aktiengesetzes 1937 als auch in der Regierungsbegründung von 1965 wird die Überwachung als sein Wesensmerkmal bezeichnet[666]. Das AktG unterstreicht seine besondere Aufgabe. Es weist ihm konkret die Aufgabe der Überwachung zu, § 111 AktG, und stattet ihn mit Überwachungsinstrumenten aus. Entsprechend hat der BGH diese besondere Funktion des Aufsichtsrats zuletzt hervorgehoben. Im Rahmen einer verjährungsrechtlichen Problematik begründete er einen normativen Schaden damit, dass der Aufsichtsrat in der AG eine *besondere Funktion* als Überwachungsorgan innehabe und *in erster Linie* die Geschäftsführung zu überwachen habe[667]. Die Aufsicht durch den Aufsichtsrat ist daher strukturell nicht mit sonstigen Überwachungspflichten vergleichbar und eine Sonderbehandlung der Aufsichtspflicht des Aufsichtsrats wäre auch in der Rechtsprechung kein Novum. Die Einbeziehung der besonderen Aufsichtspflicht in das Innenverhältnis stellt vielmehr eine logische Folge dieser Rechtsprechungstendenz dar.

659 Ähnlich *Hoss*, Gesamtschuldnerische Vorstandshaftung, 2021, S. 212.

660 BGH, Urt. v. 22. April 1980, Az. VI ZR 134/78, Rn. 25.

661 Stellvertretend GK-AktG/*Hopt*/*Roth*, 5. Aufl. 2018, § 111 Rn. 102.

662 Darauf verweist auch: *Voß*, Gesamtschuldnerische Organhaftung, 2008, S. 186.

663 GK-AktG/*Hopt*/*Roth*, 5. Aufl. 2018, § 111 Rn. 102.

664 GK-AktG/*Hopt*/*Roth*, 5. Aufl. 2018, § 111 Rn. 1.

665 Zur Geschichte der Einführung: *Felix Müller-Mürnseer*, Quis custodiet ipsos custodes, 2020, S. 52 – wenngleich der Aufsichtsrat faktisch anfangs eher als operatives Mitunternehmerorgan agierte; so auch zum zwingenden Aufsichtsrat 1884: *Schnorr*, Historie und Recht des Aufsichtsrats, 2000, S. 31.

666 1937: Amtliche Begründung nach Klausing, Aktiengesetz 1937, S. 73 zu §§ 86 – 99 AktG: »Die Hauptaufgabe des Aufsichtsrats besteht darin, die Geschäftsführung des Vorstands zu überwachen«; 1965: Begründung RegE bei Kropff, AktG 1965, S. 143 zu § 108: »Die Vorschrift regelt die wichtigsten Aufgaben und Rechte des Aufsichtsrats. Er hat die Geschäftsführung zu überwachen«.

667 BGH, NZG 2018, 1301 (1303).

Ähnlich hat der BGH auch zum Verhältnis von bauaufsichtspflichtigem Architekten und Bauunternehmer entschieden[668]. Ursprünglich hatte die Rechtsprechung auch in dieser Konstellation im Innenverhältnis den nur aufsichtspflichtigen Architekten gegenüber dem handelnden Bauunternehmer vollständig entlastet[669]. Inzwischen betont der BGH aber, dass der Verursachungsbeitrag des bauaufsichtsführenden Architekten nicht vernachlässigt werden dürfe, sondern seine *besondere Aufgabenstellung* ausreichend gewichtet werden müsse. Ein vollständiges Zurücktreten der Haftung des bauaufsichtsführenden Architekten käme daher nur noch in Ausnahmefällen in Betracht[670]. Auch OLG Koblenz und OLG Stuttgart haben inzwischen entschieden, dass bei einem Überwachungsfehler eines Architekten, auf diesen auch im Innenverhältnis ein Haftungsanteil entfallen könne[671]. Es gebe keinen Grundsatz, dass ein Ausführungsverschulden ein Überwachungsverschulden immer überwiege. Dahingehend bestehe nicht einmal eine Vermutung[672]. Auch der Aufsichtsrat hat eine mindestens so wichtige und besondere Aufgabenstellung wie ein überwachender Architekt. Deshalb darf die Aufsichtspflichtverletzung des Aufsichtsrats nur im Ausnahmefall zurücktreten.

Dieses Ergebnis ist auch zweckmäßig. Der Aufsichtsratshaftung sollte nicht über den Umweg der Schadloshaltung ihre verhaltenssteuernde Wirkung genommen werden[673]. Ähnlich der Diskussion zur verhaltenssteuernden Wirkung der D&O-Versicherung wäre es zu begrüßen, wenn regelmäßig eine Art regressinterner Selbstbehalt bestünde, mithin die Aufsichtsratsmitglieder auch im Rahmen der internen Verteilung mit einer persönlichen Haftbarkeit rechnen müssen. Zwar entfiele auch bei interner Alleinhaftung der Geschäftsleiter die präventive Wirkung nicht vollständig, da sich Aufsichtsratsmitglieder nie der Solvenz der Geschäftsleiter sowie dem Prozessrisiko der Durchsetzung der Regressforderung sicher sein können. Eine vollständige Regressmöglichkeit würde die präventive Wirkung aber stark negativ modifizieren.

Schließlich spricht gegen eine stärkere Einbeziehung der Aufsichtsratsmitglieder auch nicht, dass dies zur Folge hat, dass einige Aufsichtsratsmitglieder einen größeren Schadensanteil tragen müssen als ressortunzuständige Geschäftsleiter[674]. Eine solche Haftungsverteilung ist die gerechtfertigte Folge der

668 BGH, NJW 2009, 582; dazu auch Dauner-Lieb/Langen/*Völtzmann-Stickelbrock*, 4. Aufl. 2021, § 426 Rn. 13.

669 So noch BGH, NJW 1965, 1175 (1176).

670 BGH, NJW 2009, 582 (586 f.).

671 OLG Koblenz, NJOZ 2007, 3995; OLG Stuttgart, Urt. v. 31. Juli 2018, Az. 10 U 150/17; OLG Stuttgart, Urt. v. 04. August 2020, Az. 12 U 128/19.

672 OLG Stuttgart, Urt. v. 31. Juli 2018, Az. 10 U 150/17; OLG Stuttgart, Urt. v. 04. August 2020, Az. 12 U 128/19.

673 Ähnlich zur vorstandsinternen Haftungsverteilung und daher gegen eine Alleinverantwortlichkeit ressortzuständiger Vorstandsmitglieder: *Pospiech*, Rechtsfolgen der zivilrechtlichen Organhaftung, 2017, S. 190 f.

674 So aber *Voß*, Gesamtschuldnerische Organhaftung, 2008, S. 187.

Möglichkeit der Geschäftsleiter, Aufgaben intern zu verteilen sowie der Aufgabe des Aufsichtsrats, die jeweils zuständigen Geschäftsleiter zu überwachen. Leitungsfunktion der Geschäftsleitung und Aufsichtsfunktion des Aufsichtsrats stehen nicht in einem Stufenverhältnis, welches es gebietet, stets jedes Mitglied des Leitungsorgans letztverantwortlich zu machen. Beide Organe stehen mit ihren Funktionen in einem Aliud-Verhältnis nebeneinander, beide sind für ein funktionierendes Unternehmen essenziell. Überdies kann entsprechend der Aufsichtsrat Überwachungsaufgaben bezogen auf konkrete Geschäftsführungsmaßnahmen oder Bereiche an Ausschüsse delegieren[675]. Die übrigen Aufsichtsratsmitglieder trifft dann nur noch eine Aufsichtspflicht gegenüber den Ausschussmitgliedern[676]. Ein Pflichtverstoß gegen diese Aufsichtspflicht kann entsprechend im Verhältnis zu den Ausschussmitgliedern und zum handelnden Geschäftsleiter zu einer Entlastung im Innenverhältnis führen.

Das Innenverhältnis zwischen Geschäftsleitern und Aufsichtsratsmitgliedern wird daher nicht einseitig zugunsten der Aufsichtsratsmitglieder entsprechend § 840 Abs. 2 BGB aufgelöst, sondern bestimmt sich gemäß § 254 BGB analog nach dem Maß der Verursachung sowie dem Verschulden. Auch insofern wird zwar regelmäßig dem handelnden Geschäftsleiter der größere Verursachungsbeitrag zukommen. Dafür spricht besonders in der AG seine Leitungsaufgabe, § 76 Abs. 1 AktG. Das Aufsichtsratsmitglied ist aber nicht pauschal entlastet[677]. Entscheidend ist die Abwägung im Einzelfall. Trifft das Aufsichtsratsmitglied etwa eine besonders intensive Aufsichtspflicht, da sich das Unternehmen in Schieflage befindet[678] oder wichtige Entscheidungen anstehen[679], kann es durchaus geboten sein, auch das Aufsichtsratsmitglied im Innenverhältnis einen nicht unerheblichen Teil des Schadens tragen zu lassen. Entsprechend können auch wichtige Positionen wie die des Ausschussvorsitzenden, des Finanzexperten gemäß § 100 Abs. 5 AktG oder des Aufsichtsratsvorsitzenden einen höheren Anteil im Innenverhältnis rechtfertigen. Insbesondere unter Berücksichtigung des Verschuldens, etwa grober Fahrlässigkeit oder Vorsatz, wird eine vollständige Entlastung des Aufsichtsratsmitglieds ausscheiden.

675 BeckOGK/*Walla*, AktG, § 107 Rn. 99; GK-AktG/*Hopt*/*Roth*, 5. Aufl. 2018, § 107 Rn. 396; *Lutter*/*Krieger*/*Verse*, 7. Aufl. 2020, § 11 Rn. 748; allgemeine Überwachung kann nicht delegiert werden: *Koch*, 19. Aufl. 2025, § 107 Rn. 58.

676 GK-AktG/*Hopt*/*Roth*, 5. Aufl. 2018, § 107 Rn. 375.

677 So im Ergebnis auch: MünchKomm-AktG/*Habersack*, 6. Aufl. 2023, § 116 Rn. 78; AktG-GK/*Hopt*/*Roth*, 5. Aufl. 2018, § 116 Rn. 287; Hölters/Weber/*Groß-Bölting*/*Rabe*, 4. Aufl. 2022, § 116 Rn. 91.

678 Zur intensiven Überwachung bei Schieflage: stellvertretend MünchKomm-AktG/*Habersack*, 6. Aufl. 2023, § 111 Rn. 56 f.

679 Zur intensiven Überwachung bei wichtigen Entscheidungen: stellvertretend MünchKomm-AktG/*Habersack*, 6. Aufl. 2023, § 111 Rn. 57.

II. Kein vollständiger Regress bei (mit-)unternehmerischer Tätigkeit

Erst recht tragen Geschäftsleiter im Innenverhältnis nicht den gesamten Schaden, wenn das Aufsichtsratsmitglied eine unternehmerische oder mitunternehmerische Pflicht verletzt[680]. § 840 Abs. 2 BGB findet keine entsprechende Anwendung[681]. Zwar werden auch die unternehmerischen Aufgaben als (präventive) Überwachung bezeichnet[682]. Sie sind aber nicht mit sonstigen Überwachungsaufgaben vergleichbar, da sie aktive unternehmerische Entscheidungen und Handlungen voraussetzen. Der Aufsichtsrat fungiert nicht als reines Kontrollorgan, sondern als Mitunternehmer neben dem Geschäftsleiter[683]. Die (mit-)unternehmerischen Tätigkeiten stellen im Gegensatz zu den Fällen des § 840 Abs. 2 BGB keine nur mittelbaren Verursachungsbeiträge dar. Das Innenverhältnis von Geschäftsleitern und Aufsichtsratsmitgliedern bestimmt sich daher gemäß § 254 BGB analog nach dem Maß der Verursachung sowie dem Verschulden.

1. Mitunternehmerische Tätigkeit

Im Rahmen der mitunternehmerischen Tätigkeiten agiert der Aufsichtsrat als Co-Entscheidungsorgan[684] neben der Geschäftsleitung. Zwar ist der Vorstand grundsätzlich das Leitungsorgan der Gesellschaft, § 76 Abs. 1 AktG. Ähnliches gilt für den GmbH-Geschäftsführer[685]. In einigen Sonderbereichen treffen die Organe die Entscheidungen aber gemeinsam. Dies gilt etwa für den Jahresabschluss, § 170 Abs. 1 S. 1, 172 S. 1 AktG, die Ergebnisverwendung, § 174 Abs. 1 S. 2 AktG sowie die Berichtskompetenzen, §§ 161 Abs. 1, 162 Abs. 1 S. 1 AktG, 27 Abs. 1 S. 1 WpÜG. Der Aufsichtsrat ist in diesen Bereichen gleichberechtigter Partner. Verletzen sowohl Geschäftsleiter als auch Aufsichtsratsmitglieder in diesen Sonderbereichen dieselbe Pflicht, ist es nicht gerechtfertigt, den Geschäftsleitern im Innenverhältnis auch nur im Grundsatz den größeren Schadensanteil zuzuweisen. Der Aufsichtsrat hat die gleichen Rechte. Entsprechend muss er auch die gleiche Verantwortung tragen.

680 Nur im Fall der unternehmerischen Tätigkeit für eine Haftung im Innenverhältnis: *Voß*, Gesamtschuldnerische Organhaftung, S. 188 ff.; Grigoleit/*Grigoleit/Tomasic*, 2. Aufl. 2020, § 93 Rn. 100; *Freund*, NZG 2018, 1361 (1366); Hölters/Weber/*Hölters/Hölters*, 4. Aufl. 2022, § 93 Rn. 229; *Guntermann/Noack*, FS Grunewald 2021, 253 (259 f.); Melot de Beauregard/Lieder/Liersch/*Bayer/Scholz*, § 3 Rn. 364.

681 So auch Grigoleit/*Grigoleit/Tomasic*, 2. Aufl. 2020, § 93 Rn. 100; *Freund*, NZG 2018, 1361 (1366).

682 Stellvertretend Grigoleit/*Grigoleit/Tomasic*, 2. Aufl. 2020, § 111 Rn. 33 f.

683 Zur mitunternehmerischen Funktion und den mitunternehmerischen Aufgaben, siehe 1. Teil § 2 A.

684 Begriff nach: *Seibt*, DB 2018, 237 (238).

685 Lutter/Hommelhoff/*Kleindiek*, 21. Aufl. 2023, § 6 Rn. 3 ff.

2. Vetorechte

Die Vetorechte geben dem Aufsichtsrat das Recht, Maßnahmen der Geschäftsleiter zu unterbinden. Der Aufsichtsrat kann zwar nicht initiativ tätig werden. Die Geschäftsleiter sind aber auf seine Zustimmung angewiesen. Das wichtigste Vetorecht ergibt sich für allgemeine Geschäftsführungsmaßnahmen aus § 111 Abs. 4 S. 2 AktG. Daneben bestehen Vetorechte in Sonderkonstellationen[686]. Den Aufsichtsrat trifft hier als Letztentscheider eine besondere Verantwortung. Geschäftsleiter müssen gezielt auf ihn zugehen und ihn in die Entscheidung einbeziehen. Diese Verantwortung muss auch auf Ebene der Verursachungsbeiträge angemessen berücksichtigt werden[687]. Da die Initiative von den Geschäftsleitern ausgeht, sollte deren Verursachungsbetrag allerdings im Regelfall etwas stärker gewichtet werden. *Voß*' Vorschlag[688] einer Haftungsverteilung von zwei Dritteln zu einem Drittel erscheint als Richtschnur angemessen.

3. Eigene unternehmerische Entscheidung

Der Aufsichtsrat verfügt schließlich über Kompetenzen, die ihm allein zustehen. So entscheidet er etwa über die Bestellung der Geschäftsleiter sowie deren Widerruf, § 84 Abs. 1 S. 1, Abs. 3 S. 1 AktG, 31 MitbestG, die Beauftragung eines Sachverständigen oder des Abschlussprüfers, §§ 111 Abs. 2 S. 2, 3 AktG. In der AG kann auch die wichtige Fallgruppe der Geltendmachung von Schadensersatzansprüchen gegen Vorstandsmitglieder dazugezählt werden. In diesen Bereichen ist der Aufsichtsrat von den Geschäftsleitern unabhängig. Kommt es insofern dennoch zu einer gesamtschuldnerischen Haftung mit einem Geschäftsleiter, muss je nach Pflichtverletzung der beiden Organe individuell abgewogen werden.

Ernennt beispielsweise der Aufsichtsrat einen ungeeigneten Geschäftsleiter, welcher anschließend fahrlässig seine Sorgfaltspflicht verletzt, sollte keineswegs der Geschäftsleiter als handelndes Organ den Schaden allein tragen. Die Kompetenz zur Bestellung ist dem Verstoß zeitlich vorgelagert und soll ebendiesen verhindern.

686 Zum Beispiel: §§ 89 Abs. 1 S. 1, Abs. 2 S. 1, 111b Abs. 1 AktG; siehe näher zu den Vetorechten 1. Teil § 2 III.

687 »Vermutung der Alleinverantwortlichkeit greift dort per se nicht«, *Guntermann/Noack*, FS Grunewald 2021, 253 (260); *Schäfer/Groh*, FS Ebke 2021, 855 (861); Melot de Beauregard/Lieder/Liersch/*Humrich*, § 4 Rn. 439.

688 *Voß*, Gesamtschuldnerische Organhaftung, 2008, S. 189.

C. Zusammenfassung § 5

Aufsichtsratsmitglieder können sich im Grundsatz durch D&O-Versicherungen sowie durch den Regress bei Geschäftsleitern vor einer persönlichen Inanspruchnahme schützen. Beide Schutzmechanismen helfen jedoch nur bedingt.

Aufsichtsratsmitglieder nutzen zwar umfangreich D&O-Versicherungen. D&O-Versicherungen für Aufsichtsratsmitglieder weisen aber eine Vielzahl von Schutzlücken auf. So besteht vor allem bei Aufsichtsratsmitgliedern die Gefahr, dass die Deckungssummen aufgebraucht sind, da Aufsichtsratsmitglieder regelmäßig erst nach den Geschäftsleitern verklagt werden. Auch das Claims-made-Prinzip, verschiedene Ausschlussklauseln, die Anfechtung wegen arglistiger Täuschung oder Obliegenheitsverletzungen können den Versicherungsschutz entfallen lassen. Zudem reizt die vergrößerte Vollstreckungsmasse einer D&O-Versicherung selbst zur Klageerhebung an.

Auch eine Schadloshaltung bei den unmittelbar handelnden Geschäftsleitern ist nur eingeschränkt möglich. Ein vollständiger Regress scheitert neben der mangelnden Solvenz der Geschäftsleiter auch auf materieller Ebene. Nach hiesiger Ansicht müssen Aufsichtsratsmitglieder auch im Falle einer reinen Überwachungspflichtverletzung als Gesamtschuldner im Innenverhältnis regelmäßig einen Anteil des Schadens neben den handelnden Geschäftsleitern tragen. §§ 840 Abs. 2, 1833 Abs. 2 S. 2 BGB finden keine entsprechende Anwendung auf das Verhältnis zwischen Aufsichtsratsmitgliedern und Geschäftsleitern, sondern es gilt § 254 BGB analog. Selbst wenn man dem Grundsatz folgte, ein Aufsichtspflichtiger sei im Innenverhältnis vom Handelnden freizustellen, gilt dieser Grundsatz jedenfalls nicht für überwachende Aufsichtsratsmitglieder. Dafür spricht deren besondere Überwachungsaufgabe. Erst recht haften Aufsichtsratsmitglieder regelmäßig im Innenverhältnis neben Geschäftsleitern, wenn sie ihre mitunternehmerischen Pflichten verletzen.

Ergebnisse 1. Teil

Im ersten Teil der Arbeit wurde untersucht, ob inzwischen ein relevantes Haftungsrisiko für Aufsichtsratsmitglieder besteht. Diese Frage ist zu bejahen.

Ein Anstieg der Haftungsrisiken lässt sich zunächst empirisch plausibilisieren. Zwar fehlen umfassende Studien zur Haftung der Aufsichtsratsmitglieder. Aber Indizien stützen diese These. Parallel mit dem Anstieg der Haftungsrisiken der Geschäftsleiter konnte auch ein Anstieg der Risiken der Aufsichtsratsmitglieder festgestellt werden.

Erklären lässt sich der Anstieg des Haftungsrisikos zunächst mit dem Rollenwandel des Aufsichtsrats zum Mitunternehmer. Dieser durch Rechtsprechung und Gesetzgebung hervorgerufene Wandel zum Mitunternehmer geht mit einer Zunahme haftungsträchtiger Pflichten einher. Zudem wandelt sich die Welt um den Aufsichtsrat herum. Auch dies vergrößert seinen Pflichtenumfang.

Allgemein ist das Aufsichtsratshaftungsrecht zudem sehr streng, was ein hohes Haftungsrisiko hervorruft. Exemplarisch wurden im ersten Teil vier Aspekte hervorgehoben. Erstens besteht im Rahmen der Aufsichtsratshaftung ein hohes Risiko für hohe Schäden. Hohe Schäden treten sowohl in AG und GmbH rechtsformtypisch als auch speziell beim Aufsichtsrat organtypisch auf. Zweitens ist im Rahmen der Aufsichtsratshaftung die Darlegungs- und Beweislast umgekehrt, sodass sich Aufsichtsratsmitglieder lange nach dem Ausscheiden aus dem Amt kaum mehr entlasten können. Drittens erhöht eine lange Verjährungsfrist, die sich sowohl in der AG als auch der GmbH zusätzlich verdoppeln kann, das Haftungsrisiko. Viertens tritt ein besonders starker Rückschaufehler auf, welcher dazu führen kann, dass Schadensersatzansprüche gegen Aufsichtsratsmitglieder bejaht werden, die materiell nicht bestehen.

Die Durchsetzung von Schadensersatzansprüchen gegen Aufsichtsratsmitglieder wird von mehreren Personengruppen übernommen. In der AG trifft den Vorstand die strenge Verfolgungspflicht i.S. der ARAG/Garmenbeck-Rechtsprechung. In der GmbH werden Ansprüche durch die Gesellschafterversammlung durchgesetzt. Das höchste Durchsetzungsrisiko geht in beiden Rechtsformen vom Insolvenzverwalter aus. Ein weiteres Risiko geht zudem von den Geschäftsleitern aus, die versuchen, bei Aufsichtsratsmitgliedern als Gesamtschuldner Regress zu nehmen. In der AG könnte zudem in Zukunft auch die Durchsetzung gemäß § 147 Abs. 1 AktG praktische Relevanz erlangen, da für (Groß-)Aktionäre ein Stimmrechtsverbot besteht, wenn über die Geltendmachung eines Anspruchs gegen ein Aufsichtsratsmitglied entschieden wird, und sowohl eine Überwachungspflichtverletzung des Aufsichtsratsmitglieds als auch eine damit zusammenhängende Pflichtverletzung des Aktionärs im Raum stehen.

Schließlich können sich Aufsichtsratsmitglieder weder durch Versicherungen noch durch Regress bei den Geschäftsleitern vollständig vor einer persönlichen Inanspruchnahme schützen. D&O-Versicherungen weisen umfassende Schutzlücken auf und eine Schadloshaltung bei Geschäftsleitern ist nur eingeschränkt möglich. Aufsichtsratsmitglieder müssen im Rahmen einer Gesamtschuld mit den Geschäftsleitern auch bei reinem Überwachungsverschulden, erst recht bei Verletzung ihrer mitunternehmerischen Pflichten, regelmäßig einen Haftungsanteil im Innenverhältnis tragen.

2. Teil Haftungsrisiken und statutarische Haftungsbeschränkungen in den USA und UK

Der Blick auf eine fremde Rechtsordnung kann wertvolle Erkenntnisse für das eigene Recht liefern[689]. Um sich dem Für und Wider statutarischer Haftungsbeschränkungen zu nähern, soll daher in diesem Teil sowohl das US-amerikanische (vor allem aus Delaware) als auch das Gesellschaftsrecht im UK auf diesbezügliche Möglichkeiten untersucht werden.

Bevor man sich aber rechtsvergleichend mit Haftungsbeschränkungen beschäftigt, muss in einem ersten Schritt untersucht werden, ob in beiden Ländern ausreichend vergleichbare Bedingungen herrschen wie in Deutschland. Erlaubnis, Verbot oder Ausgestaltungsoptionen von Haftungsbeschränkungen könnten auch durch Unterschiede zwischen den Rechtsordnungen begründet sein. Sowohl die USA als auch UK weisen ein monistisches System und damit keinen Aufsichtsrat auf. Auch könnten sich die Haftungsrisiken, auf die mit Haftungsbeschränkungen reagiert werden kann, zu sehr unterscheiden.

In einem ersten Schritt wird daher untersucht, ob die sog. *outside directors* in den USA bzw. die *non executive directors* im UK in ihren Gesellschaften eine vergleichbare Funktion einnehmen wie deutsche Aufsichtsratsmitglieder (§ 1). Anschließend werden in einem zweiten Schritt die persönlichen Haftungsrisiken US-amerikanischer *outside directors* (§ 2) mit denen deutscher Aufsichtsratsmitglieder verglichen, um im letzten Schritt die US-Regeln zu statutarischen Haftungsbeschränkungen zu untersuchen (§ 3). Entsprechend wird mit den *non executive directors* und dem Recht im UK (§§ 4, 5) verfahren.

Für die USA wird das Recht aus Delaware und vereinzelt aus Kalifornien sowie New York herangezogen. Gesellschaftsrecht ist in den USA einzelstaatliches Recht. Es gilt das Recht des Gründungsstaates[690]. Mit ca. 60 % der Fortune 500 und ca. 50 % der Publikumsgesellschaften ist der Großteil der Unternehmen in Delaware inkorporiert[691], wodurch die dortige Rechtsprechung weit ausgeformt ist und eine Vorreiterrolle für das US-amerikanische Gesellschaftsrecht einnimmt[692]. Im UK ist das Gesellschaftsrecht einheitlich im Companies Act 2006 (CA) geregelt.

689 Insbesondere das US-Recht (vor allem aus Delaware) stand oft Vorbild für das deutsche Gesellschaftsrecht, ausführlich dazu: *von Hein*, Die Rezeption US-amerikanischen Gesellschaftsrechts in Deutschland, 2008 – 1089 Seiten.

690 *Merkt*, US-amerikanisches Gesellschaftsrecht, 3. Aufl. 2013, S. 140.

691 *Bruner*, Wake Forest Law Review 2006, 1131 (1134).

692 *Merkt*, US-amerikanisches Gesellschaftsrecht, 3. Aufl. 2013, S. 154.

§ 1 Funktionale Vergleichbarkeit der Rolle von outside bzw. non-executive directors mit Aufsichtsratsmitgliedern (USA/UK)

Im Gegensatz zum deutschen dualistischen System mit der Trennung von Vorstand und Aufsichtsrat setzen sowohl das Gesellschaftsrecht im UK als auch in den USA auf das monistische System. Leitungs- und Überwachungsfunktion werden auf ein Organ konzentriert: den Board[693]. Daneben existiert wie im deutschen Recht die Gesellschafterversammlung (*general meeting*)[694]. Hinzukommen leitende Angestellte – sog. *officers*[695].

Der Board hat die Verantwortung für die Leitung des Unternehmens[696]. Er entscheidet über die Geschäfts- und Unternehmenspolitik, ihm obliegt das Management[697]. Er legt die Ziele und Aufgaben der Gesellschaft fest, wählt den *chief executive officer* (CEO) und die *officers* aus und entlässt sie wieder, legt die Vergütung des Managements fest, berät und unterstützt es, überwacht die Entwicklung, entscheidet über die Verwendung des Gesellschaftsvermögens und schließt für die Gesellschaft Verträge ab[698]. Er ist zuständig für die Sicherstellung des Risiko-Management-Systems und der Compliance. Einen Schwerpunkt bildet die Überwachung[699]. Die genaue Reichweite der Entscheidungsmacht des Boards wird durch die Satzung festgelegt[700]. Die Befugnisse stehen dem Board als Ganzes zu[701]. Entschieden wird mit einfacher Mehrheit[702]. Wichtige Aufgaben können an Ausschüsse delegiert werden[703].

Der Board setzt sich in den USA aus den *inside directors* und den *outside directors* (UK: *executive* und *non-executive directors*) zusammen[704]. *Inside direc-*

693 *Lederer*, Die Haftung von Aufsichtsratsmitgliedern und nicht geschäftsführenden Direktoren, 2011, S. 15; *Davies/Worthington/Hare*, Gower's Principles of Modern Company Law, 11. Aufl. 2021, Rn. 9-013.

694 Triebel/Illmer/Ringe/Vogenauer/Ziegler/*Ringe/Otte*, 3. Aufl. 2012, S. 257.

695 *Merkt*, US-amerikanisches Gesellschaftsrecht, 3. Aufl. 2013, S. 324.

696 *Davies*, Introduction to Company Law, 3. Aufl. 2020, S. 34.

697 USA: *Merkt*, US-amerikanisches Gesellschaftsrecht, 3. Aufl. 2013, S. 324, 327; UK: *Hannigan*, Company Law, 6. Aufl. 2021, Rn. 6–24.

698 USA: *Merkt*, US-amerikanisches Gesellschaftsrecht, 3. Aufl. 2013, S. 337 f.

699 *von Hein*, RIW 2002, 501 (504 f.).

700 *Davies/Worthington/Hare*, Gower's Principles of Modern Company Law, 11. Aufl. 2021, Rn. 9-001; Triebel/Illmer/Ringe/Vogenauer/Ziegler/*Ringe/Otte*, 3. Aufl. 2012, S. 257; *Gevurtz*, Corporation Law, 3. Aufl. 2021, S. 192.

701 *Gevurtz*, Corporation Law, 3. Aufl. 2021, S. 193.

702 *Gevurtz*, Corporation Law, 3. Aufl. 2021, S. 193 f.

703 *Gevurtz*, Corporation Law, 3. Aufl. 2021, S. 196.

704 *Davies*, Introduction to Company Law, 3. Aufl. 2020, S. 42.

tors sind zugleich *officers*[705]. *Outside directors* hingegen sind weder *officers* noch sonstige Angestellte der Gesellschaft[706]. Die *directors* werden in den USA und UK für ein Jahr gewählt[707], also deutlich kürzer als Geschäftsleiter und Aufsichtsratsmitglieder in Deutschland. Den Vorsitz führt der Chairman[708]. Immer Teil des Boards ist auch der CEO, der ranghöchste Manager[709].

Sowohl die Anzahl an *directors* als auch die Zusammensetzung kann in den meisten Bundesstaaten der USA frei durch die Satzung bestimmt werden[710]. Einschränkungen erfolgen aber dadurch, dass New York Stock Exchange und NASDAQ für ein Listing eine mehrheitliche Besetzung mit *outside* oder sogar *independent directors* voraussetzen[711]. In der Praxis sind die Boards der großen Publikumsgesellschaften überwiegend mit *outside directors* besetzt[712]. Im UK muss eine *public company* gemäß Sec. 154 CA mindestens zwei *directors* haben[713]. Die interne Zusammensetzung des Boards wird ebenfalls der Satzung überlassen. Nur der UK Corporate Governance Code 2018 fordert für den Board eine angemessene Anzahl an *non-executive directors*[714], konkret: mindestens die Hälfte des Boards[715].

Im UK übernehmen die *executive directors* das operative Tagesgeschäft[716], welches aber vom Board vollständig auf die *officers* delegiert werden darf, was in der Praxis auch zunehmend geschieht[717]. Auch in den USA wird das Tagesgeschäft vom Board auf die *officers* delegiert[718]. Diese unterliegen den Weisungen des Boards und werden von diesem bestellt, abberufen und kontrolliert[719].

Wie für den Aufsichtsrat in Deutschland ist auch in den USA die Kernfunktion der *outside directors* die präventive und retrospektive Überwachung der Geschäftsführung[720]. Die Überwachung erfolgt vor allem durch das *Audit Com-*

705 *Merkt*, US-amerikanisches Gesellschaftsrecht, 3. Aufl. 2013, S. 341.
706 *Merkt*, US-amerikanisches Gesellschaftsrecht, 3. Aufl. 2013, S. 342.
707 *Gevurtz*, Corporation Law, 3. Aufl. 2021, S. 190; *Hannigan*, Company Law, 6. Aufl. 2021, Rn. 7-3.
708 *Davies*, Introduction to Company Law, 3. Aufl. 2020, S. 33.
709 *Davies*, Introduction to Company Law, 3. Aufl. 2020, S. 33.
710 *Gevurtz*, Corporation Law, 3. Aufl. 2021, S. 187.
711 303A.01, 303A.00 New York Stock Exchange Listed Company Manual; 5605 NASDAQ Rules.
712 *Von Hein*, RIW 2002, 501 (505).
713 Sec. 154 (2) CA.
714 Principles G. of the Corporate Governance Code 2018.
715 Provision 11 of the Corporate Governance Code 2018.
716 *Hannigan*, Company Law, 6. Aufl. 2021, Rn. 6-3.
717 *Davies/Worthington/Hare*, Gower's Principles of Modern Company Law, 11. Aufl. 2021, Rn. 9-013.
718 *Gevurtz*, Corporation Law, 3. Aufl. 2021, S. 192.
719 *Merkt*, US-amerikanisches Gesellschaftsrecht, 3. Aufl. 2013, S. 327 f.; *Gevurtz*, Corporation Law, 3. Aufl. 2021, S. 182.
720 *Lederer*, Die Haftung von Aufsichtsratsmitgliedern und nicht geschäftsführenden Direktoren, 2011, S. 23.

mittee, welches weit verbreitet und nach dem Sarbanes-Oxley Act Voraussetzung für ein Listing an NASDAQ oder New York Stock Exchange ist[721]. Zentrale Aufgabe des *Audit Committee* ist die Überwachung der *executive officers*. Ähnlich dem Aufsichtsrat wählt das *Audit Committee* den Abschlussprüfer aus, steht mit den Wirtschaftsprüfern in Kontakt, überwacht die Bilanzpolitik und sorgt für die internen Kontrollmechanismen. Bei Verdacht einer Pflichtverletzung im Management führt es Untersuchungen durch[722]. Da das *Audit Committee* mehrheitlich oder ausschließlich mit *outside directors* besetzt ist[723], obliegt diesen die wesentliche Kontrollaufgabe. Wie beim deutschen Aufsichtsrat kann auch die Personalverantwortung der *outside directors* als Teil ihrer Kontrollfunktion angesehen werden: Die *outside directors* besetzen in den USA das *Nominating Committee*, welches Kandidaten für den Board und das Management vorschlägt sowie die amtierenden Mitglieder beurteilt[724]. Auch besetzen sie das *Compensation Committee*, welches die Managementvergütung festlegt[725].

Im UK wurde die Rolle der modernen *non-executive directors* durch den Corporate Governance Code geformt. Ihnen kommen zwei Funktionen zu. Einerseits bestimmen sie als Teil des Boards die Unternehmensstrategie mit[726]: Ihre Rolle besteht darin, konstruktive Kritik zu üben, die strategischen Leitlinien vorzugeben und fachlichen Rat zu erteilen[727]. Für das Tagesgeschäft sind sie nicht zuständig[728]. Vor allem aber kommt ihnen die Kontrollfunktion gegenüber der Geschäftsführung zu[729]. Sie sollen die Geschäftsführung zur Verantwortung[730] und einzelne *executive directors* zur Rechenschaft ziehen sowie im Hinblick auf deren Leistungsziele überprüfen[731]. Auch im UK wird die Kontrollfunktion vor allem durch die Besetzung der entsprechenden Ausschüsse abgesichert. Der Corporate Governance Code fordert die Bildung eines *Audit Committee*, welches ausschließlich mit *non-executive directors* besetzt werden soll[732]. Diesem soll die Aufgabe zukommen, die Jahresabschlüsse zu kontrollieren, die Finanzberichterstattung und das interne Kontroll- und Risikomanage-

721 § 301 Sarbanes-Oxley Act.

722 *Merkt*, US-amerikanisches Gesellschaftsrecht, 3. Aufl. 2013, S. 342.

723 *Merkt*, US-amerikanisches Gesellschaftsrecht, 3. Aufl. 2013, S. 341.

724 *Gevurtz*, Corporation Law, 3. Aufl. 2021, S. 189; *Von Hein*, RIW 2002, 501 (505).

725 *Merkt*, US-amerikanisches Gesellschaftsrecht, 3. Aufl. 2013, S. 344; *Von Hein*, RIW 2002, 501 (505).

726 Principle B. UK Corporate Governance Code 2018; *Davies/Hopt*, Law Working Paper No. 205/2013, 1 (20).

727 Principle H. UK Corporate Governance Code 2018.

728 *Hannigan*, Company Law, 6. Aufl. 2021, Rn. 6-3.

729 *Davies/Worthington/Hare*, Gower's Principles of Modern Company Law, 11. Aufl. 2021, Rn. 9-019.

730 Principle H. UK Corporate Governance Code 2018.

731 Provision 13 UK Corporate Governance Code 2018.

732 Provision 24 UK Corporate Governance Code 2018.

mentsystem zu überprüfen, eine Innenrevision zu installieren und den Abschlussprüfer vorzuschlagen[733]. Zum anderen kommt auch im UK den *non-executive directors* die zentrale Rolle bei der Personalverantwortung zu. Der UK Corporate Governance Code 2018 weist ihnen die wichtigste Rolle bei Bestellung und Abberufung der *executive directors* zu[734]. In dem dafür zuständigen *Nominating Committee* sollen sie die Mehrheit innehaben[735]. Entsprechend sollen sie in einem *Remuneration Committee* die Vergütung der *executive directors* festlegen[736]. Insgesamt sind sie daher wie die deutschen Aufsichtsratsmitglieder die internen Überwacher der Gesellschaft.

Im Ergebnis wird damit eine ähnliche Trennung zwischen Leitung und Kontrolle vorgenommen wie im deutschen Recht[737]. Das anglo-amerikanische Recht hat sich dem dualistischen System angenähert, da man erkannt hat, dass sich die Geschäftsleitung in Publikumsgesellschaften nicht selbst überwachen sollte[738]. Die *non-executive directors* übernehmen vorwiegend die Kontrollfunktion. Die *executive officers* übernehmen die Geschäftsführung und das operative Geschäft, da sowohl im UK als auch in den USA der Board die Geschäftsführung auf die *officers* delegiert, zu denen auch die *executive directors* gehören. Selbst wenn Aufgaben im operativen Geschäft nicht vollständig delegiert werden, werden diese in der Praxis von den *officers* vorbereitet. Da der Board oft keine Zeit zur ausreichenden Überprüfung hat, findet faktisch eine vollständige Delegation statt[739].

Diese funktionale Trennung wird im UK dadurch unterstrichen, dass der UK Corporate Governance Code fordert, dass der Chairman und der CEO nicht die gleiche Person sein sollen[740]. 96 % der Gesellschaften des FTSE 350 Index folgen dieser Vorgabe[741]. Auch in den USA wird eine solche Ämtertrennung zunehmend gefordert[742]. Verstärkt wird die Trennung durch die Vorgabe, dass *non-executive directors* sich ohne *executive directors* treffen[743] und einen *senior independent director* wählen sollen[744]. Dieser ersetzt den *chairman*, wenn des-

733 Provision 25 UK Corporate Governance Code 2018.

734 Provision 13 UK Corporate Governance Code 2018.

735 Provision 17 UK Corporate Governance Code 2018.

736 Provisions 32, 33 UK Corporate Governance Code 2018.

737 So auch *Lederer*, Die Haftung von Aufsichtsratsmitgliedern und nicht geschäftsführenden Direktoren, 2011, S. 19; *Davies/Hopt*, Law Working Paper No. 205/2013, 1 (11 ff.); *Gevurtz*, Corporation Law, 3. Aufl. 2021, S. 188.

738 *Gevurtz*, Corporation Law, 3. Aufl. 2021, S. 188.

739 *Davies/Hopt*, Law Working Paper N° 205/2013, 1 (12).

740 Provision 9 UK Corporate Governance Code 2018; *Davies/Hopt*, Law Working Paper No. 205/2013, 1 (12).

741 So für das Jahr 2011: Financial Reporting Council, Developments in Corporate Governance 2011, 2011, S. 11.

742 *von Hein*, RIW 2002, 501 (506) m.w.N.

743 Provision 12, 13 UK Corporate Governance Code 2018.

744 Provision 12 UK Corporate Governance Code 2018: *senior independent director*.

sen Mitwirkung nicht angebracht ist und unterstützt die *non-executive directors* dabei, die Aktionärsbelange zu vertreten[745]. Auch wenn der Board formal nur ein Organ ist, besteht daher eine gewisse interne Trennung, die der Trennung von Aufsichtsrat und Geschäftsleitung ähnlich ist.

Aufgrund der ausgeprägten Kontrollfunktion sind *Davies et al.* sogar der Ansicht, dass die Zweiteilung des dualistischen Systems im monistischen System wiedergegeben wird[746]. Einen Unterschied sehen sie nur noch darin, dass *non-executive directors* im monistischen System als Teil des Boards zwingend auch eine unternehmerische Funktion behalten. Indes kommt auch den deutschen Aufsichtsratsmitgliedern infolge ihres Rollenwandels[747] zunehmend eine mitunternehmerische Funktion zu. Dadurch verblasst auch dieser Unterschied. Die Rollen nähern sich daher funktional aneinander an[748].

Auch Vergütung und Zeiteinsatz sind vergleichbar. Die *outside directors* in den USA erhalten eine deutlich niedrigere Vergütung als die *inside directors*, welche zudem nicht erfolgsabhängig ist[749]. Sie sind nicht verpflichtet ihre gesamte Zeit und Arbeitskraft in ihr Amt als *director* zu investieren[750]. Auch im UK erhalten *non-executive directors* eine deutlich geringere Vergütung[751], die keine variablen Anteile oder Aktienoptionen enthalten sollen[752]. Zeittechnisch sollen sie nur »ausreichend Zeit« zur Erfüllung ihrer Aufgaben haben[753]. Beide Aspekte finden sich entsprechend bei den Aufsichtsratsmitgliedern wieder, welche sowohl eine deutlich geringere Vergütung als die Geschäftsleiter[754] als auch keine variable Vergütung erhalten[755] und meistens noch nicht Vollzeit, sondern im Nebenamt arbeiten[756]. Insgesamt eignen sich *non-executive* bzw. *outside directors* daher aus funktionaler Sicht als Vergleichsgruppe für Aufsichtsratsmitglieder.

745 *Leyens*, Information des Aufsichtsrats, S. 98 f.
746 *Davies/Worthington/Hare*, Gower's Principles of Modern Company Law, 11. Aufl. 2021, Rn. 9-019.
747 Siehe dazu 1. Teil § 2 A.
748 *von Hein*, Die Rezeption US-amerikanischen Gesellschaftsrechts in Deutschland, 2008, S. 42.
749 *Black/Cheffins/Klausner*, ECGI Working Paper No. 48/2005, S. 3.
750 *Merkt*, US-amerikanisches Gesellschaftsrecht, 3. Aufl. 2013, S. 469 f.
751 *Davies/Hopt*, Law Working Paper No. 205/2013, 1 (19 f.); *Davies/Worthington/Hare*, Gower's Principles of Modern Company Law, 11. Aufl. 2021, Rn. 11-013.
752 Provision 34 UK Corporate Governance Code 2018.
753 Principles H. of the Corporate Governance Code 2018.
754 PricewaterhouseCoopers, Vergütungsstudie 2020; zu DAX-Unternehmen siehe *Lutter/Krieger/Verse*, 7. Aufl. 2022, Anhang.
755 Siehe dazu 3. Teil § 1 B. 6.
756 Siehe dazu 3. Teil § 2 A. III.

§ 2 Vergleichbarkeit der Haftungsrisiken der outside directors mit Aufsichtsratsmitgliedern (USA)

Zwar steht in dieser Arbeit die Haftungsbeschränkung im Vordergrund. Um diesbezügliche Möglichkeiten sinnvoll bewerten zu können, sollen nachfolgend zunächst die Haftungsrisiken deutscher Aufsichtsratsmitglieder mit denen US-amerikanischer *outside directors* verglichen werden. Dazu soll anfangs deren Haftungsrisiko aus empirischer Sicht beleuchtet werden (A.). Anschließend sollen ihr Haftungsrecht (B.), sowie Durchsetzung (C.) und Versicherungsmöglichkeiten (D.) einzeln verglichen werden, um sodann einen Gesamtvergleich vorzunehmen (E.).

A. Haftungsgefahr aus empirischer Sicht – mehr Klagen, vergleichbares persönliches Risiko

Die persönliche Haftung von *outside directors* ist auch in den USA die Ausnahme. Ein wichtiger Unterschied zur Lage in Deutschland ist aber, dass es anders als hier nicht an Verfahren mangelt, sondern der Schutz der *directors* größer ist[757]. Es kommt nicht zu stattgebenden Entscheidungen oder die *directors* werden anderweitig vor persönlicher Inanspruchnahme abgesichert. *Outside directors* befinden sich häufig in der Position des Beklagten[758]. In der Literatur wird betont, dass die USA eine Prozesskultur aufweisen[759]. Jedes Jahr werden viele Verfahren gegen *outside directors* eingeleitet, die sogar oft in dem Sinne positiv enden, dass sich die Parteien vergleichen[760]. *Merkt* dagegen ist der Ansicht, dass auch in den USA Klagen selten sind[761]. Nach seiner Auswertung wird eine Publikumsgesellschaft im Schnitt alle 18 Jahre mit einer Aktionärsklage überzogen[762]. Selbst alle 18 Jahre ist aber im Vergleich zu Deutschland eine beachtliche Zahl.

Im Vergleich zu Deutschland nehmen Klagen gegen *outside directors* einen noch größeren Anteil an den Organhaftungsklagen ein. Nach einer Studie wurden in 92 % aller Klagen gegen *directors* sowohl *inside* als auch *outside direc-*

757 *Black/Cheffins/Klausner*, ECGI Working Paper No. 48/2005, S. 18.
758 *Black/Cheffins/Klausner*, ECGI Working Paper No. 48/2005, S. 6.
759 *Ramos*, ECFR 2017, 723 (729 ff.).
760 *Black/Cheffins/Klausner*, ECGI Working Paper No. 48/2005, S. 10.
761 *Merkt*, US-amerikanisches Gesellschaftsrecht, 3. Aufl. 2013, S. 651.
762 *Merkt*, US-amerikanisches Gesellschaftsrecht, 3. Aufl. 2013, S. 651.

tors verklagt[763]. Regelmäßig werden *outside directors* schon deswegen mitverklagt, um den Board leichter zu einem Vergleich zu bewegen[764]. In Deutschland hingegen ergab eine Auswertung von *Ihlas* für den Zeitraum 1976 bis 2008, dass die Haftung der Aufsichtsratsmitglieder in Kapitalgesellschaften 30 bis 40 % der Organhaftungsfälle ausmachte[765].

Auch in den USA kommt es aber nur äußerst selten zu Fällen, in denen *outside directors* persönlich einen Teil des Schadens bezahlen müssen[766]. Zwischen 1980 und 2006 konnten gerade einmal 13 Fälle festgestellt werden, in denen *outside directors* in den USA persönlich zahlen mussten, wobei zehn Fälle Überwachungsfehler betrafen. Einbezogen wurden sowohl Schadensersatzzahlungen, Zahlungspflichten aus Vergleichen und die Übernahme von Prozesskosten[767]. Für die Jahre 2000 bis 2007 wurde sogar nur einziger Fall festgestellt, in dem ein *outside director* einer Publikumsgesellschaft persönlich Schadensersatz leisten musste[768]. Aus empirischer Sicht ist das Risiko persönlicher Inanspruchnahme daher wie in Deutschland gering.

B. Haftungsrecht

Um die Strenge des Haftungsrechts zu vergleichen, soll nachfolgend auf die Pflichten der *outside directors* (I.), die Beweislastverteilung (II.), die Enthaftung durch Vertrauen auf Dritte (III.), die Verjährung (IV.) sowie die Vergleichsmöglichkeiten (V.) eingegangen werden.

I. Pflichten

Wie in Deutschland unterliegen die *outside directors* sowohl einer Sorgfalts- (*duty of care*) als auch einer Treuepflicht (*duty of loyalty*)[769] gegenüber der Gesellschaft[770]. Die amerikanischen Gerichte differenzieren oft nicht genau zwischen beiden Pflichten[771]. Formal wird auch nicht zwischen *inside* und *outside directors* unterschieden[772].

763 *Armour/Black/Cheffins/Nolan*, 6 Journal of Empirical Legal Studies 2009, 687 (707).
764 *Armour/Black/Cheffins/Nolan*, 6 Journal of Empirical Legal Studies 2009, 687 (707).
765 *Ihlas*, D&O Directors & Officers Liability, 2. Aufl. 2009, S. 218, 221 f.
766 *Black/Cheffins/Klausner*, ECGI Working Paper No. 48/2005, S. 10.
767 *Black/Cheffins/Klausner*, Stanford Law Review 2006, 1055 (1063 f.).
768 *Armour/Black/Cheffins/Nolan*, 6 Journal of Empirical Legal Studies 2009, 687 (709).
769 *Soderquist/Smiddy/Cunningham*, Corporations and other Business Organizations, 2005, S. 508.
770 Cede & Co. v. Technicolor, Inc., 634 A.2d 345 (Del. 1993).
771 *Merkt*, US-amerikanisches Gesellschaftsrecht, 3. Aufl. 2013, S. 467.
772 *Cheffins/Black*, 84 Texas Law Review 2006, 1385 (1399).

1. Vergleichbarer Sorgfaltsmaßstab und weiterer Pflichtenumfang

In Delaware wurde die Definition der Sorgfaltspflicht durch Richterrecht entwickelt[773]. Andere Bundesstaaten greifen auf Kodifizierungen zurück[774]. Die Formulierungen knüpfen an den allgemeinen Sorgfaltsmaßstab aus dem amerikanischen Deliktsrecht an[775]. *Directors* müssen jenes Maß an Sorgfalt walten lassen, welches ein normaler, umsichtiger Mensch unter vergleichbaren Umständen walten lassen würde[776]. Teilweise wird auch auf eine durchschnittlich begabte Person abgestellt[777].

Der Standard ist objektiv ausgestaltet[778]. Entsprechend werden wie im deutschen Recht[779] Mängel an Befähigung oder Wissen nicht mildernd berücksichtigt[780]. Wem die erforderlichen Mindestkenntnisse fehlen, muss sich diese entweder aneignen oder er darf das Amt nicht übernehmen[781]. Besondere Fähigkeiten oder Spezialwissen werden demgegenüber wie in Deutschland[782] schärfend herangezogen[783]: beispielsweise Kenntnisse im Bankwesen, der Wirtschaftsprüfung, juristische oder kaufmännische Ausbildungen[784] oder der Beruf als Anwalt oder Finanzspezialist[785]. Wie in Deutschland[786] hängt der Mindeststandard auch von Art und Größe des Unternehmens ab[787]. So werden in beiden Rechtsordnungen strengere Maßstäbe an die Organe von Kreditanstalten und Versicherern gestellt[788]. Wie bei Aufsichtsratsmitgliedern[789] können schließlich

773 *Merkt*, US-amerikanisches Gesellschaftsrecht, 3. Aufl. 2013, S. 473.
774 Beispielsweise Kalifornien: § 309 Cal. Gen. Corp. L; New York: § 717 N.Y. Bus. Corp. L.
775 *Merkt*, US-amerikanisches Gesellschaftsrecht, 3. Aufl. 2013, S. 472.
776 Francis v. United Jersey Bank 87 N.J. 15, 432 A.2d 814 (1981).
777 Selheimer v. Manganese Corp. Of America, 224 A.2d 634 (Pa.1966).
778 *Gevurtz*, Corporation Law, 3. Aufl. 2021, S. 282.
779 BGH, NJW 1983, 991 – Hertie, OLG Düsseldorf, AG 2015, 434.
780 *Henn/Alexander*, Laws of Corporations, 3. Aufl. 1983, S. 623; *Gevurtz*, Corporation Law, 3. Aufl. 2021, S. 282.
781 *Soderquist/Smiddy/Cunningham*, Corporations and other Business Organizations, 2005, S. 512.
782 BGH, NZG 2011, 1271 (1174), Rn. 28 – ISION.
783 *Gevurtz*, Corporation Law, 3. Aufl. 2021, S. 282.
784 *Merkt*, US-amerikanisches Gesellschaftsrecht, 3. Aufl. 2013, S. 476.
785 In re Emerging Communications, Inc. Shareholders Litigation, 2004 WL 1305745 (Del. Ch. 2004).
786 GK-AktG/*Hopt/Roth*, 5. Aufl. 2018, § 116 Rn. 44.
787 *Gevurtz*, Corporation Law, 3. Aufl. 2021, S. 282 f.
788 Für Deutschland: GK-AktG/*Hopt/Roth*, 5. Aufl. 2018, § 116 Rn. 46; USA: Neese v. Brown, 405 S.W.2d 577 (1964); Anderson v. Akers, 7 F. Supp. 924 (W.D.Ky. 1934).
789 GK-AktG/*Hopt/Roth*, 5. Aufl. 2018, § 116 Rn. 50 ff.: strengerer Pflichtenmaßstab etwa für Mitglieder eines Prüfungsausschusses, den Aufsichtsratsvorsitzenden, Vorsitzende von Ausschüssen oder den Finanzexperten gemäß § 100 Abs. 5 AktG.

auch besondere Positionen in der Gesellschaft mit einer erhöhten Verantwortung einhergehen[790].

Teilweise unterscheiden die Gerichte bezüglich des Sorgfaltsmaßstabs zwischen *inside* und *outside directors*[791]. Eine Differenzierung wie sie für deutsche Aufsichtsratsmitglieder und Geschäftsleiter, etwa mit Blick auf den Nebenamtscharakter[792], vorgenommen wird, lässt sich so jedoch nicht wiederfinden. Wegen seines dualistischen Systems und der getrennten Normierung von Geschäftsleiter- und Aufsichtsratshaftung wird den Spezifika des Aufsichtsrats in Deutschland mehr Aufmerksamkeit entgegengebracht. Dies kann für die Aufsichtsratsmitglieder ein Vorteil in Bezug auf ihr Haftungsrisiko darstellen. Überschätzt werden sollte der Vorteil aber nicht, da das US-Recht nach Einzelfall und genauen Umständen differenziert und daher Kennzeichen der Aufsichtsorgane, etwa fehlende Vergütung[793] und Teilzeit[794], haftungsmildernd in die Bewertung einfließen lässt. Dadurch wird die Rolle mittelbar berücksichtigt.

Die Sorgfaltspflicht kann auch in den USA durch Tun oder Unterlassen verletzt werden[795]. Aktiv kommt eine fahrlässig schlechte Entscheidung des Boards in Betracht[796]. Vor allem aber die Möglichkeit des Unterlassens ist für die überwachungspflichtigen *outside directors* entscheidend, insbesondere, dass ein Fehlverhalten der *officers* nicht oder nicht früh genug erkannt und verhindert wurde. Wie in Deutschland[797] muss dann, wenn Verdachtsmomente vorliegen, dem Verdacht nachgegangen und ggf. eine Untersuchung eingeleitet werden[798]. Ein Vertrauen in die Aussagen des jeweiligen *officers* ist dann nicht mehr geschützt[799]. Erst recht haften *outside directors* bei Kenntnis vom Fehlverhalten[800].

Neben die Pflicht zur Reaktion auf einen Verdacht, tritt die Pflicht, ein internes Unternehmenskontrollsystem zu installieren, welches frühzeitig Verstöße erkennen und verhindern kann[801]. Es geht nicht um die Pflicht, auf Warnsignale zu reagieren, sondern zu ermöglichen, dass Warnsignale überhaupt zur Kenntnis

790 Bates v. Dresser, 251 U.S. 524 (1920).
791 Bates v. Dresser, 251 U.S. 524 (1920).
792 Schmidt/Lutter/*Drygala*, 5. Aufl. 2024, § 116 Rn. 23; MünchKomm-AktG/*Habersack*, 6. Aufl. 2023, § 116 Rn. 16; GK-AktG/*Hopt/Roth*, 5. Aufl. 2018, § 116 Rn. 93.
793 Anderson v. Akers, 7 F. Supp. 924 (W.D.Ky. 1934).
794 Anderson v. Akers, 7 F. Supp. 924 (W.D.Ky. 1934).
795 In re Walt Disney Company Derivative Litigation, 907 A.2d 693 (Del. Ch. 2005).
796 *Soderquist/Smiddy/Cunningham*, Corporations and other Business Organizations, 2005, S. 524.
797 OLG Karlsruhe, WM 2009, 1147.
798 *Gevurtz*, Corporation Law, 3. Aufl. 2021, S. 285.
799 Bates v. Dresser, 251 U.S. 524 (1920).
800 *Soderquist/Smiddy/Cunningham*, Corporations and other Business Organizations, 2005, S. 526.
801 *Gevurtz*, Corporation Law, 3. Aufl. 2021, S. 285.

gelangen können. Zuständig ist das mit *outside directors* besetzte *Audit Committee. Outside directors* verletzen nach der *Caremark*-Entscheidung ihre Pflichten, wenn es Beweise für ein anhaltendes oder systematisches Versagen bei der Ausübung der Aufsicht gibt[802]. Der Delaware Supreme Court hat diese Anforderungen in Stone v. Ritter präzisiert. Danach haften *directors*, wenn sie es entweder völlig versäumen, ein Berichts- oder Informationssystem oder Kontrollen einzuführen oder, nachdem sie ein solches System oder solche Kontrollen eingeführt haben, es bewusst versäumen, deren Betrieb zu überwachen oder zu beaufsichtigen, wodurch sie sich selbst daran hindern, über Risiken oder Probleme informiert zu werden. In beiden Fällen muss nachgewiesen werden, dass die Mitglieder wussten, dass sie ihren treuhänderischen Pflichten nicht nachkamen[803].

Die *Caremark*-Rechtsprechung hat die Compliance-Bewegung angeheizt, indem sie die *directors* auf deren Notwendigkeit und eine potenzielle Haftbarkeit bei fehlender Compliance aufmerksam gemacht hat[804]. Zunehmend hat sie praktische Relevanz. Galt es vor einiger Zeit noch als kaum möglich, als Kläger einen *Caremark*-Fall zu gewinnen[805], ist in den letzten 3 bis 4 Jahren ein Wandel festzustellen[806]. Damit stellt auch die Haftung einen Anreiz dafür da, Compliance-Systeme zu implementieren. Zugleich werden mittelbar Stakeholder wie Umwelt und Öffentlichkeit durch Einhaltung gesetzlicher Normen geschützt[807].

Als Teil des Boards kommt den *outside directors* bei der Einrichtung der internen Kontrolle damit eine weitgehendere Aufgabe zu als dem deutschen Aufsichtsrat. In Deutschland ist der Vorstand für die Einrichtung des internen Kontrollsystems zuständig. Ihm obliegt die Compliance-Verantwortung[808]. Der Aufsichtsrat muss dies nur kontrollieren. Er muss sicherstellen, dass das Compliance-System der Gesellschaft gerecht wird, praxistauglich ist, es zur Aufklärung von Compliance-Verdachtsfällen kommt sowie ob die ausführenden Kräfte mit den notwendigen Kompetenzen und Mitteln ausgestattet sind[809].

802 In re Caremark Int'l Inc. Derivative Litigation, 698 A.2d 959 (Del. Ch. 1996): »*sustained or systemic failure*«; *Cox/Thomas*, 95 North Carolina Law Review 2016, 19 (54).

803 Stone v. Ritter, 911 A.2d 362 (Del. 2006).

804 *Haugh*, 90 Temple Law Review 2018, 611 (618).

805 *Hill/McDonnell*, University of Illinois Law Review 2013, 859 (876); *Pollman*, 72 Vanderbilt Law Review 2013, 2014 (2031).

806 *Shapira*, 98 Washington University Law Review 2021, 1857 (1859, 1866).

807 *Rapp*, 31 William & Mary Environmental Law and Policy Review 2006, 163 (179 f.); *Shapira*, 98 Washington University Law Review 2021, 1857 (1894); *Pollman*, 72 Vanderbilt Law Review 2013, 2014 (2026).

808 Stellvertretend BeckOGK/*Fleischer*, AktG, § 91 Rn. 62.

809 *Eichner/Leukel*, AG 2020, 513 (514); *Siepelt/Pütz*, CCZ 2018, 78 (79).

Die Zugehörigkeit zum Board führt auch dazu, dass sich die Kontrollpflicht der *outside directors* auf einen größeren Personenkreis erstreckt. Dem deutschen Aufsichtsrat obliegt nur die Überwachung der Geschäftsleiter[810]. Delegieren die Geschäftsleiter Aufgaben an Angestellte, obliegt dem Aufsichtsrat nur die Überwachung der Delegation[811], nicht der Angestellten selbst. Die *outside directors* müssen als Teil des Boards hingegen auch die Kontrollpflichten übernehmen, die in Deutschland die Geschäftsleiter treffen. Überwacht werden müssen daher neben den *executive directors* auch sonstige *officers*[812] sowie Angestellte des Unternehmens[813]. Dies birgt weitere Haftungsrisiken.

Insgesamt entspricht der Sorgfaltsmaßstab daher dem des deutschen Rechts. Nur der Umfang der Plichten reicht in den USA weiter, da sich die Überwachungsaufgabe der *outside directors* nicht auf die Überwachung der *executive directors* beschränkt und mehr Compliance-Verantwortung besteht.

2. Business Judgment Rule – stärkerer Schutz im US-Recht als in Deutschland

Eng mit den Anforderungen an die Sorgfaltspflicht ist die Business Judgment Rule verknüpft. In den USA entspricht das vom *director* geforderte Verhalten (*rule of conduct*) nicht dem Maßstab, den das Gericht dem *director* abverlangt (*standard of review*)[814]. Das Gericht überprüft den obigen Sorgfaltsstandard nur, wenn die Entscheidung des *directors* nicht durch die Business Judgment Rule geschützt ist[815]. Ist das Verhalten hiervon gedeckt, kann das Gericht den Fall abweisen, ohne dass es zu einem förmlichen Prozess kommt[816]. Erst wenn das Gericht einen Verstoß gegen die Voraussetzungen der Business Judgment Rule bejaht, überprüft es die Entscheidung selbst[817]. Die Entscheidung muss dann aus

810 Vorstand: Hölters/Weber/*Groß-Bölting/Rabe*, 4. Aufl. 2022, § 111 Rn. 25; MünchKomm-AktG/*Habersack*, 6. Aufl. 2023, § 111 Rn. 25; Geschäftsführer: stellvertretend *Altmeppen*, 11. Aufl. 2023, § 52 Rn. 26.

811 BeckOGK/*Veil*, AktG, § 111 Rn. 11; MünchKomm-AktG/*Habersack*, 6. Aufl. 2023, § 111 Rn. 25.

812 *Merkt*, US-amerikanisches Gesellschaftsrecht, 3. Aufl. 2013, S. 478.

813 In re Caremark Int'l Inc. Derivative Litigation, 698 A.2d 959 (Del. Ch. 1996).

814 *Soderquist/Smiddy/Cunningham*, Corporations and other Business Organizations, 2005, S. 535; *Eisenberg*, Corporations and other Business Organizations, 8. Aufl. 2000, S. 390.

815 *Merkt*, US-amerikanisches Gesellschaftsrecht, 3. Aufl. 2013, S. 473, 482; *Soderquist/Smiddy/Cunningham*, Corporations and other Business Organizations, 2005, S. 535.

816 *Soderquist/Smiddy/Cunningham*, Corporations and other Business Organizations, 2005, S. 535.

817 Benihana of Tokyo, Inc v. Benihana Inc., 891 A.2d 150, 175–177 (Del. Ch. 2005).

Sicht der Gesellschaft angemessen gewesen sein (*fairness and reasonability*[818]), etwa der Kaufpreis bei einer Transaktion[819].

Wie in Deutschland[820] findet die Business Judgment Rule nur Anwendung, wenn der *director* eine bewusste Entscheidung trifft[821]. Fälle, in denen ein *outside director* unaufmerksam ist und daher nicht ausreichend überwacht bzw. Pflichtverstöße übersieht, fallen damit nicht unter den Schutz[822]. Grundsätzlich nicht geschützt werden Gesetzesverletzungen. Selbst aus Sicht der Gesellschaft nützliche Gesetzesverstöße stellen im Innenverhältnis eine Pflichtverletzung dar[823]. Dies entspricht dem deutschen Verständnis der Legalitätspflicht, wonach gesetzes- oder satzungswidrige Entscheidungen nicht durch die Business Judgment Rule geschützt sind[824].

Nach der Entscheidung Smith v. Van Gorkom ist ein *director* durch die Business Judgment Rule geschützt, wenn erstens die Interessen des *directors* sich nicht im Konflikt mit den Interessen der Gesellschaft befanden, zweitens der *director* sich vorher in angemessener Weise sachkundig gemacht hat und drittens der *director* vernünftigerweise geglaubt hat, dass seine Entscheidung im besten Interesse der Gesellschaft war[825]. Werden diese Anforderungen erfüllt, ist die Entscheidung selbst dann geschützt, wenn sie sich im Nachhinein als schlechthin falsch erweist[826]. Die Gerichte überprüfen daher zunächst nur die Entscheidungsfindung, nicht den Inhalt der Entscheidung[827]. Für die Haftung des *directors* kommt es somit entscheidend auf die drei Voraussetzungen der Business Judgment Rule an.

Die Interessen des *directors* befinden sich nicht im Konflikt mit den Interessen der Gesellschaft, wenn er unbefangen ist. Er darf kein finanzielles Eigeninteresse haben, etwa an einer Transaktion persönlich beteiligt oder mit einer der Parteien verwandt sein[828]. Eingeschränkt wird diese Voraussetzung dadurch,

818 Cede & Co. v. Technicolor, Inc., 634 A.2d 345 (Del. 1993); *Eisenberg*, Corporations and other Business Organizations, 8. Aufl. 2000, S. 392.

819 So bei Cede & Co. v. Technicolor, Inc., 634 A.2d. 345 (Del. 1993).

820 MünchKomm-AktG/*Spindler*, 6. Aufl. 2023, § 93 Rn. 51; Grigoleit/*Grigoleit/Tomasic*, 2. Aufl. 2020, § 93 Rn. 42; GK-AktG/*Hopt/Roth*, 5. Aufl. 2014, § 93 Rn. 80 f.

821 In re Walt Disney Co. Derivative Litigation, 907 A.2d 693, 747 (Del. Ch. 2005); *Soderquist/Smiddy/Cunningham*, Corporations and other Business Organizations, 2005, S. 532; *Eisenberg*, Corporations and other Business Organizations, 8. Aufl. 2000, S. 392.

822 *Gevurtz*, Corporation Law, 3. Aufl. 2021, S. 290, 310.

823 Miller v. American Telephone and Telegraph Co., 507 F.2d 759 (3d Cir. 1974).

824 Stellvertretend *Koch*, 19. Aufl. 2025, § 93 Rn. 35.

825 Smith v. Van Gorkom, 488 A.2d 858 (Del. 1985).

826 *Merkt*, US-amerikanisches Gesellschaftsrecht, 3. Aufl. 2013, S. 474.

827 *Eisenberg*, Corporations and other Business Organizations, 8. Aufl. 2000, S. 414; *Merkt*, ZGR 2017, 129 (135).

828 *Merkt*, US-amerikanisches Gesellschaftsrecht, 3. Aufl. 2013, S. 488 f.

dass der Board die Entscheidung billigen kann, sofern er über alle Umstände aufgeklärt worden ist und die unbefangene Mehrheit des Boards zustimmt[829]. Auch das deutsche Recht verlangt die sachliche Unbefangenheit, die fehlt, wenn das Aufsichtsratsmitglied oder ihm nahestehende Personen von einem Interessenkonflikt betroffen sind[830]. Strenger ist das deutsche Recht dadurch, dass die Offenlegung des Konflikts sowie die Zustimmung der anderen Aufsichtsratsmitglieder nicht ausreichen, um den Schutz zu erhalten. Das konfliktbefangene Mitglied muss sich aus dem Entscheidungsprozess zurückziehen. Wirken die anderen Mitglieder trotz Offenlegung nicht darauf hin, können sie sogar selbst den Schutz verlieren, obwohl sie keinem direkten Konflikt unterliegen[831]. Dafür ist das deutsche Recht besser dafür sensibilisiert, den Aufsichtsratsmitgliedern, welche typischerweise gewissen Interessenkonflikten unterliegen (Arbeitnehmer, Vertreter der Muttergesellschaft, Mehrfachposten), im Vergleich zum Geschäftsleiter einen weiteren Spielraum zu gewähren[832]. Da das US-Recht keine formale Trennung zwischen Geschäftsleitung und Aufsicht kennt, wird an *outside directors* kein gesonderter Maßstab angesetzt.

Die erforderliche Sachkunde setzt in den USA voraus, dass die *directors* sich vor der Entscheidung in angemessenem Umfang über alle entscheidungsrelevanten Umstände informiert haben[833]. Es müssen alle Informationen herangezogen werden, die zumutbar zu erlangen sind[834] bzw. alle wesentlichen Informationen, die ihnen in angemessener Weise zur Verfügung stehen[835]. Ein Verstoß gegen diese Pflicht wird aber nur angenommen, wenn der *director* es grob fahrlässig (*gross negligence*) unterlässt, erforderliche Informationen einzuholen[836]. Wieder ist die deutsche Rechtsprechung etwas strenger. Der BGH verlangt, dass die Entscheidung auf einer sorgfältigen Ermittlung der Entscheidungsgrundlagen beruht. In der konkreten Entscheidungssituation müssen alle verfügbaren Informationsquellen tatsächlicher und rechtlicher Art ausgeschöpft werden[837]. Die konkrete Situation beschränkt diese Pflicht aber wieder dadurch, indem es ausreicht, dass unter Berücksichtigung des Faktors Zeit und unter Abwägung der Kosten und Nutzen weiterer Informationsgewinnung eine »angemessene« Tatsachenbasis geschaffen wird[838].

829 Benihana of Tokyo, Inc v. Benihana Inc., 891 A.2d 150, 175 – 177 (Del. Ch. 2005).

830 *Koch*, 19. Aufl. 2025, § 93 Rn. 55.

831 *Koch*, 19. Aufl. 2025, § 93 Rn. 58.

832 Stellvertretend MünchKomm-AktG/*Habersack*, 6. Aufl. 2023, § 116 Rn. 42.

833 *Merkt*, US-amerikanisches Gesellschaftsrecht, 3. Aufl. 2013, S. 489.

834 Aronson v. Lewis, 473 A.2d 805 (Del. 1984).

835 Smith v. Van Gorkom, 488 A.2d 858 (Del. 1985).

836 Cede & Co. v. Technicolor, Inc., 634 A.2d 345 (Del. 1993); Benihana of Tokyo, Inc v. Benihana Inc., 891 A.2d 150, 175–177 (Del. Ch. 2005); *Soderquist/Smiddy/Cunningham*, Corporations and other Business Organizations, 2005, S. 760.

837 BGH, NJW 2008, 3361, Rn. 11; BGH, NJW 2013, 3636, Rn. 30; BGH, NZG 2017, 116, Rn. 34.

838 BGH, NZG 2017, 116, Rn. 34.

Schließlich muss der *director* vernünftigerweise geglaubt haben, dass seine Entscheidung im besten Interesse der Gesellschaft war. Dies ist sowohl subjektiv wie objektiv zu verstehen. Der *director* muss persönlich überzeugt sein. Gleichzeitig muss diese Überzeugung aber auch rational sein[839]. Die Anforderungen sind allerdings sehr niedrig. Teilweise wurde jeder nachvollziehbare Geschäftszweck akzeptiert[840], teilweise wird der Schutz der Business Judgment Rule nur versagt, wenn die Entscheidung des Board extrem unvernünftig ist[841]. Es reicht nicht aus, dass Argumente für und wider die Entscheidung sprechen und eine vernünftige Person, die überwiegende Mehrheit der *directors* oder gar das Gericht sich anders entschieden hätten[842]. Sie muss inhaltlich irrational sein[843]. Der Fall Disney zeigt dies eindrucksvoll. Das Gericht wies die Klage ab, obwohl es feststellte, dass »viele Aspekte des Verhaltens der Beklagten deutlich hinter den besten Praktiken einer idealen Unternehmensführung zurückbleiben«[844]. Dadurch wird der tatsächlich geprüfte Sorgfaltsmaßstab so weit gesenkt, dass kaum eine Entscheidung daran scheitert[845]. Erfüllen die *outside directors* daher die genannten Anforderungen an Unbefangenheit und Informationsniveau scheidet eine Haftung praktisch aus. In Deutschland ist dies ähnlich. Nach der Lehre ist auch in Deutschland bei Vorliegen der beiden anderen Voraussetzungen jede noch nachvollziehbare Entscheidung im Sinne eines Rationalitätstests hinzunehmen. Eine Haftung kommt nur bei schlechthin unvertretbarem Handeln in Betracht[846].

839 Sinclair Oil Corp. v. Levien, 280 A.2d 717, 720 (Del. 1971): »*A board of directors enjoys a presumption of sound business judgment, and its decisions will not be disturbed if they can be attributed to any rational business purpose*«.

840 In re Walt Disney Co. Derivative Litigation, 907 A.2d 693, 747 (Del. Ch. 2005); *Soderquist/Smiddy/Cunningham*, Corporations and other Business Organizations, 2005, S. 531.

841 Aronson v. Lewis, 473 A.2d 805, 812 (Del. 1984): »*gross negligence or recklessnesse*«.

842 *Eisenberg*, Corporations and other Business Organizations, 8. Aufl. 2000, S. 393; *Davies*, Introduction to Company Law, 3. Aufl. 2020, S. 183.

843 In re Walt Disney Co. Derivative Litigation, 907 A.2d 693, 747 (Del. Ch. 2005); Cede & Co. v. Technicolor, Inc., 634 A.2d 345 (Del. 1993).

844 In re Walt Disney Co. Derivative Litigation, 907 A.2d 693, 747 (Del. Ch. 2005): »*many aspects of defendants' conduct that fell significantly short of the best practices of ideal corporate governance*«.

845 *Merkt*, ZGR 2017, 129 (135); *von Hein*, Die Rezeption US-amerikanischen Gesellschaftsrechts in Deutschland, 2008, S. 918.

846 BeckOGK/*Fleischer*, AktG, § 93 Rn. 102; *Koch*, 19. Aufl. 2025, § 93 Rn. 51; MünchKomm-AktG/*Spindler*, 6. Aufl. 2023, § 93 Rn. 65; Schmidt/Lutter/*Sailer-Coceani*, 5. Aufl. 2024, § 93 Rn. 18; GK-AktG/*Hopt/Roth*, 5. Aufl. 2014, § 93 Rn. 124.

Hervorzuheben ist, dass die US-amerikanische Business Judgment Rule eine widerlegbare Vermutung zugunsten der beklagten *directors* darstellt[847]. Erst wenn den Klägern die Widerlegung der Vermutung gelingt, prüft das Gericht im Anschluss die Entscheidung selbst[848]. Damit gewährleistet die US-amerikanische Business Judgment Rule einen besseren Schutz als ihr deutsches Pendant[849]. In Deutschland obliegt die Beweislast dem beklagten Aufsichtsratsmitglied, §§ 116 S. 1, 93 Abs. 1 S. 2 AktG.

3. Treuepflichten – strengere Rechtsfolgen, verfahrensrechtliche Enthaftung

Die Treuepflicht verlangt, dass *directors* ihre Befugnisse im Interesse der Gesellschaft und nicht zum persönlichen Vorteil oder im Interesse einer anderen Person oder Organisation ausüben[850]. Es geht um Fallgestaltungen, in denen das finanzielle Interesse des *directors* im Konflikt mit dem Gesellschaftsinteresse steht[851]. In den USA ist die Diskussion zu Treuepflichtverletzungen weit fortgeschritten. Die wichtigsten Fallgruppen sind Eigengeschäfte (*self dealing*) und die Ausnutzung von Geschäftschancen (*corporate opportunities*) sowie Vermögenswerten der Gesellschaft (*corporate property*). Wie in Deutschland findet die Business Judgment Rule keine Anwendung[852]. Das Gericht prüft somit nicht nur den Entscheidungsprozess, sondern auch den Inhalt der Entscheidung.

Im Zusammenhang mit Treuepflichtverletzungen kommen drei Fallgestaltungen in Betracht: eine unmittelbare Handlung durch den *outside director*, eine Beeinflussung der *executive directors* oder eine pflichtwidrige Zustimmung zu einer Treuepflichtverletzung eines anderen *directors*.

Verletzt ein *director* seine Treuepflichten, kommen neben der Aufhebung der Geschäfte Ansprüche auf Schadensersatz, Herausgabe des Gewinns und insbesondere bei Betrug auch *punitive damages*[853] in Betracht[854]. Ferner kann das Gericht aussprechen, dass der *director* zusätzlich Gehälter zurückzahlen muss,

847 In re Walt Disney Co. Derivative Litigation, 907 A.2d 693, 747 (Del. Ch. 2005); Aronson v. Lewis, 473 A.2d 805, 812 (Del. 1984); *Soderquist/Smiddy/Cunningham*, Corporations and other Business Organizations, 2005, S. 535, 760.

848 Benihana of Tokyo, Inc v. Benihana Inc., 891 A.2d 150, 175–177 (Del. Ch. 2005); Cede & Co. v. Technicolor, Inc., 634 A.2d 345 (Del. 1993).

849 *Merkt*, ZGR 2017, 129 (146).

850 *Soderquist/Smiddy/Cunningham*, Corporations and other Business Organizations, 2005, S. 577.

851 *Soderquist/Smiddy/Cunningham*, Corporations and other Business Organizations, 2005, S. 578.

852 *Gevurtz*, Corporation Law, 3. Aufl. 2021, S. 373.

853 Beispielsweise bei: Holden v. Construction Machinery Co., 202 N.W.2d 349 (Iowa 1972).

854 *Eisenberg*, Corporations and other Business Organizations, 8. Aufl. 2000, S. 444 f.; *Merkt*, US-amerikanisches Gesellschaftsrecht, 3. Aufl. 2013, S. 512.

die er im relevanten Zeitraum erhalten hat[855]. Die Rechtsfolgen gehen daher deutlich über die §§ 249 ff. BGB hinaus. Begründet wird das strenge Haftungsregime damit, dass der *director* bei Treuepflichtverletzungen im Gegensatz zu Sorgfaltspflichtverletzungen einen eigenen finanziellen Vorteil erzielen kann und bei reinem Schadensersatz sein Vermögen nur auf den Wert vor der Pflichtverletzung reduziert würde. Im Endeffekt bestehe daher andernfalls, da niemals alle Pflichtverletzungen aufgedeckt werden, ein rationaler Anreiz zur Begehung von Treuepflichtverletzungen[856].

a) Eigengeschäfte (self-dealing)

Self-dealing beschreibt Geschäfte zwischen *director* und Gesellschaft. Da der *director* gleichzeitig Organ der Gesellschaft ist, tritt er für beide Seiten auf[857]. Die Gefahr der Bevorzugung finanzieller Eigeninteressen des *directors* ist evident. Ausreichend für die Einschlägigkeit dieser Fallgruppe ist, wenn der *director* nur mittelbar ein finanzielles Interesse daran hat: etwa durch Beteiligung am[858] oder Verwandtschaft mit dem Vertragspartner[859]. Bei *outside directors* dürfte die Gefahr eines unmittelbaren *self-dealings* aber eher gering sein[860], da sie nicht in die operative Geschäftsführung eingebunden sind. Für deutsche Aufsichtsratsmitglieder gilt dies umso mehr, da die Geschäftsleiter Vertretungskompetenz besitzen, §§ 78 Abs. 1 S. 1 AktG, 35 Abs. 1 S. 1 GmbHG. Praxisrelevant sind aber Beeinflussungen der *executive directors* bzw. Geschäftsleiter.

Self-dealing ist in den USA nicht grundsätzlich verboten, da es auch im Interesse der Gesellschaft sein kann. In fast allen Bundesstaaten ist es zulässig, wenn alternativ[861] eine von drei Voraussetzungen gegeben ist. Es ist zulässig, wenn eine Mehrheit unbefangener Board-Mitglieder das Geschäft genehmigt, nachdem die Board-Mitglieder über alle relevanten Fakten aufgeklärt worden sind. Als zweite Möglichkeit kommt eine Genehmigung durch die entsprechend aufgeklärte Gesellschafterversammlung in Betracht. Bei fehlender Genehmigung ist die Transaktion schließlich zulässig, wenn das Geschäft dem gerichtlichen *entire fairness-test* genügt[862].

855 American Timber & Trading Co. v. Niedermeyer, 276 Or. 1135, 558 P.2d 1211 (1976).
856 *Eisenberg*, Corporations and other Business Organizations, 8. Aufl. 2000, S. 445.
857 *Henn/Alexander*, Laws of Corporations, 3. Aufl. 1983, S. 637.
858 *Henn/Alexander*, Laws of Corporations, 3. Aufl. 1983, S. 637 f.
859 *Gevurtz*, Corporation Law, 3. Aufl. 2021, S. 377.
860 *Cheffins/Black,* 84 Texas Law Review 2006, 1385 (1405).
861 *Gevurtz*, Corporation Law, 3. Aufl. 2021, S. 342.
862 *Gevurtz*, Corporation Law, 3. Aufl. 2021, S. 342; *Merkt*, US-amerikanisches Gesellschaftsrecht, 3. Aufl. 2013, S. 507.

Die Aufklärung setzt voraus, dass alle notwendigen Informationen bezüglich der Transaktion und des Interessenkonflikts des *directors* mitgeteilt werden[863]. Unbefangenheit setzt nach dem Supreme Court von Delaware voraus, dass die Board-Mitglieder durch die Transaktion keinen persönlichen Vorteil erlangen, der nicht gleichmäßig auch allen Gesellschaftern zugutekommt[864]. Dieser Vorteil muss gemessen an den wirtschaftlichen Verhältnissen des *directors* von so erheblicher Bedeutung sein, dass es unwahrscheinlich ist, dass er seine treuhänderischen Pflichten ohne Beeinflussung durch sein persönliches Interesse erfüllen könnte[865], wobei Vorteile von Familienangehörigen ausreichen[866]. Der *entire fairness-test* verlangt schließlich, dass die Transaktion angemessen war. Leistung und Gegenleistung müssen sich die Waage halten[867]. Das Gericht muss alle relevanten Indikatoren für die Angemessenheit des Preises heranziehen, etwa den Vergleich zu einer Transaktion zwischen Parteien, die zu marktüblichen Bedingungen (*at arms length*) handeln[868]. Dieser Test wird indes von den *directors* gescheut, da er als der strengste Standard im US-Gesellschaftsrecht gilt. Denn der *director* trägt die Beweislast und das Geschäft wird komplett neu bewertet[869]. Ausnahmen bestehen generell für die Verschwendung von Gesellschaftsvermögen (*gift or waste*)[870]. Von *waste* spricht man, wenn kein vernünftiger Geschäftsmann sagen würde, dass das Unternehmen den Gegenwert dessen erhalten hat, was es gegeben hat[871]. Bei Verschwendung entlastet selbst eine Zustimmung der Mehrheit der Gesellschafter den *director* nicht[872].

Das deutsche Recht ist diesbezüglich tendenziell strenger. Wirkt ein Aufsichtsratsmitglied darauf hin, dass ein Geschäftsleiter ein Geschäft abschließt, welches nicht dem kaufmännisch Üblichen entspricht, macht es sich haftbar[873].

863 *Gevurtz*, Corporation Law, 3. Aufl. 2021, S. 352; *Merkt*, US-amerikanisches Gesellschaftsrecht, 3. Aufl. 2013, S. 507.

864 Rales v. Blasband, 634 A.2d 927, 936 (Del. 1993).

865 In re Gen. Motors Class H S'holders Litig., 734 A.2d 611, 617 (Del. Ch.1999); In re Trados Inc. Shareholders Litigation, 2009 WL 2225958 (Del. Ch.2009).

866 Johnson v. Radio Station WOW, Inc. 13 N.W.2d 556 (Neb.1944); Sarner v. Fox Hill Inc., 199 A.2d 6 (Conn.1964); *Merkt*, US-amerikanisches Gesellschaftsrecht, 3. Aufl. 2013, S. 508.

867 *Gevurtz*, Corporation Law, 3. Aufl. 2021, S. 344.

868 *Soderquist/Smiddy/Cunningham*, Corporations and other Business Organizations, 2005, S. 584; *Gevurtz*, Corporation Law, 3. Aufl. 2021, S. 346; abgestellt wird auf den Zeitpunkt des Vertragsschlusses: Fliegler v.Lawrence 361 A.2d 218 (Del. 1976).

869 *Gilson/Gordon*, 152 University of Pennsylvania Law Review 2003, 785 (791).

870 Marciano v. Nakash, 535 A.2d 400 (Del. 1987).

871 Michelson v. Duncan, 407 A.2d 211 (Del. 1979).

872 Gantler v. Stephens, 965 A.2d 695 (Del. 2009); Michelson v. Duncan, 407 A.2d 211 (Del. 1979); *Gevurtz*, Corporation Law, 3. Aufl. 2021, S. 322 f., 361.

873 BGH, NJW 1980, 1629; *Fleck*, FS Heinsius 1991, 89 (93); Hölters/Weber/*Groß-Bölting/Rabe*, 4. Aufl. 2022, § 116 Rn. 62; GK-AktG/*Hopt/Roth*, 5. Aufl. 2018, § 116 Rn. 159, 167.

Die Geschäfte mit dem Aufsichtsratsmitglied müssen zu marktüblichen Bedingungen abgeschlossen werden[874]. Es kommt nur auf die Angemessenheit des Geschäfts an. Eine verfahrensrechtliche Enthaftung durch Genehmigung eines Gesellschaftsorgans, etwa durch unbefangene Geschäftsleiter oder Aufsichtsratsmitglieder ist nicht möglich.

Neben dem Einwirken auf Geschäftsleiter kann auch die Genehmigung ein Haftungsrisiko darstellen. Die *outside directors* können im Rahmen der Genehmigung einer *self-dealing* Transaktion eines anderen konfliktbehafteten *directors* selbst in die Haftung geraten. Naheliegend ist dies, wenn sie selbst (ebenfalls) ein persönliches Interesse an dem Geschäft haben und daher genauso gegen ihre Treuepflicht verstoßen. Beispielsweise mussten *outside directors* Vergleichszahlungen leisten, als nicht ausgeschlossen werden konnte, dass sie die Genehmigung nur erteilt hatten, um nach einer erfolgten Übernahme im Board zu bleiben[875]. Bei fehlendem Eigeninteresse kann die Zustimmung die Sorgfaltspflicht verletzen.

Auch dieses Haftungsrisiko findet sich in ähnlicher Weise im deutschen Recht wieder. Aufsichtsratsmitglieder können haften, wenn sie an einem *self-dealing* eines Geschäftsleiters mitwirken. In Deutschland obliegt für Geschäfte mit Geschäftsleitern dem Aufsichtsrat die Vertretungsmacht, § 112 AktG. Er muss sicherstellen, dass das Geschäft zu branchenüblichen Bedingungen erfolgt[876].

b) Ausnutzung von Geschäftschancen (corporate opportunity doctrine)

Die *corporate opportunity doctrine* besagt, dass ein *director* keine Geschäftschancen für persönliche Zwecke nutzen darf, wenn die Geschäftschancen der Gesellschaft zustehen[877]. Die Gesellschaft gewährt dem *director* Informationen, Kontakte, Geschäftsbeziehungen und Erfahrungen. Sie muss daher darauf vertrauen dürfen, dass der *director* die gewonnenen Möglichkeiten zum Vorteil der Gesellschaft und nicht zum eigenen Vorteil nutzt[878]. Verletzt der *director* diese Pflicht, muss er der Gesellschaft daher den Schaden ersetzen, erzielte Gewinne oder auch dadurch erlangtes Eigentum herausgeben[879].

Besonders für *outside directors* ist die Frage, wann eine Geschäftschance der Gesellschaft zusteht, relevant, da diese nur einen Teil ihrer Zeit der Gesellschaft

874 GK-AktG/*Hopt/Roth*, 5. Aufl. 2018, § 116 Rn. 159.
875 So geschehen bei: In re Fuqua Industries, Inc., 11974 (Del. Ch. 2005).
876 Hölters/Weber/*Hölters/Hölters*, 4. Aufl. 2022, § 93 Rn. 107.
877 *Soderquist/Smiddy/Cunningham*, Corporations and other Business Organizations, 2005, S. 605.
878 *Soderquist/Smiddy/Cunningham*, Corporations and other Business Organizations, 2005, S. 613.
879 *Henn/Alexander*, Laws of Corporations, 3. Aufl. 1983, S. 637.

widmen und auch gesellschaftsfremden Geschäften nachgehen[880]. Wann eine Geschäftschance eine solche der Gesellschaft ist, wird im US-Raum unterschiedlich beurteilt[881]. Nach dem Supreme Court of Delaware gilt der sog. *line of business test*. Danach ist eine Geschäftschance der Gesellschaft zuzuordnen, wenn diese finanziell in der Lage ist, die Chance wahrzunehmen, diese von ihrer Natur her im Bereich ihrer Geschäftstätigkeit liegt, für sie von praktischem Vorteil ist und an der die Gesellschaft ein Interesse hat[882]. Den *outside directors* wird nach dem Vorschlag des American-Law-Institute ein größerer Spielraum für die Nutzung von Geschäftschancen eingeräumt, da bei diesen gewisse Interessenkonflikte typischerweise auftreten[883]. In der Rechtsprechung wird zudem berücksichtigt, ob *directors* der Gesellschaft nur in Teilzeit dienen und, ob sie auch in den Boards anderer Gesellschaften tätig sind[884].

Auch das deutsche Recht verpflichtet die Aufsichtsratsmitglieder, Geschäftschancen der Gesellschaft nicht für den persönlichen Vorteil zu nutzen. Grundsätzlich bewertet das deutsche Recht die Nutzung von Geschäftschancen ähnlich wie das US-amerikanische Recht, da es im Wesentlichen die *corporate opportunity* Lehre aus den USA übernommen hat[885]. Bei der Frage, ab wann dieses Verbot greift, zeigt das deutsche Recht aber wieder mehr Problembewusstsein zugunsten des Aufsichtsrats. Ein Aufsichtsratsmitglied darf eine Geschäftschance nur dann nicht wahrnehmen, wenn sie sich ihm im Rahmen seiner Aufsichtsratstätigkeit eröffnet hat. Erfährt das Aufsichtsratsmitglied anderweitig von der Geschäftschance, darf es sie wahrnehmen, selbst wenn die Gesellschaft ein Interesse an der Geschäftschance hat[886]. Geschäftsleiter hingegen dürfen selbst privat erlangte Geschäftschancen nicht zu ihrem Vorteil verwerten[887].

Auch für die Nutzung von *corporate opportunities* gilt in den USA der verfahrensrechtliche Schutz. Die Nutzung der Geschäftschance kann vom Board oder den Gesellschaftern genehmigt werden[888]. In Deutschland ist dies dagegen

880 *Davies*, Introduction to Company Law, 3. Aufl. 2020, S. 210.

881 Zu den verschiedenen Ansätzen: *Merkt*, US-amerikanisches Gesellschaftsrecht, 3. Aufl. 2013, S. 522 ff.; *Henn/Alexander*, Laws of Corporations, 3. Aufl. 1983, S. 491 ff.

882 Guth v. Loft, Inc., 5 A.2d 503 (Del. 1939); zu ergänzenden Kriterien: *Merkt*, US-amerikanisches Gesellschaftsrecht, 3. Aufl. 2013, S. 524; *Soderquist/Smiddy/Cunningham*, Corporations and other Business Organizations, 2005, S. 614 f.

883 *Gevurtz*, Corporation Law, 3. Aufl. 2021, S. 397 mit Blick auf Principles of Corporate Governance § 5.05 (b) (1).

884 Johnston v. Green, 121 A.2d 919 (Del. Ch. 1956).

885 GK-AktG/*Hopt/Roth*, 5. Aufl. 2014, § 93 Rn. 254.

886 KK-AktG/*Mertens/Cahn*, 3. Aufl. 2013, § 116 Rn. 31; Hölters/Weber/*Groß-Bölting/Rabe*, 4. Aufl. 2022, § 116 Rn. 61; MünchKomm-AktG/*Habersack*, 6. Aufl. 2023, § 116 Rn. 51; GK-AktG/*Hopt/Roth*, 5. Aufl. 2018, § 116 Rn. 163.

887 BGH, NJW 1986, 585.

888 Matter of Safety International Inc., 775 F.2d 660 (5th Cir. 1985).

komplizierter. Für Geschäftsleiter kommt zwar eine Genehmigung durch den vorher aufgeklärten Aufsichtsrat analog § 88 Abs. 1 S. 1 AktG in Betracht[889]. Eine verfahrensrechtliche Enthaftung für ein Aufsichtsratsmitglied wird hingegen bisher nicht diskutiert.

c) Ausnutzung von Vermögenswerten (corporate property)

Eng verwandt ist die Nutzung von Vermögenswerten der Gesellschaft für persönliche Zwecke. Auch ein *outside director* oder ein Aufsichtsratsmitglied kann seine Position ausnutzen, um sich Vermögenswerte des Unternehmens anzueignen. Im Prinzip kann eine solche Nutzung auch als extreme Form eines *self-dealing* verstanden werden, da die Gesellschaft keine Gegenleistung erhält. US-amerikanische *directors* dürfen das Gesellschaftsvermögen nicht für ihren persönlichen Vorteil oder zum Nachteil der Gesellschaft nutzen[890]. So darf der *director* nicht Personal, Einrichtungen oder Finanzmittel der Gesellschaft für sein eigenes Geschäft nutzen[891]. Erzielt er durch die Nutzung des Gesellschaftsvermögens Gewinne, kann die Gesellschaft diese abschöpfen[892]. Parallel zu den Ausnahmen bei den anderen Treuepflichten kann die Nutzung durch den Board oder die Gesellschafter genehmigt werden[893].

Das deutsche Recht entspricht dem im Wesentlichen. Auch deutsche Aufsichtsratsmitglieder dürfen Informationen der Gesellschaft[894], Firmenpersonal oder Vermögenswerte nicht für private Zwecke nutzen[895]. Eine Genehmigung durch ein Gesellschaftsorgan ist aber nicht möglich.

II. Beweismaß – Beweislastumkehr nur bei Treuepflichtverletzung

In den USA muss der Kläger entsprechend den allgemeinen Regeln einen Sorgfaltsverstoß beweisen[896]. Dasselbe gilt für das Nichtvorliegen der Voraussetzungen der Business Judgment Rule. Erst wenn den Klägern die Widerlegung der Vermutung gelingt, überprüft das Gericht im Anschluss die Entscheidung selbst[897]. Die Beweislast kehrt sich in der Folge um. Der *director*

889 *Merkt*, ZHR 1995, 423 (445); *Kübler*, FS Werner 1984, 437 (440); GK-AktG/*Hopt/Roth*, 5. Aufl. 2014, § 93 Rn. 252; *Schiessl*, GmbHR, 1988, 53, (55 ff.).
890 Cole Real Estate Corp. v. Peoples Bank & Trust Co., 310 N.E.2d 275 (Ind. 1974).
891 *Henn/Alexander*, Laws of Corporations, 3. Aufl. 1983, S. 629.
892 *Gevurtz*, Corporation Law, 3. Aufl. 2021, S. 406.
893 *Merkt*, US-amerikanisches Gesellschaftsrecht, 3. Aufl. 2013, S. 521.
894 GK-AktG/*Hopt/Roth*, 5. Aufl. 2018, § 116 Rn. 163; KK-AktG/*Mertens/Cahn*, 3. Aufl. 2013, § 116 Rn. 31.
895 GK-AktG/*Hopt/Roth*, 5. Aufl. 2014, § 93 Rn. 239.
896 *Gevurtz*, Corporation Law, 3. Aufl. 2021, S. 291, 347.
897 Benihana of Tokyo, Inc v. Benihana Inc., 891 A.2d 150, 175 – 177 (Del. Ch. 2005); Cede & Co. v. Technicolor, Inc., 634 A.2d 345 (Del. 1993).

muss nun beweisen, dass die Entscheidung dem Angemessenheitskriterium genügt[898].

Die Darlegungs- und Beweislast unterscheidet sich damit deutlich vom strengen deutschen Recht, wonach eine allgemeine Beweislastumkehr gilt, §§ 116 S.1, 93 Abs. 2 S. 2 AktG[899]. Auch hinsichtlich der Business Judgment Rule obliegt die Beweislast dem beklagten Aufsichtsratsmitglied, §§ 116 S. 1, 93 Abs. 1 S. 2 AktG.

Teilweise wird die Bedeutung dieses Unterschieds zwar mit dem US-amerikanischen Ausforschungsbeweis, dem vorprozessualen *pre-trial discovery*, relativiert. Der US-amerikanische Kläger kann Informationen und belastende Dokumente verlangen, um seine eigene Klage zu stützen. Dem deutschen Kläger fehlen entsprechende Möglichkeiten[900]. Diese Begründung überzeugt aber nur bedingt, da die möglichen Kläger in Deutschland anderweitig Zugriff auf die Informationen haben. Nur der Aktionärskläger unterliegt in Deutschland einem Informationsdefizit[901]. Die Aktionärsklage hat in Deutschland aber ohnehin keine Relevanz[902]. Klagt hingegen der Vorstand, hat dieser Zugriff auf alle erforderlichen Informationen und Beweismittel. Für GmbH-Gesellschafter gilt dasselbe, da sie durch Weisungen gegenüber den Geschäftsführern an alle Informationen gelangen können. Auch dem Insolvenzverwalter stehen umfassende Informationsrechte zu, §§ 22 Abs. 3, 97 ff. InsO[903]. Zudem nimmt er das Vermögen und damit auch interne Dokumente in Besitz, § 80 Abs. 1 InsO. Die Kläger sind daher nicht auf einen Ausforschungsbeweis angewiesen.

Zudem führt eine Beweislastumkehr nicht nur dazu, dass der Kläger trotz eigener Beweisschwierigkeiten den Schutz der Business Judgment Rule abwenden und den Darlegungen an eine Sorgfaltspflichtverletzung genügen kann. Die Umkehr kann auch dazu führen, dass dem Beklagten der Schutz versagt wird, obwohl er ihm materiell zustände, weil es ihm nicht gelingt, die notwendigen Tatsachen zur Begründung der Business Judgment Rule darzulegen. Dasselbe gilt für die Verteidigung gegenüber der Behauptung einer Sorgfaltspflichtverletzung. Mitunter kann der Beklagte nicht nachweisen, dass er ordnungsgemäß gehandelt hat, obwohl er dies in Wirklichkeit getan hat.

898 CDX Liquidating Trust v. Venrock Associates, 640 F.3d 209 (7th Cir. 2011); *Merkt*, US-amerikanisches Gesellschaftsrecht, 3. Aufl. 2013, S. 474; *Danninger*, Organhaftung und Beweislast, S. 161.

899 Siehe dazu den 1. Teil § 3 B.

900 So *von Hein*, Die Rezeption US-amerikanischen Gesellschaftsrechts in Deutschland, 2008, S. 923 f.

901 Eine Sonderprüfung kann nur durch Aktionäre, welche die Schwellenwerte erreichen, durchgesetzt werden, § 142 Abs. 2 S. 1 AktG.

902 Siehe dazu 1. Teil § 4 F.

903 *Paefgen*, NZG 2009, 891 (894 f.).

Bei Treuepflichtverletzungen, in denen der *director* einem Interessenkonflikt unterliegt, kehrt sich auch in den USA die Beweislast um[904]. Steht etwa ein *self-dealing* im Raum, trägt der *director* die Beweislast dafür, dass das Geschäft angemessen war oder die entsprechende Genehmigung durch den Board oder die Gesellschafter vorlag[905]. Begründet wird diese Beweislastverteilung vor allem mit der Präventionsfunktion. Weiß ein *director*, dass sich sein Haftungsrisiko im Falle eines Interessenkonflikts deutlich erhöht, wird er in einer solchen Situation besonders darauf achten, die Gesellschaft nicht zu schädigen und ein Geschäft nur zu fairen Konditionen abzuschließen[906].

III. Vertrauen auf Informationen und Auskünfte Dritter – mehr Sicherheit

Im Gegensatz zu Deutschland ist in den USA die Enthaftung infolge des Vertrauens auf Dritte normiert. In Delaware haftet ein *director* nicht, wenn er in gutem Glauben auf die Informationen, Berichte oder Erklärungen eines *officers*, eines sonstigen Angestellten oder eines Mitglieds eines Ausschusses, dem er selbst nicht angehört, vertraut. Auf die Auskunft externer Personen wie Berater darf er vertrauen, wenn er vernünftigerweise glaubt, dass die Informationen in den Bereich der beruflichen oder fachlichen Kompetenz dieser Person fallen und diese mit angemessener Sorgfalt von oder im Namen der Gesellschaft ausgewählt worden ist[907]. New York ergänzt, dass ein *director* auf *officer* und Angestellte nur vertrauen darf, wenn er sie in der Angelegenheit für zuverlässig und kompetent hält[908]. Eingeschränkt wird dies durch die Rechtsprechung. *Directors* dürfen sich nicht auf Personen verlassen, die ein besonderes persönliches Interesse an der Sache haben[909].

Das deutsche Recht lässt eine umfassende Regelung zum Vertrauen auf Dritte vermissen und regelt die Probleme punktuell[910]. Auf andere Ausschussmitglieder darf nur bedingt vertraut werden. Bereitet ein Ausschuss eine Entscheidung vor, muss der Gesamtaufsichtsrat sich mit der Entscheidung befassen und diese weiterhin verantworten[911]. Auf die Sachverhaltsermittlung eines vorbereitenden Ausschusses darf er zwar vertrauen, solange kein entgegenstehendes Verdachts-

904 Lewis v. S. L. & E., Inc., 629 F.2d 764 (2d Cir. 1980); *Gevurtz*, Corporation Law, 3. Aufl. 2021, S. 347.
905 Lewis v. S. L. & E., Inc., 629 F.2d 764 (2d Cir. 1980); *Merkt*, US-amerikanisches Gesellschaftsrecht, 3. Aufl. 2013, S. 507.
906 *Gevurtz*, Corporation Law, 3. Aufl. 2021, S. 348.
907 Del. Gen. Corp. L. § 141 (e).
908 § 717 N.Y. Bus. Corp. L.
909 Fitzpatrick v. Federal Deposit Ins. Corp., 765 F.2d 569, 577 (6th Cir. 1985).
910 *Fleischer*, ZIP 2009, 1397.
911 Stellvertretend *Koch*, 19. Aufl. 2025, § 111 Rn. 32.

moment vorliegt. Erforderlich ist aber eine Plausibilitätskontrolle[912]. Beim Vertrauen auf externe Experten entgehen Aufsichtsratsmitglieder der Haftung nur, wenn sie bei fehlender eigener Sachkunde den Rat eines unabhängigen, für die Frage fachlich qualifizierten Berufsträgers einholen, diesen über sämtliche für die Beurteilung erheblichen Umstände informieren und anschließend eine eigene Plausibilitätskontrolle durchführen[913]. Erst recht gilt dies für Vorstandsinformationen, etwa im Rahmen eines Zustimmungsvorbehalts. Insofern wird mindestens eine Plausibilitätskontrolle verlangt[914]. Bei Unklarheit, Unvollständigkeit oder erkennbarer Unrichtigkeit müssen ergänzende Berichte angefordert werden[915].

Beide Rechtsordnungen ermöglichen daher im Grundsatz ein haftungsbeschränkendes Vertrauen auf interne wie externe Dritte. Das US-Recht gewährt den *directors* aber größere Sicherheit. Eine allgemeine gesetzliche Regelung schafft mehr Vertrauen als punktuelle Rechtsprechungskasuistik. Ferner wird die Enthaftung in Deutschland durch das Erfordernis der Plausibilitätskontrolle nicht nur stark eingeschränkt, auch deren Umfang ist für das Aufsichtsratsmitglied nicht immer klar.

IV. Verjährung – deutlich kürzere Fristen

In den USA richten sich Verjährungsfristen nach dem materiellen Anspruch, sodass das Gericht diesen klassifizieren muss[916]. In Delaware liegen die Verjährungsfristen je nach Anspruch zwischen zwei und drei Jahren[917], wobei im Normalfall für Klagen gegen *directors* die dreijährige Verjährungsfrist gilt[918]. Einige Bundesstaaten sehen zusätzlich besondere Verjährungsfristen für *derivative suits* vor[919], beispielsweise sechs Jahre in New York[920].

Der Beginn der Verjährungsfrist wird in Delaware objektiv bestimmt. Die Verjährungsfrist beginnt im Zeitpunkt der schädigenden Handlung. Unkenntnis vom Klagegrund unterbricht die Frist nicht, sofern kein Verschweigen oder Be-

912 BeckOGK/*Veil*, AktG, § 116 Rn. 59; Schmidt/Lutter/*Drygala*, 5. Aufl. 2024, § 116 Rn. 5 f.; MünchKomm-AktG/*Habersack*, 6. Aufl. 2023, § 107 Rn. 162; *Lutter/Krieger/Verse*, § 13 Rn. 1002.

913 BGH, NJW 2007, 2118; BGH, NZG 2011, 1271 – ISION; BGH, NZG 2012, 672; OLG Hamm, NZG 2022, 662 – Arcandor.

914 *Fonk*, ZGR 2006, 841 (864 f.); noch strenger z.B. *Schiessl*, ZGR 2003, 814 (826).

915 Stellvertretend *Fleischer*, ZIP 2009, 1397 (1401).

916 Teren v. Howard, 322 F.2d 949, 954 (9th Cir. 1963); *Henn/Alexander*, Laws of Corporations, 3. Aufl. 1983, S. 1033.

917 Delaware Code Title 10, §§ 8106, 8107, 8119.

918 So beispielsweise bei: Telxon Corp. v. Bogomolny, 792 A.2d 964 (Del. Ch. 2001) und In re Trados Inc. Shareholders Litigation, 2009 WL 2225958 (Del. Ch. 2009).

919 *Henn/Alexander*, Laws of Corporations, 3. Aufl. 1983, S. 1033.

920 NY CPLR § 213.7 (2021).

trug vorliegt[921]. Unter bestimmten Voraussetzungen, etwa beim *self-dealing*, kann die Frist aber gehemmt (*tolled*) werden, damit der *director* durch gezielte Verschleierung nicht der Haftung entgehen kann[922]. Die Frist wird dann gehemmt, bis der Kläger Kenntnis von Tatsachen hat, bei denen eine vernünftige Person nachforschen und in der Folge Kenntnis erlangen würde[923] – im Prinzip fahrlässige Unkenntnis.

Insgesamt sind die Verjährungsfristen in Delaware daher deutlich kürzer als die fünf-, bei Börsennotierung zehn- und faktisch im Rahmen der ARAG/Garmenbeck-Fälle zwanzigjährigen[924] Verjährungsfrist in Deutschland gemäß §§ 116 S. 1, 93 Abs. 6 AktG, 52 Abs. 4 GmbHG. In den USA ist eine entsprechende faktische Verdopplung der Verjährungsfrist bisher nicht bekannt und wäre zudem bei drei Jahren als Ausgangsfrist weniger gefährlich. Für Fälle wie *self-dealing* ist die Frist in den USA dafür im Einzelfall subjektiv ausgestaltet. Wegen des mitunter langen Zeitraums bis zur Entdeckung der Pflichtverletzung kann die kurze Frist daher im Einzelfall eine noch spätere Klageerhebung erlauben.

V. Vergleichsbereitschaft – vergleichbare Anreize, mehr Flexibilität

Auch in den USA enden die meisten Verfahren durch Vergleich. Alle Parteien sparen Mühe, Zeit und Geld[925], Informationen gelangen nicht an die Öffentlichkeit[926] und Anwälte, die prozentual am Verfahrensergebnis beteiligt werden, können schnell und einfach Geld verdienen[927]. Bei der Haftung eines *outside directors* besteht ein besonderes Vergleichsinteresse, denn weder Kläger noch Beklagter wollen, dass der Kläger »zu viel beweist«, sodass Vorsatz und damit ein Versicherungsausschluss im Raum steht[928]. Die Versicherer spielen regelmäßig mit, da sie ihre Prämien an dieses Prozessverhalten anpassen[929]. Da die Vergleiche fast immer so ausgestaltet sind, dass die *outside directors* nicht persönlich an den Vergleichszahlungen beteiligt werden, sondern der D&O-Versicherer alle Kosten übernimmt, verringert sich ihr persönliches Risiko durch die Vergleiche enorm.

921 In re Primedia, Inc. Shareholders Litig., 2013 Del. Ch. LEXIS 306.
922 In re Primedia, Inc. Shareholders Litig., 2013 Del. Ch. LEXIS 306.
923 In re Primedia, Inc. Shareholders Litig., 2013 Del. Ch. LEXIS 306.
924 Siehe dazu 1. Teil § 3 C.
925 *Black/Cheffins/Klausner*, ECGI Working Paper No. 48/2005, S. 13.
926 *Soderquist/Smiddy/Cunningham*, Corporations and other Business Organizations, 2005, S. 793.
927 *Soderquist/Smiddy/Cunningham*, Corporations and other Business Organizations, 2005, S. 746.
928 *Black/Cheffins/Klausner*, ECGI Working Paper No. 48/2005, S. 16; *Soderquist/Smiddy/Cunningham*, Corporations and other Business Organizations, 2005, S. 820.
929 *Black/Cheffins/Klausner*, ECGI Working Paper No. 48/2005, S. 15.

Auch in Deutschland enden die meisten Verfahren durch entsprechenden Vergleich. Indes wird eine schnelle Abwicklung im Vergleichswege durch die dreijährige Sperrfrist verhindert, § 93 Abs. 4 S. 3 AktG. Das US-Recht bietet insoweit mehr Flexibilität.

C. Durchsetzung

I. Vergleichbare Durchsetzungsprobleme beim Board

Der Board unterliegt ähnlichen strukturellen Interessenkonflikten wie der Vorstand in Deutschland[930]. Evident ist dies für verklagte *directors*. Doch auch die anderen Board-Mitglieder unterliegen als Teil der Gruppe einem Gruppendruck[931]. Auch eine Durchsetzungspflicht im Sinne ARAG/Garmenbecks kennt das US-Recht nicht. Zur Durchsetzung ist der Board daher bedingt geeignet. Anders sieht die Situation erst nach Auswechslung des Boards aus.

II. Durchsetzung durch die Gesellschafter

1. Keine Durchsetzung durch Mehrheitsbeschluss

Eine Klage durch einfachen Mehrheitsbeschluss der Gesellschafter analog dem deutschen Verfahren gemäß § 147 Abs. 1 S. 1 AktG kennt das US-amerikanische Gesellschaftsrecht nicht[932]. Der Fokus liegt auf der Aktionärsklage.

2. Höheres Risiko durch Aktionärsklagen

Die Aktionärsklage ist in den USA im Gegensatz zu Deutschland[933], ein etabliertes Instrument, um die *collective-action* Probleme zu bewältigen[934].

Die größte Erleichterung zeigt das US-Recht bei der Aktivlegitimation. In den USA kann bereits ein einzelner Gesellschafter Ansprüche der Gesellschaft geltend machen[935], wohingegen in Deutschland die Schwellenwerte des § 148 Abs. 1 AktG überwunden werden müssen (1 % des Grundkapitals oder EUR 100.000,00).

Zudem beschränkt das deutsche Recht die Aktionärsklage auf schwerwiegende Fälle. Der Kläger muss Tatsachen darlegen, die den Verdacht rechtfertigen,

930 Siehe dazu für GB: 2. Teil § 4 C I.; für Deutschland: 1. Teil § 4 A.
931 *Gevurtz*, Corporation Law, 3. Aufl. 2021, S. 449 ff.
932 *Gevurtz*, Corporation Law, 3. Aufl. 2021, S. 454.
933 Siehe dazu 1. Teil § 4 F.
934 *Black/Cheffins/Klausner*, ECGI Working Paper No. 48/2005, S. 10.
935 *Eisenberg*, Corporations and other Business Organizations, 8. Aufl. 2000, S. 652.

dass der Gesellschaft durch Unredlichkeit oder grobe Verletzung des Gesetzes oder der Satzung ein Schaden entstanden ist, § 148 Abs. 1 S. 2 Nr. 3 AktG, – erfasst sind somit vor allem Treuepflichtverletzungen und erhebliche Pflichtverletzungen[936]. Eine solche Beschränkung kennt das US-Recht nicht.

Deutlich strenger ist das US-Recht aber durch das sog. *demand*-Erfordernis[937], welches dem Board seine grundsätzliche Entscheidungsbefugnis über die Klage erhalten soll[938]. Eine große Anzahl an Klagen scheitert daran[939]. Eine Aktionärsklage wird vom Gericht nur zugelassen, wenn eine Aufforderung an den Board, Klage zu erheben, von vornherein vergeblich wäre (*futile*) oder der Board eine Aufforderung zur Klageerhebung zu Unrecht abgelehnt hat (*wrongful refusal*)[940].

Eine Aufforderung ist nicht schon vergeblich (*futile*), wenn das Gericht davon ausgeht, dass der Board (selbst mit Sicherheit) nicht klagen wird, sondern nur, wenn es die Entscheidung der *directors* nicht berücksichtigen könnte. Dies ist der Fall, wenn sich die Klage gegen alle oder zumindest die Mehrheit der Board-Mitglieder richtet, diese mithin bzgl. der Klageerhebung einem Interessenkonflikt unterlägen[941]. Da der Kläger hierzu aber gezielt die Mehrheit des Boards bzw. unbeteiligte *directors* mitverklagen könnte, muss er zusätzlich den begründeten Verdacht aufzeigen, dass die *directors* an der streitgegenständlichen Pflichtverletzung in dem Sinne mitgewirkt hatten, dass sie nicht unabhängig und unbefangen entschieden haben oder ihre Mitwirkung nicht der Business Judgment Rule entsprach[942]. Denn dadurch wären sie einer potenziellen eigenen Haftung ausgesetzt. Entschieden sind nun über die Klageerhebung, könnte das Gericht diese Entscheidung nicht berücksichtigen[943]. Dies muss der Kläger zwar nicht beweisen, aber er muss konkrete Tatsachen bezüglich des Fehlverhaltens darlegen, welche einen begründeten Verdacht hervorrufen[944].

Fordert ein Kläger den Board hingegen zur Klage auf und lehnt dieser die Anspruchsverfolgung ab, wird es noch schwieriger. Grundsätzlich muss der Kläger aufzeigen, dass die ablehnende Entscheidung der *directors* auf einem Interessenkonflikt beruht oder die Sorgfaltspflicht verletzt. Zusätzlich ist der Delaware Supreme Court aber noch der Auffassung, der Kläger räume durch

936 MünchKomm-AktG/*Arnold*, 6. Aufl. 2024, § 148 Rn. 42 ff.; *Koch*, 19. Aufl. 2025, § 148 Rn. 8; Hölters/Weber/*Krebs*, 4. Aufl. 2022, § 148 Rn. 12.

937 Für Delaware: Rule 23.1 of the Chancery Court of Delaware.

938 *Gevurtz*, Corporation Law, 3. Aufl. 2021, S. 424.

939 *Cox/Thomas*, 95 North Carolina Law Review 2016, 19 (45).

940 Levine v. Smith, 591 A.2d 194 (Del. 1991); *Gevurtz*, Corporation Law, 3. Aufl. 2021, S. 422 ff.

941 *Gevurtz*, Corporation Law, 3. Aufl. 2021, S. 424 f.

942 Brehm v. Eisner, 746 A.2d 244 (Del. 2000); Aronson v. Lewis, 473 A.2d 805 (Del. 1984).

943 *Gevurtz*, Corporation Law, 3. Aufl. 2021, S. 427 ff.

944 Brehm v. Eisner, 746 A.2d 244 (Del. 2000); *Black/Cheffins/Klausner*, Stanford Law Review 2006, 1055 (1092).

seine Klage ein, dass der Board keinem Interessenkonflikt unterliege[945]. Im Prinzip muss der Kläger daher aufzeigen, dass die *directors* mit ihrer Ablehnung gegen die Sorgfaltspflicht verstoßen haben, wobei der Schutz der Business Judgment Rule gilt[946]. In der Praxis gelingt dies nur selten, da der Kläger seiner Beweislast kaum nachkommen kann[947], da ihm kein Anspruch auf Beweisverschaffung zusteht[948]. Ferner ist dem Board die Relevanz der Entscheidung durch die klägerische Aufforderung bekannt, sodass er darauf achten kann, seine Sorgfaltspflicht einzuhalten[949].

Beschränkt wird die Klagemöglichkeit schließlich dadurch, dass Gesellschaften *special litigation committees* einsetzen, denen die *demand*-Entscheidung in dem Sinne übertragen wird, dass sie eine Empfehlung an den Board aussprechen. Diese Ausschüsse bestehen nur aus *directors*, die im konkreten Fall unbefangen sind. Sind alle *directors* betroffen, können neue Mitglieder bestellt werden[950]. Ziel dieser Ausschüsse ist es, zu verhindern, dass Kläger die Vergeblichkeit der Aufforderung begründen können[951]. Wirklich unabhängig sind die Ausschussmitglieder aber nicht, da alle Board-Mitglieder strukturell einem Bias unterliegen[952]. Dies gilt besonders, wenn die Ausschussmitglieder von konfliktbehafteten *directors* eingesetzt werden. Der Delaware Supreme Court stellte daher ein besonderes Prüfkonzept (Zapata-Test) auf, wenn die Mehrheit der *directors* konfliktbehaftet ist, einen Ausschuss einsetzt und dieser die Klage ablehnt. Zunächst wird die Beweislast umgekehrt, sodass die Gesellschaft beweisen muss, dass die Ausschussmitglieder keinem Interessenkonflikt unterliegen und bei der Entscheidung ihre Sorgfaltspflichten erfüllen. Ferner hat es den Gerichten die Möglichkeit eröffnet, eigenes Ermessen in der Frage auszuüben, ob die Klage im Interesse der Gesellschaft sei und damit die Entscheidung des Ausschusses zu überstimmen[953].

Im deutschen Recht ist das Erfordernis eines *demand* gänzlich anders und weniger streng ausgestaltet. § 148 Abs. 1 S. 2 Nr. 2 AktG verlangt nur, dass der Kläger die Gesellschaft erfolglos zur Geltendmachung aufgefordert hat. Es kommt aber nicht darauf an, ob die Ablehnung pflichtwidrig oder konfliktbehaftet ist. Dafür muss der Kläger Tatsachen vorlegen, dass der Geltendmachung des Ersatzanspruchs keine überwiegenden Gründe des Gesellschaftswohls entgegenstehen, § 148 Abs. 1 S. 2 Nr. 4 AktG. Diese Frage ist aber reine Rechts-

945 *Gevurtz*, Corporation Law, 3. Aufl. 2021, S. 429 f.
946 Zapata Corp. v. Maldonado, 430 A.2d 779 (Del. 1981).
947 *Merkt*, US-amerikanisches Gesellschaftsrecht, 3. Aufl. 2013, S. 608.
948 Levine v. Smith, 591 A.2d 194 (Del. 1991).
949 *Gevurtz*, Corporation Law, 3. Aufl. 2021, S. 430.
950 *Soderquist/Smiddy/Cunningham*, Corporations and other Business Organizations, 2005, S. 767.
951 *Merkt*, US-amerikanisches Gesellschaftsrecht, 3. Aufl. 2013, S. 614 f.
952 Siehe dazu für GB: 2. Teil § 4 C I.
953 Zapata Corp. v. Maldonado 430 A.2d 779 (Del. 1981).

frage und wird durch das Gericht und nicht durch ein Gesellschaftsorgan entschieden[954]. Die Aufsichtsratsmitglieder können sich daher nicht hinter einer ablehnenden Entscheidung des Gesamtaufsichtsrats oder eines Ausschusses verstecken. Die Prüfung durch das Gericht ähnelt damit dem Zapata-Test des Delaware Supreme Court.

Insgesamt ist die Erhebung einer Aktionärsklage in den USA wegen des strengen *demand*-Erfordernisses trotz fehlender Schwellenwerte und ohne Begrenzung auf schwerwiegende Fälle eher strenger als in Deutschland. Die höhere Durchsetzungsrate in den USA lässt sich daher kaum mit Unterschieden bei der Zulassung der Aktionärsklage begründen.

III. US-amerikanische Anwälte als »bounty hunter« begünstigen Durchsetzung

Wichtiger als materielle Unterschiede zwischen den Aktionärsklagen ist daher der Unterschied zwischen deutschen und US-amerikanischen Anwälten. In den USA agieren Anwälte deutlich unternehmerisch-aktiver als in Deutschland. Sie sind bestrebt Pflichtverletzungen aufzuspüren und auf potenzielle Mandaten aktiv zuzugehen, anstatt wie in Deutschland typischerweise passiv auf eine Mandatierung zu warten. Dadurch erlangen sie eine externe Kontrollposition[955]. Im Gegenzug wird dem Anwalt regelmäßig eine prozentuale Erfolgsbeteiligung, etwa an einer Aktionärsklage, gewährt[956]. Der US-amerikanische Anwalt wird daher auch als *bounty hunter* bezeichnet[957].

Die Erfolgsbeteiligung begünstigt die Erhebung von Aktionärsklagen und hilft damit zur Überwindung der *collective action* Probleme[958]. Gesellschafter partizipieren nur prozentual in der Höhe ihrer Beteiligung am Erfolg der Klage, was teilweise zu minimalen Gewinnen (deutlich unter 1000 Dollar) der Kläger führt[959], sodass diese oft kaum die treibende Kraft sein werden. Der Anwalt hingegen kann seine Gebühr an der Gesamtsumme ausrichten[960]. Teilweise wird

954 *Spindler*, NZG 2005, 865 (867); BeckOGK/*Mock*, AktG, § 148 Rn. 102; *Koch*, 19. Aufl. 2025, § 148 Rn. 9.

955 *Coffee*, 86 Columbia Law Review 1986, 669 (678 f.); *Black/Cheffins/Klausner*, ECGI Working Paper No. 48/2005, S. 8.

956 *Black/Cheffins/Klausner*, ECGI Working Paper No. 48/2005, S. 10; Kraakman et. al./*Enriques/Hertig/Kanda/Pargendler*, Anatomy of Corporate law, 3. Aufl. 2017, S. 164: »generous attorney's fees«.

957 *Coffee*, 86 Columbia Law Review 1986, 669 (679).

958 *Habersack*, Gutachten 69. DJT 2012, E 94.

959 *Eisenberg*, Corporations and other Business Organizations, 8. Aufl. 2000, S. 652; beispielsweise Hornstein v. Paramount Pictures Inc., 37 N.Y.S.2d 404 (Sup. Ct. 1942).

960 *Coffee*, 86 Columbia Law Review 1986, 669 (679); *Black/Cheffins/Klausner*, ECGI Working Paper No. 48/2005, S. 10; *Eisenberg*, Corporations and other Business Organizations, 8. Aufl. 2000, S. 652.

sogar befürchtet, dass die Gewinnbeteiligung zu einer Überdurchsetzung führen könne, da Anwälte im Gegensatz zu Gesellschaftern nicht darauf achten, ob eine Klage gegen einen *director* mittelbar auch zu negativen Effekten wie Rufschädigung bei der Gesellschaft führt[961].

IV. Pflicht zur Tragung von Verfahrenskosten begünstigt Durchsetzung

Im Gegensatz zu Deutschland hat in den USA jeder Verfahrensbeteiligte am Ende seine eigenen Verfahrenskosten zu tragen – unabhängig vom Verfahrensausgang (»no loser pays rule«)[962]. Der (Aktionärs-)Kläger muss daher nicht befürchten, im Falle des Prozessverlusts mit hohen Anwaltskosten der beklagten *directors* belastet zu werden. Dies begünstigt die Durchsetzung[963]. Dieser Durchsetzungsvorteil in den USA könnte in Zukunft aber teilweise dadurch kompensiert werden, dass in Deutschland[964] zunehmend Prozessfinanzierer Klägern das Risiko der Kostenbelastung gegen eine Beteiligung bei Prozesserfolg abnehmen.

V. Insolvenz – keine Übernahme durch den Insolvenzverwalter

Die Insolvenz erhöht auch in den USA das Haftungsrisiko. In der Insolvenz dürfen Gläubiger wie Gesellschafter im Namen der Gesellschaft gegen die *outside directors* klagen[965]. Im Gegensatz zu Gesellschaftern müssen Gläubiger die Gesellschaft auch weder erfolglos zur Geltendmachung auffordern[966] noch kann ein *special litigation committee* die Klage ablehnen[967]. Zudem kann die Gesellschaft mangels Zahlungsfähigkeit nicht die Prozesskosten des *directors* übernehmen[968].

Dafür übernimmt in den USA in der Regel nicht ein Insolvenzverwalter die Verwaltungs- und Verfügungsbefugnis über die Gesellschaft und damit auch

961 *Coffee*, 86 Columbia Law Review 1986, 669 (680); *Cox/Thomas*, 95 North Carolina Law Review 2016, 19 (22); *Easterbrook/Fischel*, The economic structure of corporate law, S. 101.

962 Kraakman et. al./*Enriques/Hertig/Kanda/Pargendler*, Anatomy of Corporate law, 3. Aufl. 2017, S. 164.

963 *Cheffins/Black*, 84 Texas Law Review 2006, 1385 (1393); *Habersack*, Gutachten 69. DJT 2012, E 94.

964 *Frechen/Kochheim*, NJW 2004, 1213; *Rahlmeyer/Fassbach*, GWR 2015, 331.

965 *Black/Cheffins/Klausner*, Stanford Law Review 2006, 1055 (1092); *Eisenberg*, Corporations and other Business Organizations, 8. Aufl. 2000, S. 654.

966 *Black/Cheffins/Klausner*, Stanford Law Review 2006, 1055 (1093).

967 *Black/Cheffins/Klausner*, Stanford Law Review 2006, 1055 (1093).

968 *Black/Cheffins/Klausner*, Stanford Law Review 2006, 1055 (1097).

das Klagerecht gegenüber den *outside directors*[969]. Der Insolvenzverwalter übernimmt nur das Liquidationsverfahren nach Chapter 7 des Bankruptcy Code (Bundesrecht). Die eigentliche Verwaltungsbefugnis verbleibt bei Unternehmensinsolvenzen nach Sec. 1107 Bankruptcy Code regelmäßig beim Schuldner (*debtor in possession*)[970] – mithin beim Board. Dies ähnelt der deutschen Eigenverwaltung, §§ 270 ff. InsO[971], wobei aber die für die Eigenverwaltung typische Kontrolle durch einen Sachwalter fehlt[972]. Folglich fehlt in den USA im Vergleich zu Deutschland eine der Hauptquellen für die Haftungsdurchsetzung. In Deutschland nimmt der Insolvenzverwalter eine zentrale Rolle bei der Durchsetzung ein[973].

D. Vergleichbarer Schutz durch D&O-Versicherung

Auch in den USA sind fast alle *outside directors* durch D&O-Policen abgesichert[974], deren Prämien von der Gesellschaft getragen werden[975]. Der Versicherungsumfang ähnelt den deutschen Policen. Die Versicherung teilt sich traditionell in zwei Teile auf: *Corporate reimbursement* und *personal coverage*. Erstere deckt die Kosten der Gesellschaft, welche dieser durch die Freistellung ihrer *directors* entstehen. Letztere deckt die Kosten ab, welche dem *director* durch das Schadensersatzverfahren entstehen, von denen er nicht freigestellt wird[976]. Abgedeckt werden wie in Deutschland die Kosten durch Schadensersatzzahlungen, Prozesskosten sowie Vergleichszahlungen[977].

Auch in den USA bestehen Versicherungslücken. Wie in Deutschland kann die Deckungssumme nicht ausreichen[978], weil Klagen gegen die *inside directors* die Deckungssumme aufbrauchen[979] und die Deckungssumme kumulativ sowohl

969 Kraakman et. al./*Armour/Hertig/Kanda*, Anatomy of Corporate law, 3. Aufl. 2017, S. 136; Schmidt/*Undritz*, InsO, 20. Aufl. 2023, Vorb. vor §§ 270 bis 285 Rn. 7.

970 MünchKomm-InsO/*Kern*, 4. Aufl. 2020, Vorb. vor §§ 270 bis 285 Rn. 10; Schmidt/*Undritz*, InsO, 20. Aufl. 2023, Vorb. vor §§ 270 bis 285 Rn. 7.

971 MünchKomm-InsO/*Kern*, 4. Aufl. 2020, Vorb. vor §§ 270 bis 285 Rn. 10.

972 MünchKomm-InsO/*Kern*, 4. Aufl. 2020, Vorb. vor §§ 270 bis 285 Rn. 10; Schmidt/*Undritz*, InsO, 20. Aufl. 2023, Vorb. vor §§ 270 bis 285 Rn. 7.

973 Siehe 1. Teil § 4 D.

974 *Black/Cheffins/Klausner*, Stanford Law Review 2006, 1055 (1085).

975 *Gevurtz*, Corporation Law, 3. Aufl. 2021, S. 464.

976 *Eisenberg*, Corporations and other Business Organizations, 8. Aufl. 2000, S. 428; *Soderquist/Smiddy/Cunningham*, Corporations and other Business Organizations, 2005, S. 820; *Gevurtz*, Corporation Law, 3. Aufl. 2021, S. 464.

977 *Black/Cheffins/Klausner*, Stanford Law Review 2006, 1055 (1085).

978 *Black/Cheffins/Klausner*, Stanford Law Review 2006, 1055 (1085); *Black/Cheffins/Klausner*, ECGI Working Paper No. 48/2005, S. 17.

979 *Black/Cheffins/Klausner*, Stanford Law Review 2006, 1055 (1088).

für die Anwaltskosten als auch die Schadensersatzzahlungen gilt[980]. Auch der US-Markt hat auf dieses Problem reagiert, indem inzwischen Deckungssummen ausschließlich für *outside directors* angeboten werden[981]. Das in Deutschland verbreitete Claims-made-Prinzip[982] gilt in den USA entsprechend, wobei auch in den USA Modifizierungen angeboten werden[983].

Ein Ausfall der Versicherung droht durch verschiedene Ausschlussklauseln. Vorsätzliches oder betrügerisches Verhalten wird nicht erfasst[984]. Auch die Rückzahlung unrechtmäßig erlangter Beträge kann nicht versichert werden[985]. Unter Umständen kann auch ein Verstoß eines *inside directors* ohne Mitwirkung der *outside directors* zum Gesamtausschluss der Versicherung führen[986]: etwa bei Betrug oder Informationsvorenthaltung bei Abschluss der Versicherung[987]. Dies entspricht der Ausfallgefahr in Fällen der Anfechtung wegen arglistiger Täuschung in Deutschland[988]. Schließlich können zeitliche Versicherungslücken drohen, wenn die Gesellschaft es versäumt, einen dauerhaften Versicherungsschutz abzuschließen[989].

Insgesamt entsprechen die Ausfallgefahren in den USA den Gefahren, welchen auch deutsche Aufsichtsratsmitglieder ausgesetzt sind. Beiden kommt ein vergleichbarer Versicherungsschutz zu.

E. Gesamtvergleich

Aus empirischer Sicht fällt auf, dass es deutlich mehr Klagen gegen *outside directors* in den USA als gegen Aufsichtsratsmitglieder in Deutschland gibt, gleichwohl eine persönliche Haftung ebenfalls sehr selten ist.

Die höhere Anzahl an Klagen lässt sich aber nicht mit dem materiellen Haftungsrecht erklären. Das US-amerikanische Haftungsrecht ist teilweise mit dem deutschen Recht vergleichbar, teilweise eher großzügiger. Die Anforderungen an die Sorgfaltspflicht sind ähnlich. Sie werden aber durch eine Business Judgment Rule flankiert, die einen besseren Schutz als in Deutschland bietet, da die Beweislast für einen Verstoß gegen ihre Verfahrensanforderungen dem Kläger aufgebürdet wird. Erhöhte Haftungsrisiken gelten in beiden Rechtsordnungen

980 *Eisenberg*, Corporations and other Business Organizations, 8. Aufl. 2000, S. 429.
981 *Black/Cheffins/Klausner*, Stanford Law Review 2006, 1055 (1088).
982 Siehe dazu den 1. Teil § 5 A. III.
983 *Eisenberg*, Corporations and other Business Organizations, 8. Aufl. 2000, S. 429.
984 *Merkt*, US-amerikanisches Gesellschaftsrecht, 3. Aufl. 2013, S. 385.
985 *Gevurtz*, Corporation Law, 3. Aufl. 2021, S. 464.
986 *Black/Cheffins/Klausner*, Stanford Law Review 2006, 1055 (1086 f.); *Eisenberg*, Corporations and other Business Organizations, 8. Aufl. 2000, S. 430.
987 *Black/Cheffins/Klausner*, Stanford Law Review 2006, 1055 (1086 f.).
988 Siehe dazu 1. Teil § 5 A. V.
989 *Black/Cheffins/Klausner*, Stanford Law Review 2006, 1055 (1086 f.).

für Treuepflichtverletzungen. Das US-Recht bietet den *outside directors* indes den Vorteil, einer Haftung rechtssicher zu entgehen, indem die Zustimmung unbeteiligter Board-Mitglieder eingeholt wird. Dafür gehen die Rechtsfolgen weiter und für andere *outside directors* ergibt sich ein Haftungsrisiko im Rahmen dieser Zustimmung. Deutsche Aufsichtsratsmitglieder genießen den Vorteil, dass das deutsche Recht durch die getrennte Normierung von Geschäftsleitung und Aufsicht besser für die Rolle der Aufsichtsratsmitglieder sensibilisiert ist und daher die unterschiedliche Rolle etwa bei der Frage nach Interessenkonflikten oder der Nutzung von Geschäftschancen stärker berücksichtigen kann. Allerdings beachtet das US-Recht die jeweilige Rolle zumindest oft mittelbar.

Die höhere Durchsetzungsrate liegt auch nicht am Board, dessen Durchsetzung wie beim Vorstand durch Interessenkonflikte beeinträchtigt wird und daher vor Austausch des Boards unwahrscheinlich ist. Zudem fehlt der durchsetzungsstarke Insolvenzverwalter. Die Aktionärsklagen führen in den USA aber zu einem deutlich erhöhten Risiko gerichtlicher Inanspruchnahme[990]. Die materiellen Voraussetzungen sind zwar eher strenger als in Deutschland. Die unterschiedliche Prozess- und Anwaltskultur fördert aber die Durchsetzung durch Aktionärsklagen.

Das dennoch vergleichbare persönliche Haftungsrisiko lässt sich mit den besseren Enthaftungsmöglichkeiten erklären. *Outside directors* dürfen weitgehender auf den Rat Dritter vertrauen, die Verjährungsfristen sind kürzer und Vergleichsoptionen flexibler. Zudem ist in Deutschland die Beweislastverteilung strenger. Diese obliegt allgemein dem beklagten Aufsichtsratsmitglied. In den USA kehrt sie sich nur um, wenn Interessenkonflikte und damit Treuepflichtverletzungen im Raum stehen. Der Versicherungsschutz ist in beiden Rechtsordnungen wiederum sehr ähnlich. In beiden Ländern sind D&O-Versicherungen üblich, sodass eine persönliche Inanspruchnahme die Ausnahme ist.

Betrachtet man daher materielle Haftungsanforderungen sowie prozessuale Besonderheiten in ihrer Zusammenwirkung, lässt sich trotz der Unterschiede zwischen beiden Rechtsordnungen eine Konvergenz der persönlichen Haftungsrisiken ausmachen, die einen Vergleich der Möglichkeiten zur satzungsmäßigen Beschränkung fruchtbar erscheinen lässt. Das Risiko persönlicher Inanspruchnahme ist in beiden Rechtsordnungen nach wie vor eher gering. Während sich dies in Deutschland vor allem aus der eher geringen Zahl an Klageerhebungen ergibt, folgt dies in den USA aus dem weniger scharfen Haftungsrecht und den vielfältigen Enthaftungsmöglichkeiten.

990 So auch das Ergebnis von *Merkt*, ZGR 2017, 129 (146); *von Hein*, Die Rezeption US-amerikanischen Gesellschaftsrechts in Deutschland, 2008, S. 923.

§ 3 Statutarische Haftungsbeschränkungen (USA)

A. Einführung

In den USA räumen die meisten Bundesstaaten den Gesellschaften als Reaktion auf die Entscheidung des Supreme Court of Delaware in *Smith v. Van Gorkom*[991] aus dem Jahre 1985 die Möglichkeit ein, die Haftung ihrer *directors* durch die Satzung zu begrenzen[992]. In *Smith v. Van Gorkom* hafteten *outside directors,* da sie sich nach Ansicht des Gerichts nicht ausreichend informiert hatten, sodass der Schutz der Business Judgment Rule nicht zur Anwendung kam. Am Ende verglichen sich die Beteiligten auf eine Summe von USD 23.5 Mio., wobei die D&O-Versicherung auf USD 10. Mio. gedeckelt war[993].

Die Entscheidung löste in der Unternehmenswelt einen regelrechten Schock aus. Auf einmal konnten *outside directors* einer Gesellschaft bis in die Millionenhöhe persönlich haften. Gleichzeitig stiegen, zum Teil auch gerade wegen des Urteils und der dadurch hervorgerufenen neuen Risikobewertung, die Prämien für D&O-Versicherungen stark an, Versicherungen waren zunächst gar nicht mehr erhältlich oder Versicherer kündigten bestehende Verträge[994]. Zeitgenössische Literatur sprach von einer *liability insurance crisis*[995]. Mangels Versicherungsmöglichkeit fürchteten die *directors* nun in besonderem Maße, in die persönliche Haftung zu geraten. Dies soll dazu geführt haben, dass *outside directors* anfingen, aus Furcht vor Haftung aus ihren Ämtern auszuscheiden[996].

Die Folge war Druck auf die Gesetzgeber der Bundesstaaten, statutarische Haftungsbegrenzungen zu ermöglichen[997]. Viele Gliedstaaten folgten diesem Druck zügig. Bereits 1987 existierten in 21 Bundesstaaten entsprechende Regelungen[998]. Als erster Bundesstaat ergänzte Delaware 1986 Sec. 102 (b) (7) Delaware Code, welche noch heute folgenden Inhalt hat:

991 Smith v. Van Gorkom, 488 A.2d 858 (Del. 1985).
992 *Black/Cheffins/Klausner*, ECGI Working Paper No. 48/2005, S. 18.
993 *Bruner*, Wake Forest Law Review 2006, 1131 (1143).
994 *Lee*, 136 University of Pennsylvania Law Review 1987, 239 (241, 253); *Gevurtz*, Corporation Law, 3. Aufl. 2021, S. 311; *Coffee*, 387 Columbia Business Law Review 2012, 387 (402).
995 *Behrens*, 65 Washington University Law Review 1987, 481; *Lee*, 136 University of Pennsylvania Law Review 1987, 239 (253).
996 *Wilson*, 22 Creighton Law Review 1989, 747 (750).
997 *Gevurtz*, Corporation Law, 3. Aufl. 2021, S. 311.
998 *Behrens*, 65 Washington University Law Review 1987, 481 (486).

»[…] the certificate of incorporation may also contain any or all of the following matters: A provision eliminating or limiting the personal liability of a director or officer to the corporation or its stockholders for monetary damages for breach of fiduciary duty as a director […]«.

Delaware erlaubt damit ausdrücklich, dass die Satzung eine Regelung enthalten darf, welche die Schadensersatzhaftung der *directors* für eine Verletzung ihrer Pflichten gegenüber der Gesellschaft reduziert oder sogar eliminiert. Hervorzuheben ist, dass die Norm keine zwingende gesetzliche Haftungsbeschränkung darstellt, sondern den Gesellschaftern nur die Option einräumt, dies in der Satzung zu installieren.

In der Praxis wird diese Option auch genutzt. Schon ein Jahr nach Einführung der neuen Regelung sollen fast 90 % der Gesellschaften entsprechende Satzungsbestimmungen aufgenommen haben[999]. Heute sehen die meisten größeren Gesellschaften in Delaware entsprechende Haftungsbeschränkungen vor[1000]. Dies zeigt, dass die Gesellschafter US-amerikanischer Gesellschaften von Haftungsbeschränkungen für ihre Organmitglieder überzeugt sind[1001]. Mit Blick auf den Erfolg der US-amerikanischen Börsen scheint die Regelung dem wirtschaftlichen Erfolg der Gesellschaften auch nicht zu schaden.

Optionsregelungen wie in Delaware sind in den USA die häufigsten Regelungen zu Haftungsbeschränkungen[1002]. Einige Staaten sind noch einen Schritt weitergegangen und haben gesetzliche Beschränkungen vorgenommen. Beispielsweise in Indiana wurde der Sorgfaltsmaßstab auf bewusste Fahrlässigkeit (*recklessness*) und Vorsatz (*willful misconduct*) beschränkt[1003]. Dies gilt unabhängig von einer Satzungsregelung. In anderen Gliedstaaten wurden die Schadensersatzansprüche der Gesellschaft summenmäßig beschränkt. Pionier war Virginia, wo als Grenze für Sorgfaltspflichtverletzungen der größere Wert von USD 100.000,00 oder dem Gehalt der letzten zwölf Monate gilt. Ausgenommen ist Vorsatz. In der Satzung darf eine geringere Summe festgesetzt werden[1004].

B. Gründe und Ziele der US-amerikanischen Gesetzgebung

Merkt vermutet, dass ein Ziel der Einzelgesetzgeber der Erfolg im Wettbewerb der Einzelstaaten um die Inkorporation wichtiger Unternehmen gewesen sein wird.

999 *Bruner*, Wake Forest Law Review 2006, 1131 (1146); *Behrens*, 65 Washington University Law Review 1987, 481 (487).

1000 *Black/Cheffins/Klausner*, Stanford Law Review 2006, 1055 (1090); *Cheffins/Black*, 84 Texas Law Review 2006, 1385 (1395); *Coffee*, 387 Columbia Business Law Review 2012, 387 (402).

1001 Hingegen *Fleischer*, 70. DJT 2014, N 86: »unterschiedlich interpretierbar«.

1002 *Gevurtz*, Corporation Law, 3. Aufl. 2021, S. 311.

1003 Indiana Code Ann. § 23-1-35-1 (e) (2).

1004 Code of Virginia Ann. § 13.1-692.1.

Ein möglichst liberales Gesellschaftsrecht führt dazu, dass sich mehr Gesellschaften dort niederlassen (»*Delaware effect*«) [1005]. Da Gesellschaftsrecht in Deutschland Bundesrecht ist, ist dieses Ziel nicht übertragbar. Deutschland könnte höchstens seine Stellung im internationalen oder europäischen Vergleich verbessern und damit mehr Unternehmen nach Deutschland locken. Teilweise wird die Gesetzgebung in den USA zudem als *race to the bottom*[1006] angesehen. Die Bundesstaaten, insbesondere Delaware, würden versuchen, mit möglichst managementfreundlichen Gesetzen, die *directors* der Unternehmen zur Sitzverlegung anzureizen, um Einnahmen (Steuern) zu generieren[1007]. Das spricht nicht für eine Übernahme.

Auch verfolgten die Gesetzgeber wohl das Ziel, die mitunter unnötigen Aktionärsklagen zu verhindern, da diese die wirtschaftliche Leistungsfähigkeit der Unternehmen beeinträchtigen können[1008]. Dies dürfte vor allem mit Blick auf Aktionärskläger gelten, die nur einen Vergleich mit persönlichem Gewinn anstreben oder von profitorientierten Anwälten dazu veranlasst werden. Dieses Ziel ist auf das deutsche Rechtssystem ebenfalls nicht übertragbar. Im Gegensatz zu den USA existieren solche Klagen in Deutschland bisher praktisch nicht[1009].

Schließlich sollte aber auch zwei Problemen entgegensteuert werden, welche auch in Deutschland auftreten können und die daher im dritten Teil wieder aufgegriffen werden[1010]: durch Haftungsrisiken gehemmte Risikobereitschaft und Abschreckung von der Amtsübernahme bzw. Gefahr der Amtsniederlegung[1011]. Im Zuge der Diskussion zur Reaktion auf Van Gorkom wies der Vorsitzende der Anwaltskammer Delawares 1986 darauf hin, man wolle, dass *directors* angemessene Risiken eingingen[1012]. Auch nach Ansicht des Gesetzgebers hatte der fehlende Versicherungsschutz durch die Krise der D&O-Versicherer »die Qualität und Stabilität der Unternehmensführung von Delaware-Unternehmen bedroht, da *directors* in vielen Fällen nicht mehr bereit waren, ohne den Schutz, den eine solche Versicherung bietet, ihr Amt auszuüben, und in anderen Fällen durch die fehlende Versicherung davon abgehalten werden könnten, unternehmerische Entscheidungen zu treffen«[1013]. Entsprechend verfolgt Sec. 102 (b) (7)

1005 *Merkt*, US-amerikanisches Gesellschaftsrecht, 3. Aufl. 2013, S. 497.

1006 *Lee*, 136 University of Pennsylvania Law Review 1987, 239 (269).

1007 *Cary*, 83 The Yale Law Journal 1974, 663 (663, 665, 668, passim).

1008 *Merkt*, US-amerikanisches Gesellschaftsrecht, 3. Aufl. 2013, S. 497.

1009 Siehe 1. Teil § 4 F.

1010 Siehe dazu 3. Teil § 2 A., B.

1011 *Welch/Saunders*, 33 Delaware Journal of Corporate Law 2008, 845 (854).

1012 »*we don't want to destroy the efficacy of the derivative suit, but on the other hand, we want directors to continue to sit on boards and take appropriate risks*«, Zitat von *Gilchrist Sparks*, in *Bruner*, Wake Forest Law Review 2006, 1131 (1144).

1013 »*threatened the quality and stability of the governance of Delaware corporations because directors [had] become unwilling, in many instances, to serve without the protection which such insurance provides and, in other instances, may be deterred by the unavailability of insurance from making entrepreneurial decisions.*«, zitiert nach *Bruner*, Wake Forest Law Review 2006, 1131 (1145).

Delaware Code auch nach der Rechtsprechung das Ziel, *directors* zu ermutigen, riskante, aber potenziell wertmaximierende Geschäftsstrategien zu verfolgen, solange sie dies in gutem Glauben tun[1014].

Diese beiden Ziele können auch für Deutschland fruchtbar gemacht werden, da in beiden Rechtsordnungen zunehmend ein vergleichbares Risiko persönlicher Inanspruchnahme herrscht. Zu bedenken ist zwar, dass das Risiko einer Klage in den USA empirisch deutlich höher ist als in Deutschland. Das vergleichbare persönliche Haftungsrisiko folgt erst aus den besseren Schutzmechanismen des US-Rechts, zu denen man auch Sec. 102 (b) (7) Delaware Code zählen kann. Allerdings gewährt das US-Recht auch abseits von Sec. 102 (b) (7) Delaware Code weitaus umfassendere Schutzinstrumente als das deutsche Recht – auch schon vor Einführung der Regelung. Gleichzeitig stieg das Haftungsrisiko in Deutschland in den letzten Jahren stark an[1015].

C. Ausnahmen der statutarischen Beschränkbarkeit der Haftung

Delaware erlaubt gerade nicht den Ausschluss jeglicher Haftung, sondern schreibt in bestimmten Bereichen die zwingende Haftung vor. Von diesen Ausnahmen lässt sich ableiten, welche Fälle oder welche Art von Fällen auch eine deutsche Regelung ggf. als satzungsfest erhalten sollte.

Der Anwendungsbereich von Sec. 102 (b) (7) Delaware Code ist zunächst auf Ansprüche der Gesellschaft gegen die *directors* (Innenhaftung) beschränkt, wobei die Regel auch gilt, wenn Gläubiger in der Insolvenz diese Ansprüche geltend machen[1016]. Verträge zu Lasten Dritter sind nicht möglich. Direkte Klagen von Dritten wie Gläubigern oder Deliktsopern (*tort*) können daher nicht beschränkt werden[1017]. Ferner ist Sec. 102 (b) (7) Delaware Code auf *monetary damages* beschränkt. Einstweilige Unterlassungsverfügungen durch Gesellschafter, welche eine Handlung der *directors* verhindern wollen (z.B. bei M&A-Deals), können durch die Satzung daher nicht beschränkt werden[1018].

Interessanter als der Anwendungsbereich sind die ausdrücklichen Ausnahmen von Sec. 102 (b) (7) Delaware Code, die sich vergleichbar auch in den meisten anderen Staaten wiederfinden. Dazu heißt es in der Regelung:

1014 Production Resources Group, L.L.C. v. NCT Group, Inc., 863 A.2d 772, 777 (Del. Ch.2004): »*One of the primary purposes of § 102 (b) (7) is to encourage directors to undertake risky, but potentially value-maximizing, business strategies, so long as they do so in good faith*«.

1015 Siehe dazu 1. Teil § 1.

1016 Production Resources Group, L.L.C. v. NCT Group, Inc., 863 A.2d 772, 777 (Del. Ch.2004).

1017 *Gevurtz*, Corporation Law, 3. Aufl. 2021, S. 312.

1018 *Gevurtz*, Corporation Law, 3. Aufl. 2021, S. 311.

»[…] provided that such provision shall not eliminate or limit the liability of:
(i) A director or officer for any breach of the director's or officer's duty of loyalty to the corporation or its stockholders; (ii) A director or officer for acts or omissions not in good faith or which involve intentional misconduct or a knowing violation of law; (iii) A director under § 174 of this title; (iv) A director or officer for any transaction from which the director or officer derived an improper personal benefit […].«

I. Keine Beschränkbarkeit für Treuepflichtverletzungen (duty of loyalty)

Die auffälligste Ausnahme ist die Begrenzung auf Sorgfaltspflichtverletzungen. Sec. 102 (b) (7) Delaware Code gilt generell nicht für Treuepflichtverletzungen (*duty of loyalty*), was dazu passt, dass die *Smith v. Van Gorkom* Entscheidung eine Verletzung der Sorgfaltspflicht betraf. Verstöße gegen die Regeln des Eigengeschäfts, die Aneignung von Unternehmenschancen sowie die Nutzung von Vermögenswerten der Gesellschaft führen daher zwingend zur Haftung.

Die Ausnahme fügt sich nahtlos in das sonstige US-amerikanische Gesellschaftsrecht ein. Wie gezeigt differenziert dieses zwischen Sorgfalts- und Treuepflichtverletzungen und ist letzteren gegenüber deutlich restriktiver. Für Treuepflichtverletzungen gilt keine Business Judgment Rule, die Beweislastlast kehrt sich zu Lasten des beklagten *directors* um und die Verjährung kann bei Eigengeschäften ausnahmsweise bis zur Entdeckung gehemmt werden. Auf Rechtsfolgenseite tritt der präventive Aspekt der Haftung stärker in den Vordergrund. Die Gesellschaft kann eine Überkompensation verlangen. Neben dem normalen Schadensersatz ist die Herausgabe jeglichen Gewinns möglich. Zusätzlich müssen ggf. Gehälter zurückgezahlt und im Ausnahmefall können sogar *punitive damages* verlangt werden.

Der entscheidende Grund für diese Sonderbehandlung sind bei Treuepflichtverstößen auftretende Interessenkonflikte. Treuepflichtverstöße gehen mit (primär finanziellen) Eigeninteressen der *directors* einher. Vereinfacht formuliert handelt der *director* bei einer Sorgfaltspflichtverletzung nur »dumm oder faul«, bei einer Treuepflichtverletzung handelt er »gierig« und »stellt seine Interessen über die der Gesellschaft«[1019]. Der *director* erhält durch sein Handeln einen finanziellen Vorteil, wohingegen eine Sorgfaltspflichtverletzung sein Vermögen nicht vergrößert. Dadurch besteht ein stärkerer Anreiz zu Treuepflichtverletzungen, sodass ein stärkeres Korrelat durch Haftung erforderlich ist[1020].

Allein die Notwendigkeit eines stärkeren Haftungskorrelats kann die Gesetzgebung aber nicht erklären. Da Sec. 102 (b) (7) Delaware Code nur eine Option gewährt, könnten die Gesellschafter selbst Treuepflichtverletzungen von der Haftungsbeschränkung ausnehmen. Die Ausnahme für Treuepflichtverletzungen

1019 *Gevurtz*, Corporation Law, 3. Aufl. 2021, S. 339.

1020 Entsprechend zu den überkompensatorischen Rechtsfolgen: *Eisenberg*, Corporations and other Business Organizations, 8. Aufl. 2000, S. 445.

muss daher so verstanden werden, dass der Gesetzgeber in Delaware den Gesellschaftern nicht vollständig zutraut, Entscheidungen im Eigeninteresse zu treffen und daher die Haftung zumindest für Treuepflichtverletzungen zwingend erhalten will[1021]. Gleichwohl scheint der Gesetzgeber den Gesellschaftern nicht generell zu misstrauen, mit Interessenkonflikten seiner *directors* umzugehen. Wie gezeigt dürfen Gesellschafter einem konkreten Geschäft eines *directors* mit Interessenkonflikt (*self-dealing, corporate opportunities, corporate property*) zustimmen. Eine Haftung scheidet dann aus. Das Misstrauen ist daher auf abstrakte Haftungsbeschränkungen für Treuepflichtverletzungen begrenzt.

II. Keine Beschränkbarkeit für Handlungen gemäß § 174 Delaware Code

Ausdrücklich ausgenommen wird auch Sec. 174 Delaware Code. Die Norm begründet die Haftung der *directors* für die Auszahlung unzulässiger Dividenden gemäß Sec. 173 Delaware Code sowie für unzulässige Aktienrückkäufe gemäß Sec. 160 Delaware Code. Beide Regelungen schützen die Eigenkapitalreserven der Gesellschaft und damit die Haftungsmasse der Gläubiger. Für die Auszahlung unzulässiger Dividenden ist dies evident. Auch der Rückkauf von Aktien stellt in der Sache aber eine Rückzahlung des Kapitals dar. Eigene Aktien haben für die Gesellschaft keinen Wert, da sie den Anteil an einem Vermögen darstellen, welches ihr sowieso gehört[1022]. Durch die zwingende Haftbarkeit der *directors* für diese Tatbestände, werden daher mittelbar die Rechte der Gläubiger abgesichert. Da Gläubiger keinen Einfluss auf die Satzung und damit die Entscheidung zur Haftungsbeschränkung nehmen können, werden ihre Rechte gesetzlich abgesichert[1023].

III. Keine Beschränkbarkeit für bewusste Gesetzesverletzungen

Verboten ist auch die Beschränkung der Haftung für bewusste Gesetzesverletzungen (*knowing violation of law*). Gesetzesverletzungen können im Einzelfall im Interesse der Gesellschaft liegen. Überwiegt das Produkt aus erzielbarem Gewinn und der Wahrscheinlichkeit, nicht entdeckt zu werden, das Produkt aus Entdeckungsrisiko und Sanktion[1024], dürfte ein rein profitmaximierender Gesellschafter für die Gesetzesverletzung und damit für eine darauf abzielende Haftungsbeschränkung sein.

1021 Ähnlich *Gevurtz*, Corporation Law, 3. Aufl. 2021, S. 314.
1022 Mit Blick auf die deutsche Vorschrift zum Verbot des Erwerbs eigener Aktien: BeckOGK/*Cahn*, AktG, § 71 Rn. 15.
1023 *Gevurtz*, Corporation Law, 3. Aufl. 2021, S. 314.
1024 *Gevurtz*, Corporation Law, 3. Aufl. 2021, S. 337.

In der US-Literatur wird das Verbot so gedeutet, dass damit das öffentliche Interesse an der Verhinderung solcher Taten abgesichert wird[1025]. Damit dürfte gemeint sein, dass die Abschreckungswirkung der Innenhaftung gegenüber den *directors* zugunsten der Öffentlichkeit nicht im Belieben der Gesellschafter stehen soll. Der Schutz der Öffentlichkeit war auch einer der Gründe, bei Gesetzesverletzungen den Schutz durch die Business Judgment Rule zu verneinen. In der Leitentscheidung *Miller v. American Telephone*[1026] werden New Yorker Entscheidungen genannt, die konkret darauf abstellen. Die Gerichte hatten ihre Entscheidung mit der öffentlichen Ordnung begründet. Das Recht würde andernfalls die Beeinträchtigung der öffentlichen Moral gutheißen[1027].

Sowohl die Idee des Schutzes der Gläubiger als auch der Öffentlichkeit vor Gesetzesverletzungen durch Ausnahmen von der Beschränkbarkeit kann in einen größeren Kontext übertragen werden: das Ziel, Stakeholder zu schützen, die nicht über die Satzung mitbestimmen, von einer Haftungsbeschränkung aber durch den geminderten präventiven Effekt der Haftung betroffen sind. Rechtlich geht es um die Verhinderung einer Art Vertrags zu Lasten Dritter.

IV. Keine Beschränkbarkeit für Handlungen/Unterlassungen »not in good faith«

Nicht beschränkt werden kann die Haftung schließlich für *acts or omissions not in good faith.* Die Definition von *good faith* ist schwer zu fassen. Die Ausnahme wird daher auch dafür kritisiert, Einfallstor für die Gerichte zu sein, in Einzelfällen den Schutz von Sec. 102 (b) (7) Delaware Code zu versagen[1028], wenngleich ihr praktischer Anwendungsbereich bisher gering war[1029].

Um sich einer Definition zu nähern, wird *good faith* zunächst negativ definiert. Mit *bad faith* ist nicht grobe Fahrlässigkeit (*gross negligence*) gemeint. Grobe Fahrlässigkeit darf durch die Satzung ausgeschlossen werden[1030]. Nach dem Supreme Court of Delaware kann *bad faith* hingegen angenommen werden, wenn ein *director* absichtlich seine Pflichten vernachlässigt bzw. bewusst die eigene Verantwortung missachtet[1031]. Dabei betonte das Gericht, dass dies nicht einen Interessenkonflikt (wie bei einer Treuepflichtverletzung) voraus-

1025 *Gevurtz*, Corporation Law, 3. Aufl. 2021, S. 314.
1026 Miller v. American Telephone and Telegraph Co., 507 F.2d 759 (3d Cir. 1974).
1027 Roth v. Robertson, 64 Misc. 343, 118 N.Y.S. 351 (Sup. Ct. 1909): »*For reasons of public policy* […] *To hold any other rule would be establishing a dangerous precedent, tacitly countenancing the wasting of corporate funds for purposes of corrupting public morals*«.
1028 *Gevurtz*, Corporation Law, 3. Aufl. 2021, S. 321.
1029 *Nowicki*, 33 Delaware Journal of Corporate Law 2008, 695 (710 f.).
1030 In re Walt Disney Co. Derivative Litigation, 906 A.2d 27 (Del. Ch. 2006).
1031 In re Walt Disney Co. Derivative Litigation, 906 A.2d 27 (Del. Ch. 2006).

setze[1032]. Es gebe Fälle, in denen Unternehmensleiter kein entgegenstehendes Eigeninteresse an einer Entscheidung haben, aber dennoch ein Fehlverhalten an den Tag legen, das schuldhafter sei als einfache Unaufmerksamkeit oder das Versäumnis, über alle für die Entscheidung wesentlichen Fakten informiert zu sein. Um die Interessen der Gesellschaft und ihrer Gesellschafter zu schützen, sollte ein solches Verhalten, das qualitativ schwerer wiegt als grobe Fahrlässigkeit, verboten werden[1033]. Im Prinzip bewege sich *bad faith* daher zwischen Vorsatz und grober Fahrlässigkeit[1034].

Nach dem Court of Chancery of Delaware kommen insofern für *bad faith* drei Varianten in Betracht. *Bad faith* liege erstens vor, wenn der *director* absichtlich mit einem anderen Ziel handelt als dem, die besten Interessen der Gesellschaft zu fördern. Zweitens, wenn der *director* mit der Absicht handelt, geltendes positives Recht zu verletzen oder drittens, wenn der *director* es bewusst unterlässt, angesichts einer bekannten Handlungspflicht zu handeln, was eine bewusste Missachtung seiner Pflichten zeigt[1035].

Insbesondere die letzte Variante ist für ein Kontrollorgan wie den *outside director* bzw. wäre für deutsche Aufsichtsratsmitglieder relevant. Eine objektiv nicht ausreichende Überwachung reicht nicht aus. Der *director* muss subjektiv realisieren, dass seine Überwachung nicht ausreichend ist[1036]. Der Supreme Court konkretisierte diese Variante in Stone v. Ritter dahingehend, dass der *director* seine Handlungspflicht kennen muss und dennoch nicht handelt[1037]. Insbesondere der in der *Caremark*-Entscheidung besprochene Fall, also wenn es Beweise für ein anhaltendes oder systematisches Versagen bei der Ausübung der Aufsicht gibt[1038], soll einen solchen Fall von *bad faith* darstellen[1039]. In der Literatur wird dies so interpretiert, dass *bad faith* zwar grundsätzlich das subjektive Wissen um die fehlerhafte Überwachung voraussetze. Da ein solches aber ohne Geständnis praktisch nicht beweisbar sei, stelle man auf einen hinreichend schwerwiegenden Fall von Unaufmerksamkeit ab und schließe dadurch auf das subjektive Element[1040].

Im Ergebnis wird daher ein besonders schwerwiegender Fall von fehlender Überwachung nicht durch die Satzungsbestimmung geschützt. Insbesondere ein schwerwiegender Verstoß gegen die Pflicht, ein Compliance-System einzurichten und zu erhalten, führt daher auch in den USA trotz Satzungsbestimmung zur Haftung.

1032 In re Walt Disney Co. Derivative Litigation, 906 A.2d 27 (Del. Ch. 2006).
1033 In re Walt Disney Co. Derivative Litigation, 906 A.2d 27 (Del. Ch. 2006).
1034 In re Walt Disney Co. Derivative Litigation, 906 A.2d 27 (Del. Ch. 2006).
1035 In re Walt Disney Co. Derivative Litigation, 907 A.2d 693, 747 (Del. Ch. 2005).
1036 *Gevurtz*, Corporation Law, 3. Aufl. 2021, S. 320.
1037 Stone v. Ritter, 911 A.2d 362 (Del. 2006).
1038 In re Caremark Int'l Inc. Derivative Litig., 698 A.2d 959 (Del. Ch. 1996); *Cox/Thomas*, 95 North Carolina Law Review 2016, 19 (54).
1039 Stone v. Ritter, 911 A.2d 362 (Del. 2006).
1040 *Gevurtz*, Corporation Law, 3. Aufl. 2021, S. 320 f.

Das Ziel des Gesetzgebers zum Ausschluss von *not in good faith* ist nicht bekannt. Der Gesetzgeber dürfte die Auslegung durch den Supreme Court of Delaware nicht antizipiert haben. Die Folge ist aber, dass die Einrichtung von Compliance-Systemen sichergestellt wird, da die Gesellschafter die dahingehende Präventionswirkung der Innenhaftung nicht durch die Satzung ausschließen können. Dies kann mit dem Schutz der Stakeholder, insbesondere der Öffentlichkeit, durch die Einhaltung der Compliance-Vorschriften und damit der Gesetze begründet werden[1041].

Ferner werden allgemein Fälle von besonders schwerer Nachlässigkeit[1042], die noch über grober Fahrlässigkeit anzusiedeln sind, der Entscheidung der Gesellschafter entzogen. Dies kann so verstanden werden, dass selbst in Delaware ein Minimum an Haftungsrisiko bzw. Präventionswirkung erhalten bleiben muss. Dieses Ziel ist auch kongruent damit, dass Gesellschafter einer konkreten Handlung eines *directors,* die als Verschwendung (*gift or waste*) eingestuft wird, nicht zustimmen und damit den *director* nicht entlasten können[1043]. Schließlich könnte die Ausnahme auch bewusst unbestimmt sein, um Gerichten für von Gesetzgeber und Gesellschaftern unvorhersehbare Ausnahmefälle ein Einzelfallkorrektiv zur Verfügung zu stellen.

Insgesamt kann die Regelung daher einerseits mit Blick auf Compliance-Systeme wieder als Schutz der Stakeholder gedeutet werden. Andererseits kann sie mit Blick auf besonders schwere Verstöße auch als Schutz der Gesellschafter vor sich selbst verstanden werden. Der Gesetzgeber traut den Gesellschaftern grundsätzlich zu, im Voraus über ihre Ansprüche zu disponieren. Erst bei besonders schweren Verstößen setzt das Gesetz der Disponibilität eine Grenze. Das könnte damit erklärt werden, dass bei solchen Verstößen nicht mehr davon ausgegangen werden kann, dass der Verzicht auf einer bewussten und informierten Entscheidung der Gesellschafter beruht, sondern andere Ursachen haben muss. Diese Grundgedanken könnten auch für das deutsche Recht fruchtbar gemacht werden.

D. Allgemeine Kritik der US-amerikanischen Literatur an Sec. 102 (b) (7)

Sec. 102 (b) (7) Delaware Code ist auch in den USA nicht unumstritten. Kritisiert wurde die Regelung vor allem dafür, dass sie eine vollständige Enthaftung erlaube und damit die Präventionswirkung der Haftung abschaffe. Satzungsregeln müssten zumindest eine minimale Haftung erhalten[1044]. Eine komplette

1041 In diese Richtung: *Hill/McDonnell*, University of Illinois Law Review 2013, 859 (866); *Pollman*, 72 Vanderbilt Law Review 2013, 2014 (2026, 2028).

1042 *Thompson*, 55 New York Law School Law Review 2010–2011, 543 (553): *»a good faith violation requires not just failure, but utter failure«*.

1043 Siehe dazu 3. Teil § 2 I. 3.

1044 *Lee*, 136 University of Pennsylvania Law Review 1987, 239 (273).

Abschaffung der Haftung schade der öffentlichen Ordnung[1045]. Auch sei unklar, ob Investoren über solche Satzungsregeln vor Erwerb ausreichend informiert[1046] und Gesellschafter in der Lage seien, die Auswirkungen einer solchen Entscheidung zu verstehen sowie ausreichend Anreize hätten, sich damit zu beschäftigen[1047]. Auch könnten die Gesellschafter von den *directors* unter Druck gesetzt werden, entsprechen Regelungen in ihre Satzung aufzunehmen[1048] bzw. die *directors* könnten ihre Befugnisse in der Hauptversammlung hierfür ausnutzen[1049]. Ferner wird befürchtet, die Mehrheitsgesellschafter könnten zu Lasten der Minderheitsgesellschafter entsprechende Regelungen erlassen und damit dem Minderheitsgesellschafter das Recht zur Klage nehmen, insbesondere wenn die Mehrheitsgesellschafter selbst Eigeninteressen verfolgen, etwa in Personalunion *director* sind[1050]. Auf diese Gefahren wird im dritten Teil zurückzukommen sein.

1045 *Lee*, 136 University of Pennsylvania Law Review 1987, 239 (275).
1046 *Lee*, 136 University of Pennsylvania Law Review 1987, 239 (274).
1047 *Eisenberg*, 89 Columbia Law Review 1989, 1461 (1478).
1048 *Gevurtz*, Corporation Law, 3. Aufl. 2021, S. 313.
1049 *Eisenberg*, 89 Columbia Law Review 1989, 1461 (1478).
1050 *Gevurtz*, Corporation Law, 3. Aufl. 2021, S. 313.

§ 4 Vergleichbarkeit der Haftungsrisiken der non-executive directors mit Aufsichtsratsmitgliedern (UK)

Entsprechend dem Vergleich mit der USA sollen nachfolgend empirische Haftungsgefahr (A.), Haftungsrecht (B.), Durchsetzung (C.) und Versicherungsmöglichkeiten (D.) der *non-executive directors* für einen abschließenden Gesamtvergleich (E.) untersucht werden.

A. Haftungsgefahr aus empirischer Sicht – geringe Anzahl an Klagen

Im UK gibt es wenige bekannte Haftungsfälle zulasten von *directors*[1051]. Zwar verhindert auch ein Vergleich eine richterliche Entscheidung und kann zu einer Zahlungspflicht für den *director* führen. Studien zeigen aber, dass es schlicht kaum Verfahren gegen *directors* gibt. *Armour* und weitere haben sich für die Jahre 2004 bis 2006 alle Klagen gegen *directors* britischer Gesellschaften angesehen. Sie konnten dabei nur 24 Klagen gegen *directors* britischer Publikumsgesellschaften feststellen, was im Vergleich zu den allein 1900 Gesellschaften an der London Stock Exchange nur so bewertet werden kann, dass das Risiko fast null ist[1052]. Dies erinnert an das vor allem bis in die 2000er Jahre vorherrschende Bild in Deutschland.

Anzumerken ist allerdings, dass in den Jahren 2004 bis 2006 der CA 2006 noch nicht galt, welcher die Erhebung von Aktionärsklagen deutlich erleichtert hat. Vorher konnten Ansprüche, die den *directors* nur Fahrlässigkeit vorwarfen, nicht mit der Aktionärsklage durchgesetzt werden[1053]. Seit seiner Einführung soll die Aktionärsklage vor allem in kleineren Gesellschaften an Bedeutung gewonnen haben[1054], sodass sich die Situation zumindest in Zukunft etwas ändern könnte. Ferner war die Studie auf Publikumsgesellschaften beschränkt.

1051 *Armour/Black/Cheffins/Nolan*, 6 Journal of Empirical Legal Studies 2009, 687 (696).

1052 *Armour/Black/Cheffins/Nolan*, 6 Journal of Empirical Legal Studies 2009, 687 (699 f.).

1053 *Hannigan*, Company Law, 6. Aufl. 2021, Rn. 11-7.

1054 *Davies*, Introduction to Company Law, 3. Aufl. 2020, S. 275, 277.

B. Haftungsrecht

Auch zur Bewertung der Strenge des Haftungsrechts im UK sollen nachfolgend Pflichten (I.), Beweislastverteilung (II.), Enthaftung durch Vertrauen auf Dritte (III.), Verjährung (IV.) und Vergleichsmöglichkeiten (V.) begutachtet werden.

I. Pflichten

Auch im UK gibt es sowohl die Sorgfalts- als auch die Treuepflicht. Beide Pflichten sind umfassend in den Sec. 171 bis 177 CA normiert. Die *directors* müssen alle Pflichten kumulativ erfüllen, Sec. 179 CA. Sie schulden ihre Pflichten der Gesellschaft, nicht den Gesellschaftern, Arbeitnehmern oder Gläubigern, Sec. 170 (1) CA. Die Pflichten gelten einheitlich sowohl für die *public limited company* als auch die *private company limited by shares*[1055]. Formal wird nicht zwischen *executive* und *non-executive directors* unterschieden[1056]. Der Companies Act spricht anders als in Deutschland allgemein vom *director*.

1. Vergleichbarer Sorgfaltsmaßstab, ähnlicher Pflichtenumfang

Ein *director* muss angemessene Sorgfalt, Geschicklichkeit und Gewissenhaftigkeit walten lassen, Sec. 174 (1) CA. Eine Verletzung der Sorgfaltspflicht verpflichtet zur Kompensation des entstandenen Schadens[1057].

Wie in Deutschland und den USA gilt seit der Entscheidung *Re D'Jan of London*[1058] und nun auch im Companies Act ein objektiver Sorgfaltsstandard. Erwartet wird die Sorgfalt, das Geschick und die Gewissenhaftigkeit, die vernünftigerweise von einer sorgfältigen Person ausgeübt werden würde, wobei auf die allgemeinen Kenntnisse, Fähigkeiten und Erfahrungen abgestellt wird, die vernünftigerweise von einer Person erwartet werden können, die die von dem *director* ausgeübte Funktion in Bezug auf die Gesellschaft wahrnimmt, Sec. 174 (1) (2) (a) CA. Ebenfalls kann der Sorgfaltsmaßstab subjektiv verschärft werden. Der Companies Act stellt zusätzlich auf die allgemeinen Kenntnisse, Fähigkeiten und Erfahrungen ab, über die der konkrete *director* verfügt, Sec. 174 (2) (b) CA. Ist ein *director* beispielsweise Wirtschaftsprüfer, nimmt das Gericht dies in seine Überlegungen auf[1059].

Auch sonst wird ähnlich wie in Deutschland differenziert. Zwar unterscheidet der Companies Act nicht zwischen *executive* und *non-executive directors*. Den-

1055 *Steffek*, GmbHR 2007, 810 (811).
1056 *Cheffins/Black,* 84 Texas Law Review 2006, 1385 (1399).
1057 *Davies*, Introduction to Company law, 3. Aufl. 2019, S. 179.
1058 Re D'Jan of London Ltd [1994] 1 BCLC 561.
1059 So bei Roberts v Frohlich, [2011] 2 B.C.L.C. 625.

noch sollen die Anforderungen nach der Funktion des *directors* variieren[1060]. In der Anwendung des Pflichtenmaßstabs differenziert die Rechtsprechung[1061]. Weiter wird zwischen den konkreten Aufgaben unterschieden. Beispielsweise kann die Position in einem Ausschuss den Maßstab verändern, sofern die Position einen konkreten Bezug zur verletzten Pflicht hat[1062]. Auch die Höhe der Vergütung kann einen Anhaltspunkt für den Pflichtenumfang liefern[1063] und es kann zwischen Art und Größe der Unternehmen unterschieden werden[1064].

Sorgfaltsverstöße können durch aktive Entscheidung, vor allem aber durch die Unterlassung von Handlungen begangen werden[1065]. Selbst wenn ein *non-executive director* keinen Grund zur Vermutung hat, dass das Vertrauen in andere *directors* oder *officers* des Unternehmens unangebracht ist, kann ein *non-executive director* seine Pflicht durch mangelnde Überwachung verletzen[1066]. Ein Unternehmen darf darauf vertrauen, dass die *non-executive directors* ein unabhängiges Urteilsvermögen haben und die Geschäftsleitung überwachen[1067]. Die *non-executive directors* müssen über die Angelegenheiten des Unternehmens informiert bleiben[1068]. Sie haben die fortlaufende Pflicht, sich ausreichende Kenntnisse über die Geschäfte des Unternehmens anzueignen und aufrechtzuerhalten, um ihre Pflichten ordnungsgemäß erfüllen zu können[1069].

Selbstverständlich können auch im UK *directors* nicht sicherstellen, dass niemand im Unternehmen gegen Pflichten verstößt, die zu Schäden führen. Sie müssen aber sicherstellen, dass ein internes Kontrollsystem besteht, dass Fehler aufdecken kann[1070]. Insbesondere das aus *non-executive directors* bestehende *Audit Committee* soll nach dem Corporate Governance Code das interne Kontrollsystem überprüfen[1071]. Der Board soll einen Rahmen für umsichtige und wirksame Kontrollen schaffen[1072]. In Re Baring Plc (No. 5) wurden *directors*

1060 *Davies/Worthington/Hare*, Gower's Principles of Modern Company Law, 11. Aufl. 2021, Rn. 10-046.
1061 Equitable Life Assurance Society v Bowley [2004] 1 B.C.L.C. 180.
1062 Equitable Life Assurance Society v Bowley [2004] 1 B.C.L.C. 180.
1063 Re Baring Plc (No. 5) [2000] 1 B.C.L.C.
1064 *Davies/Worthington/Hare*, Gower's Principles of Modern Company Law, 11. Aufl. 2021, Rn. 10-046; *Hannigan*, Company Law, 6. Aufl. 2021, Rn. 11–18.
1065 *Davies/Worthington/Hare*, Gower's Principles of Modern Company Law, 11. Aufl. 2021, Rn. 10-048.
1066 *Cheffins/Black,* 84 Texas Law Review 2006, 1385 (1402) mit Verweis auf: Re Landhurst Leasing Plc [1999] 1 B.C.L.C. 286, 346.
1067 Equitable Life Assurance Society v Bowley [2004] 1 B.C.L.C. 180.
1068 Re Baring Plc (No. 5) [2000] 1 B.C.L.C.; *Cheffins/Black,* 84 Texas Law Review 2006, 1385 (1401).
1069 Re Baring Plc (No. 5) [2000] 1 B.C.L.C.
1070 *Davies/Worthington/Hare*, Gower's Principles of Modern Company Law, 11. Aufl. 2021, Rn. 10-047
1071 Provision 25 UK Corporate Governance Code 2018.
1072 Principle C UK Corporate Governance Code 2018.

auch bereits ihres Amtes enthoben, weil sie es versäumten, entsprechende interne Kontrollmechanismen zu installieren[1073].

Auch im UK ist die Notwendigkeit der Delegation von Aufgaben innerhalb des Board sowie auf untere Mitarbeiterebenen anerkannt[1074]. Entsprechend dem deutschen Recht gilt aber eine Gesamtverantwortung. Die Delegation enthebt *non-executive directors* nicht von ihrer Kontrollaufgabe. Sie müssen immer in der Position bleiben, das Management zu überwachen[1075]. Insbesondere müssen sie die Ausübung der übertragenen Funktion überwachen, selbst wenn die Aufgabe auf eine Person delegiert wird, die vertrauensvoll und sachkundig erscheint[1076]. Dies gilt sowohl für die Delegation auf untere Ebenen als auch innerhalb des Boards[1077].

Im UK hat sich das Haftungsrecht für *directors* damit an den allgemeinen Fahrlässigkeitsstandard (*law of negligence*) angepasst[1078]. Dieser Standard entspricht dem deutschen Sorgfaltsmaßstab.

2. Keine echte Business Judgment Rule

Im UK kennt bis heute weder das Gesetz noch die höchstrichterliche Rechtsprechung ausdrücklich eine Business Judgment Rule[1079]. Die *Company law review* lehnte die Normierung indes nur in der Erwartung ab, dass die Gerichte bei Anwendung des neuen Companies Act ohnehin einen ähnlichen Ansatz verfolgen würden[1080]. Auch im UK haftet ein *director* daher nicht allein deshalb, weil sich eine Geschäftsentscheidung nachträglich als falsch herausstellt[1081]. Gerichte zögern, unternehmerische Entscheidungen zu hinterfragen, und sehen davon ab, *directors* für bloße Fehlentscheidungen haftbar zu machen[1082].

Der einzige normierte Anknüpfungspunkt für ein Ermessen findet sich in einer Regelung zur Treuepflicht: Sec. 172 CA. Danach muss ein *director* so handeln, wie er nach Treu und Glauben denkt, dass seine Handlung den Erfolg der

1073 Re Baring Plc (No. 5) [2000] 1 B.C.L.C. 523 CA: »disqualification«.

1074 *Davies/Worthington/Hare*, Gower's Principles of Modern Company Law, 11. Aufl. 2021, Rn. 10-047; siehe auch die Leitentscheidung: Re City Equitable Fire Insurance Co., (1925) 1 Ch 407.

1075 *Davies/Worthington/Hare*, Gower's Principles of Modern Company Law, 11. Aufl. 2021, Rn. 10-047.

1076 Re Baring Plc (No. 5) [2000] 1 B.C.L.C. 433 (489).

1077 *Davies/Worthington/Hare*, Gower's Principles of Modern Company Law, 11. Aufl. 2021, Rn. 10-047.

1078 *Davies/Worthington/Hare*, Gower's Principles of Modern Company Law, 11. Aufl. 2021, Rn. 10-049.

1079 *Merkt*, ZGR 2017, 129 (130 f.).

1080 *Davies*, Introduction to Company law, 3. Aufl. 2019, S. 183.

1081 *Davies/Worthington/Hare*, Gower's Principles of Modern Company Law, 11. Aufl. 2021, Rn. 10-048.

1082 *Cheffins/Black*, 84 Texas Law Review 2006, 1385 (1401).

Gesellschaft zum Wohle seiner Mitglieder am besten fördern würde. Der *director* haftet nur, wenn ihm nachgewiesen werden kann, dass er auch nach seiner eigenen Meinung nicht im Interesse der Gesellschaft gehandelt hat[1083]. Die Regelung beruht auf den Prinzipien, dass Gerichte Geschäftsentscheidungen nicht überprüfen und *directors* vor dem Rückschaufehler geschützt werden sollen[1084] – mithin den für die Business Judgment Rule tragenden Prinzipien. Deutsche Autoren haben aus dem subjektiven Wortlaut daher geschlossen, dass Sec. 172 CA zu einem funktional vergleichbaren Ergebnis wie die Business Judgment Rule führe[1085]. Dies allein aus Sec. 172 CA zu schlussfolgern, erscheint indes gewagt, da Sec. 172 CA nicht die alleinige Richtschnur darstellt, sondern ausdrücklich neben der allgemeinen Sorgfaltspflicht aus Sec. 174 CA steht, die einen objektiven Ansatz verfolgt. Alle Pflichten des Companies Act treffen den *director* kumulativ, Sec. 179 CA. Zudem zielen die US-amerikanische als auch die deutsche Business Judgment Rule auf die Sorgfaltspflicht ab.

Dennoch spricht faktisch einiges für funktional ähnliche Ergebnisse. Die Tatsache, dass fast alle Entscheidungen zur Sorgfaltspflicht die unbewusste Unterlassung von Handlungen oder Entscheidungen betreffen[1086], zeigt, dass auch im UK zurückhaltend mit der Überprüfung aktiver Geschäftsentscheidungen umgegangen und daher in ähnlichen Fällen von der Haftung abgesehen wird. Die Fälle, in denen die Haftung bejaht wurde, würden auch in Deutschland oder den USA nicht unter den Schutz der Business Judgment Rule fallen[1087].

Eventuell kann aus der fehlenden Normierung der Pflichten bei der Entscheidungsfindung (Informationsniveau, kein Interessenkonflikt) für den *director* sogar der Vorteil folgen, dass die Gerichte bei Verletzung dieser verfahrensrechtlichen Pflichten nicht automatisch eine Pflichtverletzung vermuten[1088]. Auch in Deutschland führt eine Verletzung der verfahrensrechtlichen Pflichten zwar nicht automatisch zur Haftung[1089]. Ein Bias ist aber naheliegend und vereinzelt wird ein Verstoß gegen die verfahrensrechtlichen Pflichten sogar automatisch mit einer Pflichtverletzung gleichgesetzt[1090].

Solange die Gerichte sich ihrer besonderen Rolle daher bewusst sind, dürfte der Schutz dem der deutschen Business Judgment Rule ähnlich sein. An das Niveau des formalen Schutzes der US-amerikanischen Regelung samt Beweis-

1083 *Hannigan*, Company Law, 6. Aufl. 2021, Rn. 10-6; *Davies/Worthington/Hare*, Gower's Principles of Modern Company Law, 11. Aufl. 2021, Rn. 10-029.

1084 *Hannigan*, Company Law, 6. Aufl. 2021, Rn. 10-7.

1085 *Steffek*, GmbHR 2007, 810 (812); *Merkt*, ZGR 2017, 129 (137).

1086 *Davies/Worthington/Hare*, Gower's Principles of Modern Company Law, 11. Aufl. 2021, Rn. 10-048.

1087 Siehe zur Nichtanwendbarkeit, wenn keine bewusste Entscheidung vorliegt: 2. Teil § 2 I. 2.

1088 *Davies/Worthington/Hare*, Gower's Principles of Modern Company Law, 11. Aufl. 2021, Rn. 10-048.

1089 Stellvertretend *Koch*, 19. Aufl. 2025, § 93 Rn. 31.

1090 *Ph. Scholz,* AG 2015, 222 ff.; *ders.*, AG 2018, 173 ff.

last der Kläger kommt er hingegen nicht heran. Da aber weder eine normierte Regelung noch eindeutiges Fallrecht existiert, müssen die *directors* darauf vertrauen, dass Gerichte ihre Rolle entsprechend selbst ausformen, ohne eine echte Orientierungsgrundlage zu besitzen. Das bisherige Fallrecht stützt das Vertrauen in die Richterschaft. Indes galt früher auch ein rein subjektiver Sorgfaltsstandard, der inzwischen durch den objektiven Standard ersetzt wurde. Der subjektive Standard hatte es den Richtern leichter gemacht, Rückschaufehler zu vermeiden und Geschäftsentscheidungen nicht näher zu überprüfen[1091].

3. Treuepflichten – reiner Verfahrensansatz, Entzug jeglichen Vorteils als Rechtsfolge

Sec. 172 CA regelt die allgemeine Treuepflicht. Der *director* einer Gesellschaft muss subjektiv so handeln, dass der Erfolg der Gesellschaft zum Wohle ihrer Mitglieder als Ganzes am ehesten gefördert wird. Sec. 175 bis 177 CA ergänzen Spezialregelungen. Die wichtigsten Fälle sind auch im UK: *self-dealing*, die Nutzung von *corporate opportunities* und *corporate property* sowie ergänzend die Pflicht, keine Leistungen Dritter anzunehmen[1092].

Im Gegensatz zum deutschen Recht sind die Pflichten der *directors* sehr kleinteilig geregelt. Die Normierung geht deutlich über die Prinzipienbeschreibung der §§ 116 S. 1, 93 Abs. 1 S. 1 AktG hinaus. Ziel war es, insbesondere den *directors* selbst die Grundprinzipien ihrer Pflichten vor Augen zu führen[1093] und Klarheit zu schaffen[1094].

a) Eigengeschäfte (self-dealing)

Self-dealing wird in Sec. 177 CA geregelt und ist nicht grundlegend verboten[1095]. Im Gegensatz zu dem Ansatz vieler US-Bundesstaaten prüfen die Gerichte aber nicht die inhaltliche Angemessenheit solcher Transaktionen, etwa die Marktüblichkeit[1096]. Das Recht verfolgt einen reinen Verfahrensansatz. Der

1091 *Davies*, Introduction to Company Law, 3. Aufl. 2020, S. 182.

1092 Daneben regelt der Companies Act die Pflicht, nicht entgegen der Satzung zu handeln und die von den Gesellschaftern übertragenen Befugnisse nur für Zwecke auszuüben, für die sie übertagen sind, Sec. 171 CA. Die Vorschrift ist aber kaum praxisrelevant, da die Satzungen den *directors* umfassende Befugnisse einräumen und den Zweck der Übertragung der Befugnisse nicht näher beschreiben. Ferner müssen die *directors* ihr Ermessen unabhängig ausüben, Sec. 173 CA, insbesondere nicht nur im Sinne eines Minderheitsgesellschafters oder Gläubigers, dazu: *Davies*, Introduction to Company Law, 3. Aufl. 2020, S. 187 ff.

1093 *Davies/Worthington/Hare*, Gower's Principles of Modern Company Law, 11. Aufl. 2021, Rn. 10-002.

1094 *Hannigan*, Company Law, 6. Aufl. 2021, Rn. 8-1.

1095 *Davies*, Introduction to Company Law, 3. Aufl. 2020, S. 195.

1096 *Davies*, Introduction to Company Law, 3. Aufl. 2020, S. 196.

director darf Eigengeschäfte durchführen, solange er sich an die Verfahrensvorgaben des Companies Act hält.

So verlangt Sec. 177 CA, dass ein *director*, der direkt oder indirekt an einem geplanten Geschäft oder einer Vereinbarung mit der Gesellschaft ein eigenes Interesse hat, Art und Ausmaß dieses Interesses den anderen *directors* gegenüber offenlegen muss. Erfüllt er diese Vorgabe, scheidet eine Haftung aus. Selbst eine formale Zustimmung wie in den USA ist nicht erforderlich. Im UK vertraut das Recht darauf, dass die informierten *directors* angemessen reagieren. Der konfliktbehaftete *director* darf bei einer Abstimmung je nach Satzung sogar mitstimmen[1097].

Da einer solchen Regel die Gefahr innewohnt, dass die anderen *directors* ohne genaue Prüfung zustimmen, verlagert das Recht die Entscheidung in wichtigen Fällen auf die Gesellschafter[1098]. Sec. 188 bis 226 CA regeln deren Zustimmungsvorbehalte. Erfasst werden Geschäfte über wesentliche Vermögensgegenstände[1099], Darlehen an[1100], Langzeitverträge mit[1101] sowie Abfindungszahlungen an *directors*[1102]. Noch strengere Regeln bestehen nach den »Listing rules« (LR), die für eine kleine Anzahl von Publikumsgesellschaften gelten, die an der London Stock Exchange mit Premium Listing gelistet sind. Zustimmungsvorbehalte bestehen dort für alle Transaktionen, welche den Wert von 5 % des Vermögens des Unternehmens übersteigen[1103].

Auf Rechtsfolgenseite kann die Gesellschaft die Transaktion anfechten, Schadensersatz verlangen und selbst im Falle einer Anfechtung jeden direkten oder indirekten Gewinn des *directors* herausverlangen. Im UK zielt das Recht nicht nur auf die Kompensation der Gesellschaft ab, sondern will dem *director* jeden Vorteil entziehen, selbst wenn dies zur Überkompensation der Gesellschaft führt[1104].

Insgesamt gewährt das Recht im UK zum *self-dealing* den *directors* daher wie das US-amerikanische Recht Möglichkeiten, rechtssicher die Haftung durch Durchführung der Verfahren zu vermeiden. Gleichzeitig führen die klaren Regelungen auch dazu, dass ein Verstoß einfach festgestellt werden kann. Das Haftungsrisiko für unbewusst pflichtwidrige *self-dealing* Geschäfte ist daher geringer. Im Gegensatz zu den USA ist eine Board-Genehmigung aber nicht für wesentliche Geschäfte möglich. Wegen der formalen Schwierigkeiten einer

1097 *Davies*, Introduction to Company Law, 3. Aufl. 2020, S. 200.

1098 *Davies*, Introduction to Company Law, 3. Aufl. 2020, S. 200 f.

1099 Ein Vermögensgegenstand ist wesentlich, wenn er 10 % des Unternehmenswerts oder den absoluten Wert von GBP 100.000,00 übersteigt, Sec. 191 (2) CA.

1100 Sec. 197 ff. CA.

1101 Laufzeit > 2 Jahre, Sec. 188 Ca.

1102 Sec. 215 ff. CA.

1103 11.1.7, 11.1.6 LR, Listing rules Dezember 2023, siehe dazu unter www.handbook.fca.org.uk.

1104 *Davies*, Introduction to Company Law, 3. Aufl. 2020, S. 200, 202 ff.

Gesellschafter-Genehmigung (Hauptversammlung) dürften solche Geschäfte im UK schwerlich durchzuführen sein. Für den Rest des Boards reduziert sich dadurch aber das in Deutschland und den USA bestehende Risiko, für eine pflichtwidrige Zustimmung zu haften. Für die Zustimmung zu Geschäften mit hohem Schadenspotenzial sind die *directors* nicht zuständig.

b) Ausnutzung von Geschäftschancen (corporate opportunity doctrine)

Sec. 175 CA regelt in Absatz 1, dass ein *director* eine Situation vermeiden muss, in der er ein direktes oder indirektes Interesse hat oder haben kann, dass mit den Interessen des Unternehmens kollidiert oder kollidieren könnte. Sec. 175 CA regelt damit auch den Umgang eines *directors* mit Geschäftschancen der Gesellschaft. Nach Sec. 175 (2) CA gilt die Regel insbesondere für die Verwertung von Eigentum, Informationen oder Chancen.

Der Companies Act regelt nicht selbst, wann eine Geschäftschance der Gesellschaft zusteht. Das Fallrecht bejaht dies, wenn der *director* Informationen und/oder Assets der Gesellschaft nutzt, um eine neue Geschäftschance zu entwickeln[1105] oder dieser eigens bestellt wurde, um die entsprechende Geschäftschance für die Gesellschaft zu erlangen[1106]. Erlangt der *director* eine Geschäftschance im Rahmen seiner Stellung, wird auch im UK der *line of business* Test angewendet[1107].

Wie in den USA kann der Board der Nutzung nach vorheriger Aufklärung[1108] zustimmen, sodass eine Haftung ausscheidet, Sec. 175 (4) (b) CA. Die Zustimmung ist wirksam, wenn alle Anforderungen an die Beschlussfähigkeit erfüllt sind, ohne dass der betreffende *director* oder ein anderer persönlich interessierter *director* mitgezählt wird, und die Angelegenheit ohne ihre Stimmen beschlossen wurde, Sec. 175 (6) CA. In der Satzung kann zwar anderes geregelt werden, Sec. 175 (5) CA. Dies ist in der Praxis aber selten[1109].

Es ist für die Haftung irrelevant, wenn die Gesellschaft die Chance nicht selbst hätte nutzen können, Sec. 175 (2) CA. Irrelevant ist es auch, wenn der *director* nach Kenntniserlangung aus dem Amt ausscheidet und erst anschließend die Chance wahrnimmt[1110], Sec. 170 (2) (a) CA. Der *director* kann selbst dann haften, wenn die Gesellschaft sich zuvor allgemein gegen neue Investitionen entschieden hatte[1111].

1105 Cook v Deeks [1916] 1 AC 554.
1106 Industrial Development Consultants v Cooley [1972], 1 W.L.R. 443.
1107 *Davies*, Introduction to Company Law, 3. Aufl. 2020, S. 213.
1108 *Hannigan*, Company Law, 6. Aufl. 2021, Rn. 12–41.
1109 *Davies*, Introduction to Company Law, 3. Aufl. 2020, S. 208.
1110 CMS Dolphin Ltd v Simonet [2001] 2 B.C.L.C. 704 at 733.
1111 Bhullar v Bhullar [2003] 2 BCLC 241.

Als Rechtsfolge kann die Gesellschaft ausschließlich die vom *director* erzielten Erlöse verlangen[1112]. Das Recht verfolgt den Zweck, dem *director* jeden Gewinn zu entziehen. Erlangt der *director* keinen eigenen Gewinn, besteht auch kein Anspruch. Die Gesellschaft kann nur dann alternativ Schadensersatz für entgangene eigene Erlöse verlangen, wenn sie gleichzeitig einen Verstoß gegen eine andere Vorschrift, etwa die Sorgfaltspflicht, darlegen kann[1113].

Im Vergleich zum deutschen Recht kristallisiert sich als wesentlicher Unterschied daher wiederum die verfahrensrechtliche Enthaftung heraus. Durch Offenlegung und Genehmigung kann eine Haftung anders als in Deutschland sicher vermieden werden. Ansonsten wird vergleichbar mit Geschäftschancen umgegangen.

Die Zustimmung zur Nutzung der Geschäftschance stellt wiederum eine Haftungsgefahr für die zustimmenden *directors* dar. Diese dürfen nicht ihre Sorgfaltspflicht, Sec. 174 CA, sowie ihre Pflicht, den Erfolg der Gesellschaft zu fördern, Sec. 172 CA, verletzen[1114]. Dem entspricht es, dass ein deutsches Aufsichtsratsmitglied haftet, wenn es pflichtwidrig einem Geschäftsleiter eine Erlaubnis analog § 88 Abs. 1 S. 1 AktG[1115] zur Nutzung einer Geschäftschance erteilt[1116].

c) Ausnutzung von Vermögenswerten (corporate property)

Auch für die Nutzung sonstiger Vermögenswerte gilt Sec. 175 (2) CA, sodass sich keine Unterschiede zur Nutzung von Geschäftschancen ergeben. Dies entspricht dem deutschen Recht, welches die Nutzung der Vermögenswerte des Unternehmens für private Zwecke als treuwidrig einstuft.

d) Entgegennahme von Zuwendungen Dritter

Gemäß Sec. 176 CA dürfen *directors* von einem Dritten keine Vorteile annehmen, die im Zusammenhang mit der Stellung oder einer Handlung als *director*

1112 *Davies*, Introduction to Company Law, 3. Aufl. 2020, S. 214 f.

1113 *Davies/Worthington/Hare*, Gower's Principles of Modern Company Law, 11. Aufl. 2021, Rn. 10-099.

1114 *Davies*, Introduction to Company Law, 3. Aufl. 2020, S. 209; *Hannigan*, Company Law, 6. Aufl. 2021, Rn. 12–43.

1115 Zur Analogie bei Geschäftschancen: *Merkt*, ZHR 1995, 423 (445); *Kübler*, FS Werner, 1984, 437 (440); GK-AktG/*Hopt/Roth*, 5. Aufl. 2014, § 93 Rn. 252; entsprechend zum Geschäftsführer in der mitbestimmten GmbH: *Schiessl*, GmbHR, 1988, 53, (55 ff.).

1116 Zur Haftung bei pflichtwidriger Erteilung einer Erlaubnis nach § 88 Abs. 1 S. 1 AktG: MünchKomm-AktG/*Spindler*, 6. Aufl. 2023, § 88 Rn. 27; Hölters/Weber/*Weber*, 4. Aufl. 2020, § 88 Rn. 13.

stehen. Auf ein korruptes Motiv kommt es nicht an[1117]. Ausnahmsweise erlaubt das Recht im UK keine Genehmigung durch den Board, sondern nur durch die Gesellschafterversammlung, sodass eine rechtmäßige Entgegennahme praktisch ausscheidet[1118]. Als Rechtsfolge kann die Gesellschaft bei Darlegung eines Schadens diesen als Schadensersatz verlangen oder alternativ die Zuwendung des Dritten, etwa eine Geldzahlung, von dem *director* herausverlangen[1119].

Das deutsche Recht ist ähnlich streng. Nimmt ein Aufsichtsratsmitglied Geschenke, Provisionen oder Schmiergelder an, um die Gesellschaft zu Geschäften mit einem Dritten zu veranlassen, verstößt es gegen seine Treuepflicht[1120]. Auf Rechtsfolgenseite kann die Gesellschaft neben einem Schadensersatzanspruch (etwa wegen schlechter Konditionen des veranlassten Geschäfts) ebenfalls das Erlangte von dem Aufsichtsratsmitglied herausverlangen, §§ 687 Abs. 2, 681 S. 2, 667 BGB[1121]. Das deutsche Recht ist allerdings insoweit weniger streng, als eine Haftung ausscheidet, wenn das Aufsichtsratsmitglied beweisen kann, dass es dem Dritten für die Zuwendung keine Gegenleistung versprochen hat. Eine solche wird indes vermutet[1122].

II. Beweismaß – keine Beweislastumkehr

Im UK trägt der Kläger in einem Haftungsprozess gegen einen *director* die Beweislast[1123]. Das Recht kennt weder eine allgemeine Beweislastumkehr wie in Deutschland noch eine spezifisch für Treuepflichten geltende Beweislastumkehr wie in den USA. Damit fehlt einer der Hauptgründe für die Schärfe des deutschen Organhaftungsrechts[1124]. In Bezug auf Treuepflichten muss allerdings bedacht werden, dass das Recht im UK sowieso auf einen reinen Verfahrensansatz setzt, wonach sich der *director* enthaftet, indem er die zuständige Stelle (Board, Gesellschafter) vorher informiert. Eine Beweislastumkehr mit Blick auf

1117 *Davies/Worthington/Hare*, Gower's Principles of Modern Company Law, 11. Aufl. 2021, Rn. 10-101.
1118 *Davies/Worthington/Hare*, Gower's Principles of Modern Company Law, 11. Aufl. 2021, Rn. 10-101.
1119 *Davies/Worthington/Hare*, Gower's Principles of Modern Company Law, 11. Aufl. 2021, Rn. 10-102.
1120 BeckOGK/*Veil*, § 116 Rn. 87; Hölters/Weber/*Groß-Bölting/Rabe*, 4. Aufl. 2022, § 116 Rn. 63; GK-AktG/*Hopt/Roth*, 5. Aufl. 2018, § 116 Rn. 166.
1121 BeckOGK/*Veil*, AktG, § 116 Rn. 87 f.; GK-AktG/*Hopt/Roth*, 5. Aufl. 2018, § 116 Rn. 166; in Bezug auf einen Geschäftsführer: OLG Düsseldorf, WM 2000, 1393.
1122 BeckOGK/*Veil*, AktG, § 116 Rn. 87.
1123 *Hannigan*, Company Law, 6. Aufl. 2021, Rn. 12–43; Rn. 11-8: *»establish that…«*; Interessenkonflikt muss nachgewiesen werden, vgl. *Davies*, Introduction to Company Law, 3. Aufl. 2020, S. 194; *Danninger*, Organhaftung und Beweislast, S. 157 f.: mit der Unterscheidung zwischen common law und equity.
1124 Siehe zu Deutschland: 1. Teil § 3 B.

die Angemessenheit des Geschäfts wie in den USA ergäbe daher keinen Sinn. Der *director* muss aber nach allgemeinen Beweislastregeln nachweisen, dass er das Verfahren eingehalten hat. Für die Business Judgment Rule stellt sich die Frage der Beweislast von vornherein nicht, da das Recht im UK eine solche Regelung nicht kennt. Zudem kommt der Frage geringere Bedeutung zu, da das Beweismaß im UK geringer ist als in Deutschland[1125].

III. Vertrauen auf Informationen und Auskünfte Dritter – zunehmend vergleichbar streng

Auch die Rechtsprechung im UK gewährt den *non-executive directors* das Recht, auf Dritte zu vertrauen. Früher wurde dieser Vertrauensgrundsatz sehr weit verstanden. Nach der Entscheidung *Re City Equitable Fire Insurance Co.* aus dem Jahre 1925 durften *non-executive directors* ohne Anhaltspunkte für Fehlverhalten darauf vertrauen, dass *executive directors* ihre Aufgaben ehrlich erledigen[1126]. Auch nach der Entscheidung Norman v. Theodore durften *directors* auf Informationen oder Empfehlungen Dritter vertrauen, sofern keine Gründe bestehen, welche entweder an der Wahrhaftigkeit der Aussage oder an der Sachkenntnis des Dritten Zweifel begründeten[1127]. Ähnlich wurde auch in einem insolvenzrechtlichen Prozess eine Betrugshaftung (*fraudulent trading*) abgelehnt, weil die beklagten *directors* sich auf den Rat eines unabhängigen Insolvenzverwalters stützten[1128].

Die Anforderungen sind inzwischen aber strenger geworden. Nach der Entscheidung *Equitable Life Assurance Society v. Bowley* aus dem Jahre 2003 passt dieses vollumfängliche Vertrauen nicht mehr zur modernen Rolle der *non-executive directors*. Ein Unternehmen muss darauf vertrauen können, dass die *non-executive directors* ein unabhängiges Urteilsvermögen haben und die *executive directors* überwachen[1129]. Ein vollumfängliches Vertrauen gegenüber den *executive directors* ist daher nicht mehr angebracht. Auch führt eine Delegation nicht zur vollständigen Enthaftung. Es verbleibt eine Pflicht zur Überwachung der delegierten Aufgaben[1130].

1125 *Danninger*, Organhaftung und Beweislast, S. 159.

1126 Re City Equitable Fire Insurance Co., (1925) 1 Ch 407: »*In respect of all duties that, having regard to the exigencies of business, and the articles of association, may properly be left to some other official, a director is, in the absence of grounds for suspicion, justified in trusting that official to perform such duties honestly*«.

1127 Norman v Theodore Goddard [1991] BCLC 1027.

1128 Morphites v Bernasconi [2003] EWCA Civ. 289; dazu näher *Leyens*, EWiR 2004, 79 f.

1129 Equitable Life Assurance Society v Bowley [2004] 1 B.C.L.C. 180.

1130 Re Barings Plc (No. 5), (2000) 1 B.C.L.C.

Wenngleich anders als in den USA nicht normiert, findet sich auch im UK daher der haftungsbefreiende Vertrauensgrundsatz wieder. Ein vollumfängliches Vertrauen, insbesondere auf die *executive directors*, wird aber nicht mehr geschützt. Damit nähert sich das Recht im UK dem deutschen Recht an, welches streng gegenüber Vorstands-, Ausschussinformationen sowie dem Rat externer Dritter ist[1131].

IV. Verjährung – vergleichbar streng

Nach dem Limitation Act verjähren Ansprüche wegen treuhänderischer Pflichten in sechs Jahren, Sec. 21 (3) Limitation Act. Diese Vorschrift wird entsprechend auch auf die Pflichten der *directors* angewandt[1132]. Verjährungsbeginn ist gemäß Sec. 21 (3) Limitation Act der Zeitpunkt, in dem das Klagerecht entsteht: der Zeitpunkt der Pflichtverletzung. In zwei Fällen scheidet eine Verjährung gänzlich aus. Erstens, wenn der *director* betrügerisch gegen seine Pflichten verstoßen hat, Sec. 21 (1) (a) Limitation Act. Der Kläger muss nachweisen, dass der *director* entweder in dem Wissen handelte, dass seine Handlung den Interessen der Gesellschaft zuwiderlief oder ihm dies gleichgültig war[1133]. Zweitens, wenn der *director* Eigentum der Gesellschaft missbräuchlich verwendet hat und die Gesellschaft die Rückgabe dieses Eigentums verlangt, Sec. 21 (1) (b) Limitation Act[1134].

Insgesamt ist das Verjährungsrecht im UK daher auf dem Papier strenger als in Deutschland. Die Frist ist ähnlich lang wie die fünfjährige Frist in Deutschland. Im Einzelfall kann die Verjährung aber entfallen. Strenger ist das deutsche Recht mit zehn Jahren nur bei Börsennotierung, § 93 Abs. 6 AktG. Deutlich strenger ist es zudem bei der Nichtverfolgung von Ansprüchen nach ARAG/Garmenbeck, da sich die Verjährungsfrist in diesen Fällen in Deutschland verdoppeln kann[1135].

V. Vergleichsbereitschaft – vergleichbare Anreize, mehr Flexibilität

Die Anreize zur Vergleichsbereitschaft entsprechen denen in den USA[1136] und Deutschland. Hervorzuheben ist nur, dass den Gerichten im UK eine besondere

1131 Siehe dazu 2. Teil § 2 B. III.
1132 *Davies/Worthington/Hare*, Gower's Principles of Modern Company Law, 11. Aufl. 2021, Rn. 10-127.
1133 *Davies/Worthington/Hare*, Gower's Principles of Modern Company Law, 11. Aufl. 2021, Rn. 10-127.
1134 *Davies/Worthington/Hare*, Gower's Principles of Modern Company Law, 11. Aufl. 2021, Rn. 10-127.
1135 Siehe dazu 1. Teil Lange Verjährung.
1136 Siehe dazu 2. Teil § 2 B. V.

Kontrollfunktion zukommt. Da Aktionärskläger mitunter rein persönliche Motive verfolgen und sich infolge des Vergleichsdrucks der Gesellschaft und der *directors* über solche Vergleiche bereichern können, gestattet das Recht den Gerichten, Vergleiche zu überprüfen und zu verhindern[1137]. Ob dies die Chancen der *directors*, durch Vergleich einer persönlichen Zahlung zu entgehen, merklich reduziert, kann aber nicht prognostiziert werden. Wichtig ist zudem, dass das Recht im UK anders als das deutsche Recht keine dreijährige Sperrfrist kennt, sodass es mehr Flexibilität für eine gütliche Streitbeilegung bietet.

C. Durchsetzung

I. Vergleichbare Durchsetzungsprobleme beim Board

Auch für das Haftungsrisiko der *non-executive directors* ist die Durchsetzung entscheidend. Innenhaftungsansprüche stehen der Gesellschaft zu, sodass sie auch nur durch die Gesellschaft oder durch Personen, die im Namen der Gesellschaft handeln, durchgesetzt werden können[1138]. Im Normalfall[1139] steht damit zunächst dem Board das Recht zu, Ansprüche geltend zu machen. Die Board-Mitglieder unterliegen aber Interessenskonflikten. Evident ist dies für *non-executive directors,* die an der Pflichtverletzung mitgewirkt haben. Selbst wenn diese *non-executive directors* aber nicht an der Entscheidung beteiligt sind, kann nicht von Objektivität ausgegangen werden. Die anderen Board-Mitglieder können ein Interesse daran haben, ihren Kollegen den Rücken freizuhalten, um für den Fall eines eigenen Verschuldens darauf vertrauen zu können, entsprechender Rückendeckung zuteil zu werden[1140]. Ferner können die haftbaren Board-Mitglieder Einfluss auf ihre Kollegen nehmen und die Mehrheit überzeugen, von der Klage abzusehen[1141]. Diese Gefahr ist im monistischen System mit einem Board ohne vollständige Trennung noch größer als in Deutschland.

Sollten auch *executive directors* an der Entscheidung des Boards beteiligt sein, unterliegen diese weiteren Interessenkonflikten. Der Einsatz der *non-executive directors* in den Ausschüssen kann zu denselben Interessenkonflikten führen, die eine Haftungsdurchsetzung gegenüber Aufsichtsratsmitgliedern unwahrscheinlich machen. Befindet sich der potenziell haftende *non-executive director* im *Nominating Committee*, mag eine Dankbarkeit der *executive directors* für die Nominierung in den Board bestehen. Sind die potenziell haftbaren *non-*

1137 *Davies/Worthington/Hare*, Gower's Principles of Modern Company Law, 11. Aufl. 2021, Rn. 15-020.

1138 *Davies*, Introduction to Company Law, 3. Aufl. 2020, S. 272.

1139 Im UK kann dies theoretisch durch die Satzung anders geregelt werden.

1140 *Davies*, Introduction to Company Law, 3. Aufl. 2020, S. 272.

1141 *Davies/Worthington/Hare*, Gower's Principles of Modern Company Law, 11. Aufl. 2021, Rn. 15-002.

executive directors Teil des *Remuneration Committee* und damit für die Vergütung der *executive directors* zuständig, können finanzielle Eigeninteressen falsche Anreize setzen. Zudem entsteht durch die wichtige Rolle des *Nominating Committee* bei der Abberufung der *executive directors* eine gewisse Abhängigkeit, wenngleich diese weniger ausgeprägt ist als in der deutschen AG. Denn die Abberufungskompetenz kommt den Gesellschaftern zu[1142]. In Deutschland steht diese dem Aufsichtsrat zu, § 84 Abs. 4 AktG.

Insgesamt ist der Board daher ähnlich ungeeignet, die Haftung gegenüber den *non-executive directors* durchzusetzen, wie der Vorstand gegenüber den Aufsichtsratsmitgliedern. Hinzu kommt, dass das Recht im UK soweit ersichtlich bisher keine Verfolgungspflicht im Sinne ARAG/Garmenbecks kennt. Entsprechend dem deutschen System ändert sich die Situation erst dann, wenn der Board ausgetauscht wird, etwa nach einer Unternehmensübernahme, und daher neue Mitglieder ohne Interessenkonflikt über die Durchsetzung entscheiden[1143].

II. Durchsetzung durch die Gesellschafter

1. Fehlender Anrciz für Mehrheitsbeschluss der Gesellschafter

Nach dem common law können Gesellschafter mit einfacher Mehrheit die Haftungsdurchsetzung beschließen[1144]. Eine Durchsetzung durch Gesellschafter in Publikumsgesellschaften mit Streubesitz unterliegt aber denselben *collective action*-Problemen wie die deutsche AG. Kein Gesellschafter mit geringem Kapitalanteil hat einen ausreichenden Anreiz, die Haftungsdurchsetzung auf die Agenda zu bringen, die notwendigen Tatsachen zusammentragen und andere Gesellschafter zu überzeugen, für die Durchsetzung zu stimmen. Hinzu treten Kommunikations- und Abstimmungsprobleme[1145].

Gänzlich ungeeignet ist die Durchsetzung durch Mehrheitsbeschluss, wenn die potenziell haftenden *directors* selbst mit einer signifikanten Position beteiligt sind und daher Einfluss nehmen können, insbesondere wenn die anderen Gesellschafter breit gestreut und desinteressiert sind. Anders als in Deutschland, wo das Stimmrecht von betroffenen Aufsichtsratsmitgliedern, die in Personalunion Aktionär sind, ausgeschlossen ist, § 136 Abs. 1 S. 1 3. Alt. AktG[1146], sind die *non-executive directors* bei der Entscheidung über die Geltendmachung der Ansprüche stimmberechtigt[1147].

1142 *Davies/Worthington/Hare*, Gower's Principles of Modern Company Law, 11. Aufl. 2021, Rn. 11-023.
1143 *Cheffins/Black,* 84 Texas Law Review 2006, 1385 (1404).
1144 *Davies/Worthington/Hare*, Gower's Principles of Modern Company Law, 11. Aufl. 2021, Rn. 15-003.
1145 *Davies*, Introduction to Company Law, 3. Aufl. 2020, S. 273.
1146 Stellvertretend *Bayer/Hoffmann*, AG 2018, 337 (344).
1147 *Davies*, Introduction to Company Law, 3. Aufl. 2020, S. 273.

2. Etwas höheres Risiko durch Aktionärsklage

War bis in die 1990er Jahre die Anzahl an erfolgreichen Aktionärsklagen fast null[1148], soll sie seit Einführung des Companies Act 2006 vor allem in kleineren Gesellschaften an Bedeutung gewonnen haben[1149]. Andere Autoren sind weiterhin kritisch[1150]. Jedenfalls hat die Aktionärsklage damit im UK aber eine höhere Durchsetzungsquote als in Deutschland, wo es bisher nur zu zwei Anträgen auf Klageerzwingung kam[1151]. Sie steht aber deutlich hinter den USA zurück.

Im UK kann ein einzelner Gesellschafter, selbst wenn er nur einen einzigen Gesellschaftsanteil hält, die Schadensersatzansprüche der Gesellschaft gegen die *non-executive directors* für die Gesellschaft geltend machen[1152]. Es kommt nicht darauf an, ob er seine Gesellschaftsanteile bereits im Zeitpunkt der Pflichtverletzung besessen oder erst später erlangt hat, Sec. 260 (4) CA. Die Aktionärsklage reicht damit deutlich weiter als in Deutschland, wo sie ein Mindestquorum von 1 % der Anteile oder einen anteiligen Betrag von EUR 100.000,00 voraussetzt und der Kläger die Anteile erworben haben muss, bevor er Kenntnis von der Pflichtverletzung erlangt hat, § 148 Abs. 1 S. 1, S. 2 Nr. 1 AktG.

Dafür ist das Recht im UK bei der Zulassung strenger. Der Gesellschafter kann nicht sofort klagen, sondern braucht die Zustimmung des Gerichts, Sec. 261 CA. Das Gericht muss entscheiden, ob die Geltendmachung potenzieller Ansprüche im Interesse der Gesellschaft liegt[1153]. Insofern muss es den Antrag ablehnen, wenn ein *director* im Einklang mit der Pflicht, gemäß Sec. 172 CA den Erfolg des Unternehmens zu fördern, von der Geltendmachung absehen würde oder wenn die Gesellschaft der Pflichtverletzung des *directors* zugestimmt oder diese genehmigt hat, Sec. 263 (2) CA. Anderenfalls muss das Gericht eine Reihe von Faktoren abwägen. Zu diesen Faktoren zählt, ob der Antragsteller aus gutem Willen oder persönlichen Interessen handelt, die Bedeutung, die ein nach Sec. 172 CA handelnder *director* der Fortführung beimessen würde, die Wahrscheinlichkeit, dass der Verstoß genehmigt oder gebilligt werden würde, ob die Gesellschaft entschieden hat, nicht zu klagen und, ob der Antragsteller alternativ auch eigene Rechte geltend machen könnte, Sec. 263 (3) CA. Der wichtigste Faktor ist, welche Meinung die Gesellschafter ohne Interessenkonflikt zu dieser Frage haben, Sec. 263 (4) CA[1154]. Nach deutschem Recht scheidet eine Zulassung nur im Ausnahmefall[1155] aus, wenn über-

1148 Für Publikumsgesellschaften: *Armour/Black/Cheffins/Nolan*, 6 Journal of Empirical Legal Studies 2009, 687 (696).

1149 *Davies*, Introduction to Company Law, 3. Aufl. 2020, S. 275, 277.

1150 *Hannigan*, Company Law, 6. Aufl. 2021, Rn. 20–68.

1151 LG München I, NZG 2007, 477 und OLG Köln, NZG 2019, 582 (beide Anträge wurden abgelehnt).

1152 *Davies*, Introduction to Company Law, 3. Aufl. 2020, S. 274.

1153 *Davies*, Introduction to Company Law, 3. Aufl. 2020, S. 276.

1154 *Davies*, Introduction to Company Law, 3. Aufl. 2020, S. 277.

1155 RegBegr UMAG, BT-Drs. 15/5092, S. 22: »im Normalfall Haftungsklage«.

wiegende Gründe des Gesellschaftswohls entgegenstehen, vor allem: sehr geringe Schadenssumme[1156], Mehrfachklage[1157], fehlende Betreibbarkeit der Forderung[1158] und ggf. die Offenlegung von Geschäftsgeheimnissen[1159], § 148 Abs. 1 S. 2 Nr. 4 AktG.

III. Insolvenz – vergleichbare Risiken

Die Insolvenz ist auch im UK die gefährlichste Phase für *directors*, da der Zusammenbruch des Unternehmens unweigerlich zu ihrer Überprüfung führt[1160] und die *directors* bei Ausübung ihrer Pflichten nun auch die Interessen der Gläubiger beachten müssen[1161].

Ein starker Durchsetzungswille geht auch im UK vom Insolvenzverwalter aus. Im Falle der Liquidation der Gesellschaft darf der Verwalter wie in Deutschland im eigenen Namen die *directors* wegen Verletzung ihrer Pflichten verklagen, Sec. 212 Insolvency Act 1986. Da es die Kernaufgabe des Verwalters ist, die Masse für die Gläubiger zu maximieren[1162], gebietet seine Aufgabe die rigorose Durchsetzung. Auch im UK kann sich seine Vergütung prozentual an der Masse orientieren. Nach Sec. 18.16 (1) Insolvency Rules (England and Wales) 2016 hat der Verwalter einen Anspruch auf eine Vergütung für seine Tätigkeit als Amtsträger. Grundlage dieser Vergütung kann ein Prozentsatz des Vermögens sein, den der Verwalter verwertet oder verteilt hat, Sec. 18.16 (2) (b) Insolvency Rules 2016. Folglich besteht wie in Deutschland ein Anreiz zur Durchsetzung der Ansprüche, um die eigene Vergütung aufzubessern.

D. Vergleichbarer Schutz durch D&O-Versicherung

Auch das Recht im UK erlaubt die Versicherung der *directors* durch die Gesellschaft[1163]. In der Praxis sind daher wie in den USA und Deutschland die *directors* aller größeren und zunehmend auch kleineren[1164] Gesellschaften durch

1156 RegBegr UMAG, BT-Drs. 15/5092, S. 22.
1157 RegBegr UMAG, BT-Drs. 15/5092, S. 22.
1158 Stellvertretend: Grigoleit/*Grigoleit/Rachlitz*, 2. Aufl. 2020, § 148 Rn. 17.
1159 Umstritten, dazu stellvertretend: MünchKomm-AktG/*Arnold*, 6. Aufl. 2024, § 148 Rn. 56.
1160 *Hannigan*, Company Law, 6. Aufl. 2021, Rn. 15-1.
1161 Roberts v Frohlich, [2011] 2 B.C.L.C. 625.
1162 *Davies/Worthington/Hare*, Gower's Principles of Modern Company Law, 11. Aufl. 2021, Rn. 33-019.
1163 *Davies/Worthington/Hare*, Gower's Principles of Modern Company Law, 11. Aufl. 2021, Rn. 10-123.
1164 *Cheffins/Black*, 84 Texas Law Review 2006, 1385 (1415).

D&O-Versicherungen geschützt, die von der Gesellschaft finanziert werden[1165]. Auch *non-executive directors* übernehmen keine Ämter mehr, wenn sie nicht entsprechenden Versicherungsschutz erhalten[1166]. Der Schutz umfasst Schadensersatzverpflichtungen im Rahmen eines Vergleichs oder nach einem Gerichtsverfahren sowie die Kosten für die Anspruchsabwehr[1167].

Wie in den USA und Deutschland resultieren persönliche Haftungsrisiken aus begrenzten Deckungssummen sowie Ausschlüssen für betrügerisches, vorsätzliches oder unehrliches Verhalten[1168]. Ausgeschlossen ist der Schutz zudem für Gewinne, welche der *director* durch eine Pflichtverletzung erlangt[1169].

E. Gesamtvergleich

Im UK gibt es wie in Deutschland traditionell eher wenig Klagen, aber eine Tendenz zu mehr Klagen. Das materielle Haftungsrecht für *non-executive directors* ist teilweise strenger, teilweise weniger streng als das Haftungsrecht für Aufsichtsratsmitglieder. Sorgfaltsmaßstab und Pflichten sind vergleichbar. Auch berücksichtigt das Recht im UK die Rolle der *non-executive directors*, wenngleich es nicht so stark für Differenzierungen sensibilisiert ist wie das dualistische deutsche System. Im Vergleich zum deutschen Recht fehlt der Schutz durch eine ausdrückliche Business Judgment Rule. Bisher haben Gerichte Geschäftsentscheidungen mit negativem Ausgang aber kaum überprüft, sodass der Unterschied faktisch gering ist. Beide Rechtsordnungen sehen zudem die Delegation vor, verlangen aber die Gesamtverantwortung.

Die *non-executive directors* unterliegen auch dem deutschen Recht vergleichbaren Treuepflichten. Im Gegensatz zum deutschen Recht sind die Pflichten kleinteilig normiert, was dem Richter eine einfache Feststellung von Pflichtverletzungen erlaubt. Gleichzeitig können die Risiken eines (fahrlässigen) Verstoßes leicht umgangen werden, da anders als im deutschen Recht eine verfahrensrechtliche Enthaftung durch Offenlegung gegenüber dem Board möglich ist. Nur für *self-dealing* Geschäfte mit wesentlichen Vermögensgegenständen scheidet dies praktisch aus. Die Rechtsfolgen reichen oft weiter als in Deutsch-

1165 *Cheffins/Black,* 84 Texas Law Review 2006, 1385 (1415); *Hannigan,* Company Law, 6. Aufl. 2021, Rn. 14–67.

1166 *Davies/Worthington/Hare*, Gower's Principles of Modern Company Law, 11. Aufl. 2021, Rn. 10-123.

1167 *Cheffins/Black,* 84 Texas Law Review 2006, 1385 (1415).

1168 *Davies/Worthington/Hare*, Gower's Principles of Modern Company Law, 11. Aufl. 2021, Rn. 10-123; *Cheffins/Black,* 84 Texas Law Review 2006, 1385 (1416).

1169 *Davies/Worthington/Hare*, Gower's Principles of Modern Company Law, 11. Aufl. 2021, Rn. 10-123; *Cheffins/Black,* 84 Texas Law Review 2006, 1385 (1416).

land, da das Recht im UK nicht die Kompensation der Gesellschaft, sondern die Abschöpfung der Gewinne im Blick hat.

Die Enthaftung durch Vertrauen auf Dritte nähert sich der Strenge des deutschen Rechts an. Ähnlich streng ist auch das Verjährungsrecht. Vergleichsoptionen sind hingegen zeitlich flexibler möglich, können dafür aber richterlich überprüft werden. Ein zentraler Unterschied liegt darin, dass das Recht im UK keine Beweislastumkehr zu Lasten der *directors* kennt.

Kernproblem ist auch im UK die Durchsetzung. Der Board ist noch ungeeigneter, die Haftung durchzusetzen, als der deutsche Vorstand. Auch die Durchsetzung durch die Gesellschafter scheitert bei Streubesitz regelmäßig an denselben Problemen. Die Aktionärsklage hat mehr Bedeutung als in Deutschland, was aber nur daran liegt, dass sie in Deutschland keine Bedeutung hat. Vor allem wird die Haftung auch im UK durch den Insolvenzverwalter oder neu eingesetzte Board-Mitglieder durchgesetzt. Schutz besteht in beiden Rechtsordnungen durch vergleichbare D&O-Versicherungen.

Insgesamt lässt sich daher trotz vieler Unterschiede im Detail eine Konvergenz der Haftungsrisiken erkennen. Schärfere und mildere Haftungsaspekte halten sich die Waage. Ein Vergleich der Möglichkeiten zur satzungsmäßigen Haftungsbeschränkung, um auf diese Risiken zu reagieren, erscheint daher fruchtbar.

§ 5 Verbot statutarischer Haftungsbeschränkungen (UK)

A. Einführung

Auch im UK wurde die Gesetzgebung zu Haftungsbeschränkungen durch eine Gerichtsentscheidung geprägt[1170]. In der Entscheidung *Re City Equitable Fire Insurance Co*[1171] aus dem Jahre 1925 bejahte das Gericht die Voraussetzungen für die Haftung einiger *directors* wegen Verletzung ihrer Sorgfaltspflichten. Dennoch hafteten die *directors* nicht, da ihre Haftung durch eine statutarische Haftungsbeschränkung begrenzt war und keiner der wenigen Ausnahmefälle (Haftung nur für: *willful neglect or default*) vorlag.

Der Report des Greene Committee on Company Law empfahl daraufhin eine Änderung des Companies Act[1172]. Dem folgte der Gesetzgeber im Jahre 1929. Er verabschiedete eine Regelung, die im genauen Gegensatz zu den US-amerikanischen Regelungen steht. Die Norm findet sich heute mit kleinen Änderungen im Companies Act wieder. In Sec. 232 (1), (2) CA heißt es:

»(1) Any provision that purports to exempt a director of a company (to any extent) from any liability that would otherwise attach to him in connection with any negligence, default, breach of duty or breach of trust in relation to the company is void.

(2) Any provision by which a company directly or indirectly provides an indemnity (to any extent) for a director of the company, or of an associated company, against any liability attaching to him in connection with any negligence, default, breach of duty or breach of trust in relation to the company of which he is a director is void […]«.

Jede Vereinbarung ist nichtig, welche einen *director* von der Haftung gegenüber der Gesellschaft wegen einer Pflichtverletzung auch nur teilweise befreit oder freistellt. Nach Sec. 232 (3) CA gilt dies ausdrücklich auch für Regelungen in der Satzung:

»This section applies to any provision, whether contained in a company's articles or in any contract with the company or otherwise.«

Statutarische Haftungsbeschränkungen für Innenhaftungsansprüche der Gesellschaft sind daher untersagt. Nicht verboten durch diese Regelung ist seit 1989

1170 *Davies*, Introduction to Company Law, 3. Aufl. 2020, S. 219.
1171 Re City Equitable Fire Insurance Co., (1925) 1 Ch 407.
1172 Company Law Amendment Committee, 1925-26 Report, Cmnd 2657, 1926, Rn. 47: »*We recommend that any contract or provision (whether contained in the company's articles or otherwise) whereby a director, manager or other officer of the company is to be excused from or indemnified against his liability under the general law for negligence or breach of duty or breach of trust should be declared void.*«

nur die beschriebene Übernahme der Prämien für eine D&O-Versicherung durch die Gesellschaft, Sec. 233 CA, sowie seit 1994 die Freistellung von Ansprüchen Dritter, Sec. 234 CA[1173].

B. Gründe und Ziele der Gesetzgebung für das Verbot

In den *Explanatory Notes* zum Companies Act 2006 findet sich keine Begründung zu Sec. 232 CA[1174]. Aufschlussreicher ist der *Report of the Company Law Amendment Committee* (teilweise auch: *Report of the Greene Committee*), auf dessen Empfehlung hin die Regelung 1929 eingeführt wurde. Der Report begründete seine Empfehlung damit, dass umfassende Haftungsbeschränkungen den *directors* einen ungerechtfertigten Schutz gewährten. Der *director* bliebe selbst bei gröbster Fahrlässigkeit ungestraft, sofern er sich des Verstoßes nicht bewusst sei[1175]. Der Report nahm hierfür Bezug auf sehr weitreichende Klauseln aus der damaligen Praxis, welche die Haftung bis auf *actual dishonesty* ausschlossen[1176].

Weiter argumentierte der Report, es sei falsch, zu behaupten, dass Gesellschafter mit einem entsprechenden Schutz der *directors* einverstanden seien. Die Satzung werde auf Anweisung der an der Gründung der Gesellschaft Beteiligten verfasst und es sei für Gesellschafter eine schwierige und heikle Angelegenheit, zu versuchen, eine Satzungsbestimmung, wie eine Haftungsbeschränkung zum Nachteil des Managements, nachträglich wieder zu ändern[1177].

1173 *Davies*, Introduction to Company Law, 3. Aufl. 2020, S. 219 f.

1174 Explanatory Notes des Government Department zu Sec. 232.

1175 Company Law Amendment Committee, 1925-26 Report, Cmnd 2657, 1926, Rn. 46: »*We consider that this type of article gives a quite unjustifiable protection to directors. Under it a director may with impunity be guilty of the grossest negligence provided that he does not consciously do anything which he recognizes to be improper.*«.

1176 Company Law Amendment Committee, 1925-26 Report, Cmnd 2657, 1926, Rn. 46: »*The decision in the City Equitable case (1925 Ch. 407) has directed public attention to the common article which exempts directors from liability for loss except when it is due to their ›willful neglect or default.‹ Another form of article which has become common in recent years goes even farther and exempts directors in every case except that of actual dishonesty […]*«.

1177 Company Law Amendment Committee, 1925-26 Report, Cmnd 2657, 1926, Rn. 46: »*It is moreover, in our opinion fallacious to say that the shareholders must be taken to have agreed that their directors should be placed in this remarkable position. The articles are drafted on the instructions of those concerned in the formation of the company, and it is obviously a matter of great difficulty and delicacy for shareholders to attempt to alter such an article as that under consideration.*«.

Schließlich wurde negativ damit argumentiert, dass ein solches Verbot für einen gewissenhaften *director* keine Härte bedeute oder seine Position erschweren würde und, dass es keine Grundlage für die Behauptung gäbe, dass sie wünschenswerte Personen davon abhalte, ein Amt zu übernehmen. Ein *director*, der ein Amt annimmt, tue dies nicht in dem Bewusstsein, dass er so nachlässig sein kann, wie er wolle, ohne haftbar gemacht zu werden[1178].

Davies geht davon aus, das Hauptmotiv für die restriktive Gesetzgebung sei darin zu sehen, dass der Gesetzgeber den Gesellschaftern nicht zutraue, sinnvolle Entscheidungen in ihrem Eigeninteresse zu treffen[1179]. Auch er selbst bezweifelt, dass die Gesellschafterversammlung eine informierte und überlegte Entscheidung treffen könne[1180]. Jedenfalls in Gesellschaften mit großem Gesellschafterkreis sei unklar, ob die Gesellschafter zu solchen Entscheidungen fähig seien. Begründet wird dieses Misstrauen mit dem bekannten *collective action problem*[1181]. Dieser Gedankengang findet sich wie bereits gezeigt auch in den USA wieder. Dort ist das Misstrauen aber deutlich geringer, sodass damit lediglich Haftungsbeschränkungen für Treuepflichtverletzungen und besonders grobe Fahrlässigkeit/Vorsatz (»*bad faith*«) untersagt werden[1182].

Wie in den USA mit Blick auf Treuepflichtverletzungen scheint dieses Misstrauen indes auf abstrakte Haftungsbeschränkungen beschränkt zu sein. Der Gesetzgeber erlaubt ausdrücklich, dass Gesellschafter konkrete Pflichtverletzungen der *directors* nachträglich ratifizieren dürfen, Sec. 239 CA. *Davies et al.* vermuten, dass der Gesetzgeber den Gesellschaftern insbesondere keine Entscheidung über zukünftige Verstöße zutraue[1183]. Allein auf den Zeitpunkt scheint es aber nicht anzukommen. Denn auch die ebenfalls enthaftende vorherige Zustimmung durch die Gesellschafter oder Satzungsbestimmung ist möglich, Sec. 180 (4) (a) (b) CA[1184]. Auch spielen die Gesellschafter im Rahmen der verfahrensrechtlichen Enthaftung, etwa bei wesentlichen Vermögenswerten, die entscheidende Rolle. Auch dort können sie vor Abschluss des Geschäfts zustimmen und damit den *director* enthaften. Entscheidender Unterschied ist daher vor allem, dass es um eine konkrete (pflichtverletzende) Handlung oder

1178 Company Law Amendment Committee, 1925-26 Report, Cmnd 2657, 1926, Rn. 46: »*We are satisfied that such an enactment would not cause any hardship to a conscientious director or make his position more onerous and, in our view, there is no foundation whatever for the suggestion that it would discourage many otherwise desirable persons from accepting office. A director who accepts office does not consciously do so upon the footing that he may be as negligent as he pleases without incurring liability.*«.

1179 *Davies*, Introduction to Company Law, 3. Aufl. 2020, S. 219.

1180 *Davies*, Introduction to Company Law, 3. Aufl. 2020, S. 221.

1181 *Davies*, Introduction to Company Law, 3. Aufl. 2020, S. 219.

1182 Siehe dazu 2. Teil § 3 C. I., IV.

1183 *Davies/Worthington/Hare*, Gower's Principles of Modern Company Law, 11. Aufl. 2021, Rn. 10-119; auch *Fleischer*, 70. DJT 2014, N 86.

1184 *Hannigan*, Company Law, 6. Aufl. 2021, Rn. 12–43.

Unterlassung geht. Sofern es um einen konkreten Verstoß geht, selbst wenn dieser in der Zukunft liegt, wird den Gesellschaftern zugetraut, den *director* zu entlasten. Anders hingegen, wenn abstrakt und unbestimmt die Haftung reduziert werden soll.

Sieht man daher von den negativen Begründungen ab, die ein Satzungsverbot nicht begründen, sondern höchstens Gegenargumente entkräften können, verbleiben drei Kernargumente, die aus der Gesetzgebung aufgegriffen werden können:

1. *Directors* sollen keinen umfassenden ungerechtfertigten Schutz erhalten.
2. Gesellschafter müssen vor sich selbst geschützt werden, da sie abseits von konkreten Handlungen keine in ihrem eigenen Interesse liegende Entscheidung treffen können.[1185]
3. Gesellschafter müssen vor Satzungsregeln der Gründer geschützt werden, da sie diese nachträglich kaum ändern können.[1186]

Da die *non-executive directors* im Rahmen der Corporate Governance eine ähnliche Funktion wie die deutschen Aufsichtsratsmitglieder einnehmen und zudem ein vergleichbares Haftungsrisiko aufweisen, können diese drei Kernargumente in die rechtsökonomische Diskussion des dritten Teils für den deutschen Aufsichtsrat übernommen werden.

1185 Aus ökonomischer Sicht zu diesem Argument: 3. Teil § 3 B. I.
1186 Aus ökonomischer Sicht zum Anlegerschutz: 3. Teil § 3 B. II.

Ergebnisse 2. Teil

Outside directors in den USA sowie *non-executive directors* im UK eignen sich mit Blick auf Haftungsbeschränkungen als Vergleichsgruppe für deutsche Aufsichtsratsmitglieder. Alle drei Gruppen übernehmen in ihren Gesellschaften eine ähnliche Funktion. Einerseits übernehmen sie die Überwachung der Geschäftsleiter. Andererseits kommt ihnen auch eine unternehmerische Verantwortung zu. Auch ihre Haftungsrisiken sind ausreichend mit denen deutscher Aufsichtsratsmitglieder vergleichbar, um Erkenntnisse zur Beschränkbarkeit der Haftung für das deutsche Recht zu nutzen. Die US-amerikanischen *outside directors* unterliegen insgesamt einem ähnlichen persönlichen Haftungsrisiko wie deutsche Aufsichtsratsmitglieder. Dies lässt sich aber erst aus dem Zusammenwirken von Organhaftungsrecht und Haftungsdurchsetzung erklären. So ist das Haftungsrecht in Delaware in vielen Aspekten weniger streng als das deutsche Aufsichtsratshaftungsrecht (z.B. Schutz Business Judgment Rule, Beweislast, Vertrauen auf den Rat Dritter, kürzere Verjährung, flexiblere Vergleichsoptionen). Dafür ist die Durchsetzungsrate deutlich höher, da im Gegensatz zu Deutschland die Aktionärsklage hohe praktische Bedeutung hat. Der Versicherungsschutz ist hingegen vergleichbar. Auch *non-executive directors* unterliegen einem ähnlichen persönlichen Haftungsrisiko. In der Gesamtschau ist das Haftungsrecht im UK ähnlich streng wie das deutsche Recht. Teilweise ist es strenger (keine ausdrückliche Business Judgment Rule, weitergehende Rechtsfolgen), teilweise vergleichbar streng (Sorgfaltsmaßstab, (Treue-)Pflichten, Vertrauen auf Dritte, Verjährung), teilweise weniger streng (verfahrensrechtliche Enthaftung, flexiblere Vergleichsoptionen, Beweislast). Kernproblem ist wie in Deutschland die mangelnde Durchsetzung der Ansprüche. Der Versicherungsschutz ist wiederum vergleichbar.

Die meisten Bundesstaaten der USA reagieren auf das Haftungsrisiko der *directors* damit, dass sie Gesellschaftern erlauben, die Haftung ihrer *directors* durch Satzungsbeschluss zu beschränken (Delaware: Sec 102 (b) (7) Delaware Code). Historisch war die Erlaubnis eine Reaktion auf die Entscheidung *Smith v. Van Gorkom* zur Haftung mehrerer *directors* sowie auf eine Krise des D&O-Versicherungsmarktes. Die Gesetzgeber verfolgten unter anderem die Ziele, die durch Haftungsrisiken gehemmte Risikobereitschaft der *directors* zu erhöhen und einer Abschreckung von der Amtsübernahme entgegenzuwirken.

Die Beschränkungsoption sieht aber mehrere Ausnahmen vor. So darf die Haftung nicht für Treuepflichtverletzungen beschränkt werden. *Directors* haben wegen ihrer Interessenkonflikte einen Anreiz zur Begehung von Treuepflichtverletzungen. Die Gesetzgeber trauen den Gesellschaftern insofern nicht zu, selbst von Haftungsbeschränkungen abzusehen. Zudem ist die Haftung teilweise zu Gunsten einiger Stakeholder zwingend. So kann sie nicht für den Verstoß gegen einige gläubigerschützende Regelungen, bewusste Gesetzesverletzungen sowie für Handlungen und Unterlassungen *not in good faith* beschränkt werden. Letztere Ausnahme erfasst die *Caremark*-Rechtsprechung, wodurch auch die Haftung für schwerwiegende Verstöße gegen die Einrichtung von Compliance-Systemen zwingend ist.

Gänzlich anders geht der Gesetzgeber im UK mit den Haftungsrisiken der *directors* um. Nach Sec. 232 (1) (3) CA kann eine Gesellschaft grundsätzlich nicht wirksam die Haftung ihrer *directors* beschränken. Begründet wird dies damit, dass *directors* nicht umfassend geschützt werden sollten und Gesellschafter vor den Satzungsregeln der Gründer sowie mit Blick auf abstrakte Haftungsbeschränkungen vor sich selbst geschützt werden müssten. Zudem gebe es keine Grundlage für die Behauptung, dass ein Verbot von Haftungsbeschränkungen *directors* von der Amtsübernahme abschrecke.

3. Teil Haftungsrisiken und statutarische Haftungsbeschränkungen aus rechtsökonomischer Sicht

Im dritten Teil soll analysiert werden, ob es aus rechtsökonomischer Sicht zu begrüßen wäre, wenn die Gesellschafter in AG und GmbH die Möglichkeit hätten, durch Satzungsbeschluss auf die im 1. Teil beschriebenen Haftungsrisiken der Aufsichtsratsmitglieder mit einer – insbesondere summenmäßigen – Beschränkung der Haftung zu reagieren. Wie im 2. Teil gezeigt, könnte das Gesellschaftsrecht des US-Bundesstaats Delaware Vorbild sein.

Dazu soll zunächst untersucht werden, ob die Funktionen der Aufsichtsratshaftung Totalreparation erfordern oder Spielraum für Beschränkungen lassen (§ 1). Anschließend soll der Frage nachgegangen werden, welche Vorteile es für Gesellschafter als Inhaber der potenziellen Satzungsbefugnisse hätte, entsprechende Haftungsbeschränkungen in der Satzung zu verankern (§ 2). Schließlich soll geklärt werden, ob der Gesetzgeber den Gesellschaftern diese Autonomie gewähren oder mit Blick auf ein mögliches Marktversagen und den Schutz von Gesellschaftern, Anlegern und Dritten zwingendes Recht beibehalten werden sollte (§ 3).

Die Analyse zielt dabei primär auf Empfehlungen de lege ferenda ab, denn nach geltendem Recht sind statutarische Haftungsbeschränkungen in der AG nicht möglich. Das Aktienrecht ist zwingend, § 23 Abs. 5 AktG[1187]. In der GmbH mit obligatorischem Aufsichtsrat gilt nach g.h.M. dasselbe[1188]. Anders ist dies nur beim fakultativen Aufsichtsrat[1189], welcher aber nur bei kleineren Gesellschaften mit weniger als 500 Arbeitnehmern eingerichtet werden kann.

1187 Siehe dazu 4. Teil § 1.
1188 A.A. in dieser Arbeit: siehe dazu 4. Teil § 3.
1189 Siehe dazu 4. Teil § 2.

§ 1 Keine Notwendigkeit der Totalreparation im Rahmen der Aufsichtsratshaftung

Um zu untersuchen, ob die Aufsichtsratshaftung aus rechtsökonomischer Sicht die Totalreparation erfordert, soll auf die beiden Hauptfunktionen der Aufsichtsratshaftung – Prävention und Kompensation – geblickt werden. Bietet die Aufsichtsratshaftung den Gesellschaftern eine echte Kompensation (A.)? Erfordert die Präventionsfunktion, dass Aufsichtsratsmitglieder immer mit dem gesamten Schaden belastet werden (B.)? Gilt dies erst recht auch in der GmbH (C.)? Mit »keine Notwendigkeit« ist die relative Vorteilhaftigkeit gemeint. Da eine strenge Aufsichtsratshaftung, insbesondere die Totalreparation, auch negative Konsequenzen hat[1190], sollte die Aufsichtsratshaftung nur dann die Totalreparation vorsehen, wenn sie zwingend erforderlich ist. Ist sie nicht zwingend erforderlich, kann ihre Beschränkung relativ gesehen vorteilhafter sein.

A. Kompensationsfunktion

Jede Haftung dient auch der Kompensation, also dem Ausgleich der Schäden des Geschädigten[1191]. Ein beim Opfer entstandener Nachteil soll durch Zahlung des Schädigers ausgeglichen werden. Ein solcher Ausgleich setzt die Totalreparation voraus.

I. Keine echte Kompensation bei Sorgfaltspflichtverletzungen

Im allgemeinen Schadensrecht wird der Kompensationsfunktion die Hauptfunktion beigemessen, die Prävention sei hingegen nur ein »erwünschtes Nebenprodukt«[1192]. Auch im Recht der Organhaftung sieht ein Teil der Lehre die Kompensationsfunktion als vorrangig an[1193]. Meistens wird beiden Funktionen jedoch derselbe Rang beigemessen[1194]. Dieser Ansicht ist auch der

1190 Siehe dazu anschließend 3. Teil § 2.

1191 MünchKomm-BGB/*Wagner*, 9. Aufl. 2024, Vor. § 823 Rn. 45 f.

1192 MünchKomm-BGB/*Wagner*, 9. Aufl. 2024, Vor § 823 Rn. 48; »indirekt« BeckOK/*Foerster*, BGB, § 823 Rn. 9; MünchKomm-BGB/*Oetker*, 9. Aufl. 2022, § 249 Rn. 9: »Assistentenrolle«.

1193 GK-AktG/*Hopt/Roth*, 5. Aufl. 2014, § 93 Rn. 28, »unmittelbarer Normzweck«.

1194 Hölters/Weber/*Hölters/Hölters*, 4. Aufl. 2022, § 93 Rn. 8; Grigoleit/*Grigoleit/Tomasic*, 2. Aufl. 2020, § 93 Rn. 1; Henssler/Strohn/*Dauner-Lieb*, 6. Aufl. 2024, § 93 AktG Rn. 1; Bürgers/Körber/Lieder/*Körber*, 6. Aufl 2024, § 93 Rn. 1; BeckOGK/*Fleischer*, AktG, § 93 Rn. 2.

BGH[1195]. Eine neuere Strömung der Literatur bestreitet hingegen für die Vorstandshaftung zunehmend die Relevanz der Kompensationsfunktion und will stattdessen das Hauptaugenmerk auf die Prävention legen[1196]. Dahin tendiert auch das internationale Schrifttum[1197]. Einzelne Autoren differenzieren zwischen Gesellschaftsformen sowie Arten von Pflichtverletzungen[1198].

Im Ergebnis sprechen in Bezug auf Sorgfaltspflichtverletzungen (der Begriff Sorgfaltspflichtverletzungen meint nachfolgend ausschließlich fahrlässiges und nicht vorsätzliches Verhalten) die besseren Argumente für einen Vorrang der Präventionsfunktion. Die Kompensationsfunktion kann vernachlässigt werden. Die für die Vorstandshaftung im Schrifttum hierzu dargelegten Argumente können auch auf die Aufsichtsratshaftung übertragen werden oder gelten dort sogar erst recht:

So ist die Gesellschaft der bessere Träger von Verlusten als Aufsichtsratsmitglieder. Aktionäre insbesondere einer Börsen-AG können ihr Kapital diversifiziert investieren und damit ihr Verlustrisiko streuen. Kommt es in einer ihrer Gesellschaften zu einem Schaden, wirkt sich dies auf ein diversifiziertes Portfolio kaum aus. Entsprechend gering ist jedoch auch der Gewinn des einzelnen Aktionärs durch eine Kompensation und damit sein Interesse, eine solche Kompensation zu erlangen. Aufsichtsratsmitglieder hingegen können ihr Risiko nicht verteilen. Sie müssen mit ihrem Privatvermögen im Haftungsfalle den vollen Schaden übernehmen[1199]. Indes weist *Fleischer* zu Recht darauf hin, dass dies jedenfalls nicht gleichwertig für die (phänotypische[1200]) GmbH gilt. Wie später noch genauer erläutert wird[1201], können GmbH-Gesellschafter ihr Vermögen

1195 BGH, NJW 2018, 1189 (1193), Rn. 44.

1196 So *Wagner*, ZHR 2014, 227 (253 ff.); *Bayer/Scholz*, NZG 2014, 926 (928); in Bezug auf § 148 AktG: *J. Vetter*, FS Hoffmann-Becking 2013, 1317 (1324 ff.); für Niederlande/Deutschland auch: *Faure/Leyens*, ECGI Law Working Paper No. 376/2017, S. 10; *Ph. Scholz*, Die existenzvernichtende Haftung von Vorstandsmitgliedern in der Aktiengesellschaft, 2014, S. 352; *Arnold*, Die Steuerung des Vorstandshandelns, 2007, S. 170; *Brommer*, AG 2013, 121 (123); *J. Vetter*, 70. DJT 2014, N 110; *Hirte*, 70. DJT 2014, N 155.

1197 *Faure/Leyens*, ECGI Law Working Paper No. 376/2017, S. 10; *Coffee Jr./Schwartz*, Columbia Law Review 1981, 261 (302 ff.); *Schwartz*, 71 Cornell Law Review 1986, 322 (327); *Erickson*, 51 William & Mary Law Review 2010, 1749 (1825 f.); *Nowicki*, 33 Delaware Journal of Corporate Law 2008, 695 (716).

1198 *Fleischer*, ZIP 2014, 1305 (1310); *Arnold*, Die Steuerung des Vorstandshandelns, 2007, S. 170 ff.

1199 *Wagner*, ZHR 2014, 227 (253).

1200 Mit »phänotypischer GmbH« ist vorliegend als Annahmegerüst der empirische Durchschnittstyp einer GmbH gemeint. Siehe dazu und zu den Merkmalen der »phänotypischen GmbH«: 3. Teil § 1 C. I.

1201 Siehe dazu 3. Teil § 1 C. I.

nicht entsprechend diversifizieren und haben daher im Regelfall ein höheres Interesse an Kompensation[1202].

Das fehlende Interesse der Gesellschafter an einer vollumfänglichen Kompensation zeigt sich auch an deren Vergleichsbereitschaft. Die meisten Organhaftungsklagen werden durch Vergleich beigelegt, bei denen ein großer Teil der Schadenssumme erlassen wird[1203].

Wagner führt als weiteres Argument an, dass es in Deutschland üblich sei, dass die Gesellschaft die Prämien für die D&O-Versicherung ihrer Aufsichtsratsmitglieder trage. Sie finanziere die Kompensation damit vor und versichere den eigenen Schaden. Eine Kompensationsrendite verbleibe damit nicht[1204]. Wenn durch die Haftung nur Geld zurückgeführt werde, welches die Gesellschaft vorher durch die Prämien bezahlt habe, könne kaum von einer Kompensation gesprochen werden[1205]. Dem Argument ist entgegenzuhalten, dass nur die Gesamtsumme aller Prämienzahlungen die Gesamtsumme an ausgeschütteten Versicherungsleistungen übersteigt. Im Fall eines Großschadens wird die ausgezahlte Summe die bisherigen Prämien übersteigen. Das ist der Zweck einer Versicherung. Wichtig ist das Argument dennoch. Auch wenn im Einzelfall eine Kompensationsrendite verbleibt, ist diese deutlich geringer als der ersatzfähige Schaden. Ein Teil der ausgezahlten Versicherungssumme wurde zuvor als Prämie an die Versicherung gezahlt. Dadurch verliert der Kompensationszweck deutlich an Gewicht[1206]. Hinzu kommt, dass jede D&O-Versicherung die Haftungssumme deckelt und daher bei echten Großschäden nicht den vollen Betrag erstatten muss.

Vor allem stehen die Schäden in keinem Verhältnis zu dem Privatvermögen der Aufsichtsratsmitglieder. Schon für Geschäftsleiter wird der Kompensationsgedanke damit verneint, dass ihr Vermögen trotz der hohen Gehälter nicht ausreiche, um die potenziell exorbitanten[1207] Schäden der Organhaftung zu kompensieren[1208]. Dies trifft jedenfalls auf Schadensfälle in Publikumsgesellschaften oder großen geschlossenen Gesellschaften[1209] zu. Aufsichtsratsmitglieder haften für dieselben Schäden. Ihre Vergütung ist jedoch deutlich geringer, sodass sie

1202 *Fleischer*, ZIP 2014, 1305 (1310).

1203 Siehe zu den Gründen 2. Teil § 2 B. V.

1204 *Wagner*, ZHR 2014, 227 (254).

1205 *Wagner*, ZHR 2014, 227 (254); auch *N. Fischer*, Die existenzvernichtende Vorstandshaftung und ihre Begrenzung durch Satzungsbestimmung, 2018, S. 118.

1206 In diese Richtung auch *Ph. Scholz*, Die existenzvernichtende Haftung von Vorstandsmitgliedern in der Aktiengesellschaft, 2014, S. 279.

1207 Siehe zum hohen Schadenspotenzial 1. Teil § 3 A.

1208 *Bayer/Scholz*, NZG 2014, 926 (928); *Arnold*, Die Steuerung des Vorstandshandelns, 2007, S. 170; *Brommer*, AG 2013, 121 (123); *Sailer-Coceani*, 70. DJT 2014, N 12; *N. Fischer*, Die existenzvernichtende Vorstandshaftung und ihre Begrenzung durch Satzungsbestimmung, 2018, S. 117 f.

1209 Mithin wegen der Arbeitnehmerschwellen regelmäßig GmbHs mit obligatorischem Aufsichtsrat.

erst recht nicht die Möglichkeit haben, ein Vermögen aufzubauen, welches eine ausreichende Vollstreckungsmasse bieten könnte. Insbesondere gilt dies für Arbeitnehmervertreter, die einen Großteil ihrer Vergütung an die Hans-Böckler-Stiftung abführen[1210]. Dementsprechend steht der von Aufsichtsratsmitgliedern zu erwartende Ersatz in keinem Verhältnis zu dem tatsächlichen Schaden[1211].

Im Ergebnis ist für Sorgfaltspflichtverletzungen von Aufsichtsratsmitgliedern die Kompensationsfunktion daher zu vernachlässigen. Entsprechend erfordert die Kompensationsfunktion insofern auch nicht zwingend die Totalreparation.

II. Bessere Kompensation bei Treuepflichtverletzungen

Indes muss differenziert werden. Für Sorgfaltspflichtverletzungen ist das Argument stimmig. Der Schaden durch ein fahrlässiges Verhalten eines Aufsichtsratsmitglieds kann zu exorbitanten Schäden führen. Anders wird dies jedoch im Regelfall bei Treuepflichtverletzungen sein[1212]. Dort sind die Schäden in der Höhe meist begrenzt, weil sie auf einer konkreten Entwendung von Unternehmensvermögen beruhen. Ferner vergrößert sich die Vollstreckungsmasse, da das Aufsichtsratsmitglied durch eine Treuepflichtverletzung einen Gewinn erfährt und damit meist sein Vermögen vergrößert. Besonders plakativ ist der »Griff in die Kasse«, dasselbe gilt aber beispielsweise auch bei Aneignung und Nutzung von Informationen oder Geschäftschancen. Mit diesem Gewinn steigt die Chance des geschädigten Unternehmens, Rückgriff zu nehmen[1213]. Der Kompensationszweck gewinnt an Gewicht. Mag die Kompensation bei Sorgfaltspflichtverletzungen, jedenfalls bei Ausfall der D&O-Versicherung, nur der berühmte »Tropfen auf dem heißen Stein« sein, gilt dies nicht für Treuepflichtverletzungen.

Dies gilt jedoch wiederum nur, wenn monetäre Gewinne erzielt werden. Zielt das Aufsichtsratsmitglied z.B. im Falle einer pflichtwidrigen Übernahmeverteidigung auf den Erhalt seines Mandats oder bei Interessenkollision durch Mehrfachmandate auf die Begünstigung eines Konkurrenten ab, wird die Vollstreckungsmasse nicht vergrößert.

1210 Förderrichtlinie DGB 2016; *Hanau*, Die Verpflichtung zur Abführung von Aufsichtsratsvergütungen an die Hans-Böckler-Stiftung, Arbeitspapier 254, 2012.

1211 *Fleischer*, ZIP 2014, 1305 (1310); so zur Siemens-Affäre *Habersack*, ZHR 2013, 782 (788).

1212 *Fleischer*, ZIP 2014, 1305 (1310); *Arnold*, Die Steuerung des Vorstandshandelns, 2007, S. 170.

1213 *Arnold*, Die Steuerung des Vorstandshandelns, 2007, S. 170.

B. Präventionsfunktion

Deutlich komplexer ist die Frage, ob die Präventionsfunktion die Totalreparation erfordert. Hierzu soll die Präventionsfunktion der Aufsichtsratshaftung zunächst funktional in das »größere Bild« des Ziels der Lösung von Agenturkonflikten eingeordnet werden. Dazu soll einleitend dargestellt werden, was unter Agenturkonflikten verstanden wird (I.). Anschließend soll erläutert werden, welche Funktion der Aufsichtsrat bei der Lösung dieser Agenturkonflikte hat (II.) und wie seine Haftung diese Funktion absichern soll (III.). Ausgehend von dieser funktionalen Einordnung soll gezeigt werden, dass dies keine Totalreparation erfordert (IV.).

I. Einführung in die Agenturkonflikte

Der Agenturkonflikt bezeichnet ein Anreizproblem, welches infolge von Informationsasymmetrien entsteht. Die Wohlfahrt einer Partei (im Modell: des Prinzipals) hängt von den Handlungen einer anderen Partei (des Agenten) ab[1214]. Nach dem Modell wird der Agent im Interessenkreis des Prinzipals tätig. Der Agent wird vom Prinzipal für eine Tätigkeit beauftragt und bezahlt. Indes verfolgt der Agent nach dem Standardverhaltensmodell zuvorderst seine eigenen Interessen. Er will seinen Nutzen und nicht den des Prinzipals maximieren. Dies führt zu einem Konflikt, wenn zwischen Agent und Prinzipal Informationsasymmetrien zu Gunsten des Agenten bestehen.

Solche Informationsasymmetrien entstehen zum einen, wenn der Prinzipal die Tätigkeit des Agenten nicht beobachten und aus den Ergebnissen der Tätigkeit des Agenten keine sicheren Rückschlüsse, etwa über den dafür eingewandten Einsatz des Agenten, ziehen kann. Ein Erfolg muss nicht (nur) von den Handlungen des Agenten abhängen, sondern kann auch auf externen Faktoren basieren (*hidden action*). Zum anderen kommt es zu Informationsasymmetrien, wenn der Agent private Informationen hat, welche dem Prinzipal verborgen bleiben und dieser daher nicht wissen kann, ob der Agent diese Informationen im Interesse des Prinzipals nutzt (*hidden information*)[1215]. Je komplexer die Aufgaben des Agenten sind und je größer der zugestandene Ermessensspielraum ist, desto ausgeprägter ist das Problem[1216].

1214 Kraakman et al./*Armour/Hansmann/Kraakman*, Anatomy of Corporate Law, 3. Aufl. 2017, S. 29.

1215 *Arrow*, The Economics of Agency, S. 3 ff; *Leyens*, Information des Aufsichtsrats, S. 18; *Fleischer*, Informationsasymmetrie im Vertragsrecht, S. 138.

1216 Kraakman et al./*Armour/Hansmann/Kraakman*, Anatomy of Corporate Law, 3. Aufl. 2017, S. 29.

Klassische Beispiele sind die Beziehungen zwischen Arbeitgeber/Arbeitnehmer, Mandant/Anwalt, Patient/Arzt[1217] oder zwischen Aktionären einer AG und deren Vorstand[1218]. Der Agenturkonflikt ist Folge der Trennung von Eigentum und Kontrolle eines Unternehmens. Der Vorstand leitet im Auftrag der Aktionäre die AG und soll deren Nutzen, etwa die Dividenden, maximieren. Aktionäre haben jedoch nur einen eingeschränkten Einblick in die Handlungen des Vorstands und können daher nicht wissen, ob dieser tatsächlich immer in ihrem Interesse handelt oder eigene Ziele verfolgt. Der Vorstand könnte z.B. zu wenig Arbeitseinsatz zeigen[1219] oder nicht die erforderliche Sorgfalt anwenden. Auch kommt ein treuwidriges Verhalten in Betracht. Er kann sich Ressourcen oder Geschäftschancen des Unternehmens aneignen, diese für unternehmensfremde Zwecke nutzen oder sich überhöhte Gehälter auszahlen[1220].

II. *Aufsichtsrat als Monitoring-Mechanismus und doppelter Agenturkonflikt*

Um die Interessen von Prinzipal und Agent anzugleichen bzw. die aus dieser Beziehung drohenden Gefahren für den Prinzipal zu reduzieren, kommen verschiedene in der Wissenschaft beschriebene Strategien in Betracht. Diese versuchen den Agenten zu »motivieren« und den Prinzipal zu schützen[1221].

Im Wesentlichen lassen sich diese Strategien auf zwei Kernstrategien herunterbrechen: Monitoring (Überwachung) und alignment of interest (Interessenangleichung)[1222]. Während alignment of interest-Strategien darauf abzielen, den Agenten dafür zu belohnen, im Interesse des Prinzipals zu handeln (z.B. variable Vergütung[1223]), zielen Monitoring-Strategien darauf ab, dass der Prinzipal die Tätigkeit des Agenten kontrolliert, indem er beispielsweise Berichte anfordert

1217 *Arrow*, The Economics of Agency, S. 3; *Fleischer*, Informationsasymmetrie im Vertragsrecht, S. 139.

1218 *Arrow*, The Economics of Agency, S. 4; *Leyens*, Information des Aufsichtsrats, S. 17; *Fleischer*, Informationsasymmetrie im Vertragsrecht, S. 139.

1219 So die Beispiele bei: *Arnold*, Die Steuerung des Vorstandshandelns, 2007, S. 51.

1220 *Schäfer/Ott*, Lehrbuch der ökonomischen Analyse des Zivilrechts, 6. Aufl. 2020, S. 782 f.; *Arnold*, Die Steuerung des Vorstandshandelns, 2007, S. 51; *Leyens*, Information des Aufsichtsrats, S. 18; schon *Smith* kritisierte: »*the directors [...] being the managers of other people's money, it cannot well be expected that they should watch over it with the same anxious vigilance with which the partners in a private copartnery frequently watch over their own*«, *Smith*, An Inquiry into the Nature and the Causes of The Wealth of Nations 1776, Book V., Chapter I., Part III., Art. 1.

1221 Zu den weiteren Strategien siehe unten 3. Teil § 1 B. IV.

1222 *Fischel/Bradley*, 71 Cornell Law Review 1986, 261 (275 f.); Towfigh/Petersen/*Schmolke*, Ökonomische Methoden im Recht, 3. Aufl. 2023, Rn. 307 ff; *Fleischer*, Informationsasymmetrie im Vertragsrecht, S. 139.

1223 Siehe zu dieser und weiteren Möglichkeiten unten 3. Teil § 1 B. IV.

oder spontane Kontrollvisiten tätigt. Verborgene Aktivitäten und Informationen des Agenten sollen hierdurch aufgedeckt werden[1224].

Das klassische und vorliegend relevante Beispiel einer Monitoring-Strategie ist das Einschalten eines Überwachers – hier: des Aufsichtsrats. Der Aufsichtsrat ist der wichtigste Überwacher der Geschäftsleitung[1225]. Er hat eine herausragende Rolle im Rahmen der Corporate Governance[1226]. Er überwacht die Geschäftsleitung, § 111 AktG, und soll dadurch sicherstellen, dass Geschäftsleiter im Interesse des Unternehmens agieren. Das Gesetz räumt dem Aufsichtsrat hierfür verschiedene Kontrollrechte ein. Zustimmungsvorbehalte verhindern ein Handeln der Geschäftsleiter ohne Einschaltung des Aufsichtsrats. Die Möglichkeit des Aufsichtsrats, Informationen zu beschaffen, z.B. durch Vorstandsberichte, § 90 AktG, reduziert Informationsasymmetrien. Durch die kontinuierliche Überwachung kann besser zwischen Effekten unterschieden werden, die auf Bemühungen der Geschäftsleiter zurückgeführt werden können, und solchen, die exogen sind und nichts mit deren Einsatz zu tun haben[1227].

Eine erfolgreiche Überwachung durch einen Überwacher setzt jedoch voraus, dass dieser ausreichend kontrolliert. Muss der Agent nicht damit rechnen, dass der Überwacher sein Fehlverhalten aufdeckt, wird die Überwachung sein Verhalten nicht präventiv beeinflussen und damit an die Interessen des Prinzipals anpassen. Der hiesige Überwacher, der Aufsichtsrat, unterliegt im Verhältnis zu den Gesellschaftern jedoch einem eigenen Agenturkonflikt[1228]. Auch Aufsichtsratsmitglieder maximieren an erster Stelle den eigenen Nutzen. Auch sie haben durch ihre Informationsrechte, ihren engen Kontakt zur Geschäftsleitung und ihre Beratungsfunktion Wissensvorsprünge vor den Gesellschaftern, insbesondere Aktionären. Folglich besteht die Gefahr, dass auch Aufsichtsratsmitglieder Arbeitseinsatz sowie Sorgfalt vermissen lassen, eigennützig handeln oder gar kollusiv mit den Geschäftsleitern zusammenarbeiten[1229].

Der für diese Arbeit relevante Agenturkonflikt Gesellschafter/Aufsichtsrat muss daher immer vor dem Hintergrund des Aufsichtsrats als Monitoring-Mechanismus gesehen werden. Das Endziel ist eine Lösung des Agenturkonflikts Gesellschafter/Geschäftsleiter. Der Agenturkonflikt Gesellschafter/Aufsichtsrat stellt – einen – (wichtigen) von mehreren Bausteinen zur Erreichung

1224 Towfigh/Petersen/*Schmolke*, Ökonomische Methoden im Recht, 3. Aufl. 2023, Rn. 307; *Leyens*, Information des Aufsichtsrats, S. 19 ff.

1225 *Faure/Leyens*, ECGI Law Working Paper No. 376/2017, S. 11.

1226 Mit Blick auf *outside directors: Black/Cheffins/Klausner*, ECGI Working Paper No. 48/2005, S. 3.

1227 *Faure/Leyens*, ECGI Law Working Paper No. 376/2017, S. 12.

1228 Darauf hinweisend: *Roth/Wörle*, ZGR 2004, 565 (566); *Nippel*, 155 Journal of Institutional and Theoretical Economics 1999, 136 (137); »*double moral hazard*«, *Strausz*, 64 Review of Economic Studies 1997, 337 f.; *Leyens*, Information des Aufsichtsrats, S. 21.

1229 *Leyens*, Information des Aufsichtsrats, S. 22; *Arnold*, Die Steuerung des Vorstandshandelns, 2007, S. 75.

dieses Ziels dar. Desto effektiver er gelöst wird, desto effektiver funktioniert der Aufsichtsrat als Monitoring-Mechanismus und desto effektiver kann das Endziel erreicht werden. Insgesamt kann das Verhältnis Gesellschafter/Geschäftsleiter/Aufsichtsrat daher als eine Art doppelter Agenturkonflikt verstanden werden, mit den Gesellschaftern in doppelter Prinzipalstellung.

Dieses Verständnis ist für eine Arbeit zu Beschränkungen der Aufsichtsratshaftung essenziell. Denn Strategien zur Lösung des Agenturkonflikts Gesellschafter/Aufsichtsrat – und dazu zählt auch die Aufsichtsratshaftung – können nicht nur dann reduziert werden, wenn zur Lösung geringere Maßnahmen ausreichen, sondern auch dann, wenn ein reduzierter Monitoring-Mechanismus ausreichend ist. Letzteres kann der Fall sein, wenn andere Strategien einen ausreichenden Beitrag leisten oder der Agenturkonflikt Gesellschafter/Geschäftsleiter an sich weniger ausgeprägt ist.

III. Aufsichtsrats-Agenturkonflikt erfordert keine Totalreparation

Zur Lösung des Agenturkonflikts Gesellschafter/Aufsichtsrat können dieselben Strategien herangezogen werden wie bei jedem anderen Agenturkonflikt. Aktien- und GmbH-Recht nutzen die bekannteste Art einer *constraints strategy*, also eines Zwangs: die gesetzliche Aufstellung von *standards*[1230]. Dies zielt darauf ab, dem Agenten bestimmte Verhaltensweisen gesetzlich vorzuschreiben oder schädigende Verhaltensweisen zu untersagen[1231]. In diesem Sinne schreiben §§ 116 S. 1, 93 Abs. 1 S. 1 AktG[1232] vor, dass der Aufsichtsrat die Sorgfalt eines ordentlichen und gewissenhaften Geschäftsleiters (hier: Aufsichtsrats) anzuwenden habe. Diese Sorgfaltsanforderungen, und hier lässt sich der Bogen zur Haftung spannen, werden durch die Innenhaftung abgesichert, §§ 116 S. 1, 93 Abs. 2 S. 1 AktG[1233]. Ein Aufsichtsratsmitglied haftet gegenüber der Gesellschaft, wenn es nicht die geforderte Sorgfalt anwendet und dadurch ein Schaden entsteht. Die Androhung von Haftung ist eine klassische Strategie, um die Interessen anzugleichen bzw. den Agenten dazu zu bewegen, die *standards* einzuhalten. Dafür kommt die zweite Funktion der Haftung zum Zuge: die Präventionsfunktion.

Die verhaltenssteuernde Wirkung der Haftung folgt aus den präventiven Haftungskosten. Nach dem klassischen Rationalitätsmodell wägen Menschen, wann

1230 Kraakman et al./*Armour/Hansmann/Kraakman*, Anatomy of Corporate Law, 3. Aufl. 2017, S. 31 f.

1231 Kraakman et al./*Armour/Hansmann/Kraakman*, Anatomy of Corporate Law, 3. Aufl. 2017, S. 32.

1232 Entsprechend in der GmbH: §§ 52 Abs. 1 GmbHG, 25 Abs. 1 S. 1 Nr. 2 MitbestG, 1 Abs. 1 Nr. 3 DrittelbG.

1233 Entsprechend in der GmbH: §§ 52 Abs. 1 GmbHG, 25 Abs. 1 S. 1 Nr. 2 MitbestG, 1 Abs. 1 Nr. 3 DrittelbG.

immer sie sich zwischen verschiedenen Optionen entscheiden müssen, Kosten und Nutzen miteinander ab und wählen dann die Option, die ihren Nutzen maximiert. Dies gilt auch für einen potenziellen Schädiger. Kann dieser zwischen Handlungsalternativen wählen, wägt er Kosten und Nutzen der (potenziell) fremdschädigenden und der nicht fremdschädigenden Option ab. Für die erste Option muss er nun das Risiko der Haftung als Kostenfaktor in seine Abwägung aufnehmen. Die Schadenssumme multipliziert mit der Haftungswahrscheinlichkeit (Entdeckung der Pflichtwidrigkeit + Durchsetzung) ergibt die präventiven Haftungskosten[1234]. Will man den Schädiger von der schädigenden Option abschrecken, müssen die präventiven Haftungskosten höher sein als der durch die schädigende Option für ihn zusätzlich generierte Nutzen[1235]. Mit steigender Haftungswahrscheinlichkeit und Schadenssumme wird der Schädiger daher immer wahrscheinlicher von einer haftungsbewehrten Handlungsalternative absehen[1236]. Gleichsam wird er bei hohem Eigennutzen stärker zur fremdschädigenden Option tendieren, sodass in diesem Fall eine stärkere Haftung erforderlich ist[1237].

Eine Verschuldenshaftung verbessert nach diesem Prinzip grundsätzlich die Einhaltung der gesetzlich vorgesehenen Sorgfaltspflicht[1238]. Der Agent muss zur Erreichung des geforderten Sorgfaltsniveaus Kosten aufwenden. Dafür muss er bei Einhaltung des Sorgfaltsniveaus keine Haftungskosten tragen, auch nicht bei Eintritt eines Schadens. Unterschreitet er hingegen das Sorgfaltsniveau, trägt er die geminderten Sorgfaltskosten zuzüglich der Kosten des Haftungsrisikos[1239]. Überwiegt die Summe der letzteren Kosten, wird er das geforderte Niveau mit hoher Wahrscheinlichkeit einhalten. Entscheidend für ein Einhalten der Sorgfalt ist daher nicht, dass die präventiven Haftungskosten dem möglichen Schaden bei Unterschreitung des Sorgfaltsniveaus entsprechen. Sie müssen nur oberhalb der eingesparten Kosten durch Unterschreitung des Sorgfaltsniveaus liegen[1240].

Da das Gesetz ein im Interesse der Gesellschafter liegendes Sorgfaltsniveau vorgibt und mit Haftung verknüpft, werden die Interessen von Prinzipal und Agent angeglichen. Die Aufsichtsratshaftung dient damit der Lösung des Agen-

1234 *Coffee Jr./Schwartz*, Columbia Law Review 1981, 261 (307); *Easterbrook/ Fischel*, 89 Columbia Law Review 1989, 1416 (1424); *Kraakman*, 93 Yale Law Journal 1984, 857 (881); grundlegend *G. Becker*, Crime and Punishment: An Economic Approach, NBER 1974, S. 9.

1235 *Posner*, Economic Analysis of Law, 8. Aufl. 2011, S. 214 ff.; *Coffee Jr./Schwartz*, Columbia Law Review 1981, 261 (307); grundlegend *G. Becker*, Crime and Punishment: An Economic Approach, NBER 1974, S. 9 f.

1236 *Wagner*, ZHR 2014, 227 (251 f.); grundlegend *G. Becker*, Crime and Punishment: An Economic Approach, NBER 1974, S. 9 f.

1237 *Fischel/Bradley*, Cornell Law Review 1986, 261 (270).

1238 *Wagner*, ZHR 2014, 227 (256.).

1239 *Cooter*, 84 Columbia Law Review 1984, 1523 (1526 f.); *Wagner*, ZHR 2014, 227 (256); *ders.* AcP 2006, 350 (454).

1240 *Cooter*, 84 Columbia Law Review 1984, 1523 (1527).

turkonflikts Gesellschafter/Aufsichtsrat[1241]. Der Aufsichtsrat dient in seiner Funktion als Überwacher der Geschäftsleitung dem Ziel, den Agenturkonflikt Gesellschafter/Geschäftsleiter zu lösen. Das ökonomisch erforderliche Mindestmaß an Aufsichtsratshaftung bestimmt sich daher danach, welche Haftung erforderlich ist, um ausreichende präventive Haftungskosten zu erzeugen, damit der Aufsichtsrat durch Überwachung eine ausreichende Präventionswirkung beim Geschäftsleiter hervorruft. Die Frage muss daher lauten: Erfordert die Präventionswirkung der Aufsichtsratshaftung für dieses Ziel die Totalreparation?

Eine jüngere Strömung in der Literatur verneint die Notwendigkeit der Totalreparation im Hinblick auf die allgemeine Organhaftung[1242]. Dies gilt nach hiesiger Ansicht erst recht für die Aufsichtsratshaftung. Ihre Besonderheiten sprechen dafür, dass im Regelfall auch ohne Totalreparation ausreichende Präventionswirkung erzeugt und der Aufsichtsrat zu ordnungsgemäßer Überwachung motiviert werden kann.

1. D&O-Versicherung reduziert präventive Haftungskosten

Zunächst gegen eine ausreichende Präventionswirkung spricht die unter Aufsichtsratsmitgliedern weit verbreitete[1243] D&O-Versicherung. Muss das pflichtwidrig handelnde Aufsichtsratsmitglied im Haftungsfall den Schaden nicht selbst tragen, sondern werden die gesamten Schäden inklusive aller weiteren Kosten des Rechtsstreits von der D&O-Versicherung übernommen, könnte man annehmen, dass das Aufsichtsratsmitglied die Haftungskosten nicht mehr in seine Abwägung aufnimmt[1244]. Versichern können sich zwar auch andere Schuldner. Die Aufsichtsratshaftung unterscheidet sich jedoch dadurch, dass die Versicherungsprämien von der Gesellschaft getragen werden. Dies gilt selbst für die mit dem Versicherungsfall oft einhergehenden Prämienerhöhungen, welche sonst die abschreckende Wirkung bewahren[1245]. Die präventiven Haftungskosten werden daher deutlich reduziert.

Im Gegensatz zum Vorstand besteht für den Aufsichtsrat auch nicht Pflicht eines Selbstbehalts[1246], nicht einmal der DCGK empfiehlt dies seit Streichung von Ziff. 3.8 Abs. 3 DCGK 2017. Er bleibt jedoch möglich und ist rechtstatsächlich wohl auch kein Einzelfall. Nach einer Studie von 2005 sahen ca. 43 % der Versiche-

1241 Mit diesem Verständnis zur Vorstandshaftung: *Fleischer*, FS Wiedemann 2002, 827 (829).

1242 In diese Richtung: *Spindler*, AG 2013, 889 (895 f.); *Grunewald,* AG 2013, 813 (816); *Bayer/Scholz*, NZG 2014, 926 (928); *N. Fischer*, Die existenzvernichtende Vorstandshaftung und ihre Begrenzung durch Satzungsbestimmung, 2018, S. 113.

1243 Siehe dazu 1. Teil § 5 A. I.

1244 *Wagner*, ZHR 2014, 227 (255).

1245 *Spindler*, Steuerungsfunktionen des Haftungsrecht im Gesellschafts- und Kapitalmarktrecht, 2007, 215 (220) hin.

1246 Die §§ 116 AktG, 52 GmbHG verweisen nicht auf § 93 Abs. 2 S. 3 AktG.

rungsverträge einen solchen Selbstbehalt vor[1247]. Nach einer Studie von 2015 folgten insgesamt ca. 68 % der Unternehmen, im DAX sogar ca. 96 %, der damaligen Empfehlung des Kodex, einen Selbstbehalt für den Aufsichtsrat vorzusehen[1248]. Aktuellere Zahlen mit Blick auf die Änderung des Kodex sind nicht ersichtlich.

Die D&O-Versicherung reduziert die präventiven Haftungskosten gleichwohl auch ohne Selbstbehalt nicht auf null[1249]. Im Schrifttum wird von einer »Modifikation« gesprochen[1250]. Der Grund liegt in den vielen Lücken des Versicherungsschutzes: insbesondere unzureichende Deckungssummen, Claims-made-Prinzip, Ausschlussklauseln, Anfechtung[1251]. Zudem ist ex ante für das Aufsichtsratsmitglied nicht immer exakt vorherzusehen, ob die Versicherung für den Schaden einstehen würde[1252].

Die präventiven Haftungskosten für Aufsichtsratsmitglieder müssen daher präzisiert werden. Sie fallen nicht weg. Sie ergeben sich, vorbehaltlich systematischer Irrationalität[1253], aus dem Produkt der Haftungssumme, der Haftungswahrscheinlichkeit sowie der Wahrscheinlichkeit eines Versicherungsausfalls. Die Ausfallwahrscheinlichkeit ist rechnerisch nicht exakt zu bestimmen. Sie unterscheidet sich durch zu viele Faktoren wie Ausgestaltung der Versicherungsbedingungen, Anzahl der durch eine Gruppenversicherung versicherten Mitglieder oder Höhe der Deckungssummen, auch im Verhältnis zur Größe der Gesellschaft. Erst recht ist die Ausfallwahrscheinlichkeit für das abwägende Aufsichtsratsmitglied nicht genau abzuschätzen. Für die Bestimmung eines Haftungsniveaus kann sie daher nur als stark reduzierender Faktor einbezogen werden.

2. Nicht-monetäre Kosten infolge des Prozesses

Der sein Sorgfaltsniveau bestimmende Agent nimmt in seine Entscheidung, vorbehaltlich systematischer Irrationalität[1254], alle Kosten sowie jeden Nutzen

1247 *Köhler/Marten/Hülsberg/Bender*, BB 2005, 501 (509).
1248 *v. Werder/Turkali*, DB 2015, 1357 (1360).
1249 BeckOGK/*Veil*, AktG, § 116 Rn. 204; GK-AktG/*Hopt/Roth*, 5. Aufl. 2014, § 93 Rn. 453; *Pammler*, Die gesellschaftsfinanzierte D&O-Versicherung im Spannungsfeld des Aktienrechts, 2006, S. 64 ff.; *Spindler*, Steuerungsfunktionen des Haftungsrecht im Gesellschafts- und Kapitalmarktrecht, 2007, 215 (220); *Dreher/Görner*, ZIP 2003, 2321 (2323); *Dreher*, AG 2008, 429 (431 ff.); *Fleischer*, WM 2005, 909 (919); *Paefgen*, AG 2014, 554 (582); *Habersack*, ZHR 2013, 782 (796); *Ihlas*, 70. DJT 2014, N 122; *Bachmann/Goette*, Reformbedarf im Aktienrecht 2024, § 11, 275 (288).
1250 BeckOGK/*Veil*, AktG, § 116 Rn. 204; *Dreher* AG 2008, 429 (435).
1251 Siehe ausführlich zu den Versicherungslücken: 1. Teil § 5 A.
1252 *Leyens*, Informationsintermediäre des Kapitalmarkts, S. 529.
1253 Siehe dazu sogleich 3. Teil § 1 B. III. 5.; allgemein zu systematischer Irrationalität auch 3. Teil § 3 B. I. 4.
1254 Siehe dazu sogleich 3. Teil § 1 B. III. 5.; allgemein zu systematischer Irrationalität auch 3. Teil § 3 B. I. 4.

auf. Zu den Kosten infolge eines Schadensersatzprozesses zählen nicht nur monetäre Haftungskosten durch den Schadensersatz, sondern auch nicht-monetäre Kosten[1255]. Damit sind zunächst negative Gefühle infolge des Verfahrens sowie ggf. des Prozessverlusts gemeint. Öffentliche Verfahren gehen mit emotionalem Druck einher. Niemand wird gern öffentlich mit unternehmerischen Verfehlungen in Verbindung gebracht. Eine Beklagtenstellung kann mit sozialem Scham einhergehen[1256].Vor allem sind damit Reputationsverluste infolge der Berichterstattung in den Medien gemeint.

Reputationsverluste führen dazu, dass es schwieriger wird, neue Aufsichtsratsposten zu erlangen[1257] bzw. sogar Mandate verloren werden. Eine Studie von *Fich/Shivdasani* bestätigt, dass Organmitgliedern aus Unternehmen, die mit Betrugsvorwürfen konfrontiert sind, deutlich seltener andere Mandate angeboten werden und sie mit größerer Wahrscheinlichkeit Mehrfachmandate in anderen Gesellschaften verlieren[1258]. Erst recht schaden Haftungsprozesse auch der Reputation der Aufsichtsratsmitglieder bei den betroffenen Gesellschaften. Nach einer Studie von *Brochet/Srinivasan* werden Organmitglieder von Gesellschaften, welche Haftungsprozessen ausgesetzt sind, deutlich eher abberufen oder nicht neu bestellt. Am stärksten gilt dies, wenn die Organmitglieder selbst Beklagte sind[1259]. Diese nicht monetären Kosten entstehen oft selbst dann, wenn das Aufsichtsratsmitglied im Prozess am Ende nicht haften muss, sondern die Klage abgelehnt wird[1260]. Gleichzeitig lähmt der Prozess Karriere und Lebensführung der verklagten Aufsichtsratsmitglieder und führt ggf. sogar deswegen zum Mandatsverlust, weil infolge des Prozesses nicht mehr genug Zeit für eine ordnungsgemäße Aufsichtsratstätigkeit bleibt.

Die D&O-Versicherung, welche die monetären Kosten reduziert, erhöht das Risiko für solche nicht-monetären Schäden sogar noch. Ein solventer Schuldner wie die D&O-Versicherer führt zu mehr Klagen (»Deckung schafft Haftung«[1261]) und damit zu mehr öffentlichen Prozessen[1262].

Die Höhe dieser nicht-monetären Kosten ist individuell. Sie hängt z.B. davon ab, wie wichtig dem Aufsichtsratsmitglied seine Reputation ist, ob er weitere Aufsichtsratsposten anstrebt bzw. andere innehat oder, ob die Klage formal als unbegründet abgewiesen oder *nur* durch einen Vergleich beendet wird. Besonders wichtig für die Reputation in anderen Gesellschaften sowie das individuelle

1255 *Ellerbrok*, Die Verwaltung 2021, 189 (200).

1256 *Erickson*, 51 William & Mary Law Review 2010, 1749 (1828).

1257 Kraakman et al./*Armour/Hansmann/Kraakman*, Anatomy of Corporate Law, 3. Aufl. 2017, S. 44; *Stelzer*, Die Überwachung des Aufsichtsrats durch den Vorstand in der Aktiengesellschaft, 2022, S. 40.

1258 *Fich/Shivdasani*, 86 Journal of Financial Economics 2007, 306–336.

1259 *Brochet/Srinivasan*, 111 Journal of Financial Economics 2014, 430.

1260 *Erickson*, 51 William and Mary Law Review 2010, 1749 (1828).

1261 Siehe dazu 1. Teil § 5 A. VII.

1262 *Pammler*, Die gesellschaftsfinanzierte D&O-Versicherung im Spannungsfeld des Aktienrechts, 2006, S. 68.

Schamgefühl ist auch, ob öffentlich vor einem staatlichen Gericht oder unter Geheimhaltung vor einem Schiedsgericht prozessiert wird.

Festzuhalten bleibt, dass neben den monetären Kosten der Haftung weitere Kosten entstehen, die eine präventive Wirkung erzeugen. Ein ausreichendes Präventionsniveau kann daher nicht nur durch Totalreparation, sondern auch durch eine Kombination aus beschränkter Haftung und indirekten Kosten erreicht werden. Da die indirekten Kosten je nach Person und Prozessgestaltung variieren, ist es naheliegend, der Gesellschaft eine flexible Gestaltung zu ermöglichen. Beispielsweise könnte eine Schiedsklausel, welche einen öffentlichen Prozess und damit Reputationsschäden verhindert, mit einer höheren Haftungssumme verknüpft werden, ein Vertrag ohne Schiedsklausel eine niedrigere Höchstsumme erlauben.

3. Präventive Kosten durch andere Instrumente des Gesellschaftsrechts

Die zivilrechtliche Haftung ist nur eines von mehreren Werkzeugen mit präventiver Wirkung[1263]. So entfaltet im deutschen Gesellschaftsrecht die Möglichkeit einer fehlenden Entlastung präventive Wirkung[1264]. Dies gilt sowohl für die gesetzlich nicht geregelte Entlastung des GmbH-Aufsichtsrats[1265] als auch für die Entlastung durch die Hauptversammlung in der AG, § 120 Abs. 1 S. 1 AktG. Diese hat zwar bei den obligatorischen Aufsichtsräten kaum rechtliche Bedeutung. Weder führt eine Entlastung zum Verzicht auf Ansprüche[1266] noch führt die Verweigerung zu einem Abberufungszwang[1267]. Es steht aber der Vorwurf eines Pflichtverstoßes im Raum, weswegen der fehlenden Entlastung eine faktische Bedeutung zukommt, auch mit Blick auf die Wiederbestellung. Eine Verweigerung erweckt in negativer Weise das öffentliche Interesse[1268] und erzeugt psychischen Druck[1269]. Eine dadurch entstandene schlechte Reputation kann wiederum das Erlangen zukünftiger Aufsichtsratsposten erschweren[1270].

Noch wichtiger sind Abberufung, § 103 Abs. 1 S. 1 AktG, und Verweigerung der Neubestellung, § 101 AktG. Beiden wird ein starker präventiver Effekt zu-

1263 *E. Vetter*, NZG 2014, 921 (923).

1264 *Fleischer*, WM 2005, 909 (919).

1265 Zum Anspruch auf Entlastung trotz fehlender Regelung: Scholz/*Seyfarth*, 13. Aufl. 2024, § 52 Rn. 644 f.

1266 Stellvertretend Grigoleit/*Herrler*, 2. Aufl. 2020, § 120 Rn. 3; insbesondere liegt darin kein Verzicht auf Ersatzansprüche, § 120 Abs. 2 S. 2 AktG; in der GmbH ergibt sich das für den obligatorischen Aufsichtsrat aus § 93 Abs. 4 S. 3 AktG, dazu Noack/Servatius/Haas/*Kraft*, 24. Aufl. 2025, § 52 Rn. 214.

1267 Stellvertretend MünchKomm-AktG/*Kubis*, 6. Aufl. 2024, § 120 Rn. 41.

1268 Hölters/Weber/*Drinkhausen*, 4. Aufl. 2022, § 120 Rn. 5.

1269 *Bachmann*, Gutachten 70. DJT 2014, E 26: »Prangereffekt«.

1270 Semler/v. Schenk/Wilsing/*Doralt*, 5. Aufl. 2021, § 15 Rn. 14.

gesagt[1271]. Für die Abberufung eines Aufsichtsratsmitglieds ist im Gegensatz zur Abberufung eines Vorstandsmitglieds kein wichtiger Grund erforderlich, sodass das Instrument jederzeit genutzt werden kann. Wenngleich dies rechtstatsächlich selten geschieht[1272], muss dem Aufsichtsratsmitglied diese Gefahr daher immer bewusst sein. Zudem können Aktionäre den Aufsichtsrat im Gegensatz zum Vorstand selbst unmittelbar abberufen. Abgeschwächt wird der Effekt indes dadurch, dass eine ¾-Mehrheit notwendig ist, § 103 Abs. 1 S. 2 AktG. Für die GmbH ist dies umstritten[1273]. Im Einzelfall kann auch der Aufsichtsrat selbst oder eine Aktionärsminderheit bei Gericht einen Antrag auf Abberufung eines Aufsichtsratsmitglieds stellen, § 103 Abs. 3 AktG.

Auch der Druck, nach Ablauf der Amtszeit neu bestellt werden zu müssen, hat präventive Wirkung. Stehen Aufsichtspflichtverletzungen im Raum, votieren Stimmrechtsberater und institutionelle Investoren gegen die Neubestellung[1274]. Aufgrund der nach deutschem Recht langen Höchstdauer der Amtszeit von bis zu fünf Jahren[1275], schwächelt der präventive Effekt der Neubestellung im internationalen Vergleich allerdings. Im UK werden *directors* für ein bis maximal drei, in den USA nur für ein Jahr gewählt[1276].

Trotz langer Amtszeit und ¾-Erfordernis stellen Abberufung und verweigerte Neubestellung wirksame Instrumente dar. Der Amtsverlust führt zum Verlust der Vergütung sowie des investierten Humankapitals und geht mit einem Reputationsschaden einher. Der Verlust des investierten Humankapitals ist umso größer, je enger und länger das Aufsichtsratsmitglied in der Gesellschaft gewirkt hat, sodass lange Amtsperioden zum Ende der Amtszeit hin sogar den präventiven Effekt verstärken[1277]. Kann ein starker präventiver Effekt aber auch durch andere Steuerungsmittel erzielt bzw. durch Veränderung dieser Mittel verstärkt (z.B. eine Verkürzung der Amtszeit) oder abgeschwächt werden, sollten Gesellschafter auch die präventive Wirkung durch Haftung daran anpassen können. Eine Gesellschaft mit einem aktiveren Gesellschafterkreis, welcher seine Abberufungsrechte konsequent nutzt, könnte beispielsweise per Satzung von der Totalreparation absehen. Solange in der Gesamtheit durch alle Steuerungsinstrumente eine ausreichende Wirkung erreicht wird, ist Totalreparation nicht erforderlich.

1271 *Bachmann*, Gutachten 70. DJT 2014, E 26 f.; *Dreher/Görner*, ZIP 2003, 2321 (2323); *Fleischer*, WM 2005, 909 (919); *Horn*, ZIP 1997, 1129 (1130).

1272 Hölters/Weber/*Simon*, 4. Aufl. 2022, § 103 Rn. 4.

1273 Stellvertretend zum Streit: MünchKomm-GmbH/*Spindler*, 4. Aufl. 2023, § 52 Rn. 228 ff.

1274 Stellvertretend ISS Continental Europe Proxy Voting Guidelines 2024, Voting on directors for egregious actions, S. 17.

1275 *Koch*, 19. Aufl. 2025, § 102 Rn. 2.

1276 Siehe dazu 2. Teil § 1.

1277 Dieser Effekt dürfte infolge von Professionalisierung und Reduzierung der Mehrfachmandate zukünftig zunehmen, vgl. zu dieser These 3. Teil § 2 A. III.

4. Präventive Kosten durch externe Steuerungsmittel

Neben die gesellschaftsinternen Mittel treten externe Einwirkungsmechanismen, die kaum weniger zur Verhaltenssteuerung beitragen[1278]. So kann die Bankenaufsicht die Abberufung von Aufsichtsratsmitgliedern von Kreditinstituten verlangen und diesen ihre Tätigkeit untersagen, wenn ihnen wesentliche Verstöße des Unternehmens wegen sorgfaltswidriger Ausübung ihrer Überwachungs- und Kontrollfunktion verborgen geblieben sind, § 36 Abs. 3 S. 1 KWG[1279]. Auch können Aufsichtsratsmitglieder bei Verstößen gegen gesetzliche Normen mit Bußgeldern belegt werden. § 9 OWiG soll zwar nicht anwendbar sein[1280]. Bußgelder kommen nach umstrittener Meinung aber z.B. wegen Unterlassens in Betracht, § 8 OWiG[1281].

Dazu drohen strafrechtliche Maßnahmen[1282]. So hat der BGH in der Sache Mannesmann Aufsichtsratsmitglieder wegen Untreue verurteilt, weil sie Vorstandsmitgliedern Sonderzahlungen gewährt hatten[1283]. Allein dieses Urteil hat eine öffentlichkeitswirksame Strahlkraft und damit einen starken präventiven Effekt. Entsprechend könnte eine Untreuestrafbarkeit drohen, wenn bestehende Schadensersatzansprüche gegenüber Geschäftsleitern nicht geltend gemacht werden[1284] oder eine unangemessene Vorstandsvergütung gewährt wird, § 87 AktG[1285]. Allgemein können Aufsichtsratsmitglieder sich wegen Beihilfe durch Unterlassen, §§ 13, 27 StGB, strafbar machen, wenn sie gegen Straftaten der Geschäftsleiter nicht einschreiten. Das Aufsichtsratsamt begründet diesbezüglich eine Garantenstellung[1286]. Auch kommen Sonderdelikte wie bei der Mitwirkung am Jahresabschluss, §§ 400, 403 AktG, 331 HGB, 283b StGB[1287], oder der Verletzung der Verschwiegenheitspflicht, § 404 AktG[1288], in Betracht.

Schließlich kann vereinzelt eine Außenhaftung gegenüber Dritten bestehen. So bejaht die Rechtsprechung eine Haftung gemäß den §§ 826, 830 BGB, wenn das Aufsichtsratsmitglied strafbares oder sittenwidriges Verhalten des Vor-

1278 *Sailer-Coceani*, 70. DJT 2014, N 13.

1279 Dazu R. Fischer/Schulte-Mattler/*R. Fischer/Krolop*, 6. Aufl. 2023, § 36 KWG Rn. 132 ff.

1280 Stellvertretend BeckOK/*Valerius*, OWiG, § 9 Rn. 12.

1281 Zu der umstrittenen Frage m.w.N.: Karlsruher Kommentar zum OWiG/*Rengier*, 5. Aufl. 2018, § 8 Rn. 50a.

1282 *Paefgen*, AG 2014, 554 (582): »erhebliche Abschreckungswirkung«.

1283 BGH, NStZ 2006, 214.

1284 *Helmrich/Eidam*, ZIP 2011, 257 ff.; entsprechend zur Nichtgeltendmachung gegenüber Arbeitnehmern: *Eufinger*, GWR 2018, 267 (269).

1285 Melot de Beauregard/Lieder/Liersch/*v. Saucken/Sidhu*, § 10 Rn. 95.

1286 OLG Braunschweig, Beschl. v. 14. Juni 2012, Az. Ws 44/12 = NJW 2012, 3798; *Krause*, NStz 2011, 57 (60); *Tiedemann*, FS Tröndle 1989, 319 (321 ff.).

1287 *Krause*, NStz 2011, 57 (63).

1288 Stellvertretend Grigoleit/*Grigoleit/Tomasic*, 2. Aufl. 2020, § 116 Rn. 25.

stands vorsätzlich veranlasst oder aktiv unterstützt[1289]. Auch kann eine Haftung nach § 823 Abs. 2 BGB[1290] oder bei Inanspruchnahme besonderen Vertrauens nach §§ 280 Abs. 1, 241 Abs. 2, 311 Abs. 3 BGB drohen[1291]. Eine Haftung aus § 826 BGB kommt beispielsweise bei einer Beteiligung des Aufsichtsrats an einer betrügerischen Kapitalerhöhung oder einer fehlerhaften Kapitalmarktinformation in Betracht[1292].

Die externen Steuerungsmittel ergänzen die präventive Wirkung der Innenhaftung. Sie knüpfen an Pflichtwidrigkeiten an, die auch durch die Innenhaftung adressiert werden. Die Innenhaftung stellt daher bei weitem nicht das einzige Mittel dar, um die Aufsichtsratsmitglieder zu einer ordnungsgemäßen Überwachung anzureizen. Ihre Notwendigkeit, zudem mit Totalreparation, sollte daher nicht überschätzt werden.

5. Verstärkte Präventionswirkung durch systematische kognitive Verzerrungen

Auch kognitive Verzerrungen können Einfluss auf das Entscheidungsverhalten des potenziellen Schädigers und damit auf das Ausmaß an erforderlicher Haftung haben. Der präventive Effekt der Haftung folgt aus den zusätzlichen Haftungskosten bei der Kosten-Nutzen Abwägung des Aufsichtsratsmitglieds bezüglich seines Sorgfaltsniveaus. Insofern sind jedoch nicht (nur) die objektiven Gegebenheiten, sondern auch die subjektiven Einschätzungen des abwägenden Aufsichtsratsmitglieds maßgeblich.

Diese subjektiven Einschätzungen weichen in bestimmten Bereichen systematisch von denen eines rationalen Homo Oeconomicus ab. Menschen treffen Entscheidungen und Wahrscheinlichkeitsprognosen regelmäßig auf Grund von Heuristiken, da ihnen nur begrenzte Informationen zur Verfügung stehen[1293]. Dies führt zu systematischen Verzerrungen. Vereinzelte menschliche Irrationalitäten können ignoriert werden, solange der Homo Oeconomicus als Modell weiterhin treffende Aussagen liefert[1294]. Soweit jedoch Bereiche mit systematisch irrationalem Verhalten tangiert sind, müssen solche Erkenntnisse berücksichtigt werden. Führen die Verzerrungen dazu, dass ein Aufsichtsratsmitglied die präventiven Haftungskosten (Haftungssumme und/oder Haftungswahrscheinlichkeit) subjektiv anders einschätzt oder gewichtet, muss dies bei der Analyse der Präventionswirkung beachtet werden.

1289 OLG, Düsseldorf, NZG 2008, 713.

1290 Zu Beispielen: BeckOGK/*Veil*, AktG, § 116 Rn. 255 f.

1291 Stellvertretend BeckOGK/*Veil*, AktG, § 116 Rn. 252 f.

1292 Melot de Beauregard/Lieder/Liersch/*Lieder*, § 8 Rn. 87.

1293 *Kahneman*, Schnelles Denken Langsames Denken, 2011, S. 127 ff.; *Thaler/Sunstein*, Nudge – Wie man kluge Entscheidungen trifft, 9. Aufl. 2017, S. 38 f.

1294 *Eidenmüller*, JZ 2001, 1041 (1045).

Zu bedenken ist zum Nachfolgenden jedoch, dass die Studien sich nicht spezifisch mit Aufsichtsratsmitgliedern befassen und ggf. nicht vollständig auf die Personengruppe Aufsichtsratsmitglied übertragen werden können. Spezifische Studien zu Aufsichtsratsmitgliedern sind nicht ersichtlich. Die Studien stellen daher nur ein starkes Indiz dar.

a) Verlustaversion verstärkt Präventionswirkung

Kahneman und *Tversky* haben den *loss aversion effect* (Verlustaversion) entdeckt und beschrieben[1295]. Danach gewichten Menschen Verluste stärker als Gewinne in entsprechender Höhe. Eine Entscheidung hängt damit nicht nur von dem Gesamtnutzen der Entscheidung ab, sondern auch davon, ob einzelne Faktoren mit Blick auf den Stand vor der Entscheidung (als Referenzpunkt) als Gewinn oder Verlust angesehen werden. Grob gesagt »ist es doppelt so schmerzhaft, etwas zu verlieren, als es glücklich macht, dieses Etwas zu gewinnen«[1296].

Da Haftung immer zur Minderung des Vermögens führt, wird dem Haftungsrisiko ein höheres Gewicht beigemessen. Muss daher das Aufsichtsratsmitglied zwischen einem Gewinn an Zeit und Energie infolge eines verminderten Sorgfaltsniveaus oder einer Vermögensmehrung durch eine Treuepflichtverletzung und dem gleichfalls daraus folgenden Haftungsrisiko abwägen, wird es dem Haftungsrisiko als potenziellem Verlust subjektiv mehr Gewicht beimessen als dem Zeit- bzw. Vermögensgewinn[1297]. Die präventiven Haftungskosten, die ausreichen, um das Aufsichtsratsmitglied von der haftungsbewehrten Option abzuhalten, müssen daher nicht der vollen Schadenssumme entsprechen.

b) Availability Bias erhöht subjektive Haftungswahrscheinlichkeit

Die für die Prävention relevanten Haftungskosten hängen auch von der Wahrscheinlichkeit der Entdeckung der Pflichtverletzung, der Durchsetzung der Ansprüche und dem Ausfall der Versicherung ab. Auch insofern kommt es auf das subjektive Empfinden an, welches nicht zwingend mit der objektiven Wahr-

1295 *Kahneman/Tversky*, Quarterly Journal of Economics 1991, 1039 ff.; *dies.* 47 Econometrica 1979, 263 (279); *Kahneman/Knetsch/Thaler*, 5 Journal of Economic Perspectives 1991, 193 (199 ff.); *Kahneman*, Schnelles Denken Langsames Denken, 2011, S. 342 ff.

1296 Zitat nach *Thaler/Sunstein*, Nudge – Wie man kluge Entscheidungen trifft, 9. Aufl. 2017, S. 53 f.; *Kahneman/Tversky*, Quarterly Journal of Economics 1991, 1039 ff.; *Kahneman/Knetsch/Thaler*, 5 Journal of Economic Perspectives 1991, 193 (199): Verhältnis 2:1; *Schäfer/Ott*, Lehrbuch der ökonomischen Analyse des Zivilrechts, 6. Aufl. 2020, S. 120: Faktor 2,5.

1297 Ähnlich *Haugh*, 90 Temple Law Review 2018, 611 (625 ff.): er sieht in der Verlustaversion den Hautgrund, dass die *Caremark*-Rechtsprechung trotz seltener Haftbarkeit zur Einführung von Compliance-Systemen geführt hat.

scheinlichkeit übereinstimmt. Nach der Forschung schätzen Menschen die Wahrscheinlichkeit eines Ereignisses oder eines Risikos oft anhand der Leichtigkeit oder Schnelligkeit ab, mit der sie sich entsprechende Fälle oder Ereignisse ins Gedächtnis rufen können[1298]. Als Beispiele werden genannt, dass Menschen das Risiko eines Herzinfarkts bei Menschen mittleren Alters abschätzen, indem sie sich an solche Ereignisse im Bekanntenkreis erinnern, oder die Wahrscheinlichkeit für das Scheitern eines Geschäftsvorhabens danach beurteilen, welche Schwierigkeiten ihnen für das Unternehmen spontan einfallen[1299].

Dabei unterlaufen systematisch Fehler, da andere Faktoren als die objektive Häufigkeit die abrufbaren Fälle beeinflussen[1300]. In der Folge werden geringe Wahrscheinlichkeiten systematisch überschätzt[1301]. So überschätzen Menschen die Verfügbarkeit von Fällen oder Ereignissen und damit die Wahrscheinlichkeit für einen zukünftigen Eintritt eines solchen Ereignisses, wenn sie diese schnell und einfach abrufen können (*bias due to retrievability*)[1302]. Dabei gilt: Je erstaunlicher die Fälle sind, desto leichter sind diese verfügbar und desto stärker überschätzt man deren Wahrscheinlichkeit[1303]. Beispielsweise wird die Gefahr eines Terrorangriffs seit dem 11. September 2001 höher eingeschätzt[1304]. Morde sind medienpräsenter als Suizide, sodass erstere zu Unrecht als häufiger vorkommend angenommen werden[1305] oder der Verkauf von Erdbebenversicherungen steigt nach einem Erdbeben signifikant an[1306]. Auch der Tod durch seltene Krankheiten wird massiv überschätzt[1307].

Dies hat Einfluss auf die Beurteilung der Haftungswahrscheinlichkeit und damit auf den präventiven Effekt[1308]. Zwar wird der größere Teil der Haftungsprozesse unter Ausschluss der Öffentlichkeit vor Schiedsgerichten ausge-

1298 *Kahneman/Tversky*, 185 Science 1974, 1124 (1127 ff.); *Thaler/Sunstein*, Nudge – Wie man kluge Entscheidungen trifft, 9. Aufl. 2017, S. 42.

1299 *Kahneman/Tversky*, 185 Science 1974, 1124 (1127); *dies.*, 5 Cognitive Psychology 1973, 207 (211 ff.).

1300 *Eisenberg*, 47 Stanford Law Review 1995, 211 (220 f.).

1301 *Kahneman/Tversky*, 47 Econometrica 1979, 263 (281); *Schäfer/Ott*, Lehrbuch der ökonomischen Analyse des Zivilrechts, 6. Aufl. 2020, S. 120, 124.

1302 *Kahneman/Tversky*, 185 Science 1974, 1124 (1127).

1303 *Korch*, Haftung und Verhalten, 2015, S. 119.

1304 *Thaler/Sunstein*, Nudge – Wie man kluge Entscheidungen trifft, 9. Aufl. 2017, S. 42.

1305 *Thaler/Sunstein*, Nudge – Wie man kluge Entscheidungen trifft, 9. Aufl. 2017, S. 42.

1306 *Slovic/Kunreuther/White*, Decision Processes, Rationality and Adjustment to Natural Hazards; *Thaler/Sunstein*, Nudge – Wie man kluge Entscheidungen trifft, 9. Aufl. 2017, S. 43; *Kahneman*, Schnelles Denken Langsames Denken, 2011, S. 173.

1307 *Lichtenstein/Slovic/Fischhoff/Layman/Combs*, 4 Journal of Experimental Psychology 1978, 551 ff.; dazu auch *Kahneman*, Schnelles Denken Langsames Denken, 2011, S. 174.

1308 Ähnlich zur Abschreckungswirkung im Strafrecht mit Blick auf die subjektive »Entdeckungswahrscheinlichkeit«: Towfigh/Petersen/*Englerth/Towfigh*, Ökonomische Methoden im Recht, 3. Aufl. 2023, Rn. 510.

tragen[1309]. In den letzten Jahren hat aber auch die staatliche Gerichtsbarkeit einige Prozesse entschieden, die über längere Zeit öffentlichkeitswirksam in den Medien ausgebreitet wurden: etwa den Siemens-Neubürger-Prozess[1310], ISION[1311] oder Arcandor[1312]. Die Durchsetzung von Organhaftungsansprüchen ist regelmäßig Thema in den Nachrichten[1313], wobei diese sich gezielt auf die Skandalfälle stürzen[1314]. Durch dieses Medieninteresse sind durchgesetzte Organhaftungsansprüche bei den Aufsichtsratsmitgliedern präsent und können zu einer Überschätzung der eigenen Haftungswahrscheinlichkeit führen[1315].

Ähnliches dürfte auch für die Beurteilung der Ausfallwahrscheinlichkeit der D&O-Versicherung gelten. Das Schrifttum weist seit einiger Zeit mit aller Inbrunst auf deren Risiken hin[1316]. Dies wird sich auch in der anwaltlichen Beratung der Aufsichtsratsmitglieder widerspiegeln. Wird diesen das Schreckensszenario eines Versicherungsausfalls lebhaft vor Augen geführt, nimmt die Verfügbarkeit zu.

Noch einflussreicher als Medienpräsenz sind eigene Erfahrungen[1317]. Inzwischen berichten ca. 1/5 der Organmitglieder von Haftungsfällen bei sich selbst oder Kollegen[1318]. Beides führt zur Überschätzung der Durchsetzungswahrscheinlichkeit, da Aufsichtsratsmitglieder sich schnell und einfach Haftungsfälle aus dem eigenen Umfeld ins Gedächtnis rufen können. Diese Überlegungen decken sich mit den empirischen Erkenntnissen, dass Aufsichtsratsmitglieder zunehmend von einem höheren Haftungsrisiko ausgehen[1319].

1309 *Schumacher*, NZG 2016, 969; *Heinrich*, NZG 2016, 1406 ff.; *Leuering*, NJW 2014, 657; *Herresthal,* ZIP 2014, 345; BeckOGK/*Fleischer*, AktG, § 93 Rn. 383; eher skeptisch bzgl. der zukünftigen praktischen Relevanz: *Borris*, r+s, 2020, 316 (322).

1310 *Giesen*, »Ex-Finanzchef Neubürger soll 15 Millionen zahlen«, Süddeutsche Zeitung online v. 11. Dezember 2013; *Knop*, »Siemens' langer Marsch aus der Schmiergeldaffäre«, FAZ online v. 30. Juli 2008.

1311 *Nitsche*: »Alexander Falk muss Entschädigung zahlen«, FINANCE Magazin v. 21. September 2012.

1312 »Aufsichtsräte zu 53,6 Mio. Euro Schadensersatz verurteilt«, Süddeutsche Zeitung online v. 06. April 2022.

1313 Hölters/Weber/*Hölters/Hölters*, 4. Aufl. 2022, § 93 Rn. 22.

1314 Zutreffend zur Meinungsbildung durch die Presse: *Pospiech*, Rechtsfolgen der zivilrechtlichen Organhaftung, 2017, S. 66 f.

1315 Ähnlich auch zu den Folgen des WorldCom und Enron Skandals in den USA: *Bruner*, Wake Forest Law Review 2006, 1131 (1174).

1316 Siehe dazu 1. Teil § 5 A.

1317 *Thaler/Sunstein*, Nudge – Wie man kluge Entscheidungen trifft, 9. Aufl. 2017, S. 42; *Slovic/Kunreuther/White*, Decision Processes, Rationality and Adjustment to Natural Hazards; *Dunning/Heath/Suls*, 5 Psychological Science in the Public Interest 2004, 69 (80) mit Blick auf die Reduzierung von Optimismus.

1318 Siehe dazu 1.Teil § 1 C.

1319 Siehe dazu 1.Teil § 1 C., wenngleich dies auch objektiv der Fall ist.

Schließlich werden Verfügbarkeiten überschätzt, wenn die bei der Abschätzung herangezogenen Ereignisse besonders auffällig sind. Ein brennendes Haus zu sehen, hat mehr Einfluss, als davon zu lesen[1320]. Auch Emotionen beeinflussen Verfügbarkeit, Abrufbarkeit und damit Wahrscheinlichkeitsurteile[1321]. Insofern dürften die Großschadensprozesse aus den letzten Jahren mit Schadensersatzzahlungen im Millionenbereich sowie auch das bekannte und tragische Ereignis rund um den Siemens-Neubürger-Prozess, das Überschätzungsrisiko weiter steigern.

Werden Haftungswahrscheinlichkeiten systematisch subjektiv überschätzt, hat dies zur Folge, dass die präventiven Haftungskosten durch das Aufsichtsratsmitglied höher angesetzt werden, als sie objektiv sind. Dann kann objektiv eine geringere Haftungssumme ausreichen.

6. Kein »Gewinn« bei Sorgfaltspflichtverletzungen

Besonders gegen die Notwendigkeit der Totalreparation spricht, dass die Präventionswirkung nicht nur von den Haftungskosten, sondern auch von dem für den Entscheider generierten Nutzen abhängt. Insofern wirkt sich aus, dass Aufsichtsratsmitglieder fremdnützig handeln. Unterschreitet das Aufsichtsratsmitglied den gesetzlichen Sorgfaltsstandard, reduzieren sich seine Sorgfaltskosten. Darin liegt der »Gewinn« bei der Wahl der haftungsbewehrten Option. Dieser Gewinn ist bei einem Aufsichtsratsmitglied jedoch gering. Primär gewinnt das Aufsichtsratsmitglied Zeit für andere Aktivitäten. Es muss weniger Aufwand und Energie aufwenden. Einen Vermögensgewinn erzielt es hingegen nicht. Alle monetären Kosten, welche für eine effektive Überwachung erforderlich sind, z.B. Kosten für Berater und Sachverständige oder Fahrten zu Sitzungen, trägt nicht das Aufsichtsratsmitglied, sondern die Gesellschaft[1322]. Auch partizipieren Aufsichtsratsmitglieder wertmäßig nicht an Vermögensgewinnen, den Geschäftsleiter durch Treuepflichtverletzungen erzielen können.

Selbst das Eingehen unverhältnismäßiger (pflichtwidriger) Risiken generiert im Erfolgsfalle nur der Gesellschaft, nicht dem Aufsichtsratsmitglied einen Nutzen[1323]. Geschäftsleiter können zumindest durch variable Vergütungsbestandteile oder Aktienoptionen an einem unternehmerischen Gewinn und daher an einem pflichtwidrigen Risiko mitverdienen[1324]. Wägt ein Geschäftsleiter seine Entscheidungsoptionen ab, nimmt er das Produkt aus Eintrittswahrschein-

1320 *Kahneman/Tversky*, 185 Science 1974, 1124 (1127); *Barron/Yechiam*, Judgment and Decision Making 2009, 447 (447 ff.).

1321 *Kahneman*, Schnelles Denken Langsames Denken, 2011, S. 175, 397.

1322 *Bachmann*, Gutachten 70. DJT 2014, E 22; *Ph. Scholz*, Die existenzvernichtende Haftung von Vorstandsmitgliedern in der Aktiengesellschaft, 2014, S. 279.

1323 Mit Blick auf den Vorstand: *Wagner*, ZHR 2014, 227 (256 f.).

1324 Anmerkung: Funktioniert das unhaltbare risikoreiche Geschäft, fehlt es nicht an der Pflichtverletzung, sondern lediglich am Schaden.

lichkeit des unternehmerischen Erfolgs und persönlicher Gewinnpartizipation in seine Abwägung auf. Dies gebietet einen stärkeren Gegenanreiz durch Haftung. Dies gilt jedoch mangels Gewinnpartizipation nicht für Aufsichtsratsmitglieder. Das Gesetz verbietet in § 113 AktG zwar keine variable Aufsichtsratsvergütung. Der DCGK regt aber eine Fixvergütung an[1325]. Einen erheblichen Einfluss haben auch Stimmrechtsberater sowie institutionelle Investoren[1326]. Auch deren Leitlinien sehen allesamt vor, dass die Vergütung vollständig oder hauptsächlich »fix und pauschal« auszusehen habe[1327]. Dem folgt die Praxis. Dort sind fast nur noch Festvergütungen vorgesehen[1328]. Selbst im Dax sind es nur noch vier Unternehmen, welche eine variable Vergütung gewähren[1329]. Der Grund liegt darin, dass man keinen Anreizgleichlauf von Überwachtem und Überwacher möchte. Dies kann zu geringerer Überwachung oder sogar Kollusion zwischen den Organen führen[1330]. Aktienoptionen gelten seit einer BGH-Entscheidung von 2004 zudem als unzulässig[1331].

Das Aufsichtsratsmitglied gewinnt daher im Regelfall durch eine pflichtwidrige Unterschreitung seines Sorgfaltsniveaus nichts außer mehr Zeit für andere Aktivitäten. Da der Nutzen gering ist und damit wenig entgegensetzte Anreize gesetzt werden müssen, können auch die präventiven Haftungskosten gering sein, mithin auf Totalreparation verzichten.

7. Ausnahmsweise eigene Gewinne bei Interessenkonflikten

Das Bild ändert sich, wenn Aufsichtsratsmitglieder nicht bloß ihre Aufgaben vernachlässigen, sondern eigene Ziele verfolgen, mithin Interessenkonflikte vorliegen. Dann winkt ein echter Gewinn, sodass stärkere entgegensetzte Anreize, auch durch Haftung, gesetzt werden müssen[1332]. Unterschiedliche Interessenkonflikte erzeugen dabei unterschiedlich gewichtige Anreize für das Aufsichtsratsmitglied. Je stärker die Motivation zur Pflichtverletzung, desto stärker muss der entgegensetzte Anreiz sein. Daher muss entgegen dem Ansatz der

1325 G.18 S. 1 DCGK 2022.

1326 *Hopt/Leyens*, ZGR 2019, 929 (945); so auch die Erfahrung der Praktiker, vgl. *Riekers*, DB 2019, 107 (111).

1327 So für ISS, Glass Lewis, IVOX, Deka, Alliance Global Investors, DWS Investment GmbH, vgl. Tabelle Audit Committee Quarterly IV/2018, 16.

1328 *Dörrwächter*, NZG 2020, 370; *v. Preen/Pacher/Bannas*, DB 2014, 1633; *Hopt/Leyens*, ZGR 2019, 929 (987); *Lutter/Krieger/Verse*, 7. Aufl. 2020, § 12 Rn. 857; *Koch*, 19. Aufl. 2025, § 113 Rn. 11.

1329 Zahlen für 2017: *Lutter/Krieger/Verse*, 7. Aufl. 2020, Anhang; namentlich: BMW AG, die Continental AG, die Fresenius SE & Co. KGaA und die Fresenius Medical Care AG & Co. KGaA.

1330 *Leyens*, Information des Aufsichtsrats, S. 22.

1331 BGH, AG 2004, 265; BeckOGK/*Mock*, AktG, § 113 Rn. 36; Grigoleit/*Grigoleit/Tomasic/Kochendörfer*, 2. Aufl. 2020, § 113 Rn. 25.

1332 *Easterbrook/Fischel*, The economic structure of corporate law, S. 98.

meisten US-Bundesstaaten, in denen Haftungsbeschränkungen für jede Treuepflichtverletzung ausscheiden[1333], nicht zwingend auf jeden Interessenkonflikt mit dem Verbot einer Haftungsbeschränkung reagiert werden.

a) Eigene monetäre Gewinne

Hervorzuheben ist die Ausnutzung des Aufsichtsratsamts, um finanzielle Vorteile auf Kosten der Gesellschaft zu erlangen. Ein Aufsichtsratsmitglied kann zwar anders als ein Geschäftsleiter mangels Vertretungsbefugnis keine Insichgeschäfte mit der Gesellschaft abschließen, §§ 78 Abs. 1 S. 1 AktG, 35 Abs. 1 S. 1 GmbHG. Bei Transaktionen zwischen Gesellschaft und Aufsichtsratsmitglied oder einer Gesellschaft, an welcher es erheblich beteiligt ist, kann es aber seinen Einfluss auf die Geschäftsleiter ausnutzen, um zu Lasten der Gesellschaft Konditionen zu erlangen, die einem *dealing at arm's length*-Vergleich nicht standhalten[1334]. Sein Einfluss folgt daraus, dass es die Geschäftsleiter bestellt, abberuft, kontrolliert[1335] und umfassend berät[1336]. Zwar muss ggf. der gesamte Aufsichtsrat zustimmen, §§ 114, 115, 111b AktG. Insofern kann aber das kollegiale Miteinander im Aufsichtsrat eine wirksame Überwachung verhindern (*mutual back scratching*)[1337]. Durch die gesetzlichen Zuständigkeiten wird eine Ausnutzung daher erschwert, aber nicht zwingend verhindert. Weitere Missbrauchsmöglichkeiten sind: die Nutzung von Vermögenswerten zu eigenen Zwecken, die Nutzung der Gesellschaft zustehender Geschäftschancen oder Informationen[1338]. Im Ausnahmefall sind auch kriminelle Handlungen wie die Abzweigung oder Annahme von Geldern möglich.

Rechtsvergleichend zeigt sich, dass auf Geschäfte mit Eigengewinnen der Organe mit besonders starken Gegenanreizen reagiert wird. In den USA gilt bei Treuepflichtverletzungen nicht die Business Judgment Rule, die Beweislast kehrt sich um und die Verjährung kann gehemmt werden[1339]. Auf Rechtsfolgenseite kommen neben Schadensersatz auch Herausgabe des Gewinns, *punitive damages* sowie die Rückzahlung von Gehältern in Betracht[1340]. Zudem kann die Haftung ausnahmsweise nicht im Voraus beschränkt werden[1341]. Auch im UK kann die Gesellschaft nicht nur Schadensersatz verlangen, sondern jeden direk-

1333 Siehe dazu 2. Teil § 3 C. I.

1334 Die Einflussnahme zu solchen Transaktionen ist pflichtwidrig: BGH, Urt. v. 21. Dezember 1979, Az. II ZR 244/78.

1335 *Fleck*, FS Heinsius 1991, 89 (93); *Kumpan*, Interessenkonflikt im deutschen Privatrecht, 2014, S. 353; in der GmbH besteht die Personalkompetenz zumindest in der paritätisch mitbestimmten GmbH, § 31 MitbestG.

1336 Siehe dazu den 1. Teil § 2 A. I.

1337 *Kumpan*, Interessenkonflikt im deutschen Privatrecht, 2014, S. 353.

1338 Vgl. dazu stellvertretend BeckOGK/*Veil*, AktG, § 116 Rn. 84.

1339 Siehe dazu 2. Teil § 2 I. 2., II., IV.

1340 Siehe dazu 2. Teil § 2 I.

1341 Siehe dazu 2. Teil § 3 C. I.

ten oder indirekten Gewinn des *directors* herausverlangen. Eine Überkompensation ist erlaubt[1342]. Begründet werden diese Rechtsfolgen damit, dass der *director* im Gegensatz zu Sorgfaltspflichtverletzungen einen finanziellen Vorteil erzielen kann. Bei reinem Schadensersatz würde sein Vermögen nur auf den Wert vor der Pflichtverletzung reduziert. Da niemals alle Pflichtverletzungen aufgedeckt werden, bestünde sogar ein rationaler Anreiz zur Begehung von Treuepflichtverletzungen[1343].

Dies überzeugt. Selbst wenn man die anderen Kosten (Abberufung, Reputationsverlust etc.) einbezieht, dürfte bei der Schwierigkeit und damit Seltenheit der Aufdeckung von Pflichtverletzungen, wahrscheinlichkeitsgewichtet ein positiver Ertragswert zu erzielen sein. Zudem gehen solche Pflichtverletzungen oft mit einmaligen Verstößen einher, insbesondere zum Ende der Amtszeit hin, bei denen das Organmitglied das eigene Vermögen auf einen Schlag aufbessern kann. *Easterbrook/Fischel* sprechen von *take the money and run*-Situationen[1344]. In diesen Fällen wirkt ein Reputationsverlust nicht mehr, da keine weitere Mandatierung oder Neubestellung angestrebt wird. Insofern ist die Haftung mit Totalreparation nicht nur notwendig, sondern anreiztechnisch ggf. sogar unzureichend. Jedenfalls muss eine Haftungsbeschränkung daher ausscheiden.

b) Monetäre Gewinne für nahestehende Personen

Daneben kommen auch Vorteile den Aufsichtsratsmitgliedern nahestehender Personen in Betracht. Die Beziehung kann familiärer, persönlicher, finanzieller, geschäftlicher oder sonstiger Natur sein[1345]. Die Aufsichtsratsmitglieder handeln entweder aus persönlicher Verbundenheit oder um mittelbar von der Begünstigung des nahestehenden Dritten zu profitieren.

Zwar ist die Gefahr bei Aufsichtsratsmitgliedern geringer als bei Geschäftsleitern, da keine Vertretungsmacht besteht. Die Ausnahme wäre nur, dass der Vertragspartner der Gesellschaft ein dem Aufsichtsratsmitglied nahestehendes Mitglied der Geschäftsleitung ist, §§ 112 AktG, 52 Abs. 1 GmbHG. Das Aufsichtsratsmitglied kann aber wiederum seinen Einfluss auf die Geschäftsleiter dahingehend ausüben, dass entsprechende Transaktionen mit nahestehenden Personen getätigt werden. Zudem kann es seine Position im Rahmen der Mitbestimmungsbefugnisse[1346] missbrauchen, wenn dem Aufsichtsrat ein Zustimmungsrecht für eine Transaktion obliegt, welche einen nahestehenden Dritten

1342 Siehe dazu 2. Teil § 4 B. I. 3. a).

1343 *Eisenberg*, Corporations and other Business Organizations, 8. Aufl. 2000, S. 445.

1344 *Easterbrook/Fischel*, The economic structure of corporate law, S. 103.

1345 So zum Interessenkonflikt im Rahmen des § 111b Abs. 2 2. Alt AktG: Schmidt/Lutter/*Vetter*, 5. Aufl. 2024, § 111b Rn. 124.

1346 Siehe zu den Befugnissen 1. Teil § 2 A.; insbesondere §§ 88, 89, 111 Abs. 4 S. 2, 111b, 114, 115 AktG.

begünstigt. Denkbar ist zum Beispiel, dass das Aufsichtsratsmitglied entgegen § 111b Abs. 2 2. Alt AktG mitstimmt und Einfluss auf seine Kollegen ausübt.

Monetäre Begünstigungen nahestehender Personen können ähnliche Anreize zur Pflichtverletzung auslösen wie persönliche Vorteile. Dieser Ansicht scheint auch der deutsche Gesetzgeber zu sein, wie sich beispielsweise an den Schutzvorschriften bei Transaktionen mit Familienangehörigen, §§ 89 Abs. 3, 115 Abs. 2, 111a Abs. 1 S. 2 AktG, oder dem Ausschluss der Business Judgment Rule zeigt[1347]. Auch im US-amerikanischen Recht fallen Transaktionen mit Verwandten eines *directors* unter die strengen Regeln des *self-dealing*[1348]. Auch auf Vorteile nahestehender Personen muss daher mit einem starken präventiven Anreiz reagiert werden. Haftungsbeschränkungen müssen daher ausscheiden.

In besonderer Weise ist in diesem Zusammenhang auf Geschäfte mit (Groß-)Aktionären hinzuweisen. Ein Teil der Aufsichtsratsmitglieder wird vom Großaktionär in den Aufsichtsrat entsendet. Die Aufsichtsratsmitglieder könnten Geschäfte zum Vorteil dieses Großaktionärs und zum Nachteil der Gesellschaft bzw. der Minderheitsaktionäre pflichtwidrig durchwinken. Da der Großaktionär gleichzeitig erhebliche Stimmgewalt auf der Hauptversammlung ausüben kann, könnte er eine Haftungsbeschränkung durchsetzen, welche seine Aufsichtsratsmitglieder in solchen Situationen entlastet.

c) Vermeidung persönlicher Verluste – Richter in eigener Sache

Mit »Richter in eigener Sache« sind Sachverhalte gemeint, in denen ein Aufsichtsratsmitglied seine eigene (frühere) Leistung kontrolliert[1349]. Eine solche Konstellation kann auftreten, wenn ein Geschäftsleiter in den Aufsichtsrat wechselt, z.B. da das Unternehmen gezielt dessen fachspezifisches Wissen im Aufsichtsrat integrieren möchte. Das Aufsichtsratsmitglied prüft dann Vorgänge aus seiner vorherigen Amtszeit[1350]. Die zweijährige *Cooling-off*-Periode gemäß § 100 Abs. 2 S. 1 Nr. 4 AktG reduziert die Wahrscheinlichkeit für eine solche Konstellation in der AG zwar, macht sie aber nicht unmöglich.

Das Aufsichtsratsmitglied kann durch eine »fahrlässige« Überwachung verhindern, dass frühere Verfehlungen aufgedeckt werden. Es gewinnt dadurch, dass Schadensersatzansprüche nicht erhoben oder sonstige Sanktionen erlassen werden und ein Reputationsverlust nicht eintritt. Dieser Gewinn wiegt subjektiv mit Blick auf die Verlustaversion[1351] sogar noch stärker als ein positiver finan-

1347 Begründung RegE UMAG, BTDrucks 15/5092, S. 11: »Sondereinflüsse […] dürfen die Entscheidung nicht beeinflusst haben, was offensichtlich bei Handeln […] zum Nutzen von dem Geschäftsleiter nahestehenden Personen oder Gesellschaften unterstellt werden muss.«.

1348 Siehe dazu 2. Teil § 2 I. 3. a).

1349 *Kumpan*, Interessenkonflikt im deutschen Privatrecht, 2014, S. 438.

1350 *Kumpan*, Interessenkonflikt im deutschen Privatrecht, 2014, S. 43.

1351 Siehe zur Verlustaversion 3. Teil § 1 B. III. 5. a).

zieller Gewinn. Daher ist erst recht ein starker präventiver Anreiz durch Haftung erforderlich. Eine Haftungsbeschränkung muss ausscheiden.

d) Nicht-monetäre Vorteile

Es können nicht nur monetäre Gewinne erzielt werden. Auch sonstige Vorteile reizen zur Pflichtverletzung an. Diese gebieten jedoch nicht immer in derselben Weise wie finanzielle Eigenvorteile, dass Haftungsbeschränkungen zwingend ausscheiden müssen.

1) Arbeitnehmerstreik

So befinden sich Arbeitnehmervertreter im Aufsichtsrat in einem Interessenkonflikt, wenn die Interessen der Gesellschafter und der Arbeitnehmer divergieren. Das klassische Beispiel ist die Mitwirkung an einem Streik. Die Teilnahme an einem rechtmäßigen Streik ist noch pflichtgemäß. Pflichtwidrig ist nach h.M. jedoch eine aktive Streikplanung durch Aufsichtsratsmitglieder[1352] oder die Ausnutzung von Insiderwissen für die Streikplanung[1353]. Die Aufsichtsratsmitglieder wollen für sich und ihre Kollegen aus der Arbeitnehmerschaft bessere Arbeitsbedingungen/mehr Lohn erzielen. Ein großer persönlicher (kurzfristiger) Eigengewinn wird hingegen nicht erlangt. Der entgegengesetzte Anreiz durch Haftung muss daher nicht so stark sein wie bei den *take the money and run*-Situationen. Eine Haftungsbeschränkung kommt trotz Interessenkonflikts *eher* in Betracht.

2) Mandate in Konkurrenzunternehmen

Ähnliches gilt auch für Situationen, in denen das Aufsichtsratsmitglied widerstreitende Interessen zwischen zwei oder mehr Gesellschaften in Einklang bringen muss, etwa Mehrfachmandate. Zum Beispiel könnte es zu der Situation kommen, dass die eine Gesellschaft beraten und informiert werden muss, die Informationen der anderen Gesellschaft aber geheim gehalten werden müssen[1354]. Verstößt das Aufsichtsratsmitglied zugunsten der einen und zu Lasten der anderen Gesellschaft gegen die Geheimhaltungspflicht, handelt es pflichtwidrig[1355]. Bei solchen Pflichtenkollisionen besteht aber kein *starkes* Eigeninteresse. Das Pflichtbewusstsein gegenüber dem Konkurrenzunternehmen reizt

1352 Stellvertretend GK-AktG/*Hopt/Roth*, 5. Aufl. 2018, § 116 Rn. 186 m.w.N.

1353 Stellvertretend BeckOGK/*Veil*, AktG, § 116 Rn. 101 m.w.N.

1354 Beispiel entnommen aus: *Kumpan*, Interessenkonflikt im deutschen Privatrecht, 2014, S. 447.

1355 Auch trotz Pflichtenkollision, vgl. GK-AktG/*Hopt/Roth*, 5. Aufl. 2018, § 116 Rn. 201; zur Pflichtenkollision auch BGH, Urt. v. 21. Dezember 1979, Az. II ZR 244/78.

nicht so sehr zur Pflichtverletzung an wie persönliche monetäre Gewinne. Eine Haftungsbeschränkung kommt trotz Interessenkonflikts *eher* in Betracht.

3) Übernahmeverteidigung

Ein wichtiges Beispiel für nicht-monetäre Vorteile ist schließlich die Verteidigung gegen eine feindliche Übernahme. Wird eine Gesellschaft übernommen, müssen Aufsichtsratsmitglieder der Zielgesellschaft befürchten, dass der neue Gesellschafter ihre Posten neu besetzt und sie daher ihr Amt verlieren[1356]. Der Gewinn einer pflichtwidrigen Verhinderung besteht daher im Erhalt des Amtes. Dieser Gewinn hat zwar nicht die gleiche Bedeutung wie beim Vorstand, da das zu erhaltende Aufsichtsratsamt im Grundsatz nur als Nebenamt konzipiert ist und daher für ein Aufsichtsratsmitglied keine entsprechende Relevanz hat[1357]. Gleichwohl sollte diese Gefahr nicht unterschätzt werden, da Aufsichtsratsmitglieder zunehmend weniger diversifiziert sind und mehr Humankapital in eine Gesellschaft investieren[1358]. In besonderem Maße besteht diese Gefahr bei Arbeitnehmervertretern im Aufsichtsrat, die bei Übernahme zugleich den Verlust ihres Jobs befürchten müssen[1359]. Aufsichtsratsmitglieder haben daher einen starken Anreiz, pflichtwidrige Verteidigungsmaßnahmen des Vorstands entgegen § 33 Abs. 1 S. 1 WpÜG zu »übersehen« oder pflichtwidrig solchen Maßnahmen zuzustimmen, § 33 Abs. 1 S. 3 WpÜG. Auch bei der Stellungnahme zum Übernahmeangebot, § 27 WpÜG, kann dieses Eigeninteresse die Richtigkeit der Stellungnahme verzerren[1360].

Zudem wirken positive Anreize wie Reputationsgewinne durch eine gute Performance oder eine Verbesserung des Börsenkurses nicht mehr, da die Aufsichtsratsmitglieder nicht mehr Teil der Gesellschaft sind und mit dem Anstieg des Kurses in Verbindung gebracht werden[1361]. Auch die Furcht vor Abberufung oder verweigerter Neubestellung hat keinen Effekt mehr. Auch in diesen Fällen muss Haftung daher stärker entgegenwirken. Eine Haftungsbeschränkung sollte *eher* ausscheiden.

8. Aus präventiver Sicht ohnehin nie echte Totalreparation möglich

Schließlich spricht gegen die Erforderlichkeit der Totalreparation, dass aus präventiver Sicht ohnehin nie echte Totalreparation stattfindet. Auch wenn mate-

1356 *Leyens*, Information des Aufsichtsrats, S. 415.
1357 *Leyens*, Information des Aufsichtsrats, S. 415.
1358 Siehe dazu 3. Teil § 2 A. III.
1359 *Hopt/Leyens*, ECGI Law Working Paper No 567/2021, 1 (15 f., 42 f.).
1360 *Leyens*, Information des Aufsichtsrats, S. 415 ff.; Baums/Thoma/Verse/*Harbarth*, WpÜG, § 27 Rn. 1.
1361 Ähnlich *Easterbrook/Fischel*, The economic structure of corporate law, S. 169, die von *last period situations* sprechen.

riell gemäß den §§ 249 ff. BGB der volle Schaden ersatzfähig ist, scheitert die Durchsetzung der Totalreparation auch an prozessualen Gegebenheiten. Geschädigte unterliegen in Zivilprozessen z.B. wegen der unzureichenden Bezifferung sowie der fehlenden Beweisbarkeit ihrer Schäden[1362].

Wägt der potenzielle Schädiger aber seine Kosten ab, wird er selbst dann, wenn auf materieller Ebene Totalreparation gilt, nie die volle Schadenssumme einpreisen, da er immer auch das allgemeine Prozessrisiko des Geschädigten in seine Abwägung einfließen lässt. Gleichzeitig verhindert das Bereicherungsverbot, dass der Schädiger materiell einen Betrag bezahlen muss, welcher über die Schadenssumme hinausgeht[1363]. Deshalb entspricht die präventiv wirkende Schadenssumme ohnehin nie dem Schaden, welchen der Schädiger anrichtet. Dann ist aber kaum zu begründen, warum aus präventiven Zwecken materiell die Totalreparation erforderlich sein soll. Ein in diesem Sinne »vollständiger« präventiver Zweck ist dem deutschen Recht ohnehin fremd.

IV. Überwachung durch den Aufsichtsrat ist nur eine von mehreren Strategien

Wichtig für die Beurteilung der Relevanz der Aufsichtsratshaftung und damit der Erforderlichkeit der Totalreparation ist schließlich das größere Bild. Die Steuerung des Aufsichtsrats ist kein Selbstzweck, sondern dient dem Ziel, den Geschäftsleiter ausreichend zu kontrollieren und dessen Agenturkonflikt zu lösen. Die Überwachung durch den Aufsichtsrat stellt hierfür aber nicht die einzige Strategie dar. In der Wissenschaft werden weitere Strategien beschrieben, um den Agenturkonflikt zwischen Gesellschaftern und Geschäftsleitern zu reduzieren, sodass die Relevanz der Überwachung durch den Aufsichtsrat und damit auch die Überwachung des Aufsichtsrats nicht überschätzt werden sollte.

So wird auch für Geschäftsleiter die *constraints strategy* durch Aufstellung gesetzlicher *standards* angewandt[1364]. § 93 Abs. 1 S. 1 AktG schreibt den Vorstandsmitgliedern vor, bei ihrer Geschäftsführung die Sorgfalt eines ordentlichen und gewissenhaften Geschäftsleiters anzuwenden. Geschäftsführer haben in den Angelegenheiten der Gesellschaft die Sorgfalt eines ordentlichen Geschäftsmannes anzuwenden, § 43 Abs. 1 GmbHG. Der Zwang zur Befolgung wird durch die Geschäftsleiterhaftung erreicht, §§ 93 Abs. 2 S. 1 AktG, 43 Abs. 2 S. 1 GmbHG.

1362 *Wagner*, AcP 2006, 350 (460); beispielhaft mangelhafte Schadenssubstantiierung bei: LG Essen, Urt. v. 13. Oktober 2017, Az. 16 O 289/16.

1363 Stellvertretend dazu MünchKomm-BGB/*Oetker*, 9. Aufl. 2022, § 249 Rn. 20.

1364 Kraakman et al./*Armour/Hansmann/Kraakman*, Anatomy of Corporate Law, 3. Aufl. 2017, S. 32.

Eine weitere Strategie ist es, die Anreize von Gesellschaftern und Geschäftsleitern anzugleichen (*incentive alignment strategy*[1365]). In Bezug auf Geschäftsleiter kommen beispielsweise variable Vergütungsbestandteile oder für den Vorstand Aktienoptionen in Betracht[1366] oder es werden gezielt unabhängige Personen als Geschäftsleiter ausgesucht werden, bei denen weiche Anreize wie Stolz, Reputation und Gewissen ausreichend sein sollen[1367]. Ein typisches Beispiel sind die vor allem im anglo-amerikanischen Raum bekannten *independent directors*.

Eine andere Art von Strategie ist es, dem Prinzipal das Recht zu geben, sich seinen Agenten auszusuchen und die Beziehung zu dem Agenten selbstständig wieder lösen zu können (*appointment rights strategy*[1368]). In Betracht kommen Ernennungs- und Abberufungsrechte. Kann der Prinzipal sich ex post wieder von dem Agenten trennen, kann er im Falle von Fehlhandlungen den Schaden durch die Abberufung reduzieren.

Schließlich kommt als Strategie in Betracht, die Macht des Prinzipals zu vergrößern und ihm weitergehende Möglichkeiten zu geben, sich aktiv in die Entscheidungen des Agenten einzumischen (*decision rights strategy*[1369]). So kommt das Recht des Prinzipals in Betracht, aktiv Entscheidungen selbst zu initiieren oder jedenfalls (wichtige) Entscheidungen des Agenten von seiner Zustimmung abhängig zu machen[1370].

Entscheidend ist am Ende, dass die Gesamtheit aller angewendeten Maßnahmen den Agenturkonflikt ausreichend löst[1371]. Wird daher eine Strategie verstärkt, kann eine andere reduziert werden. Da die unterschiedlichen Strategien aber in unterschiedlichem Umfang je nach Gesellschaft, Gesellschafterkreis und Rechtsform genutzt werden, sollte auch die Effizienz der Aufsichtsratsüberwachung als Teil der Monitoring-Strategien der Entscheidung der Gesellschafter unterworfen werden, um diese an die eigene Gesellschaft anzupassen.

1365 Kraakman et al./*Armour/Hansmann/Kraakman*, Anatomy of Corporate Law, 3. Aufl. 2017, S. 35.

1366 *Fischel/Bradley*, Cornell Law Review 1986, 261 (275 f.); Towfigh/Petersen/*Schmolke*, Ökonomische Methoden im Recht, 3. Aufl. 2023, Rn. 309.

1367 Kraakman et al./*Armour/Hansmann/Kraakman*, Anatomy of Corporate Law, 3. Aufl. 2017, S. 35 f.; *Faure/Leyens*, ECGI Law Working Paper No. 376/2017, S. 19.

1368 Kraakman et al./*Armour/Hansmann/Kraakman*, Anatomy of Corporate Law, 3. Aufl. 2017, S. 37.

1369 Kraakman et al./*Armour/Hansmann/Kraakman*, Anatomy of Corporate Law, 3. Aufl. 2017, S. 37.

1370 Kraakman et al./*Armour/Enriques/Hansmann/Kraakman*, Anatomy of Corporate Law, 3. Aufl. 2017, S. 57.

1371 *Faure/Leyens*, ECGI Law Working Paper No. 376/2017, S. 10 f.: »*interplay of governance strategies*«; *Spindler*, AG 2013, 889 (903): »Zusammenspiel mit anderen Instrumenten«.

Auszunehmen von diesem Gedanken ist die Aufsichtsratshaftung, die das Aufsichtsratsmitglied zu ordnungsgemäßem Eigenhandeln anreizen soll. Damit sind Verstöße gemeint, die sich nicht auf die Überwachung des Geschäftsleiterhandelns beziehen, sondern reines Eigenhandeln des Aufsichtsratsmitglieds betreffen – z.B. die Ausnutzung unternehmensinterner Informationen oder Geschäftschancen. Da insofern nicht die Gesellschaft mittelbar vor der Geschäftsleitung, sondern direkt vor dem Aufsichtsratsmitglied geschützt werden soll, helfen andere Strategien gegenüber der Geschäftsleitung nicht weiter und können daher auch nicht eine geringere präventive Wirkung gegenüber dem Aufsichtsratsmitglied und damit eine Haftungsbeschränkung begründen.

C. Erst recht keine Totalreparation beim Aufsichtsrat in phänotypischer GmbH

Die Aufsichtsratsüberwachung ist eine Strategie zur Lösung des Agenturkonflikts zwischen Gesellschaftern und Geschäftsleitern. Fällt aber dieser Agenturkonflikt geringer aus oder bestehen andere Strategien zur Lösung dieses Konflikts, genügt eine geringere Aufsichtsratsüberwachung und damit eine geringere Präventionswirkung gegenüber dem Aufsichtsrat. Wie im Folgenden zu zeigen sein wird, ist in der GmbH, wie allgemein in geschlossenen Gesellschaften[1372], eine stärkere interne Kontrolle vorhanden. Hierfür wird auf die »phänotypische GmbH« abgestellt. Damit ist der empirische Durchschnittstyp einer GmbH gemeint, der anschließend und auch für weitere Teile dieser Arbeit zunächst als Annahmegerüst beschrieben wird (I.).

Der Agenturkonflikt Gesellschafter/Geschäftsleiter ist zumindest in der phänotypischen GmbH weniger ausgeprägt als in der AG (II.) und in der GmbH werden vermehrt andere Strategien genutzt, sodass der Überwachung der Geschäftsleiter durch den Aufsichtsrat eine geringere Relevanz zukommt (III.). Auszunehmen von diesem Argument ist die Haftung für Eigenhandlungen des Aufsichtsrats, die nicht der Überwachung der Geschäftsleiter dienen[1373]. Zudem ist eine geringere Aufsichtsratshaftung erforderlich, wenn der Agenturkonflikt zwischen Aufsichtsratsmitgliedern und Gesellschaftern geringer ausfällt oder anderen Strategien zur Lösung dieses Konflikts bestehen. In der phänotypischen GmbH ist aber auch der Agenturkonflikt zwischen Gesellschaftern und Aufsichtsrat weniger ausgeprägt (IV.) und die *decision rights strategy* wird stärker zu seiner Kontrolle genutzt (V.). Trotz geringerer Marktkontrolle (VI.) bedarf daher die Haftung des GmbH-Aufsichtsrats erst recht keiner Totalreparation.

1372 *Faure/Leyens*, ECGI Law Working Paper No. 376/2017, S. 10; *Haberer*, Zwingendes Kapitalgesellschaftsrecht, 2009, S. 249.

1373 Siehe dazu 3. Teil § 1 B. IV.

I. Merkmale einer »phänotypischen GmbH« als Annahmegerüst

Die GmbH ist als Rechtsform schwer zu fassen, da sie sich gerade durch ihre Vielgestaltigkeit auszeichnet. Mit »phänotypischer GmbH« ist in dieser Arbeit der empirische Durchschnittstyp einer GmbH gemeint, der nachfolgend als Annahmegerüst beschrieben und auf den in weiteren Teilen dieser Arbeit Bezug genommen wird. Generell kann die Rechtsform der GmbH für sehr unterschiedliche Arten von Unternehmen genutzt werden, sodass sich die Erkenntnisse der Arbeit zur GmbH nicht auf jede GmbH übertragen lassen. Dennoch ist es sinnvoll sich den empirischen Durchschnittstyp anzusehen und davon ausgehend die Regulierung der GmbH zu beleuchten. Für stark davon abweichende GmbH-Typen kann die Rechtsprechung dann abweichende Entscheidungen treffen, wie etwa zur Publikums-KG als Abweichung von der »normalen« KG.

Die phänotypische GmbH zeichnet sich zunächst durch einen im Vergleich zur AG erheblich kleineren Gesellschafterkreis aus[1374]. Nach rechtstatsächlichen Untersuchungen haben in Bayern 96 %[1375] und in Baden-Württemberg ca. 90 %[1376] der GmbHs nur bis zu drei Gesellschafter. Diese Gesellschafter sind fast ausschließlich natürliche Personen[1377], sodass auch nicht mittelbar mehr Personen beteiligt sind.

Zudem ist der Gesellschafterkreis stabiler und die Mehrheitsverhältnisse bleiben konstanter. Mehrheitsverhältnisse können selbst im Todesfall eines Gesellschafters durch kautelarjuristische Vorkehrungen gesichert werden[1378]. Vorkaufsrechte können das Eintreten neuer Gesellschafter im Veräußerungsfalle verhindern[1379]. Vor allem aber verhindert die fehlende Exit-Option (Verkauf des Gesellschaftsanteils) einen stetigen Gesellschafterwechsel, wie er bei der AG möglich, bei der börsennotierten AG rechtsformprägend ist. Die einzelnen Gesellschafter können die Gesellschaft nicht jederzeit einfach durch einen Verkauf verlassen[1380]. Dadurch bleiben Mehrheitsverhältnisse konstant[1381]. War Anfang des 20. Jahrhunderts noch ein börsenartiger Handel mit GmbH-Anteilen mög-

1374 MünchKomm-GmbH/*Fleischer*, 4. Aufl. 2022, Einleitung Rn. 38 m.w.N.; *Wedemann*, Gesellschafterkonflikte in geschlossenen Kapitalgesellschaften, 2013, S. 12.

1375 Für das Jahr 2011: *Wedemann*, Gesellschafterkonflikte in geschlossenen Kapitalgesellschaften, 2013, S. 13.

1376 Für das Jahr 2000: *Kornblum/Hampf/Naß,* GmbHR 2000, 1240 (1245).

1377 *Wedemann*, Gesellschafterkonflikte in geschlossenen Kapitalgesellschaften, 2013, S. 15.

1378 Zum Beispiel durch Nachfolgeklauseln, Einziehungsrechte, dazu: *Altmeppen*, 11. Aufl. 2023, § 15 Rn. 29 ff.

1379 MünchKomm-GmbH/*Fleischer*, 4. Aufl. 2022, Einleitung Rn. 38.

1380 *Bachmann/Eidenmüller/Engert/Fleischer/Schön*, Rechtsregeln für die geschlossene Kapitalgesellschaft, § 3 S. 29.

1381 *Bachmann/Eidenmüller/Engert/Fleischer/Schön*, Rechtsregeln für die geschlossene Kapitalgesellschaft, § 3 S. 29.

lich, ist dieser inzwischen ausgetrocknet[1382]. Es besteht kein liquider Sekundär-Markt für GmbH-Anteile[1383]. Das Auffinden eines Käufers ist daher schwierig[1384]. Auch eine Einigung über den Kaufpreis ist schwerlich zu bewerkstelligen[1385], da eine Anteilsbewertung ohne Marktvergleich kaum möglich ist[1386]. Zudem wird der austrittswillige Gesellschafter seinen Anteil nur unter Wert verkaufen können. Der Käufer hat kaum Einblicke in eine geschlossene Gesellschaft und unterliegt daher einem Informationsnachteil. Dieses Risiko muss er einpreisen, sodass der Verkäufer weniger erhält, als der Anteil wert ist[1387]. Diese Umstände reduzieren den Anreiz, die Exit-Option zu wählen. Auch Formerfordernisse und innergesellschaftliche Regelungen erschweren den Exit. Die Übertragung eines GmbH-Anteils bedarf notarieller Form, § 15 Abs. 2 GmbHG. § 15 Abs. 5 GmbHG erlaubt zudem die Vinkulierung. So kann die Übertragbarkeit der Anteile an die Zustimmung der Gesellschaft, des Geschäftsführers, eines Beirats, Aufsichtsrats oder aller Gesellschafter geknüpft werden[1388]. Rechtstatsächlich bestehen in ca. 90 % der GmbHs solche Vinkulierungsklauseln[1389]. Die Vinkulierung verhindert oft den Austritt bzw. macht die Exit-Option deutlich unsicherer.

Einhergehend mit dem kleineren und stabileren Gesellschafterkreis ist dieser auch persönlicher. Die Gesellschafter sind sich im Gegensatz zu den oft anonymen Aktionären regelmäßig persönlich bekannt[1390]. Häufig bestehen sogar familiäre Beziehungen[1391]. Jedenfalls können sich die Gesellschafter durch Einsicht in die Gesellschafterlisten leicht ermitteln, §§ 8 Abs. 1 Nr. 3, 16 Abs. 1 GmbHG. In einem solchen Gesellschafterkreis sind die Informationswege kürzer, Abstimmungen können informell und schnell getroffen, Einigungen einfacher

1382 *Bayer/Hoffmann*, GmbHR 2009, 1048 (1050).

1383 *Bachmann/Eidenmüller/Engert/Fleischer/Schön*, Rechtsregeln für die geschlossene Kapitalgesellschaft, § 3 S. 29; MünchKomm-GmbH/*Fleischer*, 4. Aufl. 2022, Einleitung Rn. 274.

1384 *Utset*, Utah Law Review 2003, 1329 (1342).

1385 *Utset*, Utah Law Review 2003, 1329 (1342).

1386 *Bachmann/Eidenmüller/Engert/Fleischer/Schön*, Rechtsregeln für die geschlossene Kapitalgesellschaft, § 3 S. 30.

1387 *Utset*, Utah Law Review 2003, 1329 (1342).

1388 *Altmeppen*, 11. Aufl. 2023, § 15 Rn. 100, 107 ff.

1389 So die Zahlen für GmbHs in Augsburg, Bayreuth, Regensburg und Würzburg für das Jahr 2011, vgl. die Erhebung bei: *Wedemann*, Gesellschafterkonflikte in geschlossenen Kapitalgesellschaften, 2013, S. 20.

1390 Am häufigsten ist die personalistisch geprägte GmbH: MünchKomm-GmbH/*Fleischer*, 4. Aufl. 2022, Einleitung Rn. 37 f.; *Fleischer*, GmbHR 2008, 673 (674): die GmbH ist überwiegend nicht reine Vermögensgemeinschaft, sondern Tätigkeitsgemeinschaft.

1391 *Wedemann*, Gesellschafterkonflikte in geschlossenen Kapitalgesellschaften, 2013, S. 16.

erzielt werden. Es gibt weniger Interessengegensätze, die in Einklang gebracht werden müssen. Die Kosten für eine Abstimmung sind geringer[1392].

Im Gegensatz zu Aktionären, die oft ausschließlich ihr Kapital einbringen, sind die Gesellschafter der phänotypischen GmbH deutlich aktiver in das Geschäft eingebunden. Das operative Geschäft wird oft von den Gesellschaftern oder einem Teil der Gesellschafter selbst ausgeführt[1393]. In vier von fünf aller GmbHs besteht Selbstorganschaft (»Gesellschafter-Geschäftsführer«)[1394]. Die Gesellschafter-Geschäftsführer haben ein starkes Eigeninteresse an der Optimierung der Gesellschaft[1395]. Sie erlangen für ihre Tätigkeit nicht nur ihr Gehalt, sondern partizipieren durch ihre Gesellschafterstellung am Gewinn der Unternehmung. Oft wird die Gewinnpartizipation sogar den deutlich größeren Teil ausmachen[1396]. Ferner identifizieren sie sich stärker mit der Gesellschaft als dies im Regelfall bei einer Fremdorganschaft der Fall sein wird[1397]. Auch Gesellschafter ohne Organstellung sind regelmäßig als Angestellte unterhalb der Geschäftsführung in das Unternehmen integriert[1398].

Bezüglich der Kapitalbeteiligung zeichnet sich die phänotypische GmbH dadurch aus, dass die individuelle Beteiligung jedes Gesellschafters im Vergleich zur AG deutlich größer ist. GmbH-Gesellschafter können ihr Vermögen in der Regel nicht wie ein Aktionär breit diversifiziert anlegen[1399]. Für GmbH-Anteile existieren Anlageformen wie ETFs nicht. Zudem wollen GmbH-Gesellschafter im Regelfall nicht viele weitere Gesellschafter in die oft eher personalistisch strukturierten Gesellschaften aufnehmen, sodass die Gesellschaft nicht wie eine Publikums-AG auf sehr viele Anteile verteilt wird[1400]. GmbH-Gesellschafter haben daher oft einen größeren Teil ihres Vermögens in einer Gesellschaft investiert[1401].

Diese höhere Kapitalbeteiligung führt dazu, dass die Gesellschafter mehr Interesse daran haben, sich aktiv in die Gesellschaft einzubringen, ggf. das

1392 *Rock*, 79 Georgetown Law Journal 1991, 445 (460).

1393 MünchKomm-GmbH/*Fleischer*, 4. Aufl. 2022, Einleitung Rn. 295; *Easterbrook/Fischel*, The economic structure of corporate law, S. 228 f.

1394 MünchKomm-GmbH/*Fleischer*, 4. Aufl. 2022, Einleitung Rn. 208.

1395 *Easterbrook/Fischel*, The economic structure of corporate law, S. 229.

1396 *Bachmann/Eidenmüller/Engert/Fleischer/Schön*, Rechtsregeln für die geschlossene Kapitalgesellschaft, § 2 S. 5.

1397 MünchKomm-GmbH/*Fleischer*, 4. Aufl. 2022, Einleitung Rn. 295.

1398 *Wedemann*, Gesellschafterkonflikte in geschlossenen Kapitalgesellschaften, 2013, S. 18.

1399 *Fleischer*, NZG 2011, 521 (523); *ders.*, ZIP 2014, 1305 (1310); *Kuntz*, GmbHR 2008, 121 (122 f.); *Jungmann*, FS K. Schmidt 2009, 831 (850).

1400 *Jungmann*, FS K. Schmidt 2009, 831 (850).

1401 *Cheffins*, Company Law: Theory, Structure and Operation, 1997, S. 470: »*[M]embers in closely held companies usually invest a considerable portion of their wealth in the business*«; *Fleischer*, NZG 2011, 521 (523); *Kuntz*, GmbHR 2008, 121 (122 f.).

Management zu kontrollieren und an der Willensbildung teilzunehmen. Sie profitieren wertmäßig stärker an einer Verbesserung der Gesellschaft. Auch die geringere Gesellschafteranzahl und damit einhergehend das größere Stimmgewicht jedes Gesellschafters erhöht den Anreiz, sich an der Willensbildung zu beteiligen. Schließlich verstärkt die fehlende Exit-Option das Interesse nach aktivem Engagement in der Gesellschaft[1402], da die GmbH-Gesellschafter im Gegensatz zu Aktionären den Exit nicht als Alternative zur aktiven Verbesserung der Gesellschaft wählen können.

II. Schwächere Ausprägung des Geschäftsleiter-Agenturkonflikts in der GmbH

Der Agenturkonflikt ist in der AG stark, in der GmbH schwach ausgeprägt. Auch der Gesetzgeber scheint dieser Ansicht zu sein. Denn der Einsatz eines Aufsichtsrats ist in mitbestimmungsfreien GmbHs fakultativ, in der AG obligatorisch. Die Vorstandshaftung ist zwingend, die Geschäftsführerhaftung hingegen weitgehend dispositiv[1403].

1. Besondere Ausprägung in der AG

Der Agenturkonflikt zwischen Aktionären und Vorstand ist stark ausgeprägt, insbesondere bei Streubesitz[1404]. Informationsasymmetrien sind für das Verhältnis von Vorstand und Aktionären geradezu charakteristisch. Der Vorstand leitet die Gesellschaft allein, § 76 Abs. 1 AktG. Alle Informationen und Entscheidungen bündeln sich in seinem Amt. Gerade diese starke Stellung wird oft als Kernargument für die zwingende Vorstandshaftung angeführt. Die Informationsrechte der Aktionäre sind hingegen limitiert. Sie beschränken sich prinzipiell auf das Fragerecht in der Hauptversammlung, § 131 AktG, welche im Regelfall nur einmal pro Jahr stattfindet[1405]. Im Prinzip nur institutionelle Investoren sowie Großaktionäre können noch auf Investorengespräche zurückgreifen. Zudem führt die Streuung in der AG zu Abstimmungsproblemen, sodass Informationen weniger ausgetauscht werden[1406].

Weiter bestehen bei Publikumsgesellschaften die bekannten Kollektivhandlungs- und Trittbrettfahrerprobleme[1407]. (Klein-)Aktionären fehlt infolge ratio-

1402 *Bachmann/Eidenmüller/Engert/Fleischer/Schön*, Rechtsregeln für die geschlossene Kapitalgesellschaft, § 2 S. 5.

1403 Vgl. §§ 23 Abs. 5, 93 Abs. 4 S. 3 AktG gegenüber § 43 Abs. 3 GmbHG.

1404 *Schäfer/Ott*, Lehrbuch der ökonomischen Analyse des Zivilrechts, 6. Aufl. 2020, S. 782 f.

1405 Stellvertretend MünchKomm-AktG/*Kubis*, 6. Aufl. 2024, § 131 Rn. 5.

1406 Kraakman et. al./*Armour/Hansmann/Kraakman/Pargendler*, Anatomy of Corporate law, 3. Aufl. 2017, S. 30.

1407 Siehe dazu 3. Teil § 3 B. I. 1.

naler Apathie jedes Interesse an Kontrolle sowie an der Teilnahme an diesbezüglichen Beschlussfassungen. Die Kosten für eine eigene Kontrolle durch die Ausübung von Fragerechten oder gar die Geltendmachung von Schadensersatzansprüchen sind erheblich[1408]. Sie stehen in keinem Verhältnis zu dem Gewinn, den der einzelne Aktionär aus einer effektiven Kontrolle zieht. Der Aktionär wird auf die Kontrolle durch die anderen Aktionäre hoffen, bevor er eigene Maßnahmen durchführt[1409]. Zudem besteht als Alternative jederzeit die Möglichkeit des Verkaufs der Aktien (Exit)[1410]. Auch institutionelle Investoren ändern an diesem Bild wenig. Sie konkurrieren mit anderen Fonds um Kapitalgeber. Die konkurrierenden Fonds halten aber vergleichbare Portfolios, sodass eine Kontrolle des Vorstands auch der Konkurrenz hilft und daher die relative Performance nicht verbessert[1411].

2. Deutlich geringere Ausprägung in der GmbH

Deutlich anders gestaltet sich die Situation in der phänotypischen GmbH[1412]. Zwar stellt auch das Verhältnis zwischen GmbH-Gesellschaftern als Prinzipal und Geschäftsführer als Agent einen Agenturkonflikt dar. In geschlossenen Kapitalgesellschaften wie der GmbH sind diese Konflikte aber deutlich weniger ausgeprägt[1413]. Interessenkonflikte zwischen Gesellschaftern und Geschäftsführern gelten als Ausnahme, nicht als Regel[1414].

Erstens liegt dies daran, dass das operative Geschäft oft von den Gesellschaftern selbst ausgeführt wird. Die bei der AG charakteristische Trennung von Eigentum und Kontrolle fehlt. Die Gesellschafter-Geschäftsführer haben ein starkes Eigeninteresse an der Optimierung der Gesellschaft, da sie durch ihre Gesellschafterstellung zugleich am Gewinn der Unternehmung partizipieren und sich stärker als bei Fremdorganschaft mit dem Unternehmen identifizieren[1415]. Die Anreize, welche man beim Vorstand durch variable Vergütung zu erreichen versucht, sind damit in der phänotypischen GmbH bereits verankert. Zwar mögen im Einzelfall das Eigeninteresse und das Unternehmensinteresse auseinanderfallen, etwa, weil nur ein Teil der Gesellschafter als Geschäftsführer agiert, am Erfolg der Gesellschaft aber alle Gesellschafter gleichmäßig partizi-

1408 Siehe dazu 1. Teil § 4 F.
1409 *Rock*, 79 Georgetown Law Journal 1991, 445 (454).
1410 Siehe dazu 3. Teil § 3 B. I. 1.
1411 Siehe dazu 3. Teil § 3 B. I. 1. b).
1412 Mit »phänotypischer GmbH« ist vorliegend als Annahmegerüst der empirische Durchschnittstyp einer GmbH gemeint. Siehe dazu und zu den Merkmalen der »phänotypischen GmbH«: 3. Teil § 1 C. I.
1413 MünchKomm-GmbH/*Fleischer*, 4. Aufl. 2022, Einleitung Rn. 295; international auch *Faure/Leyens*, ECGI Law Working Paper No. 376/2017, S. 10.
1414 *Bachmann/Eidenmüller/Engert/Fleischer/Schön*, Rechtsregeln für die geschlossene Kapitalgesellschaft, § 2 S. 7.
1415 Siehe dazu und zu den Merkmalen der »phänotypischen GmbH«: 3. Teil § 1 C. I.

pieren. Insgesamt sind die Interessen der Gesellschafter-Geschäftsführer aber deutlich näher an denen der GmbH-Gesellschafter als die eines Vorstands an denen der Aktionäre.

Zweitens bestehen regelmäßig ideelle Anreize dadurch, dass auch nichtgeschäftliche Beziehungen zu den Gesellschaftern bestehen, der Gesellschafterkreis ist persönlicher[1416]: So vor allem in Familiengesellschaften[1417] oder bei Gründungen mit aus dem Privatleben bekannten Personen. Auch diese Verbindungen reduzieren den Anreiz, sich zu Lasten der Gesellschafter zu bereichern, bzw. verstärken Anreize zur Sorgfalt.

Drittens sind die Informationsasymmetrien zwischen Geschäftsführern und Gesellschaftern geringer[1418]. Bei Gesellschafter-Geschäftsführern ist dies evident. Aber auch sonstige GmbH-Gesellschafter sind deutlich besser über die internen Vorgänge im Unternehmen informiert, da auch Gesellschafter ohne Organstellung regelmäßig als Angestellte unterhalb der Geschäftsführung in das Unternehmen integriert sind[1419] und auf diesem Wege Informationen erhalten. Ferner haben sie deutlich mehr Informationsrechte. GmbH-Gesellschafter haben gegenüber den Geschäftsführern einen individuellen Informationsanspruch über alle Angelegenheiten der Gesellschaft sowie einen Anspruch auf Einsicht in Bücher und Schriften, § 51a GmbHG – auch außerhalb der Gesellschafterversammlung. Der Anspruch ist so umfassend, dass er als »uferlos« kritisiert wird[1420]. Faktisch verbessert auch das Weisungsrecht die Informationsbasis. Gesellschafter haben dadurch einen Anspruch auf alle für die Unternehmenspolitik relevanten Unterlagen und Informationen[1421]. Daneben tritt eine passive Information. Nach der Rechtsprechung müssen Geschäftsführer, die Gesellschafter »ungefragt über alle für deren und das Gesellschaftsinteresse wesentlichen Tatsachen offen, transparent, zutreffend und vollständig zu informieren«[1422]. Schließlich können Informationen infolge geringer Gesellschafteranzahl, persönlicher Bekanntschaft und informeller Kommunikationswege schneller zirkuliert werden[1423].

Viertens wird der Agenturkonflikt dadurch abgeschwächt, dass GmbH-Gesellschafter stärkere Anreize zu eigener Kontrolle haben. Die für die AG typische Asymmetrie aus persönlichen Kosten und Gewinnen ist nicht gegeben. Die Kontrollkosten sind geringer. Die meist kleine Anzahl an Gesellschaftern kennt

1416 Siehe dazu und zu den Merkmalen der »phänotypischen GmbH«: 3. Teil § 1 C. I.
1417 *Easterbrook/Fischel*, The economic structure of corporate law, S. 229.
1418 *Bachmann/Eidenmüller/Engert/Fleischer/Schön*, Rechtsregeln für die geschlossene Kapitalgesellschaft, § 4 S. 98.
1419 Siehe dazu und zu den Merkmalen der »phänotypischen GmbH«: 3. Teil § 1 C. I.
1420 *Altmeppen*, 11. Aufl. 2023, § 51a Rn. 4.
1421 Lutter/Hommelhoff/*Kleindiek*, 21. Aufl. 2023, § 37 Rn. 9.
1422 KG Berlin, GWR 2011, 359.
1423 Siehe dazu und zu den Merkmalen der »phänotypischen GmbH«: 3. Teil § 1 C. I.

sich persönlich und der Gesellschafterkreis ist stabil[1424]. Man kann sich leichter abstimmen und Kontrollmaßnahmen durchführen. Zugleich ist der persönliche Gewinn durch Kontrolle größer. Die wertmäßige Beteiligung eines GmbH-Gesellschafters und damit seine Gewinnpartizipation sind deutlich höher als die eines Aktionärs[1425]. Zudem besteht keine Konkurrenz zwischen Gesellschaftern, wie dies für institutionelle Investoren typisch ist[1426], sodass die Verbesserung der Mit-Gesellschafter kein entsprechendes Problem darstellt.

III. Stärkere Nutzung anderer Strategien in der GmbH

Das GmbH-Recht nutzt neben der von beiden Gesetzen genutzten Innenhaftung auch in größerem Umfang andere Strategien zur Regulierung des Agenturkonflikts: vor allem die *appointment rights strategy*[1427] und die *decision rights strategy*[1428]. Reduzieren aber andere Strategien den Agenturkonflikt, reduziert sich auch die Notwendigkeit einer Überwachung der Geschäftsleiter durch den Aufsichtsrat und damit letztlich auch der Aufsichtsratshaftung.

1. Stärkerer Einsatz der appointment rights strategy (Bestellung, Abberufung)

Die *appointment rights strategy* zielt darauf ab, dem Prinzipal das Recht einzuräumen, den Agenten zu bestellen und abzuberufen. Das Bestellungsrecht sichert die Möglichkeit, sich selbst auszusuchen, wer für einen tätig wird. Durch die Abberufung kann Schaden verhindert werden. Ferner wird der Abberufung eine präventive Steuerungsfunktion beigemessen[1429]. Die Wirksamkeit dieser Steuerung hängt davon ab, wie effektiv dieses Instrument genutzt werden kann – ergo wie weitgehend die Abberufungsmöglichkeiten für den Prinzipal sind.

Das Aktienrecht gestattet den Aktionären, auch im internationalen Vergleich[1430], nur sehr eingeschränkte Bestellungs- und Abberufungsrechte. Aktionäre können Vorstandsmitglieder nicht selbst bestellen, sondern nur Aufsichtsratsmitglieder, welche den Vorstand bestellen, §§ 84 Abs. 1, 101 Abs. 1 AktG. Die Bestellung erfolgt für bis zu fünf Jahre, § 84 Abs. 1 S. 1 AktG. Auch können Aktionäre Vorstandsmitglieder nicht selbst abberufen. Dies ist nur indirekt über den Aufsichtsrat möglich. Zudem bedarf es eines »wichtigen Grundes«, § 84 Abs. 3 S. 1 AktG. Eine Abberufung des Aufsichtsrats durch Aktionäre, um

1424 Siehe dazu und zu den Merkmalen der »phänotypischen GmbH«: 3. Teil § 1 C. I.
1425 Siehe dazu und zu den Merkmalen der »phänotypischen GmbH«: 3. Teil § 1 C. I.
1426 Siehe dazu 3. Teil § 3 B. I. 2.
1427 Siehe dazu 3. Teil § 1 B. IV.
1428 Siehe dazu 3. Teil § 1 B. IV.
1429 Siehe dazu 3. Teil § 1 B. III. 3.
1430 Kraakman et al./*Armour/Enriques/Hansmann/Kraakman*, Anatomy of Corporate Law, 3. Aufl. 2017, S. 53 ff.

Druck zu machen, damit dieser den Vorstand abberuft, ist nur mit einer Mehrheit von drei Vierteln der abgegebenen Stimmen möglich, § 103 Abs. 1 S. 2 AktG.

In der GmbH ist dies grundlegend anders. Geschäftsführer werden zwar im Regelfall unbefristet bestellt[1431]. Die Gesellschafter entscheiden aber selbst über die Bestellung der Geschäftsführer, § 46 Nr. 5 GmbHG. Vor allem aber können sie die Bestellung zum Geschäftsführer jederzeit widerrufen, §§ 38 Abs. 1, 46 Nr. 5 GmbHG. Einer Begründung bedarf es nicht[1432], eines wichtigen Grundes nur bei entsprechender Satzung, § 38 Abs. 2 S. 1 GmbHG.

Nur im Falle der Mitbestimmung werden diese Rechte teilweise eingeschränkt. Das MitbestG entzieht den Gesellschaftern die Kompetenz zu Bestellung und Widerruf und übertragt diese auf den Aufsichtsrat, § 31 Abs. 1 MitbestG. Die Bestellung der Aufsichtsratsmitglieder (der Anteilseigner) kann nach dem Gesetz ebenfalls nur mit Dreiviertelmehrheit widerrufen werden, §§ 6 Abs. 2 MitbestG, 103 Abs. 1 AktG. Das Mehrheitserfordernis kann aber im Gegensatz zur AG durch die Satzung abgeschwächt werden[1433]. Dadurch können Gesellschafter leichter auf die Abberufung der Geschäftsführer hinwirken. Im DrittelbG fehlt eine einschränkende Regelung sogar vollständig, sodass die Gesellschafter selbst befugt bleiben, die Geschäftsführer zu bestellen und die Bestellung jederzeit zu widerrufen[1434].

Den GmbH-Gesellschaftern stehen daher deutlich mehr Rechte dahingehend zu, zu entscheiden, wer in ihrer Gesellschaft zum Geschäftsführer bestellt wird und wie lange diese Person im Amt bleibt. Dadurch können sie stärker auf diese einwirken, erzielen einen starken präventiven Effekt durch die Gefahr der Abberufung und können sich selbst vor Fehlverhalten seitens der Geschäftsführer schützen.

2. Stärkerer Einsatz der decision rights strategy (Weisung, Zustimmungsrechte etc.)

Die *decision rights strategy* zielt darauf ab, dem Prinzipal einen Teil seiner an den Agenten abgegebenen Befugnisse zurückzugeben. Ihm wird Einfluss auf die Entscheidungen des Agenten eingeräumt.

Den Aktionären der AG stehen keine Initiativ- oder Zustimmungsrechte zu, um auf die Geschäftsleitung Einfluss zu nehmen oder einzugreifen. Der Zweck der AG, die Trennung von Eigentum und Kontrolle, sieht dies gerade nicht vor. Die starke und unabhängige Stellung des Vorstands ist charakteristisch für das deutsche Aktienrecht[1435]. Dieser hat die alleinige Leitungskompetenz, § 76

1431 Stellvertretend *Altmeppen*, 11. Aufl. 2023, § 6 Rn. 73.

1432 *Altmeppen*, 11. Aufl. 2023, § 38 Rn. 4.

1433 Noack/Servatius/Haas/*Kraft*, 24. Aufl. 2025, § 52 Rn. 199; MünchKomm-GmbH/*Spindler*, 4. Aufl. 2023, § 52 Rn. 233; Scholz/*Seyfarth*, 13. Aufl. 2024, § 52 Rn. 258.

1434 MünchKomm-GmbH/*Stephan*/*Tieves*, 4. Aufl. 2023, § 37 Rn. 40.

1435 MünchKomm-AktG/*Spindler*, 6. Aufl. 2023, § 76 Rn. 1.

Abs. 1 AktG. Aktionäre entscheiden gemäß § 119 Abs. 1 AktG nur über Strukturentscheidungen der Gesellschaft. Hinzu treten ungeschriebene Kompetenzen infolge der Holzmüller-[1436] und Gelatine-Rechtsprechung[1437]. Der BGH hat in diesen beiden Entscheidungen aber ausdrücklich festgehalten, dass ungeschriebene Kompetenzen nur in sehr engen Grenzen anerkannt werden[1438].

In der GmbH hingegen besteht ein grundlegend anderes Regelungskonzept. Gesellschafter können die Grundzüge der Unternehmenspolitik festlegen[1439] und umfassend auf die Geschäftsführung Einfluss nehmen. Ihnen stehen weitreichende Initiativ- und Zustimmungsrechte zu. Zunächst überträgt § 46 GmbHG den Gesellschaftern selbst mehrere wichtigen Aufgaben. So obliegt ihnen die Feststellung des Jahresabschlusses und die Gewinnverwendung, § 46 Nr. 1 GmbHG. Sie bestellen Prokuristen und Handlungsbevollmächtigte, § 46 Nr. 7 GmbHG. Auch ungewöhnliche Maßnahmen bedürfen ihrer Entscheidung, § 49 Abs. 2 GmbHG[1440].

Vor allem aber gestattet das GmbH-Recht den Gesellschaftern umfassende Eingriffe in die Tätigkeit der Geschäftsführer. Sie können die Vertretungsbefugnis des Geschäftsführers (im Innenverhältnis) beschränken, § 37 Abs. 1 GmbHG. Zudem sind die Geschäftsführer weisungsgebunden[1441]. Die Gesellschafter können mit einfacher Mehrheit Ge- und Verbote erteilen[1442]. Erfasst sind sowohl Entscheidungen, welche die Geschäftsführung vorlegt, aber auch solche, welche die Gesellschafter von selbst an sich ziehen[1443]. Einschränkungen dieses Weisungsrechts bestehen nur im Einzelfall[1444]. Als Minus zum Weisungsrecht können die Gesellschafter schließlich Zustimmungsvorbehalte festlegen[1445].

Die Mitbestimmungsgesetze beschränken diese Rechte kaum. Insbesondere das Weisungsrecht bleibt sowohl im Falle der Drittel-[1446] als auch der paritä-

1436 BGH, NJW 1982, 1703.
1437 BGH, NJW 2004, 1860.
1438 BGH, NJW 2004, 1860 (1864).
1439 Scholz/*Schneider/Schneider,* 13. Aufl. 2024, § 37 Rn. 11; BeckOK/*Wisskirchen/Zoglowek/Theißen*, GmbHG, § 37 Rn. 12; Lutter/Hommelhoff/*Kleindiek*, 21. Aufl. 2023, § 37 Rn. 8.
1440 Lutter/Hommelhoff/*Kleindiek*, 21. Aufl. 2023, § 37 Rn. 10.
1441 *Altmeppen*, 11. Aufl. 2023, § 37 Rn. 3; MünchKomm-GmbH/*Stephan/Tieves*, 4. Aufl. 2023, § 37 Rn. 123; Michalski/Heidinger/Leible/J. Schmidt/*Lenz,* 4. Aufl. 2023, § 37 Rn. 16; Scholz/*Schneider/Schneider,* 13. Aufl. 2024, § 37 Rn. 75; Lutter/Hommelhoff/*Kleindiek*, 21. Aufl. 2023, § 37 Rn. 17.
1442 MünchKomm-GmbH/*Stephan/Tieves*, 4. Aufl. 2023, § 37 Rn. 123.
1443 Noack/Servatius/Haas/*Noack*, 24. Aufl. 2025, § 46 Rn. 105.
1444 Dazu Scholz/*Schneider/Schneider,* 13. Aufl. 2024, § 37 Rn. 98 ff.
1445 Lutter/Hommelhoff/*Kleindiek*, 21. Aufl. 2023, § 37 Rn. 16.
1446 Scholz/*Schneider/Schneider,* 13. Aufl. 2024, § 37 Rn. 88; *Altmeppen*, 11. Aufl. 2023, § 37 Rn. 32; BeckOK/*Wisskirchen/Zoglowek/Theißen*, GmbHG, § 37 Rn. 33; Henssler/Strohn/*Oetker*, 6. Aufl. 2024, § 37 GmbHG Rn. 14; Lutter/Hommelhoff/*Kleindiek*, 21. Aufl. 2023, § 37 Rn. 19.

tischen Mitbestimmung[1447] bestehen. Entsprechend sind auch in der mitbestimmten GmbH Zustimmungsvorbehalte durch die Gesellschafter möglich. Diese Rechte können beispielsweise durch die Androhung der Geltendmachung von Schadensersatzansprüchen durchgesetzt werden, § 46 Nr. 8 GmbHG.

GmbH und AG unterscheiden sich daher in Bezug auf die mögliche Einflussnahme der Gesellschafter grundlegend. Während dem Vorstand in der AG im Verhältnis zu den Aktionären die alleinige Leitungsmacht zusteht, können die Gesellschafter in der GmbH umfassend Einfluss nehmen und dadurch selbst den Agenturkonflikt deutlich reduzieren. Eine zusätzliche Überwachung durch den Aufsichtsrat ist in viel geringerem Umfang erforderlich. Entsprechend hat die Aufsichtsratshaftung in der GmbH einen geringeren Stellenwert.

IV. Schwächere Ausprägung des Aufsichtsrat-Agenturkonflikts in der GmbH

Die Unterschiede zwischen GmbH und AG in Bezug auf die Anreize der Gesellschafter zur Kontrolle lassen sich auch auf die Überwachung des Aufsichtsrats übertragen. Die Kontrollapathie der Aktionäre hemmt die Überwachung der Aufsichtsratsmitglieder. Anders gestaltet sich dies wiederum in der phänotypischen GmbH[1448]. Aus denselben Gründen sind GmbH-Gesellschafter deutlich gewillter ihren Aufsichtsrat zu kontrollieren. Dies spricht abermals dafür, dass in der GmbH eine geringere Aufsichtsratshaftung erforderlich ist.

V. Stärkere Nutzung der decision rights strategy in der GmbH (Weisung, Überwindung Zustimmungsvorbehalt)

Das GmbHG gewährt den Gesellschafter auch umfassendere Eingriffe in die Überwachungstätigkeit des Aufsichtsrats (*decision rights strategy*). Die Stellung des GmbH-Aufsichtsrats ist deutlich schwächer und weniger unabhängig ausgestaltet. GmbH-Gesellschafter sind zwar gegenüber dem obligatorischen GmbH-Aufsichtsrat nicht weisungsbefugt[1449]. Für den fakultativen Aufsichtsrat

1447 BGH, NJW 1997, 1985 (1987); BGH, NJW 1984, 733 (735); Scholz/*Schneider/Schneider*, 13. Aufl. 2024, § 37 Rn. 90; *Altmeppen*, 11. Aufl. 2023, § 37 Rn. 32; BeckOK/*Wisskirchen*/*Zoglowek*/*Theißen*, GmbHG, § 37 Rn. 33; Henssler/Strohn/*Oetker*, 6. Aufl. 2024, § 37 GmbHG Rn. 14; Lutter/Hommelhoff/*Kleindiek*, 21. Aufl. 2023, § 37 Rn. 19.

1448 Mit »phänotypischer GmbH« ist vorliegend als Annahmegerüst der empirische Durchschnittstyp einer GmbH gemeint. Siehe dazu und zu den Merkmalen der »phänotypischen GmbH«: 3. Teil § 1 C. I.

1449 Stellvertretend für die g.h.M.: MünchKomm-GmbH/*Spindler*, 4. Aufl. 2023, § 52 Rn. 217.

ist dies umstritten[1450], wobei die Annahme eines Weisungsrechts deutlich überzeugender ist. Denn der fakultative Aufsichtsrat existiert ausschließlich im Interesse der Gesellschafter[1451], seine Einrichtung ist freiwillig und § 52 GmbHG gewährt Satzungsfreiheit.

Aber die Gesellschafter können Zustimmungsvorbehalte des GmbH-Aufsichtsrats leichter überspielen. Den Zustimmungsvorbehalt eines fakultativen Aufsichtsrats können die Gesellschafter durch bloße Weisung mit einfacher Mehrheit und ohne Verlangen des Geschäftsführers überwinden[1452]. In der AG ist dagegen ein Hauptversammlungsbeschluss mit Dreiviertelmehrheit erforderlich. Für den obligatorischen GmbH-Aufsichtsrat ist das Mehrheitserfordernis umstritten. Die überwiegende Ansicht lässt die einfache Mehrheit genügen[1453]. Jedenfalls ist aber kein Verlangen des Geschäftsführers erforderlich, da die Gesellschafterversammlung anders als die Hauptversammlung an der Geschäftsführung beteiligt ist[1454]. Auch ist ein Gesellschafterbeschluss nicht so schwerfällig und unpraktisch wie ein Hauptversammlungsbeschluss. Überdies kommt dem obligatorischen GmbH-Aufsichtsrat kein Überwachungsmonopol zu, § 46 Nr. 6 GmbHG. Die Gesellschafter behalten diese Kompetenz.

VI. Aber: Schwächere Ausprägung der externen Kontrolle durch den Markt

Einzig für eine stärkere Haftung der GmbH-Aufsichtsratsmitglieder spricht, dass in der GmbH keine entsprechende externe Kontrolle durch den Markt erfolgt[1455]. Dies gilt sowohl für die Kontrolle der Geschäftsführer als auch der Aufsichtsratsmitglieder. Mangels Börsennotierung fehlt z.B. ein aktiver Übernahmemarkt, sodass Organmitglieder nicht befürchten müssen, dass die Gesellschaft bei schlechter Leistung übernommen wird und sie ihren Job verlieren. Diese fehlende Marktkontrolle wird aber durch die bessere Kontrolle der

1450 Gegen ein Weisungsrecht: Noack/Servatius/Haas/*Kraft*, 24. Aufl. 2025, § 52 Rn. 132; Scholz/*Seyfarth*, 13. Aufl. 2024, § 52 Rn. 497; Henssler/Strohn/*Henssler*, 6. Aufl. 2024, § 52 GmbHG Rn. 11; a.A. BVerwG, GmbHR 2011, 1205 (1207); *Altmeppen*, ZIP 2010, 1973 (1975); *Bachmann*, FS E. Vetter, 2019, 15 (26).

1451 BGH, NZG 2010, 1186 (1188 f.), Rn. 26.

1452 Stellvertretend Rowedder/Pentz/*Schnorbus*, 7. Aufl. 2022, § 52 Rn. 36.

1453 Auszugsweise aus dem Schrifttum: ¾ Mehrheit: *Oetker*, ZIP 2015, 1461 (1469); Rowedder/Pentz/*Belz*, 7. Aufl. 2022, § 37 Rn. 34; Lutter/Hommelhoff/*Hommelhoff/Bayer*, 21. Aufl. 2023, § 52 Rn. 131; ½ Mehrheit: *Deilmann*, BB 2004, 2253 (2256); *Gaul/Otto*, GmbHR 2003, 6 (12); *Altmeppen*, 11. Aufl. 2023, § 52 Rn. 74; BeckOK/*C. Jaeger*, GmbHG, § 52 Rn. 40; Michalski/Heidinger/Leible/J. Schmidt/*Giedinghagen*, 4. Aufl. 2023, § 52 Rn. 233; MünchKomm-GmbH/*Spindler*, 4. Aufl. 2023, § 52 Rn. 424.

1454 *Oetker*, ZIP 2015, 1461 (1468).

1455 *Easterbrook/Fischel*, The economic structure of corporate law, S. 243; *Fleischer*, ZGR 2001, 1 (25).

Gesellschafter und die geringeren Anreize zu Fehlverhalten überkompensiert. Im Ergebnis ist daher in der GmbH eine strenge Aufsichtsratshaftung deutlich weniger erforderlich als in der AG.

D. Zusammenfassung § 1

Die Aufsichtsratshaftung dient zwei Funktionen: Kompensation und Prävention. Sofern aber lediglich fahrlässige Sorgfaltspflichtverletzungen im Raum stehen, erfordern beide Funktionen nicht zwingend die Totalreparation. Die Verhinderung negativer Konsequenzen der Totalreparation (dazu § 2) durch Beschränkungen der Aufsichtsratshaftung kann daher relativ gesehen vorteilhafter sein.

Die Kompensationsfunktion kann vernachlässigt werden, da die Schäden in keinem Verhältnis zum vollstreckungsfähigen Privatvermögen der Aufsichtsratsmitglieder stehen. Anders sieht dies nur aus, wenn das Aufsichtsratsmitglied durch die Pflichtverletzung einen monetären Gewinn einfährt, welcher abgeschöpft werden kann.

Die Präventionsfunktion muss vor dem Hintergrund der Agenturkonflikte gesehen werden. Der Agenturkonflikt zwischen Geschäftsleitern und Gesellschaftern wird unter anderem durch die Überwachung des Aufsichtsrats gelöst. Aufsichtsratsmitglieder unterliegen einem eigenen Agenturkonflikt, auf den unter anderem mit der Aufsichtsratshaftung reagiert wird. Deren präventive Wirkung bedarf jedoch im Regelfall nicht der Totalreparation. Ein ausreichendes Maß an Prävention gegenüber den Aufsichtsratsmitgliedern kann auch durch eine summenmäßig begrenzte Haftung erreicht werden. Da das Aufsichtsratsmitglied (auch mangels variabler Vergütungsbestandteile) bei Sorgfaltspflichtverstößen keinen Gewinn erzielt, ist ein geringer präventiver Effekt als Gegenanreiz ausreichend. Die D&O-Versicherung reduziert den präventiven Effekt zwar, negiert ihn aber nicht. Durch die Kombination aus begrenzter Haftung, indirekten Kosten sowie externen Steuerungsinstrumenten kann ein ausreichender Effekt erzielt werden. Erst recht gilt dies, wenn man auch die subjektiven Einschätzungen des Aufsichtsratsmitglieds und damit dessen kognitive Verzerrungen einbezieht, welche den präventiven Effekt der Haftung verstärken. Anders gestaltet sich die Situation nur dann, wenn das Aufsichtsratsmitglied ausnahmsweise monetäre oder nicht-monetäre Vorteile aus der Pflichtverletzung ziehen kann. Für diese Fälle muss die Haftung stärkere Gegenanreize setzen. Bei monetären Eigengewinnen, monetären Gewinnen nahestehender Personen sowie dem Richten in eigener Sache müssen summenmäßige Begrenzungen ausscheiden, bei einer Übernahmeverteidigung und dem Erhalt des eigenen Mandats sollten sie eher ausscheiden, bei Interessenkonflikten durch Mehrfachmandate oder Arbeitnehmerstellung kommen sie weiterhin in Betracht.

Erst recht bedarf die Aufsichtsratshaftung in der phänotypischen GmbH keiner Totalreparation. Der Agenturkonflikt zwischen GmbH-Gesellschaftern und ihren Geschäftsführern ist weniger ausgeprägt als in der AG, da Geschäftsführer stärkere finanzielle sowie ideelle Anreize haben, ordnungsgemäß zu handeln, Informationsasymmetrien zwischen Geschäftsführern und Gesellschaftern geringer sind und die Gesellschafter mehr Anreiz zur Kontrolle haben. In der Folge ist eine geringere Überwachung durch den Aufsichtsrat und damit auch weniger Kontrolle der Aufsichtsratsmitglieder durch Haftung erforderlich. Zudem nutzt das GmbH-Recht neben der Überwachung des Aufsichtsrats in größerem Umfang andere Strategien zur Kontrolle der Geschäftsführer (z.B. Bestellungs-, Abberufungs-, Weisungs- und Zustimmungsrechte). Dadurch verliert die Überwachung durch den Aufsichtsrat und damit auch die Aufsichtsratshaftung weiter an Gewicht. Schließlich ist auch der Agenturkonflikt des GmbH-Aufsichtsrats selbst weniger ausgeprägt, sodass auch aus diesem Grund eine geringere Aufsichtsratshaftung ausreicht. Für eine stärkere Überwachung in der GmbH spricht nur die geringere externe Marktkontrolle. In der Gesamtabwägung wird diese aber durch die verbesserte interne Kontrolle überlagert.

§ 2 Begrenzung der Haftungsrisiken aus Sicht der Gesellschafter

In § 1 wurde gezeigt, dass der Kompensation kaum Gewicht beizumessen ist und die Prävention im Regelfall keine Totalreparation erfordert. In § 2 soll nun der Frage nachgegangen werden, warum Gesellschafter per Satzung Haftungsbeschränkungen einführen und damit ihre eigenen Ansprüche beschneiden sollten. Hierfür soll auf drei Kernargumente eingegangen werden: Risikoaversion, Abschreckung neuer Kandidaten und Reduzierung von Vorsorgekosten. Sie alle zielen darauf ab, den Gewinn der Gesellschafter zu maximieren. Auf der Makroebene kann dadurch gleichsam der Gewinn der Volkswirtschaft maximiert werden.

A. Gefahr der Risikoaversion

Wie in Delaware durch Sec. 102 (b) (7) Delaware Code intendiert[1456], könnten auch in Deutschland Gesellschafter Haftungsbeschränkungen nutzen, um eine durch Haftungsrisiken indizierte Risikoaversion ihrer Aufsichtsratsmitglieder abzufedern. Diese These soll nachfolgend umfassend untersucht werden.

I. Risikoneutrale Portfolio-Aktionäre

Menschen agieren im Grundsatz eher risikoavers[1457]. Dies lässt sich mit den Folgen der Verlustaversion[1458] sowie dem abnehmenden Grenznutzen von Geld erklären. Der Nutzen einer natürlichen Person nimmt mit zunehmendem Geld zwar zu – jedoch nur unterproportional[1459]. Je mehr Geld man hat, desto weniger Nutzen bringt eine weitere Geldeinheit, sodass man für weitere Gewinne nicht gewillt ist, entsprechende Verluste in Kauf zu nehmen.

Anders sieht dies aus, wenn das Verlustrisiko gestreut und dadurch wahrscheinlichkeitsgewichtet minimiert werden kann. *Schäfer/Ott* wählen als plastisches Beispiel, dass sich in früheren Zeiten ein einzelner venezianischer Kauf-

1456 Siehe dazu 2. Teil § 3 B.

1457 *Schäfer/Ott*, Lehrbuch der ökonomischen Analyse des Zivilrechts, 6. Aufl. 2020, S. 119, 487.

1458 Siehe zur Verlustaversion 3. Teil § 1 B. III. 5. a).

1459 *Schäfer/Ott*, Lehrbuch der ökonomischen Analyse des Zivilrechts, 6. Aufl. 2020, S. 178 ff.

mann nicht traute, sein Schiff auf potenziell ertragreiche Reise in die Ferne zu schicken, da das Risiko eines Totalverlusts (z.B. Sinken des Schiffs) zu schmerzlich war. Taten sich hingegen viele Kaufleute zusammen und teilten dieses Risiko untereinander auf, trauten die Kaufleute sich zu, auch die weite Ferne zu erschließen[1460]. Die Risikoaversion nahm ab.

Dieser Gedanke kann auf heutige Aktionäre übertragen werden. *Markowitz* wies nach, dass die Diversifikation des Vermögens das Verlustrisiko senkt, ohne die Rendite zu reduzieren[1461]. Dies gilt auch für eine Diversifikation innerhalb der Anlageklasse Aktie. Ist das Vermögen auf ausreichend viele Gesellschaften aufgeteilt, wird das firmenspezifische Risiko jeder Gesellschaft eliminiert oder zumindest stark reduziert. Es ist ausreichend, wenn die Gesamtheit der investierten Unternehmen eine positive Rendite erzielt. Beispielsweise macht sich ein Investment in Wirecard[1462] im eigenen Vermögen nicht bemerkbar, wenn es nur einen winzigen Anteil am Gesamtportfolio ausmacht. Wird gestreut in verschiedene Branchen, Länder etc. investiert und werden damit Klumpenrisiken vermieden, verbleibt nur noch das Risiko der Entwicklung des Gesamtmarktes[1463]. Ein rationaler Investor streut sein Vermögen daher möglichst breit.

Zunehmend wird die Aktionärsstruktur deshalb durch breit diversifizierte Aktionäre (sog. Portfolio-Aktionäre) bestimmt. Da diese das Fehlgehen eines Einzelrisikos, selbst der Totalverlust in Form der Unternehmensinsolvenz, deutlich weniger tangiert, profitieren sie davon, wenn in jeder Gesellschaft risikoneutral agiert wird[1464]. Werden in jeder Gesellschaft Geschäfte bzw. Risiken mit positivem Ertragswert eingegangen, profitiert das Gesamtportfolio, auch wenn einzelne Geschäfte zu großen Verlusten für einzelne Gesellschaften führen. Wahrscheinlichkeitsgewichtet profitiert das Gesamtportfolio, wenn in jeder Gesellschaft die Risiken eingegangen werden, welche den höchstens Ertragswert, also das beste Verhältnis aus Gewinnchancen und Verlustrisiken, aufweisen[1465]. Den Portfolio-Aktionären ist daher daran gelegen, dass Geschäftsleiter aller Portfolio-Gesellschaften entsprechend risikoneutral handeln und Risiken mit positivem Ertragswert eingehen[1466].

Im Folgenden soll daher überlegt werden, ob und wann aus (Portfolio-) Aktionärssicht auch Aufsichtsratsmitglieder zu risikoavers agieren und wie darauf mit Haftungsbeschränkungen reagiert werden kann. Dazu soll einleitend

1460 *Schäfer/Ott*, Lehrbuch der ökonomischen Analyse des Zivilrechts, 6. Aufl. 2020, S. 180.

1461 *Markowitz*, 7 Journal of Finance 1952, 77 ff.

1462 Die Wirecard AG musste 2020 wegen eines Bilanzbetrugsskandals Insolvenz anmelden, sodass die Anleger mehrheitlich ihr investiertes Geld verloren.

1463 Zutreffend *Weber/Kebekus*, ZHR 2020, 324 (326 f.).

1464 *Faure/Leyens*, ECGI Law Working Paper No. 376/2017, S. 5.

1465 *Frhr. von Falkenhausen*, NZG 2012, 644 (646).

1466 *Fischel/Bradley*, Cornell Review 1986, 261 (266).

überlegt werden, ob es zulässig ist, ausschließlich auf die Interessen der Portfolio-Aktionäre abzustellen (II.). Zur Frage des »Ob« soll das Risikoverhalten der Aufsichtsratsmitglieder ohne Haftung (III.) und daran anknüpfend mit Haftung (IV.) unter Einbeziehung rechtstatsächlicher Plausibilität (V.). untersucht werden. Dabei soll gezeigt werden, dass die Risikoaversion ab einem bestimmten Haftungsniveau, dem durch diese Arbeit eingeführten tipping point, stark überproportional zunimmt (VI.). Zum »Wann« soll analysiert werden, welche Aufgaben des Aufsichtsrats risikoaverse Entscheidungen erlauben (VII.) und wann im Regelfall kein Risikoaversionsproblem gegeben ist (VIII.). Zum Abschluss soll erläutert werden, warum statutarische (summenmäßige) Haftungsbegrenzungen das beste Mittel sind, der Risikoaversion entgegenzuwirken und damit die Interessen von Gesellschaftern und Aufsichtsratsmitgliedern aneinander anzupassen (IX.).

II. Zulässigkeit des Portfolio-Ansatzes

Bevor nachfolgend auf die Interessen der Portfolio-Aktionäre abgestellt wird, soll auf die Kritik zu diesem Ansatz eingegangen werden. Insbesondere *Arnold* kritisiert die These, dass das Management firmenspezifische Risiken vernachlässigen bzw. die Interessen diversifizierter Aktionäre in den Vordergrund stellen sollte[1467]. Er befürchtet, dass nicht diversifizierte Aktionäre dadurch den firmenspezifischen Risiken ausgesetzt seien, welche Portfolio-Aktionäre ausblenden[1468]. Dies laufe auf eine Verdrängung der ersteren hinaus, da diese zum Verkauf gezwungen würden[1469]. Insofern ist zwischen AG und GmbH zu differenzieren:

1. AG

Jedenfalls für diese Arbeit ist es sinnvoll, im Rahmen der Betrachtung einer AG auf den Portfolio-Aktionär abzustellen. Da nach dem Konzept dieser Arbeit eine Haftungsbeschränkung nicht gesetzlich vorgesehen, sondern den Gesellschaftern nur eine Option gewährt werden soll, wird der nicht-diversifizierte Aktionär nicht ignoriert. Besitzt er eine satzungsbestimmende Mehrheit, kann er auf eine Satzungsregelung verzichten und das firmenspezifische Risiko stärker berücksichtigen. Besitzt er keine Mehrheit und muss sich den Interessen der Portfolio-Aktionäre unterordnen, ist dies ein allgemeiner Nachteil des innergesellschaftlichen Prozesses. Das Abstellen auf den Portfolio-Aktionär soll nur zeigen, dass es gute Gründe für eine Haftungsbeschränkung geben *kann.*

1467 *Arnold*, Die Steuerung des Vorstandshandelns, 2007, S. 59.
1468 *Arnold*, Die Steuerung des Vorstandshandelns, 2007, S. 59.
1469 *Arnold*, Die Steuerung des Vorstandshandelns, 2007, S. 59.

Ferner muss die Entscheidung, nicht zu diversifizieren, als bewusste Eingehung eines Risikos angesehen werden[1470]. Wer auf Einzelaktien setzt, kalkuliert den Totalverlust ein, um eine höhere Rendite als der Gesamtmarkt zu erzielen. Eine solche Risikostrategie sollte nicht noch durch zwingende Innenhaftungsregeln aktienrechtlich perpetuiert werden[1471].

Überdies kann inzwischen jeder Anleger breit diversifizieren, selbst bei sehr geringem Kapital. Scheiterte eine solche Diversifikation früher ggf. an den Stückkosten einzelner Aktien oder Kenntnissen und Beratungskosten für die Zusammenstellung des Portfolios, kann heute über ETFs (*exchange-traded funds*) kostengünstig und leicht in den breiten Markt investiert werden. Ein ETF bildet regelmäßig passiv einen Index ab (z.B. FTSE 100, S&P 500, DAX 40). Insbesondere ETFs auf den Aktienindex MSCI World, welcher ca. 1.600 Aktien aus den Industrieländern umfasst, weisen eine sehr breite Streuung auf. Bildet der ETF einen solchen Index ab, ist jedes Investment in einen ETF-Anteil gleichsam diversifiziert. Dadurch wird auch Kleinanlegern die Diversifikation ermöglicht. Da Neo-Broker zudem kaum Gebühren erheben[1472], ist eine breit diversifizierte Anlage selbst mit Kleinstbeträgen möglich.

Entsprechend bestimmen Portfolio-Aktionäre zunehmend die Aktionärsstrukturen, sodass ihre Interessen Widerhall im Gesellschaftsrecht finden müssen. ETFs nehmen einen immer größeren Anteil am investierten Volumen in Deutschland ein. In Deutschland stieg das von Privatanlegern in ETF investierte Vermögen von ca. EUR 2.2 Mrd. im Jahre 2009 auf 7.7 Mrd. im Jahre 2015 und zuletzt auf schließlich über 85.0 Mrd. im Jahre 2022[1473]. Auch das Investment in aktive Aktienfonds nimmt in Deutschland zu. Waren im Jahre 2000 noch ca. EUR 223 Mrd. investiert, stieg das Volumen 2010 auf EUR 237 Mrd. und 2021 auf EUR 632 Mrd.[1474]. Insgesamt tendiert die Aktionärsstruktur zunehmend zu breiter Diversifikation.

2. Geringere Diversifikation in der phänotypischen GmbH

Es muss indes darauf hingewiesen werden, dass das Argument der Diversifikation und damit der Risikoneutralität nicht vollständig auf Gesellschafter zumindest der

1470 *Soderquist/Smiddy/Cunningham*, Corporations and other Business Organizations, 2005, S. 531.

1471 Ähnlich *Ruffner*, Die ökonomischen Grundlagen eines Rechts der Publikumsgesellschaft, 2000, S. 219; *Soderquist/Smiddy/Cunningham*, Corporations and other Business Organizations, 2005, S. 531.

1472 Kostenübersicht bei: BrokerVergleich.de, Neobroker-Vergleich 2022.

1473 Extraetf.com, ETF-Markt für Privatanleger, Marktbericht Oktober 2022; Broker-Vergleich.de, ETFs – Zahlen und Fakten, In Deutschland in ETFs angelegtes Vermögen, ETF Anlagevolumen Privatanleger in Deutschland.

1474 Statista 2022, Anlagevolumen der Aktienfonds in Deutschland in den Jahren von 1950 bis 2021.

phänotypischen GmbH[1475] übertragen werden kann. Diese können ihr Vermögen in der Regel nicht wie ein Aktionär breit diversifiziert anlegen, da für GmbH-Anteile Anlageformen wie ETFs nicht existieren. Auch wollen sie im Regelfall nicht viele weitere Gesellschafter in die oft eher personalistisch strukturierten Gesellschaften aufnehmen, sodass die Gesellschaft nicht wie eine Publikums-AG auf sehr viele Anteile verteilt wird. Stattdessen haben die Gesellschafter daher oft einen größeren Teil ihres Vermögens in einer Gesellschaft investiert[1476]. Gleichzeitig schließt dies aber Risikoneutralität von GmbH-Gesellschaftern im Einzelfall nicht aus. Auch GmbH-Gesellschafter können breiter diversifiziert sein oder allgemein ein höheres Risiko anstreben.

III. Risikoaversion der Aufsichtsräte ohne Haftung – steigender Humankapitaleinsatz

Für Geschäftsleiter wird schon unabhängig von der Haftung bezweifelt, dass sie die von den Portfolio-Aktionären gewollte Risikoneutralität einnehmen. Auch Geschäftsleiter sind zunächst Menschen, die risikoavers agieren. Hinzu kommt, dass sie ihr Humankapital in ihre Gesellschaft investieren[1477]. Sie spezifizieren ihr Wissen und Können mit Blick auf ihre Gesellschaft, sodass ein Wechsel nach einiger Zeit schwieriger wird. Sie erhalten ihre Vergütung von der Gesellschaft und sind mitunter emotional an diese gebunden. Je stärker sie und ihr Leben in die einzelne Gesellschaft integriert sind, desto mehr hängen sie vom Überleben der Gesellschaft ab. Da ein hoher Schaden zur Unternehmensinsolvenz oder zum Vertrauensentzug durch die Gesellschafter führen kann, kann ein hoher Schaden den Verlust der Anstellung bedeuten und damit zur Vernichtung des investierten Humankapitals führen. Da die Geschäftsleiter ihr Humankapital nicht streuen und auf mehrere Gesellschaften verteilen können, haben sie ein stärkeres Interesse daran, Risiken für die Gesellschaft zu vermeiden[1478]. Sie berücksichtigen auch das firmenspezifische und nicht nur das Marktrisiko[1479]. Sie agieren daher risikoavers und handeln daher nicht im Interesse der Portfolio-Aktionäre.

1475 Mit »phänotypischer GmbH« ist vorliegend als Annahmegerüst der empirische Durchschnittstyp einer GmbH gemeint. Siehe dazu und zu den Merkmalen der »phänotypischen GmbH«: 3. Teil § 1 C. I.

1476 Siehe dazu und zu den Merkmalen der »phänotypischen GmbH«: 3. Teil § 1 C. I.

1477 *Faure/Leyens*, ECGI Law Working Paper No. 376/2017, S. 7 f.; *Easterbrook/Fischel*, The economic structure of corporate law, S. 53.

1478 *Easterbrook/Fischel*, The economic structure of corporate law, S. 53; *Kraakman*, 93 Yale Law Journal 1984, 857 (864); *Fischel/Bradley*, Cornell Review 1986, 261 (266); *Ruffner*, Die ökonomischen Grundlagen eines Rechts der Publikumsgesellschaft, 2000, S. 218 ff.; *Faure/Leyens*, ECGI Law Working Paper No. 376/2017, S. 23; kritisch *Arnold*, Die Steuerung des Vorstandshandelns, 2007, S. 60.

1479 *Arnold*, Die Steuerung des Vorstandshandelns, 2007, S. 56.

Fraglich ist, ob dies auf Aufsichtsratsmitglieder übertragbar ist. Die wenige dazu vorhandene Literatur nimmt an, dass Aufsichtsratsmitglieder ihr Humankapital besser diversifizieren und deutlich weniger an die spezifische Gesellschaft gebunden sind[1480]. In der Folge stellte Risikoaversion ein geringeres Problem dar. Für diese These spricht, dass das Aufsichtsratsamt nach seiner ursprünglichen Konzeption ein Nebenamt war. Aufsichtsratsmitglieder hatten parallel andere Berufe, sodass dem Amt weniger persönliche Relevanz zukam. Aufsichtsratsmitglieder sind im Gegensatz zu Geschäftsleitern auch nicht auf die Beschäftigung in einer Gesellschaft beschränkt, sondern können parallel mehrere Mandate annehmen. Das AktG erlaubt ausdrücklich bis zu zehn verschiedene Aufsichtsratsmandate, § 100 Abs. 2 Nr. 1 AktG[1481]. Dasselbe gilt für den obligatorischen GmbH-Aufsichtsrat[1482]. Für den fakultativen Aufsichtsrat besteht sogar keine Beschränkung[1483]. Zudem ist die Vergütung geringer. Der Verlust eines Mandats ist daher weniger schmerzlich.

Nach hiesiger Ansicht nähern sich die Aufsichtsräte den Geschäftsleitern aber an, die Gedanken zur Risikoaversion sind übertragbar. Die in der Literatur mehrfach beschriebene Professionalisierung der Aufsichtsräte[1484] führt dazu, dass das Aufsichtsratsamt seine Stellung als Nebenamt verliert und ein Trend hin zum Berufsaufsichtsrat besteht[1485]. Dadurch steigt langsam die Vergütung an[1486], sodass zwar kein vergleichbarer aber ein gewisser finanzieller Anreiz besteht, das Amt zu behalten. Zudem erfordert die Professionalisierung, dass Aufsichtsratsmitglieder immer mehr Zeit ausschließlich für ihr Mandat nutzen[1487]. Die Tätigkeit als Aufsichtsratsvorsitzender und oft auch die Tätigkeit in wichtigen Ausschüssen stellen zunehmend vollberufliche Tätigkeiten dar[1488]. Entsprechend achtet nach dem DCGK jedes Aufsichtsratsmitglied darauf, dass ihm »genügend

1480 So zu *independent directors: Faure/Leyens*, ECGI Law Working Paper No. 376/2017, S. 18 f.

1481 De lege ferenda werden gesetzliche Reduzierungen gefordert: *Arbeitskreis Recht des Aufsichtsrats*, NZG 2021, 477 (480).

1482 Stellvertretend Michalski/Heidinger/Leible/J. Schmidt/*Giedinghagen*, 4. Aufl. 2023, § 52 Rn. 60.

1483 Noack/Servatius/Haas/*Kraft*, 24. Aufl. 2025, § 52 Rn. 37.

1484 *Hopt*, ZGR 2019, 507 (523); *Bachmann*, Gutachten 70. DJT 2014, E 68; *ders.*, AG 2011, 181 (184, 188, 193); *Schnorbus/Ganzer*, BB 2019, 258; *Behme*, BB 2019, 451 (455).

1485 *Bachmann*, AG 2011, 181 (184, 188); GK-AktG/*Hopt/Roth*, 5. Aufl. 2018, § 100 Rn. 22.

1486 PricewaterhouseCoopers, Vergütungsstudie 2020; Hölters/Weber/*Groß-Bölting/Rabe*, 4. Aufl. 2022, § 113 Rn. 9; *Behme*, BB 2019, 451 (455); *Roth*, FS E. Vetter, 2019, 629 (631 f.).

1487 GK-AktG/*Hopt/Roth*, 5. Aufl. 2018, § 100 Rn. 22; *Schnorbus/Ganzer*, BB 2019, 258.

1488 GK-AktG/*Hopt/Roth*, 5. Aufl. 2018, § 100 Rn. 22.

Zeit zur Verfügung« stehe[1489]. Die Professionalisierung erfordert eine intensive Auseinandersetzung mit der Gesellschaft. Auch der Wandel des Aufsichtsrats zum Mitunternehmer und die stetige Zunahme an Aufgaben[1490] verlangen mehr Zeit sowie Spezialisierung. Die Bindung an die einzelne Gesellschaft wird dadurch enger.

Auch die erlaubten Mehrfachmandate werden inzwischen eingeschränkt. Nach dem DCGK soll ein Aufsichtsratsmitglied nicht mehr als fünf Mandate haben, wobei ein Aufsichtsratsvorsitz doppelt zählt. Amtierende Vorstandsmitglieder sollen daneben nur zwei Aufsichtsratsmandate annehmen[1491]. Auch die Leitlinien der Stimmrechtsberater sowie der institutionellen Investoren haben erheblichen Einfluss[1492]. Der Stimmrechtsberater Glass Lewis akzeptiert maximal fünf Aufsichtsmandate, wobei der Vorsitz doppelt zählt[1493]. Dasselbe gilt für ISS, wobei der Vorsitz doppelt, eine Geschäftsleiterposition dreifach zählt[1494]. Auch bei institutionellen Investoren werden nicht mehr als fünf Mandate akzeptiert, wobei der Posten des Vorsitzenden doppelt, eine Geschäftsleitertätigkeit dreifach zählt[1495]. Die Praxis folgt dem und ist noch strenger. Zahlen einer jährlichen Befragung zeigen einen klaren Trend hin zur Reduzierung der Aufsichtsratsmandate. Hatte ein Aufsichtsratsmitglied im Jahr 2002 im Schnitt noch ca. 4,2 Mandate, ist der Wert bis zum Jahr 2008 auf 4,0 und zum Jahr 2018 auf ca. 3,1 Mandate gesunken[1496]. Ca. 70 % der Aufsichtsratsmitglieder haben heute zwischen einem und drei Mandaten inne[1497]. Da auch Empfehlungen zu Reformvorhaben diesen Trend gesetzlich stützen wollen[1498], dürfte er anhalten.

Insgesamt entspricht die Stellung der Aufsichtsratsmitglieder damit zwar nicht der eines Geschäftsleiters, welcher sich nur auf eine Gesellschaft konzentriert. Wahrscheinlich wird dies auch nie der Fall sein. Das Aufsichtsratsamt nähert sich dem Amt des Geschäftsleiters aber an. Eine breite Diversifizierung des Humankapitals ist nicht mehr gegeben. Aufsichtsratsmitglieder sind zunehmend an einzelne Gesellschaften gebunden. Schon ohne Haftung einzubeziehen, weisen sie daher eine leichte Risikoaversion auf, die dem Interesse eines risikoneutralen Portfolio-Aktionärs widerspricht. Da Aufsichtsratsmitglieder im Ge-

1489 Grundsatz 12 DCGK 2022.

1490 Siehe dazu 1. Teil § 2 A., D.

1491 Empfehlungen C.4 und C.5 DCGK 2022.

1492 *Hopt/Leyens*, ZGR 2019, 929 (945); so auch die Erfahrung der Praktiker, vgl. *Riekers*, DB 2019, 107 (111).

1493 GLASS LEWIS Policy Guidelines 2024 Germany, S. 11.

1494 ISS Continental Europe Proxy Voting Guidelines 2024, S. 11.

1495 Audit Committee Quarterly IV/2018, Tabelle, S. 19: für Deka, Alliance Global Investors (sechs Mandate), DWS Investment GmbH.

1496 *Theisen/Probst*, DB 2016, 1; *dies.*, DB 2018, 2885 (2886).

1497 *Theisen/Probst*, AR 2020, 154.

1498 Für eine gesetzliche Reduzierung der Mandate: *Arbeitskreis Recht des Aufsichtsrats*, NZG 2021, 477 (480).

gensatz zu Geschäftsleitern auch keine variable Vergütung erhalten[1499], wird der Risikoaversion auch nicht entgegengesteuert.

IV. Risikoaversion durch unkontrollierbare Haftungsrisiken

Neben Risikoaversion durch die Angst vor Verlust des Mandats, tritt die deutlich stärkere Risikoaversion durch unkontrollierbare Haftungsrisiken.

1. Risikoaversion der Geschäftsleiter

Mit Blick auf die Geschäftsleiter warnte schon 1937 die amtliche Begründung zu § 84 AktG, dass durch eine strenge Haftung nicht »jeder Mut zur Tat«[1500] genommen werden dürfe. Noch eindringlicher mahnt heute die Literatur. Eine kaum überschaubare Anzahl an Beiträgen weist darauf hin, dass die Verhaltenssteuerung durch Haftung nicht überspannt werden dürfe, um Geschäftsleiter nicht zu übermäßig risikoaversem Handeln anzureizen[1501] bzw. im englischsprachigen Raum, um *chilling effects* zu vermeiden[1502]. Oft wird auf diesen Punkt auch im Kontext der Business Judgment Rule hingewiesen[1503], die dem entgegenwirken soll[1504].

1499 Siehe dazu 3. Teil § 1 B. III. 6.

1500 Amtliche Begründung zu § 84 AktG 1937, bei *Klausing*, Gesetz über Aktiengesellschaften und Kommanditgesellschaften auf Aktien nebst Einführungsgesetz und Amtlicher Begründung, 1937, S. 71.

1501 *Fleischer*, FS Wiedemann 2002, 827 (829 ff.); *ders.*, ZIP 2004, 685; *ders.*, ZGR 2001, 1 (24); *ders.*, ZIP 2014, 1305 (1311); *Ph. Scholz*, Die existenzvernichtende Haftung von Vorstandsmitgliedern in der Aktiengesellschaft, 2014, S. 236 ff.; *Bayer/Ph. Scholz*, NZG 2014, 926 (927); *Brommer*, AG 2013, 121 (123); *Dreher*, ZHR 2001, 293 (310); *ders.*, AG 2008, 429 (432); *Hopt*, FS Mestmäcker 1996, 909 (914); *Lutter*, GmbHR 2000, 301 (311); *Rieder/Holzmann*, AG 2011, 265 (266); *Spindler*, AG 2013, 889 (896); *E. Vetter*, NZG 2014, 921 (923); *N. Fischer*, Die existenzvernichtende Vorstandshaftung und ihre Begrenzung durch Satzungsbestimmung, 2018, S. 110 ff.; *Pospiech*, Rechtsfolgen der zivilrechtlichen Organhaftung, 2017, S. 69; zum Aufsichtsrat: *Riebartsch*, Die Haftung des Aufsichtsrates einer Aktiengesellschaft bei Verletzung der Überwachungspflichten, 2020, S. 170; *Bachmann/Goette*, Reformbedarf im Aktienrecht 2024, § 11, 275 (288).

1502 *Faure/Leyens*, ECGI Law Working Paper No. 376/2017, S. 2, 29 f., 39; *Kraakman*, 93 Yale Law Journal 1984, 857 (865); Kraakman et al./*Armour/Hansmann/Kraakman*, Anatomy of Corporate Law, 3. Aufl. 2017, S. 43; *Fischel/Bradley*, Cornell Review 1986, 261 (266); *Easterbrook/Fischel*, The economic structure of corporate law, S. 99 f.

1503 *Paefgen*, AG 2004, 245 (247); *Frhr. von Falkenhausen*, NZG 2012, 644 (646); *Bruner*, Wake Forest Law Review 2006, 1131 (1134).

1504 Stellvertretend BeckOGK/*Fleischer*, AktG, § 93 Rn. 80.

Insbesondere *Wagner* begründet dies mit der Asymmetrie aus persönlichen Erträgen und Verlusten der Geschäftsleiter. Steht ein Geschäftsleiter vor der Frage, ob er ein risikoreiches Geschäft eingehen will, wägt er die Folgen ab. Im Erfolgsfalle macht die Gesellschaft einen Gewinn, im Falle eines Fehlschlags einen Verlust. Der Geschäftsleiter selbst profitiert von den Gewinnen aber maximal anteilig über variable Vergütungsbestandteile. Bei Verlusten läuft er hingegen Gefahr, den vollen Verlust (Totalreparation) als Schadensersatz ersetzen zu müssen. Der Geschäftsleiter wägt aber nicht die Erwartung an Gewinne und Verluste der Gesellschaft ab, sondern seine eigenen Risiken. Geschäfte mit besseren Chancen, aber höherem Risiko bzw. mit positiverem Erwartungswert wird er daher entgegen den Interessen der Portfolio-Aktionäre vermeiden[1505].

Dies gilt trotz Ausgestaltung als Verschuldenshaftung. Zwar griffe das Argument nicht, wenn der Geschäftsleiter seine Haftung sicher vermeiden könnte, da ihn in diesem Fall die Schäden der Gesellschaft nicht tangierten. Er müsste nur das geforderte Sorgfaltsniveau einhalten, um der Haftung sicher zu entgehen[1506]. Die Literatur weist aber zutreffend darauf hin, dass ein Geschäftsleiter in Deutschland seine Haftung trotz Verschuldenserfordernis nicht sicher vermeiden kann. Gerichte können den gesetzlichen Sorgfaltsstandard nie vollkommen zutreffend anwenden[1507]. Die Definition des Sorgfaltsstandards ist ungenau und vom Einzelfall abhängig, Richter unterliegen dem Rückschaufehler[1508] und leichte Fahrlässigkeit ist ausreichend, welche bei langjähriger Tätigkeit nie dauerhaft vermieden werden kann[1509]. Zudem gilt die Beweislastumkehr, § 93 Abs. 2 S. 2 AktG, sodass der Geschäftsleiter bei mangelhaftem Entlastungsbeweis trotz Einhaltung der Sorgfalt den Schaden übernehmen muss[1510]. Schließlich kommt es nicht ausschließlich auf objektive Gegebenheiten, sondern das subjektive Empfinden der Geschäftsleiter an. Diese können die Fähigkeit der Gerichte sowie die Sicherheit ihrer Position kaum sicher beurteilen und werden daher ihr persönliches Risiko nie als vollumfänglich vermeidbar ansehen[1511].

In der GmbH gilt dies nicht sinngemäß. Da Geschäftsführer regelmäßig auch eine Gesellschafterstellung innehaben, profitieren sie von Unternehmensgewinnen. Die Anreize sind daher nicht entsprechend verschieden. Da aber jedenfalls

1505 *Wagner*, ZHR 2014, 227 (257 f.).

1506 *Wagner*, ZHR 2014, 227 (258 f.).

1507 *Wagner*, ZHR 2014, 227 (258 f.).

1508 Siehe dazu 1. Teil § 3 D.

1509 *Ph. Scholz*, Die existenzvernichtende Haftung von Vorstandsmitgliedern in der Aktiengesellschaft, 2014, S. 237; *N. Fischer*, Die existenzvernichtende Vorstandshaftung und ihre Begrenzung durch Satzungsbestimmung, 2018, S. 111.

1510 Darauf weist vor allem *Ph. Scholz*, Die existenzvernichtende Haftung von Vorstandsmitgliedern in der Aktiengesellschaft, 2014, S. 237 hin; auch *N. Fischer*, Die existenzvernichtende Vorstandshaftung und ihre Begrenzung durch Satzungsbestimmung, 2018, S. 111.

1511 In diese Richtung auch: *Bruner*, Wake Forest Law Review 2006, 1131 (1173).

keine 100 %-Beteiligung bestehen wird, verbleibt eine Asymmetrie aus persönlicher Haftung und Gewinn.

2. Übertragbarkeit auf den Aufsichtsrat

Das Schrifttum zur Risikoaversion konzentriert sich bisher auf Geschäftsleiter. Für Aufsichtsräte wird eher noch gewarnt, eine übermäßige Haftung könne zu »unnützem Aufwand und Aktionismus« führen[1512]. Je nach Aufgabe lassen sich die Überlegungen aber auch auf Aufsichtsratsmitglieder übertragen[1513]. Auch für diese besteht das Haftungsrisiko mit Totalreparation. Noch mehr als bei der Geschäftsleiterhaftung drohen hohe Schäden[1514] und infolge der geringeren Vergütung besteht erst recht die Gefahr, dass das persönliche Vermögen nicht ausreicht, um die Schäden zu kompensieren.

Auch besteht die Asymmetrie aus persönlichen Erträgen und Verlusten. Auf der einen Seite partizipieren Aufsichtsratsmitglieder mangels variabler Vergütung[1515] noch weniger an erfolgreichen Geschäften. Nur die Reputation kann verbessert werden. Selbst dieser Effekt ist jedoch geringer als bei den eher im Rampenlicht stehenden Geschäftsleitern. Auf der anderen Seite steht das volle Haftungsrisiko. Aufsichtsratsmitglieder haben daher erst recht ein Interesse daran, Geschäfte mit positivem Ertragswert aber vorhandenem Verlustrisiko zu vermeiden und damit entgegen den Interessen der Portfolio-Aktionäre zu handeln.

Schließlich können erst recht Aufsichtsratsmitglieder ihre Haftung nicht sicher vermeiden. Noch mehr als bei Geschäftsleitern können Gerichte nicht immer zutreffend beurteilen, ob der Sorgfaltsstandard eingehalten wurde. Es ist schon schwierig ex ante Geschäftsentscheidungen aus ex-post-Sicht zu beurteilen. Noch schwieriger ist es aber, zu beurteilen, welche Kontrollmaßnahmen ex ante notwendig und erfolgversprechend gewesen wären, um pflichtwidrige Geschäftsmaßnahmen rechtzeitig zu erkennen und zu verhindern[1516]. Ferner wirkt sich der Rückschaufehler in besonderem Maße bei der Aufsichtsratshaftung aus[1517]. Beweislastumkehr und Haftung selbst für leichte Fahrlässigkeit gelten ebenso.

Da Haftungsgefahren für Aufsichtsratsmitglieder wie bei den Geschäftsleitern in den letzten Jahren gestiegen sind, werden auch sie zunehmend zu risikoaversem Handeln angereizt. Die Totalreparation verzerrt auch die Anreize der Aufsichtsratsmitglieder und führt zu einem Verhalten, dass den Interessen diversifizierter Aktionäre widerspricht.

1512 *Hopt*, FS Mestmäcker 1996, 909 (914).
1513 So auch zu den *outside directors*: *Bruner*, Wake Forest Law Review 2006, 1131 (1132).
1514 Siehe dazu 1. Teil § 3 A.
1515 Siehe dazu 3. Teil § 1 B. III. 6.
1516 Zutreffend *Faure/Leyens*, ECGI Law Working Paper No. 376/2017, S. 26; *Hill/McDonnell*, University of Illinois Law Review 2013, 859 (877).
1517 Siehe dazu 1. Teil § 3 D.

V. Rechtstatsächliche Plausibilität

Bisher fehlt der These der Risikoaversion trotz der fast einstimmigen Überzeugung im Schrifttum eine empirische Basis. Es fehlt bislang der Nachweis, dass eine strenge Organhaftung tatsächlich zu risikoaversen Verhalten führt. *W. Doralt* kritisiert dies und fordert, dass die Rechtswissenschaft sich dogmatisch selbst abschotte und die Debatte an die wirtschaftliche Realität zurückgeführt werden müsse[1518]. Eine empirische Studie kann diese Arbeit zwar nicht erbringen. Das fällt auch nicht in den Zuständigkeitsbereich des Juristen. Es existieren aber gewichtige Indizien für die Plausibilität obiger These.

Erste Prämisse ist, dass Aufsichtsratsmitgliedern ihre Haftungsgefahren bewusst sind. Diese Prämisse lässt sich rechtstatsächlich stützen. Wie im empirischen Teil gezeigt, sahen sich 2009 64 % der befragten Aufsichtsratsmitglieder einem Haftungsrisiko ausgesetzt, welches eine Gefahr für die Funktion des Aufsichtsrats darstelle. 2017 stuften ¾ der Aufsichtsratsmitglieder aus DAX, MDAX, SDAX und TecDAX ihr Haftungsrisiko als »sehr relevant« oder »relevant« ein, wobei Mitglieder der Anteilseigner sogar zu 80 % dieser Ansicht waren[1519].

Weitere Bedingung ist, dass sich die Angst vor Haftung risikoreduzierend auf das Entscheidungsverhalten der Aufsichtsratsmitglieder auswirkt. Die Verhaltensforschung zeigt aber, dass Angst signifikant Risikobereitschaft reduziert. Die Metaanalyse von *Wake et al.* aus dem Jahr 2020 hat umfangreich Studien zur Beziehung zwischen Angst und Risikobereitschaft ausgewertet[1520]. Im Ergebnis stellten die Forscher einen »äußerst zuverlässigen Einfluss von Angst auf Risikobereitschaft« fest. Angst sei »mit einer geringeren Risikobereitschaft verbunden«[1521]. Mit Risikobereitschaft meinen die Forscher das Entscheidungsverhalten in Situationen, in denen eine Person zwischen Optionen entscheiden muss, die sich in der Variabilität ihrer Ergebnisse unterscheiden. Als Beispiel wird genannt, dass die Teilnehmer zwischen einer garantierten Auszahlung von 10 $ und einer 50%igen Chance auf einen Gewinn von 20 $ wählen dürfen[1522]. Solche Abwägungen müssen aber auch Aufsichtsratsmitglieder treffen, wenn sie unternehmerisch agieren, etwa einem Projekt oder einer Investition die Zustimmung erteilen müssen. Auch hier unterscheiden sich mögliche Gewinne, Verluste und Eintrittswahrscheinlichkeiten. Zwar stehen den Aufsichtsratsmitgliedern bei ihren Entscheidungen nicht so konkrete Zahlen zur Verfügung wie in dem Beispiel aus der Metaanalyse[1523]. Auch weist die Metanalyse darauf hin,

1518 *W. Doralt*, ZGR 2019, 996 (1005 f.).

1519 Siehe dazu 1. Teil § 1 C.

1520 *Wake/Wormwood/Satpute*, 34 Cognition and Emotion 2020, 1143 (1143): Einbezogen wurden 68 Studien mit 9.544 Teilnehmern.

1521 *Wake/Wormwood/Satpute*, 34 Cognition and Emotion 2020, 1143 (1153).

1522 *Wake/Wormwood/Satpute*, 34 Cognition and Emotion 2020, 1143 (1144).

1523 Darauf hinweisend *Arnold*, Die Steuerung des Vorstandshandelns, 2007, S. 60.

dass Auswirkungen von Angst auf Risikobereitschaft stark vom Kontext der Situation und dem Grund der Angst abhängen und die Studien eine breite Varianz aufweisen[1524]. Auch Aufsichtsratsmitglieder können bei ihren Entscheidungen aber auf Prognosen und Tendenzen sowie Gutachten zurückgreifen. Aufgrund des deutlichen Ergebnisses der Studie stellt sie daher zumindest ein starkes Indiz dafür dar, dass auch das Entscheidungsverhalten der Aufsichtsratsmitglieder durch Angst – wie vor hohen Haftungsrisiken – beeinflusst wird.

Ferner stützen Studien aus der Finanzforschung die These der Wirkung von Haftung auf Risikoverhalten. In einer Studie von *Füllbrunn/Luhan* konnte nachgewiesen werden, dass Investoren, die das Geld anderer Leute anlegen, deutlich riskanter investieren, wenn ihre Haftung bei negativen Investments begrenzt bzw. ausgeschlossen ist[1525]. Das Versprechen eines fünfprozentigen Anteils an möglichen Renditen und der Ausschluss der Haftung für Verluste reichte aus, um Investitionen um 77 % zu steigern[1526]. Dieses Ergebnis wird durch die Studie von *Kleinlercher et. al.* gestützt, die finanzielle »Sanktionen« für schlechte Investments – also eine Art verschuldensunabhängige Haftung – einbezieht. Nach der Studie wirken sich nicht nur Bonusregelungen risikoerhöhend, sondern Sanktionen für schlechte Investments signifikant risikoreduzierend auf das Anlageverhalten von Fondsmanagern aus[1527].

Mehrere Studien[1528] haben sich zudem mit der Steuerungswirkung von Managerhaftung auf deren Rechnungslegung beschäftigt. Beispielsweise *Chung/Wynn*[1529] und *Quiang*[1530] zeigen, dass ein höheres Haftungsrisiko damit einhergeht, dass Manager bei der Rechnungslegung konservativer – also vorsichtiger – vorgehen. *Lin et. al.* konnten sogar einen klaren Zusammenhang zwischen D&O-Versicherungsschutz und Risikoverhalten feststellen[1531].

Eine Beziehung zwischen persönlichem Haftungsrisiko und Risikobereitschaft kann daher kaum verneint werden. Damit ist zwar noch nicht bewiesen, dass die Aufsichtsratshaftung zwingend zu einem Risikoverhalten führt, dass unterhalb des angestrebten Risikoniveaus der Gesellschafter liegt. Die krasse Asymmetrie aus Gewinnen und Verlusten sowie die starke Beziehung zwischen Haftungsangst und Risikoverhalten lassen dies aber als wahrscheinlich erscheinen. Schließlich scheint auch der Gesetzgeber davon überzeugt zu sein, dass sich Haftung auf das Verhalten auswirkt. Die institutionellen Haftungsbeschränkungen der Kapitalgesellschaften (§§ 1 Abs. 1 S. 2 AktG, 13 Abs. 2 GmbHG) werden

1524 *Wake/Wormwood/Satpute*, 34 Cognition and Emotion 2020, 1143 (1154 f.).
1525 *Füllbrunn/Luhan*, 77 Journal of Economic Psychology 2020, 1 (11).
1526 *Füllbrunn/Luhan*, 77 Journal of Economic Psychology 2020, 1 (11).
1527 *Kleinlercher/Huber/Kirchler*, European Economic Review 2014, 137 (149).
1528 Weitere Studien bei: *Levy/Shalev/Zur*, 35 Contemporary Accounting Research 2018, 434 – 463.
1529 *Chung/Wynn*, 46 Journal of Accounting and Economics 2008, 135–153.
1530 *Quiang*, The Accounting Review 2007, 759–796.
1531 *Lin/Officer/Wang/Zou*, 110 Journal of Financial Economics 2013, 37–60.

ökonomisch unter anderem damit begründet, dass durch die Haftungsfreistellung die Risikoaversion der Gesellschafter reduziert und damit ein Investitionsanreiz gesetzt werde[1532].

VI. Tipping Point – Haftung mit strukturellen Folgen

Oft wird im Zusammenhang mit Risikoaversion von »existenzvernichtender«[1533], »ruinöser«[1534] oder Haftung »in Millionenhöhe«[1535] gesprochen. Der Grund dürfte darin zu sehen sein, dass gerade Haftungsrisiken für solche Schäden eine starke Risikoaversion auslösen. Es ist naheliegend, dass Risikoaversion mit steigendem Schadensrisiko ansteigt. Das Maß hängt nicht nur von der Wahrscheinlichkeit des Haftungsfalls, sondern auch von der wahrscheinlichen Schadenshöhe ab. Anschaulich zeigt dies die Haftung im *Smith v. Van Gorkom* Case, in dem Manager in Millionenhöhe hafteten. Gerade die Höhe der dortigen Haftungssumme löste einen Schock aus und führte in der Reaktion dazu, dass – auch um Risikoaversion zu vermeiden – Haftungsbegrenzungen erlaubt wurden[1536].

Risikoaversion dürfte aber nicht nur grundsätzlich mit der Höhe des Schadens, sondern ab einem bestimmen Punkt stark überproportional ansteigen. Die Verhaltensforscher *Kahneman* und *Tversky* weisen darauf hin, dass die Abneigung einer Person gegen einen Geldverlust außergewöhnlich stark zunimmt, wenn der Geldverlust die Person in die Nähe eines Verlusts bringt, der dazu führt, dass sie in ihrem Leben eine große negative Veränderung durchmachen und/oder ihren Lebensstil ändern muss[1537]. *Kahneman/Tversky* führen als Beispiel an, dass man infolge eines monetären Verlusts sein Haus verkaufen muss[1538]. Entscheidend für die Abneigung gegen Schäden und damit auch die daraus folgende Risikoaversion ist daher nicht nur der nominale Geldschaden, sondern die damit verbundenen persönlichen Konsequenzen. Sobald der Geldschaden dazu führt, dass strukturelle Veränderungen im Leben die Folge sind,

1532 *Bitter*, Konzernrechtliche Durchgriffshaftung bei Personengesellschaften, 2000, S. 169 f.; GK-AktG/*Bachmann*, 5. Aufl. 2017, § 1 Rn. 70; Scholz/*Bitter*, 13. Aufl. 2024, § 13 Rn. 65.

1533 *Fleischer*, ZIP 2014, 1305; *Bayer/Ph. Scholz*, NZG 2014, 926; *Niemeier*, 70. DJT 2014, N 107; *N. Fischer*, Die existenzvernichtende Vorstandshaftung und ihre Begrenzung durch Satzungsbestimmung, 2018, S. 110 ff.

1534 *Sailer-Coceani*, 70. DJT 2014, N 13; auch »exorbitante Bußgelder«: *Spindler*, AG 2013, 889 (894).

1535 *Fleischer*, ZIP 2014, 1305 (1305, 1309); *Thole*, ZHR 2009, 504 (530); *Hirte*, 70. DJT 2014, N 155; *Bachmann/Goette*, Reformbedarf im Aktienrecht 2024, § 11, 275 (288).

1536 Siehe dazu 2. Teil § 3 A., B.

1537 *Kahneman/Tversky*, 47 Econometrica 1979, 263 (278).

1538 *Kahneman/Tversky*, 47 Econometrica 1979, 263 (278).

steigt die Abneigung gegen den Schaden überproportional an. Neben dem Zwangsverkauf des Eigenheims könnte man an den Umzug in eine deutlich kleinere Wohnung, den Umzug in eine andere Gegend, den Verkauf das persönliche Leben prägender Güter oder als gravierendstes Beispiel an die Privatinsolvenz denken.

Mit *tipping point* ist daher der Punkt gemeint, an dem eine Haftung nicht nur zum Verlust auf dem Konto, sondern zu strukturellen, die Lebensführung beeinflussenden Konsequenzen führt. Ab diesem Punkt kippt der Anstieg der Risikoaversion in eine überproportionale Steigung. Dieser Punkt kann nicht objektiv bestimmt werden, sondern hängt von dem Vermögen, den Lebensumständen und den Präferenzen jedes Einzelnen ab. Entscheidend ist aber, dass es bei jedem Aufsichtsratsmitglied einen Punkt gibt, ab dem die Haftung Strukturveränderungen hervorruft.

Sobald sich ein Aufsichtsratsmitglied in einer Entscheidung befindet, in der ein Haftungsrisiko oberhalb seines persönlichen *tipping points* im Raum steht, wirkt die Risikoaversion sich stark überproportional aus. Zu denken ist z.B. an die Zustimmung zu strukturellen Unternehmensentscheidungen, die zu großen Verlusten für das Unternehmen und damit zu Haftungssummen führen können, die im Regressfall strukturelle Lebensänderungen der Aufsichtsratsmitglieder hervorrufen.

Dieser erheblichen Zunahme der Risikoaversion ab dem *tipping point* könnte aber effektiv mit einer summenmäßigen Haftungsbeschränkung begegnet werden. Kappt die Satzung die Haftung auf einen bestimmten Betrag, ggf. relativ zum Einkommen oder Vermögen der Aufsichtsratsmitglieder, ist das Risiko für eine Haftung oberhalb des *tipping points* ausgeschlossen.

VII. Risikoaversion nur bei (mit-)unternehmerischer Überwachung

Ein echter Unterschied zur Geschäftsleitung ergibt sich dadurch, dass der Aufsichtsrat andere Aufgaben innehat. Risikoaversion wirkt sich auf unternehmerische Entscheidungen aus. Das sind Entscheidungen, die zukunftsbezogen sind und prognostische Elemente enthalten[1539]. Der Grund, warum die Risikoaversion von Aufsichtsräten bisher deutlich weniger Aufmerksamkeit erfahren hat, dürfte damit zusammenhängen, dass der Aufsichtsrat ursprünglich die Rolle des rein retrospektiv agierenden Kontrollorgans innehatte[1540]. Im Zentrum stand die

1539 Vergleichbar mit der »unternehmerischen Entscheidung« im Sinne der Business Judgment Rule, vgl. zu diesem Tatbestandsmerkmal: *Lieder*, ZGR 2018, 523 (530).

1540 Beispielsweise *Fleischer* sah 2014 eine geringere Abschreckungsgefahr beim Aufsichtsrat, da dieser weniger unternehmerisch agiere, vgl. *Fleischer*, AR 2014, 100.

Rechenschaft der Geschäftsleitung für Vergangenes[1541]. Eine retrospektive Überwachung erfordert aber keine Risikoabwägung, keinen Willen zu Innovation und Erneuerung, keine Entscheidungsoptionen mit ungewissem Ausgang. Die nachträgliche Überwachung von Vorstandsberichten, die Überwachung der Geschäftszahlen oder der Bilanzen, die Analyse vergangener Entscheidungen – all diese Aufgaben knüpfen an Entscheidungen an, welche bereits gefallen sind. Handelt der Aufsichtsrat retrospektiv, kann er keine risikoaverse Entscheidung mehr treffen. Risikoaversion kann daher insofern keine Haftungsbegrenzung begründen.

Das Bild wendet sich aber, wenn man die moderne Rolle des Aufsichtsrats einbezieht. Der Aufsichtsrat hat sich in den letzten 20 bis 25 Jahren stark verändert. Durch mehrere Gesetzesänderungen, neue Impulse aus der höchstrichterlichen Rechtsprechung sowie faktischen Druck von außen hat sich ein Funktionswandel vollzogen. Der Aufsichtsrat hat sich vom reinen Kontrollorgan zum Mitunternehmer entwickelt[1542]. Betrachtet man die Risikoaversion aus dem Blick des mitunternehmerischen Aufsichtsrats, erhält diese ein neues Gesicht. Mit jeder neuen unternehmerischen Aufgabe, die der Aufsichtsrat erhält, steigert sich die Relevanz der Risikoaversion. Mit jedem Machtgewinn nimmt die Bedeutung der Geschäftsauffassungen des Aufsichtsrats und damit auch die Wirkung der Haftung auf ihn zu.

Muss der Aufsichtsrat Geschäftsleiter präventiv beraten, steht er in derselben Weise wie die Geschäftsleiter vor unsicheren Handlungsoptionen, welche er miteinander abwägen muss. Zwar hat die Beratung keine rechtlichen Folgen. Die informelle Zustimmung zu einer Entscheidung des Geschäftsleiters kann aber zur Haftung führen, wenn sich später herausstellt, dass der Aufsichtsrat die Entscheidung hätte unterbinden müssen[1543]. Wieso sollte der Aufsichtsrat der Geschäftsleitung daher zu einem Geschäft raten, welches im Falle des Fehlschlags zu einem Haftungsrisiko, im Falle des Gelingens zu keinem persönlichen Nutzen führt? Dasselbe gilt für die Mitentscheidungsbefugnisse, wenn Geschäftsleitung und Aufsichtsrat gemeinsam eine Entscheidung treffen müssen[1544].

Risikoaversion kann sich auch auf die Geschäftsführungsbefugnisse des Aufsichtsrats auswirken. Diese obliegen dem Aufsichtsrat für Entscheidungen, bei denen ihm auch die Vertretungsmacht zukommt[1545]. Dies gilt für Verträge mit

1541 Schmidt/Lutter/*Drygala*, 5. Aufl. 2024, § 111 Rn. 4; *Lutter/Krieger/Verse*, 7. Aufl. 2020, Rn. 57.

1542 Siehe dazu 1. Teil § 2 A.

1543 In diese Richtung: GK-AktG/*Hopt/Roth*, 5. Aufl. 2018, § 116 Rn. 118; LG Stuttgart, AG 2000, 237; zu echten Zustimmungsvorbehalten: BGH, ZIP 2007, 224.

1544 Zu solchen Entscheidungen siehe 1. Teil § 2 A. II.

1545 Schmidt/Lutter/*Drygala*, 5. Aufl. 2024, § 112 Rn. 2; GK-AktG/*Hopt/Roth*, 5. Aufl.2018, § 112 Rn. 18.

amtierenden, zukünftigen[1546] oder ausgeschiedenen[1547] Vorstandsmitgliedern[1548], dem Abschlussprüfer, § 111 Abs. 2 S. 3 AktG, oder einem Sachverständigen[1549], § 111 Abs. 2 S. 2 AktG. Auch ist der Aufsichtsrat für Hilfsgeschäfte zuständig, die im Rahmen seiner Überwachung anfallen[1550]. Da eine ermessensfehlerhafte Vertretung der Gesellschaft zur Haftung führt[1551], nimmt ein rationales Aufsichtsratsmitglied von solchen Geschäften eher Abstand, obwohl sie mitunter im Aktionärsinteresse liegen.

Selbst Personalentscheidungen gemäß § 84 Abs. 1 S. 1 AktG können durch Risikoaversion beeinflusst werden. Die Bestellung eines ungeeigneten Vorstandsmitglieds kann im Ausnahmefall zur Haftung der Aufsichtsratsmitglieder führen[1552]. Da ein auf die Bestellung zurückzuführender Schaden vor allem dadurch entstehen kann, dass das ungeeignete Vorstandsmitglied einen Schaden verursacht, kann der Aufsichtsrat ein Interesse daran haben, risikoaverse Vorstandsmitglieder zu bestellen. Diese verursachen mangels Risikoeingehung keine Schäden und reduzieren damit die Haftungsgefahren für die Aufsichtsratsmitglieder.

Zu nennen sind auch die Vetorechte[1553]. Dem Aufsichtsrat kommt Ermessen zu, welches in risikoaverser Weise ausgeübt werden kann. Beispielsweise kann es für die Gesellschaft sinnvoll sein, einem Vorstandsmitglied einen günstigen Kredit zu erteilen, um dieses an die Gesellschaft zu binden. Die erforderliche Zustimmung zur Kreditvergabe kann aber zur Haftung der Aufsichtsratsmitglieder führen, wenn der Kredit zu marktunüblichen Bedingungen vergeben wird, Sicherheiten fehlen, das Geschäft wirtschaftlich unvertretbar ist oder das Verfahren nach § 89 AktG nicht eingehalten wird[1554]. Die Gesellschaft kann folglich von der Kreditvergabe profitieren, der Aufsichtsrat im besten Falle nichts verlieren,

1546 BGH, NJW 1958, 419 (420).
1547 BGH, AG 2013, 562 Rn. 22.
1548 Auch Gesellschaften, deren alleiniger Gesellschafter ein Vorstandsmitglied ist: BGH, NJW 2019, 1677.
1549 BGH, NJW-RR 2018, 800, Rn. 15 ff.
1550 GK-AktG/*Hopt*/*Roth*, 5. Aufl.2018, § 112 Rn. 54; *E. Vetter*, ZGR 2020, 35 (48 ff.).
1551 GK-AktG/*Hopt*/*Roth*, 5. Aufl.2018, § 112 Rn. 108.
1552 Pflicht des Aufsichtsrats entsprechend § 116 AktG geeignete Kandidaten auszuwählen: OLG München, AG 2017, 750; MünchKomm-AktG/*Spindler*, 6. Aufl. 2023, § 84 Rn. 18.
1553 Insbesondere: §§ 59 Abs. 3 (Abschlagszahlung auf Bilanzgewinn); 88 Abs. 1 S. 1 (Wettbewerbsverbot Vorstand); 89 Abs. 1 S. 1, Abs. 2 S. 1 (Kreditgewährung an Vorstandsmitglied; 111b Abs. 1 (Geschäfte mit nahestehenden Personen); 114 Abs. 1 AktG (Verträge mit Aufsichtsratsmitgliedern).
1554 *Fleischer*, WM 2004, 1057 (1067); Schmidt/Lutter/*Seibt*, 5. Aufl. 2024, § 89 Rn. 17; MünchKomm-AktG/*Spindler*, 6. Aufl. 2023, § 89 Rn. 57; GK-AktG/*Kort*, 5. Aufl. 2015, § 89 Rn. 146 ff.; praktischer Fall: OLG Hamm, Urt. v. 14. Januar 2008, Az. 8 U 19/06 = BeckRS 2008, 6654.

im schlechten Falle haften. Ein rationaler Aufsichtsrat unterlässt Kreditvergaben daher eher. Dasselbe gilt auch für § 114 AktG. Ein Vertrag mit einem Aufsichtsratsmitglied kann für die Gesellschaft sinnvoll sein, um besonderes Fachwissen zu nutzen[1555]. Da die Zustimmung zu einem solchen Vertrag zur Haftung der zustimmenden Aufsichtsratsmitglieder führen kann, wenn die Vertragsbedingungen dem Unternehmensinteresse widersprechen, insbesondere die Vergütung überhöht ist[1556], wirkt sich die Risikoaversion dahingehend aus, solche Verträge im Zweifel nicht zu schließen. Selbstverständlich lehnt der Aufsichtsrat in der Praxis trotzdem nicht jede Zustimmung ab. Es bleibt aber zu befürchten, dass dies öfter geschieht, als Portfolio-Aktionäre wollen.

Die stärkste Auswirkung hat die Risikoaversion bei der unternehmerischen Zustimmung, § 111 Abs. 4 S. 2 AktG. Der Aufsichtsrat hat einen eigenen unternehmerischen Handlungsspielraum[1557] und kann seine Zustimmung auch dann verweigern, wenn er seiner Geschäftsauffassung den Vorrang einräumt[1558]. Er genießt umfassendes Ermessen für die geschäftlichen Kernentscheidungen. Die Entwicklung der Gesellschaft hängt damit auch von der Risikobereitschaft des zuständigen Aufsichtsrats ab. Aus Sicht des Portfolio-Aktionärs hängt die Entwicklung des Portfolios mithin auch davon ab, dass die Aufsichtsräte in allen investierten Unternehmen diese Kernentscheidungen risikoneutral nach dem Ertragswert treffen.

Gleichzeitig wohnt diesen Entscheidungen das größte Schadensrisiko inne[1559], sodass ein Haftungsrisiko oberhalb des *tipping points* drohen kann. Aufsichtsratsmitglieder machen sich schadensersatzpflichtig, wenn sie die Zustimmung zu einem Geschäft erteilen, die sie bei pflichtgemäßem Handeln hätten verweigern müssen[1560]. Pflichtwidrig ist etwa die Zustimmung zu eindeutig unwirtschaftlichen Maßnahmen[1561], wenn die Maßnahme erkennbar zu einem Schaden der Gesellschaft führt[1562] oder, wenn die Maßnahme gegen Satzung, Gesetz oder

1555 BeckOGK/*Mock*, AktG, § 114 Rn. 2.

1556 MünchKomm-AktG/*Habersack*, 6. Aufl. 2023, § 114 Rn. 31; Grigoleit/*Grigoleit/Tomasic*, 2. Aufl. 2020, § 114 Rn. 21; *Koch*, 19. Aufl. 2025, § 114 Rn. 8; Schmidt/Lutter/*Drygala*, AktG, 5. Aufl. 2024, § 114 Rn. 25.

1557 BGH, NZG 2018, 1189 – Schloss Eller, Rn. 50; *Fleischer*, DB 2018, 2619 (2623); *Cahn*, WM 2013, 1293 (1294).

1558 MünchKomm-AktG/*Habersack*, 6. Aufl. 2023, § 111 Rn. 145; Grigoleit/*Grigoleit/Tomasic*, 2. Aufl. 2020, § 111 Rn. 94; KK-AktG/*Mertens/Cahn*, 3. Aufl. 2013, § 111 Rn. 111.

1559 Siehe dazu 1. Teil § 3 A.

1560 BGH, NJW-RR 2007, 390 (391); BGH, NJW 2018, 3574, Rn. 52; *Koch*, 19. Aufl. 2025, § 111 Rn. 71.

1561 So bei LG Stuttgart, AG 2000, 237.

1562 BGH, NJW 2018, 3574, Rn. 52; KK-AktG/*Mertens/Cahn*, 3. Aufl. 2013, § 111 Rn. 111; *Schönberger*, Der Zustimmungsvorbehalt des Aufsichtsrates bei Geschäftsführungsmaßnahmen des Vorstands, 2006, S. 215.

Anstellungsvertrag verstößt[1563]. Ob dies der Fall ist und wie ein Gericht die Situation ex post bewertet, ist aus der subjektiven Sicht ex ante nie eindeutig abzuschätzen. Da gleichzeitig mangels variabler Vergütung kein positiver Anreiz besteht, werden die geschäftlichen Kernentscheidungen risikoavers getroffen. Dies widerspricht den Interessen der Portfolio-Aktionäre.

VIII. Ausnahme bei Handlungen mit Eigennutzen (Treuepflicht) sowie Vorsatz

Auszunehmen von der Gefahr der Risikoaversion durch Haftung sind Handlungen des Aufsichtsrats, die mit besonderen Eigeninteressen einhergehen. Wie bereits gezeigt[1564] gewinnt das Aufsichtsratsmitglied bei Treuepflichtverletzungen monetäre und nicht monetäre Vorteile zu Lasten der Gesellschaft. Dadurch entfällt die Asymmetrie aus persönlichen Gewinn- und Haftungschancen[1565].

Zudem können Aufsichtsratsmitglieder die Haftung wegen Treuepflichtverletzungen besser ex ante vermeiden. Während die an Fahrlässigkeit anknüpfenden Sorgfaltspflichten erst im Nachhinein durch die Rechtsprechung konkretisiert werden (sogenannte *standards*[1566]), sind Treuepflichten für das Aufsichtsratsmitglied ex ante besser abgrenzbar[1567]. Zwar sind die Treuepflichten in Deutschland anders als im UK[1568] weitgehend[1569] nicht spezifisch und kleinteilig kodifiziert (sogenannte »*rules*«[1570]). Sie lassen sich aber vergleichsweise gut in Fallgruppen darstellen[1571] und bestimmte Fälle werden gegebenenfalls in der Satzung geregelt. Zudem kann das Aufsichtsratsmitglied einschätzen, wann eine Entscheidung auch seine eigenen Interessen betrifft, ihm Vorteile verschafft und es daher gegebenenfalls seine Treuepflicht verletzen wird. Kann das Aufsichts-

1563 BGH, NJW 2018, 3574, Rn. 52; MünchKomm-AktG/*Habersack*, 6. Aufl. 2023, § 111 Rn. 145; KK-AktG/*Mertens/Cahn*, 3. Aufl. 2013, § 111 Rn. 111; *Schönberger*, Der Zustimmungsvorbehalt des Aufsichtsrates bei Geschäftsführungsmaßnahmen des Vorstands, 2006, S. 210.

1564 Siehe dazu 3. Teil § 1 B. III. 7.

1565 Dahingehend auch: *Faure/Leyens*, ECGI Law Working Paper No. 376/2017, S. 15.

1566 Kraakman et al./*Armour/Hansmann/Kraakman*, Anatomy of Corporate Law, 3. Aufl. 2017, S. 32 f.

1567 *Faure/Leyens*, ECGI Law Working Paper No. 376/2017, S. 15.

1568 Dazu 2. Teil § 4 B. I. 3.

1569 Beispielweise für spezifische Kodifizierungen: Vertraulichkeit § 116 S. 2 AktG; unangemessene Vergütung §§ 113 – 115 AktG.

1570 Kraakman et al./*Armour/Hansmann/Kraakman*, Anatomy of Corporate Law, 3. Aufl. 2017, S. 32 f.

1571 Darstellung bei: GK-AktG/*Hopt/Roth*, 5. Aufl. 2018, § 116 Rn. 156 ff.

ratsmitglied die Haftung aber besser antizipieren und damit kontrollieren, tritt eine geringere Risikoaversion auf[1572].

Auch besteht kein Interesse der Gesellschafter, einen Anreiz zu solchen Handlungen zu setzen. Gewinne der Aufsichtsratsmitglieder gehen zu Lasten der Gesellschafter. Die Gesellschafter ziehen keinen Vorteil daraus, die präventive Wirkung der Haftung diesbezüglich zu verringern. Dies gilt aber nicht ausnahmslos: etwa bei Handlungen, welche je nach Ausgestaltung eine Treuepflichtverletzung darstellen oder der Gesellschaft nützen können. Zum Beispiel haben Gesellschafter ein Interesse daran, dass ihre Aufsichtsratsmitglieder Eigengeschäfte mit der Gesellschaft (z.B. eine Kreditvergabe) abschließen, wenn externe Dritte kein Interesse an einer Transaktion haben. Dies ist vor allem bei kleineren Gesellschaftern vorstellbar, da die Aufsichtsratsmitglieder infolge ihrer internen Einsichten ggf. ein positiveres Bild von der Gesellschaft haben und daher eher zu einem Geschäft bereit sind. Die Haftungsgefahr wegen eines unangemessenen Eigengeschäfts kann die Aufsichtsratsmitglieder aber von einer solchen Transaktion abhalten. Anders als in den USA oder UK[1573] kann diese Gefahr nicht durch eine verfahrensrechtliche Lösung wie die Zustimmung durch unabhängige Organmitglieder abgefedert werden.

Schließlich kann erst recht eine Haftung wegen Vorsatzes leicht vermieden werden, sodass eine diesbezügliche Haftung nicht zu einer ungewollten Abschreckung und Risikoaversion führt. Auch wenn die Abgrenzung Vorsatz/bewusste Fahrlässigkeit nicht immer trennscharf ist, dürfte einem Aufsichtsratsmitglied vor der Entscheidung regelmäßig bewusst sein, dass eine vorsätzliche Pflichtverletzung im Raum steht, zumal vorsätzliche Pflichtverletzungen im Regelfall auch mit Eigeninteressen einhergehen.

Im Ergebnis ist Risikoaversion daher bei der Vorsatzhaftung und tendenziell auch bei Treuepflichtverletzungen kein Problem, dem durch eine Haftungsbeschränkung abgeholfen werden müsste.

IX. Statutarische Haftungsbeschränkung als bestes Mittel zur Begrenzung

Hätten Gesellschafter die Möglichkeit, durch eine Satzungsbestimmung die Haftung zu reduzieren, insbesondere sie auf einen Höchstbetrag zu beschränken, könnten sie der Risikoaversion entgegenwirken. Aufsichtsratsmitglieder müssten eine Haftung in Millionenhöhe oder in der Nähe des *tipping points* nicht mehr fürchten. Gesellschafter könnten flexibel nach eigenem Risikoverhalten das Verhalten ihrer Aufsichtsratsmitglieder steuern.

Eine Beschränkung auf einen Haftungshöchstbetrag dürfte auch ausreichen, obwohl mangels variabler Vergütung kaum Anreize zur Risikoeingehung beste-

1572 *Kaplow*, 42 Duke Law Journal, 557 (605); *Faure/Leyens*, ECGI Law Working Paper No. 376/2017, S. 11 f.

1573 Siehe zu diesen Optionen in den USA/GB 2. Teil § 2 B. I 3., § 4 B. I. 3.

hen. Denn ein Höchstbetrag reduziert das Risiko persönlicher Haftbarkeit sehr. Das Risiko eines Ausfalls der D&O-Versicherung wegen Übersteigung der Deckungssumme wird eliminiert[1574]. Damit entfällt eines der Kernrisiken für Versicherungsausfälle.

Ferner führt ein in der Satzung verankerter Haftungshöchstbetrag zu echter Sicherheit bei den Aufsichtsratsmitgliedern. Ein Höchstbetrag ist für den juristischen Laien leicht verständlich und fördert daher Vertrauen am besten. Allein die Verschriftlichung in der Satzung mit der Beschränkung auf einen konkreten Betrag schafft Gewissheit.

Wie im vierten Teil noch zu zeigen sein wird, zeigt sich darin ein großer Vorteil gegenüber Lösungen aus der Literatur wie der Halbvermögensschutzklausel nach *Seibt*, wonach das anspruchsberechtigte Organ ex ante verpflichtet wird, im Rahmen der Abwägungsentscheidung nach ARAG/Garmenbeck den Anspruch nur in begrenzter Höhe geltend zu machen[1575], der Übertragung des abgestuften Sorgfaltsmaßstabs nach den Grundsätzen des BAG zum innerbetrieblichen Schadensausgleich oder der Regressreduzierung qua Fürsorge- und Treuepflicht[1576]. Diese Ansätze bieten erhebliche Unwägbarkeiten, nicht dieselbe Rechtssicherheit und sind für den Laien kaum verständlich. Insbesondere der Ansatz über die Fürsorgepflicht wirkt zudem nur ex post und einzelfallbezogen. Anwendbarkeit und Höhe der Regressreduzierung sind daher aus der für die Verhaltenssteuerung entscheidenden ex-ante-Sicht nicht absehbar[1577].

Dasselbe gilt für bestehende Instrumente des Gesellschaftsrechts. So ist aus ex-ante-Sicht nicht gewiss, ob die Hauptversammlung ihre Vergleichsmöglichkeit gemäß § 93 Abs. 4 S. 3 AktG nutzen wird. Auch die Business Judgment Rule, die diesem Zweck dient, kann eine Begrenzung der Risikoaversion nicht vollständig leisten. Die Details der Regelung sind für Aufsichtsratsmitglieder sehr umstritten[1578] und die Anwendbarkeit oft vom Einzelfall abhängig, sodass sie ihnen zumindest auf subjektiver Ebene keinen ausreichenden Schutz bietet. Zudem verbleiben Haftungsrisiken in Bereichen, die risikoaverse Entscheidungen ermöglichen. So kann der Schutz entfallen, wenn das Aufsichtsratsmitglied fahrlässig das notwendige Informationsniveau unterschreitet. Für das Aufsichtsratsmitglied ist ex ante und aus Laiensicht aber nicht rechtssicher festzustellen, ob das Niveau eingehalten wird. In eingeschränktem Maße gilt das auch für die Frage, ob ein Interessenkonflikt den Schutz zu Fall bringt. Vertrauen wird aber

1574 *Leyens*, Informationsintermediäre des Kapitalmarkts, S. 527: »summenmäßige Begrenzung führt zu einer vorhersehbaren und damit in der Regel auch versicherbaren Einstandspflicht«.

1575 Siehe 4. Teil § 4 A.

1576 Siehe 4. Teil § 4 B.

1577 Siehe 4. Teil § A. II., B. II.

1578 Gestritten wird darüber, was eine »unternehmerische« Aufsichtsratsentscheidung ist, welches Informationsniveau einzuhalten ist und wann ein Interessenkonflikt vorliegt, vgl. dazu *Lieder*, ZGR 2018, 523 (526 ff.).

nur geschaffen, wenn nicht nur Fehler bei der Entscheidung, sondern auch bei der Entscheidungsfindung verziehen werden. Schließlich bestehen Anwendungslücken bei Entscheidungen unter Rechtsunsicherheit[1579].

B. Abschreckung neuer Kandidaten für den Aufsichtsrat

Ein weiteres zentrales Argument für die Einführung von Sec. 102 (b) (7) Delaware Code war, dass *directors* ohne diesen Schutz nicht mehr gewillt waren, ihr Amt auszuüben[1580]. Auch dieses Argument könnte auf Aufsichtsratsmitglieder übertragen werden.

I. Abschreckung durch Haftung

Entsprechend wird auch in Deutschland befürchtet, dass Haftungsrisiken neue Aufsichtsratsmitglieder abschrecken können, das Aufsichtsratsamt zu ergreifen[1581]. Andere Autoren begrenzen das Argument auf die Gewinnung rationaler oder qualifizierter Personen. Die Haftung führe zu einem Selektionsmechanismus. Infolge der Haftung würden nur noch besonders risikofreudige Personen das Amt übernehmen[1582]. Andere befürchten, dass vor allem wohlhabende Personen, die viel zu verlieren haben, solche Ämter infolge der Haftung nicht mehr anstreben werden[1583]. Wieder andere befürchten dies vor allem für kleinere und mittlere Gesellschaften, die nicht durch hohe Bezahlung und Prestige gegensteuern können[1584].

Noch einen Schritt weiter könnten steigende Haftungsrisiken sogar dazu führen, dass aktive Aufsichtsratsmitglieder ihre Ämter aufgeben. Dies wurde in den

1579 *Koch*, 19. Aufl. 2025, § 93 Rn. 40 f.

1580 Siehe dazu 2. Teil § 3 B.

1581 *Dreher*, ZHR 2001, 293 (310); *Paefgen*, AG 2004, 245 (247); *Casper*, ZHR 2012, 617 (633); *Peltzer*, FS Hadding 2004, 593 (599 f.); *ders.*, FS Hoffmann-Becking 2013, 861 (865); *Riebartsch*, Die Haftung des Aufsichtsrates einer Aktiengesellschaft bei Verletzung der Überwachungspflichten, 2020, S. 171; *N. Fischer*, Die existenzvernichtende Vorstandshaftung und ihre Begrenzung durch Satzungsbestimmung, 2018, S. 114 f.; *Pospiech*, Rechtsfolgen der zivilrechtlichen Organhaftung, 2017, S. 70.

1582 *Niemeier*, 70. DJT 2014, N 108; *Peltzer*, FS Hoffmann-Becking 2013, 861 (864): »im Wesentlichen nur noch Glücksritter und Desperados«.

1583 *Haarmann/Weiß*, BB 2014, 2115; *Haarmann*, 70. DJT 2014, N 94.

1584 *Ph. Scholz*, Die existenzvernichtende Haftung von Vorstandsmitgliedern in der Aktiengesellschaft, 2014, S. 232; *N. Fischer*, Die existenzvernichtende Vorstandshaftung und ihre Begrenzung durch Satzungsbestimmung, 2018, S. 114.

USA nach dem *Smith v. Van Gorkom* Urteil befürchtet[1585]. Dieser Effekt dürfte zwar geringer sein als die Abschreckung neuer Mitglieder, da langjährige Aufsichtsratsmitglieder Humankapital investiert haben und dadurch stärker an die Gesellschaft gebunden sind. Er verschärft aber das Problem, den eigenen Aufsichtsrat kompetent besetzen zu können.

II. Rechtstatsächliche Plausibilität

Auch das Abschreckungsargument überzeugt nur, wenn es auf empirischer Basis vorgebracht wird oder zumindest überzeugende Indizien vorliegen. So kritisiert wiederum *W. Doralt*, dass empirische Beweise, dass die Suche nach geeigneten Kandidaten an Haftungssorgen scheitere, fehlten[1586]. Auch der Gesetzgeber im UK sah bei Einführung seines Verbots für Haftungsbeschränkungen keine Grundlage für dieses Argument[1587]. Bisher gab es für die These tatsächlich vor allem anekdotische Evidenz[1588].

Seit kurzem existiert aber eine erste empirische Studie aus den USA, welche die These stützt. *Masulis et al.* haben untersucht, ob der Schutz vor Klagen gegen *directors* die Rekrutierung und Bindung hochkarätiger *outside directors* erleichtert[1589]. Sie nutzten dazu die in den USA zeitlich gestaffelte Verabschiedung der *universal demand* Gesetze (UD), die das Prozessrisiko reduzieren[1590]. UD ist die aus dem zweiten Teil bekannte Regelung, wonach Aktionärsklagen nur möglich sind, wenn sie vom Gericht zugelassen werden. Viele Klagen scheitern daran[1591]. Da die Regelungen vor Klagen schützen und in den Bundesstaaten zeitlich gestaffelt eingeführt worden sind, können Erkenntnisse abgeleitet werden. Wirkt Haftung abschreckend auf neue Kandidaten, müssten Unternehmen in Bundesstaaten, welche zeitlich früher entsprechende Regelungen einführten, Vorteile haben[1592].

Die Studie bestärkt diese These. Es wurde festgestellt, dass sich die Qualität der nominierten *outside directors* infolge des geringeren Risikos von Aktionärsklagen infolge der UD-Regelungen verbesserte. Dieser Effekt war besonders stark bei Unternehmen, die einem höheren Prozessrisiko ausgesetzt waren[1593]. Dabei zeigt die Studie, dass die Verbesserung bei den nominierten *outside directors* nach der Einführung von UD auch darauf zurückzuführen war,

1585 Siehe dazu 2. Teil § 3 A., B.
1586 *W. Doralt*, ZGR 2019, 996 (1007).
1587 Siehe dazu 2. Teil § 5 B.
1588 So bei: *Peltzer*, FS Hadding 2004, 593 (599 f.).
1589 *Masulis/Shen/Zou*, ECGI Working Paper No. 672/2020, S. 1.
1590 *Masulis/Shen/Zou*, ECGI Working Paper No. 672/2020, S. 3.
1591 Siehe dazu 2. Teil § 2 C. II. 2.
1592 *Masulis/Shen/Zou*, ECGI Working Paper No. 672/2020, S. 4 f.
1593 *Masulis/Shen/Zou*, ECGI Working Paper No. 672/2020, S. 42 f.

dass die Unternehmen eher in der Lage waren, *outside directors* mit besserer Qualität aus Nicht-UD-Staaten anzuwerben[1594]. Die Studie bestätigt daher, dass erfahrene *directors* sich Sorgen um den potenziell größeren Reputationsverlust aufgrund von Rechtsstreitigkeiten machen. Dies führt dazu, dass es ein geringeres Angebot an verfügbaren Kandidaten gibt. In geringerem Maße stützt die Studie auch die Hypothese der stärkeren Bindung an ein Unternehmen. Die Einführung von UD senkte die Quote der freiwilligen Abgänge von hochqualifizierten *directors*[1595].

Die Studie stellt damit ein erstes starkes Indiz für die These der Abschreckungswirkung neuer Mitglieder dar. Die Ergebnisse einer US-Studie können zwar nicht direkt auf Deutschland übertragen werden. Die Studie definiert Haftungsrisiko als Risiko, Beklagter eines Rechtsstreits zu werden, nicht hingegen persönlich zahlen zu müssen[1596]. Der zweite Teil zeigt aber, dass US-amerikanische *outside directors* ein deutlich höheres Klagerisiko aufweisen als deutsche Aufsichtsratsmitglieder. Nur das Risiko persönlicher Haftung ist ähnlich, da in den USA zwar deutlich mehr geklagt wird, aber gleichzeitig mehr Schutzmechanismen bestehen[1597]. Daher ist unklar, ob die Studie so in Deutschland reproduzierbar wäre. Die Kernaussage, dass erfahrene Personen Unternehmensposten eher übernehmen, wenn Haftungsrisiken nicht zu hoch sind, dürfte aber auch für Deutschland gelten. Empirische Daten aus Deutschland wären wünschenswert, um die These auch für Aufsichtsräte besser zu untermauern.

III. Ausnahmsweise gezieltes Interesse an Abschreckung

Auch das Argument der Abschreckung neuer Mitglieder überzeugt nicht für jede Art von Pflichtverletzung. Teilweise ist es gerade im Interesse der Gesellschafter, Kandidaten abzuschrecken, wenn sie sich durch eine diesbezügliche Haftung abschrecken lassen. Evident ist dies für die Vorsatzhaftung. Wer eine solche Haftung scheut, will das Amt nicht aus den richtigen Motiven heraus übernehmen. Auch wer aus Angst vor Haftung wegen grober Fahrlässigkeit das Amt nicht übernehmen will, dem scheint die nötige Kompetenz oder der Wille zu fehlen.

Bei der Haftung für Treuepflichtverletzungen spielen monetäre Eigeninteressen mit, an denen die Gesellschafter meist kein Interesse haben. Solche Handlungen dienen oft nur den Aufsichtsratsmitgliedern. Wer sich schon vor Amtsübernahme damit beschäftigt, dass er haften könnte, wenn er zu Lasten der Gesellschafter eigene Vorteile durchsetzt, ist im Zweifel kein geeigneter Kandidat. Zudem wohnt Treuepflichtverletzungen nicht in demselben Sinne wie Sorg-

1594 *Masulis/Shen/Zou*, ECGI Working Paper No. 672/2020, S. 43.
1595 *Masulis/Shen/Zou*, ECGI Working Paper No. 672/2020, S. 43.
1596 *Masulis/Shen/Zou*, ECGI Working Paper No. 672/2020, S. 1.
1597 Siehe dazu 2. Teil § 2 E.

faltspflichtverletzungen die Gefahr hoher Schadenssummen inne[1598]. Schließlich sind Treuepflichtverletzungen für das Aufsichtsratsmitglied leichter vermeidbar und das Haftungsrisiko damit kontrollierbarer[1599]. Pflichtwidrige Handlungen der Geschäftsleiter nimmt es dagegen schwerer wahr. Ist das Risiko aber besser vermeidbar, kann das Amt auch trotz Haftung eher übernommen werden.

Schwieriger ist dies bei Handlungen, die mit eigenen Interessen der Aufsichtsratsmitglieder einhergehen, aber gleichzeitig auch den Interessen der Gesellschafter dienen können – etwa Maßnahmen zur Übernahmeverteidigung. Ein Kandidat, der hier Haftung fürchtet, ist nicht zwingend ein schlechter Kandidat. Letztlich dürfte die Haftung für solche Sonderfälle für den Abschreckungseffekt aber ohnehin zu vernachlässigen sein, da die wenigsten Aufsichtsratsmitglieder vor Amtsübernahme solche Fälle bedenken werden.

IV. Statutarische Haftungsbeschränkung als bestes Mittel zur Begrenzung

Eine Haftungsbeschränkung könnte den Abschreckungseffekt verringern. Noch mehr als bei der Risikoaversion hilft die Business Judgment Rule nicht ausreichend ab. Jede Haftungsgefahr (nicht nur bei unternehmerischen Entscheidungen) führt zum Abschreckungseffekt. Insbesondere eine Haftung wegen Passivität kann nur durch eine Haftungsbeschränkung begrenzt werden, da die Business Judgment Rule keine Anwendung findet, wenn keine bewusste Entscheidung getroffen wird[1600]. Das unbewusste Übersehen einer pflichtwidrigen Handlung eines Geschäftsleiters ist aber eine zentrale Haftungsquelle für Aufsichtsratsmitglieder. Auch bei der haftungsrelevanten Geltendmachung von Ansprüchen gegen den Vorstand nach ARAG/Garmenbeck ist nach wie vor umstritten, ob die Business Judgment Rule überhaupt Anwendung findet[1601].

Wiederum würde ein Haftungshöchstbetrag durch seine Verschriftlichung in der Satzung am meisten Vertrauen schaffen und der Abschreckung daher am besten entgegenwirken. Gleichzeitig ist eine Beschränkung auf einen Höchstbetrag, im Vergleich etwa zur vollständigen Befreiung nach Sec. 102 (b) (7) Delaware Code, auch ausreichend. Auch in anderen Berufsgruppen haftet Fachpersonal, ohne dass man eine zu starke Abschreckung befürchtet[1602]. Ein ent-

1598 Siehe zu dem Schadensrisiko 1. Teil § 3 A.

1599 Dazu schon oben 3. Teil § 2 A. VIII.

1600 MünchKomm-AktG/*Spindler*, 6. Aufl. 2023, § 93 Rn. 51; Grigoleit/*Grigoleit/Tomasic*, 2. Aufl. 2020, § 93 Rn. 42; GK-AktG/*Hopt/Roth*, 5. Aufl. 2014, § 93 Rn. 80 f.

1601 Beispielhaft gegen die Anwendbarkeit: *Habersack*, NZG 2016, 321 (322); zu allen Positionen BeckOGK/*Veil*, AktG, § 116 Rn. 63 m.w.N.

1602 *Nowicki*, 33 Delaware Journal of Corporate Law 2008, 695 (717).

scheidender Unterschied zu diesen Gruppen ist die besondere Gefahr für hohe Schäden[1603], welche ein Höchstbetrag eliminiert.

C. Reduzierung überzogener Vorsorgekosten

Als drittes Argument kann angeführt werden, dass Gesellschafter ein Interesse daran haben, übermäßige Kontrollkosten zu vermeiden. Aufsichtsräte sollen Kosten zur Überwachung der Geschäftsleitung und damit zur Vermeidung von Schäden für die Gesellschaft nur bis zu dem Punkt aufwenden, an dem weitere Kontrollkosten höher sind als dadurch verhinderte Schadenskosten. Es ist zwar Ziel, die Summe der Schadenskosten zu vermindern, aber nicht über das Maß hinaus, ab dem die Summe aus Schadenskosten und Schadensverhütungskosten ansteigt[1604]. Die normale Schadensersatzhaftung verwirklicht dieses Ziel. Es ist rational, Kosten zur Vermeidung der eigenen Haftung bis zu der Höhe aufzuwenden, ab der weitere Kosten für die Schadensvorsorge größer sind als Haftungskosten, die durch diese Vorsorge verhindert werden.

Das gilt aber nicht für die Aufsichtsratshaftung. Wie von *Hopt* beschrieben, führt eine übermäßige Aufsichtsratshaftung zu »unnützem Aufwand und Aktionismus«[1605]. Eine strenge Haftung mit hohem Schadensrisiko führt dazu, dass ein rationales Organmitglied unangemessen hohe Vorsorgekosten aufwendet[1606]. Der Unterschied liegt darin, dass Aufsichtsratsmitglieder ihre Kontrollkosten nicht selbst tragen müssen. Alle monetären Kosten der Überwachung, etwa für Sachverständige, Berater, Anwälte oder Fahrten zu Sitzungen fallen nicht dem Aufsichtsratsmitglied, sondern der Gesellschaft zur Last. Sämtliche Aufwendungen zur Schadensvorsorge werden von der Gesellschaft getragen[1607], selbst aufgewendete Kosten kann das Aufsichtsratsmitglied herausverlangen, §§ 675, 670 BGB analog.

Kontrollkosten sind für das Aufsichtsratsmitglied daher nie höher als dadurch geminderte Haftungskosten. Aus seiner Sicht sind die monetären Kontrollkosten immer null. Dadurch fehlt jeder Anreiz, Vorsorgekosten zur Vermeidung der eigenen Haftung zu vermeiden. Eine strenge Haftung mit hohem Schadensrisiko kann daher dazu führen, dass mehr Kosten für Schadensvorsorge ausgegeben werden, als dies im Interesse der Gesellschafter liegt. Da insbesondere Beratungskosten teuer werden können (Personalberater, Rechtsberater oder Sachver-

1603 Siehe dazu 1. Teil § 3 A.

1604 *Schäfer/Ott*, Lehrbuch der ökonomischen Analyse des Zivilrechts, 6. Aufl. 2020, S. 172.

1605 *Hopt*, FS Mestmäcker 1996, 909 (914).

1606 *Koch*, AG 2012, 429 (434); *ders.*, AG 2014, 513 (522).

1607 *Bachmann*, Gutachten 70. DJT 2014, E 22; *Ph. Scholz*, Die existenzvernichtende Haftung von Vorstandsmitgliedern in der Aktiengesellschaft, 2014, S. 279.

ständige für die Prüfung der Bilanzen[1608]), können Gesellschafter ein Interesse haben, die durch Haftung angereizten Ausgaben durch eine Haftungsbeschränkung zu reduzieren.

Zumindest § 670 BGB beschränkt den Anspruch aber auf das, was man nach den Umständen für erforderlich halten darf. Diese Angemessenheit hat sich an den Verhältnissen der Gesellschaft zu orientieren[1609]. Geht das Aufsichtsratsmitglied daher in Vorleistung, muss es bei überzogenen Kosten fürchten, diese nicht erstattet zu bekommen.

D. Zusammenfassung § 2

Es konnten drei Kerngründe identifiziert werden, die aus Sicht der Gesellschafter dafürsprechen können, die Haftung ihrer Aufsichtsratsmitglieder statutarisch zu beschränken: Risikoaversion, Abschreckung von der Amtsübernahme und erhöhte Vorsorgekosten. Eine summenmäßige Beschränkung kann diesen Gefahren abhelfen.

Das Ziel der Reduzierung der Risikoaversion gilt für weit diversifizierte Gesellschafter und damit vor allem für Aktionäre. Selbst Kleinaktionäre können inzwischen durch Fonds, vor allem passive Indexfonds, leicht und kostengünstig diversifizieren (Portfolioaktionäre), sodass sich auch das Gesellschaftsrecht zunehmend daran orientieren sollte. Portfolioaktionäre können firmenspezifische Risiken weitgehend ausblenden, sodass sie ein Interesse daran haben, dass Organmitglieder risikoneutral agieren. Aufsichtsratsmitglieder handeln aber schon generell risikoavers, da sie zunehmend Humankapital in ihre Gesellschaften investieren, sich an diese binden und damit Schäden der Gesellschaften vermeiden wollen. Erst recht ruft ihr Haftungsrisiko mit Totalreparation Risikoaversion hervor, da sie von erfolgreichen Geschäften mangels variabler Vergütung nicht profitieren, bei Fehlgehen aber haften können. Dieser Effekt lässt sich durch verschiedene Studien auch empirisch plausibilisieren und tritt besonders stark auf, wenn die Haftung strukturelle Veränderungen bei den Aufsichtsratsmitgliedern hervorrufen kann. Risikoaversion kann sich indes nur bei den mitunternehmerischen Aufgaben des Aufsichtsrats (vor allem Zustimmung gemäß § 111 Abs. 4 S. 2 AktG) auswirken. Retrospektive Aufgaben hingegen erfordern keine Risikoabwägung, keinen Willen zu Innovation und daher keine Reduzierung der Risikoaversion. Auch für Treuepflichtverletzungen muss Risikoaversion in den meisten Fällen nicht reduziert werden.

Hohe Haftungsrisiken können zudem dazu führen, dass Aufsichtsratsmitglieder davon abgeschreckt werden, das Aufsichtsratsamt zu übernehmen oder

1608 *Schnorbus/Ganzer*, BB 2019, 258 (259 ff.); *Menkel*, AG 2019, 330 (334); *Lutter/Krieger/Verse*, 7. Aufl. 2020, § 11 Rn. 657.
1609 *Schnorbus/Ganzer*, BB 2019, 258 (262).

angereizt werden, bestehende Ämter aufzugeben. Die Studie von *Masulis et al.*[1610] plausibilisiert diesen Effekt nun auch empirisch. Eine Haftungsreduzierung kann dem entgegenwirken. Eine Beschränkung der Haftung lässt sich damit aber nicht für jede Form von Haftung begründen. Mit Blick auf die Haftung für Vorsatz, oft auch für grobe Fahrlässigkeit und Treuepflichtverletzungen, wollen die Gesellschafter mitunter sogar Personen von der Amtsübernahme abschrecken, die eine diesbezügliche Haftung fürchten. Zudem ist die Vermeidung einer solchen Haftung deutlich einfacher, sodass der Abschreckungseffekt geringer ist.

Schließlich können hohe Haftungsrisiken der Aufsichtsratsmitglieder zu erhöhten Vorsorgekosten bei der Gesellschaft führen. Eine normale Haftung führt dazu, dass Kosten zur Vermeidung von Haftung nur aufgewendet werden, bis weitere Kosten für die Schadensvorsorge größer sind als Haftungskosten, die durch diese Vorsorge verhindert werden. Dies gilt aber nicht für die Aufsichtsratshaftung. Denn nicht die Aufsichtsratsmitglieder, sondern die Gesellschaft übernimmt die Kosten zur Vermeidung der Aufsichtsratshaftung. Dies reizt zu übermäßiger Vorsorge durch Aufsichtsratsmitglieder an und kann damit zu überhöhten Kosten bei der Gesellschaft führen. Eine Beschränkung der Haftung kann dem entgegenwirken.

1610 *Masulis/Shen/Zou*, ECGI Working Paper No. 672/2020, S. 1.

§ 3 Haftungsbegrenzung durch Satzungsbeschluss und Marktversagen

§ 1 hat gezeigt, dass die Aufsichtsratshaftung keine Totalreparation erfordert und § 2, dass für Gesellschafter rationale Gründe bestehen, die Aufsichtsratshaftung zu beschränken. In § 3 soll abschließend untersucht werden, ob Gesellschafter die Entscheidung über eine Haftungsbeschränkung durch Satzungsbeschluss treffen können sollten, man die Entscheidung also »dem Markt« überlassen sollte.

Dafür soll zunächst dargelegt werden, dass zwingendes Recht die begründungsbedürftige Ausnahme darstellt, nicht hingegen die Privatautonomie (A.). Ausgehend von dieser Prämisse wird untersucht, ob sich der gesetzgeberische Eingriff in die Privatautonomie durch zwingende Totalreparation bzw. die Unwirksamkeit von statutarischen Haftungsbeschränkungen mit einem Marktversagen begründen lässt (B.).

A. Zwingendes Recht als begründungsbedürftige Ausnahme

Zwingendes Recht stellt die begründungsbedürftige Ausnahme dar. Dies gilt auch für das Gesellschaftsrecht sowie damit einhergehend für Haftungsbeschränkungen.

I. Deutsche Abkehr von der Privatautonomie im Gesellschaftsrecht

Die Frage, ob Gesellschafter in der Satzung die Haftung ihrer Aufsichtsratsratsmitglieder beschränken dürfen, kann als Teil der größeren Frage angesehen werden, inwiefern Gesellschafter über ihre Organisationsverfassung bestimmen können[1611]. In Deutschland dürfen Aktionäre von den Vorschriften des Aktiengesetzes nur abweichen, wenn dies im Aktienrecht ausdrücklich zugelassen ist, § 23 Abs. 5 AktG. Privatautonomie ist daher im AktG die Ausnahme, nicht die Regel. Nicht ohne Grund hat *Mertens* mit Blick auf § 23 Abs. 5 AktG ironisch gefragt, ob Deutschland sein Gesellschaftsrecht aus der DDR übernommen hätte[1612]. Der Arbeitskreis der VGR zum Reformbedarf im Aktienrecht fordert eine Reform des § 23 Abs. 5 AktG, eine Abschaffung der Satzungsstrenge bei nicht-

1611 Zu Reformüberlegungen hinsichtlich § 23 Abs. 5 AktG: *Bayer/Kalss*, Reformbedarf im Aktienrecht 2024, § 5, 108.

1612 *Mertens*, ZGR 1994, 426 (427 f.).

börsennotierten Unternehmen und punktuelle Ausnahmen für börsennotierte Unternehmen[1613].

1. Historischer Zufall

Historisch beruht die aktienrechtliche Satzungsstrenge auf »Zufällen«[1614]. Sie geht auf zwei Reichsgerichtsentscheidungen von 1901 und 1907 zurück. In der ersten Entscheidung klagte ein Aktionär gegen seinen Ausschluss, der auf eine Satzungsbestimmung gestützt wurde, wonach die Generalversammlung Aktionäre gegen Zahlung des Nominalbetrags ausschließen konnte, die nicht mehr dem Bund der Landwirte angehörten. Das Gericht gab dem Aktionär Recht, da das Gesetz für das Ausscheiden eines Aktionärs nur bestimmte Fälle vorsähe (z.B. Verzug Einzahlung der Einlage) und dem Gesetz nicht zu entnehmen sei, dass es andere Fälle des Ausschlusses dem Gesellschaftsvertrag habe überlassen wollen[1615]. In der zweiten Entscheidung klagte ein Aktionär gegen einen Beschluss der Generalversammlung. Der Beschluss erfüllte zwar die Vorschriften des HGB, verstieß aber gegen die Vorgabe des Gesellschaftsvertrags, wonach drei Aktionäre unterzeichnen mussten. Das Gericht lehnte die Klage ab, da in der AG nur die gesetzlichen Vorgaben Bedeutung haben. Der Gesellschaftsvertrag dürfe nur Bestimmungen treffen, soweit das Gesetz ihm abändernde oder ergänzende Bestimmungen überlasse. Andernfalls seien die Vorschriften zur AG als absolute anzusehen[1616]. Eine echte Begründung für den absoluten Vorrang der gesetzlichen Bestimmungen wird in keiner der beiden Entscheidungen angeführt. *Spindler* nennt diese Entscheidungen daher auch den Sündenfall der Privatautonomie[1617]. Der Gesetzgeber von 1965 normierte die Satzungsstrenge schließlich[1618] – wiederum ohne echte Begründung[1619]. Es sollte nur die herrschende Lehre zum Verhältnis von Satzung und Gesetz festgehalten werden[1620]. Abgesehen davon, dass dies keine Begründung ist, hat *Pleßke* gezeigt, dass die Literatur 1965 keine einheitliche Meinung zu dem Thema hatte[1621]. Zudem hat die aktienrechtliche Regelungsdichte deutlich zugenommen, sodass § 23 Abs. 5 AktG

1613 *Bayer/Kalss*, Reformbedarf im Aktienrecht 2024, § 5, 108 (121 ff.).
1614 *Spindler*, AG 2008, 598 (598 ff.); ausführlich zur historischen Begründung von § 23 Abs. 5 AktG: *Kuntz*, Gestaltung von Kapitalgesellschaften zwischen Freiheit und Zwang, 2016, S. 425 ff.
1615 RG, Urt. v. 25. September 1901, Az. I 142/01, RGZ 49 (77–81).
1616 RG, Urt. v. 12. Januar 1907, Az. I 542/06, RGZ 65, 91 (92).
1617 *Spindler*, AG 2008, 598.
1618 *Kuntz*, Gestaltung von Kapitalgesellschaften zwischen Freiheit und Zwang, 2016, S. 24.
1619 *Kropff*, Begründung RegE zu § 23, S. 43 f.
1620 *Kropff*, Begründung RegE zu § 23, S. 44.
1621 *Pleßke*, Die Satzungsstrenge im Aktienrecht, 2007, S. 44 f.

heute deutlich mehr Gewicht zukommt[1622]. Ihre Relevanz entfaltet die Norm erst aus dem Zusammenspiel mit den zahlreichen später eingeführten aktienrechtlichen Vorschriften[1623]. § 23 Abs. 5 AktG ist daher Folge zweier über 100 Jahre alter unbegründeter Reichsgerichtsentscheidungen, welche zudem in einem anderen Kontext, nämlich mit deutlich weniger aktienrechtlichen Regelungen, getroffen wurden. *Kuntz* bezeichnet die Schaffung von § 23 Abs. 5 AktG daher als »gesetzgeberischen Unfall«[1624].

2. International ein Unikum

International stellt die deutsche Abkehr von der aktienrechtlichen Privatautonomie ein Unikum dar[1625]. Fast alle anderen Rechtsordnungen sehen zwingende Regelungen nur vor, wenn gezielt bestimmte Interessen geschützt werden sollen[1626]. Beispielsweise in den USA und im UK herrscht Satzungsfreiheit[1627]. Ausnahmen für bestimmte Bereiche sieht etwa das US-Bundesrecht, insbesondere das *securities law* vor[1628]. Zudem stellen die US-Börsen besondere Anforderungen, wenn eine Gesellschaft dort gelistet werden will[1629]. Auch in London verlangen die Listing Rules der London Stock Exchange von den Gesellschaften die Einhaltung spezifischer Regelungen[1630]. Zwingende Satzungsregeln stellen aber jeweils die begründungsbedürftige Ausnahme dar. Nur in Deutschland werden aktienrechtliche Regelungen generell für zwingend erklärt[1631].

II. Privatautonomie als Standard – Marktversagen als Ausnahme

In einer Marktwirtschaft bedarf nicht die Privatautonomie der Rechtfertigung, sondern deren Einschränkung[1632]. Privatautonomie sowie die von ihr umfasste

1622 Entsprechend schon zum Vergleich AktG von 1937 und 1965: *Luther*, FG Hengeler 1972, 167 ff.; *Spindler*, AG 2008, 598 (598 f.); *Bayer*, Gutachten 67. DJT 2008, E 31.

1623 *Kuntz*, Gestaltung von Kapitalgesellschaften zwischen Freiheit und Zwang, 2016, S. 436.

1624 *Kuntz*, Gestaltung von Kapitalgesellschaften zwischen Freiheit und Zwang, 2016, S. 437.

1625 Kraakman et. al./*Rock/Davies/Kanda/Kraakman/Ringe*, Anatomy of Corporate law, 3. Aufl. 2017, S. 177.

1626 *Wymeersch*, Referat zum 67. DJT 2008, N 81; *Hopt*, 67. DJT 2008, N 133; *ders.*, Gestaltungsfreiheit im Gesellschaftsrecht, 1998, 123 (126, 136).

1627 Zu UK: *Leyens*, FS Hopt 2010, 3135 (3140 f.); Zu den USA: *Gevurtz*, Corporation Law, 3. Aufl. 2021, S. 46 ff.

1628 *Merkt*, US-amerikanisches Gesellschaftsrecht, 3. Aufl. 2013, S. 168 ff.

1629 *Merkt*, US-amerikanisches Gesellschaftsrecht, 3. Aufl. 2013, S. 173 ff.

1630 Siehe dazu schon 2. Teil § 4 B. 3. a).

1631 *Spindler*, AG 2008, 598 (600); *Hopt*, Gestaltungsfreiheit im Gesellschaftsrecht, 1998, 123 (126).

1632 Ähnlich *Eidenmüller*, JZ 2001, 1041 (1045).

Vertragsfreiheit werden verfassungsrechtlich durch Art. 2 Abs. 1 GG geschützt[1633]. Im Gesellschaftsrecht gewährleistet die in Art. 9 GG normierte Vereinigungsfreiheit die Bestimmung über die eigene Organisation[1634].

Aus wohlfahrtsökonomischer Warte bietet der Vertragsmechanismus eine Richtigkeitsgewähr und eine Vermutung für Effizienz, da der Vertragsschluss den Konsens der Parteien voraussetzt[1635]. Wenn beide Parteien sich freiwillig und informiert auf einen Handel einlassen, versprechen sich beide Parteien davon einen Mehrwert[1636]. Der Vertrag führt nicht zu einem Nullsummenspiel, bei dem eine Partei verliert, was die andere gewinnt[1637]. Sie sind pareto-effizient. Mit jeder vertraglichen Einigung werden knappe Güter effizienter allokiert. Dies gilt auch für den Handel mit Rechten[1638].

Auch eine Satzungsregelung kann ökonomisch als Vertrag angesehen werden: sowohl zwischen den Gesellschaftern als auch – mit Blick auf Haftungsbeschränkungen – als Vertrag zwischen Aufsichtsratsmitgliedern und Gesamtheit der Gesellschafter. Nimmt ein Aufsichtsratsmitglied das Mandat nur an, wenn die Gesellschafter eine Haftungsbeschränkung in der Satzung installieren, liegt auch nach ökonomischem Verständnis ein Vertrag vor. Auch eine Satzungsregelung unterliegt daher zunächst der Vermutung der Effizienz. Eine gesellschaftsrechtlich zwingende Regelung bedarf einer Begründung, nicht hingegen die Freiheit des Satzungsgebers[1639]. Entsprechend liegt die Begründungslast bei denjenigen, die sich für ein Verbot statutarischer Haftungsbeschränkungen für Aufsichtsratsmitglieder aussprechen.

Die Vermutung der Effizienz des Vertrages wird in mehreren Fällen durch Marktversagen untergraben[1640]. Marktversagen meint Situationen, in welchen die Verteilung der Güter nicht mehr effizient funktioniert[1641]. In der realen Welt verhindern bestimmte Umstände, dass Parteien eine wohlfahrtsfördernde Eini-

1633 Dürig/Herzog/Scholz/*Di Fabio*, 2024, Art. 2 Abs. 1 Rn. 101.

1634 BVerfG, Urt. v. 01. März 1979, Az. 1 BvR 532/77, 1 BvR 533/77, 1 BvR 419/78, 1 BvL 21/78; Dürig/Herzog/*Scholz*, 2024, Art. 9 Rn. 68.

1635 *Schmidt-Rimpler*, AcP 1941, 130 (151, 156); *ders.*, FS Raiser 1974, 3 (5 f.); *Cheffins*, Company Law: Theory, Structure and Operation, 1997, S. 127; *Haberer*, Zwingendes Kapitalgesellschaftsrecht, 2009, S. 248.

1636 *Schmidt-Rimpler*, FS Raiser 1974, 3 (5 f.); *Trebilcock*, The Limits of Freedom of Contract, 1993, S. 7; *Eidenmüller*, JZ 2001, 1041 (1043); *Eisenberg*, 89 Columbia Law Review 1989, 1461 (1463); *Cheffins*, Company Law: Theory, Structure and Operation, 1997, S. 127.

1637 *Schäfer/Ott*, Lehrbuch der ökonomischen Analyse des Zivilrechts, 6. Aufl. 2020, S. 472.

1638 Towfigh/Petersen/*Schmolke*, Ökonomische Methoden im Recht, 3. Aufl. 2023, Rn. 261.

1639 Zutreffend *Spindler*, AG 2008, 598 (601).

1640 *Trebilcock*, The Limits of Freedom of Contract, 1993, S. 7.

1641 Towfigh/Petersen/*Morrel*, Ökonomische Methoden im Recht, 3. Aufl. 2023, Rn. 153.

gung erzielen. In diesen Fällen kann zwingendes Recht eine Hilfestellung leisten und Ineffizienzen abmildern[1642]. Da der Vertragsmechanismus aber grundsätzlich effizient ist, muss zwingendes Recht als Rechtfertigung aufzeigen, ob ein zwingend zu beseitigendes Marktversagen vorliegt. Gleiches gilt für eine zwingende Aufsichtsratshaftung.

Marktversagen existiert in verschiedenen Formen. Am bekanntesten ist das vorliegend nicht relevante Monopol[1643]. Eine Monopolstellung der Aufsichtsratsmitglieder ist nicht ersichtlich. Die statutarische Beschränkung der Aufsichtsratshaftung zeigt aber Schnittstellen zu anderen Fällen des Marktversagens, die zwingendes Recht rechtfertigen könnten. Dem wird im anschließenden Abschnitt B. nachgegangen.

B. Statutarische Haftungsbeschränkung als regulierungsbedürftiges Marktversagen

Im folgenden Kapitel soll daher untersucht werden, welche Fälle von Marktversagen auftreten, wenn Gesellschafter die Haftung ihrer Aufsichtsratsmitglieder privatautonom beschränken könnten. Dadurch kann aufgezeigt werden, ob eine zwingende Aufsichtsratshaftung geboten ist. Die Fälle von Marktversagen lassen sich am besten nach den betroffenen Schutzadressaten sortieren. Im ersten Abschnitt sollen daher Fälle von Marktversagen untersucht werden, welche zu einem Schaden der Gesamtheit der Gesellschafter selbst führen können (I.). Im zweiten Abschnitt wird das Augenmerk auf Anleger, also zukünftige Gesellschafter, gelegt (II.). Schließlich befasst der sich letzte Abschnitt mit Externalitäten, mithin dem Schutz Dritter wie Gläubigern, Arbeitnehmern, Gesellschaft, Umwelt und Klima (III.).

I. Keine umfassende Unwirksamkeit von Haftungsbeschränkungen wegen des Schutzes der Gesellschafter vor sich selbst (Paternalismus)

Nach klassisch liberalem Modell und Privatautonomie hat jeder Mensch die Freiheit, für sich selbst zu entscheiden[1644]. Damit einhergehend trägt er auch die Verantwortung für eigene Entscheidungen. Das Gesetz gestattet den Menschen, wirtschaftlich schlechte Entscheidungen zu treffen. Die Ausnahmen sind eng

1642 Towfigh/Petersen/*Schmolke*, Ökonomische Methoden im Recht, 3. Aufl. 2023, Rn. 270; Kraakman et. al./*Armour/Hansmann/Kraakman/Pargendler*, Anatomy of Corporate law, 3. Aufl. 2017, S. 19.

1643 Nach *Friedman* ist das Monopol das größte Problem: *Friedman*, Capitalism and Freedom, 1962, S. 14.

1644 *Friedman*, Capitalism and Freedom, 1962, S. 12.

(z.B. § 138 BGB). Entsprechend darf auch die Hauptversammlung Entscheidungen treffen, die den eigenen Interessen widersprechen[1645]. Es müssen daher besondere Gründe bestehen, warum Gesellschafter in ihrer Gesamtheit vor sich selbst geschützt werden müssen (sog. Paternalismus)[1646]. Ob solchen Gründe vorliegen, soll nachfolgend untersucht werden.

Rechtsvergleichend lässt sich ein diesbezüglicher »Schutz vor sich selbst« im UK finden. *Non-executive directors*, die einem vergleichbaren Haftungsrisiko unterliegen[1647], sind statutarische Haftungsbeschränkungen untersagt. Einer der wesentlichen Gründe des Gesetzgebers im UK ist der Schutz der Gesellschafter vor sich selbst. Gesellschafter seien in Bezug auf Haftungsbeschränkungen für ihre *directors* nicht in der Lage, eine in ihrem eigenen Interesse liegende Entscheidung zu treffen. Der Schutz der *directors* entspreche nicht dem wirklichen Willen der Gesellschafter. Eine nachträgliche Korrektur gegen das Management sei kaum möglich[1648].

1. Satzung als Kollektiventscheidung und reines öffentliches Gut

Die Notwendigkeit eines Selbstschutzes könnte sich aus dem Kollektivhandlungsproblem ergeben, welches zwingende Folge eines Entscheidungsprozesses mit vielen Entscheidern ist. Solche Entscheidungsprozesse sind typisches Merkmal einer AG[1649], vor allem bei Börsennotierung. In der Spieltheorie geht es auf das Gefangenen-Dilemma zurück[1650]. Es wird als mögliche Rechtfertigung für zwingendes Recht angesehen[1651].

1645 BGH, NZG 2014, 1058, Rn. 20.

1646 *Friedman*, Capitalism and Freedom, 1962, S. 33: »*paternalistic ground for governmental activity is many ways the most troublesome to a liberal*«.

1647 Siehe dazu 2. Teil § 4 E.

1648 Siehe dazu 2. Teil § 5.

1649 *Ruffner*, Die ökonomischen Grundlagen eines Rechts der Publikumsgesellschaft, 2000, S. 174.

1650 Das Gefangenen-Dilemma ist ein Beispiel für eine Situation, in welcher das individuell rationale Handeln nicht zum besten Gesamtergebnis führt: Zwei Gefangene werden einer Straftat verdächtigt. Beide Gefangene werden vernommen und können sich nicht beraten oder abstimmen. Ihnen wird die Gelegenheit gegeben, die Tat zu gestehen. Schweigen beide Gefangene, erhalten beide eine geringe Strafe (z.B. ein Jahr). Gestehen beide, erhalten sie beide eine hohe, aber gemilderte Strafe (z.B. acht Jahre). Wenn aber einer gesteht und der andere schweigt, erhält der Geständige als Kronzeuge eine sehr geringe Strafe (z.B. 3 Monate) und der andere die Höchststrafe (z.B. 10 Jahre). Die kollektiv beste Option wäre, wenn beide schweigen und je ein Jahr erhalten würden. Das zu erwartende Ergebnis ist aber, dass beide gestehen, dazu *Trebilcock*, The Limits of Freedom of Contract, 1993, S. 10 ff.; Towfigh/Petersen/*Magen*, Ökonomische Methoden im Recht, 3. Aufl. 2023, Rn. 219 ff.

1651 *Trebilcock*, The Limits of Freedom of Contract, 1993, S. 247.

Das Kollektivhandlungsproblem kann dazu führen, dass die Gesellschaftergesamtheit Entscheidungen trifft, die nicht in ihrem Interesse liegt. Mit Blick auf Haftungsbeschränkungen könnte dieses Problem dazu führen, dass entweder von vornherein übermäßige Haftungsbeschränkungen der Aufsichtsratsmitglieder beschlossen werden, die nicht im Interesse der Gesellschafter liegen, oder dass Haftungsbeschränkungen beschlossen werden, die sich nachträglich als nicht mehr zweckmäßig erweisen und dann nicht mehr korrigiert werden. Aufsichtsratsmitglieder selbst werden eine solche Korrektur später kaum anregen[1652].

Die vereinzelt geäußerte Befürchtung, dass gesetzliche Haftungsbeschränkungen erforderlich seien, da Gesellschafter ihre Satzungsautonomie *nicht* nutzen werden[1653], erscheint hingegen unrealistisch. Zumindest die Organmitglieder werden die Einführung anregen.

a) Kleinaktionäre – Kollektivhandlungs- und Trittbrettfahrerprobleme

Nachvollziehbar ist zwingendes Recht, wenn man nur Kleinaktionäre vor Augen hat, bei denen Kollektivhandlungsprobleme bekannt sind. Den Kleinaktionären fehlt infolge rationaler Apathie bei Hauptversammlungsbeschlüssen jedes Interesse an einer Entscheidungsfindung. Das eigene Stimmrecht eines Kleinaktionärs ist so gering, dass der Aktionär nicht davon ausgehen kann, mit seiner Stimme Einfluss auf den Ausgang der Entscheidung zu nehmen. Dadurch schwindet der Anreiz, sich überhaupt zu beteiligen[1654]. Gleichzeitig führt die Teilnahme an einer Beschlussfassung zu Kosten für den Aktionär. Er muss Zeit und Geld für (Rechts-)Berater investieren, um sich inhaltlich mit dem Beschlussgegenstand auseinandersetzen zu können. Notwendig sind sowohl Informationen über die konkrete Gesellschaft als auch über das Beschlussthema[1655] – vorliegend die Beschränkung der Aufsichtsratshaftung. Die Haftungsbeschränkung stellt aber ein komplexes Steuerungsproblem dar, das den Gesellschaftern eine umfassende Abwägung sowie Sachkenntnis abverlangt. Eine informierte Stimmabgabe bedarf daher hoher Informationskosten. Auch die Teilnahme an der Beschlussfassung, etwa die Fahrt zur Hauptversammlung[1656], verursacht Kosten[1657].

Diese Kosten stehen in keinem Verhältnis zum Gewinn. Selbst wenn der Kleinaktionär mit seiner Stimme auf die Beschlussfassung Einfluss nehmen könnte, wird der wirtschaftliche Gewinn durch die Haftungsregelung seine Kosten

1652 *Vetter*, 70. DJT 2014, N 98.
1653 *Ph. Scholz*, Die existenzvernichtende Haftung von Vorstandsmitgliedern in der Aktiengesellschaft, 2014, S. 369.
1654 *Easterbrook/Fischel*, The economic structure of corporate law, S. 66; *Ruffner*, Die ökonomischen Grundlagen eines Rechts der Publikumsgesellschaft, 2000, S. 174 f.; *Eisenberg*, Corporations and Other Business Organizations, 2000, S. 116.
1655 *Kahan/Rock*, 100 Boston University Law Review 2020, 1771 (1801).
1656 Wenngleich inzwischen virtuelle HVs diese Kosten reduzieren.
1657 *Arnold*, Die Steuerung des Vorstandshandelns, 2007, S. 73.

nicht übersteigen. Zwar profitiert das Unternehmen durch eine erhöhte Risikobereitschaft der Aufsichtsräte oder bessere Möglichkeiten, neue Aufsichtsratsmitglieder zu gewinnen[1658]. Der Aktionär profitiert davon aber nur in Höhe seines Anteils. Da dieser im Zweifel sehr gering ist, profitiert er auch nur in sehr geringem Maße. Ein rationaler Kleinaktionär sieht daher von solchen Maßnahmen ab[1659].

Ferner können der Hauptversammlungsbeschluss und die Satzungsregelung ökonomisch als reines öffentliches Gut[1660] angesehen werden[1661]. Reine öffentliche Güter stellen eine klassische Form des Marktversagens dar[1662]. Sie zeichnen sich dadurch aus, dass Dritte von ihrem Gebrauch nicht ausgeschlossen werden können, sodass der Hersteller des Gutes für den Gebrauch kein Entgelt verlangen kann. In der Folge fehlt der Anreiz zur Herstellung[1663]. Die Kosten zur Herstellung des Gutes sind zwar geringer als der Gesamtnutzen für alle Nutzer, sodass eine Herstellung volkswirtschaftlich erwünscht ist. Der Hersteller kann die Kosten aber nicht an die Nutzer weitergeben, sodass die Herstellung unterbleibt[1664]. Aktionäre, welche sich mit Haftungsbeschränkungen beschäftigen, sinnvolle Satzungskonzepte ausarbeiten und informiert abstimmen, können in diesem Sinne als Hersteller angesehen werden, die Satzungsregelung als das herzustellende Gut. Von einer zweckmäßigen Satzungsregelung zur Aufsichtsratshaftung profitiert jeder Aktionär in demselben Maße (sofern eine vergleichbare Risikobereitschaft besteht), auch wenn er sich nie mit Haftungsregeln beschäftigt und keine eigenen Kosten aufgewendet hat. Der informierte und aktive Aktionär kann hierfür keinen finanziellen Ausgleich von den unbeteiligten Aktionären verlangen. In der Folge fehlt auch hier der Anreiz zur »Herstellung«. Stattdessen werden Aktionäre auf die Beschlussfassung durch andere Aktionäre hoffen, bevor sie eigene Maßnahmen ergreifen[1665] – sog. *free-riding* (Trittbrettfahrer). Folgen aber alle (Klein-)Aktionäre dieser Maxime, beteiligt sich keiner

1658 Siehe dazu 3. Teil § 2 A., B.

1659 *Easterbrook/Fischel*, The economic structure of corporate law, S. 66 f.; *Ruffner*, Die ökonomischen Grundlagen eines Rechts der Publikumsgesellschaft, 2000, S. 175; *Rock*, 79 Georgetown Law Journal 1991, 445 (453 ff.); *Eisenberg*, Corporations and Other Business Organizations, 2000, S. 116.

1660 Zu der Begrifflichkeit: Towfigh/Petersen/*Magen*, Ökonomische Methoden im Recht, 3. Aufl. 2023, Rn. 221 ff.

1661 »Das Stimmrecht bzw. der damit angestrebte Zweck«: *Ruffner*, Die ökonomischen Grundlagen eines Rechts der Publikumsgesellschaft, 2000, S. 176; »Die unternehmensspezifischen Informationen«: *Haberer*, Zwingendes Kapitalgesellschaftsrecht, 2009, S. 84; entsprechend zur Klagegerhebung durch Aktionäre: *Schmolke*, ZGR 2011, 398 (407).

1662 Towfigh/Petersen/*Magen*, Ökonomische Methoden im Recht, 3. Aufl. 2023, Rn. 221.

1663 Towfigh/Petersen/*Magen*, Ökonomische Methoden im Recht, 3. Aufl. 2023, Rn. 221.

1664 Towfigh/Petersen/*Magen*, Ökonomische Methoden im Recht, 3. Aufl. 2023, Rn. 224.

1665 *Rock*, 79 Georgetown Law Journal 1991, 445 (454); *Ruffner*, Die ökonomischen Grundlagen eines Rechts der Publikumsgesellschaft, 2000, S. 176; *Cheffins*, Company Law: Theory, Structure and Operation, 1997, S. 140.

oder nur eine geringe Anzahl der Aktionäre an der Beschlussfassung, insbesondere durch informierten Stimmentscheid. Ein informierter Gesamtwille der Aktionäre wird daher nicht gebildet.

Erst recht wird der Aktionär von einer Korrektur einer nicht (mehr) zweckmäßigen Haftungsbeschränkung absehen. Die Kosten einer Korrektur dürften für den Aktionär noch höher sein, da sich Aufsichtsratsmitglieder und Großaktionäre, die hinter »ihren« Aufsichtsratsmitgliedern stehen, gegen eine solche Änderung aussprechen und versuchen werden, sie zu verhindern. Zudem besteht jedenfalls bei Börsennotierung als Alternative in der Regel der Exit – der Verkauf der Aktie am Kapitalmarkt[1666]. Für Aktien existiert dann ein liquider Sekundärmarkt, sodass der Verkauf jederzeit möglich ist. Zwar könnte der Wert der Anteile infolge einer übermäßigen und daher ökonomisch ungünstigen Haftungsbeschränkung sinken, sofern der Kapitalmarkt in der Lage ist, solche Regelungen einzupreisen[1667]. Dieser Kursverlust ist aber im Zweifel geringer als die Kosten für eine Korrektur[1668].

Aus diesen Gründen sind Kleinaktionäre kaum in der Lage, sinnvolle Haftungsbeschränkungen zu beschließen bzw. daran mitzuwirken. Sie werden sich an der Beschlussfassung nicht beteiligen oder jedenfalls keine informierte Stimmabgabe tätigen. Gegen eine übermäßige Haftungsbeschränkung werden sie sich nicht wehren. Noch düsterer sieht das Bild aus, wenn eine Haftungsbeschränkung besteht. Es kann nicht erwartet werden, dass Kleinaktionäre eine Änderung erwirken, wenn die bisherige Satzungsregelung sich als nicht (mehr) zweckmäßig herausstellt. Stattdessen werden sie als Alternative den Exit vorziehen.

b) Verbesserung durch institutionelle Investoren

Dieses Bild könnte sich aber ändern, wenn man die gewandelten Aktionärsformen berücksichtigt. In Publikumsgesellschaften dominieren zunehmend institutionelle Investoren wie Pensionsfonds, Versicherungsgesellschaften, Index-Fonds oder Investmentfonds die Aktionärsstruktur[1669]. In Europa[1670] als auch im DAX[1671] halten sie inzwischen rund 60 % der Anteile an börsennotierten Ge-

1666 *Eisenberg*, Corporations and Other Business Organizations, 2000, S. 116; *Rock*, 79 Georgetown Law Journal 1991, 445 (456).

1667 Dazu später, siehe 3. Teil § 3 B. II. 4.

1668 Mit Blick auf die Kontrolle: *Arnold*, Die Steuerung des Vorstandshandelns, 2007, S. 74.

1669 Zur Veränderung der Anteile im Vergleich zu natürlichen Personen: *Brellochs*, ZHR 2021, 319 (326).

1670 M.w.N. Grigoleit/*Splinter*, 2. Aufl. 2020, § 134a Rn. 2.

1671 S&P Global Market Intelligence/DIRK, Who owns the German DAX?, 9. Aufl. 2022, S. 8; Ernst & Young, Wem gehört der DAX? Analyse der Aktionärsstruktur der DAX-Unternehmen im Jahr 2018, Kurzfassung, Juni 2019, S. 3, 9.

sellschaften. Sie sammeln das Kapital vieler Kapitalgeber ein und investieren dieses gestreut in Aktien. Durch die Akkumulation können sie größere Positionen und damit mehr Stimmgewicht erwerben[1672]. Der DCGK fordert von ihnen, dass sie »Eigentumsrechte aktiv und verantwortungsvoll [...] ausüben«[1673]. Eventuell könnten daher institutionelle Investoren die Aufgabe übernehmen, eine neue Satzungsautonomie de lege ferenda informiert zu nutzen, um sinnvolle Haftungsbeschränkungen einzuführen und nicht mehr zweckmäßige Regeln zu korrigieren, jedenfalls in Kombination mit den Stimmrechtsberatern[1674].

Wie nachfolgend zu zeigen sein wird, könnten im Ergebnis institutionelle Investoren und Stimmrechtsberater zusammen themenspezifische Standards für Haftungsbeschränkungen etablieren, wenngleich sie ihre Entscheidungen oft nicht firmenspezifisch auf die einzelnen Gesellschaften anpassen werden[1675]. Auch können sie übermäßige Beschränkungen verhindern. Schlägt beispielsweise ein Aufsichtsratsverband eine übermäßige Haftungsbeschränkung für Aufsichtsratsmitglieder vor und versuchen die Aufsichtsratsmitglieder diese Regelung in ihren Gesellschaften durchzusetzen, kann die Kombination aus institutionellen Investoren und Stimmrechtsberatern dies verhindern. Sowohl institutionelle Investoren als auch Stimmrechtsberater haben Erfahrungen aus dem Ausland und tragen die Entscheidung nicht mit, wenn sie gegen ihre Standards zu Haftungsbeschränkungen verstößt. Diese etablierten Standards können zudem durch einen Spill-over-Effekt auch in die GmbHs getragen werden, da deren Gesellschafter diese Standards als Informationsgrundlage für ihre Entscheidung heranziehen können[1676].

1) Bessere Anreizstruktur

Ökonomisch spricht für den Einsatz der institutionellen Investoren, dass ihre wertmäßige Beteiligung an den einzelnen Gesellschaften höher ist als bei Kleinaktionären. Sie profitieren mehr von Gewinnen durch bessere Haftungsregeln[1677]. Zudem bestehen Synergieeffekte. Die Haftungsbeschränkung kommt auch anderen Gesellschaften zugute, an denen ebenfalls Beteiligungen bestehen, da die Gesellschaft mit Haftungsbeschränkung mehr Projekte eingeht oder Investitionen tätigt und damit anderen Gesellschaften neue Möglichkeiten

1672 Kraakman et. al./*Armour/Enriques/Hansmann/Kraakman*, Anatomy of Corporate law, 3. Aufl. 2017, S. 60.
1673 Präambel DCGK 2022.
1674 Ausführlich zu den Stimmrechtsberatern, siehe 3. Teil § 3 B. I. 1. d).
1675 So nachfolgend zu den institutionellen Investoren, siehe 3. Teil B. I. 1. b); so nachfolgend zu den Stimmrechtsberatern, siehe 3. Teil § 3 B. I. 1. d).
1676 Siehe zur GmbH 3. Teil § 3 B. I. 2.
1677 Entsprechend zu Gewinnen durch Unternehmenskontrollen: *Adams*, 34 Journal of Corporation law 2009, 409 (425).

bietet[1678]. Die Portfoliogesellschaften können sich daher gegenseitig verbessern und damit die Rendite des Gesamtportfolios steigern.

Ferner sind die Kosten einer informierten Abstimmung geringer. Institutionelle Investoren können Erfahrungen mit beschlossenen Haftungsregelungen auch in andere Gesellschaften, an denen sie Beteiligungen halten, hineintragen, ohne signifikante Kosten zu erzeugen. Die Regelungen müssten nur noch an Spezifika der anderen Gesellschaften angepasst werden. Die Durchschnittskosten je Haftungsregelung je Gesellschaft sind daher reduziert. Internationale institutionelle Investoren können Erfahrungen aus Ländern wie den USA nutzen, die solche Regeln seit langem erlauben[1679].

Zudem ist der Exit für institutionelle Investoren oft keine Alternative. Wegen ihrer größeren Beteiligung ist ein Verkauf ohne Abschlag schwieriger[1680] und daher im Verhältnis zur Mitwirkung an einer angemessenen Haftungsregelung teurer. Für passive Index-Fonds ist diese Option sogar untersagt, solange die Gesellschaft im Index enthalten ist, da Kern der Strategie ist, diesen abzubilden[1681]. Institutionelle Investoren sind daher enger an die Gesellschaft und ihre Entwicklung gebunden[1682]. Der Exit stellt keine entsprechend kosteneffizientere Alternative zur Korrektur einer unzweckmäßigen Haftungsbeschränkung dar.

Dies lässt sich auch empirisch untermauern. Von den 100 größten Aktionären im DAX üben fast 90 % ihr Stimmrecht auf Hauptversammlungen aktiv aus. 95 % verfügen über interne Abstimmungsrichtlinien[1683].

2) Keine informierte und firmenspezifische Stimmabgabe, keine Korrektur

Dennoch darf bezweifelt werden, dass institutionelle Investoren immer eine informierte und firmenspezifische Stimmabgabe tätigen – sich insbesondere bei jeder Abstimmung mit der konkreten Gesellschaft (firmenspezifisch) und dem konkreten Beschlussthema auseinandersetzen. Erst recht darf bezweifelt werden, dass sie aktiv die Korrektur einer übermäßigen Haftungsbeschränkung auf die Agenda bringen.

Zunächst ist fragwürdig, ob ihre Positionen hierfür groß genug sind. Die Fonds sind in der Regel breit diversifiziert, um Risiken ihrer Kapitalgeber zu streuen. Dadurch erreichen sie selbst bei einem in der Gesamtmenge großen Anlagevolumen in den einzelnen Gesellschaften keine riesigen Positionen.

1678 Entsprechend zur Kontrolle des Managements: *Gilson/Gordon*, 113 Columbia Law Review 2013, 863 (889); *Schmolke*, ZGR 2007, 701 (708).

1679 Siehe zu den Regeln in den USA: 2. Teil § 3 A.

1680 *Adams*, 34 Journal of Corporation law 2009, 409 (425).

1681 *Weber/Kebekus*, ZHR 2020, 324 (333 f.); *Hell*, NZG 2019, 338 (340).

1682 *Hell*, NZG 2019, 338 (340), der anschließend aber selbst an der Wirksamkeit zweifelt.

1683 S&P Global Market Intelligence/DIRK, Who owns the German DAX?, 9. Aufl. 2022, S. 14.

Meistens wird von nicht mehr als fünf bis zehn Prozent ausgegangen[1684]. Dies gewährt trotz geringer Hauptversammlungspräsenzen noch keine Entscheidungsrechte. Zudem ist unklar, ob die Kosten nicht immer noch höher liegen als die erwarten Gewinnzuwächse infolge der Maßnahmen[1685]. Die erstmalige Schaffung von Haftungsbeschränkungen dürfte zwar wegen der Synergieeffekte noch kosteneffizient sein. Es ist aber kaum zu erwarten, dass institutionelle Investoren die hohen Kosten aufwenden werden, die notwendig sind, eine Korrektur einer übermäßigen Haftungsbeschränkung gegen den Willen der Aufsichtsräte durchzusetzen.

Vor allem jedoch tritt das Trittbrettfahrerproblem in abgeänderter Form auch bei institutionellen Investoren auf[1686]. Die meisten Fonds investieren in dieselben oder zumindest ähnliche Gesellschaften, da jede vertretbare Anlagestrategie eine breite Diversifizierung aufweist. Bei endlicher Titelauswahl sind daher zwangsweise Überschneidungen gegeben[1687]. Zudem orientieren sich alle Fonds an den großen Indizes. Evident ist dies für Index-Fonds. Aber auch aktive Fonds gewichten ihr Portfolio mit Blick auf die Indizes, um das Risiko einer hohen (negativen) Abweichung zu minimieren[1688]. Die Indizes dienen regelmäßig als Vergleichsmaßstab zur Bewertung der Performance. Selbst bei Fonds, welche sich auf spezielle Typen von Unternehmen (z.B. Tech-Werte) konzentrieren, wird es konkurrierende Fonds geben, die ein ähnliches Portfolio aufweisen.

Führt der Fonds in den investierten Gesellschaften gewinnsteigernde Haftungsbeschränkungen ein, profitieren auch die konkurrierenden Fonds mit ähnlichen Portfolios in ähnlicher Weise[1689]. Dasselbe gilt, wenn er eine unzweckmäßige Haftungsbeschränkung korrigiert. Fonds konkurrieren aber untereinander. Sie (und der Fondsmanager) profitieren am meisten davon, wenn sie im Vergleich zu den konkurrierenden Fonds eine gute Performance aufzeigen und dadurch neue Anleger gewinnen. Es bestehen daher wenig Anreize, Kosten aufzuwenden, die die eigene Performance sowie fast gleichmäßig die Performance der konkurrierenden Fonds verbessert. Anreize werden nur durch relative

1684 Kraakman et. al./*Armour/Enriques/Hansmann/Kraakman*, Anatomy of Corporate law, 3. Aufl. 2017, S. 60; *Arnold*, Die Steuerung des Vorstandshandelns, 2007, S. 93; *Blair*, Ownership and control, 1995, S. 183.

1685 Entsprechend zur allgemeinen Kontrolle durch institutionelle Investoren: *Blair*, Ownership and control, 1995, S. 182 f.

1686 *Eisenberg*, Corporations and Other Business Organizations, 2000, S. 120.

1687 *Gilson/Gordon*, 113 Columbia Law Review 2013, 863 (892).

1688 *Ruffner*, Die ökonomischen Grundlagen eines Rechts der Publikumsgesellschaft, 2000, S. 439; *Bebchuk/Cohen/Hirst*, 31 Journal of Economical Perspectives 2017, 89 (98 f.).

1689 Entsprechend zu Kontrollmaßnahmen: *Rock*, 79 Georgetown Law Journal 1991, 445 (473 f.); *Eisenberg*, Corporations and Other Business Organizations, 2000, S. 120.

Verbesserungen, nicht durch absolute Verbesserungen gesetzt[1690]. Im Endeffekt wird der aktive institutionelle Investor oft sogar schlechter abschneiden, da nur er hohe Kosten aufwendet, aber alle davon profitieren[1691]. Die Kapitalgeber wechseln dann zur günstigeren Konkurrenz[1692]. Relative Vorteile kann der Fonds besser durch Kostenreduzierung erzielen[1693]. Ein relativer Vorteil wäre nur möglich, wenn der Fonds signifikant andere Titel hält als die Konkurrenz und dort bessere Satzungsregeln einführt.

Auch dies lässt sich auf tatsächlicher Ebene mit Kosten untermauern, welche BlackRock, Vanguard und State Street für Stewardship aufwenden. Auf einen einzigen Mitarbeiter der Stewardship-Abteilungen fallen bei BlackRock ca. 250, bei Vanguard 630 und bei State Street 1015 Portfolio-Gesellschaften[1694]. Zum Vergleich: ein durchschnittlicher Analyst analysiert maximal 15 Gesellschaften[1695]. Das Budget für Stewardship-Aktivitäten ist folglich gering[1696].

3) Zumindest themenspezifische Stimmabgabe – Etablierung von Standards

Wenngleich keine Anreize für firmenspezifische Entscheidungen zu Haftungsbeschränkungen bestehen, können institutionelle Investoren aber zumindest Standards etablieren[1697]. Damit ist gemeint, dass institutionelle Investoren für Corporate Governance Themen (z.B. aktuell schon zu Cooling-off-Perioden, Unabhängigkeit und Vergütung des Aufsichtsrats[1698]) Standards etablieren, welche sie ohne große Abweichung in allen Portfoliogesellschaften durchsetzen[1699]. Das Anreizproblem ist geringer als für firmenspezifische Stewardships. Die Informationskosten sind niedriger, da keine fundierten Informationen zu allen Gesellschaften erforderlich sind. Ausreichend ist eine (einmalige) Auseinandersetzung mit einem konkreten Thema[1700]. Für themenspezifische Fragen kann

1690 *Rock*, 79 Georgetown Law Journal 1991, 445 (473 f.); *Gilson/Gordon*, 113 Columbia Law Review 2013, 863 (889 f.); *Bebchuk/Cohen/Hirst*, 31 Journal of Economical Perspectives 2017, 89 (96 f.); *Pacces*, ECGI Law Working paper No. 353/2017, S. 8; *Arnold*, Die Steuerung des Vorstandshandelns, 2007, S. 94.

1691 *Gilson/Gordon*, 113 Columbia Law Review 2013, 863 (892); *Bebchuk/Cohen/Hirst*, 31 Journal of Economical Perspectives 2017, 89 (90).

1692 *Bebchuk/Cohen/Hirst*, 31 Journal of Economical Perspectives 2017, 89 (98).

1693 *Rock*, 79 Georgetown Law Journal 1991, 445 (474.); *Arnold*, Die Steuerung des Vorstandshandelns, 2007, S. 94.

1694 *Bebchuck/Hirst*, 119 Columbia Law Review 2019, 2029 (2077).

1695 *Griffith*, 98 Texas Law Review 2020, 983 (1001).

1696 *Klöhn*, ZHR 2021, 182 (192); *Ringe*, ECGI Law Working paper No. 501/2020, S. 11.

1697 *Klöhn*, ZHR 2021, 182 (197).

1698 Z.B. Deka: Grundsätze der Stimmrechtsausübung 2023, Ziff. 4.23, 4.25, 4.7.

1699 *Klöhn*, ZHR 2021, 182 (197).

1700 *Kahan/Rock*, 100 Boston University Law Review 2020, 1771 (1801); *Klöhn*, ZHR 2021, 182 (197).

zudem auf die Leitlinien der Stimmrechtsberater sowie der anderen institutionellen Investoren zurückgegriffen werden, sodass Kosten weiter reduziert werden[1701]. Zudem ist der Effekt auf das Portfolio größer. Eine wertsteigernde Maßnahme betrifft sofort alle Gesellschaften. Dies ermöglicht Skaleneffekte[1702].

Insofern könnten institutionelle Investoren abstrakte Leitlinien für Haftungsbeschränkungen der Aufsichtsräte beschließen. Diese wären zwar nicht spezifisch auf das gewünschte Risikoprofil der Gesellschaft zugeschnitten. Es würde aber schon eine Verbesserung darstellen, wenn nur in der überwiegenden Anzahl der Gesellschaften passende Haftungsbeschränkungen eingeführt würden. Ferner würden die Leitlinien generell übermäßige Haftungsbeschränkungen wie für Treuepflichtverletzungen mit monetären Eigeninteressen, Vorsatz und ggf. auch grobe Fahrlässigkeit ausschließen und damit verhindern. Zudem sollte speziell mit Blick auf Haftungsbeschränkungen der Vorwurf fehlender firmenspezifischer Stimmabgaben nicht überbewertet werden. Denn Haftungsbeschränkungen weisen in ihrer Ausgestaltung wenig Varianz auf, sodass die Regelungen nicht in besonderem Maße auf das konkrete Unternehmen zugeschnitten werden müssen.

In tatsächlicher Hinsicht spricht für die These themenspezifischer Standards, dass einige Richtlinien institutioneller Investoren bereits solche Standards erkennen lassen. So sollen nach den Guidelines von Allianz Global Investors Organmitglieder nur dann für einen Haftungsschutz in Frage kommen, wenn sie in gutem Glauben im Unternehmensinteresse gehandelt haben und von zivil- oder strafrechtlichen Anklagen für die im Namen des Unternehmens ausgeführten Aufgaben freigesprochen wurden. Generell werden keine Beschlussvorschläge unterstützt, bei denen der Haftungsschutz über die Prozesskosten hinausgeht und die vollständige Haftung für Sorgfaltspflichtverletzungen eingeschränkt oder eliminiert wird[1703]. Nach den Leitlinien von Vanguard sind Organe bei Sorgfaltspflichtverletzungen nur von Haftung freizustellen, soweit diese in gutem Glauben gehandelt haben. Es soll hingegen gegen die Freistellung bei Treuepflichtverletzungen sowie vorsätzlichen und kriminellen Pflichtverletzungen gestimmt werden. Generell sollen Haftungsbeschränkungen und Freistellungen von Fall zu Fall entschieden werden[1704]. Andere Guidelines zeigen zumindest Problembewusstsein für verwandte Themen. So geben die Guidelines der Norges Bank Investment Management und der DWS an, keiner Entlastung mit Erlass der Haftung zuzustimmen, wenn es Bedenken gegen Handlungen der Organmitglieder in den letzten Jahren gibt[1705] bzw. Aufsichtspflichtverletzungen im

1701 *Klöhn*, ZHR 2021, 182 (198).

1702 Rechnung dazu bei: *Klöhn*, ZHR 2021, 182 (197 f.).

1703 Allianz Global Investors Global Corporate Governance Guidelines, März 2024, S. 9.

1704 Vanguard Proxy voting policy for European and UK portfolio companies 2024, S. 8.

1705 Norges Bank Investment Management Global voting guidelines 2024, S. 11.

Raum stehen[1706]. BlackRock und Deka fordern Malus- und Clawback-Klauseln[1707], um auf Pflichtverletzungen mit der Rückzahlung der Vergütung reagieren zu können[1708].

4) Interessenkonflikte – Kuhhandel mit Haftungsbeschränkungen?

Schließlich könnten Interessenkonflikte bestehen und dazu führen, dass Fondsmanager Haftungsbeschränkungen gezielt zum Vorteil der Aufsichtsratsmitglieder und zum Nachteil der Aktionäre fördern. Oft gehören Fondsmanager zu Unternehmensgruppen, welche auch andere Dienstleistungen (z.B. Vermögensverwaltung) anbieten. Kunden dieser Leistungen sind auch die Portfoliogesellschaften. Da Organmitglieder als Vertreter der Portfoliogesellschaften damit drohen können, diese Dienstleistungen zu kündigen oder nicht mehr zu beauftragen, ist zu befürchten, dass Fondsmanager Organen übermäßige Haftungsbeschränkungen gewähren könnten[1709]. Plastisch ausgedrückt, könnte es zu einer Art Kuhhandel kommen: übermäßige Haftungsbeschränkung gegen neuen Auftrag. Die negativen Effekte übermäßiger Haftungsbeschränkungen bei den Gesellschaften sind aus Sicht des Fondsmanagers zweitrangig, da auch konkurrierende Fonds bei ähnlichen Beteiligungen durch die Entscheidung gleichmäßig negativ betroffen sind. Die relative Performance verändert sich nicht. Dies gilt gerade in Deutschland, wo Konglomerate parallel Kreditgeschäft, Vermögensverwaltung, Versicherung und Investmentbanking anbieten[1710].

Zudem haben Fondsmanager ein Interesse daran, guten Kontakt mit den Aufsichtsräten zu pflegen. In Gesprächen können sie Informationen erhalten und diese zum Handel und damit zur Verbesserung ihres Portfolios verwenden. Eine Verbesserung durch Umschichtung kommt nur dem eigenen Fonds und nicht der Konkurrenz zugute[1711]. Da Aufsichtsratsmitglieder in Deutschland seit einiger Zeit aktive Gesprächspartner in Investorengesprächen sind[1712] und durch Mehrfachmandate viele Einblicke haben, dürfte ein Eintreten für Haftungsbe-

1706 DWS Corporate Governance and Proxy Voting policy 2024 zu non-executive directors: 1.2.13.

1707 Sind solche Klauseln im Anstellungsvertrag vereinbart, kann Vergütung einbehalten oder (variable) Vergütungsbestandteile zurückgefordert werden. Im Gegensatz zu Schadensersatzansprüchen ist der Nachweis eines Schadens entbehrlich.

1708 Deka: Grundsätze der Stimmrechtsausübung 2023, Ziff. 4.6.7; BlackRock: Investment Stewardship Proxy voting guidelines for European, Middle-eastern and African securities 2024, S. 18.

1709 Allgemein zur Nutzung von Aktionärsrechten: *Davies/Worthington/Hare*, Gower's Principles of Modern Company Law, 11. Aufl. 2021, Rn. 12-014; *Bebchuk/Cohen/Hirst*, 31 Journal of Economical Perspectives 2017, 89 (102).

1710 *Schmolke*, ZGR 2007, 701 (721).

1711 *Bebchuk/Cohen/Hirst*, 31 Journal of Economical Perspectives 2017, 89 (100).

1712 Siehe dazu die Forderungen des *Arbeitskreis Recht des Aufsichtsrats*, NZG 2021, 477 (478 f.).

schränkungen solchen Kontakten förderlich sein und dem Fondsmanager Informationsvorteile sichern.

Insgesamt sollte das Problem aber nicht überbewertet werden, da sich Interessenkonflikte primär bei firmenspezifischen Empfehlungen auswirken. Wird anhand abstrakter Guidelines abgestimmt, sind Interessenkonflikte wenig wahrscheinlich[1713]. In tatsächlicher Hinsicht widerspricht das bisherige Abstimmungsverhalten institutioneller Investoren auch der These, dass pauschal jedem Antrag zu Haftungsbeschränkungen gefolgt würde. Anträge der Organe zu organspezifischen Themen wurden zwar überwiegend, aber nicht pauschal angenommen. So hat BlackRock 2022/2023 im Wirtschaftsraum EMEA immerhin etwas über 20 % der Anträge von Organmitgliedern zu organspezifischen Themen oder zur Vergütung abgelehnt[1714]. Allianz Global Investors[1715] und der Pensionsfonds CalPERS[1716] haben ca. 25 % der Anträge der Organmitglieder abgelehnt. Auch DWS-Investment votierte zu ca. 30 % gegen solche Anträge, wobei sich über die Hälfte der Ablehnungen auf organspezifische Themen bezog[1717]. Deka Investment verweigerte über 25 % der Vergütungsanträge und über 20 % der Entlastungen[1718]. Nur Vanguard hat in Europa lediglich 5 % der Anträge zu organspezifischen Themen abgelehnt, in den USA ca. 40 %[1719]. Eine pauschale Zustimmung kann darin nicht gesehen werden. Zudem werden die Zahlen dadurch verzerrt, dass institutionelle Investoren mitunter streitige Punkte mit dem Management vor der Abstimmung informell klären, sodass ablehnungswürdige Anträge erst gar nicht zur Abstimmung gelangen.

1713 *Klöhn*, ZHR 2021, 182 (199).

1714 BlackRock 2023 voting spotlight, S. 57 Appendix – Voting statistics EMEA July 2022 – June 2023: Management proposals Board-related – support: 2160, not support: 600; BlackRock 2023 voting spotlight, S. 68 Appendix – Voting statistics EMEA July 2022 – June 2023: Management proposals Compensation – support: 5586, not support: 1535.

1715 Allianz Global Investors, Global Proxy Voting Overview: 01/2017 – 07/2024: 24 % gegen Vorschläge des Managements gestimmt.

1716 CalPERS, Proxy Voting 2022/2023, Figur 7: International 72 % Zustimmung zu Management Proposals.

1717 DWS Investment GmbH Active Ownership Engagement and Proxy Voting report 2022, S. 13: 29 % against Management, davon 62 % director related.

1718 Engagment Bericht 2022, Deka Investment GmbH, S. 83: 22 % der Entlastungen abgelehnt, 28.2 % der Genehmigung der Vorstands- oder Aufsichtsratsvergütung; Engagment Bericht 2023, S. 91: 13,8 % der Entlastungen abgelehnt, 14,6 % der Genehmigung der Vorstands- oder Aufsichtsratsvergütung

1719 Vanguard Investment Stewardship 2022 Annual Report, S. 41 f: Americas, Other board-related Management proposals, 61 % for; Europe, Other board-related Management proposals, 95 % for; 2023 Annual Report, S. 56 f: Americas, Other board-related Management proposals, 69 % for; Europe, Other board-related Management proposals, 95 % for.

5) Zwischenfazit zur Verbesserung durch institutionelle Investoren

Insgesamt ist das Bild daher geteilt. Institutionelle Investoren sind nicht rational apathisch wie Kleinaktionäre, aber es bestehen auch keine ausreichenden Anreize, bei der Beschlussfassung zu Haftungsbeschränkungen informiert und firmenspezifisch abzustimmen. Erst recht werden sie nicht aktiv eine Korrektur gegen den Willen der Aufsichtsräte initiieren. Zudem besteht eine gewisse Gefahr für Interessenkonflikte. Die institutionellen Investoren werden sich aber anhand abstrakter Guidelines an den Abstimmungen beteiligen. Dadurch wird nicht für jede Gesellschaft eine perfekte Lösung gefunden. Generell übermäßige Haftungsbeschränkungen zu Lasten der Aktionäre werden aber verhindert. Schon mit Blick auf institutionelle Investoren muss den Aktionären die Satzungsautonomie aus Gründen des Eigenschutzes daher nicht vollständig entzogen werden.

c) Korrektur durch Hedgefonds?

Eine aktivere Rolle könnten aktivistische Hedgefonds spielen. Waren diese früher in Deutschland ein Randphänomen, gewinnen sie nun zunehmend an Relevanz[1720]. Hedgefonds unterscheiden sich deutlich von normalen Investmentfonds. Sie zeichnen sich dadurch aus, dass sie riskantere Anlagestrategien verfolgen und daher mehr Freiheiten bei der Zusammenstellung ihrer Portfolios genießen. Seine Kernstrategie ist es, sich an einer Gesellschaft zu beteiligen, dort eine Änderung vorzunehmen, welche den Aktienkurs nach oben verschiebt, und den entstandenen Gewinn durch Verkauf zu realisieren[1721]. Eine solche Änderung könnte auch die Einführung oder Korrektur einer Haftungsbeschränkung sein.

Im Gegensatz zu institutionellen Investoren bestehen bei Hedgefonds keine entsprechenden Anreizprobleme. Wegen ihrer größeren Risikobereitschaft müssen diese nicht entsprechend diversifizieren, sondern können ihr Kapital auf sehr wenige[1722] Gesellschaften aufteilen[1723]. Daher profitieren sie von besseren Haftungsregeln auch relativ. Mangels Diversifizierung unterscheidet sich ihr Portfolio deutlich von der Konkurrenz, welche daher nicht mitprofitiert. Folglich können neue Kapitalgeber auch durch aktive Gestaltung gewonnen werden[1724]. Wenn der Effekt wegen zu geringer Beteiligung noch nicht kosteneffizient ist,

1720 *Arnold*, ZHR 2021, 281 (286 f.); *Schockenhoff*, ZIP 2017, 1785; *Engert*, ZIP 2006, 2105 (2113).

1721 *Pacces*, ECGI Law Working paper No. 320/2016, S. 8; *Arnold*, ZHR 2021, 281 (285).

1722 Oft weniger als zehn Gesellschaften: *Bebchuk/Cohen/Hirst*, 31 Journal of Economical Perspectives 2017, 89 (105).

1723 *Brav/Jiang/Li*, ECGI Finance Working Paper No. 797/2021, S. 8.

1724 *Bebchuk/Cohen/Hirst*, 31 Journal of Economical Perspectives 2017, 89 (105); *Brav/Jiang/Li*, ECGI Finance Working Paper No. 797/2021, S. 18 f.

kann dieser Effekt zudem durch die Hebelwirkung von Derivaten noch gesteigert werden[1725]. Hedgefonds könnten daher eine Gesellschaft analysieren, feststellen, dass deren Aufsichtsratsmitglieder auf Grund übermäßiger Haftungsbeschränkung ihre Kontrollfunktion nicht oder mangels Haftungsbeschränkung zu risikoavers ausüben, die Regelung anpassen und anschließend Kursgewinne realisieren.

Zudem besteht keine Gefahr organfreundlichen Verhaltens durch Interessenkonflikte. Hedgefonds bieten keine sonstigen Dienstleistungen an, sodass sie die Portfoliogesellschaften bzw. deren Vertreter nicht als Kunden verlieren können[1726]. Ein Kuhhandel mit Haftungsbeschränkungen ist daher nicht zu befürchten. Auch guter Kontakt mit dem Aufsichtsrat durch Investorengespräche dürfte weniger relevant sein, da aktivistische Aktionäre ihre Performance weniger durch Umschichtung des Portfolios, denn durch aktive Eingriffe in ihren Gesellschaften verbessern.

Mehrere Studien sprechen auch dafür, dass Änderungen durch Hedgefonds regelmäßig auch auf Verbesserungen der Corporate Governance – und damit ggf. auch eine Korrektur der Organhaftung – abzielen[1727]. Nach einer Auswertung von *Brav et. al.* zielen Hedgefonds-Aktivitäten auf Unternehmen mit genereller Unterbewertung, ineffizienter Kapitalstruktur oder Geschäftsstrategie, auf den Verkauf des Unternehmens oder eben auf Verbesserungen der Corporate Governance ab. Dabei sollen immerhin ein Drittel der Hedgefonds-Aktivitäten Verbesserungen der Corporate Governance wie die Absetzung des CEO, des Chairman[1728] oder die Beschränkung der variablen Vergütung anstreben[1729]. Auch andere Studien unterstreichen diese Hedgefonds-Strategie[1730]. Der Hedgefonds baut Positionen auf, um das Management besser zu kontrollieren und dadurch die Kurse zu erhöhen[1731]. International werden Hedgefonds daher teilweise als die effizienteste Form der Corporate Governance Verbesserung angesehen[1732].

Ob am Ende tatsächlich Hedgefonds sinnvolle Haftungsbeschränkungen einführen und übermäßige Haftungsbeschränkungen korrigieren, ist aber nicht ge-

1725 *Schmolke*, ZGR 2007, 701 (708).

1726 *Bebchuk/Cohen/Hirst*, 31 Journal of Economical Perspectives 2017, 89 (104 f.); *Brav/Jiang/Li*, ECGI Finance Working Paper No. 797/2021, S. 16 f.; *Schmolke*, ZGR 2007, 701 (724).

1727 Mehrere Beispiele für entsprechende Aktivitäten auch bei: *Arnold*, ZHR 2021, 281 (288 f.).

1728 *Pacces*, ECGI Law Working paper No. 353/2017, S. 5; *ders.*, ECGI Law Working paper No. 320/2016, S. 10.

1729 *Brav/Jiang/Li*, ECGI Finance Working Paper No. 797/2021, S. 24 ff.

1730 *Gantchev/Gredil/Jotikasthira*, ECGI Finance Working paper No. 562/2018, S. 13 f.; für den europäischen Markt: *Becht/Franks/Grant*, ECGI Finance Working paper No. 283/2010, S. 23.

1731 *Bajulaiye/Fenwick/Skultetyova/Vermeulen*, ECGI Law Working paper No. 504/2020, S. 12.

1732 *Pacces*, ECGI Law Working paper No. 353/2017, S. 3.

sichert. Andere Auswertungen stimmen weniger optimistisch. So haben *Coffee/Palia* festgestellt, dass Hedgefonds kaum Gewinne über Verbesserungen der Corporate Governance erzielen,[1733] wobei allerdings nicht der Versuch, sondern nur der Erfolg bezweifelt wird. Ferner werden Hedgefonds-Manager durch überdurchschnittliche Performance-Gebühren angereizt[1734]. Um dem Risikoverhalten ihrer Kapitalgeber gerecht zu werden, führen sie nur Maßnahmen mit großen Wertsteigerungen durch[1735]. Ob aber eine Haftungsbeschränkung für Aufsichtsratsmitglieder bzw. deren Korrektur eine solche Steigerung hervorruft, ist offen. Denn eine solche Veränderung hat nicht dieselbe Tragweite wie die Abberufung des CEO oder Chairman. Trotz seiner mitunternehmerischen Teilhabe spielt der Aufsichtsrat nur die zweite Geige hinter den Geschäftsleitern.

Zudem nimmt ein Teil der Literatur an, dass Hedgefonds primär auf kurzfristige Gewinne abzielen[1736]. Die Vorteile einer beschränkten Aufsichtsratshaftung sowie einer Korrektur dürften sich aber eher langfristig einstellen. Zwar wäre es ausreichend, wenn die Haftungsgestaltung in den Augen der Anleger eine langfristige Verbesserung darstellt und in der Folge der Börsenkurs kurzfristig steigt, sodass der Hedgefonds durch Verkauf den Gewinn realisieren kann[1737]. Wie nachfolgend noch zu zeigen sein wird, ist der Effekt einer Haftungsbeschränkung auf den Börsenkurs aber nicht empirisch gesichert, wenngleich wahrscheinlich[1738].

Schließlich benötigen aktivistische Aktionäre oft die Unterstützung der institutionellen Investoren, da ihre Beteiligungen nicht groß genug sind, um Alleinentscheidungen zu treffen[1739]. Sie nehmen Kontakt auf, versuchen sie von ihren Anträgen zu überzeugen und überwinden dadurch deren Informationskosten[1740]. Zwar erhalten sie tatsächlich manchmal Unterstützung oder die Organe gehen mit Blick auf die Unterstützung direkt auf die Forderungen der Hedgefonds

1733 Nachweise bei: *Coffee/Palia*, 41 Journal of Corporation Law 2016, 545 (588).

1734 Oft bis zu 20 % des Performance-Gewinns des Fonds: *Bebchuk/Cohen/Hirst*, 31 Journal of Economical Perspectives 2017, 89 (104); *Brav/Jiang/Li*, ECGI Finance Working paper No. 797/2021, S. 16.

1735 *Bebchuk/Cohen/Hirst*, 31 Journal of Economical Perspectives 2017, 89 (106).

1736 *Coffee/Palia*, 41 Journal of Corporation Law 2016, 545 (548); *Schmolke*, ZGR 2007, 701 (712); a.A. *Pacces*, ECGI Law Working paper No. 353/2017, S. 10; *Arnold*, ZHR 2021, 281 (289): »häufig langfristige Ziele«.

1737 *Engert*, ZIP 2006, 2105 (2106); *Pacces*, ECGI Law Working paper No. 353/2017, S. 6.

1738 Siehe dazu 3. Teil § 3 B. II. 4.

1739 *Gilson/Gordon*, 113 Columbia Law Review 2013, 863 (899); *Bebchuk/Cohen/Hirst*, 31 Journal of Economical Perspectives 2017, 89 (106); *Pacces*, ECGI Law Working paper No 353/2017, 1 (6); *ders.*, ECGI Law Working paper No. 320/2016, S. 10; *Arnold*, ZHR 2021, 281 (294 f.).

1740 *Klöhn*, ZHR 2021, 182 (203).

ein[1741]. Den institutionellen Investoren kommt insofern eine reaktive Rolle zu[1742]. In kleinerem Maße bleibt so jedoch die Gefahr bestehen, dass sich Interessenkonflikte der institutionellen Investoren mittelbar auswirken.

Insgesamt bleibt daher ein ungewisses Bild. Der aktivistische Aktionär hat Anreize, gewinnsteigernde Korrekturen bei Corporate Governance Themen vorzunehmen. Ob aber jede Korrektur einer nicht zweckmäßigen Haftungsbeschränkung signifikante Kurssteigerungen und damit ausreichende Anreize hervorruft, ist sehr ungewiss. Die institutionellen Investoren würden den Hedgefonds bei Initiierung einer Haftungsbeschränkung unterstützen. Bei einer Korrektur gegen den Willen der Aufsichtsräte ist dies hingegen wegen ihrer Interessenkonflikte nicht gesichert. Soweit eine übermäßige Haftungsbeschränkung den internen, themenspezifischen Guidelines widerspricht, werden die institutionellen Investoren auch in diesem Fall den Hedgefonds unterstützen.

d) Einfluss der Stimmrechtsberater

Eng mit den Kollektivhandlungsproblemen verbunden, ist das Aufkommen des Marktes für Stimmrechtsberatung. Stimmrechtsberater sind Unternehmen, die gewerbsmäßig Informationen von Gesellschaften analysieren, um Anleger zu Zwecken der Stimmausübung durch Recherchen, Beratungen oder Stimmempfehlungen zu informieren[1743]. Sie selbst halten keine Aktien.

Der Markt für Stimmrechtsberatung ist parallel mit dem Markt für passives Investieren in den letzten 15 Jahren stark gewachsen. Da institutionelle Investoren wenig Anreize für aktives Engagement haben, übernehmen zum Teil Stimmrechtsberater für sie diese Aufgabe. Sie beraten eine Vielzahl von Anlegern und können daher durch Skaleneffekte und Spezialisierung kostengünstig Beratungsleistungen erbringen[1744]. Der Markt für Stimmrechtsberatung ist ein Oligopol. Er wird von ISS und Glass Lewis dominiert[1745].

Den Stimmrechtsberatern wird in Schrifttum[1746] und Presse[1747] mit Misstrauen begegnet. Es wird kritisiert, dass Stimmrechtsberater mangels eigener Aktien Einfluss ausübten, ohne mit den Risiken ihrer Entscheidungen belastet zu wer-

1741 *Bebchuk/Cohen/Hirst*, 31 Journal of Economical Perspectives 2017, 89 (106); *Klöhn*, ZHR 2021, 182 (203).

1742 *Gilson/Gordon*, 113 Columbia Law Review 2013, 863 (897); *Pacces*, ECGI Law Working paper No. 353/2017, S. 7.

1743 Vgl. die Definition in § 134a Abs. 1 Nr. 3 AktG.

1744 *Hell*, ZGR 2021, 50 (55 f.); *Schockenhoff/Nußbaum*, ZGR 2019, 163 (164); *Klöhn/Schwarz*, ZIP 2012, 149 (150).

1745 Grigoleit/*Splinter*, 2. Aufl. 2020, § 134a Rn. 3; *Poelzig*, ZHR 2021, 371 (377).

1746 *Dörrwächter*, AG 2017, 409 (411); *Schockenhoff/Nußbaum*, ZGR 2019, 163 (168 ff.); *Klöhn/Schwarz*, ZIP 2012, 149 (152 ff.).

1747 *Kremer*, »Die geheime Macht im Dax«, FAZ Online v. 24. April 2015; *Gojdka*, »Die Einflüsterer im Dax«, Süddeutsche Zeitung Online v. 18. November 2018; weitere Beispiele bei: *Hell*, ZGR 2021, 50 (52).

den[1748]. Besonders kritisiert wird der *one-size-fits-all*-Ansatz. Empfehlungen der Stimmrechtsberater würden schematisch unabhängig von Branche, Land und Gesellschaft getroffen[1749]. Zudem würden bei der Analyse Ungenauigkeiten unterlaufen[1750] und der Markt könne mangels Wettbewerbs die mangelnde Qualität nicht überwinden[1751]. *Fleischer* beanstandet, Stimmrechtsberater stiegen faktisch zu Standardsetzern für Corporate Governance auf, obwohl ihnen dafür die Legitimation fehle[1752]. Schließlich wird primär für ISS auf ähnliche Interessenkonflikte wie bei den institutionellen Investoren hingewiesen, welche eine organfreundliche Haltung hervorrufen könnten. Einzelne Stimmrechtsberater bieten Beratungsdienstleistungen zu Corporate Governance Themen an. Kunden sind die Gesellschaften und damit faktisch deren Organe. Stimmt der Stimmrechtsberater gegen einen Vorschlag der Organe oder gibt eine entsprechende Empfehlung ab, kann die Dienstleistung gekündigt werden, stimmt er dafür, kann er einen Auftrag erhalten[1753].

Man könnte daher zwingendes Haftungsrecht befürworten, um Haftungsbeschränkungen dem Einfluss der Stimmrechtsberater zu entziehen. Stimmrechtsberater befassen sich vor allem mit Fragen der Corporate Governance[1754], sodass auch Haftungsbeschränkungen ihre Aufmerksamkeit erhielten. Auch Haftungsbeschränkungen müssen an Geschäftsmodell und Risikohaltung der Gesellschaft angepasst werden, sodass schematische *one-size-fits-all*-Leitlinien nicht immer passen. Interessenkonflikte könnten dazu führen, dass Stimmrechtsberater den Aufsichtsratsmitgliedern übermäßige Haftungsbeschränkungen als Tauschobjekt gegen Aufträge gewähren oder aus Angst vor Kündigung nicht korrigieren. Insgesamt könnten Stimmrechtsberater ggf. pauschal für Haftungsbeschränkungen stimmen und solche Beschränkungen ohne ausreichende Prüfung in allen Gesellschaften einführen.

Insgesamt rechtfertigen die geäußerten Kritikpunkte es aber nicht, statutarische Haftungsbeschränkungen zu verbieten. Zwar wird den Empfehlungen der Stimmrechtsberater vielfach gefolgt. So wird beispielsweise der DAX zu 50 %

1748 *Dörrwächter*, AG 2017, 409 (411); *Fleischer*, ZGR 2011, 155 (171 f.); *Hell*, ZGR 2021, 50 (56); *Poelzig*, ZHR 2021, 371 (380).

1749 *Hell*, ZGR 2021, 50 (57); *Schockenhoff/Nußbaum*, ZGR 2019, 163 (168 f.); *Dörrwächter*, AG 2017, 409 (411); *Fleischer*, ZGR 2011, 155 (171); *Poelzig*, ZHR 2021, 371 (381 f.).

1750 *Fleischer* AG 2012, 2 (4); *ders.*, ZGR 2011, 155 (171); *Zetzsche/Preiner*, AG 2014, 685 (690).

1751 *Klöhn/Schwarz*, ZIP 2012, 149 (153).

1752 *Fleischer*, ZGR 2012, 160 (195); auch *Poelzig*, ZHR 2021, 371 (385 f.).

1753 *Schockenhoff/Nußbaum*, ZGR 2019, 163 (168 f.); *Klöhn/Schwarz*, ZIP 2012, 149 (152 f.); *Dörrwächter*, AG 2017, 409 (411); *Fleischer* AG 2012, 2 (4); *Poelzig*, ZHR 2021, 371 (382 f.).

1754 *Poelzig*, ZHR 2021, 371 (376).

von ausländischen Investoren gehalten[1755], welche zu 80 % den Empfehlungen der Stimmrechtsberater folgen[1756]. Auch institutionelle Investoren nutzen umfangreich deren Dienste[1757]. Im DAX verwiesen fast 90 % der Investoren in ihren Richtlinien auf deren Empfehlungen[1758]. Es ist aber nicht so, dass pauschal und unreflektiert den Empfehlungen der Stimmrechtsberater gefolgt wird[1759]. *Hell* weist zutreffend darauf hin, dass zwischen kundenspezifischen Stimmrechtsleitlinien und Hausrichtlinien unterschieden werden muss. Kundenspezifische Leitlinien erstellt der Stimmrechtsberater nach den Kundenpräferenzen. Anhand dieser spezifischen Richtlinie entwickelt der Stimmrechtsberater eine konkrete Stimmrechtsempfehlung. Hausrichtlinien sind hingegen eigenständig von den Stimmrechtsberatern erstellte Leitlinien[1760]. 90 % der Empfehlungen sowie der Stimmrechtsausübungen durch ISS beruhen aber auf kundenspezifischen Leitlinien[1761]. In diesen Fällen stammt der ursprüngliche Einfluss aber vom Investor und nicht vom Stimmrechtsberater[1762]. Große institutionelle Investoren wie BlackRock nutzen diese anhand der kundenspezifischen Leitlinien erstellten Empfehlungen sodann nur neben anderen Quellen zu Informationszwecken[1763]. Sie folgen Stewardship-Regelwerken[1764] und orientieren sich an den eigenen Guidelines[1765]. Entsprechend weisen neuere Studien darauf hin, dass sie nicht blind den Empfehlungen der Stimmrechtsberater folgen[1766]. Über eine Haftungsbeschränkung bestimmen daher keineswegs nur die Stimmrechtsberater.

1755 Ernst & Young, Wem gehört der DAX? Analyse der Aktionärsstruktur der DAX-Unternehmen im Jahr 2018 Kurzfassung, Juni 2019, 3.

1756 OECD, The Role of Institutional Investors in Promoting Good Corporate Governance, Corporate Governance, 2011, S. 121.

1757 *Bebchuk/Cohen/Hirst*, 31 Journal of Economical Perspectives 2017, 89 (109).

1758 S&P Global Market Intelligence/DIRK, Who owns the German DAX?, 9. Aufl. 2022, S. 14.

1759 *Brellochs*, ZHR 2021, 319 (354).

1760 *Hell*, ZGR 2021, 50 (63 f.).

1761 *Hell*, ZGR 2021, 50 (64).

1762 *Hell*, ZGR 2021, 50 (66).

1763 *Hell*, ZGR 2021, 50 (63 f.); *Brellochs*, ZHR 2021, 319 (343); BlackRock: Statement on compliance, Shareholder Rights Directive II – Implementation of Engagement, September 2020, S. 2.

1764 *Ringe*, ECGI Law Working paper No. 501/2020, S. 10 mit Blick auf Black Rock, Vanguard und State Street Global Investors.

1765 Z.B.: Deka Grundsätze der Stimmrechtsausübung; Black Rock Investment Stewardship Proxy voting guidelines for European, Middle eastern and African securities 2023; DWS Investment Corporate Governance and Proxy Voting policy 2024; Vanguard Proxy voting policy for European and UK portfolio companies 2024; Norges Bank Investment Management Global voting guidelines 2024.

1766 *Choi/Fisch/Kahan*, 3 Harvard Business Law Review 2013, 35 (67); *McCahery/Saunter/Starks*, 71 Journal of Finance 2016, 2905 (2924 ff.).

Auch lässt sich die These, Glass Lewis und ISS stimmten allen Haftungsbeschränkungen pauschal zu, mit Blick auf deren Guidelines nicht untermauern. ISS will für den europäischen Raum über Haftungsbeschränkungen »von Fall zu Fall« entscheiden[1767]. Glass Lewis verhält sich dazu bisher nicht[1768]. Verwandte Themen wie D&O-Versicherung und Freistellung werden »von Fall zu Fall« bewertet[1769].

Vor allem aber zeigen die US-Richtlinien Problembewusstsein. Da in Delaware seit August 2022 auch *officers* (nicht nur *directors*) durch eine statutarische Haftungsbeschränkung gemäß Sec. 102(b)(7) Delaware Code geschützt werden können[1770], müssen US-Gesellschaften sich mit dieser Frage erneut beschäftigen. Glass Lewis möchte Vorschläge zur Annahme von Haftungsbeschränkungen von Fall zu Fall *genau* prüfen. Generell wird empfohlen, gegen Vorschläge zu stimmen, welche die Haftung für die Verletzung der Sorgfaltspflicht für bestimmte *officers* eliminiert, es sei denn, der Board legt eine zwingende Begründung für die Annahme vor und die Haftungsbeschränkung ist angemessen[1771]. Für die verwandten Themen Freistellung und Versicherungsschutz empfiehlt Glass Lewis, dass Haftungsschutz sinnvoll sei, um *directors* vor bestimmten Klagen zu schützen, damit sie sich »wohl fühlen«, wenn sie angemessene Risiken eingehen, solange die Bedingungen angemessen sind[1772].

ISS konkretisiert für die USA seine Empfehlungen zu Haftungsbeschränkung, Freistellung und Versicherung. Bei der Entscheidung sollen die für die Beschränkung angegebenen Gründe sowie mehrere Faktoren berücksichtigt werden. Dazu zählen, inwieweit die Haftung für Sorgfalts- oder Treuepflicht eliminiert wird, ob für schwerwiegendere Pflichtverletzungen nur die Rechtsverteidigungskosten erstattet werden und bzgl. Freistellungen, ob diese bisher nur im Ermessen des Unternehmens gewährt wurden. Solche Ermessensfreistellungen sollen nur erteilt werden, wenn das Organ im guten Glauben gehandelt hat[1773].

Auch die bisherigen Abstimmungsempfehlungen von ISS und Glass Lewis sprechen nicht dafür, dass sie pauschal Empfehlungen zu Haftungsbeschränkungen abgäben. Nach einer Auswertung von *Hitz/Lehmann* folgten Glass Lewis und ISS zwar überwiegend den Anträgen der Organe. So empfahlen beide in Deutschland nur zu ca. 10 % eine Ablehnung. Sofern sich die Anträge aber auf Fragen der Vergütung, der Management- und der Gesellschafterrechte bezogen,

1767 ISS Continental Europe Proxy Voting Guidelines 2024, S. 18.

1768 Deutschland: GLASS LEWIS Policy Guidelines 2024 Germany; Europa: GLASS LEWIS Policy Guidelines 2024 Continental Europe.

1769 GLASS LEWIS Policy Guidelines 2024 Continental Europe, S. 58; ISS Continental Europe Proxy Voting Guidelines 2024, S. 18.

1770 Sec. 102 (b) (7) Delaware Code nach Änderung zum 01. August 2022; Delaware General Assembly, Senate Bill 273, 151st General Assembly (2021–2022).

1771 GLASS LEWIS Policy Guidelines 2024 United States, S. 75.

1772 GLASS LEWIS Policy Guidelines 2024 United States, S. 74.

1773 ISS United States Proxy Voting Guidelines 2024, S. 21.

mithin Interessenkonflikte der Organe möglich sind, und keine Routinefragen betrafen, wurde die Haltung skeptischer. Bei Vergütungsfragen empfahl ISS in Europa in ca. 29 % und Glass Lewis in ca. 36 % der Fälle die Ablehnung, bei Managementrechten in 21 % bzw. 19 %, bei Gesellschafterrechten in ca. 23 % bzw. 19 %[1774]. Auch bei Haftungsbeschränkungen sind Interessenkonflikte des Aufsichtsrats evident und die Entscheidung betrifft keine Routine. Die Stimmrechtsberater dürften daher eine entsprechend skeptischere Haltung einnehmen.

Schließlich ist es kein überzeugendes Argument gegen Satzungsautonomie, dass Glass Lewis und ISS Haftungsbeschränkungen als Standard etablieren könnten. Wenn Haftungsbeschränkungen sinnvoll sind, ist es kein Problem, wenn viele Gesellschaften solche Regelungen einführen[1775]. Die Vorzüge solcher Regelungen wurden dargestellt[1776]. Die Standards der Stimmrechtsberater können im Gegensatz zu zwingendem Haftungsrecht flexibel an die aktuelle Zeit angepasst werden. Dies führt zwar zu dem kritisierten *one-size-fits-all*-Problem. Selbstverständlich wären auf jede Gesellschaft zugeschnittene Haftungsregeln wünschenswerter. Überwiegend passende Haftungsbeschränkungen sind aber auch aus volkswirtschaftlicher Sicht besser als keine. Zudem ist die Varianz an möglichen Haftungsbeschränkungen nicht so groß. Vielmehr muss sich das verkrustete gesetzliche Haftungsrecht mit zwingender Totalreparation der Kritik des *one-size-fits-all*-Ansatzes stellen. Auch zwingendes Recht differenziert nicht zwischen den Gesellschaften. Schließlich zeigen neuere Studien, dass der *one-size-fits-all*-Ansatz der Stimmrechtsberater wahrscheinlich noch nicht einmal zutrifft[1777].

Selbst das Problem der Interessenkonflikte von ISS und die dadurch mögliche Einführung organfreundlicher Haftungsbeschränkungen sollte nicht überbewertet werden. ISS versucht dem Problem mit Chinese-Walls entgegenzuwirken[1778]. Bei Glass Lewis besteht das Problem mangels sonstiger Dienstleistungen gar nicht. Zudem ist das Problem wie bei institutionellen Investoren reduziert, soweit sie Empfehlungen anhand themenspezifischer Leitlinien treffen.

e) Fazit zur AG

Die Kleinaktionäre sind nicht fähig, einen gemeinsamen Willen zu bilden und informiert Haftungsbeschränkungen einzuführen oder gar ineffiziente Beschränkungen gegen den Willen des Aufsichtsrats wieder zu korrigieren. Der Markt versagt insofern und schafft keine effizienten Satzungsregeln. Es ist aber schon für Kleinaktionäre fraglich, ob deswegen jede statutarische Haftungsbe-

1774 *Hitz/Lehmann*, 27 European Accounting Review 2018, 713 (725): Auswertung für das Jahr 2010 für 14 europäische Länder.

1775 In diese Richtung auch: *Bachmann*, 70. DJT 2014, N 140.

1776 Siehe dazu 3. Teil § 2.

1777 *Hitz/Lehmann*, 27 European Accounting Review 2018, 713 (730).

1778 *Klöhn/Schwarz*, ZIP 2012, 149 (153); *Hell*, ZGR 2021, 50 (58).

schränkung verboten sein muss. Die Institution AG setzt ein gewisses Vertrauen gegenüber den Aktionären voraus. Diese müssen schon heute andere wichtige Entscheidungen treffen: z.B. die Bestellung von Aufsichtsrat und Abschlussprüfer, die Vergütung der Organe oder Maßnahmen der Kapitalbeschaffung. Auch diese Entscheidungen unterliegen denselben Problemen und haben große Auswirkung. Kollektivhandlungsprobleme sind zudem kein Spezifikum einer Hauptversammlung, sondern wohnen jeder plebiszitären Entscheidung mit vielen Stimmberechtigten inne.

Jedenfalls ist das Bild des rational apathischen Aktionärs und dessen umfassende Schutzwürdigkeit aber veraltet. Institutionelle Investoren und aktivistische Aktionäre haben das Bild gewandelt. Die Kombination aus Hedgefonds als Initiator und institutionellem Investor als Unterstützer bietet zwar keinen vollständigen Schutz vor übermäßigen Haftungsbeschränkungen, reduziert aber deutlich das Risiko. Die institutionellen Investoren können abstrakte Leitlinien für das Thema Haftungsbeschränkung für Aufsichtsräte fassen und dementsprechend in den Portfoliogesellschaften abstimmen. Auch Stimmrechtsberater etablieren abstrakte Leitlinien für Haftungsbeschränkungen, an denen sich die institutionellen Investoren orientieren. Dadurch können generell übermäßige Haftungsbeschränkungen vermieden werden. Hedgefonds werden zwar nicht jede unzweckmäßige Haftungsbeschränkung korrigieren. Zumindest bei besonders schlechten Haftungsbeschränkungen werden sie aber Änderungen initiieren, da diese Kursrelevanz haben. Soweit solche Änderungen im Einklang mit den Leitlinien der institutionellen Investoren stehen, werden diese sie dabei unterstützen.

Ein generelles Verbot statutarischer Haftungsbeschränkungen zum Schutz der Aktionäre ist daher durch die Kollektivhandlungsprobleme nicht mehr zu rechtfertigen. Die Vorteile von Haftungsbeschränkungen[1779] überwiegen die durch die neuen Aktionärsformen reduzierte Gefahr übermäßiger Beschränkungen. Es ist ausreichend, wenn der Gesetzgeber Haftungsbeschränkungen verbietet, die nie im rationalen Interesse der Aktionäre liegen (z.B. Vorsatz, monetäre Eigengewinne des Aufsichtsratsmitglieds). Zwingendes Recht sollte sich daher auf einen solchen Restschutz beschränken.

2. Keine Unwirksamkeit von Haftungsbeschränkungen wegen Kollektivhandlungsproblemen in der phänotypischen GmbH

Verfehlt ist ein entsprechender Eigenschutz aus Gründen der Kollektivhandlungsprobleme in der phänotypischen GmbH[1780]. GmbH-Gesellschafter müssen

1779 Siehe dazu § 2: Risikoaversion, Abschreckung neuer Kandidaten, erhöhte Vorsorgekosten.

1780 Mit »phänotypischer GmbH« ist vorliegend als Annahmegerüst der empirische Durchschnittstyp einer GmbH gemeint. Siehe dazu und zu den Merkmalen der »phänotypischen GmbH«: 3. Teil § 1 C. I.

aus Gründen der Kollektivhandlungs- und Trittbrettfahrerprobleme nicht vor sich selbst geschützt werden. Sie können selbst informiert über Haftungsbeschränkungen ihrer Aufsichtsräte entscheiden. Dabei könnten sie bei gleichzeitiger Öffnung der Satzungsfreiheit für Haftungsbeschränkungen in der AG die Standards der institutionellen Investoren und der Stimmrechtsberater als Informationsgrundlage heranziehen und firmenspezifisch auf ihre GmbHs übertragen (Spill-over-Effekt auf die GmbH). Selbst Regelungen, welche Aufsichtsratsmitglieder unverhältnismäßig privilegieren, müssen nicht verboten werden. GmbH-Gesellschafter können solche Regelungen einfach unterlassen. Ein Eingriff des Gesetzgebers ist nicht erforderlich.

Denn rationale Apathie beruht auf der Asymmetrie aus Kosten und persönlichem Gewinn. In der phänotypischen GmbH sind die Kosten für eine informierte Stimmabgabe aber gering. Die Gesellschafter sind sich im Gegensatz zu den oft anonymen Aktionären regelmäßig persönlich bekannt, häufig bestehen sogar familiäre Beziehungen. Jedenfalls können sie andere Gesellschafter durch Einsicht in die Gesellschafterlisten leicht ermitteln, §§ 8 Abs. 1 Nr. 3, 16 Abs. 1 GmbHG. Das vereinfacht Abstimmungsprozesse und ermöglicht den Informationsaustausch unter den Gesellschaftern[1781]. Zugleich ist der Gesellschafterkreis im Schnitt erheblich kleiner[1782]. Ein kleiner Gesellschafterkreis senkt aber die Kosten der Abstimmung[1783]. Abstimmungen können informell und schnell getroffen werden. Zudem sind der Gesellschafterkreis und die Mehrheitsverhältnisse stabiler. Kautelarjuristische Vorkehrungen für den Todesfall und Vorkaufsrechte für den Veräußerungsfall sichern dies ab. Die fehlende Exit-Option (Verkauf des Anteils) verhindert einen stetigen Gesellschafterwechsel, wie er bei der AG möglich, bei der börsennotierten AG rechtsformprägend ist[1784]. Ein stabiler Gesellschafterkreis verstärkt die persönlichen Bindungen, ermöglicht leichtere Kommunikation und dadurch eine Einigung auf ein gemeinsames Ziel für die Gesellschaft, an dem die Haftungsregelung ausgerichtet werden kann.

Auch sind GmbH-Gesellschafter besser über die Gesellschaft und deren Spezifika informiert. Häufig übernehmen sie die Position des Geschäftsführers oder sind unterhalb der Geschäftsführung als Angestellte operativ integriert[1785]. Ihre Informationsrechte sind im Vergleich zu den Aktionären deutlich ausgeprägter. Es bestehen Einsichts-, Weisungs- und passive Informationsrechte[1786]. Die Informationskosten umfassen daher nur noch die themenspezifischen Informationen (hier: Haftungsbeschränkung), nicht aber die firmenspezifischen Informationen.

1781 Siehe dazu und zu den Merkmalen der »phänotypischen GmbH«: 3. Teil § 1 C. I.

1782 Siehe dazu und zu den Merkmalen der »phänotypischen GmbH«: 3. Teil § 1 C. I.

1783 *Rock*, 79 Georgetown Law Journal 1991, 445 (460).

1784 Siehe dazu und zu den Merkmalen der »phänotypischen GmbH«: 3. Teil § 1 C. I; zur Exit-Option auch später im selben Abschnitt.

1785 Siehe dazu und zu den Merkmalen der »phänotypischen GmbH«: 3. Teil § 1 C. I.

1786 Siehe dazu 3. Teil § 1 C. II. 2.

Überdies ist das Stimmrecht wegen der geringen Gesellschafteranzahl deutlich relevanter. Jeder Stimmberechtigte kann Einfluss ausüben, sodass sich die Abstimmung lohnt. Gleichsam ist der persönliche monetäre Gewinn durch eine sinnvolle Haftungsgestaltung größer. Die Kapitalbeteiligung eines GmbH-Gesellschafters ist im Schnitt deutlich höher als bei einem Aktionär. Sie haben oft einen Großteil ihres Vermögens in die Gesellschaft investiert und können ihr Vermögen nicht wie ein Aktionär breit diversifiziert anlegen. Aktionäre können ihr Kapital durch ETFs oder sonstige Fonds breit diversifizieren. Für GmbH-Anteile existieren solche Anlageformen nicht[1787]. Daher wirkt sich der Erfolg einer sinnvollen Haftungsbeschränkung stärker auf den monetären Erfolg des Gesellschafters aus. Die die Publikumsgesellschaft prägende Asymmetrie aus Kosten und Gewinnen lässt sich in der phänotypischen GmbH nicht wiederfinden.

Auch das Trittbrettfahrerproblem ist nicht entsprechend gegeben. Zwar profitieren auch in der GmbH alle Gesellschafter relativ zu ihrem Anteil gleichmäßig von der Haftungsgestaltung. GmbH-Gesellschafter haben aber einen größeren finanziellen Anreiz, sodass die Verlockung, auf eine Beschlussfassung durch die anderen Gesellschafter zu warten, geringer ist. Da die Gesellschafter als Kollektiv zudem ein Interesse an einer sinnvollen Haftungsregel haben und sich gleichzeitig leicht abstimmen können, können sie einzelnen Gesellschaftern eine finanzielle Vergütung für die Ausarbeitung einer Haftungsregelung gewähren. Das Problem des reinen öffentlichen Gutes wäre damit umschifft. Im Gegensatz zu den institutionellen Investoren der Publikumsgesellschaften konkurrieren GmbH-Gesellschafter auch nicht untereinander. Der GmbH-Gesellschafter überlegt daher nicht, wie er seine relative Performance verbessert, sondern nur, ob er absolut eine Wertsteigerung erfährt.

Schließlich können GmbH-Gesellschafter im Gegensatz zu Aktionären kaum als Alternative zur Korrektur einer übermäßigen Haftungsbeschränkung den Exit wählen. Es gibt keinen liquiden Sekundärmarkt für GmbH-Anteile, sodass Käufer schwer zu finden und Einigungen über den Kaufpreis ohne Marktvergleich schwer zu erzielen sind. Zudem hat der Käufer einen Informationsnachteil, sodass er dieses Risiko kaufpreisreduzierend einpreisen und der Verkäufer daher ggf. unter Wert verkaufen muss. All dies reduziert den Anreiz, zu verkaufen[1788]. Auch die notarielle Form für die Übertragung der Anteile sowie regelmäßig vorhandene innergesellschaftliche Regelungen zur Vinkulierung wie Zustimmungsvorbehalte durch die Gesellschaft, den Geschäftsführer, andere Gesellschafter oder Bei- und Aufsichtsräte verhindern den Exit oder machen ihn weniger attraktiv[1789]. Schließlich arbeiten GmbH-Gesellschafter oft selbst in der Gesellschaft[1790]. Sie investieren Humankapital und möchten diese daher nicht verlassen. Besteht aber keine Möglichkeit, im Ernstfall die Gesellschaft verlassen

1787 Siehe dazu und zu den Merkmalen der »phänotypischen GmbH«: 3. Teil § 1 C. I.
1788 Siehe dazu und zu den Merkmalen der »phänotypischen GmbH«: 3. Teil § 1 C. I.
1789 Siehe dazu und zu den Merkmalen der »phänotypischen GmbH«: 3. Teil § 1 C. I.
1790 Siehe dazu und zu den Merkmalen der »phänotypischen GmbH«: 3. Teil § 1 C. I.

und den Anteil zu Geld zu machen, verstärkt sich das Interesse, von Anfang an sinnvolle Haftungsregeln für den Aufsichtsrat einzuführen[1791].

Im Ergebnis bedarf es daher in der GmbH keines Paternalismus aus Gründen der Kollektivhandlungs- und Trittbrettfahrerprobleme. Ein Verbot von Haftungsbeschränkungen durch zwingendes Recht ist nicht erforderlich.

3. Keine Unwirksamkeit von Haftungsbeschränkungen wegen Beeinflussung des Gesellschaftsbeschlusses durch Organmitglieder

Freiwilligkeit bzw. Abwesenheit von Zwang ist die mindeste Voraussetzung für die Effizienz von Verträgen[1792]. Vor allem im US-amerikanischen Schrifttum[1793], aber auch von *Spindler*[1794] und *Ruffner*[1795] wird davor gewarnt, dass Organe ihre starke Stellung im Rahmen der Hauptversammlung sowie verschiedene Taktiken nutzen könnten, um Eigeninteressen durchzusetzen. Auch dies könnte man ab einer gewissen Intensität als eine Art Zwang ansehen. Zwingendes Gesellschaftsrecht wird als Reaktion vorgeschlagen, um Gesellschafter vor Ausbeutung durch das Management zu schützen[1796]. Da gerade Haftungsbeschränkungen im Eigeninteresse der Aufsichtsratsmitglieder liegen, könnte es geboten sein, Gesellschafter insofern durch zwingendes Haftungsrecht zu schützen.

Organmitglieder entscheiden, wann eine Hauptversammlung stattfindet und damit, wann über die Haftungsbeschränkung entschieden wird, §§ 121 Abs. 2 S. 1, 111 Abs. 3 AktG. Sie können im Vorfeld Berater nutzen, um das Ergebnis zu prognostizieren und die Entscheidung auf einem Zeitpunkt zu legen, bei dem mit höherer Wahrscheinlichkeit ein positives Ergebnis erzielt wird[1797]. Es dürfte sich z.B. anbieten, keinen Beschluss über Haftungsbeschränkungen zu fassen, wenn Pflichtverletzungen in den Medien oder gar in der konkreten Gesellschaft im Raum stehen oder wirtschaftlich schwierige Zeiten anstehen. Taktisch klug wäre eine Beschlussfassung in Zeiten der Prosperität, insbesondere wenn der Erfolg den Organen zugeschrieben wird.

1791 Entsprechend zu ausreichender Kontrolle: *Bachmann/Eidenmüller/Engert/Fleischer/Schön*, Rechtsregeln für die geschlossene Kapitalgesellschaft, § 2 S. 5.

1792 *Friedman*, Capitalism and Freedom, 1962, S. 22; *Trebilcock*, The Limits of Freedom of Contract, 1993, S. 78.

1793 *Gordon*, 76 California Law Review 1988, 1 (47); *ders.*, 89 Columbia Law Review 1989, 1549 (1573 ff.); *Bebchuk*, 105 Harvard Law Review 1992, 1443 (1475); *Black*, 89 Michigan Law Review 1990, 520 (591 ff.); *Eisenberg*, 89 Columbia Law Review 1989, 1461 (1477 f.).

1794 *Spindler*, AG 1998, 53 (63).

1795 *Ruffner*, Die ökonomischen Grundlagen eines Rechts der Publikumsgesellschaft, 2000, S. 177 ff.

1796 *Gordon*, 89 Columbia Law Review 1989, 1549 (1573 ff.).

1797 *Black*, 89 Michigan Law Review 1990, 520 (593 f.); *Easterbrook/Fischel*, The economic structure of corporate law, S. 170.

Zu Werbezwecken für Haftungsbeschränkungen können sie Gesellschaftsvermögen nutzen[1798] und Beschlussvorschläge abgeben, welche zusammen mit der Tagesordnung vorab bekanntgemacht werden, § 124 Abs. 3 S. 1 AktG[1799]. Dabei können sie den Aktionären auch Alternativvorschläge machen[1800]. Insofern könnten sie z.B. gezielt die Aversion gegen Extreme ausnutzen. Menschen bevorzugen instinktiv »als Kompromiss« mittlere Optionen[1801]. Schlagen die Organmitglieder z.B. je eine Haftungsbeschränkung für leichte, mittlere und grobe Fahrlässigkeit vor, können die Aktionäre gezielt gelenkt werden.

Zugleich entscheiden Vorstandsmitglieder über die Reihenfolge der Tagesordnungspunkte auf der Hauptversammlung, § 121 Abs. 3 S. 2 AktG[1802] und der Aufsichtsratsvorsitzende kann sie als Versammlungsleiter später noch abändern[1803]. Die Reihenfolge kann aber Einfluss auf das Abstimmungsergebnis nehmen[1804]. Bisher abgestimmte Tagesordnungspunkte beeinflussen die Abstimmung über weitere[1805]. Etwa kann der Kompromiss-Effekt verstärkt werden, wenn zuvor andere Tagesordnungspunkte wie mehr Versicherungsschutz abgelehnt worden sind. Dies könnten die Organe gezielt antizipieren.

Vor allem könnten Organmitglieder ihre Leitungsbefugnisse in der Hauptversammlung missbrauchen. In über 95 % aller Satzungen aus DAX, MDAX und TecDAX wird dem Aufsichtsratsvorsitzenden die Schlüsselposition[1806], die Rolle des Versammlungsleiters, zugedacht[1807]. Der Versammlungsleiter ist dafür zuständig, für eine sachgerechte Durchführung der Hauptversammlung zu sorgen. Er entscheidet, ob über alle Tagesordnungspunkte gesondert diskutiert wird oder vor der Abstimmung eine Generaldebatte stattfindet[1808]. Auch kann er abgehandelte Tagesordnungspunkte später erneut aufgreifen[1809]. Diese Mittel könnte er nutzen, um Debatte und Kritik zu Haftungsbeschränkungen zu reduzieren und stattdessen den Fokus auf andere Themen zu lenken.

1798 Allgemein *Black*, 89 Michigan Law Review 1990, 520 (592).

1799 Ähnlich zu den USA: *Eisenberg*, 89 Columbia Law Review 1989, 1461 (1478).

1800 BeckOGK/*Rieckers*, AktG, § 124 Rn. 60; MünchKomm-AktG/*Kubis*, 6. Aufl. 2024, § 124 Rn. 40.

1801 *Simonson/Tversky*, 29 Journal of Marketing Research 1992, 281 (289 ff.).

1802 BeckOGK/*Riekers*, AktG, § 121 Rn. 32.

1803 *Sauerwald*, Der Versammlungseiter im Aktienrecht, 2018, S. 301.

1804 *McKelvey*, 12 Journal of Economic Theory 1976, 472 ff.; *Gordon*, 60 Cincinnati Law Review 1991, 347 (359 ff.) m.w.N.; *Towfigh/Petersen,* Ökonomische Methoden im Recht, 3. Aufl. 2023, Rn. 371 ff.

1805 *Black*, 89 Michigan Law Review 1990, 520 (593).

1806 Marsch-Barner/Schäfer/*von der Linden*, 6. Aufl. 2025, § 35 Rn. 36.27.

1807 *Bayer/Hoffmann*, AG 2012, R339 (R340).

1808 *Dietz*, BB 2004, 452 (452 f.).

1809 *Sauerwald*, Der Versammlungseiter im Aktienrecht, 2018, S. 304.

Damit einhergehend bestimmt er die Reihenfolge der Beschlussanträge[1810]. Gleichzeitig können Organmitglieder selbst Anträge einbringen[1811]. Zusammen könnte z.B. wiederum die Taktik zu den Alternativvorschlägen genutzt werden. Der Vorsitzende könnte die Reihenfolge der Anträge gezielt so gestalten, dass zuerst über eine Beschränkung für grobe, dann mittlere, dann leichte Fahrlässigkeit abgestimmt wird.

Auch stehen dem Versammlungsleiter ordnungspolitische Mittel zur Verfügung. Er kann Redner aufrufen, die Reihenfolge der Redner bestimmen[1812], Rede- und Fragezeit begrenzen[1813], die Rednerliste schließen und die Aussprache beenden. Im Einzelfall sind sogar Wortentzug und Saalverweis möglich[1814]. Er prüft die Teilnahme- und Stimmberechtigung[1815] und kann (Gegen-)Anträge der Aktionäre im Einzelfall wegen Rechtswidrigkeit zurückweisen[1816]. Zwar muss er seine Rechte neutral, verhältnismäßig, sachdienlich und gegenüber allen Aktionären gleich nutzen[1817]. Sein Ermessen wird aber gerichtlich nur eingeschränkt überprüft[1818].Verletzt er daher nicht evident diese Grundsätze, sondern nutzt die Mittel behutsam und geschickt, kann er versuchen, Diskussionen in bestimmte Richtungen zu lenken. Der Aufsichtsratsvorsitzende ist kein neutraler Moderator, wenn er selbst von der Haftungsbeschränkung profitiert.

In den USA sowie bei *Spindler*[1819] und *Ruffner*[1820] wird überdies vor einer Taktik gewarnt, die darauf abzielt, organfreundliche Beschlüsse mit anderen Themen zu verbinden. So könnten aus Aktionärssicht unliebsame Beschlüsse mit aktionärsfreundlichen Vorschlägen »versüßt« werden[1821]. Die Aktionäre erhalten z.B. eine Sonderdividende nur, wenn sie dem Gesamtpaket zustimmen. Dadurch wird es für sie schwieriger, abzuschätzen, ob sie den Maßnahmen zustimmen sollten[1822]. Alternativ zum Zuckerbrot wird die Peitsche gewählt. Die Ablehnung eines Beschlusses wird mit der Drohung verbunden, in Zukunft auf

1810 *Sauerwald*, Der Versammlungseiter im Aktienrecht, 2018, S. 307; BeckOGK/*Riekers*, AktG, § 133 Rn. 17; LG München I, ZIP 2016, 973–976.

1811 Stellvertretend MünchKomm-AktG/*Arnold*, 5. Aufl. 2022, § 133 Rn. 18.

1812 *Max*, AG 1991, 77 (85).

1813 BGH, Urt. v. 08. Februar 2010, Az. II ZR 94/08.

1814 *Drinkhausen/Marsch-Barner*, AG 2014, 757 (759).

1815 *Drinkhausen/Marsch-Barner*, AG 2014, 757 (759 f.).

1816 Dazu ausführlich: *Schatz*, AG 2015, 696 ff.

1817 BGH, Urt. v. 08. Februar 2010, Az. II ZR 94/08.

1818 *Sauerwald*, Der Versammlungseiter im Aktienrecht, 2018, S. 246.

1819 *Spindler*, AG 1998, 53 (63).

1820 *Ruffner*, Die ökonomischen Grundlagen eines Rechts der Publikumsgesellschaft, 2000, S. 177 ff.

1821 Entsprechend *sweeteners* genannt, vgl. *Gordon*, 76 California Law Review 1988, 1 (48); *ders.*, 89 Columbia Law Review 1989, 1549 (1577); *Bebchuk*, 105 Harvard Law Review 1992, 1443 (1475).

1822 *Gordon*, 76 California Law Review 1988, 1 (48 f.).

erfolgversprechende Maßnahme zu verzichten[1823]. Eine dritte Variante ist es, Satzungsänderungen so zu gestalten, dass sie sowohl organ- als auch aktionärsfreundliche Inhalte haben, damit im Gesamtpaket den Aktionären einen Vorteil bieten und voraussichtlich angenommen werden[1824].

Diese Taktiken funktionieren in den USA aber nur, weil die Aktionäre nur dem Paket zustimmen können, nicht aber einzelnen Maßnahmen[1825]. Für Deutschland gilt dies aber nicht. Zwar sind Blockabstimmungen zulässig[1826]. Die Zusammenfassung setzt aber nach dem BGH einen Sachzusammenhang zwischen den Beschlüssen voraus sowie den Hinweis an die Aktionäre, dass bei Ablehnung des Pakets eine Einzelabstimmung über die Beschlüsse erfolgt[1827]. Zwar wird der Sachzusammenhang bei Satzungsänderungen weit angesehen[1828], sodass mehrere Satzungsänderungen inkl. der Haftungsbeschränkung en bloc zur Abstimmung gestellt werden könnten. Dennoch ist die Gefahr des Missbrauchs sehr gering. Da Aktionäre Einzelabstimmungen verlangen können, können die Organe keinen Druck erzeugen. Zudem steht den Aktionären, anders als in den USA[1829], die primäre Entscheidung über die Gewinnverwendung zu, § 58 AktG. Eine Sonderdividende kann daher nicht entsprechend zum Versüßen genutzt werden.

Schließlich wird gewarnt, dass Organmitglieder Stimmrechte durch eigene Aktien nutzen könnten, um ihre Interessen durchzusetzen[1830]. Dieses Problem gilt vor allem vor dem Hintergrund der geringen Hauptversammlungspräsenzen. In Deutschland werden für DAX, MDAX, TecDAX und SDAX Präsenzwerte zwischen 50 bis 60 % des Grundkapitals festgestellt[1831], sodass mit eigenen Stimmen leichter eine Mehrheit zu erreichen ist. Auch dieses Problem ist in Deutschland aber beherrschbar. Eine Satzungsänderung bedarf einer Mehrheit von ¾ des bei der Beschlussfassung vertretenen Kapitals. Zudem kann dem Problem mit Stimmrechtsverboten bei Beschlussfassungen zu Haftungsbeschränkun-

1823 Teilweise als *chicken strategy* bezeichnet, vgl. dazu *Gordon*, 76 California Law Review 1988, 1 (49 f.); *ders.*, 89 Columbia Law Review 1989, 1549 (1579); *Bebchuk*, 105 Harvard Law Review 1992, 1443 (1475).

1824 Sogenannte *Add-ons*, vgl. *Gordon,* 89 Columbia Law Review 1989, 1549 (1578 f.).

1825 *Gordon*, 89 Columbia Law Review 1989, 1549 (1579).

1826 *Sauerwald*, Der Versammlungseiter im Aktienrecht, 2018, S. 238; *Dietz*, BB 2004, 452 (455 ff.).

1827 BGH, Urt. v. 21. Juli 2003, Az. II ZR 109/02.

1828 *Dietz*, BB 2004, 452 (455 f.).

1829 Dort können meistens nur die *directors* die Dividendenausschüttung beschließen, vgl. für Delaware § 170 (a) DGCL; allgemein: *Gevurtz*, Corporation Law, 3. Aufl. 2021, S. 158.

1830 *Gordon*, 89 Columbia Law Review 1989, 1549 (1580).

1831 Schutzgemeinschaft der Kapitalanleger e.V., HV-Präsenzen 2015; Zahlen für 2022 bei *Wadewitz*, »Aktionäre bekommen mehr Rechte in virtueller Hauptversammlung«, Börsenzeitung v. 22. April 2022.

gen abgeholfen werden. Beim Verzicht gemäß § 93 Abs. 4 S. 3 AktG wird ein Stimmrechtsverbot gemäß § 136 AktG angenommen[1832]. Dies kann auf die Haftungsbeschränkung übertragen werden.

Insgesamt lassen die Beeinflussungsmöglichkeiten in Deutschland keine echte Zwangswirkung erkennen, sodass ein Verbot nicht erforderlich ist. Paketabstimmungen wie in den USA haben eine gewisse Zwangswirkung, sind in Deutschland aber infolge der BGH-Rechtsprechung zu Blockabstimmungen nicht möglich. Zudem sind selbst in den USA Haftungsbeschränkungen erlaubt[1833]. Die sonstigen Möglichkeiten sollten nicht überbewertet werden. Der Zeitpunkt des Beschlusses ist zwar wichtig. Dennoch kann einer Abstimmung nicht die Effizienz abgesprochen werden, da jedenfalls in diesem Zeitpunkt eine Mehrheit vorliegt. Sollte sich diese ändern, kann das Ergebnis später korrigiert werden. Bei Erreichung der Schwellenwerte können Aktionäre die Beschlussfassung bei einer neuen Hauptversammlung selbst auf die Tagesordnung setzen oder eine neue Hauptversammlung einberufen, § 122 Abs. 1 S. 1, Abs. 2 AktG. Werbung und Ausnutzung kognitiver Effekte sind auch im sonstigen Leben genutzte Marketing-Strategien, welche die Freiwilligkeit nicht grundsätzlich infrage stellen. Auch Taktiken rund um die Gestaltung der Hauptversammlung rechtfertigen im Ergebnis kein zwingendes Recht. Sie können den kollektiven Willen zwar etwas verzerren. Im Endeffekt entscheiden aber dennoch die Aktionäre. Zudem ist als milderes Mittel zum Verbot zu erwägen, dass eine Hauptversammlung, in der über eine Haftungsbeschränkung abgestimmt wird, einen neutralen Versammlungsleiter vorsehen muss.

Erst recht ist kein zwingendes GmbH-Recht zu rechtfertigen. Die Einflussmöglichkeiten sind eng mit den Kollektivhandlungsproblemen in der AG verbunden, welche in der phänotypischen GmbH[1834] kaum existieren[1835]. Der Gesellschafterkreis ist in der GmbH viel kleiner[1836], sodass jeder jederzeit eine Gesellschafterversammlung einberufen kann, § 50 Abs. 1 GmbHG. Auch ist der Einfluss des Versammlungsleiters geringer. Die Versammlungsstrukturen sind bei wenigen Teilnehmern viel flexibler. Es muss noch nicht einmal einen Versammlungsleiter geben[1837]. Falls die Satzung einen solchen vorsieht, ist dies auch nicht immer der Aufsichtsratsvorsitzende[1838]. Die Rolle wird z.B. auch dem ältesten oder dem kapitalstärksten Gesellschafter zugedacht[1839].

1832 Stellvertretend GK-AktG/*Hopt/Roth*, 5. Aufl. 2014, § 93 Rn. 507.
1833 Siehe dazu 2. Teil § 3 A.
1834 Mit »phänotypischer GmbH« ist vorliegend als Annahmegerüst der empirische Durchschnittstyp einer GmbH gemeint. Siehe dazu und zu den Merkmalen der »phänotypischen GmbH«: 3. Teil § 1 C. I.
1835 Siehe dazu 3. Teil § 3 B. I. 2.
1836 Siehe dazu 3. Teil § 1 C. I.
1837 *Wicke*, 5. Aufl. 2024, § 48 Rn. 3.
1838 Dies ist allerdings auch keine Seltenheit, MünchKomm-GmbH/*Liebscher*, 4. Aufl. 2023, § 48 Rn. 123.
1839 *Lange*, NJW 2015, 3190 (3191).

4. Keine umfassende Unwirksamkeit von Haftungsbeschränkungen wegen kognitiver Defizite der Gesellschafter bei der Gestaltung von Haftungsbeschränkungen

Selbst wenn beide Parteien eines Vertrages vollständig informiert sind, kann eine Entscheidung nicht als autonome Entscheidung, als Bildung des eigenen Willens angesehen werden, wenn ein Vertragspartner infolge kognitiver Defizite nicht in der Lage ist, die Informationen rational zu bewerten[1840]. Freiheit setzt die Fähigkeit zu Verantwortungsbewusstsein voraus[1841]. Beispielsweise für Minderjährige oder bei psychischer Erkrankung setzt der Gesetzgeber daher Grenzen, §§ 104 ff., 1896 ff. BGB. Die Verhaltensforschung hat für bestimmte Bereiche bestätigt, dass Menschen systematisch irrational entgegen den eigenen Präferenzen entscheiden. Ihr Entscheidungsverhalten wird durch kognitive Verzerrungen (sog. Biases) beeinflusst[1842].

a) Kognitive Defizite als Einfallstor für zwingendes Recht

Wenn Menschen systematisch nicht in der Lage sind, rationale Entscheidungen zu treffen, kann der Gesetzgeber legitimiert sein, die Menschen bzw. hier die Gesellschafter vor sich selbst zu schützen[1843].

Es erscheint nicht mehr angemessen, die Entscheidungen der Menschen, etwa ein Verhandlungsergebnis, gesetzlich und damit auch gerichtlich durchzusetzen[1844]. Systematisch irrationales Verhalten könnte als Marktversagen[1845] oder kognitive Defizite als Transaktionskosten angesehen werden[1846]. Ziel ist es, systematischen Rationalitätsdefiziten im menschlichen Entscheidungsverhalten durch gesetzgeberischen Eingriff gegenzusteuern[1847]. Der Gesetzgeber kann versuchen, den Betroffenen zu einer rationalen Entscheidung zu beeinflussen, die Folgen einer irrationalen Entscheidung abzufedern oder schließlich die Entscheidung zu untersagen. Auch ein Verbot von Haftungsbeschränkungen für Aufsichtsratsmitglieder könnte als Reaktion auf kognitive Defizite der Gesellschafter verstanden werden und dadurch gerechtfertigt sein.

1840 *Trebilcock*, The Limits of Freedom of Contract, 1993, S. 243; Towfigh/Petersen/*Schmolke*, Ökonomische Methoden im Recht, 3. Aufl. 2023, Rn. 295 ff.
1841 *Friedman*, Capitalism and Freedom, 1962, S. 33 ff.
1842 *Kahneman/Tversky*, 185 Science 1974, 1124.
1843 *Schäfer/Ott*, Lehrbuch der ökonomischen Analyse des Zivilrechts, 6. Aufl. 2020, S. 133.
1844 *Eisenberg*, 89 Columbia Law Review 1989, 1461 (1463 ff.).
1845 Towfigh/Petersen/*Schmolke*, Ökonomische Methoden im Recht, 3. Aufl. 2023, Rn. 298.
1846 *Rachlinski*, 97 Northwestern University Law Review 2003, 1165 (1168); Towfigh/Petersen/*Englerth/Towfigh*, Ökonomische Methoden im Recht, 3. Aufl. 2023, Rn. 491.
1847 *Eidenmüller*, JZ 2011, 814 (815).

Vorab sei aber darauf hingewiesen, dass nicht jede kognitive Einschränkung den Gesetzgeber legitimieren kann[1848]. Es ist nicht (immer) klar, ob und wann der Gesetzgeber besser weiß, was für den individuellen Menschen am besten ist. Im Zweifel weiß doch jeder selbst, was für ihn das Beste ist[1849]. Auch müsste der Gesetzgeber einschätzen können, inwieweit sich ein kognitiver Defekt auswirkt bzw. die Entscheidung dadurch beeinflusst wird und nicht nur Ausdruck anderer Präferenzen ist. Denn nur insoweit besteht Handlungsbedarf. Ein überzogener Eingriff kann sich negativer auf die Wohlfahrt auswirken als kein Eingriff[1850]. Zudem können auch Politiker durch Biases beeinflusst werden oder Biases der Bevölkerung gesetzlich perpetuieren[1851]. Ferner leiden nicht alle Menschen unter dem kognitiven Defekt. Der Gesetzgeber kann aber nicht zwischen Gruppen separieren, sodass auch rationalen Personen die Entscheidung abgenommen wird[1852]. Kognitive Defizite können daher leicht Einfallstor für Überregulierung sein[1853]. Zudem kann als im Vergleich zu zwingendem Recht milderes Mittel versucht werden, Menschen freiwillig zu einer rationaleren Entscheidung zu bewegen (*Nudging*)[1854].

Mit einer solchen Begründung muss daher restriktiv umgegangen werden. Erforderlich ist daher ein wissenschaftlich erwiesener kognitiver Defekt, der sich systematisch auswirkt. Wegen der Gefahr der Überregulierung sollte nur eingegriffen werden, soweit sich der kognitive Defekt mit hoher Wahrscheinlichkeit auswirkt[1855]. Anschließend sollte auf den kognitiven Defekt zunächst mit dem mildesten Mittel reagiert werden. Bevor dem Betroffenen die Entscheidung verboten wird, sollte versucht werden, sein Verhalten ohne Zwang nur zu beeinflussen (sog. libertärer Paternalismus[1856]), sodass er selbst eine rationale Ent-

1848 *Trebilcock*, The Limits of Freedom of Contract, 1993, S. 243.

1849 *Rizzo/Whitman*, Brigham Young University Law Review 2009, 905 (921 ff.); *Schmolke*, ECFR 9 2012, 380 (408); *Eidenmüller*, Effizienz als Rechtsprinzip, 3. Aufl. 2005, S. 365 f.; *ders.*, JZ 2011, 814 (815).

1850 *Rizzo/Whitman*, Brigham Young University Law Review 2009, 905 (932 ff.).

1851 *Schäfer/Ott*, Lehrbuch der ökonomischen Analyse des Zivilrechts, 6. Aufl. 2020, S. 137 f.

1852 *Schäfer/Ott*, Lehrbuch der ökonomischen Analyse des Zivilrechts, 6. Aufl. 2020, S. 136.

1853 *Rachlinski*, 97 Northwestern University Law Review 2003, 1165 (1202).

1854 *Thaler/Sunstein*, Nudge – Wie man kluge Entscheidungen trifft, 9. Aufl. 2017, passim; *Sunstein*, 37 Journal of Consumer Policy 2014, 583; *Schmolke*, 9 ECFR 2012, 380 (408 f.); *Rachlinski*, 97 Northwestern University Law Review 2003, 1165 (1168); Towfigh/Petersen/*Englerth/Towfigh*, Ökonomische Methoden im Recht, 3. Aufl. 2023, Rn. 550 ff.

1855 *Schmolke*, ECFR 9 2012, 380 (408); ähnlich auch: *Rachlinski*, 97 Northwestern University Law Review 2003, 1165 (1180).

1856 *Schäfer/Ott*, Lehrbuch der ökonomischen Analyse des Zivilrechts, 6. Aufl. 2020, S. 134.

scheidung treffen kann. Nur Ultima Ratio sollte ihm die Entscheidung abgenommen werden.

b) Übertragung auf Haftungsbeschränkungen

Auch übermäßige Haftungsbeschränkungen könnten durch kognitive Defekte der Gesellschafter hervorgerufen werden. Zwingendes Recht muss sich aber an diesen restriktiven Vorgaben messen lassen.

1) Misstrauen bei abstrakten Haftungsbeschränkungen für die Zukunft

Im UK sind statutarische Haftungsbeschränkungen untersagt, aber Gesellschafter dürfen konkreten Pflichtverletzungen der *directors* vorher zustimmen oder diese nachträglich ratifizieren[1857]. In den USA sind Haftungsbeschränkungen für Treuepflichtverletzungen verboten, eine Enthaftung von konkreten Treuepflichtverstößen durch vorherige Genehmigung der Gesellschafter ist hingegen möglich[1858]. In Deutschland sind statutarische Haftungsbeschränkungen für obligatorische Aufsichtsräte de lege lata nicht möglich[1859], aber Aktionäre dürfen nachträglich auf Ansprüche verzichten, § 93 Abs. 4 S. 3 AktG. Bei Vorstandsmitgliedern scheidet eine Haftung aus, wenn Aktionäre diese vorher zur Ausführung anweisen, §§ 93 Abs. 4 S. 1, 83 Abs. 2 AktG.

Die Gesetzgeber misstrauen daher abstrakten Haftungsbeschränkungen, nicht hingegen der Enthaftung von konkreten Pflichtverletzungen. Dies kann so gedeutet werden, dass sie Entscheidungen der Gesellschafter misstrauen, die sich auf ungewisse, noch nicht konkretisierte Konstellationen in der Zukunft beziehen. Misstrauen gegenüber solchen Vorausverzichten für die Zukunft zeigt sich auch im allgemeinen Zivilrecht, vgl. z.B. die §§ 311b Abs. 2, 1229 BGB, 89b HGB[1860]. Auch könnte sich das Misstrauen darauf beziehen, dass die Entscheidung zu einem Zeitpunkt geschlossen wird, in dem noch keine Probleme bestehen. Dieses Misstrauen kann aus heutiger Sicht mit der fehlenden Fähigkeit zur Informationsverarbeitung sowie vor allem mit kognitiven Defekten untermauert werden[1861].

1857 Siehe dazu 2.Teil § 4 B. I. 3., § 5.
1858 Siehe dazu 2. Teil § 2 B. I. 3., § 3 C. I.
1859 Siehe dazu 4. Teil § 1, § 3; der Verfasser vertritt für den GmbH-Aufsichtsrat die Gegenauffassung.
1860 MünchKomm-GmbH/*Fleischer*, 4. Aufl. 2023, § 43 Rn. 381.
1861 MünchKomm-GmbH/*Fleischer*, 4. Aufl. 2023, § 43 Rn. 381; ähnlich zur Richtigkeitsgewähr von Verträgen bezüglich antizipierter zukünftiger Ereignisse: *ders.*, FS Immenga 2004, 575 (582).

2) Unfähigkeit, sämtliche Folgen abzusehen

Gesellschafter können nicht alle Folgen einer abstrakten Haftungsbeschränkung ihrer Aufsichtsratsmitglieder überblicken[1862]. Dies hängt mit der begrenzten Informationsverarbeitungskapazität zusammen[1863]. Die Folgenabwägung einer Haftungsbeschränkung erforderte die Verarbeitung vieler Informationen. Die Gestaltung des Haftungsniveaus ist rechtlich und wirtschaftlich komplex[1864]. Die Gesellschafter müssten sich mit der dargestellten Steuerungswirkung der Haftung beschäftigen. Sie müssen abwägen, welches Präventionsniveau sie für erforderlich erachten und welche Vorteile (Risikoaversion etc.) ihnen eine Beschränkung bringe. Dabei müssen sie auch andere Steuerungsinstrumente und deren Wirkung einbeziehen. All dies müssten sie wiederum etwa an den Risiken des eigenen Geschäftsmodells, des Kapitals, der Risikopräferenzen und der Entwicklung des Unternehmens ausrichten. Der Zukunftsbezug verlangt, dass jedes Szenario überblickt und für jedes die bestmögliche Regelung getroffen wird.

3) Optimism und overconfidence Bias

Studien zeigen, dass Menschen systematisch davon ausgehen, dass sie mit geringerer Wahrscheinlichkeit ein negatives Ereignis erleben werden als die sonstige Bevölkerung (*optimism bias*). Beispielsweise können Paare vor der Hochzeit zwar korrekt einschätzen können, dass (in den USA) ca. 50 % der Ehen geschieden werden. Gleichzeitig beziffern sie die Wahrscheinlichkeit für eine eigene Scheidung aber fast durchgehend mit null %[1865]. Eigene Risiken werden systematisch unterschätzt[1866]. Dies gilt insbesondere für Probleme, welche man bisher nicht selbst erfahren musste[1867]. Damit einher geht der *overconfidence bias*, wonach Menschen das eigene Urteilsvermögen und Wissen überschätzen[1868].

Entsprechend dem Beispiel zur Ehe könnte der *optimism Bias* dazu führen, dass Gesellschafter das Risiko zukünftiger Probleme mit den Aufsichtsratsmitgliedern unterschätzen[1869]. Selbst wenn Gesellschaftern bewusst ist, dass Auf-

1862 Zu den USA: *Eisenberg*, 47 Stanford Law Review 1995, 211 (249); *ders.*, 89 Columbia Law Review 1989, 1461 (1469).

1863 Fleischer/Zimmer/*Fleischer/Schmolke/Zimmer*, Beitrag der Verhaltensökonomie zum Recht, 1 (14); *Schäfer/Ott*, Lehrbuch der ökonomischen Analyse des Zivilrechts, 6. Aufl. 2020, S. 118.

1864 Darauf weist auch *E. Vetter*, NZG 2014, 921 (923) hin.

1865 *Baker/Emery*, 17 Law & Human Behavior 1993, 439 (443).

1866 *Weinstein*, 39 Journal of Personality and Social Psychology 1980, 806 ff.; *Schäfer/Ott*, Lehrbuch der ökonomischen Analyse des Zivilrechts, 6. Aufl. 2020, S. 123.

1867 *Weinstein*, 10 Journal of Behavioral Medicine 1987, 481 ff.

1868 *Brenner/Koehler/Libermann/Tversky*, 65 Organizational Behavior and Human Decision Process 1996, 212.

1869 *Eisenberg*, 47 Stanford Law Review 1995, 211 (249); zu Konflikten zwischen den Gesellschaftern: *Means*, Fordham Law Review 2010, 1161 (1175).

sichtsratsmitglieder grundsätzlich hin und wieder die erforderliche Sorgfalt vermissen lassen und eigene Interessen bevorzugen, bedeutet dies nicht, dass sie diese Gefahr auch auf den eigenen Aufsichtsrat übertragen. Zudem wird die Entscheidung über die Haftungsbeschränkung zu einem Zeitpunkt getroffen, in dem bisher keine Probleme mit dem Aufsichtsrat erfahren werden mussten, sodass solche Probleme für die Zukunft unterschätzt werden. Infolge des *overconfidence bias* könnten Gesellschafter schließlich die eigene Fähigkeit überschätzen, Folgen und Gefahren einer Haftungsbeschränkung abzusehen. Die Folge kann Akzeptanz übermäßiger Haftungsbeschränkungen sein.

4) Availability Bias

Der *availability bias* verstärkt diesen Effekt. Danach schätzen Menschen die Wahrscheinlichkeit eines Risikos anhand der Leichtigkeit oder Schnelligkeit ab, mit der sie sich entsprechende Fälle oder Ereignisse ins Gedächtnis rufen können. Dabei unterlaufen systematisch Fehler, da andere Faktoren als die objektive Häufigkeit die Abrufbarkeit beeinflussen[1870]. Dies führt dazu, dass sich abrufbare Informationen über konkrete, anschauliche Fälle aus der jüngeren Vergangenheit stärker als abstrakte Statistiken sowie weiter zurückliegende Gegebenheiten auf die Schätzung auswirken[1871]. Rechtswissenschaftlicher schlussfolgern daraus, dass Parteien die Wahrscheinlichkeit, dass der Vertragspartner in Zukunft seine Pflichten erfüllt, überschätzen[1872]. Denn der Vertrag wird zu einem Zeitpunkt geschlossen, zu dem positive Erfahrungen das innere Bild bestimmen.

Auch die Haftungsbeschränkung wird zu einem Zeitpunkt geschlossen, zu dem eine gute Beziehung zu den Aufsichtsratsmitgliedern besteht und keine Probleme ersichtlich sind. Großaktionäre haben ggf. sogar persönliche Verbindungen zu einigen Aufsichtsratsmitgliedern. Diese Situation ist konkret und lebendig. Die Situation, in der Aufsichtsratsmitglieder fahrlässige Entscheidungen treffen oder gezielt den Gesellschafterinteressen zuwiderhandeln, ist zu diesem Zeitpunkt sehr abstrakt. Das problemfreie Verhältnis lässt sich daher leichter abrufen und wird daher als Indikator für die Zukunft überschätzt[1873].

5) Repräsentationsheuristik

Auch die Repräsentationsheuristik verstärkt den Effekt. Menschen stützen sich zur Bewertung einer Wahrscheinlichkeit auf eine Menge an Informationen, welche

1870 Siehe dazu schon oben 3. Teil § 1 B. III. 5. b).

1871 *Eisenberg*, 47 Stanford Law Review 1995, 211 (221) m.w.N.; *Kahneman/Tversky*, 185 Science 1974, 1124 (1127) »*salience affects retrievability*«.

1872 *Rachlinski*, 97 Northwestern University Law Review 2003, 1165 (1178) m.w.N.

1873 *Eisenberg*, 47 Stanford Law Review 1995, 211 (249); mit Blick auf Ausschlussklauseln in GmbHs und Personengesellschaften: *Schmolke*, 9 ECFR 2012, 380 (408).

sie als repräsentativ empfinden. Bei dieser Beurteilung betrachten sie jedoch unangemessen kleine Stichproben als repräsentativ. So hatten Probanden kein Problem damit, vorherzusagen, wie die Leistung eines Lehrers in fünf Jahren aussähe, obwohl ihnen nur die Leistung einer Unterrichtsstunde mitgeteilt wurde[1874]. Abstrakte Basis-Wahrscheinlichkeiten werden hingegen weitgehend ignoriert[1875]. Auch dies kann dazu führen, dass Gesellschafter die Leistung ihrer Aufsichtsratsmitglieder für die Zukunft überschätzen, wenn sie bisher positive Erfahrungen gemacht haben. Die generelle Wahrscheinlichkeit für Pflichtverletzungen wird ausgeblendet.

6) Present Bias

Schließlich wird die Gefahr durch den *present bias* gefördert. Menschen sind unfähig, rational Gegenwart und Zukunft miteinander abzuwägen. Stattdessen werden künftige Vorteile und Kosten systematisch unter-, gegenwärtige Vorteile und Kosten übergewichtet[1876]. Jeder hat sich schon dabei ertappt, dass sich der Nutzen, eine Süßigkeit zu essen, gegenüber der Langzeitpräferenz, darauf zu verzichten, durchsetzt. Dasselbe gilt für Kosten.

Übertragen auf Haftungsbeschränkungen für Aufsichtsräte könnte der Bias dazu führen, dass gegenwärtige Nachteile, die dadurch entstehen, dass den Aufsichtsratsmitgliedern eine bestimmte Haftungsbeschränkung nicht gewährt wird, im Vergleich mit dadurch hervorgerufenen zukünftigen Nachteilen unterbewertet werden. Gegenwärtige Nachteile können z.B. Differenzen mit den Aufsichtsratsmitgliedern über die Haftungsgestaltung oder die Ablehnung des Mandats sein[1877]. Gesellschafter könnten sich daher auf eine übermäßige Beschränkung einlassen, um diesen gegenwärtigen Problemen zu entgehen.

7) Geringere Biases bei konkreten Pflichtverletzungen

Diese Probleme treten nicht gleichwertig auf, wenn Gesellschafter eine konkrete Pflichtverletzung beurteilen und diesbezüglich über die Haftung entscheiden[1878]. Die Folgenabwägung ist einfacher und erfordert die Verarbeitung deutlich weniger Informationen. Die Entscheidung wird zu einem Zeitpunkt getroffen, in dem den Gesellschaftern die Pflichtverletzung bewusst ist, sodass das bisherige

1874 *Tversky/Kahneman*, 185 Science 1974, 1124 (1126).

1875 *Tversky/Kahneman*, 185 Science 1974, 1124.

1876 *Feldstein*, NBER Working paper No. 970 1982, S. 7 ff.; *Eidenmüller*, JZ 2011, 814 (815); *Means*, Fordham Law Review 2010, 1161 (1175); Towfigh/Petersen/*Englerth/Towfigh*, Ökonomische Methoden im Recht, 3. Aufl. 2023, Rn. 542 ff.; *Schäfer/Ott*, Lehrbuch der ökonomischen Analyse des Zivilrechts, 6. Aufl. 2020, S. 124.

1877 Ähnlich *Eisenberg*, 47 Stanford Law Review 1995, 211 (249).

1878 *Eisenberg*, 47 Stanford Law Review 1995, 211 (249).

gute Verhältnis zu den Aufsichtsratsmitgliedern die Entscheidung nicht mehr verzerrt. Der Erlass der Haftung stellt Kosten dar, die gegenwärtig und nicht erst zu einem unbestimmten Zeitpunkt in der Zukunft eintreten. Die gesetzgeberischen Differenzierungen zwischen abstrakten Haftungsbeschränkungen für die Zukunft und konkreten Pflichtverletzungen sind daher nachvollziehbar und lassen sich mit kognitiven Defekten erklären.

c) Schlussfolgerung für abstrakte Haftungsbeschränkungen

Trotz der Wirkung der kognitiven Defekte ist fraglich, ob für jede Form der Aufsichtsratshaftung abstrakte Haftungsbeschränkungen ausgeschlossen sein müssen.

1) Aufklärung statt Zwang als milderes Mittel

Zunächst kann versucht werden, auf mildere Maßnahmen zurückzugreifen. Statt Gesellschaftern die Entscheidungsbefugnis zu entziehen, kann der Gesetzgeber versuchen, sie zu einer rationalen Entscheidung zu bewegen (*Nudging*)[1879]. So könnte man die Gesellschafter durch eine Berichtspflicht vor den Beschlüssen gezielt vor den Folgen von Haftungsbeschränkungen warnen[1880], etwa wie bei der Begründungspflicht des Vorstands für Bezugsrechtsausschlüsse, § 186 Abs. 4 S. 2 AktG[1881]. Auch könnte ein vorgezogener Tagesordnungspunkt oder eine gesonderte Hauptversammlung vorgeschrieben werden[1882], um die Relevanz der Entscheidung zu betonen. Erwägenswert wäre auch, die Gesellschafter verpflichtend aufzuklären, wie andere Gesellschaften mit Haftungsbeschränkungen umgehen[1883]. Im GmbH-Recht erfordert die Änderung der Satzung bereits die notarielle Form, § 53 Abs. 2 GmbHG, sodass der Notar die Aufklärung vornehmen kann.

1879 *Thaler/Sunstein*, Nudge – Wie man kluge Entscheidungen trifft, 9. Aufl. 2017, passim; *Sunstein*, 37 Journal of Consumer Policy 2014, 583; *Schmolke*, 9 ECFR 2012, 380 (408 f.); *Rachlinski*, 97 Northwestern University Law Review 2003, 1165 (1168); Towfigh/Petersen/*Englerth/Towfigh*, Ökonomische Methoden im Recht, 3. Aufl. 2023, Rn. 550 ff.

1880 Dies wurde auch auf dem deutschen Juristentag 2014 mehrfach bei Haftungsbeschränkungen der Vorstände gefordert: *Hopt* 70. DJT 2014 N 79, *Fleischer* 70. DJT 2014, N 86, *Vetter* 70. DJT 2014, N 98; *Bachmann*, Gutachten 70. DJT 2014, E 61.

1881 Zu diesem Vorschlag: *E. Vetter*, NZG 2014, 921 (924).

1882 Idee von *Bachmann*, Gutachten 70. DJT 2014, E 61; *ders.*, 70. DJT 2014, N 140.

1883 Zu einer solchen Strategie: *Sunstein*, 37 Journal of Consumer Policy 2014, 583 (587) »*use of social norm*«.

2) Gewandelte Aktionärsstrukturen schwächen Bias ab

Selbst wenn nicht allen kognitiven Defiziten entgegenwirkt werden kann – angenommen wird dies z.B. für den *optimism bias*[1884] – stellt die Haftungsbeschränkung keinen Bereich dar, in dem eine ausreichend hohe Wahrscheinlichkeit für eine Auswirkung der kognitiven Defizite gegeben ist, die ein Verbot erfordert. Denn in der AG treffen heute vor allem professionelle Anleger (institutionelle Investoren, Hedgefonds) zusammen mit Stimmrechtsberatern diese Entscheidungen. Ihnen kann aber zugetraut werden, Satzungsentscheidungen abstrahierter und losgelöster von positiven Erfahrungen mit dem bisherigen Aufsichtsrat zu treffen. Denn sie müssen diese Entscheidung in allen Portfolio-Gesellschaften wiederholen. Insofern bietet der *one-size-fits-all*-Ansatz der institutionellen Investoren und der Stimmrechtsberater sogar den Vorteil, dass die Festlegung des Standards weniger durch *availability bias* und Repräsentationsheuristik geprägt wird. Legt man die Regeln für viele Gesellschaften fest, kennt man immer mindestens eine Gesellschaft, wo aktuell Probleme mit Aufsichtsratsmitgliedern bestehen. Aus dem Ausland hat man ggf. Erfahrungen zu Fällen, in denen eine Haftungsbeschränkung einer Gesellschaft geschadet hat. Zudem kann durch die mehrmalige Entscheidung ein Lerneffekt entstehen.

3) Haftungsbeschränkung als hypothetisch rationale Entscheidung

Schließlich stellt die zwingend unbeschränkte Aufsichtsratshaftung keine optimale Korrektur dar. Selbst wenn man präferiert, dass der Gesetzgeber die Entscheidung durch zwingendes Recht vorgibt, muss sich zwingendes Recht daran orientieren, was die Parteien hypothetisch ausgehandelt hätten, wenn sie eine rationale Entscheidung getroffen hätten[1885]. Es spricht aber wenig dafür, dass rationale Gesellschafter auch nur mehrheitlich die unbeschränkte Aufsichtsratshaftung wählen würden. Die Beschränkung der Haftung für Sorgfaltspflichtverletzungen hat für die Gesellschafter viele Vorteile, bis zu einem gewissen Maß hingegen kaum Nachteile[1886]. Rationale Parteien würden keine Haftungsbeschränkung für Vorsatz und Pflichtverletzungen mit monetären Eigengewinnen einführen, ggf. auch nicht für grobe Fahrlässigkeit. Dies könnte der Gesetzgeber daher verbieten. Für die allgemeine Sorgfaltspflicht bietet sich aber im Regelfall eine gewisse Beschränkung an. Zwingendes Recht müsste dies abbilden.

Im Ergebnis können kognitive Defizite daher zwingendes Recht begründen, auch im Bereich einer statutarischen Haftungsbeschränkung. Mit Blick auf die gewandelten Aktionärsstrukturen und mildere Mittel wie Aufklärung und Unterstützung bei der Beschlussfassung ist es jedoch ausreichend, wenn das Gesetz

1884 *Williams*, 84 Notre Dame Law Review 2009, 733 (748 ff.).

1885 *Means*, Fordham Law Review 2010, 1161 (1182); *Schäfer/Ott*, Lehrbuch der ökonomischen Analyse des Zivilrechts, 6. Aufl. 2020, S. 134.

1886 Siehe dazu 3. Teil § 1 und § 2.

lediglich Haftungsbeschränkungen für bestimmte Ausnahmefälle wie Vorsatz und monetäre Eigengewinne von Aufsichtsratsmitgliedern ausschließt.

II. Keine Unwirksamkeit von Haftungsbeschränkungen zum Schutze der Anleger

Ein für § 23 Abs. 5 AktG, gegen Deregulierung und damit auch für die zwingende Aufsichtsratshaftung immer wieder aufgeworfenes Argument ist der Schutz der Anleger – der zukünftigen Gesellschafter. Satzungen sollen standardisiert sein, damit diesen »auch ohne Studium des jeweiligen Satzungstexts« die Sicherheit vermittelt wird, dass »bestimmte Grundmuster eingehalten werden«[1887] und sie nicht abwägen müssen, wie manager- oder aktionärsfreundlich die Satzung ist[1888]. Standardisierung diene der Einsparung von Transaktionskosten[1889] und verhindere, dass Investoren zu viele Parameter bei ihrer Kaufentscheidung berücksichtigen müssen[1890]. Sie stelle die Verkehrsfähigkeit der Aktien sicher[1891] und schütze vor Überraschungen[1892]. Ein Börsenhandel sei sonst nicht möglich[1893]. Konkret *Ph. Scholz*[1894] und *Bayer*[1895] sprechen sich damit gegen eine Öffnung der Satzungsstrenge für Haftungsbeschränkungen aus.

1. (Keine) Informationsdefizite der Anleger

Im Kern zielen die Argumente darauf ab, Informationsdefiziten zukünftiger Gesellschafter entgegenzuwirken. Informationsasymmetrien sind ein klassischer Fall eines Marktversagens. Nach *Friedman* ist Voraussetzung effizienter Eini-

1887 *Priester*, BB 1996, 333; *Lutter*, AG 1995, 309; Bürgers/Körber/Lieder/*Körber/König*, 6. Aufl. 2024, § 23 Rn. 40; Heidel/*Braunfels*, 6. Aufl. 2024, § 23 Rn. 40.

1888 *Schäfer/Ott*, Lehrbuch der ökonomischen Analyse des Zivilrechts, 6. Aufl. 2020, S. 788; *Bayer/Kalss*, Reformbedarf im Aktienrecht 2024, § 5, 108 (113 f.).

1889 *Bayer*, Gutachten 67. DJT 2008, E 32; Grigoleit/*Vedder*, 2. Aufl. 2020, § 23 Rn. 36; *Mülbert*, 67. DJT 2008, N 56; *Bayer/Kalss*, Reformbedarf im Aktienrecht 2024, § 5, 108 (113 f.).

1890 GK-AktG/*Röhricht/Schall*, 5. Aufl. 2015, § 23 Rn. 174; *Petrikowski*, Satzungsstrenge contra Gestaltungsfreiheit im Recht der »Deutschen« AG und SE, 2009, S. 83.

1891 BeckOGK/*Limmer*, AktG, § 23 Rn. 50; Grigoleit/*Vedder*, 2. Aufl. 2020, § 23 Rn. 36; Hölters/Weber/*Solveen*, 4. Aufl. 2022, § 23 Rn. 29.

1892 *Bayer*, Gutachten 67. DJT 2008, E 32; Hölters/Weber/*Solveen*, 4. Aufl. 2022, § 23 Rn. 29.

1893 MünchKomm-AktG/*Pentz*, 6. Aufl. 2024, § 23 Rn. 158.

1894 *Ph. Scholz*, Die existenzvernichtende Haftung von Vorstandsmitgliedern in der Aktiengesellschaft, 2014, S. 370, *Ph. Scholz* plädiert stattdessen für *gesetzliche* Haftungsbeschränkungen.

1895 *Bayer*, NJW 2014, 2546 (2547 f.).

gung, » […] *that both parties to an economic transaction benefit from it, provided the transaction is bilaterally voluntary and informed*«[1896]. Ein Vertrag ist wohlfahrtsfördernd, wenn alle Personen sich freiwillig darauf einlassen und daher einen Vorteil versprechen. Dies gilt aber nicht mehr, wenn mindestens ein Vertragspartner (hier: Käufer/Verkäufer Gesellschaftsanteil) aufgrund von Informationsdefiziten unvorteilhafte Auswirkungen nicht einschätzen kann[1897].

Informationsasymmetrien führen dazu, dass ein rationaler Akteur sein Informationsrisiko einpreisen muss, wie es *Akerlof* am Beispiel von Gebrauchtwagen beschrieben hat[1898]. Nach seinem Modell führen Informationsasymmetrien zwischen Käufer und Verkäufer zu einer Abwärtsspirale der Produktqualität (*race to the bottom*[1899]). Kann der Käufer nicht feststellen, ob der Verkäufer Produkte guter oder schlechter Qualität anbietet, ist er nur noch bereit, einen Preis für durchschnittliche Qualität zu bezahlen. Denn er muss das Risiko einpreisen, schlechte Qualität zu erhalten. Die Verkäufer können die Qualität der eigenen Produkte einschätzen. Bei guter Qualität sind sie aber nicht bereit, zu diesem (durchschnittlichen) Preis zu verkaufen. Sie scheiden aus dem Markt aus, sodass nur noch schlechtere Qualität angeboten wird. Mit der Zeit realisieren die Käufer diesen Qualitätsverlust, sodass die Zahlungsbereitschaft weiter sinkt. Dies führt wiederum dazu, dass Verkäufer minderer Qualität ausscheiden und nur noch Verkäufer sehr schlechter Qualität im Markt verbleiben etc.

Dieses Modell lässt sich grundsätzlich auch auf Rechte übertragen. Beispielsweise im Verbraucherrecht können Kunden den Wert von AGB nicht einpreisen, da die Transaktionskosten – umfangreiche Prüfung der AGB – zu hoch sind. Diesem Marktversagen kann regulatorisch abgeholfen werden. Im hiesigen Beispiel verhindert der Gesetzgeber durch die §§ 307 ff. BGB ein *race to the bottom* hinsichtlich verbraucherunfreundlicher AGB[1900].

Spindler und *Petrikowski* haben das Modell von *Akerlof* daher entsprechend auf Satzungsinhalte übertragen[1901]. Aufgrund der Transaktionskosten prüfe der Anleger die Satzung nicht ausreichend, sodass seine Zahlungsbereitschaft für

1896 *Friedman*, Capitalism and Freedom, 1962, S. 13 (Hervorhebung durch den Verfasser).
1897 *Eidenmüller*, JZ 2001, 1041 (1043); Towfigh/Petersen/*Schmolke*, Ökonomische Methoden im Recht, 3. Aufl. 2023, Rn. 273; *Eisenberg*, 89 Columbia Law Review 1989, 1461 (1463); *Cheffins*, Company Law: Theory, Structure and Operation, 1997, S. 127 ff.
1898 *Akerlof*, 84 The Quarterly Journal of Economics 1970, 488–500.
1899 *Schäfer/Ott*, Lehrbuch der ökonomischen Analyse des Zivilrechts, 6. Aufl. 2020, S. 409; *Cheffins*, Company Law: Theory, Structure and Operation, 1997, S. 130: »*markets will supply quality at inefficiently low levels*«.
1900 *Leyens/Schäfer*, AcP 2010, 771 (783 ff.).
1901 *Spindler*, AG 1998, 53 (60); *Petrikowski*, Satzungsstrenge contra Gestaltungsfreiheit im Recht der »Deutschen« AG und SE, 2009, S. 47; allgemein zur Übertragbarkeit auf Gesellschaftsanteile: *Cheffins*, Company Law: Theory, Structure and Operation, 1997, S. 130 f.

»gute« anlegerschützende Satzungen nicht höher sei als für »schlechte« anlegerschädigende Satzungen. In der Folge würden sich die »schlechtesten« Satzungen durchsetzen.

Ein solches *race to the bottom* ist für Satzungsinhalte bzw. konkret Haftungsbeschränkungen aber nicht zu erwarten, sodass sich damit kein Verbot von Haftungsbeschränkungen rechtfertigen lässt. Denn unter Berücksichtigung der gewandelten Aktionärsstrukturen bestehen schon keine entsprechenden Informationsdefizite der Anleger.

Anlegern fehlen die Informationen nicht direkt, denn Satzungen und damit statutarische Haftungsbeschränkungen könnten im Handelsregister vor Anteilserwerb eingesehen werden[1902]. Ein Informationsdefizit kann folglich allein dadurch entstehen, dass Anleger entweder nicht in der Lage sind, Satzungen bzw. Haftungsbeschränkungen zu verstehen und zu bewerten, oder es für sie zu kostenintensiv ist, sie vor Erwerb zu prüfen. Kosten für die Prüfung einer Satzung und mögliche Gewinne durch den Erwerb stehen gegebenenfalls in keinem Verhältnis zueinander. Die Informationsasymmetrien beruhen daher auf hohen Transaktionskosten. In Bezug auf Kleinaktionäre, welche die Verfechter von § 23 Abs. 5 AktG sowie das Reichsgericht 1901 und 1906[1903] bei Installierung der Satzungsstrenge wohl meist im Blick haben bzw. hatte, wird man diesbezüglich tatsächlich zweifeln können. Denn sie erwerben nur kleinere Positionen, sodass sich eine Prüfung der Satzung, insbesondere unter Heranziehung von Experten, nicht lohnt. Dies gilt aber nicht für institutionelle Investoren[1904]. So wie institutionelle Investoren stärkere Anreize dafür haben, als Gesellschafter in der Gesellschaft informiert mitzuwirken, haben sie auch stärkere Anreize, eine Gesellschaft als Anleger vor Erwerb zu prüfen. Sie erwerben größere Positionen, sodass die Kosten für die Prüfung der Satzung weniger ins Gewicht fallen. Zudem können Skaleneffekte erzielt werden. Wenn die Thematik »Haftungsbegrenzung« einmal umfassend geprüft wurde, können die Erkenntnisse auf den Erwerb weiterer Gesellschaften übertragen werden[1905]. Auch unterliegen institutionelle Investoren nicht den denselben Verständnis- und Bewertungsproblemen wie Kleinaktionäre. Sie können Experten heranziehen, die auch rechtliche Risiken vor Erwerb prüfen können. Auch können sie rationalere Entscheidungen treffen[1906]. Da inzwischen institutionelle Investoren die Aktionärsstruktur dominieren, braucht es kein Verbot von Haftungsbeschränkungen zum Schutze der Anleger.

1902 Vgl. zur Einreichungspflicht §§ 37 Abs. 4 Nr. 1 AktG, § 8 Abs. 1 Nr. 1 GmbHG.
1903 Siehe dazu 3. Teil § 3 A. I. 1.
1904 *Tröger/Enriques*, 67 The Cambridge Law Journal 2008, 521 (546).
1905 Siehe dazu 3. Teil § 3 B. I. 1. b).
1906 Siehe dazu 3. Teil § 3 B. I. 4. c) 2).

2. Erst recht keine Rechtfertigung für Haftungsbeschränkungen nach Erstplatzierung

Erst recht bestehen keine Informationsasymmetrien am Sekundärmarkt. Auf dem Primärmarkt mag (nur) bei Kleinaktionären[1907] ein Informationsgefälle bestehen. Den Gesellschaftsgründern ist die Satzung bekannt, den Kleinanlegern nicht. Gründer könnten daher eine übermäßige Haftungsbeschränkung der Aufsichtsratsmitglieder in die Satzung aufnehmen, ohne dass Kleinanleger dies preislich abstrafen und damit weniger Kapital eingesammelt wird.

Am Sekundärmarkt ist ein solches Marktversagen hingegen auch bei Kleinanlegern nicht in gleicher Weise gegeben, da im Regelfall keine entsprechenden Informationsasymmetrien bestehen[1908]. Sowohl Käufer als auch, im Gegensatz zum Gründer, Verkäufer unterliegen demselben Informationsproblem. Für beide Parteien ist eine Prüfung der Satzung gleichermaßen unrentabel. Daher besteht kein Informationsgefälle, sondern ein doppeltes Informationsdefizit. Ein *Akerlof*-Markt und damit eine Abwärtsspirale der Satzungsqualität ist nicht zu erwarten. Die Einführung einer Haftungsbeschränkung nach Erstplatzierung sollte daher schon deswegen erlaubt sein.

3. Argument der Standardisierung ist nicht kongruent mit dem Schutz vor sonstigen Informationsdefiziten

Das Argument der Standardisierung zum Schutz der Anleger ist zudem nicht kongruent mit dem Schutz vor sonstigen Informationsdefiziten. Es versteht auch kaum ein (Klein-)Anleger alle wirtschaftlichen Aspekte eines Unternehmens oder wertet alle Kennzahlen aus. Die Bewertung eines Unternehmens ist eine komplexe Fragestellung, für welche unterschiedliche Methoden existieren (z.B. Ertragswertverfahren, Discounted Cash-Flow[1909]) und die nur Experten durchführen. Dazu müssten vor Erwerb ständig neue Unternehmenszahlen, Konkurrenz, Gesamtmarkt etc. analysiert werden. Niemand käme aber auf die Idee, Unternehmen standardisierte Geschäftsmodelle vorzuschreiben, um Anleger vor schlechten Geschäftsmodellen zu schützen. Wenn Anleger Aktien im Rahmen eines Börsengangs erwerben, werden sie vom Gesetzgeber stattdessen mit Pflichtinformationen durch den Börsenprospekt informiert[1910]. Sind all diese

1907 Anders bei institutionellen Investoren, siehe oben 3. Teil § 3 B. II. 1.

1908 Auch *Fuchs* weist z.B. im Rahmen der Emittentenhaftung auf die informationellen Unterschiede zwischen Primär- und Sekundärmarkt hin und betont, dass besonders Informationsasymmetrien zwischen Emittent und Anleger beim erstmaligen Vertrieb einer Kapitalanlage bestehen, vgl. Fuchs/Zimmermann/*Fuchs*, WphG, 3. Aufl. 2024, Vor §§ 97, 98 Rn. 8.

1909 Vgl. zu den Methoden: MünchKomm-HGB/*K. Schmidt/Fleischer*, 5. Aufl. 2022, § 131 Rn. 145 ff.

1910 Vgl. die Art. 6 ff. Prospekt-VO – Verordnung EU 2017/1129; *Vetter*, 67. DJT 2008, N 131.

Informationen einfacher zu verarbeiten als eine Haftungsbeschränkung des Aufsichtsrats? Ferner zielen Vorschriften wie § 161 AktG oder § 289f HGB darauf ab, dass der Kapitalmarkt Informationen einpreist und dadurch Druck zur Einhaltung der Empfehlungen erzeugt. Der Gesetzgeber setzt auf Transparenz statt auf Verbote. Das Argument der erhöhten Anzahl an Kaufparametern überzeugt daher nicht. All diese Informationen kann ein einzelner Investor auch unabhängig von der Satzung nicht auswerten.

4. Börsennotierung überwindet das Informationsproblem

Schließlich überwindet die Börsennotierung das Informationsproblem, selbst für die Kleinanleger. Es muss nicht jeder Anleger die Auswirkungen der Satzung nachvollziehen und sie entsprechend einpreisen[1911]. Anleger erwerben Aktien zum Börsenkurs. Der Börsenkurs preist die Informationen ein, da es ausreicht, wenn professionelle Marktteilnehmer und Informationsintermediäre wie Fondsgesellschaften, professionelle Anleger, Finanzanalysten oder Ratingagenturen in der Lage sind, die Informationen zu bewerten und ihre Bewertung durch Empfehlung oder indirekt durch Handel weiterzugeben[1912]. Solange die Bewertung einer Satzung sich im Börsenpreis niederschlägt, ist es irrelevant, ob jeder Anleger vor Erwerb die Satzung prüft. Er kann sich auf den Preisbildungsmechanismus der Börse verlassen – so wie die meisten Anleger es auch mit Blick auf wirtschaftliche Fragestellungen tun.

Im Schrifttum wird indes davor gewarnt, selbst professionelle Kapitalmarktteilnehmer könnten Satzungsregelungen nicht richtig bewerten[1913] und die Effizienz des Kapitalmarkts werde überschätzt[1914]. Nachfolgend soll daher der Frage nachgegangen werden, ob der Kapitalmarkt Satzungsregelungen, insbesondere statutarische Haftungsbeschränkungen, einpreisen kann. Bestraft er übermäßige Haftungsbeschränkungen mit Kursabschlägen bzw. belohnt sinnvolle Haftungsgestaltungen, werden Anleger geschützt, da sie den passenden Preis bezahlen und für die Gesamtheit der Gesellschafter ein Anreiz für sinnvolle Haftungsbeschränkungen besteht.

Die Frage kann nur empirisch beantwortet werden. Zu Satzungsbestimmungen existieren zahlreiche Studien, welche eher für die Fähigkeiten des Marktes

1911 Genau diese Behauptung wird aber mehrfach aufgestellt, z.B. bei: *Schäfer*, NJW 2008, 2536 (2539); *Sachs*, 67. DJT 2008, N 158.

1912 *Spindler* AG 1998, 53 (61); *Eidenmüller*, JZ 2001, 1041 (1046); *Grunewald*, NZG 2009, 967 (969).

1913 *Habersack*, AG 2009, 1 (8); *Mülbert*, 67. DJT 2008, N 56, N 136; optimistischer dagegen mit Blick auf die Einpreisung nationaler Gesetze in der EU: *Tröger/Enriques*, 67 The Cambridge Law Journal 2008, 521 (545); optimistischer konkret mit Blick auf Haftungsbeschränkungen: *Habersack*, ZHR 2013, 782 (804).

1914 KK-AktG/*Arnold*, 4. Aufl. 2022, § 23 Rn. 138, der allerdings selbst offen gegenüber Liberalisierungen in spezifischen Bereichen ist.

sprechen. Mehrere Beispiele zeigen, dass der Markt anlegerschädigende Satzungsinhalte mit Kursabschlägen bestraft. So haben Untersuchungen in den USA festgestellt, dass die Aufhebung des statutarischen Bezugsrechts[1915], Instrumente zur Übernahmeverteidigung wie *poison pills*[1916] oder die Ankündigung von Stimmrechtsklassen[1917] negative Kursreaktionen hervorrief. In der Schweiz wird die Aufhebung satzungsmäßiger Vinkulierungsklauseln genutzt, um positive Kursreaktionen hervorzurufen, in den USA mit demselben Ziel *poison pills* reduziert[1918].

Für die Fähigkeit des Marktes spricht auch, dass mehrere US-Studien zeigen, dass der Wechsel des Unternehmenssitzes, welcher oft dem Ziel dient, andere Satzungsgestaltungen zu ermöglichen, sich auf den Börsenkurs auswirkt[1919]. Insbesondere *Heron/Lewellen* konnten einen negativen Effekt registrieren, wenn der Sitzwechsel der Änderung der Satzung zum Aufbau einer Übernahmeverteidigung dienen sollte[1920]. Ein weiteres Indiz sind Studien zu Veränderungen der Gesetze in den US-Bundesstaaten. *Karpoff/Malatesta* konnten feststellen, dass die Ankündigung von Gesetzen, welche Übernahmen erschweren, zu Kursabschlägen bei den Gesellschaften führten, welche in dem Staat inkorporiert sind[1921]. Zudem konnten teilweise positive Börseneffekte bei Corporate Governance Maßnahmen verzeichnet werden. So zeigt die Studie von *Rosenstein/Wyatt*, dass die Wahl eines unabhängigen Board-Mitglieds zu einem Kursanstieg führt[1922]. Auch werden unterschiedliche Aktientypen wie Stamm- und Vorzugsaktien vom Markt unterschiedlich bewertet[1923].

Man muss dem zwar entgegenhalten, dass andere Studien keine Effekte feststellten und der deutsche Kapitalmarkt nicht zwingend dem der USA entspricht. Tendenziell ist die Informationsverarbeitung des deutschen Kapitalmarkts geringer als in den USA und auch im UK, da deren Märkte mehr Streueigentum aufweisen. An der grundsätzlichen Fähigkeit des deutschen Kapitalmarkts, Informationen einzupreisen, wird aber kaum mehr gezweifelt[1924]. Zudem bedeuten selbst fehlende Effekte nicht zwingend, dass die Börse Rechtsänderungen nicht wahrnimmt, sondern ggf. nur, dass sie ihnen – im Gegensatz zu uns Juristen,

1915 *Pellens*, Aktionärsschutz im Konzern, 1994, S. 298.

1916 *Ryngaert*, 20 Journal of Financial Economics 1988, 377–417.

1917 *Jarrel/Poulsen*, 20 Journal of Financial Economics 1988, 129–152.

1918 *Hirte*, Gestaltungsfreiheit im Gesellschaftsrecht, 1998, 61 (65).

1919 *Bhagat/Romano*, 4 American Law and Economics Review 2002, 380 (383 f.) m.w.N. zu allen acht Studien.

1920 *Heron/Lewellen*, 33 Journal of Financial and Quantitative Analysis 1998, 549 (566).

1921 *Karpoff/Malatesta*, 25 Journal of Financial Economics 1989, 291 (320 f.).

1922 *Rosenstein/Wyatt*, 26 Journal in Financial Economics 1990, 175 (190).

1923 *Spindler*, AG 1998, 53 (74).

1924 Dazu mit weiteren Studien: GK-AktG/*Leyens*, 5. Aufl. 2018, § 161 Rn. 47.

welche den Wert einer Rechtsregel gern erhöhen – weniger Relevanz beimisst[1925].

Wichtiger als Erkenntnisse zur Einpreisung allgemeiner Satzungsinhalte ist, ob der Kapitalmarkt speziell statutarische Haftungsbeschränkungen wahrnimmt. Ein erstes Indiz ist die Studie von *Lin et. al.*, welche zwar weder Börsenkurs noch Haftungsbeschränkung untersucht. Sie stellte aber fest, dass Kreditgeber negativ auf (hohen) D&O-Versicherungsschutz reagieren. Sie strafen Unternehmen mit (zu) stark geschützten Managern mit höheren Kreditgebühren ab[1926]. Da D&O-Schutz und Haftungsbeschränkung ähnliche Instrumente sind, bestätigt die Studie ein Marktbewusstsein für die Incentivierung der Organmitglieder. Ein weiteres Indiz ist wiederum die Studie von *Heron/Lewellen* zum Wechsel des Unternehmenssitzes. Diente der Wechsel der Einführung einer Haftungsbeschränkung, konnte ein signifikanter Anstieg des Börsenkurses beobachten werden[1927].

Einzelne US-Studien haben sich sogar konkret mit der Einführung statutarischer Haftungsbeschränkungen beschäftigt. Die Ergebnisse variierten allerdings. *Bradley/Shipani*[1928] stellten negative Effekte fest. *Romano* beobachtete signifikant positive Effekte[1929]. *Janjigian/Bolster*[1930] und *Netter/Poulsen*[1931] konnten keine Effekte verzeichnen. Die umfassendste Studie wurde von *Brook/Rao* mit 120 Unternehmen durchgeführt. *Brook/Rao* konnten für alle Unternehmen leicht positive, für wirtschaftlich schwächelnde Unternehmen sogar signifikant positive Kursveränderungen ausmachen[1932].

Insgesamt sprechen die Indizien für die Fähigkeiten des Marktes. Die Bewertung durch die Börse kann auch Kleinanleger davor schützen, für eine Aktie eines Unternehmens mit schlechter Haftungsgestaltung zu viel zu bezahlen. Mehrere Studien sowohl allgemein zu Satzungsinhalten als auch speziell zu Haftungsbeschränkungen oder ähnlichen Instrumenten konnten Effekte feststellen. Die unterschiedlichen Ergebnisse speziell zu Haftungsbeschränkungen können damit erklärt werden, dass diese einen Trade-off zwischen positiven Effekten (Risikoaversion, Gewinn neuer Kandidaten[1933]) und verminderter Präventionswirkung darstellen. Bisher fehlt die Feststellung stark negativer Effekte infolge übermäßiger Haftungsbeschränkungen, was Anleger schützen würde. Erstaun-

1925 *Spindler*, AG 1998, 53 (67).

1926 *Lin/Officer/Wang/Zou*, 110 Journal of Financial Economics 2013, 37–60.

1927 *Heron/Lewellen*, 33 Journal of Financial and Quantitative Analysis 1998, 549 (556, 566).

1928 *Bradley/Shipani*, 75 Iowa Law Review 1989, 1–74, zitiert nach *Baghat/Romano*, 4 American Law and Economics Review 2002, 380 (392).

1929 *Romano*, 39 Emory Law Review 1990, 1155–1189, zitiert nach *Baghat/Romano*, 4 American Law and Economics Review 2002, 380 (392).

1930 *Janjigian/Bolster*, 13 Journal of Financial Research 1990, 53–60.

1931 *Netter/Poulsen*, 18 Financial Management 1989, 29–40.

1932 *Brook/Rao*, 29 The Journal of Financial and Quantitative Analysis 1994, 481–497.

1933 Siehe dazu 3. Teil § 2.

lich ist dies aber nicht, da die US-Gesetze nicht jede Haftungsbeschränkung erlauben, sondern sie für Vorsatz, Leichtfertigkeit und Treuepflichtverletzungen verbieten[1934].

5. Haftungsbeschränkung schadet Verkehrsfähigkeit nicht

Es ist auch nicht ersichtlich, warum Aktien nicht »verkehrsfähig« sein sollten, wenn Gesellschafter über ihre Satzung, speziell Haftungsbeschränkungen, bestimmen dürfen. Ein Blick in die USA widerlegt dies. Wie gezeigt[1935], können Satzungen in fast allen US-Bundesstaaten Haftungsbeschränkungen vorsehen. Dennoch haben die beiden größten Börsen der USA, NASDAQ und New York Stock Exchange, das weltweit höchste Handelsvolumen, dieses ist mehr als zehnmal so groß wie das der Deutsche Börse AG. Auch im UK herrscht Satzungsfreiheit, wenngleich nicht für Haftungsbeschränkungen. Auch das Handelsvolumen der London Stock Exchange ist größer als in Deutschland[1936]. Der Verkehrsfähigkeit schadet die Satzungsfreiheit nicht[1937].

6. Kein Anlegerschutz in phänotypischer GmbH und kapitalmarktferner AG

In GmbH und kapitalmarktferner AG wird der Preis für einen Anteil nicht an der Börse bestimmt. Dennoch ist kein Verbot von Haftungsbeschränkungen aus Gründen des Anlegerschutzes erforderlich[1938]. Die Beteiligung an einer GmbH geht grundsätzlich mit einer gründlichen Prüfung des Gesellschaftsvertrags einher[1939]. Denn zumindest in der phänotypischen GmbH[1940] ist die individuelle Kapitalbeteiligung viel höher[1941], sodass es sich rechnet, Kosten für Informationen aufzuwenden[1942]. Transaktionskosten fallen nicht mehr ins Gewicht. Wieder

1934 Siehe dazu 2. Teil § 3 C.
1935 Siehe dazu 2. Teil § 3 A.
1936 Statista, Größte Börsen der Welt nach Handelsvolumen mit Aktien im Jahr 2021.
1937 So auch Schmidt/Lutter/*Seibt*, 5. Aufl. 2024, § 23 Rn. 53; *Grunewald*, NZG 2009, 967 (969); *Eidenmüller*, JZ 2001, 1041 (1046).
1938 *Kuntz*, Gestaltung von Kapitalgesellschaften zwischen Freiheit und Zwang, 2016, S. 423; *Pleßke*, Die Satzungsstrenge im Aktienrecht, 2007, S. 133 ff.; entsprechend fordert der Arbeitskreis des VGR eine Abschaffung der Satzungsstrenge für nicht-börsennotierte Unternehmen: *Bayer/Kalss*, Reformbedarf im Aktienrecht 2024, § 5, 108 (122).
1939 GK-AktG/*Röhricht/Schall*, 5. Aufl. 2015, § 23 Rn. 174; *Petrikowski*, Satzungsstrenge contra Gestaltungsfreiheit im Recht der »Deutschen« AG und SE, 2009, S. 75.
1940 Mit »phänotypischer GmbH« ist vorliegend als Annahmegerüst der empirische Durchschnittstyp einer GmbH gemeint. Siehe dazu und zu den Merkmalen der »phänotypischen GmbH«: 3. Teil § 1 C. I.
1941 Siehe dazu 3. Teil § 1 C. I.
1942 *Easterbrook/Fischel*, The economic structure of corporate law, S. 237.

kann das Beispiel der AGB-Kontrolle herangezogen werden. Auch dort wird gefordert, dass eine Kontrolle zur Bekämpfung der Informationsasymmetrien ab einem bestimmten Vertragswert nicht mehr geboten ist[1943]. GmbH-Gesellschafter können ihr Risiko auch nicht durch Diversifikation streuen[1944], sodass sie zur Risikovermeidung stattdessen mehr Energie und Kapital in Informationen investieren[1945]. Zudem werden sie durch den Notar informiert, § 15 Abs. 3 GmbHG[1946]. Entsprechend herrscht in der GmbH umfassende Satzungsfreiheit und, soweit ersichtlich, fordert dort auch niemand zwingendes Recht zur Begrenzung von Informationsasymmetrien[1947]. Dasselbe gilt für kapitalmarktferne, insbesondere personalistisch strukturierte, AGs[1948]. Auch dort wird der Investor erst nach umfassender Prüfung eine hohe Kapitalbeteiligung erwerben.

III. Keine umfassende Unwirksamkeit von Haftungsbeschränkungen wegen Externalitäten bei Stakeholdern

Der neben dem Monopol bekannteste Fall von Marktversagen sind Externalitäten. Auch statutarische Haftungsbeschränkungen für Aufsichtsratsmitglieder könnten Externalitäten erzeugen.

1. Einführung in Externalitäten

Verträge zu Lasten Dritter sind nichtig[1949]. Aus gutem Grund. Selbst wenn Vertragspartner informiert sind und freiwillig und rational handeln, lassen sie einen Punkt unberücksichtigt: die Kosten Dritter[1950]. Diese Kosten werden bei der Entscheidung nicht berücksichtigt – sie werden externalisiert[1951]. Externalitäten werden daher als eine der Kernursachen für Marktversagen angesehen[1952] und

1943 *Leyens/Schäfer*, AcP 2010, 771 (791).
1944 Siehe dazu 3. Teil § 1 C. I.
1945 *Easterbrook/Fischel*, The economic structure of corporate law, S. 237.
1946 Zum Formerfordernis als Mittel des Anlegerschutzes, vgl. Noack/Servatius/Haas/*Servatius*, 24. Aufl. 2025, Einleitung Rn. 6.
1947 *Spindler*, AG 1998, 53 (65).
1948 *Bayer*, Gutachten 67. DJT 2008, E 38; *Pleßke*, Die Satzungsstrenge im Aktienrecht, 2007, S. 133.
1949 BGH, NJW 1981, 275.
1950 *Friedman*, Capitalism and Freedom, 1962, S. 30: »*when actions of individuals have effects on other individuals for which it is not feasible to charge [...] them*«.
1951 Ausführlich zur Auswirkung von Externalitäten: *Trebilcock*, The Limits of Freedom of Contract, 1993, S. 58 ff.; Friedman spricht von »*neighborhood effects*«: *Friedman*, Capitalism and Freedom, 1962, S. 30; auch *Cheffins*, Company Law: Theory, Structure and Operation, 1997, S. 138.
1952 Towfigh/Petersen/*Schmolke*, Ökonomische Methoden im Recht, 3. Aufl. 2023, Rn. 272.

sind keinesfalls auf Verträge zu Lasten Dritter beschränkt. Sie meinen jegliche Kosten oder jegliches Übel für Dritte, die an der Entscheidung nicht beteiligt sind[1953]. Die bekanntesten Beispiele sind Umweltauswirkungen oder Lärmbelästigungen durch Flugzeuge[1954]. Diese Kosten fallen ohne Intervention nicht den Unternehmen, sondern Nachbarn oder Öffentlichkeit zur Last.

Aus einer Wohlfahrtsperspektive ist dies bedenklich. Fallen Ertragswert für die gesamte Gesellschaft und Ertragswert für den Entscheider auseinander, trifft der Entscheider rational nicht mehr die gesamtgesellschaftlich »beste« Entscheidung. Es entsteht ein Wohlfahrtsverlust. Diesen Fehler des Marktes kann der Gesetzgeber korrigieren, indem er den Entscheider regulatorisch zwingt, die Kosten zu internalisieren. Er kann ein Verhalten entweder nur gegen Zahlung einer Gebühr gestatten, die sich an den externen Kosten orientiert (z.B. Steuern, Zertifikate) oder er kann ein Verhalten verbieten und den Verstoß mit einer Sanktion belegen. Mögliche Sanktionen sind z.B. Bußgelder, öffentlich-rechtliche Folgen, zivilrechtliche Folgen oder Schadensersatzansprüche Dritter. Beispiele sind bußgeldbewehrte Verbote aus dem Umweltrecht, Arbeitnehmerschutzbestimmungen oder das Kartellverbot. Hinzutreten außerstaatliche Sanktionen wie Reputationsschäden. Sanktionen müssen sich an dem durch den Verstoß erzielbaren Gewinn orientieren, damit sie einen ausreichenden Anreiz zum Unterlassen bieten[1955]. Insgesamt sind Externalitäten daher ein klassischer Fall, in dem aus ökonomischer Sicht staatliche Intervention als erforderlich angesehen wird[1956] – und damit auch zwingende Innenhaftungsregeln für Aufsichtsratsmitglieder begründet sein könnten.

Nicht auf jede Externalität sollte aber mit staatlicher Intervention reagiert werden[1957], da bei fast allen Entscheidungen externe Kosten anfallen[1958]. Wenn jemand ein Auto kauft, verursacht er Umweltbelastungen, wer raucht oder Alkohol trinkt, belastet stärker Gesundheitssystem sowie Tischnachbarn[1959]. Selbstverständlich soll der Staat dies nicht alles verbieten. Die Freiheit des Bürgers wäre unzumutbar beschränkt. Zudem ist nicht jede staatliche Intervention effizienter als das Marktversagen. Auch durch regulatorische Eingriffe können Kosten entstehen. Ein Eingriff ist nur geboten, wenn Gewinne durch den Ein-

1953 *Hill*, 39 Seattle University Law Review 2016, 517.

1954 Towfigh/Petersen/*Morrel,* Ökonomische Methoden im Recht, 3. Aufl. 2023, Rn. 161: »Überdüngung, Pestiziden Einsatz«; *Hill*, 39 Seattle University Law Review 2016, 517.

1955 *Cooter*, 84 Columbia Law Review 1984, 1523 (1524 f.); *Hill*, 39 Seattle University Law Review 2016, 517 (522).

1956 *Hill*, 39 Seattle University Law Review 2016, 517 (521).

1957 *Friedman*, Capitalism and Freedom, 1962, S. 32.

1958 *Trebilcock*, The Limits of Freedom of Contract, 1993, S. 58.

1959 Beispiele bei *Trebilcock*, The Limits of Freedom of Contract, 1993, S. 58, 75; auch Towfigh/Petersen/*Morrel,* Ökonomische Methoden im Recht, 3. Aufl. 2023, Rn. 161.

griff die dadurch erzeugten gesamtgesellschaftlichen Kosten überwiegen[1960]. Zur Bewertung dient das Kaldor-Hicks-Kriterium. Danach liegt eine Wohlfahrtssteigerung vor, wenn infolge der Änderung die Gewinne der bessergestellten Akteure ausreichen, um Verluste der Verlierer zu kompensieren und zumindest ein Akteur nach dieser Kompensation besser steht als vorher[1961].

2. Externalitäten und Kapitalgesellschaftsrecht

Auf den ersten Blick haben Externalitäten keinen Bezug zum Gesellschaftsrecht, insbesondere zur Organhaftung. Nach klassischer Arbeitsteilung stellt das Gesellschaftsrecht einen leistungsfähigen Organisationsrahmen zur Verfügung. Der Bekämpfung externer Effekte dienen hingegen außergesellschaftsrechtliche Normen wie Umwelt-, Kartell-, Arbeitsrecht, Menschenrechtsgesetze oder das Lieferkettensorgfaltspflichtgesetz[1962]. Um Externalitäten einer Gesellschaft zu kontrollieren, wird diese mit staatlicher Intervention adressiert. Entweder werden ihr Kosten auferlegt oder Verhaltensweisen werden untersagt und Verstöße sanktioniert.

Das zuständige Organmitglied nimmt als Entscheidungsträger der Gesellschaft Sanktionskosten durch außergesellschaftsrechtliche Normen in die Entscheidung auf[1963]. Wägt es ab, ob ein Projekt durchgeführt werden soll, welches Dritte belastet, muss es bei einer staatlichen Erlaubnis gegen einen Preis, diesen als Kostenpunkt inkludieren. Ist das Verhalten verboten, wird das Organmitglied das Risiko der Sanktion zuzüglich Rechtsverteidigungskosten und Reputationsschäden einpreisen und das Projekt bei Überwiegen der Kosten unterlassen. Ziel ist, dass die Gesellschaft nur noch Projekte durchführt, die auch aus gesamtgesellschaftlicher Sicht einen positiven Ertragswert aufweisen. Adressat der Maßnahmen ist aber immer die Gesellschaft – nicht ihre Organe. Internalisierung erfolgt durch außergesellschaftsrechtliche Normen – nicht durch (zwingendes) Gesellschaftsrecht.

Auf den zweiten Blick bekommt Externalisierung aber dadurch eine gesellschaftsrechtliche Dimension, dass die Erlaubnis zur Bildung von Kapitalgesellschaften mit beschränkter Haftung dessen Gefahr fördert. Ein Verbot funktioniert nicht, wenn es dem Gesetzgeber infolge der Größe der Gesellschaften nicht möglich ist, diese mit Kosten zu belegen, die ausreichend hoch sind, um

1960 *Friedman*, Capitalism and Freedom, 1962, S. 32.

1961 *Kaldor*, 49 Economic Journal 1939, 549 ff.; *Hicks*, 49 Economic Journal 1939, 696 ff.

1962 Kraakman et. al./*Enriques/Hansmann/Kraakman/Pargendler*, Anatomy of Corporate law, 3. Aufl. 2017, S. 93; *Fleischer*, DB 2022, 37 (37 f.); Grigoleit/*Grigoleit*, 2. Aufl. 2020, § 76 Rn. 23; *Weller/Benz*, ZGR 2022, 563.

1963 Kraakman et. al./*Armour/Hansmann/Kraakman/Pargendler*, Anatomy of Corporate law, 3. Aufl. 2017, S. 43.

sie zur Unterlassung anzureizen (a.). Zudem fördert die institutionelle Haftungsbeschränkung risikofreudiges Verhalten und damit Externalitäten (b.).

a) Unzureichende Anreize infolge der Kapitalakkumulation

Die Einwirkung auf Unternehmen ist unzureichend, wenn der Gesetzgeber auf Zuwiderhandlungen gegen ein Verbot zwar mit Sanktionen reagieren kann, Entdeckung und Verfolgung von Verstößen aber zu schwierig und damit die Sanktionswahrscheinlichkeit zu gering ist. Aus streng profitmaximierender Sicht der Gesellschafter ist es nur dann sinnvoll, von einem Verstoß abzusehen, wenn die erwarteten Kosten (Höhe Sanktion x Sanktionswahrscheinlichkeit) größer sind als der erwartete Gewinn. Dies gilt vor allem für Portfolio-Aktionäre, welche streng wahrscheinlichkeitsgewichtet agieren können, da Einzelrisiken ausgeblendet werden.

Die Sanktionswahrscheinlichkeit kann aber je nach Art des Verstoßes sehr gering sein[1964]. Die Entdeckungswahrscheinlichkeit eines Kartells soll z.B. nur bei 12,9 bis 13,3 % liegen[1965]. Der Gesetzgeber kann diese Wahrscheinlichkeit auch nicht immer erhöhen, da die Art des Verstoßes dies verhindert oder weitere Mittel zur Aufdeckung und Verfolgung für den Staatshaushalt zu teuer sind[1966]. Die geringe Sanktionswahrscheinlichkeit hängt aber kausal auch mit der Erlaubnis zur Bildung von Kapitalgesellschaften zusammen. Erst die Haftungsbeschränkung auf die Einlage ermöglicht Akkumulation von Kapital durch viele Kapitalgeber und dadurch die Bildung großer, weit verzweigter Unternehmen. Solche Unternehmen haben Ressourcen, um Verstöße zu verdecken. Ihre komplexen Unternehmensstrukturen können Verstöße verschleiern und Entscheidungen werden auf viele Personen und Ebenen verteilt. Insgesamt ist es daher schwieriger, Verstöße gegen gesetzliche Normen von außen festzustellen[1967]. Die Dauer bis zur Entdeckung des Bilanzbetrugs der Wirecard AG oder der Manipulation der Abgaswerte bei VW zeigen dies eindrucksvoll.

Gegen das Problem der geringen Sanktionswahrscheinlichkeit wird eingewendet, man könne diesem begegnen, indem der Gesetzgeber die Höhe der Sanktionen entsprechend erhöht und dadurch die geringe Wahrscheinlichkeit einpreist[1968]. Dies ist aber nicht immer möglich[1969]. Erstens kann es infolge von Informationslücken für den Gesetzgeber zu schwierig sein, die richtige Höhe

1964 MünchKomm-AktG/*Spindler*, 6. Aufl. 2023, § 93 Rn. 111.
1965 *Combe/Monnier/Legal*, BEER paper no. 12 2008, S. 17.
1966 *Kraakman*, 93 Yale Law Journal 1984, 857 (884).
1967 Ähnlich: *Grigoleit*, FS K. Schmidt 2019, 367 (372 f.); *Thole*, ZHR 2009, 504 (516 f.).
1968 *Gevurtz*, Corporation Law, 3. Aufl. 2021, S. 339; *Fischel*, 35 Vanderbilt Law Review 1982, 1259 (1271).
1969 *Kraakman*, 93 Yale Law Journal 1984, 857 (881).

der Sanktion zu kalkulieren[1970]. Dies betrifft vor allem fehlendes Wissen um den durch den Verstoß erzielbaren Gewinn, was wiederum durch Bildung großer Unternehmen gefördert wird. Bei diesen kann ex ante ohne Einblick in Unternehmensinterna kaum abgeschätzt werden, welche Gewinne durch Gesetzesverstöße zu erzielen sind. Entsprechend leidet auch die das Bußgeld festsetzende Behörde an Informationsmängeln, um die Höhe der Sanktion korrekt zu bestimmen und wirtschaftliche Vorteile abzuschöpfen[1971].

Zweitens möchte der Gesetzgeber unter Umständen keine so hohen Sanktionen verhängen, die Gesellschaften in Insolvenzgefahr bringen könnten. An deren Existenz hängen auch Stakeholder, die mit dem Verstoß nichts zu tun haben. Arbeitnehmer verlieren in der Insolvenz ihre Jobs, Vertragspartner bleiben auf Forderungen sitzen. Aus Rücksicht auf ihre Interessen wird der Gesetzgeber von entsprechend hohen Sanktionen absehen[1972]. Selbst ohne Insolvenz kann ein hoher Schaden dazu führen, dass Werke geschlossen oder Arbeitnehmer entlassen werden. Auch diese Stakeholder-Gefahren sind Folge der Bildung großer Unternehmen, da erst dadurch Verbindungen zu vielen Stakeholdern entstehen können. Bei besonders großen Gesellschaften kann zudem das gesetzgeberische Interesse hinzukommen, »systemrelevante« Unternehmen zu erhalten. Diese sind so groß und damit eng mit der Wirtschaft verwoben, dass ihr Ausfall systemische Folgen bzw. Kettenreaktionen auslösen kann (*too big to fail*). Auch diese Systemrelevanz ist Folge von Kapitalakkumulation. Die Rettung verschiedener Unternehmen durch den Gesetzgeber zum Schutz der Arbeitnehmer oder zur Sicherung des Systems stützt diese These[1973].

Drittens können vor allem große Unternehmen Lobbyismus betreiben, was eine effektive Einpreisung der Externalitäten oft verhindert[1974]. Lobbyisten können darauf hinwirken, dass Sanktionen zu niedrig angesetzt werden, sodass kein ausreichender Anreiz zur Unterlassung besteht.

Festzuhalten bleibt daher, dass die Erlaubnis zur Bildung großer Kapitalgesellschaften es dem Gesetzgeber erschwert, Externalitäten durch außergesellschaftsrechtliche Normen zu internalisieren. Sowohl Sanktionshöhe als auch Sanktionswahrscheinlichkeit werden beeinträchtigt. Da die Bildung großer Kapitalgesellschaften nur durch die gesetzliche Beschränkung der Haftung auf die Einlage möglich ist, fördert das Gesellschaftsrecht Externalitäten.

1970 *Cooter*, 84 Columbia Law Review 1984, 1523 (1532); Kraakman et. al./*Enriques/Hansmann/Kraakman/Pargendler*, Anatomy of Corporate law, 3. Aufl. 2017, S. 93.

1971 *Brock*, Legalitätsprinzip und Nützlichkeitserwägungen, 2017, S. 261.

1972 *Kraakman*, 93 Yale Law Journal 1984, 857 (882).

1973 Beispielsweise beteiligte sich der Staat im Rahmen von Rettungsmaßnahmen 2009 in der Finanzkrise an der Commerzbank, 2020/2021 wegen der Corona-Krise an Lufthansa und TUI, 2022 infolge der Gaskriese an Uniper.

1974 *Bénabou/Tirole*, FEEM Working paper No. 23 2010, 1 (2); Kraakman et. al./*Armour/Hansmann/Kraakman/Pargendler*, Anatomy of Corporate law, 3. Aufl. 2017, S. 93.

b) Unzureichende Anreize infolge der institutionellen Haftungsbeschränkung

Die Gefahr von Externalitäten bekommt zudem dadurch eine gesellschaftsrechtliche Dimension, dass die Haftung der Kapitalgesellschaften institutionell beschränkt ist, §§ 1 Abs. 1 S. 2 AktG, 13 Abs. 2 GmbHG. Für Gesellschafter ist das Gewinnpotenzial theoretisch unendlich, das Kostenrisiko immer auf die Einlage beschränkt. Verlaufen Gewinn- und Verlustchancen aber derart asymmetrisch, besteht trotz abnehmenden Grenznutzens von Geld ein Anreiz zu risikofreudigem Verhalten[1975]. Dies fördert Externalitäten[1976].

Wenn der Gesetzgeber durch ordnungspolitische Mittel der Externalisierung entgegenwirkt, funktioniert dies nicht gleichwertig, wenn die Haftung institutionell beschränkt ist. Die maximale Sanktionshöhe, etwa eines Bußgelds, die angedroht werden kann, ist eine solche, die zur Insolvenz des Unternehmens führt. Da Aktionäre ihr Vermögen aber streuen können, verlieren sie selbst dann nur ihre Einlage. Da Gewinne aber theoretisch unendlich sind, besteht ein rationaler Anreiz, dass selbst solche Sanktionsrisiken in Kauf genommen werden, die vereinzelt bis zur Insolvenz führen können. In der Gesamtmenge des Portfolios führt dies zu einer positiven Rendite, da die Gewinne in den Gesellschaften ohne Entdeckung die Verluste durch die insolventen Gesellschaften überlagern.

In der GmbH besteht diese Gefahr der Externalisierung in abgeschwächter Form. GmbH-Gesellschafter können ihr Vermögen nicht entsprechend streuen, sondern haben oft einen signifikanten Vermögensteil in eine GmbH investiert. Zudem beziehen sie ihre Vergütung aus den Erträgen der GmbH. Mitunter kann die Insolvenz der GmbH daher mit der Privatinsolvenz oder hohen finanziellen Einbußen der Gesellschafter einhergehen. Dies führt zu einem starken Anreiz, keine Risiken einzugehen, die eine Insolvenz ermöglichen. Die Interessen von Gesellschaftern und Dritten liegen daher näher beieinander. Dennoch fördert auch die Haftungsbeschränkung der GmbH Externalitäten. Nicht jeder GmbH-Gesellschafter ist finanziell so eng mit der Gesellschaft verbunden, dass die Existenzen aneinanderhängen und auch für GmbH-Gesellschafter besteht eine Asymmetrie aus Gewinn- und Verlustchancen. Insgesamt fördert die beschränkte Haftung des Kapitalgesellschaftsrechts daher Externalitäten bzw. das Eingehen von Risiken auf Kosten Dritter.

3. Korrektur unzureichender Anreize gegenüber der Gesellschaft durch Anreize gegenüber Organmitgliedern

Wenn Anreize zur Unterlassung von Externalitäten gegenüber der Gesellschaft unzureichend sind, muss anderweitig reagiert werden. Eine Möglichkeit ist es,

1975 *Schäfer/Ott*, Lehrbuch der ökonomischen Analyse des Zivilrechts, 6. Aufl. 2020, S. 801.

1976 *Hill*, 39 Seattle University Law Review 2016, 517 (526); *Faure/Leyens*, ECGI Law Working Paper No. 376/2017, S. 32.

direkt auf die Organmitglieder einzuwirken. Geschäftsleiter und wegen ihrer zunehmenden (mitunternehmerischen) Relevanz auch Aufsichtsräte sind nach der Gesellschaft die besten Adressaten für Anreize. Denn sie können diese Anreize als Entscheider umsetzen[1977] und unterliegen wegen ihres breiten Ermessens und in der AG ihrer starken Stellung im Kompetenzgefüge keiner umfassenden Steuerung durch die Gesellschafter.

Auf Sanktionsdefizite infolge zu geringer Entdeckungs- und Verfolgungswahrscheinlichkeiten könnte der Gesetzgeber daher mit Anreizen gegenüber den Organen reagieren. Zwar ist die Entdeckung von Verstößen der Organe ebenso schwierig wie bei den Gesellschaften. Beides geht Hand in Hand. Das Problem der Sanktions*höhe* besteht aber nicht, da die Vermögen der Organmitglieder deutlich geringer sind als die der Kapitalgesellschaften. Eine ausreichende Anreizwirkung wird daher einfacher erzielt. Zudem hängen Arbeitsplätze, Vertragspartner oder Systemerhalt nicht von ihnen ab. Die Insolvenz eines Organmitglieds löst keine Kettenreaktionen aus.

Auch der Gefahr der Externalisierung infolge der institutionellen Haftungsbeschränkung könnte durch zusätzliche Anreize gegenüber den Organmitgliedern begegnet werden. Im Gegensatz zu den Gesellschaftern ist deren Haftung nicht beschränkt. Sanktionen erlauben den Zugriff auf das gesamte Vermögen der Organe bis an die Pfändungsgrenzen. Zudem können Organmitglieder ihre Sanktionsrisiken nicht auf mehrere Gesellschaften streuen. Auch partizipieren sie maximal anteilig durch variable Vergütungsbestandteile an Gewinnen der Gesellschaft durch Gesetzesverstöße. Die asymmetrische Verteilung aus Gewinn- und Verlustchancen der Gesellschafter findet sich bei den Organen nicht wieder.

Wirkt der Gesetzgeber mit Sanktionen auf die Organmitglieder ein, preisen diese bei einer unternehmerischen Entscheidung nicht nur die Sanktionskosten der Gesellschaft, sondern auch die eigenen Sanktionskosten ein. Organmitglieder richten ihre Entscheidung zuvorderst an den eigenen Kosten- und Gewinnrisiken aus. Da bei ihnen nicht dieselben Probleme bestehen wie bei den Gesellschaften, können defizitäre Sanktionen gegenüber Gesellschaften kompensiert werden. Durch Anreize gegenüber Organmitgliedern wird daher mittelbar das Verhalten der Gesellschaften gesteuert[1978].

a) Anreize durch außergesellschaftsrechtliche Normen

Als Sanktion kommen alle an anderer Stelle[1979] beschriebenen Steuerungsmittel in Betracht. Durch außergesellschaftsrechtliche Normen können auch Organmitglieder adressiert werden. So können Gesetzesverstöße mit Bußgeldern,

1977 Zum Vorstand: *Thole*, ZHR 2009, 504 (516).

1978 Kraakman et. al./*Armour/Hansmann/Kraakman/Pargendler*, Anatomy of Corporate law, 3. Aufl. 2017, S. 43.

1979 Siehe dazu 3. Teil § 1 III. 4.

strafrechtlichen, aufsichtsrechtlichen oder verwaltungsrechtlichen Konsequenzen sanktioniert werden. Ferner können Aufsichtsratsmitglieder über die zivilrechtliche Außenhaftung direkt gegenüber geschädigten Dritten haften.

b) Anreize und Drittschutz durch das Organhaftungsrecht

Alternativ – und nur diese Variante ist für die hiesige Arbeit interessant – kann der Gesetzgeber auch die klassische Arbeitsteilung zwischen Gesellschaftsrecht und außergesellschaftsrechtlichen Normen aufbrechen und Gesellschaftsrecht selbst zur Korrektur der Externalitäten heranziehen[1980]. Damit ist der Bogen zur Aufsichtsratshaftung gemäß den §§ 116 S. 1, 93 AktG gespannt. Der Gesetzgeber könnte die Organhaftung als Sanktionsanreiz nutzen[1981]. Der Externalisierung von Risiken auf Dritte kann entgegengewirkt werden, indem durch die Innenhaftung verhaltenssteuernd auf die Organe eingewirkt wird.

Auf den ersten Blick wirkt es zwar systemfremd[1982], die Innenhaftung zu nutzen, um Dritte vor Externalitäten und damit im Prinzip den Gesellschaftern zu schützen. *Tröger* spricht sich ausdrücklich dagegen aus. Einer Indienstnahme der Organhaftung für öffentliche Zwecke stehe »die geltende Wirtschaftsordnung« entgegen[1983]. Dem kann so pauschal aber nicht gefolgt werden. Es ist geboten, auf ein Marktversagen durch externe Effekte mit Regulierung zu reagieren. Auch zwingende Innenhaftungsregeln sind eine solche Form von Regulierung.

Zudem erscheint ein Bruch mit der Arbeitsteilung zwischen Gesellschaftsrecht und außergesellschaftsrechtlichen Normen angemessen, wenn Sanktionsdefizite gerade Folgen des Gesellschaftsrechts sind. Die Nutzung der Innenhaftung für öffentliche Zwecke kann als eine Art Ausgleich für die Erlaubnis zur Bildung von Kapitalgesellschaften und zur institutionellen Haftungsbeschränkung angesehen werden[1984]. Es ist nicht systemfremd, durch Gesellschaftsrecht hervorgerufene Probleme auch wieder durch dieses zu lösen.

Nutzt man in diesem Sinne die Organhaftung, werden interne gesellschaftsrechtliche Mechanismen zur Steuerung der Organe genutzt, um die Gesellschaft selbst zu steuern. Ein weiterer Vorteil neben der Sanktionshöhe ist, dass Organmitglieder, welche zur Durchsetzung der Haftung befugt und nach ARAG/Garmenbeck auch verpflichtet sind[1985], bessere Einsicht in die internen

1980 Kraakman et. al./*Enriques/Hansmann/Kraakman/Pargendler*, Anatomy of Corporate law, 3. Aufl. 2017, S. 93; *Fleischer*, DB 2022, 37 (38 f.); *Weller/Benz*, ZGR 2022, 563 ff.

1981 Ähnlich *Brock*, Legalitätsprinzip und Nützlichkeitserwägungen, 2017, S. 118: »Legalitätspflicht […] als Instrument […] um effektive Geltung der gesellschaftsadressierten Rechtsvorschriften zu sichern«.

1982 *Brock*, Legalitätsprinzip und Nützlichkeitserwägungen, 2017, S. 118.

1983 *Tröger*, ZHR 2015, 453 (461).

1984 So zur Anwendung des Gesellschaftsrechts zum Klimaschutz: *Fleischer*, DB 2022, 37 (38 f.).

1985 Siehe zur Durchsetzungspflicht durch den Vorstand: 1. Teil § 4 A. I.

Vorgänge haben und daher Verstöße besser erkennen können als staatliche Institutionen oder externe Gläubiger. Auch das Problem der geringen Entdeckungswahrscheinlichkeit kann daher etwas reduziert werden.

Mit der Nutzung der Innenhaftung muss aber behutsam umgegangen werden. Die Vorteile müssen immer mit den volkswirtschaftlichen Kosten einer zwingenden Organhaftung wie Risikoaversion, Abschreckung neuer Kandidaten und erhöhten Vorsorgekosten[1986] abgewogen werden. Überwiegen diese Kosten die externen Kosten, sollte auf die Innenhaftung als Korrekturinstrument verzichtet werden.

4. Varianten zwingender Haftung zur Begrenzung der Externalitäten

Erfordern Externalitäten Sanktionen gegenüber den Organen und wird hierfür die Innenhaftung herangezogen, dient diese nicht mehr nur noch dem Schutz der Gesellschafter vor ihren Organen, sondern auch dem Schutz Dritter vor der Gesellschaft und damit letztlich den Gesellschaftern[1987]. Dient die Haftung aber auch dem Schutz Dritter vor den Gesellschaftern, muss die Satzungsautonomie der Gesellschafter zur Beschränkung der Haftung eingegrenzt oder sogar untersagt werden. Andernfalls wäre eine »Satzungsfreiheit zu Lasten Dritter«[1988] bzw. konkreter eine statutarische Haftungsbeschränkung zu Lasten Dritter möglich.

Gesellschafter könnten die Satzungsautonomie nutzen, um Probleme bei der Adressierung der Gesellschaft, an die Organe weiterzugeben und sie zu risikofreudigem Verhalten und damit der Erzeugung von Externalitäten anzureizen. Sie könnten ihre eigene Haftungsbeschränkung weiterreichen. Die Korrektur durch die Organhaftung würde scheitern. Zu überlegen ist daher, ob und wie die Aufsichtsratshaftung zwingend ausgestaltet werden muss, um den Schutz vor Externalitäten durch Organhaftung sicherzustellen. Zwingend meint hierbei immer, dass die Gesellschafter die Aufsichtsratshaftung nicht durch eine Haftungsbeschränkung begrenzen können.

Im Folgenden werden daher vier Varianten vorgestellt (a)–d)) wie der Gesetzgeber die Beschränkbarkeit der Aufsichtsratshaftung ausgestalten könnte. Anschließend wird für drei wichtige Stakeholder (Gläubiger, Arbeitnehmer sowie die Öffentlichkeit samt Umwelt und Klima) überlegt, welche dieser vier Varianten aus ökonomischer Sicht jeweils am effizientesten wäre.

a) Generell zwingende Aufsichtsratshaftung

Als erste Variante kommt in Betracht, die Aufsichtsratshaftung generell zwingend auszugestalten. Gesellschafter könnten die Anreizwirkung gegenüber den Organen nicht beschränken. Dies entspricht der geltenden Rechtslage in der AG

1986 Siehe dazu 3. Teil § 2.
1987 In diese Richtung auch *Kraakman*, 93 Yale Law Journal 1984, 857 (868).
1988 Begrifflichkeit nach *Spindler*, AG 1998, 53 (71).

und nach g.h.M. für obligatorische Aufsichtsräte auch in der GmbH[1989]. In diesem Fall erfasst die zwingende Haftung nicht nur Pflichtverletzungen, die zugleich Verstöße gegen außergesellschaftsrechtliche Normen darstellen, sondern jegliche Pflichtverletzung.

b) Zwingende Legalitäts- und/oder Legalitätskontrollpflicht des Aufsichtsrats

Als zweites könnte der Gesetzgeber die Haftung für Verstöße gegen die Legalitäts- und/oder die Legalitätskontrollpflicht zwingend ausgestalten. Die Legalitätspflicht gebietet, dass der Aufsichtsrat die extern das Unternehmen treffenden gesetzlichen Normen einzuhalten hat[1990], sodass diese in das Innenverhältnis zwischen Aufsichtsrat und Gesellschaft übertragen werden[1991]. Verletzt der Aufsichtsrat eine Pflicht der Gesellschaft, stellt die Verletzung im Innenverhältnis eine mit Haftung bedrohte Pflichtverletzung dar[1992]. Die Legalitätspflicht findet daher immer dann Anwendung, wenn der Gesetzgeber die Gesellschaft mit außergesellschaftsrechtlichen Normen adressiert. Verletzt ein Aufsichtsratsmitglied etwa umweltrechtliche Normen oder das Verbot der Bestechung, liegt ein Pflichtverstoß gegenüber der Gesellschaft vor, selbst wenn diese von dem Verstoß profitiert hat. Die Legalitätspflicht ist daher der Kernansatzpunkt, um die Aufsichtsratshaftung zur Begrenzung von Externalitäten zu nutzen.

Im deutschen Schrifttum wird mehrheitlich de lege ferenda dafür plädiert, im Falle der Öffnung der Satzungsstrenge die Legalitätspflicht auszunehmen und als zwingende Haftungsregel beizubehalten[1993]. In den USA ist die Beschränkung der Innenhaftung für *bewusste* Gesetzesverletzungen (*knowing violation of law*) untersagt[1994].

In diesem Zusammenhang ist zu betonen, dass die mögliche Notwendigkeit einer zwingenden Haftung für die Verletzung der Legalitätspflicht eine Folge der beschriebenen Sanktionsdefizite gegenüber Kapitalgesellschaften ist. Soweit die Legalitätspflicht dogmatisch darauf gestützt wird, die Nichterfüllung gesetzlicher Pflichten führe zu einem Schaden der Gesellschaft, sodass deren Erfül-

1989 Siehe dazu 4. Teil § 1, § 3; der Verfasser vertritt für den GmbH-Aufsichtsrat die Gegenauffassung.

1990 GK-AktG/*Hopt/Roth*, 5. Aufl. 2018, § 116 Rn. 72.

1991 *Bachmann/Eidenmüller/Engert/Fleischer/Schön*, Rechtsregeln für die geschlossene Kapitalgesellschaft, § 4 S. 96; *Thole*, ZHR 2009, 504 (509).

1992 GK-AktG/*Hopt/Roth*, 5. Aufl. 2018, § 116 Rn. 72.

1993 *Bachmann/Goette*, Reformbedarf im Aktienrecht 2024, § 11, 275 (288); *Bachmann/Eidenmüller/Engert/Fleischer/Schön*, Rechtsregeln für die geschlossene Kapitalgesellschaft, § 4 S. 109; *Fleischer*, ZIP 2014, 1305 (1315); mit Blick auf die Anwendung arbeitsrechtlicher Grundsätze: *Paefgen*, AG 2014, 554 (569); mit Blick auf Regressbeschränkungen durch die Fürsorgepflicht: *Brommer*, AG 2013, 121 (128); *Bachmann*, Gutachten 70. DJT 2014, E 61; a.A. mit Blick auf gesetzliche summenmäßige Beschränkungen: *Bayer/Scholz*, NZG 2014, 926 (932).

1994 Siehe dazu 2. Teil § 3 C. III.

lung im Unternehmensinteresse liege (Schadensabwendungspflicht)[1995], ließe sich damit eine zwingende Regel nicht begründen. Ein Verbot einer Haftungsbeschränkung wäre nicht erforderlich, da Gesellschafter selbst kein Interesse daran hätten, dass ihre Organe gegen die Gesetze verstoßen. Dieser Begründungsansatz ist aber eben auch nicht stimmig, weil die Sanktionsdefizite bestehen.

Dies zeigt sich an der Diskussion zu »nützlichen« Pflichtverletzungen[1996]. Nützlichkeit liegt vor, wenn sich die Verletzung gesetzlicher Vorschriften für das Unternehmen lohnt, der Gesetzverstoß mithin die Gewinne steigern kann. Genannt werden die Zahlung von Schmiergeldern, Behinderung der Bildung eines Betriebsrats[1997], Missachtung von Arbeitnehmerschutzvorschriften oder Verstöße gegen Umweltschutz[1998]. Wenn die erzielbaren Gewinne höher sind als das Produkt aus Entdeckungs-, Verfolgungswahrscheinlichkeit und Sanktion, ist die Pflichtverletzung aus der Sicht ex ante »nützlich«[1999]. Ein rein profitmaximierender Gesellschafter würde der Maßnahme daher zustimmen. Sieht man darin dennoch eine Pflichtverletzung, muss dies dogmatisch mit dem Schutz der Öffentlichkeit, nicht interner Schadensabwendung, begründet werden. Für diese Arbeit muss nicht die Frage beantwortet werden, ob nützliche Gesetzesverstöße überhaupt als Pflichtverletzung zu klassifizieren sind. Dies wird als Prämisse vorausgesetzt und entspricht der Meinung im deutschen Schrifttum[2000]. Selbst in den USA stellt ein Verstoß gegen das Gesetz eine Pflichtverletzung dar, auch wenn dieser Verstoß für das Unternehmen profitabel ist. Begründet wird dies in den USA mit dem Schutz der öffentlichen Ordnung[2001].

1995 So *Raiser/Veil*, Recht der Kapitalgesellschaften 2015, § 14 Rn. 81; *Hemeling*, ZHR 2011, 368 (385).

1996 So auch *Brock*, Legalitätsprinzip und Nützlichkeitserwägungen, 2017, S. 262.

1997 Beispiele nach *Fleischer*, ZIP 2005, 141 (141 f.).

1998 Beispiele nach *Thole*, ZHR 2009, 504 (512).

1999 *Gevurtz*, Corporation Law, 3. Aufl. 2021, S. 337.

2000 Jeweils mit Blick auf den Vorstand: *Ihrig*, WM 2004, 2098 (2104); Henssler/Strohn/*Dauner-Lieb*, 6. Aufl. 2024, § 93 AktG Rn. 7a; Hölters/Weber/*Hölters*, 4. Aufl. 2022, § 93 Rn. 74; MünchKomm-AktG/*Spindler*, 6. Aufl. 2023, § 93 Rn. 112; GK-AktG/*Hopt/Roth*, 5. Aufl. 2014, § 93 Rn. 134; *Thole*, ZHR 2009, 504 (513); BeckOGK/*Fleischer*, AktG, § 93 Rn. 29; *Arden*, Haftung der Geschäftsleiter und Aufsichtsratsmitglieder bei unklarer Rechtslage, 2018, S. 23; a.A. nur bei strafrechtlichen Normen *Grigoleit*, FS K. Schmidt 2019, 367 (389); die US-Literatur ist teilweise a.A., vgl. *Fischel*, 35 Vanderbilt Law Review 1982, 1259 (1271); *Easterbrook/Fischel*, 80 Michigan Law Review 1982, 1155 (1177 Fn. 57).

2001 Siehe dazu 2. Teil § 3 C. III.; *Hill/McDonnell*, University of Illinois Law Review 2013, 859 (863); die Business Judgment Rule findet keine Anwendung: Miller v. American Telephone and Telegraph Co., 507 F.2d 759 (3d Cir. 1974); Gerichte in New York haben dies mit dem Schutz der öffentlichen Ordnung begründet: »*For reasons of public policy* […] *To hold any other rule would be establishing a dangerous precedent, tacitly countenancing the wasting of corporate funds for purposes of corrupting public morals*« bei Roth v. Robertson, 64 Misc. 343, 118 N.Y.S. 351 (Sup. Ct. 1909).

Die Legalitätskontrollpflicht ergänzt die Legalitätspflicht. Danach hat der Aufsichtsrat dafür Sorgen zu tragen, dass Geschäftsleiter nicht gegen das geltende Recht verstoßen[2002]. Sie dient also der Einhaltung der Legalitätspflicht durch die Geschäftsleiter und damit in doppelter Weise mittelbar der Einhaltung der außergesellschaftsrechtlichen Normen durch die Gesellschaft.

c) Zwingende Aufsichtsratshaftung nur bei Verstößen gegen spezifische außergesellschaftsrechtliche Normen

Die Legalitätspflicht erfasst alle gesetzlichen Normen. Eine zwingende Innenhaftung mit Blick auf alle gesetzlichen Normen schießt aber ggf. über das Ziel hinaus. Stattdessen käme als dritte Variante in Betracht, dass nur Verstöße eines Aufsichtsratsmitglieds gegen spezifische Normen zwingend zur Innenhaftung führen – mithin im Rahmen der Legalitätspflicht zwischen den sonstigen Normen differenziert wird.

So sollte der Gesetzgeber insbesondere keine zwingende Aufsichtsratshaftung vorschreiben, soweit die Legalitätspflicht innergesellschaftliche Normen einbezieht. Nach der Lesart führender Kommentatoren erstreckt sich die Legalitätspflicht auch auf die Einhaltung des Unternehmensgegenstandes[2003], der Satzung[2004], der Kompetenzverteilung[2005] und der Hauptversammlungsbeschlüsse[2006]. Externalitäten werden damit aber nicht adressiert. Innergesellschaftliche Normen dienen primär den Gesellschaftern. Die Gesellschafter internalisieren die Kosten einer Haftungsbeschränkung daher selbst. Folglich muss die Innenhaftung auch nicht zwingend sein.

Ähnliches gilt für Verstöße gegen ausländische Rechtsnormen. Unabhängig von der umstrittenen Frage, ob und wann auch ausländische Rechtsnormen Teil der Legalitätspflicht sind[2007], sollte eine diesbezügliche Legalitätspflicht nicht zwingend sein. Die ausländischen Gesetzgeber können selbst Regelungen schaffen, um externe Effekte zu internalisieren. Ist Gesellschaftsrecht schon im Grundsatz nicht dafür zuständig, Externalitäten zu begrenzen, gilt dies erst recht für Externalitäten in fremden Staaten. Das deutsche Organhaftungsrecht ist

2002 GK-AktG/*Hopt/Roth*, 5. Aufl. 2018, § 116 Rn. 64.

2003 BeckOGK/*Fleischer*, AktG, § 93 Rn. 26; Hölters/Weber/*Hölters*, 4. Aufl. 2022, § 93 Rn. 60.

2004 Hölters/Weber/*Hölters*, 4. Aufl. 2022, § 93 Rn. 54; GK-AktG/*Hopt/Roth*, 5. Aufl. 2018, § 116 Rn. 72.

2005 *Koch*, 19. Aufl. 2025, § 93 Rn. 9.

2006 GK-AktG/*Hopt/Roth*, 5. Aufl. 2018, § 116 Rn. 72.

2007 Für eine umfassende Erstreckung auf ausländische Normen: *Bicker*, AG 2014, 8 (12); h.M. Legalitätspflicht nur, wenn Normen nach deutschem Kollisionsrecht zur Anwendung kommen: stellvertretend BeckOGK/*Fleischer*, AktG, § 93 Rn. 35; gegen eine Einbeziehung: *Grigoleit*, FS K. Schmidt 2019, 367 (376).

nicht dafür zuständig, Marktversagen in anderen Staaten zu korrigieren[2008]. Die Satzungsautonomie sollte daher Haftungsbeschränkungen vorsehen können. Als Ausnahme von diesem Grundsatz könnten höchstens ausländische Normen gelten, welche globale Externalitäten begrenzen, insbesondere also ausländische klimaschützende Normen. Sofern eine deutsche Gesellschaft in einem fremden Staat Externalitäten erzeugt, welche als globale Externalität auch die deutschen Bürger betreffen, kann der deutsche Gesetzgeber auch Sanktionslücken in fremden Staaten schließen.

Grundsätzlich könnte danach differenziert werden, ob ein Rechtsbereich (oder eine bestimmte außergesellschaftsrechtliche Norm) tangiert ist, wo besondere Sanktionsdefizite gegenüber den Gesellschaften und damit eine hohe Gefahr für Externalisierung besteht. In diesen Bereichen könnte gezielt die zwingende Aufsichtsratshaftung ergänzend herangezogen werden. Beispielsweise könnten im stark durch Externalitäten geprägten Klimabereich Verstöße gegen Normen zugunsten des Klimaschutzes zwingend zur Innenhaftung führen[2009], während den Gesellschaftern bei Verstößen gegen Normen in Bereichen, wo andere Mittel zur Begrenzung von Externalitäten bestehen (etwa beim Arbeitnehmerschutz, siehe dazu sogleich[2010]), mehr Spielraum für Haftungsbeschränkungen verbleiben.

d) Zwingende Aufsichtsratshaftung bei Fehlern bei der Einrichtung des Compliance-Systems

Schließlich wäre zu erwägen, die Haftung für die nicht ordnungsgemäße Einrichtung eines internen Compliance-Systems zwingend auszugestalten[2011]. Solche Kontrollsysteme sollen verhindern, dass Mitarbeiter auf unteren Ebenen Gesetzesverstöße begehen und damit externe Kosten hervorrufen. Da Gesetzesverstöße in großen Unternehmen oft nicht vom Management selbst, sondern von unteren Ebenen begangen werden, ist diese Pflicht zentral für die Verhinderung von Externalitäten[2012] und würde die zwingende Legalitätspflicht ergänzen. Dies könnte wiederum vor allem für Bereiche erwogen werden, in denen eine hohe Gefahr für externe Effekte gegeben ist, etwa Klimaschutz-Compliance[2013].

2008 Ähnlich *Grigoleit*, FS K. Schmidt 2019, 367 (376): »Akt nationaler Übergriffigkeit«.

2009 Siehe dazu anschließend 3. Teil § 3 B. III. 5. c).

2010 Siehe dazu anschließend 3. Teil § 3 B. III. 5. b).

2011 Dagegen: *Bachmann*, Gutachten 70. DJT 2014, E 61.

2012 *Hill/McDonnell*, University of Illinois Law Review 2013, 859 (866); Kraakman et. al./*Enriques/Hansmann/Kraakman/Pargendler*, Anatomy of Corporate law, 3. Aufl. 2017, S. 99; *Pollman*, 72 Vanderbilt Law Review 2013, 2014 (2026 ff.).

2013 *Schirmer*, ZIP 2023, 234 (235 ff.); *Fleischer*, DB 2022, 37 (41); *Weller/Benz*, ZGR 2022, 563.

Vorbild könnte das US-Recht sein. In Delaware kann die Haftung nicht für Unterlassungen »*not in good faith*« beschränkt werden. Nach der Rechtsprechung erfasst diese Variante auch die *Caremark*-Rechtsprechung, wonach eine Pflichtverletzung vorliegt, wenn es Beweise für ein anhaltendes oder systematisches Versagen bei der Ausübung der Aufsicht gibt. Erfasst sind Fälle, in denen kein internes Kontrollsystem eingerichtet wird oder es bewusst versäumt wird, dessen Betrieb zu überwachen[2014].

Die Pflicht zur Einrichtung betrifft in Deutschland indes in erster Linie Geschäftsleiter. Ihnen obliegt die Compliance-Verantwortung[2015]. Der Aufsichtsrat muss dies nur kontrollieren. Er muss sicherstellen, dass das Compliance-System der Gesellschaft gerecht wird, es praxistauglich ist, es zur Aufklärung von Compliance-Verdachtsfällen kommt, sowie ob die ausführenden Kräfte innerhalb des Systems mit den notwendigen Kompetenzen und finanziellen Mitteln ausgestattet sind[2016]. In Erweiterung des US-Ansatzes könnte auch diese Überwachung des Aufsichtsrats zwingend ausgestaltet werden.

5. Beste Variante einer zwingenden Aufsichtsratshaftung zum Schutz von Gläubigern, Arbeitnehmern, Öffentlichkeit, Klima und Umwelt vor Externalitäten

Im Folgenden soll nun mit Blick auf drei wichtige Stakeholder, nämlich Gläubiger, Arbeitnehmer sowie die Öffentlichkeit samt Umwelt und Klima, untersucht werden, welcher der vier aufgezeigten Wege die ökonomisch effizienteste Lösung wäre.

Dabei soll vorab darauf hingewiesen werden, dass zwischen Geschäftsleitern und Aufsichtsratsmitgliedern differenziert werden muss. Bei Aufsichtsratsmitgliedern sind Externalisierungsgefahren durch eine Öffnung der Satzungsstrenge geringer. Gesellschafter können Aufsichtsratsmitglieder allein durch eine Haftungsbeschränkung nicht zu risikofreudigem Verhalten anreizen. Aufsichtsratsmitglieder agieren schon ohne Haftung risikoavers, da sie ihr Humankapital in die Gesellschaft investieren und damit den Verlust des Mandats und die Insolvenz der Gesellschaft vermeiden wollen[2017]. Sie haben einen Anreiz, Kostenrisiken aufzufangen und damit ihren Arbeitsplatz zu sichern[2018]. Zudem werden andere Steuerungsmittel nicht durch die Haftungsbeschränkung abgelöst[2019].

2014 Siehe dazu 2. Teil § 3 C. IV.

2015 Stellvertretend BeckOGK/*Fleischer*, AktG, § 91 Rn. 62.

2016 *Eichner/Leukel*, AG 2020, 513 (514); *Siepelt/Pütz*, CCZ 2018, 78 (79); Melot de Beauregard/Lieder/Liersch/*Humrich*, § 4 Rn. 174 f.

2017 Siehe dazu 3. Teil § 2 A. III.

2018 Zu dieser Überlegung: *Easterbrook/Fischel*, 52 University of Chicago Law Review 1985, 89 (107 f.); *Bitter*, Konzernrechtliche Durchgriffshaftung bei Personengesellschaften, 2000, S. 186 f.

2019 Siehe zu diesen Steuerungsmitteln: 3. Teil § 1 B. III. 2, 3, 4.

Schließlich reizt allein eine reduzierte Haftung nicht zu risikofreudigem Verhalten an, sondern erst die Kombination mit variablen Vergütungsbestandteilen. Im Gegensatz zu Geschäftsleitern erhalten Aufsichtsratsmitglieder aber keine variable Vergütung[2020].

Wesentlich geht es daher darum, dass Gesellschafter die Beschränkung der Aufsichtsratshaftung nutzen könnten, um Geschäftsleiter zu risikofreudigem Verhalten und damit zur Externalisierung anzureizen. Eine verminderte Aufsichtsratshaftung führt zu verminderter Überwachung und damit zu mehr Risikofreudigkeit bei den Geschäftsleitern.

a) Gläubiger

Vor allem der Schutz der Gläubiger kann für eine zwingende Aufsichtsratshaftung sprechen. Für Gläubiger von Kapitalgesellschaften mit beschränkter Haftung besteht eine besondere Gefahr der Externalisierung. Aus Gründen des Gläubigerschutzes treten daher auch einige Kommentatoren[2021] selbst für geschlossene Gesellschaften, die sich sonst durch Satzungsautonomie auszeichnen, für eine zwingende Geschäftsleiterhaftung ein.

Gegenüber Gläubigern wird primär die Gefahr der institutionellen Haftungsbeschränkung bedeutsam. Realisiert sich ein Schadensrisiko und geht die Gesellschaft in die Insolvenz, bleiben Gläubiger auf ihren Ansprüchen sitzen. Sie tragen daher das über die Einlage der Gesellschafter hinausgehende Schadensrisiko – dieses wird also externalisiert. Gesellschafter können Geschäfte, Projekte oder Verträge mit hohen Risiken eingehen, da die vertragliche Haftung im schlimmsten Fall nur zum Verlust ihrer Einlage führt. Die Asymmetrie aus Gewinn- und Verlustgefahr entfaltet ihre Wirkung auf dem Rücken der Gläubiger. Gesellschafter führen damit Geschäfte durch, die aus gesamtwirtschaftlicher Sicht ineffizient sind. Sie können Kostenrisiken ignorieren, sodass Geschäfte für sie einen positiven, aus gesamtwirtschaftlicher Sicht aber einen negativen Ertragswert haben[2022]. Passend ist der Begriff: Spekulation zulasten der Gläubiger[2023].

Bei Vertragsgläubigern, also »freiwilligen« Gläubigern, wird diese Gefahr dadurch reduziert, dass sie sich theoretisch durch Vertragsgestaltung vor der Externalisierung solcher Geschäftsrisiken absichern können, indem sie Sicherheiten wie Bankbürgschaften, Gesellschafter-Bürgschaften oder Patronatserklärungen verlangen. Auch können sie die beschränkte Haftungsmasse der Gesell-

2020 Siehe dazu 3. Teil § 1 B. III. 6; sollte sich dies ändern, könnte mehr zwingende Haftung notwendig sein.

2021 Mit Blick auf die GmbH: Lutter/Hommelhoff, 15. Aufl. 2000, § 43 Rn. 2; *Lutter*, GmbHR 2000, 301 (311); heute noch: BeckOK/*Pöschke*, GmbHG, § 43 Rn. 299.8; Michalski/Heidinger/Leible/J. Schmidt/*Ziemons*, 4. Aufl. 2023, § 43 Rn. 434.

2022 *Bitter*, Konzernrechtliche Durchgriffshaftung bei Personengesellschaften, 2000, S. 183.

2023 Begrifflichkeit aus: *Haberer*, Zwingendes Kapitalgesellschaftsrecht, 2009, S. 171.

schaft einkalkulieren und Risikoprämien einfordern[2024]. Man könnte daher annehmen, solche Gläubiger könnten sich selbst schützen und das Problem daher dem Markt überlassen. Uneingeschränkt gilt dies aber nicht. Zunächst können Informationsasymmetrien[2025] oder kognitive Verzerrungen[2026] dazu führen, dass freiwillige Gläubiger die Risiken der Externalisierung falsch einkalkulieren – ähnlich den unzureichenden Sanktionen durch den Staat. Informationsasymmetrien sind naheliegend, da Gläubiger keinen Einblick in die Verhältnisse ihres Vertragspartners haben. Zudem können sie durch die Gesellschaft getäuscht werden oder die Gesellschaft kann ihr Ausfallrisiko nachträglich erhöhen, indem bei Vertragsschluss bestehendes Haftungskapital später anderweitig vergeben wird[2027].

Das Informationsproblem besteht besonders für »schwache« Gläubiger wie den einfachen Handwerker. Dieser hat im Gegensatz zu »starken« Gläubigern wie einer Bank keine Informationen und kann kaum Sicherheiten einfordern[2028] (daher gewährt das Recht beispielsweise auch Schutz durch Abschlagszahlungen gemäß § 632a BGB). Aus ökonomischer Sicht sind Transaktionskosten für den Handwerker zu hoch. Es ist zu aufwendig, für jeden Auftrag entsprechende Informationen einzuholen und entsprechende Risiken korrekt einzupreisen. Die dafür anfallenden Kosten übersteigen den Werklohn des Handwerkers und machen den Auftrag unrentabel. Ein gesetzlicher Schutz durch zwingende Regeln erspart diese Transaktionskosten und gewährleistet damit volkswirtschaftlich effiziente Geschäfte[2029].

Evident wird das Problem gegenüber »unfreiwilligen« Gläubigern[2030], die ihre Gläubigerstellung erlangt haben, ohne dies verhindern zu können. Dies gilt, wenn sie sich ausschließlich auf Ansprüche aus gesetzlichen Schuldverhältnissen (Delikt, Bereicherungsrecht) stützen und keine vertragliche Verbindung zu der Gesellschaft haben[2031]. Ein Beispiel wären Personen, welche durch Umweltverstöße oder Unfälle mit LKW-Fahrern der Gesellschaft einen Schaden

2024 *Stone*, 90 Yale Law Journal 1980, 67 f.; *Schäfer/Ott*, Lehrbuch der ökonomischen Analyse des Zivilrechts, 6. Aufl. 2020, S. 801, 804.

2025 Siehe zu Informationsasymmetrien 3. Teil § 3 B. II.

2026 Siehe zu kognitiven Verzerrungen 3. Teil § 3 B. I. 4.

2027 *Bitter*, Konzernrechtliche Durchgriffshaftung bei Personengesellschaften, 2000, S. 188 ff.

2028 *Haberer*, Zwingendes Kapitalgesellschaftsrecht, 2009, S. 192.

2029 Ähnlich *Haberer*, Zwingendes Kapitalgesellschaftsrecht, 2009, S. 193.

2030 *Stone*, 90 Yale Law Journal 1980, 67 f.; *Bitter*, Konzernrechtliche Durchgriffshaftung bei Personengesellschaften, 2000, S. 185; »Zwangsgläubiger«: *Schäfer/Ott*, Lehrbuch der ökonomischen Analyse des Zivilrechts, 6. Aufl. 2020, S. 801.; Kraakman et. al./*Armour/Hertig/Kanda*, Anatomy of Corporate law, 3. Aufl. 2017, S. 115; *Haberer*, Zwingendes Kapitalgesellschaftsrecht, 2009, S. 193.

2031 *Kraakman*, 93 Yale Law Journal 1984, 857 (869 f.); *Bitter*, Konzernrechtliche Durchgriffshaftung bei Personengesellschaften, 2000, S. 186; *Faure/Leyens*, ECGI Law Working Paper No. 376/2017, S. 32.

erleiden. Diese können sich nicht vertraglich gegen die institutionelle Haftungsbeschränkung absichern. Geht das Unternehmen in die Insolvenz, bleiben sie auf ihren Schäden sitzen. Sie sind der Externalisierung schutzlos ausgeliefert.

Aus Sicht der Gläubiger kommt es folglich darauf an, dass Gesellschaften keine übermäßigen Risiken eingehen, die zur Insolvenz und damit zum Forderungsausfall führen. Die Organhaftung kann mittelbar diese Gläubiger schützen und der Externalisierung entgegenwirken. Erstens wirkt die präventive Wirkung der (unbeschränkten) Innenhaftung verhaltenssteuernd auf die Organe ein, sodass diese Risiken (mit Insolvenzgefahr) eher unterlassen. Denn die Eingehung exorbitanter Risiken ist pflichtwidrig[2032]. Fehlanreize der Gesellschafter werden durch Anreize gegenüber den Organen überlagert. Zweitens erhöhen Organhaftungsansprüche der Gesellschaft als pfändbare oder sogar einklagbare Ansprüche (§§ 116, 93 Abs. 5 AktG) die Haftungsmasse. Zwar reichen die Privatvermögen der Organe niemals zur Befriedigung der Gläubiger aus[2033]. Die Organe verlangen aber von den Gesellschaften D&O-Versicherungen, die zumindest einen Teil der Schäden übernehmen. Dadurch kann die verkümmerte Haftungsmasse der Gesellschaft kompensiert werden. Da die Gesellschaft auch die Versicherungsprämien zahlt, werden über den Umweg der Organhaftung externe Schäden internalisiert. Im Gegensatz zu den unfreiwilligen Gläubigern können die Aufsichtsratsmitglieder vor Antritt des Mandats verhandeln, entsprechenden Versicherungsschutz verlangen und damit die Gesellschaft mittelbar zur Internalisierung eines Teils der Kosten der (unfreiwilligen) Gläubiger zwingen[2034].

Eine generell zwingende Aufsichtsratshaftung würde diese Mechanismen zwar am besten verwirklichen. Aus präventiver Sicht wird der Anreiz zur Risikoeingehung und damit jede Insolvenzgefahr verringert. Kompensatorisch hilft den Gläubigern jeder pfändbare Anspruch. Selbst mit Blick auf unfreiwillige Gläubiger sollte aber kein generelles Verbot für Haftungsbeschränkungen eingeführt werden. Eine Korrektur durch zwingende Haftungsregeln auf gesellschaftsinterner Ebene erscheint nicht zweckmäßig[2035]. Ein allgemeines Verbot von Haftungsbeschränkungen führt zu volkswirtschaftlichen Kosten (Risikoaversion, Abschreckung neuer Kandidaten, erhöhte Vorsorgekosten)[2036]. Diese Kosten können aber vermieden werden, wenn Gläubigerschutz auch auf andere Weise erreicht wird. In Betracht kommen z.B. Eigenkapitalerfordernisse, Ausschüttungsverbote, Pflichtversicherungen, Publizitätspflichten, Durchgriffshaftung

2032 Siehe umfassend zu Beispielen pflichtwidriger Risiken: MünchKomm-AktG/*Spindler*, 6. Aufl. 2023, § 93 Rn. 78 ff.

2033 *Ph. Scholz*, Die existenzvernichtende Haftung von Vorstandsmitgliedern in der Aktiengesellschaft, 2014, S. 384.

2034 *Kraakman*, 93 Yale Law Journal 1984, 857 (870).

2035 In diese Richtung auch *Spindler*, AG 1998, 53 (71); a.A. wohl *Schäfer/Ott*, Lehrbuch der ökonomischen Analyse des Zivilrechts, 6. Aufl. 2020, S. 809.

2036 Siehe dazu 3. Teil § 2.

gegenüber den Gesellschaftern[2037] oder Insolvenzantragspflichten[2038]. Das deutsche Recht sieht mehrere solcher Mechanismen vor, sodass daneben keine allgemein zwingende Aufsichtsratshaftung zu diesem volkswirtschaftlichen Preis zweckmäßig ist. Vertragsgläubiger können sich zudem Kündigungsrechte für den Fall einräumen lassen, dass Gesellschafter die Haftung der Aufsichtsratsmitglieder nachträglich beschränken[2039].

Auch eine zwingende Haftung für Verletzungen der Legalitäts- und/oder Legalitätskontrollpflicht ist mit Blick auf Gläubiger nicht ökonomisch zweckmäßig. Denn am interessantesten wäre aus Sicht der Vertragsgläubiger, wenn die zwingende Legalitätspflicht zur Einhaltung der Vertragspflichten anreizt. Vertragspflichten sind aber nicht Teil der Legalitätspflicht[2040]. Allgemein verbliebe aus präventiver Sicht nur der Vorteil, dass die Aufsichtsratsmitglieder angereizt werden, nicht gegen außergesellschaftsrechtliche Normen zu verstoßen und in der Folge die Gesellschaft zahlungsunfähig werden zu lassen. Kompensatorisch vergrößerten die Ansprüche wegen Verletzung der Legalitätspflicht die Vollstreckungsmasse. Allein diese Vorteile überwiegen aber nicht die volkswirtschaftlichen Kosten, welche auch eine zwingende Legalitätspflicht erzeugt. Die Verletzung einer Rechtsnorm stellt ein hohes Haftungsrisiko dar[2041], da Rechtsirrtümer nicht der Business Judgment Rule unterfallen[2042]. Gleichzeitig nimmt die Dichte an außergesellschaftsrechtlichen Normen ständig zu[2043]. Einen gewissen Schutz bietet nur der Verbotsirrtum.[2044] Diese »Kosten« können jedoch durch die alternativen Gläubigerschutzinstrumente vermieden werden[2045].

Dasselbe gilt für eine zwingende Haftung für eine fehlerhafte Überwachung der Einrichtung eines Compliance-Systems durch die Geschäftsleiter. Zwar dienen auch solche Systeme dem Erhalt der Gesellschaft durch Vermeidung von Gesetzesverstößen. Die diesbezügliche Kontrollhaftung des Aufsichtsrats ist

2037 BGH, NJW 2007, 2689 – Trihotel; BGH, NJW 2008, 2437 – GAMMA.

2038 *Kraakman*, 93 Yale Law Journal 1984, 857 (873); *Schäfer/Ott*, Lehrbuch der ökonomischen Analyse des Zivilrechts, 6. Aufl. 2020, S. 805.

2039 *Bachmann/Eidenmüller/Engert/Fleischer/Schön*, Rechtsregeln für die geschlossene Kapitalgesellschaft, § 5 S. 131.

2040 Stellvertretend für die h.M.: MünchKomm-AktG/*Spindler*, 6. Aufl. 2023, § 93 Rn. 107; *Arden*, Haftung der Geschäftsleiter und Aufsichtsratsmitglieder bei unklarer Rechtslage, 2018, S. 27.

2041 Diskussionen zu Legal Judgment Rule und Verbotsirrtum zeigen dies. Zur Diskussion Grigoleit/*Grigoleit/Tomasic*, 2. Aufl. 2020, § 93 Rn. 21 ff.; *Arden*, Haftung der Geschäftsleiter und Aufsichtsratsmitglieder bei unklarer Rechtslage, 2018, S. 77 ff.

2042 Stellvertretend GK-AktG/*Hopt/Roth*, 5. Aufl. 2018, § 116 Rn. 63; Grigoleit/*Grigoleit/Tomasic*, 2. Aufl. 2020, § 93 Rn. 21; *Arden*, Haftung der Geschäftsleiter und Aufsichtsratsmitglieder bei unklarer Rechtslage, 2018, S. 78 ff.

2043 Jüngstes Beispiel ist das neue Lieferkettensorgfaltspflichtengesetz.

2044 Stellvertretend zum Rechtsirrtum: *Koch*, 19. Aufl. 2025, § 93 Rn. 79.

2045 Siehe dazu schon oben zur generell zwingenden Aufsichtsratshaftung.

aber bisher recht schwammig, sodass sie als relevantes Haftungsrisiko die volkswirtschaftlichen Kosten auslösen kann. Eine zwingende Kontrollhaftung zu Gunsten der Gläubiger erscheint nicht erforderlich.

Ökonomisch zweckmäßig erscheint die dritte Variante. Gläubigerschutz wird dadurch unterstützt, dass die Aufsichtsratshaftung bei Verletzung spezifisch gläubigerschützender Normen zwingend bleibt. Das Recht in Delaware könnte Vorbild sein. Dieses verbietet ausnahmsweise Haftungsbeschränkungen für Verletzungen von Sec. 174 Delaware Code, welche die Haftung der *directors* für die Auszahlung unzulässiger Dividenden sowie unzulässige Aktienrückkäufe regelt. Die Ausnahme schützt die Gläubiger davor, dass Gesellschafter durch Beschränkung der Haftung ihre Organe anreizen, Haftungskapital zu Lasten der Gläubiger zu verringern[2046]. Insbesondere die Auszahlung unzulässiger Dividenden, die die Haftungsmasse schmälern und den Gesellschaftergewinn steigern, bergen eine immense Gefahr, dass Gesellschafter ihre Organe diesbezüglich von der Haftung befreien und den präventiven Effekt reduzieren könnten[2047]. Auch das deutsche Recht sollte daher eine entsprechende Praxis verhindern und Verstöße gegen die Kapitalerhaltung von der Beschränkungsmöglichkeit ausnehmen[2048]. Zweckmäßig erschiene eine Anknüpfung an die Tatbestände des § 93 Abs. 3 AktG. Dies hätte den Vorteil, dass die Verstöße konkret sind. Im Gegensatz zu den abstrakten Anforderungen an die Sorgfaltspflicht wissen die Organe genau, welches Verhalten haftungsbewehrt ist, sodass sie entsprechendes Verhalten rechtssicher vermeiden können[2049]. Dadurch blieben die volkswirtschaftlichen Kosten durch Risikoaversion etc. gering.

Dies sollte in der AG auch nicht nur für originäre Verstöße gegen die Kapitalerhaltungsvorschriften gelten, die zuvorderst von den Geschäftsleitern begangen werden können. Auch die Haftung für eine nicht ordnungsgemäße Überwachung durch den Aufsichtsrat sollte diesbezüglich zwingend sein (Legalitätskontrollpflicht)[2050]. Eine reduzierte Aufsichtsratsüberwachung schwächt

2046 Siehe dazu 2. Teil § 3 C. II.

2047 *Bachmann/Eidenmüller/Engert/Fleischer/Schön*, Rechtsregeln für die geschlossene Kapitalgesellschaft, § 4 S. 109.

2048 Dies fordern de lege ferenda auch: *Fleischer*, ZIP 2014, 1305 (1315); *Grunewald*, AG 2013, 813 (817); *Habersack*, ZHR 2013, 782 (804), *Bachmann/Eidenmüller/Engert/Fleischer/Schön*, Rechtsregeln für die geschlossene Kapitalgesellschaft, § 4 S. 109; *Paefgen*, AG 2014, 554 (570); im Prinzip auch *N. Fischer*, Die existenzvernichtende Vorstandshaftung und ihre Begrenzung durch Satzungsbestimmung, 2018, S. 187; a.A. *Ph. Scholz*, Die existenzvernichtende Haftung von Vorstandsmitgliedern in der Aktiengesellschaft, 2014, S. 378 ff.; *Bayer/Scholz*, NZG 2014, 926 (932).

2049 *Faure/Leyens*, ECGI Law Working Paper No. 376/2017, S. 15; *Grunewald*, AG 2013, 813 (817).

2050 Für eine Kontrollpflicht der *directors* zugunsten der Stakeholder in den USA: *Hill/McDonnell*, University of Illinois Law Review 2013, 859 (866 f.).

die Präventivwirkung der Geschäftsleiterhaftung ab und reizt damit zu Verstößen gegen die Kapitalerhaltung an.

Zweifelhaft ist, ob dies auch in der GmbH gelten muss. Dagegen spricht, dass Gesellschafter einer (phänotypischen[2051]) GmbH einen stärkeren Anreiz zum Erhalt der Gesellschaft und damit zur Befriedigung der Gläubiger haben. Sie sind wertmäßig stärker beteiligt, können ihr Vermögen nicht streuen und haben oft ideelle Anreize am Erhalt der Gesellschaft[2052]. Ausreichend erscheint daher eine zwingende Geschäftsführerhaftung für Verstöße gegen die Gläubigerschutzsysteme (dies entspricht der Rechtslage de lege lata[2053]), nicht aber auch eine zwingende Aufsichtsratshaftung für eine unzureichende Überwachung diesbezüglich.

Im Ergebnis ist es daher aus rechtsökonomischer Sicht zum Schutz der Gläubiger ausreichend, wenn in der AG die Innenhaftung für Verstöße der Aufsichtsratsmitglieder gegen spezifisch gläubigerschützende Normen und die diesbezügliche Legalitätskontrolle des Vorstands zwingend bleibt. In der GmbH ist es sogar ausreichend, wenn lediglich originäre Verstöße gegen gläubigerschützende Normen (nicht die Geschäftsführer-Kontrolle) zwingend zur Innenhaftung führen.

b) Arbeitnehmer

Eine Beschränkung der Innenhaftung kann sich auch zu Lasten der Arbeitnehmer auswirken.

1) Verlust des Arbeitsplatzes

Arbeitnehmer investieren ihr Humankapital in ein Unternehmen. Sie beziehen von diesem ihre Vergütung. Je länger sie dort arbeiten, desto stärker sind sie an dieses gebunden. Sie spezialisieren sich und passen ihre Fähigkeiten und ihr Wissen an das Unternehmen an. Dadurch können sie in eine Abhängigkeit geraten, da nur dieses oder zumindest nur wenige weitere Unternehmen diese Fähigkeiten brauchen und entsprechend vergüten werden[2054]. Je länger Arbeitnehmer sich daher in einem Unternehmen befinden, desto wichtiger ist der Bestand des Unternehmens für sie. Das Risiko einer Insolvenz oder nur eines hohen Schadens, der zum Abbau von Arbeitsplätzen führt, trifft sie daher mit besonderer Wucht. Die institutionelle Haftungsbeschränkung wirkt sich daher

2051 Mit »phänotypischer GmbH« ist vorliegend als Annahmegerüst der empirische Durchschnittstyp einer GmbH gemeint. Siehe dazu und zu den Merkmalen der »phänotypischen GmbH«: 3. Teil § 1 C. I.

2052 Sie dazu 3. Teil § 1 C. I.

2053 Vgl. §§ 43 Abs. 3 S. 2, 9b Abs. 1 GmbHG.

2054 Kraakman et. al./*Enriques/Hansmann/Kraakman/Pargendler*, Anatomy of Corporate law, 3. Aufl. 2017, S. 89.

auch zu Lasten der Arbeitnehmer aus. Die asymmetrische Verteilung aus Gewinn- und Verlustchancen motiviert die Gesellschafter zu risikofreudigem Verhalten. Werden hohe Risiken eingegangen, werden diese Risiken auch auf dem Rücken der Arbeitnehmer eingegangen. Es erhöht sich das Risiko einer Insolvenz oder der Notwendigkeit, Arbeitsplätze abzubauen. Die Kosten der Arbeitnehmer (Jobsuche, Umorientierung, Weiterbildung etc.) werden von den Gesellschaftern externalisiert. Entsprechend zum obigen Terminus könnte man von Spekulation zulasten der Arbeitnehmer sprechen.

Die präventive Wirkung der Aufsichtsratshaftung schützt auch die Arbeitnehmer, da sie die Aufsichtsräte im Rahmen ihrer mitunternehmerischen Tätigkeit von besonders risikoreichen Geschäften abhält und zu ausreichender Überwachung der Geschäftsleiter anreizt. Auch Legalitäts- und Legalitätskontrollpflicht können die Arbeitnehmer schützen, da auch Verstöße gegen außergesellschaftsrechtliche Normen mit Schadensrisiken für das Unternehmen einhergehen. Eine Haftungsbeschränkung reduziert diesen mittelbaren Arbeitnehmerschutz.

Eine zwingende Aufsichtsratshaftung aus Gründen des Arbeitnehmerschutzes erscheint dennoch nicht geboten. Aufsichtsratsmitglieder investieren zunehmend Humankapital in ihre Gesellschaften, sodass sie selbst eine risikoaverse Grundeinstellung haben[2055]. Auch sie hängen am Erhalt ihres Mandats und damit der Gesellschaft und liegen daher anreiztechnisch relativ nah bei den Arbeitnehmern. Zudem sei erneut darauf verwiesen, dass ohne variable Vergütung auch bei beschränkter Haftung kein Anreiz zu hoher Risikobereitschaft besteht. Vor allem aber bestehen in Deutschland ausreichend andere Schutzinstrumente zugunsten der Arbeitnehmer. Zu denken ist beispielsweise an die Mitbestimmungsbefugnisse nach dem Betriebsverfassungsgesetz oder die Mitbestimmung im Aufsichtsrat selbst. Eine Ergänzung durch eine zwingende Aufsichtsratshaftung erscheint mit Blick auf die volkswirtschaftlichen Kosten nicht zweckmäßig.

2) Nichteinhaltung von Arbeitnehmerschutzvorschriften

Eine zwingende Aufsichtsratshaftung könnte auch den Schutz des Arbeitnehmers bei Ausübung seiner Tätigkeit absichern. Hier spielen die gegenüber großen Kapitalgesellschaften bestehenden Sanktionsdefizite die entscheidende Rolle. Arbeitnehmer werden durch eine Vielzahl außergesellschaftsrechtlicher Normen vor Ausbeutung geschützt: z.B. Mindestlohn-, Arbeitszeit- und Arbeitsschutzgesetz. Diese Gesetze sehen Bußgeldvorschriften vor, um Unternehmen zur Einhaltung anzureizen[2056]. Wenn die Bußgelder nicht ausreichen, könnte der Anreiz durch eine zwingende Innenhaftung verstärkt werden.

Auch für die Verletzung arbeitnehmerschützender Normen ist aber keine zwingende Aufsichtsratshaftung zweckmäßig. Wieder müssen auch die volks-

2055 Siehe dazu 3. Teil § 2 A. III.
2056 Zu den Beispielen siehe: § 21 MiLoG, § 22 ArbZG und § 25 ArbSchG.

wirtschaftlichen Kosten bedacht werden, die vermieden werden sollten, wenn andere Instrumente bestehen. Einerseits können Arbeitnehmer aber selbst ihre Rechte (zivilrechtlich) durchsetzen. Sie sind nicht auf die Kontrolle durch den Staat angewiesen. Als Betroffene haben sie Einsicht in die Verstöße. Sie können sich organisieren und gegen Verstöße vorgehen. Daher wird beispielsweise zum Mindestlohngesetz vertreten, bereits die Bußgelder seien überflüssig[2057]. Ferner sei wiederum auf die Mitbestimmung über Aufsichts- und Betriebsrat verwiesen.

c) Öffentlichkeit, Umwelt, Klima

Die beschränkte Haftung der Gesellschafter und der dadurch hervorgerufene Anreiz zu risikofreudigem Verhalten führt auch zur Externalisierung gegenüber sonstigen Dritten[2058] wie der Öffentlichkeit sowie Umwelt und Klima als deren Lebensgrundlage. Müssen Gesellschafter bei Umwelt- und Klimaschäden nicht befürchten, über ihre Einlage hinaus für Schäden einzustehen, nehmen sie höhere Risiken in Kauf. Diese Risiken werden auf die Öffentlichkeit externalisiert, die bei deren Realisierung in Zukunft mit den Umwelt- und Klimaschäden leben muss.

1) Externalisierung zu Lasten von Klima und Umwelt

Klima und Umwelt weisen eine besondere Gefahr für Externalitäten auf. Zunächst reicht die institutionell beschränkte Haftungsmasse gegebenenfalls nicht aus, um Umweltschäden zu korrigieren. Dies betrifft nicht nur normale Gläubiger, die auf ihren Ansprüchen wegen Umweltschäden sitzen bleiben. Auch sind der Staat bzw. mittelbar die Bürger als Steuerzahler betroffen, wenn der Staat Umweltschäden korrigieren muss und sich das Geld nicht von der Gesellschaft zurückholen kann.

Weiter sind Klima- und Umweltschäden fast immer deliktische Schäden. Gläubiger können sich gegenüber der Gesellschaft nicht vertraglich schützen[2059]. Auch betreffen die Schäden neben Gläubigern viele weitere Menschen, denen zwar wegen fehlender Adäquanz oder fehlendem Schutzzweck der Norm keine Ansprüche zustehen, die aber dadurch belastet werden. Ein Umweltschaden betrifft viele, Klimaschäden betreffen sogar jeden Bürger.

Ferner stellen Umwelt- und Klimaschutz Bereiche dar, in denen es leicht zu den Sanktionsdefiziten gegenüber großen Gesellschaften kommt. Verstöße sind schwer aufzudecken, insbesondere, wenn Unternehmen außerhalb der Bundesrepublik agieren und dort Klima gefährdende Maßnahmen durchführen.

2057 Boecken/Düwell/Diller/Hanau/*Forst*, 2. Aufl. 2022, MiLoG Kommentierung §§ 14–21: Kontrolle und Durchsetzung durch staatliche Behörden, Rn. 1 f.

2058 *Hill/McDonnell*, University of Illinois Law Review 2013, 859 (860).

2059 Kraakman et. al./*Enriques/Hansmann/Kraakman/Pargendler*, Anatomy of Corporate law, 3. Aufl. 2017, S. 93.

Außerdem bestehen vor allem im Klimabereich Sanktionslücken. Denn die Probleme sind globaler Natur. Die externen Kosten fallen weltweit an. Die Auswirkungen der Maßnahmen einzelner Regierungen zur Korrektur externer Effekte werden untergraben, wenn externe Effekte in anderen Rechtsordnungen anfallen. Zwar können die Regierungen versuchen, sich zu koordinieren, um global Externalitäten einzufangen. Meist dürften aber die Koordinierungskosten höher sein als die Kosten für die Lobbyarbeit multinationaler Unternehmen[2060].

Schließlich fallen auch bei nachfolgenden Generationen Externalitäten an, welche mangels Wahlberechtigung vom Gesetzgeber nicht ausreichend adressiert werden[2061]. Externe Kosten im Bereich des Umwelt- und Klimaschutzes bedürfen daher staatlicher Eingriffe über das normale Maß hinaus, sodass speziell in diesem Bereich auch das Gesellschaftsrecht[2062] bzw. die zwingende Aufsichtsratshaftung herangezogen werden könnte.

2) Kein Satzungsverbot wegen moderner klimafreundlicher Aktionäre

In modernen Aufsätzen wird die Nutzung des Gesellschaftsrechts zur Korrektur von Externalitäten im Klimaschutzbereich auch damit begründet, dass Aktionäre oder bei institutionellen Investoren deren Kapitalgeber Menschen sind, denen privat Belange des Umwelt- und Klimaschutzes selbst immer wichtiger werden. Entsprechend würden sie dies auch von den Unternehmen erwarten, in welche sie investieren[2063]. Richte man das Gesellschaftsrecht an den Zielen dieser Aktionäre aus, müsse dieses neben der Profitmaximierung auch Klima- und Umweltschutz berücksichtigen[2064].

In eine ähnliche Richtung zielt auch ein zweites Argument. Aktionäre können ihr Vermögen heute breit über den gesamten Markt diversifizieren, sodass sie nur noch systemische Risiken befürchten müssen, nicht firmenspezifische Risiken[2065]. Klimaschutzrisiken sind jedoch systemische Risiken. Aktionäre haben daher ein Interesse daran, Klimarisiken zu vermeiden[2066]. Eine klimaschädigende Maßnahme, die in einem Unternehmen einen positiven Ertragswert aufweist, führt zu Schäden bei allen anderen Unternehmen. Die Schäden werden auf die anderen Unternehmen externalisiert. Infolge der Diversifizierung ist der Aktionär aber gleichzeitig auch in diese anderen Unternehmen investiert[2067].

2060 *Pacces*, ECGI Working paper No. 611/2021, S. 5.
2061 *Pacces*, ECGI Working paper No. 611/2021, S. 5.
2062 Dafür auch: *Battocletti/Enriques/Romano*, ECGI Working paper No. 628/2022, S. 27.
2063 *Hart/Zingales*, Journal of Law, Finance, and Accounting, 2017, 247 (248).
2064 *Fleischer*, DB 2022, 37 (39).
2065 Siehe dazu 3. Teil § 2 I.
2066 *Condon*, 95 Washington Law Review 2020, 1 (17).
2067 *Battocletti/Enriques/Romano*, ECGI Working paper No. 628/2022, S. 9 f.

Beide Argumente zielen im Ergebnis darauf ab, dass Aktionäre heute ein Eigeninteresse daran haben, dass einzelne Unternehmen Klima und Umwelt schützen und daher das Gesellschaftsrecht daran ausgerichtet wird. Dann geht es jedoch nicht mehr um Externalitäten. Die Gesellschafter internalisieren die Kosten durch ihr Privatleben und die Beteiligung an anderen Unternehmen. Für zwingendes Haftungsrecht passen beide Argumente daher nicht. Wollen Aktionäre selbst den Klimaschutz durch Innenhaftung fördern, könnten sie einfach davon absehen, eine (übermäßige) Haftungsbeschränkung zu installieren. Zwingendes Recht wäre nicht erforderlich.

Zu erwägen wäre höchstens, dass man Gesellschaftern beispielsweise infolge rationaler Apathie nicht zutraut, ihre klimafreundlichen Interessen zu verwirklichen und man sie daher vor sich selbst schützt (Paternalismus). Das ist jedoch ein anderes Thema. Es wurde bereits dargestellt, dass ein solcher Selbstschutz nur in engen Grenzen erforderlich ist[2068]. Selbst wenn Privatpersonen über institutionelle Investoren beteiligt sind, müssen diese ihre Interessen berücksichtigen, da die Privatpersonen sonst den Investor wechseln können[2069].

3) Schlussfolgerung für die zwingende Aufsichtsratshaftung

Wegen der besonderen Externalisierungsgefahren im Klimabereich erscheinen stärkere Eingriffe angemessen. Fraglich ist wieder, welche Form einer zwingenden Aufsichtsratshaftung ökonomisch zweckmäßig wäre. Ziel ist, dass die Erfüllung aller Normen zugunsten von Umwelt und Klima durch die Gesellschaft sichergestellt wird.

Jedenfalls eine generell zwingende Aufsichtsratshaftung ist dafür nicht erforderlich, da diese nicht nur Klima- und Umweltschutz adressierte. Auch eine zwingende Legalitätspflicht würde nicht nur den Klima- und Umweltschutz adressieren. Zwar gäbe es den Vorteil, dass ausnahmslos jede Umwelt- und Klimaschutznorm erfasst würde. Der Gesetzgeber könnte nicht vergessen oder Lobbyisten verhindern, dass alle Umwelt- und Klimaschutzverstöße die zwingende Innenhaftung nach sich zögen[2070]. Aber es müssen wieder die volkswirtschaftlichen Kosten einer zwingenden Legalitätspflicht (Risikoaversion etc.) bedacht werden, welche dann auch in anderen Rechtsbereichen Wirkung entfaltet. Die dritte Variante erscheint daher ökonomisch am zweckmäßigsten: zwingende Innenhaftung nur bei Verletzung spezifisch umwelt- und klimaschützender Normen. Ein nur ausnahmsweise bestehendes Regressbeschränkungsverbot hat auch eine Signalwirkung an die Aufsichtsratsmitglieder und unterstreicht die Wichtigkeit des Klima- und Umweltschutzes.

2068 Siehe dazu 3. Teil § 3 B. I.

2069 *Pacces*, ECGI Working paper No. 611/2021, S. 3, wobei »*Green-Washing*« durch den institutionellen Investor diese Interessenangleichung verhindern kann.

2070 In diese Richtung auch Kraakman et. al./*Enriques/Hansmann/Kraakman/Pargendler*, Anatomy of Corporate law, 3. Aufl. 2017, S. 93.

Entsprechend der Begründung zum Gläubigerschutz[2071] sollte auch die Legalitätskontrollpflicht in Bezug auf klima- und umweltschützende Normen zwingend sein, damit eine stark reduzierte Überwachung durch den Aufsichtsrat die Geschäftsleitung nicht zur Verletzung dieser Normen anreizt.

Schließlich sollte wegen der besonderen Gefahren im Klima- und Umweltbereich auch die Haftung für eine nicht ordnungsgemäße Einrichtung des internen Kontrollsystems (Compliance) mit Blick auf diesbezügliche Normverstöße zwingend sein. Werden gläubigerschädigende Verstöße wie die Auszahlung unzulässiger Dividenden eher von Geschäftsleitern selbst begangen, sind Klima- und Umweltverstöße auch bei den Mitarbeitern der unteren Ebenen, z.B. den technischen Abteilungen, zu verorten. Beispielhaft sei auf die Diesel-Abschaltsoftware bei VW verwiesen[2072]. Um diesen Externalitäten entgegenzutreten, sollte zuvorderst die Geschäftsleiterhaftung für die Einrichtung des internen Kontrollsystems mit Blick auf diesbezügliche Verstöße zwingend sein. Dasselbe sollte auch für die Überwachung des Aufsichtsrats gelten, um die Einhaltung sicherzustellen. Dieser Fokus durch zwingendes Recht im Klimabereich würde die Wichtigkeit unterstreichen.

C. Zusammenfassung § 3

Im Grundsatz ist der Vertragsmechanismus effizient, da jede Partei sich freiwillig auf den Vertrag einlässt und sich daher einen Mehrwert verspricht. Güter werden dadurch effizienter allokiert. Daher bedarf zwingendes Recht, nicht die Privatautonomie, einer Rechtfertigung. Zwingendes Recht lässt sich begründen, wenn »der Markt versagt« – mithin nicht zu einer effizienten Allokation führt. Dies gilt auch für Haftungsbeschränkungen der Aufsichtsratsmitglieder, die ökonomisch als Vertrag zwischen der Gesamtheit der Gesellschafter und dem Aufsichtsratsmitglied angesehen werden können.

Aus paternalistischer Sicht, also zum Schutze der Gesellschafter vor sich selbst, lässt sich in der AG die Unwirksamkeit statutarischer Haftungsbeschränkungen begründen, die nie im rationalen Interesse der Gesellschafter liegen: Haftungsbeschränkungen für Vorsatz und monetäre Eigengewinne der Aufsichtsratsmitglieder und ggf. grobe Fahrlässigkeit.

Dafür sprechen einerseits die Kollektivhandlungs- und Trittbrettfahrerprobleme. Diese verhindern, dass (Klein-)Aktionäre sinnvolle Haftungsbeschränkungen installieren oder gar übermäßige Regelungen korrigieren. Gewandelte Aktionärsformen wie institutionelle Investoren und Hedgefonds sowie die

2071 Siehe dazu 3. Teil § 3 B. III. 5. a).

2072 So stehen auch VW-Ingenieure unterhalb der Management-Ebene vor Gericht: »Ingenieure weisen Verantwortung im VW-Dieselprozess von sich«, Zeit Online v. 23. September 2021.

Stimmrechtsberater reduzieren dieses Risiko jedoch ausreichend. Institutionelle Investoren und Stimmrechtsberater können themenspezifische Standards zu Haftungsbeschränkungen schaffen und in allen Gesellschaften etablieren, Hedgefonds ggf. im Einzelfall schlechte Haftungsregelungen korrigieren. Das Recht kann sich daher auf diesen Restschutz beschränken. In der phänotypischen GmbH bestehen die Kollektivhandlungs- und Trittbrettfahrerprobleme hingegen nicht, sodass sie kein zwingendes Recht rechtfertigen können.

Dasselbe Ergebnis kann auch damit gerechtfertigt werden, dass Haftungsbeschränkungen die Gesellschafter kognitiv überfordern können, sodass eine rationale Entscheidung ihrerseits nicht gesichert ist. Haftungsbeschränkungen betreffen abstrakte Regelungen für die Zukunft, sodass sehr viele Informationen verarbeitet werden müssen und Gesellschafter nicht alle Folgen absehen können. Zudem können sich mehrere kognitive Biases aus der Verhaltensforschung (*optimism und overconfidence bias*, *availability bias*, Repräsentationsheuristik, *present bias*) dahingehend auswirken, dass Gesellschafter sich auf Haftungsbeschränkungen einlassen, die ihren Interessen schaden. Auch dem kann zwingendes Recht entgegenwirken. Die Probleme werden aber durch die gewandelten Aktionärsformen und die Stimmrechtsberatung reduziert. Statt zwingendem Recht sollte als milderes Mittel versucht werden, Gesellschafter durch Kautelen aufzuklären und zu einer rationalen Entscheidung anzureizen. Überdies sollte sich das zwingende Recht daran orientieren, was Gesellschafter und Aufsichtsratsmitglieder hypothetisch rational aushandeln würden. Da die Beschränkung der Haftung für Sorgfaltspflichtverletzungen auch aus Gesellschaftersicht Vorteile bringt, sollte das zwingende Recht nicht generell Haftungsbeschränkungen untersagen, sondern sich wiederum auf die Untersagung von Haftungsbeschränkungen für Vorsatz, monetäre Eigengewinne und ggf. grobe Fahrlässigkeit beschränken.

Gänzlich nicht erforderlich ist ein Schutz der Gesellschafter aus Gründen der Beeinflussung durch Organmitglieder. Gesellschafter müssen nicht davor geschützt werden, dass Organmitglieder ihre Kompetenzen missbrauchen, um auf eine Beschränkung der Haftung hinzuwirken. Die Beeinflussungsmöglichkeiten lassen, anders als in den USA, keine echte Zwangswirkung erkennen. Auch ist keine zwingende Aufsichtsratshaftung geboten, um diese dem Einfluss der Stimmrechtsberater zu entziehen. Vielmehr können diese wie gezeigt zusammen mit den institutionellen Investoren themenspezifische Standards zu Haftungsbeschränkungen setzen. Ihr *one-size-fits-all* Ansatz wird zwar nicht für jede Gesellschaft die beste Haftungsregelung für Aufsichtsräte hervorbringen. Ihre Empfehlungen sind aber im Zweifel besser als zwingendes Recht, welches erst recht einen *one-size-fits-all* Ansatz verfolgt und Haftungsbeschränkungen generell untersagt, obwohl viele Gesellschaften davon profitieren können. Zudem ist nicht anzunehmen, dass Glass Lewis und ISS allen Haftungsbeschränkungen pauschal zustimmen würden. Deren (US-)Leitlinien lassen mit Blick auf Haftungsbeschränkungen Problembewusstsein erkennen.

Zur Verhinderung eines Marktversagens durch Externalitäten sollte die Aufsichtsratshaftung zudem teilweise zwingend sein, um gezielt auf Externalitäten der Gesellschaften zu reagieren. Den Gesellschaftern sollte die Disposition über die Aufsichtsratshaftung entzogen werden, soweit diese auf dem Verstoß gegen bestimmte außergesellschaftsrechtliche Normen gründet, welche gezielt der Verhinderung von Externalitäten dienen. Auf Externalitäten wird vorwiegend mit außergesellschaftsrechtlichen Normen reagiert, welche die Gesellschaft adressieren. Da jedoch bei großen Unternehmen Sanktionsdefizite bestehen und die institutionelle Haftungsbeschränkung von AG und GmbH Externalitäten fördert, sollte zusätzlich das Gesellschaftsrecht herangezogen werden. Eine Möglichkeit ist es, die verhaltenssteuernde Wirkung der Aufsichtsratshaftung zu nutzen, um Aufsichtsratsmitglieder anzureizen, Externalitäten zu unterlassen. Insofern muss die Haftung der Disposition der Gesellschafter in gewissem Umfang entzogen werden. Konkret sollte nach der ökonomischen Rechtsanalyse mit Blick auf den Gläubigerschutz die Aufsichtsratshaftung in der AG für originäre Verstöße gegen gläubigerschützende Drittnormen sowie für die pflichtwidrige Überwachung des Vorstands bzgl. von Verstößen gegen gläubigerschützende Drittnormen zwingend sein. Dasselbe sollte für umwelt- und klimaschützende Drittnormen gelten. Wegen der besonderen Gefahr der Externalisierung im Umwelt- und vor allem Klimabereich sollte zudem auch die Haftung für eine nicht ordnungsgemäße Einrichtung des internen Kontrollsystems (Compliance) mit Blick auf Verstöße gegen umwelt- und vor allem klimaschützende Normen zwingend sein. Für arbeitnehmerschützende Drittnormen erscheint eine zwingende Innenhaftung hingegen nicht erforderlich. Erst recht bedarf es keiner zwingenden Innenhaftung bei Verstößen gegen innergesellschaftliche Pflichten und ausländische Rechtsnormen.

Kein Verbot von Haftungsbeschränkungen lässt sich hingegen mit Informationsasymmetrien der Anleger bzw. mit dem Anlegerschutz rechtfertigen. Zwar können Informationsasymmetrien zwingendes Recht rechtfertigen, da sie nach *Akerlof* zu einer Abwärtsspirale führen können. Bei Anlegern beruhen Informationsasymmetrien aber nur darauf, dass die Kosten für die Einholung der Information (hier: Prüfung der Satzung auf Haftungsbeschränkungen) ggf. im Vergleich zum Wert der zu erwerbenden Aktie zu hoch sind. Dies gilt aber nur für Kleinanleger, die man ursprünglich im Blick hatte. Bei den heutigen institutionellen Investoren verhindern Transaktionen nicht die Prüfung einer Satzung vor Erwerb, sodass kein Informationsdefizit besteht, welches ein Verbot rechtfertigen kann. Zudem ist ein solches Verbot nicht kongruent damit, wie das Gesetz sonst auf Informationsprobleme von Anlegern reagiert. Schließlich überwindet die Börsennotierung das Informationsproblem, auch für die schutzwürdigen Kleinanleger. Mehrere Studien sprechen dafür, dass Haftungsbeschränkungen durch den Kapitalmarkt eingepreist werden, sodass Anleger ihre Anteile zu einem angemessenen Preis erwerben und Gründer sowie Gesellschaftergesamtheit einen Anreiz haben, keine dem Kurs schädliche Haftungsbeschränkung in der Satzung zu verankern. In GmbH und kapitalmarktferner AG fehlt zwar eine

Bepreisung durch die Börse. Dafür besteht dort in der Regel schon kein Informationsdefizit. Denn die Gesellschafter erwerben ähnlich den institutionellen Investoren größere Gesellschaftsanteile, sodass Transaktionskosten es nicht verhindern, dass die Satzung vor Erwerb geprüft wird.

Ergebnisse 3. Teil

Weder Kompensations- noch Präventionsfunktion der Aufsichtsratshaftung erfordern allgemein die Totalreparation, sodass summenmäßige Beschränkungen in Frage kommen. Totalreparation ist nur erforderlich, wenn das Aufsichtsratsmitglied durch die Pflichtverletzung auf monetäre Eigengewinne, monetäre Gewinne für nahestehende Personen oder die Verhinderung monetärer Verluste durch das Richten in eigener Sache abzielt. Bei einer Übernahmeverteidigung und dem Ziel, das eigene Mandat zu erhalten, ist Totalreparation eher erforderlich, bei Interessenkonflikten durch Mehrfachmandate oder Arbeitnehmerstellung kann darauf verzichtet werden. Erst recht bedarf es in der phänotypischen GmbH nicht der Totalreparation, da GmbH-Gesellschafter sich selbst besser schützen können und der Geschäftsführer als Kontrollobjekt weniger Überwachung durch den Aufsichtsrat bedarf als der Vorstand.

Gleichzeitig bestehen drei Kerngründe, die aus Sicht der Gesellschafter dafürsprechen können, Satzungsbefugnisse zur Beschränkung der Aufsichtsratshaftung zu nutzen: Risikoaversion, Abschreckung von der Amtsübernahme und erhöhte Vorsorgekosten. Risikoaversion und Abschreckung von der Amtsübernahme lassen sich empirisch plausibilisieren. Eine statutarische summenmäßige Beschränkung kann diesen Gefahren abhelfen. Das Argument der Risikoaversion gilt dabei aber nur für diversifizierte Gesellschafter und nur für die mitunternehmerischen, nicht die retrospektiven Aufgaben des Aufsichtsrats. Allgemein besteht insofern kein Interesse der Gesellschafter an der Beschränkung der Haftung für Vorsatz und oft auch für Treuepflichtverletzungen sowie ggf. grobe Fahrlässigkeit.

Schließlich muss die Dispositionsfreiheit der Gesellschafter bezüglich der Haftung ihrer Aufsichtsratsmitglieder nicht umfassend wegen eines Marktversagens untersagt werden. Das Recht sollte sich de lege ferenda auf einen Restschutz durch zwingendes Recht beschränken. Es sollte lediglich Haftungsbeschränkungen untersagen, die nie im rationalen Interesse der Gesellschafter liegen: mithin insbesondere Haftungsbeschränkungen für Vorsatz und monetäre Eigengewinne der Aufsichtsratsmitglieder. Für einen solchen Restschutz spricht, dass Gesellschafter nicht umfassend, aber in geringem Maße vor sich selbst geschützt werden müssen (Paternalismus). Gesellschafter könnten in begrenztem Maße übermäßige Haftungsbeschränkungen zu ihren Lasten beschließen oder solche Beschränkungen nachträglich nicht mehr korrigieren. Es besteht zu befürchten, dass Gesellschafter bei der Entscheidung über eine abstrakte Haftungsbeschränkung mit Zukunftsbezug kognitiv überfordert sind und sich verschiedene kognitive Biases aus der Verhaltensforschung auf die Entscheidung auswirken. Zudem sprechen für einen Restschutz in der AG Kollektivhandlungs- und Trittbrettfahrerprobleme, die durch institutionelle Investoren,

Hedgefonds und Stimmrechtsberater reduziert, aber nicht vollständig überwunden werden.

Für weitere Einschränkungen der Dispositionsfreiheit spricht die Vermeidung von Externalitäten. Der Gesetzgeber sollte auch die Aufsichtsratshaftung nutzen, um auf Externalitäten der Gesellschaft zu reagieren. Daher sollte den Gesellschaftern die Disposition über die Aufsichtsratshaftung entzogen werden, soweit die Aufsichtsratshaftung auf dem Verstoß gegen umwelt-, klima- und jedenfalls in der AG auch gläubigerschützende (nicht aber arbeitnehmerschützende) Normen beruht. Dasselbe gilt für die pflichtwidrige Überwachung des Geschäftsleiters bezüglich dieser Normen. Im Umwelt- und vor allem Klimabereich sollte zudem auch die Haftung für eine nicht ordnungsgemäße Einrichtung des internen Kontrollsystems (Compliance) mit Blick auf diesbezügliche Normverstöße zwingend sein. Hingegen rechtfertigen weder der Einfluss der Organmitglieder auf die Hauptversammlung noch der Einfluss der Stimmrechtsberater auf die Satzungsentscheidung noch der Anlegerschutz durch Standardisierung eine Untersagung von Haftungsbeschränkungen.

4. Teil Statutarische Haftungsbeschränkung für Aufsichtsratsmitglieder de lege lata

Im vierten Teil der Arbeit soll schließlich untersucht werden, ob Haftungsbeschränkungen für Aufsichtsratsmitglieder de lege lata in der Satzung wirksam sind. Im Rahmen dieser Fragestellung soll zwischen dem Aufsichtsrat der AG (§ 1), dem fakultativen Aufsichtsrat in der mitbestimmungsfreien GmbH (§ 2) und dem obligatorischen Aufsichtsrat in den verschiedenen Formen der mitbestimmen GmbH[2073] (§ 3) differenziert werden.

Abschließend sollen sonstige aus der Literatur bekannte Ansätze zur Beschränkung der Aufsichtsratshaftung auf ihre rechtliche Wirksamkeit sowie ihren praktischen Schutz hin überprüft werden. Konkret sollen die Halbvermögensschutzklausel nach *Seibt*[2074] und die Grundsätze des BAG zum innerbetrieblichen Schadensausgleich[2075] untersucht werden (§ 4). Diese Ansätze zielen zwar nicht auf statutarische Haftungsbeschränkungen ab und beruhen daher nicht auf einem Willensentschluss der Gesellschafter und einer Verortung in der Satzung. Ein Ruf an den Gesetzgeber, de lege ferenda statutarische Haftungsbeschränkungen einzuführen, lässt sich jedoch nur stützen, wenn das geltende Recht den Problemen der strengen Aufsichtsratshaftung nicht auf anderem Wege ausreichend und vergleichbar abhelfen kann.

2073 §§ 6 Abs. 1 MitbestG, 1 Abs. 1 Nr. 3 DrittelbG, 1 Abs. 2, 3 Abs. 1 Montan-MitbestG.

2074 *Seibt*, NZG 2015, 1097; *ders.*, NZG 2016, 361.

2075 Für eine Übertragbarkeit insbesondere: *Bachmann*, ZIP 2017, 841; *Wilhelmi*, NZG 2017, 681 (684 ff.); *Hoffmann*, NJW 2012, 1393 (1396 ff.); gestützt auf die Fürsorge- und Treuepflicht insbesondere: *Koch*, AG 2012, 429 (435 ff.); *ders.*, AG 2014, 513 (521).

§ 1 Keine Haftungsbeschränkung für die Mitglieder des Aufsichtsrats in der AG

Die Haftung der Mitglieder des AG-Aufsichtsrats folgt aus dem Verweis in § 116 S. 1 AktG auf § 93 Abs. 2 S. 1 AktG. Gemäß § 116 S. 1 AktG gelten für die Sorgfaltspflicht und Verantwortlichkeit der Aufsichtsratsmitglieder § 93 mit Ausnahme des Absatzes 2 Satz 3 über die Sorgfaltspflicht und Verantwortlichkeit der Vorstandsmitglieder und § 15b der Insolvenzordnung sinngemäß. Gemäß § 93 Abs. 2 S. 1 AktG sind Vorstandsmitglieder, die ihre Pflichten verletzen, der Gesellschaft zum Ersatz des daraus entstehenden Schadens verpflichtet.

A. Meinungsstand im Schrifttum

Die fast einhellige Meinung im Schrifttum[2076] nimmt an, dass statutarische Haftungsbeschränkungen für Mitglieder des AG-Aufsichtsrats unwirksam seien. Dies gelte sowohl für summenmäßige Beschränkungen als auch für Beschränkungen des Sorgfaltsmaßstabs. Mehrheitlich wird dies damit begründet, dass eine Haftungsbeschränkung gegen die Satzungsstrenge gemäß § 23 Abs. 5 AktG verstoße

2076 *Fleischer*, AR 2014, 100; *Habersack*, ZHR 2013, 782 (794); *Paefgen*, AG 2014, 554 (569); *Hopt*, ZIP 2013, 1793 (1800); *Haarmann/Weiß*, BB 2014, 2115 (2116, 2124); *Schneider*, FS Werner 1984, 795 (802); BeckOGK/*Veil*, AktG, § 116 Rn. 203; Henssler/Strohn/*Henssler*, 6. Aufl. 2024, § 116 AktG Rn. 21; Hölters/Weber/*Groß-Bölting/Rabe*, 4. Aufl. 2022, § 116 Rn. 107; MünchKomm-AktG/*Habersack*, 6. Aufl. 2023, § 116 Rn. 4, 79; Schmidt/Lutter/*Drygala*, 5. Aufl. 2024, § 116 Rn. 51; GK-AktG/*Hopt/Roth*, 5. Aufl. 2018, § 116 Rn. 283; Wachter/*Schick*, 4. Aufl. 2022, § 116 Rn. 23; *Lutter/Krieger/Verse*, 7. Aufl. 2022, § 13 Rn. 1024; Semler/v. Schenk/Wilsing/*W. Doralt/P. Doralt*, 5. Aufl. 2021, § 16 Rn. 216; Melot de Beauregard/Lieder/Liersch/*Humrich*, § 4 Rn. 303; *Riebartsch*, Die Haftung des Aufsichtsrates einer Aktiengesellschaft bei Verletzung der Überwachungspflichten, 2020, S. 186; entsprechend zu § 93 AktG und der Vorstandshaftung: *Fleischer*, ZIP 2014, 1305 ff.; *ders.*, WM 2005, 909 (914); *Gaul*, AG 2015, 109 (115); *E. Vetter*, NZG 2014, 921 (922 f.); *Bayer/Ph. Scholz*, NZG 2014, 926 (928); *Koch*, AG 2014, 513 (524); *Bauer/Krets*, DB 2003, 811 (813); *Freund*, NZG 2021, 579 (581); *Ph. Scholz*, Die existenzvernichtende Haftung von Vorstandsmitgliedern in der Aktiengesellschaft, 2014, S. 108 ff.; *S. Binder*, Grenzen der Vorstandshaftung, 2016, S. 189 ff.; stellvertretend für die einstimmige Kommentarliteratur: MünchKomm-AktG/*Spindler*, 6. Aufl. 2023, § 93 Rn. 27.

und die Haftung daher zwingend sei[2077]. Oft wird zusätzlich darauf hingewiesen, eine Beschränkung entspreche einem vorweggenommenen Verzicht und verstoße daher gegen § 93 Abs. 4 S. 3 AktG[2078]. *Fleischer* ergänzt, dass eine zwingende Aufsichtsratshaftung dem Willen des historischen Gesetzgebers entspreche[2079]. Zudem wird der Gläubigerschutz angeführt[2080]. *Hopt/Roth* ergänzen, dass die Aufsichtsratshaftung auch mit Blick auf den Schutz der Gesellschaft und der Allgemeinheit unabhängig von der Satzungsstrenge zwingend sei[2081].

Abweichende Ansichten werden bisher nur von *Grunewald* und *N. Fischer* zu summenmäßigen Beschränkungen vertreten[2082].

B. Jede Variante einer statutarischen Haftungsbeschränkung ist unwirksam

Der h.M. des Schrifttums ist beizupflichten. Jede Variante einer statutarischen Haftungsbeschränkung, summenmäßig oder bezogen auf den Sorgfaltsmaßstab, ist auch nach hiesiger Auffassung unwirksam.

2077 *Fleischer*, AR 2014, 100; *Paefgen*, AG 2014, 554 (569); *Hopt*, ZIP 2013, 1793 (1800); *Haarmann/Weiß*, BB 2014, 2115 (2116, 2124); *Schneider*, FS Werner 1984, 795 (802); Henssler/Strohn/*Henssler*, 6. Aufl. 2024, § 116 AktG Rn. 19; Hölters/Weber/*Groß-Bölting/Rabe*, 4. Aufl. 2022, § 116 Rn. 107; MünchKomm-AktG/*Habersack*, 6. Aufl. 2023, § 116 Rn. 4, 79; GK-AktG/*Hopt/Roth*, 5. Aufl. 2018, § 116 Rn. 283; Wachter/*Schick*, 4. Aufl. 2022, § 116 Rn. 23; zum Vorstand: *Fleischer*, ZIP 2014, 1305 ff.; *ders.*, WM 2005, 909 (914); *Gaul*, AG 2015, 109 (115); *Koch*, AG 2014, 513 (524); *Freund*, NZG 2021, 579 (580 f.); *Ph. Scholz*, Die existenzvernichtende Haftung von Vorstandsmitgliedern in der Aktiengesellschaft, 2014, S. 108 ff.; *S. Binder*, Grenzen der Vorstandshaftung, 2016, S. 189 ff.; BeckOGK/*Fleischer*, AktG, § 93 Rn. 4 f.; Grigoleit/*Grigoleit/Tomasic*, 2. Aufl. 2020, § 93 Rn. 123; MünchKomm-AktG/*Spindler*, 6. Aufl. 2023, § 93 Rn. 27; GK-AktG/*Hopt/Roth*, 5. Aufl. 2014, § 93 Rn. 47.

2078 *Lutter/Krieger/Verse*, 7. Aufl. 2022, § 13 Rn. 1024; *Hopt*, ZIP 2013, 1793 (1800); *Schneider*, FS Werner 1984, 795 (802); *Bauer/Krets*, DB 2003, 811 (813); *Freund*, NZG 2021, 579 (580 f.); *Ph. Scholz*, Die existenzvernichtende Haftung von Vorstandsmitgliedern in der Aktiengesellschaft, 2014, S. 109 f.; *S. Binder*, Grenzen der Vorstandshaftung, 2016, S. 189 ff.

2079 *Fleischer*, ZIP 2014, 1305 (1305 f.); *ders.*, AR 2014, 100; *ders.*, WM 2005, 909 (914).

2080 GK-AktG/*Hopt/Roth*, 5. Aufl. 2018, § 116 Rn. 283; zum Vorstand: BeckOGK/*Fleischer*, AktG, § 93 Rn. 4 f.; *ders.*, WM 2005, 909 (914); Grigoleit/*Grigoleit/Tomasic*, 2. Aufl. 2020, § 93 Rn. 123; GK-AktG/*Hopt/Roth*, 5. Aufl. 2014, § 93 Rn. 47; Heidel/*U. Schmidt*, 6. Aufl. 2024, § 93 Rn. 5.

2081 GK-AktG/*Hopt/Roth*, 5. Aufl. 2018, § 116 Rn. 283, § 93 Rn. 47.

2082 *Grunewald*, AG 2013, 813 (815 f.); *N. Fischer*, Die existenzvernichtende Vorstandshaftung und ihre Begrenzung durch Satzungsbestimmung, 2018, S. 135 ff.

I. Unvereinbarkeit mit der Satzungsstrenge gemäß § 23 Abs. 5 AktG

Eine statutarische Haftungsbeschränkung für Mitglieder des AG-Aufsichtsrats verstößt auch nach hiesiger Ansicht gegen das Prinzip der Satzungsstrenge gemäß § 23 Abs. 5 S. 1 AktG. Gemäß § 23 Abs. 5 AktG kann die Satzung einer AG »von den Vorschriften dieses Gesetzes nur abweichen, wenn es ausdrücklich zugelassen ist. Ergänzende Bestimmungen der Satzung sind zulässig, es sei denn, daß dieses Gesetz eine abschließende Regelung enthält«.

Eine Haftungsbeschränkung stellt eine solche Abweichung dar. Eine Abweichung i.S. des § 23 Abs. 5 S. 1 AktG liegt vor, wenn eine gesetzliche Regelung durch eine andere Regelung ersetzt wird. Die Satzung muss also etwas anderes bestimmen, als das Gesetz vorsieht[2083]. Da §§ 116 S. 1, 93 Abs. 2 S. 1 AktG aber gesetzlich die Haftung der Mitglieder des AG-Aufsichtsrats vorsehen, würde eine Haftungsbeschränkung in der Satzung etwas Anderes bestimmen als das Gesetz. Eine ausdrückliche Zulassung für eine Abweichung sehen hingegen weder § 116 noch § 93 AktG vor.

Dies gilt auch für summenmäßige Beschränkungen. Aufsichtsratsmitglieder sind gemäß §§ 116 S. 1, 93 Abs. 2 S. 1 AktG »zum Ersatz des daraus entstehenden Schadens […] verpflichtet«. *Ph. Scholz* weist aber darauf hin, dass der Begriff »Ersatz« nach dem Sprachgebrauch ohne die Verwendung eines einschränkenden Zusatzes stets die vollständige Wiedergutmachung meine[2084], sodass auch mit einer summenmäßigen Beschränkung eine andere Bestimmung getroffen würde. Dem ist beizupflichten. Die Totalreparation ist Kernprinzip deutscher Rechtsordnung. Ohne entgegenstehende Anzeichen ist davon auszugehen, dass der Gesetzgeber in § 93 Abs. 2 S. 1 AktG die vollständige Wiedergutmachung meint. Auch *S. Binder* und *Fleischer* stützen diese Argumentation. Sie betonen, dass die Totalreparation im deutschen Recht den Regelfall bilde[2085] bzw. das Grundprinzip darstelle[2086]. Summenmäßige Beschränkungen weise das deutsche Recht hingegen, primär im Bereich der Gefährdungshaftung, ausdrücklich aus[2087].

II. Abweichende Ansicht zu summenmäßigen Beschränkungen überzeugt nicht

Abweichende Ansichten werden bisher nur von *Grunewald* und *N. Fischer* zu summenmäßigen Beschränkungen vertreten[2088]. Beide zielen im Ergebnis darauf

2083 Stellvertretend Hölters/Weber/*Solveen*, 4. Aufl. 2022, § 23 Rn. 30.
2084 *Ph. Scholz*, Die existenzvernichtende Haftung von Vorstandsmitgliedern in der Aktiengesellschaft, 2014, S. 109; dem folgend auch *Koch*, 19. Aufl. 2025, § 93 Rn. 4.
2085 *S. Binder*, Grenzen der Vorstandshaftung, 2016, S. 190.
2086 BeckOGK/*Fleischer*, AktG, § 93 Rn. 5; *ders.*, ZIP 2014, 1305 (1306).
2087 *S. Binder*, Grenzen der Vorstandshaftung, 2016, S. 190.
2088 *Grunewald*, AG 2013, 813 (815 f.); *N. Fischer*, Die existenzvernichtende Vorstandshaftung und ihre Begrenzung durch Satzungsbestimmung, 2018, S. 135 ff.

ab, § 93 Abs. 2 S. 1 AktG meine nicht zwingend die vollständige Wiedergutmachung, sodass summenmäßige Beschränkungen keine Abweichung darstellen würden. Im Ergebnis überzeugen ihre Argumente jedoch nicht.

1. Argumente von *Grunewald* zu summenmäßigen Beschränkungen

Grunewald argumentiert, »allein vom Wortlaut aus« besage § 93 AktG nicht, »dass der Schaden vollumfänglich zu begleichen« sei. Die Regelung könnte daher durch Vereinbarung einer Höchstsumme i.S. von § 23 Abs. 5 S. 2 AktG ergänzt werden. Eine solche Beschränkung lasse den Grundsatz der Norm unberührt[2089].

2. Argumente von *N. Fischer* zu summenmäßigen Beschränkungen

N. Fischer hat die Ansicht *Grunewalds* weiterentwickelt[2090]. Seiner Ansicht nach sei § 93 Abs. 2 S. 1 AktG ein unvollständiger Rechtssatz, dessen Rechtsfolgen in den §§ 249 ff. BGB bestimmt werden[2091]. Weder meine § 93 Abs. 2 S. 1 AktG selbst die vollständige Wiedergutmachung noch seien die §§ 249 ff. BGB durch § 93 Abs. 2 S. 1 AktG in das AktG inkorporiert. Da die Rechtsfolgen nur im BGB geregelt seien, sei eine Veränderung durch die Satzung nicht von der Satzungsstrenge erfasst. Denn diese beziehe sich nur auf aktienrechtliche Regelungen (Wortlaut § 23 Abs. 5 AktG: »dieses Gesetzes«[2092])[2093].

Die These, dass § 93 Abs. 2 S. 1 AktG selbst nicht die vollständige Wiedergutmachung meine, begründet *N. Fischer* mit dem Wortlaut der Norm. Der Wortlaut »zum Ersatz des daraus entstehenden Schadens verpflichtet« sei nach allgemeinem Sprachgebrauch nicht zwingend so zu verstehen, dass der vollständige Schaden erstattet werden müsse. Er lasse andere Rechtsfolgen zu und überlasse den §§ 249 ff. BGB deren Bestimmung. Der Begriff »Ersatz« meine auch ohne einschränkenden Zusatz nicht zwingend die Totalreparation[2094].

Zur Stützung des Wortlautarguments führt er zwei »Anhaltspunkte« an. Ein Anhaltspunkt sei § 254 BGB, da dieser die Erstattungspflicht auch im Organhaftungsrecht reduziere. Würde das AktG die Totalreparation aber selbst regeln, müsse das AktG dem § 254 BGB als lex specialis vorgehen und § 254 BGB

2089 *Grunewald*, AG 2013, 813 (815 f.).
2090 *N. Fischer*, Die existenzvernichtende Vorstandshaftung und ihre Begrenzung durch Satzungsbestimmung, 2018, S. 126 ff.
2091 *N. Fischer*, Die existenzvernichtende Vorstandshaftung und ihre Begrenzung durch Satzungsbestimmung, 2018, S. 137 f.
2092 Dies ist zutreffend und entspricht der allgemeinen Meinung: stellvertretend KK-AktG/*Arnold*, 4. Aufl. 2022, § 23 Rn. 140.
2093 *N. Fischer*, Die existenzvernichtende Vorstandshaftung und ihre Begrenzung durch Satzungsbestimmung, 2018, S. 137 f.
2094 *N. Fischer*, Die existenzvernichtende Vorstandshaftung und ihre Begrenzung durch Satzungsbestimmung, 2018, S. 143 ff.

damit im Rahmen der Organhaftung ausschließen[2095]. In eine ähnliche Richtung zielt auch der zweite Anhaltspunkt *N. Fischers*. Im Schrifttum wurde zur Entlastung des Vorstands vorgeschlagen, den §§ 249 ff. BGB eine Reduktionsklausel hinzuzufügen und dabei den Gesetzestext des AktG unverändert zu lassen[2096]. Würde das AktG aber selbst die Totalreparation vorsehen, müsste es wiederum den Normen des BGB vorgehen, sodass eine Reduktionsklausel im BGB dem Vorstand keine Entlastung bieten könnte.

Gegen die These, dass die §§ 249 ff. BGB zumindest durch § 93 Abs. 2 S. 1 AktG in das AktG inkorporiert und damit zu den Vorschriften i.S. des § 23 Abs. 5 S. 1 AktG gehören würden, führt *N. Fischer* an, dass allgemeine Ansicht sei, dass Normen, auf welche das AktG verweist, keine Vorschriften i.S. des § 23 Abs. 5 S. 1 AktG seien. Er schlussfolgert, dass dies erst recht gelten müsse, wenn das AktG nicht explizit, sondern nur stillschweigend Normen außerhalb des Aktiengesetzes voraussetze. Dies sei bei § 93 AktG der Fall, welcher nicht ausdrücklich auf die §§ 249 ff. BGB verweist[2097].

3. Stellungnahme

Die Argumente *Grunewalds* und *N. Fischers* zur These, dass § 93 Abs. 2 S. 1 AktG nicht die vollständige Wiedergutmachung meine, überzeugen nicht.

So stützen die beiden Anhaltspunkte *N. Fischers* nicht die These, dass der Begriff »Ersatz« nicht die vollständige Wiedergutmachung meine. Aus § 254 BGB lässt sich nichts Gegenteiliges ableiten. Die Prämisse, dass das AktG andernfalls § 254 BGB als lex specialis vorgehen und damit ausschließen müsste, ist nicht stimmig. Mitverschulden bzw. die Teilung von Verantwortlichkeit bei beiderseitigem Verschulden ist allgemeines Prinzip deutscher Rechtsordnung. Nach Rechtsprechung und Literatur ist § 254 BGB Ausdruck von Treu und Glauben[2098] bzw. widersprüchlichen Verhaltens, wenn ein Geschädigter vollständigen Ersatz von einem neben sich selbst nur mitursächlichen Schädiger verlangt[2099]. Entsprechend hat die Rechtsprechung diesen Rechtsgedanken mit ausdrücklicher Nennung des § 254 BGB auf Fälle übertragen, welche sich nicht einmal mit dem Schadensrecht beschäftigen[2100]. Ein solches Rechtsprinzip fin-

2095 *N. Fischer*, Die existenzvernichtende Vorstandshaftung und ihre Begrenzung durch Satzungsbestimmung, 2018, S. 145 f.

2096 *N. Fischer*, Die existenzvernichtende Vorstandshaftung und ihre Begrenzung durch Satzungsbestimmung, 2018, S. 145 f.

2097 *N. Fischer*, Die existenzvernichtende Vorstandshaftung und ihre Begrenzung durch Satzungsbestimmung, 2018, S. 147 f.

2098 BGH, NJW-RR 2015, 1056, Rn. 13 m.w.N.

2099 Staudinger/*Höpfner*, 2021, § 254 Rn. 2 m.w.N.

2100 So zum Missbrauch der Vertretungsmacht bei Erkennbarkeit durch den Vertragspartner und schuldhaft unterlassener Kontrolle durch den Vertretenen: BGH, Urt. v. 25. März 1968, Az. II ZR 208/64; zum enteignungsgleichen Eingriff: BGH Urt. v. 29. März 1971, Az. III ZR 98/69 –, BGHZ 56, 57–66.

det auch Anwendung, wenn das AktG selbst die Totalreparation verlangt und wird von diesem nicht verdrängt. Erst recht können Vorschläge aus dem Schrifttum zu einer Reduktionsklausel de lege ferenda nicht belegen, dass der Gesetzgeber mit dem Begriff »Ersatz« nicht die vollständige Wiedergutmachung meint. *N. Fischer* kann dadurch höchstens widersprüchliche Einschätzungen im Schrifttum aufzeigen.

Selbst wenn man § 93 Abs. 2 S. 1 AktG aber nicht die vollständige Wiedergutmachung entnähme, sondern darin nur einen stillschweigenden Verweis auf die §§ 249 ff. BGB sähe, würde eine summenmäßige Beschränkung eine Abweichung von § 23 Abs. 5 S. 1 AktG darstellen. Nach hiesiger Ansicht findet § 23 Abs. 5 S. 1 AktG auch Anwendung, wenn das AktG stillschweigend auf ein anderes Gesetz verweist und dadurch den Inhalt der aktienrechtlichen Norm komplettiert bzw. die fremde Norm in das AktG inkorporiert.

N. Fischer führt dagegen an, dass allgemeine Ansicht sei, dass Normen, auf welche das AktG verweist, keine Vorschriften i.S. des § 23 Abs. 5 S. 1 AktG seien. Dies müsse erst recht gelten, wenn das AktG nicht explizit, sondern nur stillschweigend auf Normen außerhalb des Aktiengesetzes verweist.

Schon die Prämisse, dass Normen, auf die das AktG verweist, nicht gemäß § 23 Abs. 5 AktG zwingend seien, ist aber nicht stimmig. Nach *N. Fischer* sei dies allgemeine Meinung[2101]. Dies erscheint bei genauerer Betrachtung zweifelhaft. Die von *N. Fischer* herangezogenen Quellen können dies nicht belegen. Die zitierten Quellen stellen auf »aktienrechtliche Nebengesetze« oder auf »Aktiengesellschaften bezogene Regelungen in anderen Gesetzen« wie Mitbestimmungs- oder Umwandlungsgesetz ab, nicht aber auf Verweise aus dem AktG[2102]. Keine einzige zitierte Quelle beschäftigt sich mit Verweisen aus dem AktG. Dies zeigt sich auch daran, dass *N. Fischer* als scheinbar einzige abweichende Ansicht *Geßler* zitiert[2103]. Auch *Geßler* beschäftigt sich aber nicht mit Normen, auf die das AktG verweist, sondern mit »aktienrechtlichen Nebengesetzen«. Darunter fällt für ihn das *ganze* Mitbestimmungsrecht, nicht mitbestimmungsrechtliche Normen, auf die das AktG verweist. Er begründet seine Ansicht auch nicht mit einem Verweis, sondern damit, dass das Mitbestimmungsrecht auf dem AktG aufbaue und dieses beeinflusse[2104]. Alle zitierten Quellen meinen daher Gesetze neben dem AktG, die sich mit AGs beschäftigen

2101 *N. Fischer*, Die existenzvernichtende Vorstandshaftung und ihre Begrenzung durch Satzungsbestimmung, 2018, S. 147.

2102 So bei Heidel/*Braunfels*, 6. Aufl. 2024, § 23 Rn. 41; BeckOGK/*Limmer*, AktG, § 23 Rn. 51; Münchener Hdb. GesR/*Sailer-Coceani*, 6. Aufl. 2024, § 6 Rn. 10; Hölters/Weber/*Solveen*, 4. Aufl. 2022, § 23 Rn. 29; KK-AktG/*Arnold*, 4. Aufl. 2022, § 23 Rn. 140; GK-AktG/*Röhricht/Schall*, 5. Aufl. 2015, § 23 Rn. 180; Bürgers/Körber/Lieder/*Körber/König*, 6. Aufl. 2024, § 23 Rn. 40a.

2103 *N. Fischer*, Die existenzvernichtende Vorstandshaftung und ihre Begrenzung durch Satzungsbestimmung, 2018, S. 148, Fn. 587.

2104 *Geßler*, ZGR 1980, 427 (440 f.).

– nicht Normen, auf welche das AktG verweist. Das ist ein grundlegender Unterschied.

Verweist das AktG selbst stillschweigend auf andere Normen und komplementiert erst dadurch den Inhalt einer aktienrechtlichen Regelung, werden die anderen Normen in das AktG inkorporiert und damit Teil »dieses Gesetzes« i.S. des § 23 Abs. 5 S. 1 AktG. Dem scheint auch das heutige Schrifttum zu folgen. So wird beispielsweise für § 100 AktG, welcher stillschweigend auf zahlreiche andere Gesetze verweist, zwingendes Recht angenommen – ohne Abweichungen in den Verweisgesetzen zu erörtern[2105]. Niemand würde auf die Idee kommen, § 100 Abs. 1 S. 1 AktG zu umgehen, indem man dessen stillschweigenden Verweis auf die §§ 104 ff. BGB so auslegte, dass man in der Satzung Geschäftsfähigkeit umdefinieren könnte. Das kann kaum der Wille des Gesetzgebers sein.

Da somit eine Unwirksamkeit einer statutarischen Haftungsbeschränkung bereits aus der Satzungsstrenge folgt, kommt es auf die anderen Argumente[2106] der h.M. zur Unwirksamkeit einer Haftungsbeschränkung nicht mehr an. Auf diese Argumente wird im Rahmen der Untersuchung des obligatorischen GmbH-Aufsichtsrats zurückzukommen sein[2107].

C. Zusammenfassung § 1

Eine statutarische Haftungsbeschränkung für die Mitglieder des AG-Aufsichtsrats ist unwirksam. Eine entsprechende Satzungsregelung verstößt gegen das Prinzip der Satzungsstrenge gemäß § 23 Abs. 5 S. 1 AktG. Dies gilt sowohl für Beschränkungen des Sorgfaltsmaßstabs als auch für summenmäßige Beschränkungen.

Auch summenmäßige Beschränkungen stellen eine Abweichung i.S. des § 23 Abs. 5 S. 1 AktG dar, da der Wortlaut der §§ 116 S. 1, 93 Abs. 2 S. 1 AktG »zum Ersatz des daraus entstehenden Schadens [...] verpflichtet« die vollständige Wiedergutmachung meint. Gegensätzliche Argumente der Mindermeinung überzeugen nicht.

Selbst wenn man § 93 Abs. 2 S. 1 AktG nicht die vollständige Wiedergutmachung entnähme, sondern darin einen stillschweigenden Verweis auf die §§ 249 ff. BGB sähe, ergäbe sich kein abweichendes Ergebnis. Denn § 23 Abs. 5 S. 1 AktG gilt auch, wenn das AktG stillschweigend auf ein anderes Gesetz verweist und dadurch den Inhalt der aktienrechtlichen Norm komplettiert bzw. die fremde Norm in das AktG inkorporiert.

2105 BeckOGK/*Spindler*, AktG, § 100 Rn. 4; *Koch*, 19. Aufl. 2025, § 100 Rn. 2; MünchKomm-AktG/*Habersack*, 6. Aufl. 2023, § 100 Rn. 1; GK-AktG/*Hopt*/*Roth*, 5. Aufl. 2018, § 100 Rn. 11; Bürgers/Körber/Lieder/*Bürgers*/*Fischer*, 6. Aufl. 2024, § 100 Rn. 1.

2106 § 93 Abs. 4 S. 3 AktG; Gläubigerschutz, historischer Wille, siehe 4. Teil § 1 A.

2107 Siehe 4. Teil § 3.

§ 2 Haftungsbeschränkung für die Mitglieder des fakultativen Aufsichtsrats in der GmbH

Fakultative Aufsichtsräte werden freiwillig in GmbHs errichtet, die nicht der Arbeitnehmermitbestimmung unterfallen und daher keinen Aufsichtsrat bilden müssen. Die Haftung der Mitglieder eines fakultativen Aufsichtsrats folgt aus dem Verweis in § 52 Abs. 1 GmbHG auf § 116 AktG i.V. mit § 93 Abs. 1, 2 S. 1, 2 AktG.

A. Meinungsstand im Schrifttum

Für den fakultativen Aufsichtsrat gilt das zum AG-Aufsichtsrat Gegensätzliche. Die herrschende Literatur hält statutarische Haftungsbeschränkungen für wirksam – summenmäßig oder bezogen auf den Sorgfaltsmaßstab[2108]. Ein Teil der Literatur schränkt dies dahingehend ein, dass die Haftung für grobe Fahrlässigkeit nicht beschränkt werden könne[2109]. Eine Mindermeinung hält statutarische Haftungsbeschränkungen insgesamt für unwirksam[2110]. Unstreitig scheidet eine Begrenzung für die Vorsatzhaftung aus, § 276 Abs. 3 BGB[2111].

Nachfolgend soll zunächst untersucht werden, ob statutarische Haftungsbeschränkungen für Mitglieder fakultativer Aufsichtsräte generell wirksam sind (B.). Anschließend wird geprüft, ob eine Haftungsbeschränkung auch die Haftung für grobe Fahrlässigkeit erfassen kann (C.).

2108 *Großfeld/Brondics*, AG 1987, 293 (305); BeckOK/*C. Jaeger*, GmbHG, § 52 Rn. 78; Henssler/Strohn/*Henssler*, 6. Aufl. 2024, § 52 GmbHG Rn. 20; Noack/Servatius/Haas/*Kraft*, 24. Aufl. 2025, § 52 Rn. 76; *Wicke*, 5. Aufl. 2024, § 52 Rn. 10; Bartl/Bartl/Beine/Koch/Schlarb/Schmitt/*Schmitt*, 9. Aufl. 2024, § 52 Rn. 54; Lutter/Hommelhoff/*Hommelhoff/Bayer*, 21. Aufl. 2023, § 52 Rn. 93; Scholz/*Seyfarth*, 13. Aufl. 2024, § 52 Rn. 643; *Lutter/Krieger/Verse*, 7. Aufl. 2022, § 16 Rn. 1227; Semler/v. Schenk/Wilsing/*W. Doralt/P. Doralt*, 5. Aufl. 2021, § 16 Rn. 217.

2109 *E. Vetter*, GmbHR 2012, 181 (186); *Lieder/Becker/Hoffmann*, GmbHR 2021, 957 (964); Bork/Schäfer/*Rieble*, 5. Aufl. 2022, § 52 Rn. 115; Saenger/Inhester/*Peres*, 5. Aufl. 2024, § 52 Rn. 109; Michalski/Heidinger/Leible/J. Schmidt/*Giedinghagen*, 4. Aufl. 2023, § 52 Rn. 307; MünchKomm-GmbH/*Spindler*, 4. Aufl. 2023, § 52 Rn. 673: »jedenfalls bis zur Grenze der groben Fahrlässigkeit«.

2110 *Bormann*, GmbHR 2009, 662 (663); *Van Venrooy*, GmbHR 2009, 449 (457 ff.); GmbH-GK/*Heermann*, 3. Aufl. 2020, § 52 Rn. 154.

2111 Stellvertretend *E. Vetter*, GmbHR 2012, 181 (186).

B. Generelle Wirksamkeit einer statutarischen Haftungsbeschränkung

Die Haftung der Mitglieder des fakultativen Aufsichtsrats kann auch nach Auffassung des Verfassers generell durch die Satzung beschränkt werden – summenmäßig oder bezogen auf den Sorgfaltsmaßstab. Der herrschenden Literatur ist daher beizupflichten. Gegensätzliche Argumente der Mindermeinung überzeugen nicht.

I. Argumente der herrschenden Meinung für die Wirksamkeit

Die herrschende Literatur begründet die Beschränkbarkeit der Haftung zunächst mit dem Wortlaut des § 52 Abs. 1 GmbHG. Die Norm erklärt mehrere aktienrechtliche Normen für anwendbar. Die aktienrechtlichen Normen kommen aber nur zur Anwendung, »soweit nicht im Gesellschaftsvertrag ein anderes bestimmt ist«[2112]. Zudem haben die Gesellschafter es selbst in der Hand, einen Aufsichtsrat einzurichten. Dann dürfen sie erst recht über dessen Haftung bestimmen[2113].

Weiter wird argumentiert, den Gesellschaftern stehe auch die Entscheidung zu, ob Ansprüche gegen Aufsichtsratsmitglieder geltend gemacht werden, § 46 Nr. 8 GmbHG analog[2114]. Ferner werde der Aufsichtsrat ausschließlich im Interesse der Gesellschafter, nicht der Gläubiger oder des Rechtsverkehrs eingesetzt[2115]. Auch verweise § 52 GmbHG nicht auf § 93 Abs. 4 S. 3 AktG[2116], sodass Gesellschafter jederzeit auf Schadensersatzansprüche gegen die Mitglieder des fakultativen Aufsichtsrats verzichten dürfen. Dann dürfen sie die Haftung auch im Voraus beschränken[2117]. Schließlich wird allgemein auf die Gestaltungsfreiheit der GmbH-Gesellschafter verwiesen[2118].

II. Eigene Stellungnahme

Die herrschende Meinung überzeugt. Der fakultative Aufsichtsrat wird ausschließlich im Interesse der Gesellschafter errichtet, nicht Dritter. Der BGH hat

2112 *Großfeld/Brondics*, AG 1987, 293 (305); *E. Vetter*, GmbHR 2012, 181 (186).
2113 BeckOK/*C. Jaeger*, GmbHG, § 52 Rn. 78.
2114 Henssler/Strohn/*Henssler*, 6. Aufl. 2024, § 52 GmbHG Rn. 20.
2115 Bork/Schäfer/*Rieble*, 5. Aufl. 2022, § 52 Rn. 115; a.A. wohl *E. Vetter*, GmbHR 2012, 181 (186).
2116 Henssler/Strohn/*Henssler*, 6. Aufl. 2024, § 52 GmbHG Rn. 20; Bork/Schäfer/*Rieble*, 5. Aufl. 2022, § 52 Rn. 115; *E. Vetter*, GmbHR 2012, 181 (186).
2117 Bork/Schäfer/*Rieble*, 5. Aufl. 2022, § 52 Rn. 115; »volle Dispositionsbefugnis«: Scholz/*Seyfarth*, 13. Aufl. 2024, § 52 Rn. 643.
2118 *Großfeld/Brondics*, AG 1987, 293 (305).

dies in seiner Doberlug-Entscheidung klargestellt: Der fakultative Aufsichtsrat ist »nicht im Interesse der Allgemeinheit in die Pflicht genommen und hat keine über seine ihm von der Gesellschafterversammlung übertragenen Aufgaben hinausgehenden öffentlichen Belange zu wahren«[2119]. Da der Aufsichtsrat wie ein beauftragter Dritter nur den Interessen der Gesellschafter dient, können diese auch dessen Haftung und damit mittelbar sein Kontrollniveau bestimmen.

Der Wortlaut von § 52 Abs. 1 GmbHG sowie die Freiwilligkeit der Einrichtung unterstreichen dieses Ergebnis nur. Auch das Argument zu § 46 Nr. 8 GmbHG analog überzeugt. Steht den Gesellschaftern die Entscheidung zu, ob Ansprüche geltend gemacht werden, ist es systemkonform, wenn sie diese Ansprüche auch von vornherein durch eine Haftungsbeschränkung beschränken können.

III. Abweichende Mindermeinung zur Unwirksamkeit einer Haftungsbeschränkung überzeugt nicht

Heermann, *Bormann* und *Van Venrooy* halten Haftungsbeschränkungen für Mitglieder eines fakultativen Aufsichtsrats generell für unzulässig[2120]. Dies überzeugt nicht. *Heermann* begründet seine abweichende Ansicht nicht einmal, sondern äußert nur »rechtliche Bedenken«[2121]. Auch die nachfolgenden Begründungen von *Bormann* und *Van Venrooy* überzeugen nicht.

1. Keine Unwirksamkeit wegen originärer Überwachungspflicht (gegen *Bormann*)

Bormann begründet die Unwirksamkeit einer Haftungsbeschränkung damit, dass die Überwachung der Geschäftsführung originäre Pflicht des Aufsichtsrats sei. Eine Verletzung dieser Pflicht müsse zur Haftung führen[2122].

Dies überzeugt nicht. Nur weil eine Pflicht »originär« ist, schließt dies nicht aus, dass der Anspruchsberechtigte, in dessen Interesse die Pflicht erfüllt wird, die Haftung für eine Pflichtverletzung beschränken kann. Das deutsche Recht kennt keinen Grundsatz, der dies verbieten würde. Es gestattet in den Grenzen des § 138 BGB den Verzicht auf jegliche Haftung abseits von Vorsatz, e contrario § 276 Abs. 3 BGB[2123]. Nur im Rahmen von AGB verneint die Rechtsprechung bisweilen die Wirksamkeit von Haftungsausschlüssen für Kernpflichten[2124]. Zudem kann eine solche Begründung nur auf dem Schutz der Gesellschafter vor

2119 BGH, NZG 2010, 1186 (1188 f.), Rn. 26.
2120 *Bormann*, GmbHR 2009, 662 (663); *Van Venrooy*, GmbHR 2009, 449 (457 ff.); GmbH-GK/*Heermann*, 3. Aufl. 2020, § 52 Rn. 154.
2121 GmbH-GK/*Heermann*, 3. Aufl. 2020, § 52 Rn. 154.
2122 *Bormann*, GmbHR 2009, 662 (663).
2123 Staudinger/*Caspers*, 2019, § 276 Rn. 130.
2124 Jauernig/*Stadler*, 19. Aufl. 2023, § 276 Rn. 54 m.w.N.

sich selbst fußen (Paternalismus)[2125]. Wie gezeigt, ist ein solcher Schutz der GmbH-Gesellschafter aber nicht einmal erforderlich[2126].

2. Keine Unwirksamkeit wegen endgültiger Verlagerung der Überwachung auf den Aufsichtsrat (gegen *Van Venrooy)*

Van Venrooy argumentiert, Gesellschafter dürften keine Lage herbeiführen, in welcher sie einerseits juristisch verhindert seien, die Überwachung der Geschäftsführung selbst wahrzunehmen, andererseits die Aufsichtsratsmitglieder aber nicht rechtlich gehalten seien, ihre Sorgfalt einzuhalten und damit die Überwachung wirksam auszuüben[2127]. Er geht dabei von seiner eigenen Prämisse aus, dass Gesellschafter die Kontrollkompetenz endgültig auf den Aufsichtsrat verlagern könnten, was die Überwachung durch die Gesellschafter gemäß § 46 Nr. 6 GmbHG ausschließe[2128].

Diese Prämisse wird aber vom restlichen Schrifttum zu Recht verneint. Gesellschafter behalten auch bei Einrichtung eines Aufsichtsrats die Kompetenz, die Geschäftsführung zu kontrollieren[2129]. Eine Situation, in der sie juristisch gehindert sind, die Geschäftsführung zu kontrollieren, kann daher nicht entstehen.

Im Endeffekt kommt es aber nicht einmal darauf an, ob Gesellschafter ihre Kontrollbefugnisse gegenüber den Geschäftsführern endgültig auf den Aufsichtsrat verlagern können. Denn jedenfalls dient die Überwachung der Geschäftsführer durch die Gesellschafter nicht dem Schutz Dritter[2130], sodass zu Gunsten Dritter auch nicht ein Mindestkontrollniveau eingehalten werden muss. Für den fehlenden Drittschutz der Gesellschafterkontrolle spricht, dass § 46 Nr. 6 GmbHG – wie die Überschrift von § 45 GmbHG zeigt – Rechte, nicht Pflichten gewährt. Eine »minderwertige« Gesellschafterkontrolle führt daher auch nicht zur Haftung der Gesellschafter[2131]. Gesellschafter haften Dritten gegenüber nur im Ausnahmefall, etwa im Rahmen der Existenzvernichtungshaftung gemäß § 826 BGB[2132].

2125 So zur Haftung des Geschäftsführers: MünchKomm-GmbH/*Fleischer*, 4. Aufl. 2023, § 43 Rn. 381.

2126 Siehe dazu 3. Teil § 3 B. I. 2.

2127 *van Venrooy*, GmbHR 2009, 449 (457 ff., insbesondere 459).

2128 *van Venrooy*, GmbHR 2009, 449 (453, 455).

2129 BGH, NJW 1997, 1985; MünchKomm-GmbH/*Spindler*, 4. Aufl. 2023, § 52 Rn. 293; BeckOK/*C. Jaeger*, GmbHG, § 52 Rn. 33; Noack/Servatius/Haas/*Kraft*, 24. Aufl. 2025, § 52 Rn. 102; Henssler/Strohn/*Henssler*, 6. Aufl. 2024, § 52 GmbHG Rn. 12; Lutter/Hommelhoff/*Bayer*, 21. Aufl. 2023, § 46 Rn. 31; Scholz/*K. Schmidt/Bochmann*, 13. Aufl. 2024, § 46 Rn. 111; *Altmeppen*, 11. Aufl. 2023, § 46 Rn. 73; GmbH-GK/*Hüffer/Schäfer*, 3. Aufl. 2020, § 46 Rn. 93.

2130 BFH, Urt. v. 19. Juni 2007, Az. VIII R 54/05, Rn. 21.

2131 BeckOK/*Schindler*, GmbHG, § 46 Rn. 78; Michalski/Heidinger/Leible/J. Schmidt/*Römermann*, 4. Aufl. 2023, § 46 Rn. 347; GmbH-GK/*Hüffer/Schäfer*, 3. Aufl. 2020, § 46 Rn. 89.

2132 BGH, Urt. v. 16. Juli 2007, Az. II ZR 3/04 – Trihotel.

Können Dritte aber keine ordnungsgemäße Überwachung des Geschäftsführers durch die Gesellschafter verlangen, kann es kein Problem sein, wenn die Gesellschafter die Überwachung auf einen Aufsichtsrat übertragen, der infolge einer Haftungsbeschränkung und dadurch verminderter präventiver Anreize weniger sorgsam kontrolliert[2133].

C. Haftungsbeschränkung kann grobe Fahrlässigkeit erfassen

Ausgehend von der bisherigen Erkenntnis, dass Haftungsbeschränkungen nicht generell unwirksam sind, soll nachfolgend geprüft werden, ob eine Haftungsbeschränkung auch grobe Fahrlässigkeit erfassen kann. Nach hiesiger Ansicht ist dies möglich. Da Haftungsbeschränkungen generell möglich sind, bedarf die Unwirksamkeit einer besonderen Begründung. Eine solche ist aber nicht ersichtlich.

Wie gezeigt vertritt ein Teil des Schrifttums die Ansicht, statutarische Haftungsbeschränkungen für grobe Fahrlässigkeit seien unwirksam[2134]. Die meisten Autoren begründen diese Ansicht aber erst gar nicht[2135]. Wie nachfolgend zu zeigen sein wird, überzeugen auch die Argumente der Autoren nicht, die versuchen, die Unwirksamkeit einer Haftungsbeschränkung für grobe Fahrlässigkeit zu begründen.

I. Keine Einschränkung wegen notwendiger Überwachung (gegen Giedinghagen)

Giedinghagen begründet die Unwirksamkeit einer Haftungsbeschränkung, die auch grobe Fahrlässigkeit erfasst, damit, dass bei Beschränkungen für grobe Fahrlässigkeit »die notwendige Überwachung der Geschäftsführer« durch den Aufsichtsrat nicht sichergestellt werde[2136].

Dieser Argumentation kann aber so wenig gefolgt werden wie der zuvor dargestellten Ansicht *Bormanns*[2137]. Da die Überwachung des Aufsichtsrats nur den Gesellschaftern dient, können die Gesellschafter das Kontrollniveau bestimmen

2133 Anderes könnte nur infolge eines Rechtsscheins gelten, siehe dazu sogleich 4. Teil § 2 C. III.

2134 *E. Vetter*, GmbHR 2012, 181 (186); *Lieder/Becker/Hoffmann*, GmbHR 2021, 957 (964); Bork/Schäfer/*Rieble*, 5. Aufl. 2022, § 52 Rn. 115; Saenger/Inhester/*Peres*, 5. Aufl. 2024, § 52 Rn. 109; Michalski/Heidinger/Leible/J. Schmidt/*Giedinghagen*, 4. Aufl. 2023, § 52 Rn. 307; MünchKomm-GmbH/*Spindler*, 4. Aufl. 2023, § 52 Rn. 673: »jedenfalls bis zur Grenze der groben Fahrlässigkeit«.

2135 So Bork/Schäfer/*Rieble*, 5. Aufl. 2022, § 52 Rn. 115; Saenger/Inhester/*Peres*, 5. Aufl. 2024, § 52 Rn. 109; MünchKomm-GmbH/*Spindler*, 4. Aufl. 2023, § 52 Rn. 673.

2136 Michalski/Heidinger/Leible/J. Schmidt/*Giedinghagen*, 4. Aufl. 2023, § 52 Rn. 307.

2137 Siehe dazu schon 4. Teil § 2 B. III 1.

und entscheiden, welche Überwachung »notwendig« ist. Verzichten sie auf die Haftung für grobe Fahrlässigkeit, schaden sie damit nur sich selbst. Eine Art Vertrag zu Lasten Dritter ist nicht gegeben. Auch ein Schutz der Gesellschafter vor sich selbst ist in der GmbH auch für grobe Fahrlässigkeit weder erforderlich[2138] noch gesetzlich angelegt.

Ergänzend stellt *Giedinghagen* in der alten Auflage darauf ab, das Aufsichtsorgan handle in einer im Geschäftsverkehr tätigen Gesellschaft[2139]. Er stellt folglich den Schutz des Rechtsverkehrs in den Vordergrund. Dies betonen auch *Lieder/Becker/Hoffmann*[2140]. Es ist aber zu wiederholen: Der fakultative Aufsichtsrat dient nicht dem Schutz der Allgemeinheit, sondern ausschließlich den Interessen der Gesellschafter. Daran ändert auch die Teilnahme am Geschäftsverkehr nichts[2141].

II. Keine Einschränkung wegen Funktionsgleichheit (gegen Giedinghagen)

Giedinghagen begründet die Unwirksamkeit einer Haftungsbeschränkung für grobe Fahrlässigkeit in der alten Auflage zudem damit, dass andernfalls die Gefahr bestünde, dass trotz Funktionsgleichheit ein Haftungsgefälle zwischen fakultativem und obligatorischem GmbH-Aufsichtsrat entstehe[2142].

Auch dieses Argument überzeugt nicht. Es ist nicht ersichtlich, warum fakultativer und obligatorischer Aufsichtsrat zwingend gleich oder nur ähnlich haften müssten. Beide sind rechtlich zu unterscheiden[2143] und werden mehrfach rechtlich unterschiedlich behandelt[2144]. Zudem sind nach hiesiger Ansicht auch für Mitglieder des obligatorischen GmbH-Aufsichtsrats Haftungsbeschränkungen wirksam[2145].

III. Keine Einschränkung wegen Vertrauens des Rechtsverkehrs (gegen E. Vetter)

E. Vetter schließlich begründet die Unwirksamkeit einer Haftungsbeschränkung für grobe Fahrlässigkeit damit, dass die Einrichtung eines (fakultativen) Auf-

2138 Siehe dazu 3. Teil § 3 B. I. 2.

2139 Michalski/Heidinger/Leible/J. Schmidt/*Giedinghagen*, 3. Aufl. 2017, § 52 Rn. 307, Fn. 913.

2140 *Lieder/Becker/Hoffmann*, GmbHR 2021, 957 (964).

2141 Anderes könnte nur infolge eines Vertrauens in die Einrichtung eines Aufsichtsrats gelten, siehe dazu sogleich 4. Teil § 2 C. III.

2142 Michalski/Heidinger/Leible/J. Schmidt/*Giedinghagen*, 3. Aufl. 2017, § 52 Rn. 307, Fn. 913.

2143 Der fakultative Aufsichtsrat wird in § 52 GmbHG geregelt, der obligatorische GmbH-Aufsichtsrat hingegen im MitbestG, im DrittelbG und im MontanMitbestG.

2144 Vgl. nur die sehr umfangreiche Trennung der Kommentierung zum fakultativen und zum obligatorischen GmbH-Aufsichtsrat von *Giedinghagen* selbst: Michalski/Heidinger/Leible/J. Schmidt/*Giedinghagen*, 4. Aufl. 2023, § 52 Rn. 1 ff.

2145 Siehe dazu 4. Teil § 3.

sichtsrats ein Vertrauen des Rechtsverkehrs erzeuge. Eine solche Haftungsbeschränkung »ließe sich [...] nicht mit der Ausstrahlungswirkung eines Aufsichtsrats vereinbaren, die im Rechtsverkehr mit dessen Einrichtung als Überwachungsorgan im Hinblick auf eine ordentliche Geschäftsleitung besteht und wie sie auch bei einem fakultativen Aufsichtsrat gegeben ist[2146]«. Diese Ausstrahlungswirkung umfasse auch die Aufsichtsratshaftung. Ein vollständiger Haftungsausschluss beseitige die verhaltenssteuernde Wirkung der Haftung[2147] und verletze damit das gesetzte Vertrauen.

Es ist aber schon zweifelhaft, ob die Einrichtung eines Aufsichtsrats im Rechtsverkehr überhaupt ein Vertrauen dahingehend erzeugen kann, dass die Geschäftsführung kontrolliert wird. Auch das Bundesverwaltungsgericht hat abgelehnt, dass sich aus dem Begriff »Aufsichtsrat« eine Weisungsfreiheit und damit letztlich eine Art Schutz des Rechtsverkehrs ableiten ließe[2148]. Da das Gesetz den Gesellschafter bei Einrichtung eines fakultativen Aufsichtsrats in § 52 Abs. 1 GmbHG ausdrücklich erlaubt, Rechte und Pflichten des Aufsichtsrats vollständig abzuändern, kann der Rechtsverkehr mit der Einrichtung auch keine besondere Überwachung verbinden. Ferner müsste eine Haftungsbeschränkung zwingend in der Satzung fixiert werden. Dadurch würde ein etwaiges Vertrauen des Rechtsverkehrs aber wieder zerstört[2149].

Überdies kann die Einrichtung eines fakultativen Aufsichtsrats jedenfalls kein Vertrauen dahingehend erwecken, dass dieser auch für grob fahrlässige Pflichtverletzungen haftet. Selbst wenn man ein Vertrauen bejaht, kann dieses höchstens so weit reichen, dass der Aufsichtsrat ein gewisses Kontrollniveau erreicht. Ein gewisses Kontrollniveau kann aber nicht nur durch Haftung, sondern auch durch andere Anreize sichergestellt werden. So reizen neben der Haftung auch andere Mechanismen zu ordnungsgemäßer Überwachung an: etwa fehlende Entlastung, Abberufung, verweigerte Neubestellung, externe Steuerungsmittel oder Reputationsverluste[2150]. Zudem erscheint es willkürlich und im Gesetz nicht angelehnt, dass die Einrichtung eines Aufsichtsrats noch Vertrauen dahingehend erzeuge, dass dieser bei grob fahrlässigem Verhalten hafte, nicht aber etwa bei mittlerer oder leichter Fahrlässigkeit.

Schließlich überzeugt es, selbst wenn man mit *E. Vetter* ein solches Vertrauen annimmt, jedenfalls nicht, aus dem gesetzten Vertrauen abzuleiten, dass eine Haftungsbeschränkung für Mitglieder des fakultativen Aufsichtsrats unwirksam ist. Denn erstens hat nicht das Aufsichtsratsmitglied das Vertrauen gesetzt, sondern die Gesellschaft bzw. die Gesellschafter durch Einrichtung des Aufsichts-

2146 *E. Vetter*, GmbHR 2012, 181 (186).

2147 *E. Vetter*, GmbHR 2012, 181 (184, 186).

2148 Gegen ein geschütztes Vertrauen des Rechtsverkehrs in einen fakultativen »Aufsichtsrat«: BVerwG, GmbHR 2011, 1205 (1207).

2149 So auch mit Blick auf die Weisungsabhängigkeit des fakultativen Aufsichtsrats: *Bachmann*, FS E. Vetter, 2019, 15 (27).

2150 Siehe dazu 3. Teil § 1 B. III.

rats und zweitens verklagt nicht ein Teilnehmer des Rechtsverkehrs das Aufsichtsratsmitglied, sondern die Gesellschaft selbst. Nur die Gesellschaft ist klagebefugt. Gläubiger oder sonstige Dritte können Organhaftungsansprüche gegen fakultative Aufsichtsratsmitglieder nicht geltend machen. § 52 Abs. 1 GmbHG verweist nicht auf § 93 Abs. 5 AktG. Verklagt aber die Gesellschaft das Aufsichtsratsmitglied, ist es widersprüchlich, wenn die Gesellschaft sich auf die Unwirksamkeit der Haftungsbeschränkung berufen kann, obwohl nur sie dieses Vertrauen im Rechtsverkehr hervorgerufen hat.

Ein solches Vertrauen kann höchstens Rechtsfolgen zwischen der Gesellschaft als Vertrauensveranlasserin und den Teilnehmern des Rechtsverkehrs als Vertrauensempfänger hervorrufen, nicht aber zwischen Gesellschaft und Aufsichtsratsmitglied. Vergleichbares gilt beispielsweise für § 15 Abs. 3 HGB. Dort gilt einerseits das sog. Veranlasserprinzip. Man kann sich nur gegenüber demjenigen auf § 15 Abs. 3 HGB berufen, der die unrichtige Eintragung einer Tatsache veranlasst hat[2151]. Andererseits kann sich auch nur ein Dritter auf § 15 Abs. 3 HGB berufen, nicht hingegen Personen, die selbst für die Eintragung verantwortlich sind[2152] und damit das Vertrauen des Rechtsverkehrs hervorgerufen haben. In gleicher Weise ist aber weder das Aufsichtsratsmitglied Veranlasser noch die Gesellschaft Dritte, sodass die Gesellschaft sich im Prozess gegen das Aufsichtsratsmitglied nicht auf das Vertrauen berufen können sollte.

D. Zusammenfassung § 2

Gesellschafter können die Haftung der Mitglieder des fakultativen Aufsichtsrats durch die Satzung beschränken. Denn der fakultative Aufsichtsrat dient ausschließlich den Gesellschaftern. Der Wortlaut von § 52 Abs. 1 GmbHG unterstreicht dieses Ergebnis nur. Zudem ist die Sicht systemkonform dazu, dass Gesellschafter auch über die Geltendmachung der Ansprüche entscheiden, § 46 Nr. 8 GmbHG analog.

Eine solche Haftungsbeschränkung kann auch die Haftung für grobe Fahrlässigkeit erfassen. Abweichendes lässt sich weder mit der Notwendigkeit der Überwachung durch den Aufsichtsrat noch einer etwaigen Funktionsgleichheit der Aufsichtsräte oder mit dem Vertrauen des Rechtsverkehrs in die Einrichtung eines Aufsichtsrats begründen. Lediglich die Haftung für Vorsatz kann nicht beschränkt werden.

2151 Oetker/*Preuß*, 8. Aufl. 2024, § 15 Rn. 58 ff.
2152 Stellvertretend BeckOK/*Müther*, HGB, § 15 Rn. 41.

§ 3 Haftungsbeschränkung für die Mitglieder des obligatorischen Aufsichtsrats in der mitbestimmten GmbH

MitbestG, DrittelbG und MontanMitbestG (zusammen: mitbestimmungsrechtliche Gesetze) sehen bei Überschreitung bestimmter Arbeitnehmerschwellen in GmbHs zwingend die Einrichtung eines Aufsichtsrats vor[2153] (obligatorischer GmbH-Aufsichtsrat), damit Arbeitnehmer in diesem ihre Mitbestimmungsrechte ausüben können[2154].

Die Haftung der Mitglieder des obligatorischen GmbH-Aufsichtsrats folgt aus einer Verweiskette. Die mitbestimmungsrechtlichen Gesetze verweisen in ihren §§ 25 Abs. 1 S. 1 Nr. 2 MitbestG, 1 Abs. 1 Nr. 3 DrittelbG, 3 Abs. 2 MontanMitbestG jeweils auf die aktienrechtliche Aufsichtsratshaftung in § 116 AktG. § 116 S. 1 AktG verweist wiederum auf die Haftung des Vorstands gemäß § 93 Abs. 2 S. 1 AktG.

Konnte für den AG-Aufsichtsrat die Wirksamkeit einer Haftungsbeschränkung relativ klar verneint und für den fakultativen Aufsichtsrat entsprechend klar bejaht werden, steht der obligatorische GmbH-Aufsichtsrat gewissermaßen zwischen diesen beiden Rollen. Ob Haftungsbeschränkungen zu seinen Gunsten wirksam in der Satzung verankert werden können, bedarf daher der umfassendsten Untersuchung. Im Ergebnis sind Haftungsbeschränkungen entgegen der g.h.M. zulässig.

A. Meinungsstand im Schrifttum

Das Schrifttum lässt sich in zwei Lager aufteilen. Einerseits die g.h.M., die statutarische Haftungsbeschränkungen für Mitglieder des obligatorischen GmbH-Aufsichtsrats gänzlich ablehnt (I.) und andererseits *Seyfarth* und *Altmeppen*, die gewisse Haftungsbeschränkungen als wirksam ansehen (II.).

2153 §§ 1 Abs. 1 Nr. 1 MitbestG, 1 Abs. 1 Nr. 3 DrittelbG, 1 Abs. 2 MontanMitbestG.

2154 Historisch war dies umstritten. Die CDU sah 1950 in ihrem Entwurf zum Betriebsverfassungsgesetz 1952 (Vorgänger des heutigen DrittelbG) in § 89 noch vor, dass nur Gesellschaften mit zwingendem Aufsichtsrat wie die AG der Mitbestimmung unterfallen sollten: vgl. BT-Drucks Nr. 1546; auch Schriftlicher Bericht des Ausschusses für Arbeit, Drucks Nr. 3585, S. 16.

I. Ganz herrschende Meinung im Schrifttum verneint Wirksamkeit einer Haftungsbeschränkung

Der obligatorische GmbH-Aufsichtsrat wird vom ganz überwiegenden Schrifttum in Bezug auf Haftungsbeschränkungen mit dem AG-Aufsichtsrat gleichgesetzt. Eine statutarische Haftungsbeschränkung wird, anders als beim zu kontrollierenden Geschäftsführer[2155], als unwirksam angesehen[2156].

Die häufigste Begründung im Schrifttum ist, dass die Normen aus den mitbestimmungsrechtlichen Gesetzen uneingeschränkt auf § 116 S. 1 AktG und damit auch auf das aktienrechtliche Verzichtsverbot gemäß § 93 Abs. 4 S. 3 AktG verweisen[2157]. Diese Argumentation zielt auf das bereits zum AG-Aufsichtsrat vorgebrachte Argument ab: eine Haftungsbeschränkung entspreche einem vorweggenommenen Verzicht und verstoße daher gegen das aktienrechtliche Verzichtsverbot gemäß § 93 Abs. 4 S. 3 AktG[2158].

Henssler und *Rieble* stellen hingegen auf den Verweis auf die §§ 116, 93 AktG ab. Da ohne Einschränkung auf die §§ 116, 93 AktG verwiesen werde, müssten Mitglieder des GmbH-Aufsichtsrats wie Mitglieder des AG-Aufsichtsrats haften[2159]. Für Mitglieder des AG-Aufsichtsrats sind wirksame Haftungsbeschränkungen nicht möglich[2160].

In diese Richtung argumentieren schließlich auch *Peres* und *Heermann*. Sie begründen die Unwirksamkeit einer Haftungsbeschränkung mit dem zwingenden Charakter der mitbestimmungsrechtlichen Regeln. Da diese auf die haf-

2155 H.M. mit Unterschieden im Einzelnen: *Altmeppen*, 11. Aufl. 2023, § 43 Rn. 118; Henssler/Strohn/*Oetker*, 6. Aufl. 2024, § 43 GmbHG Rn. 11; MünchKomm-GmbH/*Fleischer*, 4. Aufl. 2023, § 43 Rn. 374; Noack/Servatius/Haas/*Beurskens*, 24. Aufl. 2025, § 43 Rn. 42; Lutter/Hommelhoff/*Kleindiek*, 21. Aufl. 2023, § 43 Rn. 60 ff.; Scholz/*Verse*, 13. Aufl. 2024, § 43 Rn. 421 ff.; Bork/Schäfer/*Klöhn*, 5. Aufl. 2022, § 43 Rn. 79; a.A. BeckOK/*Pöschke*, GmbHG, § 43 Rn. 299.8; Michalski/Heidinger/Leible/J. Schmidt/*Ziemons*, 4. Aufl. 2023, § 43 Rn. 434.

2156 BeckOK/*C. Jaeger*, GmbHG, § 52 Rn. 78; Henssler/Strohn/*Henssler*, 6. Aufl. 2024, § 52 GmbHG Rn. 35; MünchKomm-GmbH/*Spindler*, 4. Aufl. 2023, § 52 Rn. 674; Bork/Schäfer/*Rieble*, 5. Aufl. 2022, § 52 Rn. 114 f.; Saenger/Inhester/*Peres*, 5. Aufl. 2024, § 52 Rn. 192; Michalski/Heidinger/Leible/J. Schmidt/*Giedinghagen*, 4. Aufl. 2023, § 52 Rn. 307; Lutter/Hommelhoff/*Hommelhoff/Bayer*, 21. Aufl. 2023, § 52 Rn. 138; GmbH-GK/*Heermann*, 3. Aufl. 2020, § 52 Rn. 256, 307; *Lutter/Krieger/Verse*, 7. Aufl. 2022, § 15 Rn. 1167; Semler/v. Schenk/Wilsing/*W. Doralt/P. Doralt*, 5. Aufl. 2021, § 16 Rn. 217.

2157 BeckOK/*C. Jaeger*, GmbHG, § 52 Rn. 78; Bork/Schäfer/*Rieble*, 5. Aufl. 2022, § 52 Rn. 114 f.; Lutter/Hommelhoff/*Hommelhoff/Bayer*, 21. Aufl. 2023, § 52 Rn. 138; *Lutter/Krieger/Verse*, 7. Aufl. 2022, § 15 Rn. 1167.

2158 Siehe dazu oben 4. Teil § 1 A.

2159 Henssler/Strohn/*Henssler*, 6. Aufl. 2024, § 52 GmbHG Rn. 35; Bork/Schäfer/*Rieble*, 5. Aufl. 2022, § 52 Rn. 114.

2160 Siehe dazu 4. Teil § 1 B.

tungsrechtlichen Regeln des AktG, mithin §§ 93, 116 AktG, verweisen, kämen statutarische Haftungsmilderungen nicht in Betracht[2161].

II. Abweichende Ansichten von Seyfarth und Altmeppen

Seyfarth hält statutarische Haftungsbeschränkungen für die Mitglieder des obligatorischen GmbH-Aufsichtsrats generell für wirksam[2162]. *Seyfarth* liefert dafür indes keine Begründung und differenziert nicht zwischen obligatorischem und fakultativem GmbH-Aufsichtsrat. So verweist er darauf, dass § 93 Abs. 4 S. 3 AktG nicht gelte und Gesellschafter daher die volle Dispositionsbefugnis über die Ersatzansprüche der GmbH hätten[2163], obwohl § 93 Abs. 4 S. 3 AktG von den Verweisen in den mitbestimmungsrechtlichen Gesetzen erfasst ist und die Nichtanwendbarkeit der Norm daher zumindest einer Begründung bedarf. Dies bestätigt sich auch in den von *Seyfarth* zitierten Quellen, die sich ausschließlich mit dem fakultativen Aufsichtsrat beschäftigen[2164].

Nach Ansicht von *Altmeppen* können Gesellschafter die Haftung der Mitglieder des obligatorischen GmbH-Aufsichtsrats jedenfalls für leichte Fahrlässigkeit beschränken[2165]. *Altmeppen* begründet seine Ansicht mit der schwächeren Stellung des GmbH-Aufsichtsrats im Vergleich zum AG-Aufsichtsrat sowie den Zielen der Mitbestimmung. Da auch in der mitbestimmten GmbH die Gesellschafter Bezugspunkt des Unternehmensinteresses seien, sei auch der obligatorische GmbH-Aufsichtsrat weisungsgebunden. Dann müsse auch die Haftung beschränkbar sein. Zudem hätten die Väter des Mitbestimmungsrechts den Verweis auf § 116 AktG nicht mit der Intention angeordnet, Unterschiede zwischen AG und GmbH zu übergehen oder den Gläubigerschutz zu stärken. Weder würden die Ziele der Mitbestimmung eine Haftungsbeschränkung verbieten noch Arbeitnehmervertreter darunter leiden[2166].

B. Statutarische Haftungsbeschränkung ist wirksam (gegen g.h.M.)

Folgend soll nun untersucht werden, ob Gesellschafter auch für die Mitglieder des obligatorischen GmbH-Aufsichtsrats wirksam eine Haftungsbeschränkung

2161 Saenger/Inhester/*Peres*, 5. Aufl. 2024, § 52 Rn. 192; GmbH-GK/*Heermann*, 3. Aufl. 2020, § 52 Rn. 256, 307.

2162 Scholz/*Seyfarth*, 13. Aufl. 2024, § 52 Rn. 643: »sowohl für den fakultativen als auch für den obligatorischen Aufsichtsrat«.

2163 Scholz/*Seyfarth*, 13. Aufl. 2024, § 52 Rn. 643.

2164 Scholz/*Seyfarth*, 13. Aufl. 2024, § 52 Rn. 643 mit Verweis auf *Wicke*, 4. Aufl. 2020, § 52 Rn. 10 und *E. Vetter*, GmbHR 2012, 181 (186).

2165 *Altmeppen*, ZIP 2010, 1973 (1978).

2166 *Altmeppen*, ZIP 2010, 1973 (1978).

in der Satzung verankern können. Hierzu ist einleitend festzustellen, dass das Kernargument gegen Haftungsbeschränkungen für den AG-Aufsichtsrat – die Satzungsstrenge gemäß § 23 Abs. 5 AktG – nicht gilt. Das GmbHG kennt keine entsprechende Norm und die mitbestimmungsrechtlichen Normen verweisen nicht auf die Satzungsstrenge[2167]. Dies eröffnet Spielräume für ein zum AG-Aufsichtsrat abweichendes Ergebnis.

Im Rahmen der Untersuchung sollen nun die Argumente der g.h.M. zur Unwirksamkeit statutarischer Haftungsbeschränkungen begutachtet werden. Hierfür soll als erstes untersucht werden, ob entsprechend dem meistgenannten Argument im Schrifttum die Verweise in den mitbestimmungsrechtlichen Gesetzen auf das aktienrechtliche Verzichtsverbot gemäß § 93 Abs. 4 S. 3 AktG einer wirksamen Haftungsbeschränkung entgegenstehen (I.). Zweitens soll geprüft werden, ob die Verweise in den mitbestimmungsrechtlichen Gesetzen auf die §§ 116 S. 1, 93 Abs. 2 S. 1 AktG der Wirksamkeit einer Haftungsbeschränkung entgegenstehen. In diesem Rahmen soll auf die Argumente von *Henssler*, *Rieble*, *Peres* und *Heermann* eingegangen werden (II.).

I. Verweise auf § 93 Abs. 4 S. 3 AktG stehen einer Haftungsbeschränkung für Mitglieder des obligatorischen GmbH-Aufsichtsrats nicht entgegen

Die g.h.M. begründet die Unwirksamkeit einer Haftungsbeschränkung damit, dass die Verweise in den mitbestimmungsrechtlichen Gesetzen auf das aktienrechtliche Verzichtsverbot in § 93 Abs. 4 S. 3 AktG einer Haftungsbeschränkung entgegenstehen[2168].

In § 93 Abs. 4 S. 3 AktG heißt es: »Die Gesellschaft kann erst drei Jahre nach der Entstehung des Anspruchs und nur dann auf Ersatzansprüche verzichten oder sich über sie vergleichen, wenn die Hauptversammlung zustimmt und nicht eine Minderheit, deren Anteile zusammen den zehnten Teil des Grundkapitals erreichen, zur Niederschrift Widerspruch erhebt.«

Nachfolgend soll zunächst überlegt werden, welcher Voraussetzungen es bedarf, um aus § 93 Abs. 4 S. 3 AktG die Unwirksamkeit einer Haftungsbeschränkung für Mitglieder des obligatorischen Aufsichtsrats abzuleiten (1.) und daran anknüpfend, ob § 93 Abs. 4 S. 3 AktG tatsächlich der Wirksamkeit einer entsprechenden Haftungsbeschränkung entgegensteht (2.).

2167 *Raiser*, BB 1977, 1461 (1465), Fn. 30; ErfK/*Oetker*, 25. Aufl. 2025, MitbestG § 25 Rn. 6.

2168 BeckOK/*C. Jaeger*, GmbHG, § 52 Rn. 78; Bork/Schäfer/*Rieble*, 5. Aufl. 2022, § 52 Rn. 114 f.; Lutter/Hommelhoff/*Hommelhoff/Bayer*, 21. Aufl. 2023, § 52 Rn. 138; *Lutter/Krieger/Verse*, 7. Aufl. 2022, § 15 Rn. 1167.

1. Voraussetzungen zur Begründung der Unwirksamkeit einer Haftungsbeschränkung aus § 93 Abs. 4 S. 3 AktG

Die Anwendung von § 93 Abs. 4 S. 3 AktG in der mitbestimmten GmbH beruht auf einer längeren Verweiskette. Zunächst verweisen die mitbestimmungsrechtlichen Gesetze[2169] jeweils auf § 116 AktG. § 116 S. 1 AktG verweist wiederum sinngemäß auf § 93 AktG und damit auch auf das aktienrechtliche Verzichtsverbot für Vorstandsmitglieder in § 93 Abs. 4 S. 3 AktG. § 93 Abs. 4 S. 3 AktG regelt selbst aber nur, dass eine AG erst drei Jahre nach der Entstehung eines Anspruchs auf Ansprüche gegen Vorstandsmitglieder verzichten darf. Die Norm erfasst mithin in direkter Anwendung nur den nachträglichen Verzicht. Der Anspruch muss entstanden sein[2170]. Das Schrifttum zum AktG wendet § 93 Abs. 4 S. 3 AktG daher mit einem Erst-Recht-Schluss an. Ein vorweggenommener Verzicht in der Form einer Haftungsbeschränkung sei erst recht erfasst[2171]. Ein solcher Erst-Recht-Schluss stellt eine Analogie dar[2172]. § 93 Abs. 4 S. 3 AktG wird daher über seinen direkten Anwendungsbereich hinaus, mithin analog, angewandt[2173].

Ausgehend von dieser Einordnung bedarf die Herleitung der Unwirksamkeit einer Haftungsbeschränkung zweier Voraussetzungen. Erstens setzt die Unwirksamkeit voraus, dass § 93 Abs. 4 S. 3 AktG als aktienrechtliche Vorschrift überhaupt in der mitbestimmten GmbH in derselben Weise wie in der AG anzuwenden ist. Wäre § 93 Abs. 4 S. 3 AktG nicht oder nicht in derselben Weise anwendbar, kann aus § 93 Abs. 4 S. 3 AktG ggf. auch nicht die Unwirksamkeit einer Haftungsbeschränkung abgeleitet werden. Zweitens müsste § 93 Abs. 4 S. 3 AktG analog auf Haftungsbeschränkungen angewendet werden können, sodass eine planwidrige Regelungslücke sowie eine vergleichbare Interessenlage vorliegen müssten[2174].

Wie die nachfolgende Untersuchung zeigen wird, kommt es auf die Bildung einer Analogie aber nicht einmal an, da bereits die erste Voraussetzung nicht erfüllt wird. § 93 Abs. 4 S. 3 AktG ist in der mitbestimmten GmbH nicht auf

2169 §§ 25 Abs. 1 S. 1 Nr. 2 MitbestG, 1 Abs. 1 Nr. 3 DrittelbG, 3 Abs. 2 Montan-MitbestG.

2170 *Grunewald*, AG 2013, 813 (816); *Schneider*, FS Werner 1984, 795 (802); *Rust* und *Grunewald* lehnen aus diesem Grund generell eine Anwendung des § 93 Abs. 4 S. 3 AktG auf Haftungsbeschränkungen ab, vgl. dazu: *Rust*, AR 2014, 36 (36 f.); *Grunewald*, AG 2013, 813 (815 ff.).

2171 *Bauer/Krets*, DB 2003, 811 (813); *Schneider*, FS Werner 1984, 795 (802); *S. Binder*, Grenzen der Vorstandshaftung, 2016, S. 189 ff.; *Lutter/Krieger/Verse*, 7. Aufl. 2022, § 13 Rn. 1024.

2172 Zum »verdeckten Analogieschluss« beim Erst-Recht-Schluss: *Bitter/Rauhut*, JuS 2009, 289 (296).

2173 *N. Fischer*, Die existenzvernichtende Vorstandshaftung und ihre Begrenzung durch Satzungsbestimmung, 2018, S. 163; *Grunewald*, AG 2013, 813 (816.).

2174 Stellvertretend *Bitter/Rauhut*, JuS 2009, 289 (297 f.).

den Verzicht von Schadensersatzansprüchen gegen Mitglieder des obligatorischen Aufsichtsrats anzuwenden.

2. Modifizierte Anwendung bzw. Nichtanwendung des § 93 Abs. 4 S. 3 AktG in der mitbestimmten GmbH

Erste Voraussetzung für die Herleitung der Unwirksamkeit einer Haftungsbeschränkung aus § 93 Abs. 4 S. 3 AktG ist, dass § 93 Abs. 4 S. 3 AktG überhaupt auf Ansprüche gegen Mitglieder des obligatorischen GmbH-Aufsichtsrats anzuwenden ist.

Nach der überwiegenden Ansicht im Schrifttum kommt § 93 Abs. 4 S. 3 AktG in der mitbestimmten GmbH in derselben Weise wie in der AG zur Anwendung[2175]. Nur vereinzelte Stimmen befürworten eine modifizierte Anwendung des § 93 Abs. 4 S. 3 AktG. So bezweifelt *Spindler*, dass zwei Teilaspekte des § 93 Abs. 4 S. 3 AktG – das Zustimmungserfordernis der Hauptversammlung sowie das Widerspruchsrecht der Minderheit – sich auf die mitbestimmte GmbH übertragen lassen[2176]. Grundsätzlich unanwendbar hält § 93 Abs. 4 S. 3 AktG wiederum nur *Seyfarth*. *Seyfarth* differenziert aber auch insofern nicht zwischen obligatorischem und fakultativem Aufsichtsrat und liefert für sein Ergebnis keine Begründung[2177].

Die mögliche Anwendung des § 93 Abs. 4 S. 3 AktG in der mitbestimmten GmbH folgt daraus, dass die mitbestimmungsrechtlichen Gesetze auf § 116 AktG verweisen. § 116 S. 1 AktG wiederum verweist auf § 93 AktG und damit auch auf § 93 Abs. 4 S. 3 AktG.

Die Frage ist nun, ob im Rahmen des Verweises aus den mitbestimmungsrechtlichen Gesetzen auf § 93 Abs. 4 S. 3 AktG rechtsformspezifische Besonderheiten der GmbH im Vergleich zur AG dafürsprechen könnten, § 93 Abs. 4 S. 3 AktG modifizierend anzuwenden. Eine modifizierte Anwendung könnte darin bestehen, § 93 Abs. 4 S. 3 AktG nur eingeschränkt oder sogar überhaupt nicht anzuwenden. Dies wiederum könnte dazu führen, dass in der GmbH, in Abweichung zur AG, § 93 Abs. 4 S. 3 AktG einer Haftungsbeschränkung nicht entgegenstünde.

2175 BeckOK/*C. Jaeger*, GmbHG, § 52 Rn. 77; Henssler/Strohn/*Henssler*, 6. Aufl. 2024, § 52 GmbHG Rn. 35; Noack/Servatius/Haas/*Kraft*, 24. Aufl. 2025, § 52 Rn. 213; Bork/Schäfer/*Rieble*, 5. Aufl. 2022, § 52 Rn. 115; Saenger/Inhester/*Peres*, 5. Aufl. 2024, § 52 Rn. 192; Michalski/Heidinger/Leible/J. Schmidt/*Giedinghagen*, 4. Aufl. 2023, § 52 Rn. 315; Lutter/Hommelhoff/*Hommelhoff/Bayer*, 21. Aufl. 2023, § 52 Rn. 138; GmbH-GK/*Heermann*, 3. Aufl. 2020, § 52 Rn. 264, 307; *Lutter/Krieger/Verse*, 7. Aufl. 2022, § 15 Rn. 1166; Gehrlein/Born/Simon/*Nießen*, 6. Aufl. 2024, § 52 Rn. 122; Rowedder/Pentz/*Schnorbus*, 7. Aufl. 2022, § 52 Rn. 90.

2176 MünchKomm-GmbH/*Spindler*, 4. Aufl. 2023, § 52 Rn. 750.

2177 Scholz/*Seyfarth*, 13. Aufl. 2024, § 52 Rn. 643.

Daher soll folgend geprüft werden, ob im Rahmen der Verweise der mitbestimmungsrechtlichen Gesetze auf aktienrechtliche Normen rechtsformspezifische Besonderheiten der GmbH berücksichtigt werden können (a)). Anschließend soll untersucht werden, ob die Berücksichtigung rechtsformspezifischer Besonderheiten der GmbH dazu führt, auch § 93 Abs. 4 S. 3 AktG modifizierend anzuwenden (b)).

a) Berücksichtigung rechtsformspezifischer Besonderheiten der GmbH im Rahmen der Verweise auf aktienrechtliche Vorschriften

§§ 25 Abs. 1 S. 1 Nr. 2 MitbestG, 1 Abs. 1 Nr. 3 DrittelbG, 3 Abs. 2 MontanMitbestG verweisen auf eine Vielzahl von aktienrechtlichen Normen. Im Rahmen dieser Verweise ist das Schrifttum grundsätzlich offen dafür, bei Anwendung der aktienrechtlichen Vorschriften rechtsformspezifische Besonderheiten der GmbH modifizierend zu berücksichtigen, sofern die Modifikation die Mitwirkung der Arbeitnehmervertreter bzw. die Funktion der Mitbestimmung nicht berührt[2178].

Dem Schrifttum ist beizupflichten. Wie zu zeigen sein wird, sind sowohl im Rahmen der Verweise des MontanMitbestG (1)) als auch des MitbestG und des DrittelbG (2)) auf die aktienrechtlichen Vorschriften rechtsformspezifische Besonderheiten der GmbH zu berücksichtigen, sofern die Modifikation die Mitwirkung der Arbeitnehmervertreter bzw. die Funktion der Mitbestimmung nicht berührt.

1) Verweise aus dem MontanMitbestG

Im Rahmen der Verweise aus dem MontanMitbestG auf die aktienrechtlichen Vorschriften könnten rechtsformspezifische Besonderheiten berücksichtigt werden.

Das MontanMitbestG verweist in § 3 Abs. 2 MontanMitbestG auf die aktienrechtlichen Vorschriften. Nach § 3 Abs. 2 MontanMitbestG finden auf den Aufsichtsrat sowie seine Rechte und Pflichten die Vorschriften des Aktienrechts *sinngemäß* Anwendung. Da die Vorschriften des AktG aber nur sinngemäß Anwendung finden, können rechtsformspezifische Besonderheiten der GmbH im Rahmen des Verweises modifizierend Berücksichtigung finden.

2178 So *Lutter/Krieger/Verse*, 7. Aufl. 2022, § 15 Rn. 1162; Henssler/Willemsen/Kalb/*Seibt*, § 1 DrittelbG Rn. 39; Scholz/*Seyfarth*, 13. Aufl. 2024, § 52 Rn. 113 f.; Lutter/Hommelhoff/*Hommelhoff/Bayer*, 21. Aufl. 2023, § 52 Rn. 4; Noack/Servatius/Haas/*Kraft*, 23. Aufl. 2025, § 52 Rn. 5; Michalski/Heidinger/Leible/J. Schmidt/*Giedinghagen*, 4. Aufl. 2023, § 52 Rn. 52; Rowedder/Pentz/*Pentz*, 7. Aufl. 2022, Einl. Rn. 142 f.; so zur strafrechtlichen Beurteilung: GmbH-GK/*Heermann*, 3. Aufl. 2020, § 52 Rn. 130; in diese Richtung auch: Raiser/Veil/Jacobs/*Raiser*, MitbestG, 7. Aufl. 2020, § 25 Rn. 11.

Dies muss genauso gelten, wie es beim Verweis von § 116 S. 1 AktG auf § 93 AktG anerkannt ist, aufsichtsratsspezifische Besonderheiten zu berücksichtigen. Auch § 116 S. 1 AktG verweist nur sinngemäß auf § 93 AktG. Es ist insofern unstreitig, dass die nur sinngemäße Anwendung des § 93 AktG dazu führt, dass aufsichtsratsspezifische Besonderheiten, also Unterschiede zwischen Aufsichtsrat und Vorstand, zu berücksichtigen sind. So wird beispielsweise der Nebenamtscharakter des Aufsichtsrats im Rahmen seines Sorgfaltsmaßstabs[2179], seines erforderlichen Informationsniveaus[2180] und bei den Anforderungen an Interessenkonflikte[2181] berücksichtigt.

2) Verweise aus dem MitbestG und dem DrittelbG

Auch im Rahmen der Verweise aus MitbestG und DrittelbG auf die aktienrechtlichen Vorschriften könnten rechtsformspezifische Besonderheiten berücksichtigt werden.

Im Gegensatz zu § 3 Abs. 2 MontanMitbestG findet sich in den §§ 25 Abs. 1 S. 1 Nr. 2 MitbestG, 1 Abs. 1 Nr. 3 DrittelbG das Wort sinngemäß zwar nicht wieder. Stattdessen heißt es dort, dass sich Rechte und Pflichten des Aufsichtsrats nach mehreren aktienrechtlichen Vorschriften *bestimmen*. Nach *Oetker* soll zwar auch der Begriff »bestimmen« erlauben, dass strukturelle Unterschiede zwischen AG und GmbH als rechtsformspezifische Modifikationen berücksichtigt werden können[2182]. Dem ist aber zunächst entgegenzuhalten, dass der Begriff bestimmen vom Wortlaut her eine verbindliche Entscheidung meint.

Dennoch sollten im Einklang mit dem Schrifttum[2183] rechtsformspezifische Modifikationen auch im Rahmen der Verweise aus MitbestG und DrittelbG möglich sein. Entscheidend ist insofern die teilweise genannte Einschränkung, dass eine entsprechende Modifikation nicht die »Funktion der Mitbestimmung« bzw. die »Mitwirkung der Arbeitnehmervertreter« tangieren darf[2184].

Zunächst spricht für die Berücksichtigung rechtsformspezifischer Besonderheiten, dass die mitbestimmungsrechtlichen Gesetze dem GmbH-Recht das

2179 GK-AktG/*Hopt/Roth*, 5. Aufl. 2018, § 116 Rn. 57.
2180 *Lieder*, ZGR 2018, 523 (558).
2181 *Lieder*, ZGR 2018, 523 (558) m.w.N.
2182 So zum DrittelbG: ErfK/*Oetker*, 25. Aufl. 2025, DrittelbG § 1 Rn. 13.
2183 Das Schrifttum differenziert insofern nicht zwischen MitbestG, DrittelbG und MontanMitbestG: *Lutter/Krieger/Verse*, 7. Aufl. 2022, § 15 Rn. 1162; Henssler/Willemsen/Kalb/*Seibt*, § 1 DrittelbG Rn. 39; Scholz/*Seyfarth*, 13. Aufl. 2024, § 52 Rn. 113 f.; Lutter/Hommelhoff/*Hommelhoff/Bayer*, 21. Aufl. 2023, § 52 Rn. 4; Noack/Servatius/Haas/*Kraft*, 24. Aufl. 2025, § 52 Rn. 5; Michalski/Heidinger/Leible/J. Schmidt/*Giedinghagen*, 4. Aufl. 2023, § 52 Rn. 52; Rowedder/Pentz/*Pentz*, 7. Aufl. 2022, Einl. Rn. 142 f.; so zur strafrechtlichen Beurteilung: GmbH-GK/*Heermann*, 3. Aufl. 2020, § 52 Rn. 130.
2184 So: Scholz/*Seyfarth*, 13. Aufl. 2024, § 52 Rn. 113 f.; Michalski/Heidinger/Leible/J. Schmidt/*Giedinghagen*, 4. Aufl. 2023, § 52 Rn. 52.

Aktienrecht grob und unspezifisch übergestülpt haben. Es werden für den obligatorischen GmbH-Aufsichtsrat pauschal eine Vielzahl aktienrechtlicher Vorschriften für anwendbar erklärt[2185]. Dabei kommt es leicht zu Redaktionsversehen und Widersprüchen[2186]. Der Gesetzgeber scheint nicht genau differenziert zu haben, welche Vorschriften des AG-Aufsichtsrats in welcher Weise auch auf die mitbestimmte GmbH übertragen werden können.

Vor allem spricht für die Berücksichtigung rechtsformspezifischer Besonderheiten auch in MitbestG und DrittelbG die Gesetzesbegründung zum MitbestG. Nach der Gesetzesbegründung sollte das MitbestG »eine gleichberechtigte und gleichgewichtige Teilnahme von Anteilseignern und Arbeitnehmern an den Entscheidungsprozessen im Unternehmen – auf der Grundlage des geltenden Gesellschaftsrechts« schaffen. Die Mitbestimmung der Arbeitnehmer sollte »unter weitgehender Beibehaltung des geltenden Gesellschaftsrechts geregelt werden«. Die Beibehaltung des geltenden Gesellschaftsrechts wurde auch nochmals vom damaligen Bundesminister für Arbeit[2187] sowie dem Ausschuss für Arbeit und Sozialordnung[2188] betont. Nach der Gesetzesbegründung war es nicht beabsichtigt »schon im Zusammenhang mit der neuen Mitbestimmungsregelung auch das Unternehmensrecht umfassend neu zu gestalten«[2189]. Insbesondere die Verweisnorm § 25 MitbestG[2190] sollte nach der Begründung des Gesetzgebers »den besonderen Erfordernissen, die sich aus den unterschiedlichen Rechtsformen ergeben, Rechnung tragen«[2191].

Dem Gesetzgeber war folglich daran gelegen, das geltende Gesellschaftsrecht und damit auch das GmbH-Recht nicht umfassend zu ändern, sondern lediglich Mitbestimmungsrechte der Arbeitnehmer zu integrieren. Es entspricht daher dem Ziel des Gesetzgebers, bei Anwendung der aktienrechtlichen Vorschriften in der GmbH dessen Spezifika zu berücksichtigen und dadurch das geltende Gesellschaftsrecht beizubehalten, sofern die Mitbestimmungsrechte der Arbeitnehmer dadurch nicht tangiert werden.

Gleichzeitig ist der Gesetzesbegründung nicht zu entnehmen, dass rechtsformspezifische Besonderheiten keine Berücksichtigung finden dürften. Eine Diskussion zur Anwendung der aktienrechtlichen Vorschriften gab es weder

2185 Rowedder/Pentz/*Pentz*, 7. Aufl. 2022, Einl. Rn. 142; Habersack/Henssler/*Habersack*, 4. Aufl. 2018, Einl. Rn. 10, 57; Raiser/Veil/Jacobs/*Raiser*, MitbestG, 7. Aufl. 2020, Einl. Rn. 62.

2186 Raiser/Veil/Jacobs/*Raiser*, MitbestG, 7. Aufl. 2020, Einl. Rn. 7; beispielsweise hat das DrittelbG 2004 ausdrücklich ein Redaktionsversehen zum Verweis auf § 125 AktG korrigiert, vgl. dazu: BR-DruckS. 10/04, S. 21.

2187 BR-Drucks 200/74, S. 112 (A).

2188 Bericht des Ausschusses für Arbeit und Sozialordnung, BT-Drucks 7/4845, S. 1.

2189 BT-Drucks 7/2172, S. 17.

2190 Im Entwurf noch § 23 MitbestG.

2191 BT-Drucks 7/2172, S. 27.

zum MitbestG[2192], zum MontanMitbestG noch zum DrittelbG[2193] oder dessen Vorgänger dem BetrVG von 1952[2194]. Lediglich zu § 25 MitbestG erläutert der Entwurf zwar, dass »die wesentlichen Rechte und Pflichten des Aufsichtsrats in allen von dem Gesetz erfassten Unternehmen einheitlich« sein sollen. Dieses Ziel wird aber nur für die in § 25 MitbestG genannten spezifisch mitbestimmungsrechtlichen Normen genannt, nicht hingegen für die Verweise auf die aktienrechtlichen Normen[2195].

Folglich sollten daher auch im Rahmen der Verweise aus MitbestG und DrittelbG auf die aktienrechtlichen Vorschriften rechtsformspezifische Besonderheiten der GmbH Berücksichtigung finden können, sofern Funktion der Mitbestimmung bzw. Mitbestimmungsrechte der Arbeitnehmer durch die Modifikation nicht tangiert werden.

b) Nichtanwendung des § 93 Abs. 4 S. 3 AktG in der mitbestimmten GmbH bei Berücksichtigung rechtsformspezifischer Besonderheiten der GmbH

Da nun festgestellt wurde, dass sowohl im Rahmen der Verweise aus MontanMitbestG, MitbestG und DrittelbG auf aktienrechtliche Vorschriften rechtsformspezifische Besonderheiten der GmbH Berücksichtigung finden können, sofern dies nicht die Funktion der Mitbestimmung beeinträchtigt, soll nachfolgend untersucht werden, wie sich rechtsformspezifische Besonderheiten auf die Anwendung des § 93 Abs. 4 S. 3 AktG auswirken bzw. ob und wie § 93 Abs. 4 S. 3 AktG in der mitbestimmten GmbH modifiziert anzuwenden ist.

§ 93 Abs. 4 S. 3 AktG setzt sich aus drei Teilaspekten zusammen, die jeweils unterschiedlichen Zwecken dienen: Zustimmungserfordernis der Hautversammlung, Widerspruchsrecht der Minderheit und dreijährige Wartefrist. Um daher zu untersuchen, ob und wie § 93 Abs. 4 S. 3 AktG modifiziert in der GmbH anzuwenden ist, soll für alle diese Teilaspekte sowie deren Zwecke geprüft werden, ob sie sich auf die GmbH übertragen lassen oder ob rechtsformspezifische Besonderheiten der GmbH für die Nichtanwendung einzelner dieser Teilaspekte sprechen.

Nachfolgend soll daher geprüft werden, ob sich der Zweck des Zustimmungserfordernisses der Hauptversammlung (1)), der Zweck des Widerspruchsrechts der Minderheit (2)), der Zweck der dreijährigen Wartefrist (3)) sowie ggf. der

2192 Diskussionsthemen waren hingegen das Wahlverfahren für die Arbeitnehmervertreter und die Entscheidung in Pattsituationen, vgl. die umfassende Diskussion im Bundesrat: BR-Drucks 200/74, S. 112 ff.; Bericht des Ausschusses für Arbeit und Sozialordnung BT-Drucks 7/4845, S. 2.

2193 Für § 1 DrittelbG hält die Begründung nur fest, dass der Anwendungsbereich gegenüber § 77 Abs. 1–3 BetrVG 1952 unverändert bleiben sollte, BT-Drucks 15/2542, S. 11.

2194 Der Gesetzesentwurf zu § 77 BetrVG 1952 verhält sich nicht zur Anwendbarkeit der aktienrechtlichen Regeln, da die CDU im ersten Entwurf keine Anwendung auf die GmbH vorgesehen hatte, BT-Drucks Nr. 1546, S. 28 (§ 89).

2195 BT-Drucks 7/2172, S. 27.

allgemein gläubigerschützende Zweck des § 93 Abs. 4 S. 3 AktG (4)) auf die mitbestimmte GmbH übertragen lassen oder ob rechtsformspezifische Besonderheiten der GmbH für eine Nichtanwendung sprechen.

1) Zustimmungserfordernis der Hauptversammlung

§ 93 Abs. 4 S. 3 AktG sieht vor, dass die Hauptversammlung einem Verzicht auf einen Organhaftungsanspruch zustimmen muss. Andernfalls wären in der AG Vorstand und Aufsichtsrat für einen Verzicht gegenüber dem jeweils anderen Organ zuständig, §§ 78 Abs. 1 S. 1, 112 AktG. Zweck des Zustimmungserfordernisses ist es, eine kollusive Enthaftung zwischen Vorstand und Aufsichtsrat zu vermeiden. Diese könnten sich sonst ohne Einbindung der Hauptversammlung gegenseitig entlasten und damit von der Haftung befreien (*back-scratching*)[2196].

Spindler weist aber zutreffend darauf hin, dass sich dieser Teilaspekt des § 93 Abs. 4 S. 3 AktG nicht auf eine GmbH übertragen lässt, weil in der GmbH von vornherein die Gesellschafter über die Geltendmachung der Ansprüche gegen Organmitglieder entscheiden[2197]. In der GmbH entscheiden gemäß § 46 Nr. 8 GmbHG die Gesellschafter über die Geltendmachung von Ersatzansprüchen, die der Gesellschaft aus der Geschäftsführung gegen Geschäftsführer zustehen. Der Begriff Geltendmachung erfasst hierbei auch den Verzicht[2198]. Die Norm wird nicht nur auf Geschäftsführer, sondern analog auch auf GmbH-Aufsichtsratsmitglieder angewandt[2199]. Rechtsfolge von § 46 Nr. 8 GmbHG ist nicht nur,

2196 BGH, NZG 2014, 1058, Rn. 20; *Fleischer*, AG 2015, 133 (135); *Bachmann*, Gutachten 70. DJT 2014, E 48; *Mertens*, FS Fleck 1988, 209 (210); *Harbarth*, Liber amicorum M. Winter 2011, 215 (225); *Hasselbach/Seibel*, AG 2008, 770 (772); *K. Zimmermann*, FS Duden 1977, 773 (774); Hölters/Weber/*Hölters/Hölters*, 4. Aufl. 2022, § 93 Rn. 291; *Ph. Scholz*, Die existenzvernichtende Haftung von Vorstandsmitgliedern in der Aktiengesellschaft, 2014, S. 285; KK-AktG/*Cahn*, 4. Aufl. 2023, § 93 Rn. 180.

2197 MünchKomm-GmbH/*Spindler*, 4. Aufl. 2023, § 52 Rn. 750.

2198 *Altmeppen*, 11. Aufl. 2023, § 46 Rn. 93; BeckOK/*Schindler*, GmbHG, § 46 Rn. 99; Henssler/Strohn/*Mollenkopf*, 6. Aufl. 2024, § 46 GmbHG Rn. 36; Noack/Servatius/Haas/*Noack*, 24. Aufl. 2025, § 46 Rn. 72; Lutter/Hommelhoff/*Bayer*, 21. Aufl. 2023, § 46 Rn. 36; Scholz/*K. Schmidt/Bochmann*, 13. Aufl. 2024, § 46 Rn. 151.

2199 Speziell zum obligatorischen Aufsichtsrat: Lutter/Hommelhoff/*Bayer*, 21. Aufl. 2023, § 46 Rn. 35; *Lutter/Krieger/Verse*, 7. Aufl. 2022, § 15 Rn. 1168; allgemein: BeckOK/*Schindler*, GmbHG, § 46 Rn. 96; Henssler/Strohn/*Mollenkopf*, 6. Aufl. 2024, § 46 GmbHG Rn. 39; Michalski/Heidinger/Leible/J. Schmidt/*Römermann*, 4. Aufl. 2023, § 46 Rn. 414; Noack/Servatius/Haas/*Noack*, 24. Aufl. 2025, § 46 Rn. 71; Scholz/*K. Schmidt/Bochmann*, 13. Aufl. 2024, § 46 Rn. 146; Bork/Schäfer/*Masuch*, 5. Aufl. 2022, § 46 Rn. 32; Bartl/Bartl/Beine/Koch/Schlarb/Schmitt/*Bartl*, 9. Aufl. 2024, § 46 Rn. 83; *Wicke*, 5. Aufl. 2024, § 46 Rn. 19; Gehrlein/Born/Simon/*Teichmann*, 6. Aufl. 2024, § 46 Rn. 49; Rowedder/Pentz/*Ganzer*, 7. Aufl. 2022, § 46 Rn. 65; GmbH-GK/*Hüffer/Schäfer*, 3. Aufl. 2020, § 46 Rn. 103.

dass ein Geschäftsführer nicht auf Ansprüche gegen Aufsichtsratsmitglieder verzichten darf, sondern dies auch rechtlich nicht kann. Ein Beschluss der Gesellschafter ist materiell erforderlich[2200]. Im Ergebnis können in der mitbestimmten GmbH daher, anders als in der AG, Geschäftsführer und Aufsichtsrat ohnehin nicht gegenseitig auf Ansprüche verzichten. Der Zweck dieses Teilaspekts des § 93 Abs. 4 S. 3 AktG hat daher in der GmbH keine Funktion und kann nicht übertragen werden.

Zudem ist zu ergänzen, dass in der GmbH auch keine der AG entsprechende Gefahr besteht, dass ein Geschäftsführer Aufsichtsratsmitglieder zu Lasten der Gesellschafter entlastet. Denn in der GmbH besteht keine vergleichbare Abhängigkeit des Geschäftsführers vom Aufsichtsrat wie dies in der AG beim Vorstand der Fall ist. In der AG bestellt der Aufsichtsrat den Vorstand, er bestimmt die Vorstandsvergütung und kann die Bestellung widerrufen. Dadurch kann ein Abhängigkeitsverhältnis entstehen[2201]. Dem Aufsichtsrat nach DrittelbG steht aber weder die Personalkompetenz zu[2202], noch bestimmt er die Vergütung der Geschäftsführer[2203]. Diese Kompetenzen verbleiben bei den Gesellschaftern, § 46 Nr. 5 GmbHG. Auch kann der GmbH-Aufsichtsrat anders als der AG-Aufsichtsrat den Geschäftsführer nicht von Wettbewerbsverboten befreien (§ 88 Abs. 1 AktG), seine Geschäftsordnung bestimmen (§ 77 Abs. 2 AktG) oder Krediten zustimmen (§ 89 Abs. 1 AktG). Auch diese Kompetenzen verbleiben bei den Gesellschaftern[2204].

2) Widerspruchsrecht der Minderheit

Ein weiterer Teilaspekt des § 93 Abs. 4 S. 3 AktG ist das Widerspruchsrecht der Minderheit. Nach § 93 Abs. 4 S. 3 AktG kann die Gesellschaft nur verzichten, »wenn […] nicht eine Minderheit, deren Anteile zusammen den zehnten Teil des Grundkapitals erreichen, zur Niederschrift Widerspruch erhebt«. Der Minderheit wird das Recht eingeräumt, den Verzicht zu verhindern.

Zweck des Widerspruchsrechts der Minderheit ist es, das Klageerzwingungsverfahren der Minderheitsaktionäre gemäß § 148 Abs. 1 AktG abzusichern[2205].

2200 Stellvertretend Gehrlein/Born/Simon/*Teichmann*, 6. Aufl. 2024, § 46 Rn. 48.

2201 Siehe dazu 1. Teil § 4 A. I.

2202 Stellvertretend Michalski/Heidinger/Leible/J. Schmidt/*Giedinghagen*, 4. Aufl. 2023, § 52 Rn. 266; anders im MitbestG und MontanMitbestG: §§ 31 MitbestG, 12 MontanMitbestG.

2203 Stellvertretend *Baeck/Götze/Arnold*, NZG 2009, 1121 (1122).

2204 GmbH-GK/*Heermann*, 3. Aufl. 2020, § 52 Rn. 239, 296.

2205 *Bayer/Scholz*, ZIP 2015, 149 (150); *Mertens*, FS Fleck 1988, 209 (210); *Casper*, ZHR 2012, 617 (645); *N. Fischer*, Die existenzvernichtende Vorstandshaftung und ihre Begrenzung durch Satzungsbestimmung, 2018, S. 166; *Ph. Scholz*, Die existenzvernichtende Haftung von Vorstandsmitgliedern in der Aktiengesellschaft, 2014, S. 286, 372; BeckOGK/*Fleischer*, AktG, § 93 Rn. 342; Hölters/

Die Aktionärsminderheit kann unter bestimmten Umständen gemäß § 148 Abs. 1 AktG selbst Ansprüche gegen Organmitglieder gegen die Entscheidung der Mehrheit durchsetzen. Könnte die Mehrheit ohne Widerspruchsmöglichkeit der Minderheit auf die Ansprüche verzichten, liefe das Klageerzwingungsverfahren leer. § 93 Abs. 4 S. 3 AktG wird daher auch eine minderheitenschützende Funktion zugeschrieben[2206].

Dieser Zweck des Widerspruchsrechts lässt sich auch historisch untermauern. Historischer Zweck bei Einführung der Vorschrift im Jahr 1884 (damals: Art. 213d ADHGB) war es, der Aktionärsminderheit ihr Recht zu erhalten, von der Gesellschaft zu verlangen, Haftungsansprüche der Gesellschaft gegen AG-Aufsichtsratsmitglieder geltend zu machen. Die Minderheit konnte nach Art. 223 ADHGB die Geltendmachung verlangen. Hätten Mehrheitsaktionäre auf die Ansprüche verzichten können, wäre dieses Minderheitenrecht leergelaufen[2207]. 1965 wurde das Quorum für den Widerspruch daher auch an das Quorum für das damals in § 147 AktG a.F. vorgesehene Recht angepasst, wonach die Minderheit die Geltendmachung verlangen konnte[2208].

Dieser Zweck gilt auch heute noch. Zwar laufen die Quoren für Verzichtswiderspruch und eigene Geltendmachung nicht mehr vollständig parallel[2209]. Bereits eine Minderheit von 1 % kann unter bestimmten Voraussetzungen die Ansprüche geltend machen, § 148 Abs. 1 AktG. Die dem Widerspruchsrecht entsprechende Mehrheit von 10 % kann nur bei Gericht beantragen, dass ein besonderer Vertreter die Ansprüche geltend macht, § 147 Abs. 2 S. 2 AktG. Das Verbot, gegen den Widerspruch der Minderheit auf die Ansprüche zu verzichten, ist aber auch heute noch mit den Klagerechten der Minderheit verbunden. Auch im Schrifttum wird der Zweck des Minderheitenvetos weiterhin in der Absicherung des Klageerzwingungsverfahrens gemäß § 148 Abs. 1 AktG gesehen[2210].

Der Zweck der Absicherung der Geltendmachung von Ansprüchen gegen Aufsichtsratsmitglieder durch die Minderheit lässt sich aber nicht auf die GmbH übertragen. Denn in der GmbH stehen der Minderheit keine dem § 148

Weber/*Hölters/Hölters*, 4. Aufl. 2022, § 93 Rn. 301; GK-AktG/*Hopt/Roth*, 5. Aufl. 2018, § 93 Rn. 514.

2206 BGH, NZG 2014, 1058, Rn. 20; *Mertens*, FS Fleck 1988, 209 (210).

2207 Allgemeine Begründung zum Entwurf eines Gesetzes betreffend die KGaA und AG, abgedruckt bei Schubert/Hommelhoff, Hundert Jahre Modernes Aktienrecht, 1985, S. 452; dazu auch *Fleischer*, AG 2015, 133 (134).

2208 Begr. RegE bei Kropff, AktG, 1965, S. 123 f.

2209 *Dietz-Vellmer*, NZG 2011, 248 (252); *Fleischer*, AG 2015, 133 (138).

2210 *Bayer/Scholz*, ZIP 2015, 149 (150); *Mertens*, FS Fleck 1988, 209 (210); *Casper*, ZHR 2012, 617 (645); *N. Fischer*, Die existenzvernichtende Vorstandshaftung und ihre Begrenzung durch Satzungsbestimmung, 2018, S. 166; *Ph. Scholz*, Die existenzvernichtende Haftung von Vorstandsmitgliedern in der Aktiengesellschaft, 2014, S. 286, 372; BeckOGK/*Fleischer*, AktG, § 93 Rn. 342; Hölters/Weber/*Hölters/Hölters*, 4. Aufl. 2022, § 93 Rn. 301; GK-AktG/*Hopt/Roth*, 5. Aufl. 2018, § 93 Rn. 514.

Abs. 1 AktG entsprechende Klagerechte gegen Aufsichtsratsmitglieder zu, welche durch das Widerspruchsrecht abgesichert werden können (i.). Zudem führt eine Nichtanwendung des Widerspruchsrechts auch nicht zu einem unzureichenden Minderheitenschutz (ii.).

i. Keine Geltendmachung von Ansprüchen gegen Aufsichtsratsmitglieder durch die Minderheit

Nach hiesiger Ansicht können Minderheitsgesellschafter in der GmbH nicht gegen die Entscheidung der Mehrheit Ansprüche gegen Aufsichtsratsmitglieder geltend machen. In der Folge müssen solche Rechte auch nicht durch ein Widerspruchsrecht beim Verzicht abgesichert werden.

Das Fehlen entsprechender Minderheitenrechte in der GmbH folgt zunächst daraus, dass die mitbestimmungsrechtlichen Gesetze nicht auf die §§ 147, 148 AktG verweisen[2211]. Zudem sieht weder das GmbHG ausdrücklich solche Rechte vor, noch wird § 148 AktG analog angewandt[2212].

Diskutiert wird zum GmbHG nur die sog. actio pro societate. Die actio pro societate meint die Geltendmachung von Ansprüchen der Gesellschaft gegen Dritte durch Minderheitsgesellschafter. Mit Dritten sind insofern auch Organmitglieder gemeint[2213]. Erwägenswert wäre daher lediglich, dass das Widerspruchsrecht der Minderheit der Absicherung der actio pro societate dient.

Jedenfalls eine Geltendmachung gegen Aufsichtsratsmitglieder, die nicht zugleich Gesellschafter sind (Fremd-Aufsichtsratsmitglieder) wird aber zu Recht abgelehnt[2214]. Der BGH hat der actio pro societate für Ansprüche gegen Fremdgeschäftsführer jüngst eine klare Absage erteilt[2215]. Diese Rechtsprechung ist auf Fremd-Aufsichtsratsmitglieder übertragbar.

Nach dem BGH erstrecke sich die einem Gesellschafter zukommende Klagebefugnis »grundsätzlich nicht auf Ansprüche gegen den Geschäftsführer, der nicht auch Gesellschafter der GmbH ist«. Ein Gesellschafter sei »im Allgemeinen nicht befugt, den Schaden, den ein Dritter, der nicht in einer gesellschaftsrechtlichen Sonderbeziehung zu ihm steht, der GmbH zugefügt hat, als eigenen geltend zu machen.« Der BGH begründet diese Entscheidung damit, dass zwischen Fremdgeschäftsführer und Gesellschafter keine »treuhänderische Sonderrechtsbeziehung« bestehe. Der Fremdgeschäftsführer sei »als Gesellschaftsor-

2211 Auszunehmen ist § 3 Abs. 2 MontanMitbestG, welcher auf alle Normen des AktG verweist.

2212 Stellvertretend zum Geschäftsführer: Noack/Servatius/Haas/*Beurskens*, 24. Aufl. 2025, § 43 Rn. 77; BGH, ZIP 2022, 635, Rn. 20.

2213 Dazu *Hippeli*, GWR 2018, 61 (62 ff.).

2214 Gegen eine actio pro socio bei Fremd-Aufsichtsratsmitgliedern auch: Rowedder/Pentz/*Belz*, 7. Aufl. 2022, § 13 Rn. 131a.

2215 BGH, ZIP 2022, 635, Rn. 14; BGH, ZIP 2025, 201, Rn. 11; zuvor schon in der GmbH & Co. KG: BGH, WM 2018, 235.

gan allein der Gesellschaft gegenüber treupflichtig«[2216]. Diese Rechtsprechung des BGH lässt sich auf die Geltendmachung von Ansprüchen gegen Fremd-Aufsichtsratsmitglieder übertragen. Auch Fremd-Aufsichtsratsmitglieder haben allein eine organschaftliche Beziehung zur Gesellschaft und nicht zu den Gesellschaftern. Erst recht gilt dies für Arbeitnehmervertreter, die nicht von den Gesellschaftern bestellt werden. Minderheitsgesellschafter können daher in der GmbH nicht selbstständig Ansprüche der Gesellschaft gegen Fremd-Aufsichtsratsmitglieder geltend machen.

Selbst bei Aufsichtsratsmitgliedern, die zugleich Gesellschafter sind (Gesellschafter-Aufsichtsratsmitglieder), besteht aber kein generelles Recht der Minderheit, Ansprüche der Gesellschaft gegen die Aufsichtsratsmitglieder geltend zu machen. Die Anwendung der actio pro societate gegenüber Gesellschafter-Aufsichtsratsmitgliedern wird im Schrifttum soweit ersichtlich bisher nicht diskutiert. Mit Blick auf Gesellschafter-Geschäftsführer bejaht die überwiegende Ansicht die actio pro societate jedoch nur in dem Fall, dass die Pflichtverletzung des Gesellschafter-Geschäftsführers zugleich eine mitgliedschaftliche Pflicht verletzt[2217]. Von diesem Fall abgesehen, besteht kein allgemeines Recht eines Minderheitsgesellschafters, gegen die Entscheidung der Mehrheit Ansprüche gegen Gesellschafter-Geschäftsführer durchzusetzen. Dasselbe muss für Ansprüche gegen Gesellschafter-Aufsichtsratsmitglieder gelten.

Folglich können Minderheitsgesellschafter gegen die Mehrheit weder Ansprüche gegen Fremd-Aufsichtsratsmitglieder noch, vom Fall der Verletzung mitgliedschaftlicher Rechte abgesehen, Gesellschafter-Aufsichtsratsmitglieder geltend machen. Damit greift in der GmbH aber nicht der Zweck des § 93 Abs. 4 S. 3 AktG, den Minderheitsgesellschaftern ihr Recht zu erhalten, die Ansprüche der Gesellschaft gegen Aufsichtsratsmitglieder durchzusetzen. Denn die Minderheitsgesellschafter haben, vom Fall der gleichzeitigen Verletzung mitgliedschaftlicher Rechte abgesehen, keine Rechte zur Geltendmachung, die geschützt werden könnten.

Daher ist auch das Widerspruchsrecht der Minderheit als Teilaspekt des § 93 Abs. 4 S. 3 AktG nicht auf die GmbH übertragbar. Im Rahmen einer rechtsformspezifischen Anwendung des § 93 Abs. 4 S. 3 AktG in der GmbH ist das Widerspruchsrecht der Minderheit daher nicht anzuwenden.

2216 BGH, ZIP 2022, 635, Rn. 19.

2217 Michalski/Heidinger/Leible/J. Schmidt/*Ebbing*, 4. Aufl. 2023, § 14 Rn. 101; *Altmeppen*, 11. Aufl. 2023, § 43 Rn. 96; Noack/Servatius/Haas/*Beurskens*, 24. Aufl. 2025, § 13 Rn. 85 f.; *Lutz*, NZG 2015, 424 (427); Bork/Schäfer/*Klöhn*, 5. Aufl. 2022, § 43 Rn. 84; Rowedder/Pentz/*Belz*, 7. Aufl. 2022, § 13 Rn. 130a; in diese Richtung auch: BGH, ZIP 1982, 1203; GmbH-GK/*Paefgen*, 3. Aufl. 2020, § 43 Rn. 310: nur Anfechtungsklage gegen Gesellschafterbeschluss; grundsätzlich keine actio pro societate: Henssler/Strohn/*Oetker*, 6. Aufl. 2024, § 43 GmbHG Rn. 58; MünchKomm-GmbH/*Merkt*, 4. Aufl. 2022, § 13 Rn. 335; a.A. actio pro societate generell möglich: BeckOK/*Wilhelmi*, GmbHG, § 13 Rn. 229; Lutter/Hommelhoff/*Bayer*, 21. Aufl. 2023, § 13 Rn. 53; *Werner*, GmbHR 2017, 849 (853).

ii. Ergebnis führt nicht zu unzureichendem Minderheitenschutz

Die Nichtanwendung des Widerspruchsrechts der Minderheit gegen einen Verzichtsbeschluss führt in der GmbH auch nicht zu einem unzureichenden Minderheitenschutz. Aufsichtsratsmitglieder, die zugleich Gesellschafter sind, unterliegen im Rahmen eines Verzichtsbeschlusses einem Stimmrechtsverbot, § 47 Abs. 4 GmbHG[2218]. Zudem kann der Satzungsbeschluss im Einzelfall wegen Verstoßes der Mehrheit gegen die Treuepflicht angefochten werden[2219]. Im Schrifttum wurde im Anschluss an das Urteil des BGH zur actio pro societate diskutiert, ob eine solche ausnahmsweise möglich sein solle, wenn Mehrheitsgesellschafter und Geschäftsführer kollusiv zu Lasten der Minderheit handeln[2220]. Entsprechend könnten evident zweckwidrige Verzichtsbeschlüsse, die auf eine Kollusion zwischen Aufsichtsratsmitglied und Mehrheitsgesellschafter schließen lassen, zur Anfechtbarkeit führen.

3) Wartefrist von drei Jahren

Ein weiterer Teilaspekt des § 93 Abs. 4 S. 3 AktG ist die dreijährige Wartefrist. Die Gesellschaft kann erst drei Jahre nach Entstehung des Anspruchs auf diesen verzichten. Für die dreijährige Wartefrist werden im Kern zwei unterschiedliche Zwecke vertreten, auf die nachfolgend eingegangen wird, bevor wiederum erwogen wird, ob sie auf die GmbH übertragen werden können.

i. Kein abschließendes Urteil über Auswirkung der schädigenden Handlung

Als erster Zweck der dreijährigen Wartefrist ist anerkannt, dass verhindert werden soll, dass Aktionäre über einen Verzicht oder Vergleich bereits zu einem Zeitpunkt entscheiden, in dem sich noch kein abschließendes Bild über die Auswirkungen der schädigenden Handlung gewinnen lässt. Dies entspricht der Begründung des Reformgesetzgebers von 1965[2221] und der Ansicht im heutigen Schrifttum[2222].

2218 Stellvertretend: MünchKomm-GmbH/*Liebscher*, 4. Aufl. 2023, § 46 Rn. 262.

2219 Zur Inhaltskontrolle von satzungsändernden Beschlüssen und der Anfechtbarkeit wegen Verstoßes der Mehrheit gegen die Treuepflicht, siehe z.B.: Michalski/Heidinger/Leible/J. Schmidt/*Hoffmann/Bartlitz*, 4. Aufl. 2023, § 53 Rn. 124 ff.

2220 Beispielsweise: *Waclawik*, NZG 2022, 652 (655 f.).

2221 Begr. RegE AktG 1965, abgedruckt bei Kropff, AktG 1965, S. 123; vgl. BT Drucks IV/171, Begründung zum Entwurf eines Aktiengesetzes zu § 90, 1965, S. 132: »*Die Vorschrift soll verhindern, daß über einen Verzicht oder Vergleich bereits zu einem Zeitpunkt entschieden wird, in dem sich noch kein abschließendes Bild über die Auswirkungen der schädigenden Handlung gewinnen läßt*«.

2222 *Fleischer*, AG 2015, 133 (138); *Bayer/Scholz*, ZIP 2015, 149 (150); *Dietz-Vellmer*, NZG 2011, 248 (249); *M. Zimmermann*, DB 2008, 687 (688); *Casper*, ZHR 2012, 617 (645); *Mertens*, FS Fleck 1988, 209 (210); *K. Zimmermann*, FS

Nach *Harbarth* und *N. Fischer* sei dies dahingehend zu verstehen, dass die Hauptversammlung Gelegenheit erhalten solle, ihre gegenüber dem Vorstand strukturelle Informationsunterlegenheit während des Fristablaufs auszugleichen[2223]. *Harbarth* begründet dies damit, dass die Wartefrist spezifisch mit Blick auf die Hauptversammlung gesehen werden müsse. Denn bei Ansprüchen gegen Dritte dürfe die Gesellschaft (durch den Vorstand) sofort auf diese verzichten. Die Frist diene daher dem Zweck, die strukturellen Informationsasymmetrien zwischen Vorstand und Hauptversammlung auszugleichen[2224].

Folgt man dem Verständnis von *Harbarth* und *N. Fischer* und sieht den Zweck darin, dass Aktionäre innerhalb der dreijährigen Frist ihre strukturelle Informationsunterlegenheit gegenüber dem Vorstand ausgleichen sollen, lässt sich der Zweck nicht entsprechend auf die GmbH übertragen. Anders als zwischen Vorstand und Hauptversammlung besteht keine entsprechende Informationsasymmetrie zwischen GmbH-Gesellschaftern und GmbH-Aufsichtsrat. Denn wie im dritten Teil gezeigt sind die außenstehenden Aktionäre einer AG im Regelfall weder operativ eingebunden noch haben sie umfangreiche Informationsrechte. GmbH-Gesellschafter hingegen sind regelmäßig selbst operativ in das Geschäft eingebunden. Ihnen stehen umfassende Informationsrechte zu und sie haben ausreichende Anreize, diese zu nutzen[2225].

Aber auch wenn man nicht den Aspekt des Informationsgefälles zwischen Hauptversammlung und Vorstand hervorhebt, lässt sich der Zweck der dreijährigen Wartefrist nicht entsprechend auf die GmbH übertragen. Der Zweck, dass sich Aktionäre erst entscheiden dürfen, sobald die dreijährige Frist abgelaufen und in dieser Zeit die Auswirkungen der schädigenden Handlung besser überschaut werden konnten, stellt eine paternalistische Regelung dar. Die Aktionäre werden durch einen Übereilungsschutz vor sich selbst geschützt. Denn sie könnten im eigenen Interesse auch freiwillig bis zum Ablauf der Verjährungsfristen abwarten, um ausreichende Informationen zu erhalten und die Auswirkungen der schädigenden Handlung zu überblicken.

Auf GmbH-Gesellschafter lässt sich dieser paternalistische Zweck aber nicht entsprechend übertragen. Denn diese sind deutlich weniger schutzwürdig als Aktionäre. Die Schutzbedürftigkeit von Aktionären folgt aus deren Kollektivhandlungs- und Trittbrettfahrer-Problemen[2226]. Wie im dritten Teil gezeigt bestehen in der GmbH Kollektivhandlungs- und Trittbrettfahrer-Probleme aber im Regelfall nicht entsprechend, da der individuelle Anreiz, die eigenen Interessen

Duden 1977, 773 (774); MünchKomm-AktG/*Spindler*, 6. Aufl. 2023, § 93 Rn. 309; KK-AktG/*Cahn*, 4. Aufl. 2023, § 93 Rn. 183.

2223 *N. Fischer*, Die existenzvernichtende Vorstandshaftung und ihre Begrenzung durch Satzungsbestimmung, 2018, S. 172; *Harbarth*, Liber amicorum M. Winter 2011, 215 (227).

2224 *Harbarth*, Liber amicorum M. Winter 2011, 215 (227).

2225 Siehe dazu 3. Teil § 1 C. II. 2.

2226 Siehe dazu 3. Teil § 3 B. I. 1.

überlegt durchzusetzen, wegen höherer wertmäßiger und ideeller Beteiligung größer ist. Zudem kennen sich die Gesellschafter im Regelfall besser, sie können sich besser koordinieren und informieren[2227].

Diese geringere Schutzwürdigkeit lässt sich auch vergleichend an der Verzichtbarkeit von Schadensersatzansprüchen gegen Geschäftsleiter demonstrieren. Während der Gesetzgeber für den Verzicht auf Ansprüche gegen Vorstandsmitglieder durch Aktionäre das Verzichtsverbot gemäß § 93 Abs. 4 S. 3 AktG vorsieht, können GmbH-Gesellschafter auf Ansprüche gegen Geschäftsführer jederzeit und sogar in Form einer Generalbereinigung bzgl. aller im Kern angelegten Ersatzansprüche verzichten[2228].

Sieht man daher den Zweck der dreijährigen Wartefrist darin, dass Aktionäre vor sich selbst geschützt werden sollen, lässt sich auch dieser Teilaspekt des § 93 Abs. 4 S. 3 AktG bei Beachtung rechtsformspezifischer Besonderheiten nicht auf die GmbH übertragen.

ii. Kontrollwechsel innerhalb von drei Jahren

Als zweiter Zweck der dreijährigen Wartefrist wird vertreten, dass pflichtvergessene Vorstandsmitglieder sich bei Rückendeckung durch den Großaktionär nicht in Sicherheit wähnen sollen, sondern bei einem Kontrollwechsel innerhalb von drei Jahren mit einer späteren Inanspruchnahme rechnen müssen[2229]. Die Annahme eines solches Zwecks überzeugt aber schon im Grundsatz nicht. Jedenfalls lässt sich der Zweck nicht auf eine GmbH übertragen.

So überzeugt der Zweck zunächst aus kompensatorischer Sicht nicht. Kompensatorisch könnte die dreijährige Wartefrist lediglich neuen Großaktionären dienen, die nach Kontrollübernahme der Gesellschaft die Organhaftungsansprüche durchsetzen könnten. Dies dürfte aber kaum vom Gesetzgeber intendiert sein. Ein neuer Großaktionär muss als Anleger nicht geschützt werden. Wegen der Höhe seiner Beteiligung wird er das Unternehmen und damit bestehende Ersatzansprüche gegen Organmitglieder vor Erwerb ausreichend prüfen. Bestehen solche Ansprüche infolge der zwingenden Wartefrist, nützt ihm dies wenig. Denn er kann die Ansprüche zwar nach Kontrollerwerb durchsetzen, muss

2227 Siehe dazu und zu den Merkmalen der »phänotypischen GmbH«: 3. Teil § 1 C. I.

2228 *Altmeppen*, 11. Aufl. 2023, § 43 Rn. 121 ff.; BeckOK/*Pöschke*, GmbHG, § 43 Rn. 380 f.; Henssler/Strohn/*Oetker*, 6. Aufl. 2024, § 43 GmbHG Rn. 61; MünchKomm-GmbH/*Fleischer*, 4. Aufl. 2023, § 43 Rn. 350; Bork/Schäfer/*Klöhn*, 5. Aufl. 2022, § 43 Rn. 80; Michalski/Heidinger/Leible/J. Schmidt/*Ziemons*, 4. Aufl. 2023, § 43 Rn. 548 f.; Lutter/Hommelhoff/*Kleindiek*, 21. Aufl. 2023, § 43 Rn. 41.

2229 *Fleischer*, AG 2015, 133 (138); *Mertens*, FS Fleck, 1988, 209 (211); *M. Zimmermann*, DB 2008, 687 (688); GK-AktG/*Hopt/Roth*, 5. Aufl. 2018, § 93 Rn. 518; KK-AktG/*Cahn*, 4. Aufl. 2023, § 93 Rn. 183; nur auf diesen Zweck abstellend: *Bachmann*, Gutachten 70. DJT 2014, E 50.

gleichzeitig aber für den Erwerb auch einen entsprechend höheren Kaufpreis bezahlen.

Verständlicher wäre der Zweck aus präventiver Sicht. Die dreijährige Wartefrist würde den präventiven Effekt der Organhaftung absichern. Da das Organmitglied trotz Rückendeckung des Großaktionärs innerhalb der dreijährigen Frist immer mit einem Kontrollwechsel und der anschließenden Durchsetzung der Ansprüche rechnen muss, würde die präventive Funktion der Organhaftung gestärkt.

Auch einen solchen Erhalt des präventiven Effekts dürfte der Gesetzgeber jedoch nicht bezweckt haben. Sähe man im Zweck der Wartefrist den Erhalt des präventiven Effekts trotz Rückendeckung durch den Großaktionär, würde die Regelung den präventiven Effekt zugunsten der Minderheitsaktionäre sowie zugunsten der Allgemeinheit erhalten. Der Schutz der Allgemeinheit wäre erfasst, da die Wartefrist des § 93 Abs. 4 S. 3 AktG selbst bei einstimmigem Beschluss einen Verzicht verhindert[2230].

Der Gesetzgeber dürfte mit der Einführung der dreijährigen Wartefrist aber weder den Schutz der Minderheit noch der Allgemeinheit intendiert haben. *Harbarth* weist zutreffend darauf hin, dass es keine Anhaltspunkte gibt, dass der Gesetzgeber mit § 93 Abs. 4 S. 3 AktG die präventive Wirkung zu Gunsten der Allgemeinheit erhalten wollte[2231]. Dem Reformgesetzgeber kam es darauf an, dass Aktionäre den Schaden überblicken können. Damit wird aber der Schutz der Aktionäre vor sich selbst, nicht der Schutz von Minderheit und Allgemeinheit hervorgehoben. Minderheitenschutz wird zudem schon durch das bereits besprochene Widerspruchsrecht der Minderheit adressiert.

Jedenfalls ließe sich der Zweck, den präventiven Charakter der Haftung zugunsten von Minderheit und Allgemeinheit zu erhalten, nicht entsprechend auf einen GmbH-Aufsichtsrat übertragen. Für Vorstandsmitglieder mag wegen ihrer besonders starken Stellung im Kompetenzgefüge ein besonderes Anliegen darin liegen, ihnen gegenüber die präventive Wirkung der Haftung zu erhalten. Gegenüber dem GmbH-Aufsichtsrat muss der präventive Charakter aber nicht in demselben Maße erhalten werden. Die präventive Funktion der Aufsichtsratshaftung sichert die Überwachung der Geschäftsleiter durch den Aufsichtsrat ab. In der GmbH ist der Überwachung der Geschäftsführer durch den Aufsichtsrat aber weniger Bedeutung beizumessen. Denn der zu kontrollierende Geschäftsführer wird anders als in der AG zusätzlich durch die Gesellschafter kontrolliert, § 46 Nr. 6 GmbH, und diese können dem Geschäftsführer Weisungen erteilen oder Handlungen an ihre Zustimmung knüpfen[2232].

2230 *Harbarth*, Liber amicorum M. Winter 2011, 215 (227 f.).

2231 *Harbarth*, Liber amicorum M. Winter 2011, 215 (228).

2232 Siehe ausführlich dazu, dass in der GmbH weniger Überwachung des Geschäftsführers erforderlich ist als in der AG: 3. Teil § 1 C.

4) Gläubigerschützende Funktion des § 93 Abs. 4 S. 3 AktG

Ein Teil des Schrifttums weist dem gesamten § 93 Abs. 4 S. 3 AktG schließlich allgemein eine gläubigerschützende Funktion zu[2233]. Auch dieser Zweck überzeugt indes schon im Grundsatz nicht. Zudem lässt er sich nicht auf eine GmbH übertragen.

Die fehlende gläubigerschützende Funktion des § 93 Abs. 4 S. 3 AktG wurde durch einen Teil des Schrifttums zutreffend herausgearbeitet. Zunächst wird Gläubigerschutz nicht durch § 93 Abs. 4 S. 3 AktG, sondern ausschließlich durch das Verfolgungsrecht der Gläubiger gemäß § 93 Abs. 5 S. 3 AktG gewährt[2234]. Zudem spricht gegen eine gläubigerschützende Funktion des § 93 Abs. 4 S. 3 AktG, dass Aktionäre im Rahmen des Verzichts die Interessen der Gläubiger nach allgemeiner Meinung nicht beachten müssen[2235]. Alle Teilaspekte des § 93 Abs. 4 S. 3 AktG (Zustimmungserfordernis der Hauptversammlung, Widerspruchsrecht der Minderheit, dreijährige Wartefrist) erschweren zwar den Verzicht und erhalten daher Organhaftungsansprüche, die auch den Gläubigern als Vollstreckungsmasse dienen können. Der Schutz der Gläubiger ist insofern aber rein reflexiv ausgestaltet[2236].

Jedenfalls ließe sich der Zweck des Gläubigerschutzes auch nicht auf die GmbH übertragen. Wie an späterer Stelle noch ausführlich zu zeigen sein wird[2237], sieht das GmbHG keinen dem AktG entsprechenden Gläubigerschutz vor, sodass jedenfalls eine rechtsformspezifische Anwendung dazu führt, dass eine etwaige gläubigerschützende Funktion des § 93 Abs. 4 S. 3 AktG zu vernachlässigen wäre.

c) Nichtanwendung des § 93 Abs. 4 S. 3 AktG tangiert Mitbestimmung der Arbeitnehmer nicht

Bisher konnte daher festgestellt werden, dass sich kein Teilaspekt des § 93 Abs. 4 S. 3 AktG auf die GmbH übertragen lässt und daher eine rechtsformspezifische Anwendung dafürspricht, § 93 Abs. 4 S. 3 AktG nicht auf Ansprüche gegen Mitglieder des obligatorischen GmbH-Aufsichtsrats anzuwenden.

2233 *Koch*, 19. Aufl. 2025, § 93 Rn. 158; Grigoleit/*Grigoleit/Tomasic*, 2. Aufl. 2020, § 93 Rn. 134; in diese Richtung auch: *Schneider*, FS Werner, 795 (808).

2234 So z.B. *N. Fischer*, Die existenzvernichtende Vorstandshaftung und ihre Begrenzung durch Satzungsbestimmung, 2018, S. 174; *Bayer/Scholz*, ZIP 2015, 149 (150 f.); *Ph. Scholz*, Die existenzvernichtende Haftung von Vorstandsmitgliedern in der Aktiengesellschaft, 2014, S. 286.

2235 So das Argument von: *Ph. Scholz*, Die existenzvernichtende Haftung von Vorstandsmitgliedern in der Aktiengesellschaft, 2014, S. 284; *N. Fischer*, Die existenzvernichtende Vorstandshaftung und ihre Begrenzung durch Satzungsbestimmung, 2018, S. 174.

2236 *Bayer/Scholz*, ZIP 2015, 149 (150 f.).

2237 Siehe dazu 4. Teil § 3 B. II. 1. a) 2).

Nachfolgend muss noch geklärt werden, ob eine solche Nichtanwendung des § 93 Abs. 4 S. 3 AktG gegen die Mitbestimmung der Arbeitnehmer verstößt. Wie oben dargestellt[2238], erfordert eine modifizierende Anwendung der aktienrechtlichen Vorschriften in der GmbH, dass die Modifikation nicht die Funktion der Mitbestimmung bzw. die Mitbestimmungsrechte der Arbeitnehmer tangiert.

Daher ist im letzten Schritt zu prüfen, ob die hiesige Modifikation, die Nichtanwendung des § 93 Abs. 4 S. 3 AktG, die Mitbestimmungsrechte der Arbeitnehmer tangiert. Hierfür soll nachfolgend geprüft werden, ob die Nichtanwendung der verschiedenen Teilaspekte des § 93 Abs. 4 S. 3 AktG sowie deren Zwecke die Mitbestimmungsrechte der Arbeitnehmer berühren. Auf die Zwecke, die bereits allgemein abgelehnt worden sind, wird insoweit nicht mehr eingegangen[2239].

1) Zustimmungserfordernis der Hauptversammlung

Die Nichtanwendung des Zustimmungserfordernisses der Hauptversammlung tangiert die Arbeitnehmermitbestimmung nicht. Dies gilt schon allein deshalb, weil wie oben gezeigt[2240] in der GmbH auch trotz Nichtanwendung von § 93 Abs. 4 S. 3 AktG nur die Gesellschafter über einen Verzicht entscheiden können.

2) Widerspruchsrecht der Minderheit

Auch eine Nichtanwendung des Widerspruchsrechts der Minderheit tangiert die Mitbestimmung der Arbeitnehmer nicht. Die widersprechende Minderheit meint eine Gesellschafterminderheit, nicht Arbeitnehmer. Die Arbeitnehmer profitieren nicht davon, wenn eine Minderheit den Anspruchsverzicht verhindern kann. Die Gesellschafterminderheit nutzt ihr Widerspruchsrecht ausschließlich im eigenen Interesse, nicht im Interesse der Arbeitnehmer.

3) Wartefrist von drei Jahren

Auch die Nichtanwendung der dreijährigen Wartefrist tangiert die Mitbestimmungsrechte der Arbeitnehmer nicht. Denn der Zweck der dreijährigen Wartefrist, zu verhindern, dass Aktionäre über einen Verzicht oder Vergleich bereits zu einem Zeitpunkt entscheiden, in dem sich noch kein abschließendes Bild über die Auswirkungen der schädigenden Handlung gewinnen lässt und sie somit vor sich selbst geschützt werden, tangiert die Mitbestimmungsrechte der Arbeitnehmer nicht. Der paternalistische Zweck der Regelung soll ausschließlich die Aktionäre schützen, nicht die Arbeitnehmer.

2238 Siehe dazu 4. Teil § 3 B. I. 2. a).

2239 Damit sind gemeint: 1. Keine Sicherheit trotz Rückendeckung durch den Großaktionär durch die dreijährige Wartefrist; 2. Allgemeiner Gläubigerschutz durch § 93 Abs. 4 S. 3 AktG, siehe dazu 4. Teil § 3 B. I. 2. b) 3), 4).

2240 Siehe 4. Teil § 3 B. I. 2. b) 1).

Im Gegenteil würden Arbeitnehmervertreter im Aufsichtsrat von einer Nichtanwendung sogar profitieren, da auf Ansprüche gegen sie schneller verzichtet werden könnte. Sie könnten sich flexibler mit der Gesellschaft auf einen Vergleich einigen.

Auch die gesamte Arbeitnehmerschaft würde von einer Nichtanwendung der dreijährigen Frist nicht tangiert. Selbst wenn GmbH-Gesellschafter wegen Nichtanwendung der Vorschrift übereilt auf Ansprüche gegen Aufsichtsratsmitglieder verzichten würden, tangiert dies die Arbeitnehmer nicht. Denn die Ansprüche stehen ausschließlich der Gesellschaft zu und nur diese profitiert kompensatorisch von den Ansprüchen.

3. Zwischenergebnis

Die Verweise aus MontanMitbestG, MitbestG und DrittelbG auf die aktienrechtlichen Vorschriften erlauben es, rechtsformspezifische Besonderheiten der GmbH bei Anwendung der aktienrechtlichen Vorschriften in der GmbH modifizierend zu berücksichtigen, sofern die Modifikation nicht die Funktion der Mitbestimmung bzw. die Mitbestimmungsrechte der Arbeitnehmer tangiert.

Berücksichtigt man in diesem Sinne rechtsformspezifische Besonderheiten der GmbH im Rahmen der Verweise auf § 116 S. 1 AktG i.V.m. § 93 Abs. 4 S. 3 AktG, führt dies zur Nichtanwendung des § 93 Abs. 4 S. 3 AktG. Denn die Zwecke aller Teilaspekte des § 93 Abs. 4 S. 3 AktG lassen sich nicht auf eine GmbH bzw. einen GmbH-Aufsichtsrat übertragen. Zudem tangiert eine Nichtanwendung der Teilaspekte des § 93 Abs. 4 S. 3 AktG nicht die Mitbestimmungsrechte der Arbeitnehmer.

Da folglich das aktienrechtliche Verzichtsverbot gemäß § 93 Abs. 4 S. 3 AktG in der mitbestimmten GmbH für den obligatorischen Aufsichtsrat keine Anwendung findet, sondern GmbH-Gesellschafter auf Ansprüche gegen Aufsichtsratsmitglieder ohne die Kautelen des § 93 Abs. 4 S. 3 AktG verzichten können, lässt sich aus § 93 Abs. 4 S. 3 AktG auch nicht die Unwirksamkeit einer Haftungsbeschränkung für Mitglieder des obligatorischen GmbH-Aufsichtsrats ableiten. Das meistgenannte Argument des Schrifttums zur Unwirksamkeit einer statutarischen Haftungsbeschränkung überzeugt daher nicht.

Auf die zweite Voraussetzung zur Herleitung der Unwirksamkeit einer Haftungsbeschränkung, die analoge Anwendung des § 93 Abs. 4 S. 3 AktG auf Haftungsbeschränkungen, kommt es daher nicht mehr an.

II. Verweise auf die §§ 116 S. 1, 93 Abs. 2 S. 1 AktG stehen einer Haftungsbeschränkung für Mitglieder des obligatorischen GmbH-Aufsichtsrats nicht entgegen

Das zweite Argument des Schrifttums zur Unwirksamkeit einer statutarischen Haftungsbeschränkung für den obligatorischen Aufsichtsrat zielt auf die Verweise aus den mitbestimmungsrechtlichen Gesetzen auf die Aufsichtsratshaftung in den §§ 116 S. 1, 93 Abs. 2 S. 1 AktG ab. Im Gegensatz zum erstgenannten Argument wird die Unwirksamkeit daher nicht mittelbar aus dem Verzichtsverbot § 93 Abs. 4 S. 3 AktG, sondern direkt aus den Verweisen in MitbestG, DrittelbG und MontanMitbestG auf die Aufsichtsratshaftung abgeleitet.

So lehnen *Henssler* und *Rieble* eine Differenzierung zwischen der Haftung der Mitglieder des AG-Aufsichtsrats und des obligatorischen GmbH-Aufsichtsrats ab. Da aus den mitbestimmungsrechtlichen Gesetzen ohne Einschränkung auf die §§ 116, 93 AktG verwiesen werde, müsse der GmbH-Aufsichtsrat wie der AG-Aufsichtsrat haften[2241]. Da der AG-Aufsichtsrat zwingend haftet[2242], kommt nach *Henssler* und *Rieble* keine Haftungsbeschränkung in Betracht.

Ähnlich begründen auch *Peres* und *Heermann* die Unwirksamkeit einer statutarischen Haftungsbeschränkung. Die mitbestimmungsrechtlichen Regeln haben zwingenden Charakter. Da diese auf die haftungsrechtlichen Regeln des Aktiengesetzes verweisen, kämen statutarische Haftungsmilderungen nicht in Betracht[2243]. Diese Sichtweise von *Peres* und *Heermann* zum zwingenden Charakter der mitbestimmungsrechtlichen Regeln entspricht auch der überwiegenden Ansicht des mitbestimmungsrechtlichen Schrifttums[2244] und jedenfalls für das MitbestG auch der Rechtsprechung[2245] zum Spannungsverhältnis zwischen flexiblem GmbH-Recht und dem Verweis auf das zwingende Aktienrecht. Dieses sei dahingehend aufzulösen, dass die im Verweis genannten aktienrechtlichen Normen auch in der GmbH zwingend seien.

Trotz des grundsätzlich zwingenden Charakters, könnte aber wiederum erwogen werden, die §§ 116 S. 1, 93 Abs. 2 S. 1 AktG modifiziert unter Berücksichtigung rechtsformspezifischer Besonderheiten der GmbH anzuwenden. Wie bereits gezeigt[2246] können die aktienrechtlichen Vorschriften, auf welche die mitbestimmungsrechtlichen Gesetze verweisen, wegen rechtsformspezifischer Besonderheiten der GmbH modifizierend angewendet werden, sofern die Modifikation nicht die Funktion der Mitbestimmung und die Mitbestimmungsrechte der Arbeitnehmer tangiert.

2241 Henssler/Strohn/*Henssler*, 6. Aufl. 2024, § 52 GmbHG Rn. 35; Bork/Schäfer/*Rieble*, 5. Aufl. 2022, § 52 Rn. 114.

2242 Siehe dazu 4. Teil § 1.

2243 Saenger/Inhester/*Peres*, 5. Aufl. 2024, § 52 Rn. 192; wohl auch GmbH-GK/*Heermann*, 3. Aufl. 2020, § 52 Rn. 256, 307.

2244 Zum MitbestG: Habersack/Henssler/*Habersack*, 4. Aufl. 2018, § 25 Rn. 9; ErfK/*Oetker*, 25. Aufl. 2025, MitbestG, § 25 Rn. 6; Boecken/Düwell/Diller/Hanau/*Heither/von Morgen*, 2. Aufl. 2022, § 25 MitbestG Rn. 1; GK-AktG/*Oetker*, 5. Aufl. 2018, § 25 MitbestG Rn. 2; wohl auch Henssler/Willemsen/Kalb/*Seibt*, § 25 MitbestG Rn. 8; zum DrittelbG: ErfK/*Oetker*, 25. Aufl. 2025, DrittelbG, § 1 Rn. 13; MünchKomm-AktG/*Annuß*, 6. Aufl. 2023, § 1 DrittelbG Rn. 10.

2245 Zum MitbestG: BGH, NZG 2012, 347 (348), Rn. 14.

2246 Siehe 4. Teil § 3 B. I. 2. a).

Eine solche modifizierte Anwendung der §§ 116 S. 1, 93 Abs. 2 S. 1 AktG könnte aber auch in dem Sinne erfolgen, dass die Gesellschafter einen gewissen Satzungsspielraum gemäß § 45 Abs. 1 GmbHG zurückerhalten und die Haftung beschränken können. So erkennt beispielsweise *Kraft* an, dass abweichende Satzungsregeln trotz der zwingenden Verweise auch dort möglich sein müssen, »wo die sachgerechte Anwendung der aktienrechtlichen Normen auf die GmbH zur Eröffnung autonomer Regelungsspielräume führt, die bei der AG nur wegen der andersartigen, stärker fixierten Struktur versagt sind«[2247]. Wenn daher erstens rechtsformspezifische Besonderheiten der GmbH im Vergleich zur AG deutlich dafürsprechen, dass in der GmbH in Abweichung zur AG Haftungsbeschränkungen möglich sein sollten und zweitens, eine solche Haftungsbeschränkung nicht die Mitbestimmungsrechte der Arbeitnehmer tangiert, spricht viel für eine solche modifizierte Anwendung der §§ 116 S. 1, 93 Abs. 2 S. 1 AktG[2248].

Nachfolgend soll daher untersucht werden, ob rechtsformspezifische Besonderheiten der GmbH im Vergleich zur AG deutlich für eine Wirksamkeit von Haftungsbeschränkungen für den obligatorischen GmbH-Aufsichtsrat sprechen (1.). Anschließend soll geprüft werden, ob eine solche modifizierende Anwendung, die Haftungsbeschränkungen erlaubt, die Mitbestimmungsrechte der Arbeitnehmer tangiert (2.).

1. Rechtsformspezifische Besonderheiten der GmbH sprechen für Wirksamkeit einer statutarischen Haftungsbeschränkung

Um zu untersuchen, ob rechtsformspezifische Besonderheiten der GmbH im Vergleich zur AG deutlich für eine Wirksamkeit von Haftungsbeschränkungen für den obligatorischen GmbH-Aufsichtsrat sprechen, soll nachfolgend unter (a)) geprüft werden, ob die Zwecke, mit denen die Unwirksamkeit einer Haftungsbeschränkung für Mitglieder des AG-Aufsichtsrats begründet werden, auch für Mitglieder des obligatorischen GmbH-Aufsichtsrats gelten. Anschließend soll unter (b)) untersucht werden, ob sonstige allgemeine Unterschiede zwischen den Rechtsformen für eine Differenzierung bei Haftungsbeschränkungen sprechen.

a) Zwecke der Unwirksamkeit von Haftungsbeschränkungen für Mitglieder des AG-Aufsichtsrats sind nicht auf GmbH übertragbar

Folgend ist daher zu untersuchen, ob die Zwecke, auf denen die Unwirksamkeit einer statutarischen Haftungsbeschränkung für Mitglieder des AG-Aufsichtsrats beruht, auf den obligatorischen GmbH-Aufsichtsrat übertragen werden können.

2247 Noack/Servatius/Haas/*Kraft*, 24. Aufl. 2025, § 52 Rn. 162 (zum DrittelbG), 288 (zum MitbestG).

2248 In diese Richtung auch *Altmeppen*, ZIP 2010, 1973 (1978 f.).

Für den AG-Aufsichtsrat lassen sich vor allem zwei Strömungen ausfindig machen, mit denen die Unwirksamkeit einer Haftungsbeschränkung begründet wird: Anlegerschutz und Gläubigerschutz. Folgend soll analysiert werden, ob die Zwecke Anlegerschutz (1)) und Gläubigerschutz (2)) auf die mitbestimmte GmbH übertragen werden können. Ist dies nicht der Fall, spricht dies dagegen, den obligatorischen GmbH-Aufsichtsrat mit Blick auf Haftungsbeschränkungen wie den AG-Aufsichtsrat zu behandeln.

1) Anlegerschutz

Die Unwirksamkeit einer Haftungsbeschränkung für einen AG-Aufsichtsrat wird vor allem mit der Satzungsstrenge gemäß § 23 Abs. 5 AktG begründet[2249]. Die Satzungsstrenge wiederum dient vor allem dem Schutz der Anleger durch Standardisierung der Satzung[2250]. Anleger sollen davor geschützt werden, dass die Satzung überraschende Regelungen enthält[2251].

Der Zweck des Anlegerschutzes lässt sich aber nicht auf eine GmbH übertragen. Wie im dritten Teil gezeigt, ist Anlegerschutz durch Standardisierung in der GmbH nicht erforderlich, da zukünftige GmbH-Gesellschafter Satzungen und damit Haftungsbeschränkungen im Gegensatz zu Aktionären ausreichend vor Erwerb prüfen. Wegen der im Regelfall höheren Beteiligung und wegen fehlender entsprechender Diversifikationsmöglichkeiten bestehen ausreichende Anreize zur Prüfung. Transaktionskosten verhindern dies nicht entsprechend wie bei zukünftigen Aktionären[2252]. Erwerber werden zudem durch das Erfordernis der notariellen Form und die damit einhergehende Beratung durch den Notar geschützt, § 15 Abs. 3 GmbHG.

2) Gläubigerschützende Funktion der Aufsichtsratshaftung

Die Unwirksamkeit einer statutarischen Haftungsbeschränkung für Mitglieder des AG-Aufsichtsrats wird zudem mit dessen gläubigerschützender Funktion begründet[2253]. Schützt die Haftung auch Gläubiger, stellt eine statutarische Haftungsbeschränkung, an welcher Gläubiger mangels Stimmberechtigung nicht mitwirken können, eine Art Vertrag zu Lasten Dritter dar. Auch die gläubigerschützende Funktion des AG-Aufsichtsrats lässt sich aber nicht auf den obligatorischen GmbH-Aufsichtsrat übertragen. Während die Überwachung durch den AG-Aufsichtsrat auch dem Schutz der Gläubiger dient[2254], lässt sich dies nach hiesiger Ansicht nicht auf den obligatorischen GmbH-Aufsichtsrat übertragen.

2249 Siehe dazu 4. Teil § 1 A.
2250 Stellvertretend BeckOGK/*Limmer*, AktG, § 23 Rn. 50.
2251 Siehe dazu 3. Teil § 3 B. II.
2252 Siehe dazu 3. Teil § 3 B. II. 6.
2253 Siehe dazu 4. Teil § 1 A.
2254 GK-AktG/*Hopt/Roth*, 5. Aufl. 2018, § 111 Rn. 104.

Die fehlende gläubigerschützende Funktion des obligatorischen GmbH-Aufsichtsrats lässt sich zunächst aus der strukturell schwächeren Ausgestaltung des Gläubigerschutzsystems in der GmbH ableiten. *Spindler* lehnt daran anknüpfend z.B. eine Anwendung des § 93 Abs. 5 AktG und damit die Verfolgung von Ansprüchen gegen Mitglieder des obligatorischen GmbH-Aufsichtsrats durch Gläubiger ab[2255]. Gläubigerschutz ist in der GmbH strukturell schwächer ausgestaltet als in der AG[2256]. Gesetzestechnisch zeigt sich dieser strukturelle Unterschied zwischen beiden Rechtsformen z.B. an der strengeren Kapitalbindung in der AG[2257] (vgl. §§ 57 Abs. 1, 3 und 150 Abs. 1 AktG gegenüber § 30 Abs. 1 GmbH), der Satzungsfreiheit in der GmbH, der Schaffung der UG (§ 5a GmbHG) und der Beschränkbarkeit[2258] und fristlosen Verzichtbarkeit[2259] der Geschäftsführer- im Gegensatz zur Vorstandshaftung.

Die im Vergleich zur AG geringere Gläubigerschutzfunktion der Aufsichtsratshaftung lässt sich zudem aus § 46 Nr. 8 GmbHG analog ableiten. In der AG ist der Vorstand nach der ARAG/Garmenbeck-Rechtsprechung zur Durchsetzung der Ansprüche gegen Aufsichtsratsmitglieder verpflichtet. Er verbessert durch die Durchsetzung die Vollstreckungsmasse der Gläubiger und sichert den präventiven Effekt der Aufsichtsratshaftung ab. In der GmbH hingegen entscheiden gemäß § 46 Nr. 8 GmbHG analog[2260] die Gesellschafter frei über die Durchsetzung und können die Ansprüche auch verjähren lassen. Der Haftung kann daher kaum eine gläubigerschützende Funktion zukommen.

Auch lässt sich die fehlende gläubigerschützende Funktion des obligatorischen GmbH-Aufsichtsrats daran zeigen, dass diesem eine deutlich schwächere und von den Gesellschaftern weniger unabhängige Position zugewiesen wird als dem AG-Aufsichtsrat[2261]. So können seine Zustimmungsvorbehalte leichter von den Gesellschaftern überspielt werden[2262], er hat kein Kontrollmonopol, § 46 Nr. 6 GmbHG, ist nicht für Ansprüche gegen Geschäftsführer zuständig, § 46 Nr. 8 GmbHG, und ihm fehlt die Befugnis zum Erlass einer Geschäftsordnung

2255 MünchKomm-GmbH/*Spindler*, 4. Aufl. 2023, § 52 Rn. 753.

2256 Noack/Servatius/Haas/*Servatius*, 24. Aufl. 2025, Einleitung Rn. 12; GmbH-GK/*Ulmer/Habersack*, 3. Aufl. 2019, Einl. A. Rn. A 48; MünchKomm-GmbH/*Spindler*, 4. Aufl. 2023, § 52 Rn. 753.

2257 *S. Binder*, Grenzen der Vorstandshaftung, 2016, S. 205 f.

2258 Siehe oben 4. Teil § 3 A. I.

2259 BGH, NZG 1998, 226 f.; BGH, GmbHR 2003, 712 (713).

2260 Siehe dazu nachfolgend 4. Teil § 3 B. II. 1. b) 1).

2261 In die Richtung auch: *Altmeppen*, ZIP 2010, 1973 (1978).

2262 Kein Verlangen des Geschäftsführers erforderlich, umstritten ist das Mehrheitserfordernis: ½ Mehrheit: *Deilmann*, BB 2004, 2253 (2256); *Gaul/Otto*, GmbHR 2003, 6 (12); *Altmeppen*, 11. Aufl. 2023, § 52 Rn. 74; BeckOK/*C. Jaeger*, GmbHG, § 52 Rn. 40; Michalski/Heidinger/Leible/J. Schmidt/*Giedinghagen*, 4. Aufl. 2023, § 52 Rn. 233; MünchKomm-GmbH/*Spindler*, 4. Aufl. 2023, § 52 Rn. 424; ¾ Mehrheit: *Oetker*, ZIP 2015, 1461(1469); Rowedder/Pentz/*Belz*, 7. Aufl. 2022, § 37 Rn. 34; Lutter/Hommelhoff/*Hommelhoff/Bayer*, 21. Aufl. 2023, § 52 Rn. 47.

für Geschäftsführer[2263]. Dem drittelparitätischen Aufsichtsrat obliegt nicht einmal das Recht, die Geschäftsführer zu bestellen und abzuberufen, § 46 Nr. 5 GmbHG[2264]. Eine solch schwächere und weniger unabhängige Position spricht aber dagegen, dass der Aufsichtsrat als Organ einem Dritten wie den Gläubigern dienen und nicht nur die Gesellschafter unterstützen soll.

Eine gläubigerschützende Funktion des GmbH-Aufsichtsrats wäre weiter ein systematischer Bruch mit dem Verständnis zum Geschäftsführer. Die Haftung des Geschäftsführers dient mit Ausnahme von Sondertatbeständen auch in der mitbestimmten GmbH[2265] nicht dem Gläubigerschutz[2266]. Es wird kaum das gesetzgeberische Ziel sein, dass der handelnde Geschäftsführer sowie dessen Haftung nur der Gesellschaft, dessen Überwachung durch den Aufsichtsrat hingegen den Gläubigern dienen soll.

Zudem ist die fehlende gläubigerschützende Funktion des obligatorischen GmbH- im Vergleich zum AG-Aufsichtsrat zweckmäßig. GmbH-Gläubiger sind weniger als AG-Gläubiger auf die präventive Steuerung der Aufsichtsratsmitglieder durch eine unbeschränkte Haftung angewiesen. GmbH-Gesellschafter haben nicht nur ein höheres Eigeninteresse am Erhalt der Gesellschaft. Sie haben gemäß § 46 Nr. 6 GmbHG auch eigene Überwachungskompetenzen, welche neben dem obligatorischen Aufsichtsrat bestehen[2267]. Anders als in der AG besteht kein Überwachungsmonopol des Aufsichtsrats. Müssen AG-Gläubiger daher ggf. durch die Aufsichtsratsüberwachung vor Fehlhandlungen des Vorstands geschützt werden, gilt dies nicht entsprechend für GmbH-Gläubiger.

Erst recht müssen GmbH-Gläubiger weniger als AG-Gläubiger durch die Aufsichtsratshaftung geschützt werden, wenn man bedenkt, wie unterschiedlich die vom Aufsichtsrat zu kontrollierenden Geschäftsleiter rechtlich ausgestaltet sind. Die Überwachung durch den AG-Aufsichtsrat und damit auch dessen Haftung kann als Reaktion auf die starke Stellung des Vorstands verstanden werden. Der AG-Aufsichtsrat ist als zwingendes Korrektiv für den Vorstand konzipiert. Dieser agiert weisungsfrei[2268] und hat die alleinige Leitungskompetenz, § 76 Abs. 1 AktG. Die Hauptversammlung entscheidet nur in Ausnahmefällen, § 119 AktG. In der GmbH hingegen weist der Geschäftsführer als Kontrollobjekt keine entsprechende Stellung auf. Die Gesellschafterversammlung ist das

2263 Stellvertretend *Lutter/Krieger/Verse*, § 15 Rn. 1129a, 1142.

2264 Stellvertretend *Lutter/Krieger/Verse*, § 15 Rn. 1121, 1134.

2265 Bork/Schäfer/*Klöhn*, 5. Aufl. 2022, § 43 Rn. 5; *Fleischer*, GmbHR 2010, 1307 (1312).

2266 So die h.M.: Scholz/*Verse*, 13. Aufl. 2024, § 43 Rn. 8; Bork/Schäfer/*Klöhn*, 5. Aufl. 2022, § 43 Rn. 5; MünchKomm-GmbH/*Fleischer*, 4. Aufl. 2023, § 43 Rn. 374; *ders.*, GmbHR 2010, 1307 (1312); Lutter/Hommelhoff/*Kleindiek*, 21. Aufl. 2023, § 43 Rn. 65; Henssler/Strohn/*Oetker*, 6. Aufl. 2024, § 43 GmbHG Rn. 11; a.A. Michalski/Heidinger/Leible/J. Schmidt/*Ziemons*, 4. Aufl. 2023, § 43 Rn. 7, 434.

2267 Stellvertretend Rowedder/Pentz/*Ganzer*, 7. Aufl. 2022, § 46 Rn. 54.

2268 BGH, NZG 2008, 507.

höchste Organ[2269]. Der Geschäftsführer ist hierarchisch unter ihr angeordnet[2270]. Gesellschafter können operativ eingreifen und dem Geschäftsführer auch in mitbestimmten GmbHs Weisungen erteilen, Zustimmungsvorbehalte festlegen[2271] oder ihn abberufen[2272].

Schließlich lässt sich die fehlende gläubigerschützende Stellung des obligatorischen GmbH-Aufsichtsrats mit einem Vergleich zum fakultativen Aufsichtsrat sowie den mitbestimmungsrechtlichen Gesetzen begründen. Der fakultative GmbH-Aufsichtsrat dient unstreitig nicht Dritten wie Gläubigern[2273]. Auch das Mitbestimmungsrecht hat nichts an dem fehlenden Gläubigerschutz geändert[2274], sodass mit Blick auf den Gläubigerschutz keine Unterschiede zwischen fakultativem und obligatorischem GmbH-Aufsichtsrat bestehen können. Der Gesetzgeber wollte mit den mitbestimmungsrechtlichen Gesetzen nicht dem Aufsichtsrat eine gläubigerschützende Stellung zuweisen. Der Gesetzgeber wollte die Rechte der Arbeitnehmer stärken, nicht der Gläubiger. Nach der Entwurfsbegründung verfolgt das MitbestG das »Ziel, die Arbeitnehmer am Willensbildungsprozeß im Unternehmen teilhaben zu lassen«[2275]. Zum Begriff Gläubigerschutz findet sich hingegen weder in der Begründung zum MitbestG, zum DrittelbG noch zum MontanMitbestG etwas. Entsprechend knüpft die Anwendbarkeit der Mitbestimmungsgesetze ausschließlich an die Zahl der Arbeitnehmer an, nicht an Kriterien, die mit einem Bedarf an erhöhtem Gläubigerschutz einhergehen[2276]. Auch sind Gläubiger nicht in einem Statusverfahren antragsbefugt, wenn streitig ist, ob die Mitbestimmungsgesetze auf den Aufsichtsrat Anwendung finden, vgl. § 98 AktG. Es ist daher nicht ersichtlich, warum der Aufsichtsrat infolge der *Arbeitnehmer*mitbestimmung eine gläubigerschützende Funktion erhalten soll, welche dem mitbestimmungsfreien (fakultativen) Aufsichtsrat unstreitig nicht zukommt. Vielmehr sollte doch die Mitbestimmung »unter Beibehaltung des geltenden Gesellschaftsrechts« integriert werden[2277]. Die zwingende Einrichtung des Aufsichtsrats dient daher nicht dem Gläubiger-

2269 So die Bezeichnung in: BGH, NJW 1984, 733 (735); ähnlich auch BVerfG, NJW 1979, 699 (704).

2270 Rowedder/Pentz/*Pentz*, 7. Aufl. 2022, Einl. Rn. 144.

2271 Siehe zur unterschiedlichen Stellung von Vorstand und Geschäftsführer: 3. Teil § 1 C. II. 2.

2272 Dies ist indes nur in der drittelparitätischen GmbH möglich, in der mitbestimmten GmbH ist der Aufsichtsrat zuständig, vgl. § 31 MitbestG.

2273 Siehe dazu schon 4. Teil § 2 B. II.

2274 So auch *Altmeppen*, ZIP 2010, 1973 (1978).

2275 BT-Drucks 7/2172, S. 19.

2276 Im Gesetzgebungsprozess wurden anderen Kriterien wie Umsatz und Bilanz diskutiert, aber verworfen: vgl. BT-Drucks 7/2172, S. 19; BT-Drucks VI/334, Bericht der Sachverständigenkommission zur Auswertung der bisherigen Erfahrungen bei der Mitbestimmung 1970, S. 114.

2277 BT-Drucks 7/2172, S. 17.

schutz, sondern allein der Tatsache, dass überhaupt ein Aufsichtsrat existiert, in dem die Arbeitnehmer ihre Mitbestimmungsrechte ausüben können.

b) Möglichkeit einer Haftungsbeschränkung steht im Einklang mit sonstigen rechtsformspezifischen Besonderheiten des obligatorischen GmbH-Aufsichtsrats

Es lassen sich aber nicht nur nicht die Zwecke für die Unwirksamkeit einer Haftungsbeschränkung beim AG-Aufsichtsrat auf den obligatorischen GmbH-Aufsichtsrat übertragen. Die Unwirksamkeit einer statutarischen Haftungsbeschränkung lässt sich auch kaum widerspruchsfrei in das sonstige GmbH-Recht einfügen. Wie nachfolgend zu zeigen sein wird, sprechen auch die sonstigen Besonderheiten der GmbH dafür, dass beim GmbH-Aufsichtsrat Haftungsbeschränkungen eher zulässig sein müssen als beim AG-Aufsichtsrat.

1) Durchsetzung liegt in den Händen der Gesellschafter, § 46 Nr. 8 GmbHG

Für die Zulässigkeit von Haftungsbeschränkungen spricht die gesetzliche Wertung von § 46 Nr. 8 GmbHG analog. In der AG ist für die Geltendmachung der Ansprüche gegen Aufsichtsratsmitglieder im Grundsatz der Vorstand zuständig. Infolge der ARAG/Garmenbeck-Rechtsprechung ist er dazu sogar verpflichtet[2278]. Aktionäre können nur zusätzlich die Geltendmachung gemäß § 147 Abs. 1 AktG verlangen.

In der GmbH sind hingegen die Gesellschafter für die Geltendmachung der Ansprüche gegen die obligatorischen Aufsichtsratsmitglieder zuständig, § 46 Nr. 8 GmbHG analog[2279]. Der Gesellschafterbeschluss ist materielle Voraussetzung für die Anspruchsverfolgung, sodass der Geschäftsführer nicht allein agieren kann[2280]. Nur die Gesellschafter entscheiden daher, ob Aufsichtsratsmitglieder zur Rechenschaft gezogen werden. Sie unterliegen nicht der ARAG/Garmenbeck-Pflicht, sondern können von einer Inanspruchnahme jederzeit absehen bzw. den Anspruch verjähren lassen.

2278 Siehe dazu 1. Teil § 4 A. I.

2279 Speziell zum obligatorischen Aufsichtsrat: Lutter/Hommelhoff/*Bayer*, 21. Aufl. 2023, § 46 Rn. 35; *Lutter/Krieger/Verse*, 7. Aufl. 2022, § 15 Rn. 1168; allgemein: BeckOK/*Schindler*, GmbHG, § 46 Rn. 96; Henssler/Strohn/*Mollenkopf*, 6. Aufl. 2024, § 46 GmbHG Rn. 39; Michalski/Heidinger/Leible/J. Schmidt/*Römermann*, 4. Aufl. 2023, § 46 Rn. 414; Noack/Servatius/Haas/*Noack*, 24. Aufl. 2025, § 46 Rn. 71; Scholz/*K. Schmidt/Bochmann*, 13. Aufl. 2024, § 46 Rn. 146; Bork/Schäfer/*Masuch*, 5. Aufl. 2022, § 46 Rn. 32; Bartl/Bartl/Beine/Koch/Schlarb/Schmitt/*Bartl*, 9. Aufl. 2024, § 46 Rn. 83; *Wicke*, 5. Aufl. 2024, § 46 Rn. 19; Gehrlein/Born/Simon/*Teichmann*, 6. Aufl. 2024, § 46 Rn. 49; Rowedder/Pentz/*Ganzer*, 7. Aufl. 2022, § 46 Rn. 65; GmbH-GK/*Hüffer/Schäfer*, 3. Aufl. 2020, § 46 Rn. 103.

2280 Stellvertretend Gehrlein/Born/Simon/*Teichmann*, 6. Aufl. 2024, § 46 Rn. 48.

Wenn die Gesellschafter aber keine Pflicht zur Geltendmachung trifft und nur sie über die Geltendmachung entscheiden, ist es folgerichtig, wenn ihnen auch das Recht zukommt, über die Beschränkbarkeit der Haftung zu entscheiden. Ähnlich leitet auch der BGH die Verzichtskompetenz der Gesellschafter bezüglich ihrer Geschäftsführer aus § 46 Nr. 8 GmbHG ab[2281] und die Literatur begründet damit die Möglichkeit von Haftungsbeschränkungen für Mitglieder des fakultativen GmbH-Aufsichtsrats[2282].

2) Systematischer Bruch mit der Haftung des Geschäftsleiters als Kontrollobjekt

Für die Zulässigkeit von Haftungsbeschränkungen in der GmbH spricht auch der Vergleich mit der Beschränkbarkeit der Haftung der Geschäftsleiter. In der AG haften nicht nur die Mitglieder des AG-Aufsichtsrats zwingend, sondern korrespondierend auch die Vorstandsmitglieder als Kontrollobjekt des Aufsichtsrats[2283].

In der GmbH hingegen kann die Haftung des Geschäftsführers umfassend beschränkt werden[2284]. Es wäre widersinnig, wenn in der mitbestimmten GmbH diese Parallelität der Haftung des Überwachers und des Überwachungsobjekts aufgebrochen würde. Den Gesellschaftern wird in der GmbH gestattet, ihren Geschäftsführer durch Haftungsbeschränkungen zu mehr Risiken anreizen. Es kann kaum gewollt sein, dass diese Möglichkeit durch eine zwingende Aufsichtsratshaftung und damit einhergehend eine zwingende strenge Überwachung wieder unterlaufen wird.

3) GmbH erfordert keine entsprechend starke Aufsichtsratsüberwachung

Für die Zulässigkeit von Haftungsbeschränkungen in der GmbH spricht zudem, dass in der GmbH anders als in der AG keine entsprechend starke Überwachung durch den Aufsichtsrat geboten ist. Eine unbeschränkte Aufsichtsratshaftung zur Sicherstellung einer solchen Überwachung ist daher nicht entsprechend geboten.

Für die geringere Kontrollbedürftigkeit durch den GmbH-Aufsichtsrat spricht zunächst, dass der Aufsichtsrat anders als in der AG nicht der einzige Überwacher der Geschäftsleitung ist. Auch in mitbestimmten GmbHs verbleibt die Kontrollkompetenz bei den Gesellschaftern, § 46 Nr. 6 GmbHG. Gleichzeitig stehen den Gesellschaftern anders als Aktionären umfassende Informationsrechte zu, um diese Kontrolle auch wirksam auszuüben[2285].

2281 BGH, NZG 1998, 226; BGH, GmbHR 2003, 712 (713).
2282 Henssler/Strohn/*Henssler*, 6. Aufl. 2024, § 52 GmbHG Rn. 20.
2283 Stellvertretend GK-AktG/*Hopt/Roth*, 5. Aufl. 2018, § 93 Rn. 47.
2284 Siehe oben 4. Teil § 3 A. I.
2285 Siehe dazu 3. Teil § 1 C. II. 2.

Zudem sind GmbH-Gesellschafter nicht entsprechend handlungsunfähig wie Aktionäre, sodass ihnen nicht ein zwingend haftender Aufsichtsrat zur Seite gestellt werden muss. Die Überwachung durch den zwingenden AG-Aufsichtsrat und damit auch dessen zwingende Haftung kann als Reaktion auf die fehlende Handlungsfähigkeit der Hauptversammlung verstanden werden[2286]. Historisch behielt man den zwingenden AG-Aufsichtsrat, um den erforderlichen Schutz der Aktionäre durch Überwachung des Vorstands sicherzustellen[2287]. Dieser Aspekt ist aber auf die Gesellschafterversammlung der GmbH nicht übertragbar. Die Schutzbedürftigkeit der Aktionäre folgt aus deren Kollektivhandlungs- und Trittbrettfahrer-Problemen. In der GmbH bestehen diese Probleme aber nicht entsprechend[2288].

Überdies kann erneut darauf verwiesen werden, dass Geschäftsführer im Vergleich zu Vorständen eine deutlich schwächere Position innehaben[2289], sodass in der GmbH weniger Überwachung durch den Aufsichtsrat und damit auch keine zwingende Aufsichtsratshaftung erforderlich ist.

4) GmbH-Aufsichtsrat hat schwächere Stellung

Schließlich lässt sich nochmals die beschriebene schwächere Stellung des obligatorischen GmbH-Aufsichtsrats heranziehen[2290]. Die zwingende unbeschränkte Aufsichtsratshaftung kann auch als Korrektiv gegenüber der eigenständigen Stellung des AG-Aufsichtsrats verstanden werden. Da diese Stellung in der GmbH nicht besteht, besteht Raum für Abweichungen.

2. Haftungsbeschränkung ist mitbestimmungsrechtlich neutral

Es konnte daher bisher festgestellt werden, dass eine rechtsformspezifische Anwendung der §§ 116 S. 1, 93 Abs. 2 S. 1 AktG dafürspricht, in Abweichung zur AG Haftungsbeschränkungen zuzulassen und insofern den Gesellschaftern einen Satzungsspielraum zu gewähren.

Wie bereits erläutert setzt eine rechtsformspezifische (modifizierte) Anwendung einer aktienrechtlichen Norm auch voraus, dass die modifizierte Anwendung nicht Funktion der Mitbestimmung bzw. Mitbestimmungsrechte der Arbeitnehmer tangiert. Nachfolgend soll daher abschließend untersucht werden, ob eine statutarische Haftungsbeschränkung die Mitbestimmungsrechte der Arbeitnehmer tangiert.

2286 *Lutter/Krieger/Verse*, 7. Aufl. 2020, § 2 Rn. 57; *Koch*, 19. Aufl. 2025, § 111 Rn. 7.
2287 *Schnorr*, Historie und Recht des Aufsichtsrats, 2000, S. 31: zur Diskussion zur Beibehaltung des zwingenden Aufsichtsrats 1884.
2288 Siehe dazu 3. Teil § 3 B. 2.
2289 Siehe dazu 4. Teil § 3 B. II. 1. a) 2).
2290 Siehe dazu 4. Teil § 3 B. II. 1. a) 2).

Mit der Frage, ob eine Haftungsbeschränkung für die Mitglieder des obligatorischen GmbH-Aufsichtsrats die Mitbestimmungsrechte der Arbeitnehmer tangiert, haben sich bisher nur *Altmeppen* und *Spindler* befasst. *Altmeppen* sieht keine Beeinträchtigung der Mitbestimmungsrechte der Arbeitnehmer. Insbesondere die Arbeitnehmervertreter im Aufsichtsrat würden »gewiss nicht widersprechen«[2291]. Anders sieht dies *Spindler*. Seiner Meinung nach könnte eine statutarische Haftungsbeschränkung für Arbeitnehmervertreter falsche Anreize setzen und daher die Interessen der Arbeitnehmerschaft beeinträchtigen. Denn die Gesellschafter können durch Beschränkung der Haftung das nur aus ihrer Sicht erforderliche Sorgfaltsniveau festlegen[2292].

Um zu untersuchen, ob eine Haftungsbeschränkung die Mitbestimmungsrechte der Arbeitnehmer tangiert, soll nachfolgend geprüft werden, ob eine Haftungsbeschränkung die Interessen der Arbeitnehmervertreter im Aufsichtsrat (a)) oder aber der gesamten Arbeitnehmerschaft (b)) tangiert und schließlich, ob die Aufsichtsratshaftung generell dem Schutz der Arbeitnehmer dient (c)).

a) Haftungsbeschränkung tangiert Rechte der Arbeitnehmervertreter nicht

Nach hiesiger Ansicht tangiert eine Haftungsbeschränkung die Rechte der Arbeitnehmervertreter im Aufsichtsrat nicht. Eine Haftungsbeschränkung reduziert nicht ihre Rechte, sondern die Haftung bei Verletzung ihrer Pflichten. *Altmeppen* ist daher zuzustimmen, dass Arbeitnehmervertreter im Aufsichtsrat von einer Beschränkung der Aufsichtsratshaftung sogar profitieren und daher nicht widersprechen würden[2293].

Auch die von den Mitbestimmungsgesetzen geforderte Gleichberechtigung zwischen den Aufsichtsratsmitgliedern bliebe gewahrt. Denn eine statutarische Haftungsbeschränkung müsste gleichmäßig alle Anteilseigner- und Arbeitnehmervertreter erfassen. Differenzierungen zwischen den Lagern wären unwirksam. Denn eine solche Differenzierung widerspräche dem Grundsatz der individuell gleichen Berechtigung und Verantwortung aller Mitglieder. Eine Unterscheidung zwischen Anteilseigner- und Arbeitnehmervertretern ist generell unstatthaft[2294].

b) Haftungsbeschränkung tangiert Mitbestimmungsrechte der Arbeitnehmer nicht

Darüber hinaus werden aber auch die Interessen der gesamten Arbeitnehmerschaft durch eine Haftungsbeschränkung nicht beeinträchtigt. Dies gilt sowohl

2291 *Altmeppen*, ZIP 2010, 1973 (1978).
2292 MünchKomm-GmbH/*Spindler*, 4. Aufl. 2023, § 52 Rn. 674.
2293 Zutreffend *Altmeppen*, ZIP 2010, 1973 (1978).
2294 BGH, NZG 2012, 347 Rn. 18; stellvertretend für das Schrifttum: MünchKomm-AktG/*Habersack*, 6. Auflage 2023, Vorbemerkung zu den §§ 95–116 Rn. 16.

für die Kompensations- als auch die Präventionsfunktion der Aufsichtsratshaftung. Beide Funktionen werden aus Sicht der Arbeitnehmer durch eine Beschränkung der Haftung nicht beeinträchtigt.

Kompensatorisch tangiert die Arbeitnehmerschaft eine Beschränkung der Aufsichtsratshaftung nicht. In direkter Weise profitieren Arbeitnehmer ohnehin nicht von der Haftung der Aufsichtsratsmitglieder. Denn die Schadensersatzsumme fließt nur der Gesellschaft und damit letztlich den Gesellschaftern zu.

Doch selbst mittelbar profitieren die Arbeitnehmer von der Kompensation der Gesellschaft nur in unbeachtlicher Weise. Die Privatvermögen der Aufsichtsratsmitglieder sind im Vergleich zu den Schäden so gering, dass der kompensatorische Aspekt der Aufsichtsratshaftung generell zu vernachlässigen ist[2295]. Der kompensatorische Vermögenszufluss der Gesellschaft durch die Ansprüche dürfte daher auch zu gering sein, um beispielsweise den Erhalt des Unternehmens und damit mittelbar Arbeitsplätze zu erhalten.

Fraglicher ist schon, ob dasselbe auch für den präventiven Aspekt der Aufsichtsratshaftung gilt. Hier knüpft die Befürchtung *Spindlers* an. Eine statutarische Haftungsbeschränkung könnte für Arbeitnehmervertreter falsche Anreize setzen. Denn die Gesellschafter können durch Beschränkung der Haftung das nur aus ihrer Sicht erforderliche Sorgfaltsniveau festlegen[2296].

Überzeugend ist diese Befürchtung *Spindlers* aber nicht. Aus präventiver Sicht haben Arbeitnehmervertreter auch bei summenmäßig beschränkter Haftung ausreichende Anreize, die Interessen der Arbeitnehmer durchzusetzen. Im Gegensatz zu den Vertretern der Anteilseigner, die mangels variabler Vergütung nicht von unternehmerischen Erfolgen profitieren, profitieren Arbeitnehmervertreter von »arbeitnehmerspezifischen« Erfolgen. Wenn Arbeitnehmervertreter im Aufsichtsrat sich für Arbeitnehmerinteressen einsetzen, fördern sie ihre eigenen Interessen, da sie selbst Teil der Arbeitnehmerschaft sind. Der Prinzipal-Agenturkonflikt zwischen Arbeitnehmervertretern und Arbeitnehmerschaft ist daher minimal, ein Anreiz durch Haftung kaum erforderlich. Ganz im Gegenteil mag eine Haftungsbeschränkung im Einzelfall sogar dazu führen, dass Arbeitnehmervertreter im Falle einer Kollision zwischen Gesellschafter- und Arbeitnehmerinteressen, diese Kollision pflichtwidrig zu Lasten der Gesellschafter und zu Gunsten der Arbeitnehmer auflösen. Denn das pflichtwidrige Verhalten wird nicht mehr entsprechend durch Haftung sanktioniert. Zu denken ist z.B. an die (pflichtwidrige) Nutzung von Aufsichtsratsinformationen für Streiks[2297].

Erwägenswert wäre höchstens, dass die Aufsichtsratshaftung auch den Bestand des Unternehmens und damit die Existenz von Arbeitsplätzen sichert. Präventiv verstärkt die Haftung das Kontrollniveau und verhindert daher insolvenzgefährdende Schäden. Dieser Zweck dürfte aber nicht von den Mitbestimmungsgesetzen intendiert sein. Diese sehen einen zwingenden Aufsichtsrat vor,

2295 Siehe dazu 3. Teil § 1 A.
2296 MünchKomm-GmbH/*Spindler*, 4. Aufl. 2023, § 52 Rn. 674.
2297 Siehe dazu 3. Teil § 1 B. III. 7. d).

damit die Arbeitnehmer im Aufsichtsrat ihre Mitbestimmung ausüben können – nicht, damit ein Aufsichtsrat existiert, welcher den Bestand des Unternehmens schützt. Das MitbestG hat das »Ziel, die Arbeitnehmer am *Willensbildungsprozeß* im Unternehmen teilhaben zu lassen«[2298]. Dafür spricht auch, dass die mitbestimmungsrechtlichen Gesetze nicht auf den dogmatischen Anknüpfungspunkt für den Bestandsschutz im Aktienrecht, § 91 Abs. 2 AktG[2299], verweisen.

Stattdessen würde die Arbeitnehmerschaft von einer Haftungsbeschränkung für die Mitglieder des obligatorischen Aufsichtsrats sogar profitieren. Denn es würde für sie einfacher werden, qualifizierte Mitglieder für ihre Aufsichtsratsposten zu gewinnen. Haftungsrisiken können auch potenzielle Arbeitnehmer davon abschrecken, das Amt des Aufsichtsrats zu ergreifen. Eine Haftungsbeschränkung kann diesem Abschreckungseffekt entgegenwirken[2300]. Für Arbeitnehmervertreter gilt dieses Argument umso mehr, da sie als Ausgleich für ihr Haftungsrisiko nicht einmal eine echte Vergütung erhalten. Denn in der Regel führen sie ihre Vergütung weitgehend an die Hans-Böckler-Stiftung ab[2301].

c) Aufsichtsratshaftung dient nicht den Interessen der Arbeitnehmer

Insgesamt muss ein Bezug zwischen Aufsichtsratshaftung und den Interessen der Arbeitnehmer verneint werden. Die Haftung der obligatorischen Aufsichtsratsmitglieder, auch der Arbeitnehmervertreter, dient nicht dem Arbeitnehmerschutz. Dies zeigt sich daran, dass Arbeitnehmern, anders als in der AG Gläubigern und Minderheitsgesellschaftern (§§ 93 Abs. 5, 148 Abs. 1, 93 Abs. 4 S. 3 AktG), weder ein eigenes Klagerecht zukommt noch sie einen nachträglichen Verzicht der Gesellschafter auf die Ansprüche verhindern können. Solche Kompetenzen der Arbeitnehmer werden zu Recht an keiner Stelle vertreten und auch die mitbestimmungsrechtlichen Gesetze haben den Arbeitnehmern solche Rechte nicht eingeräumt.

C. Zusammenfassung § 3

Die Untersuchung hat ergeben, dass GmbH-Gesellschafter auch in der mitbestimmten GmbH wirksam Haftungsbeschränkungen für Aufsichtsratsmitglieder in der Satzung installieren können. Dies widerspricht der g.h.M. im Schrifttum, welche die Wirksamkeit verneint.

Begründen lässt sich dies damit, dass erstens die aktienrechtlichen Vorschriften, auf die MitbestG, DrittelbG und MontanMitbestG verweisen, wegen rechts-

2298 BT-Drucks 7/2172, S. 19, Hervorhebung durch den Verfasser.
2299 Hölters/Weber/*Müller-Michaels*, 4. Aufl. 2022, § 91 Rn. 4.
2300 Siehe dazu 3. Teil § 2 B.
2301 Siehe dazu 3. Teil § 1 A. I.

formspezifischer Besonderheiten der GmbH modifizierend ausgelegt werden können, sofern die Modifikation nicht die Mitbestimmungsrechte der Arbeitnehmer tangiert, und zweitens eine solche modifizierte Anwendung dazu führt, dass die Argumente des Schrifttums gegen die Wirksamkeit von Haftungsbeschränkungen nicht mehr überzeugen.

So leitet das Schrifttum die Unwirksamkeit durch Erst-Recht-Schluss aus dem aktienrechtlichen Verzichtsverbot gemäß § 93 Abs. 4 S. 3 AktG ab, auf das MitbestG, DrittelbG und MontanMitbestG mittelbar verweisen. Eine modifizierte Anwendung führt aber dazu, dass das Verzichtsverbot in der GmbH nicht anzuwenden ist. Denn die Zwecke sämtlicher Teilaspekte der Norm lassen sich wegen rechtsformspezifischer Besonderheiten nicht auf eine (mitbestimmte) GmbH übertragen. Zudem tangiert eine Nichtanwendung des aktienrechtlichen Verzichtsverbots nicht die Mitbestimmungsrechte der Arbeitnehmer. Kommt das aktienrechtliche Verzichtsverbot in der mitbestimmten GmbH aber nicht zur Anwendung, kann daraus auch nicht die Unwirksamkeit einer Haftungsbeschränkung abgeleitet werden.

Teilweise wird die Unwirksamkeit zudem aus den Verweisen auf die §§ 116 S. 1, 93 Abs. 2 S. 1 AktG abgeleitet. Die Mitglieder des obligatorischen GmbH-Aufsichtsrats müssten wie die Mitglieder des AG-Aufsichtsrats haften. Indes sprechen wiederum rechtsformspezifische Besonderheiten für mehr Gestaltungsspielraum der GmbH-Gesellschafter mit Blick auf Haftungsbeschränkungen für ihre Aufsichtsratsmitglieder. Denn die Zwecke, mit denen die Unwirksamkeit einer Haftungsbeschränkung für Mitglieder des AG-Aufsichtsrats begründet wird (Anlegerschutz, Gläubigerschutz), lassen sich nicht auf einen Aufsichtsrat in einer mitbestimmten GmbH übertragen. Zudem sprechen auch die sonstigen Besonderheiten der GmbH dafür, dass beim obligatorischen GmbH-Aufsichtsrat Haftungsbeschränkungen eher zulässig sein müssen als beim AG-Aufsichtsrat. Schließlich tangiert eine Haftungsbeschränkung für Mitglieder des obligatorischen GmbH-Aufsichtsrats nicht die Mitbestimmungsrechte der Arbeitnehmer, weder der Arbeitnehmervertreter noch der gesamten Arbeitnehmerschaft.

§ 4 Sonstige Ansätze der Literatur zu Haftungsbeschränkungen machen statutarische Beschränkungen für den AG-Aufsichtsrat nicht obsolet

Wie gezeigt kann die Haftung der AG-Aufsichtsratsmitglieder nach geltendem Recht nicht in der Satzung beschränkt werden[2302]. Um die im dritten Teil beschriebenen Probleme eines strikten Haftungsrechts (Risikoaversion, Abschreckung neuer Kandidaten, erhöhte Vorsorgekosten[2303]) anzugehen, müsste daher der Gesetzgeber dies de lege ferenda ermöglichen. Bevor eine solche Forderung an den Gesetzgeber gerichtet wird, sollte jedoch vorher geprüft werden, ob ein vergleichbarer Schutz nicht schon de lege lata durch sonstige (nicht satzungsmäßige) Haftungsbeschränkungen erzielt werden kann.

In der Literatur werden mehrere Ansätze zur Beschränkung der Haftung diskutiert, die sämtlich bisher nicht höchstrichterlich durch den BGH geklärt sind. So schlägt *Seibt*[2304] für Vorstandsmitglieder vor, in deren Anstellungsverträgen ein sogenannte Halbvermögensschutzklausel festzuschreiben, wonach der Aufsichtsrat als anspruchsberechtigtes Organ ex ante verpflichtet wird, sein Ermessen im Rahmen der zweiten Stufe der ARAG/Garmenbeck-Entscheidung in dem Sinne auszuüben, dass er den Anspruch nur in begrenzter Höhe geltend macht (dazu A.). Ein Teil der Literatur erwägt zudem, die Grundsätze des BAG zum innerbetrieblichen Schadensausgleich bei Arbeitnehmern auf Organmitglieder zu übertragen, teilweise unter Heranziehung der Fürsorge- und Treuepflicht (dazu B.).

Diese Ansätze sollen daher nachfolgend darauf untersucht werden, ob sie einerseits einer rechtlichen Überprüfung standhalten und andererseits Aufsichtsratsmitgliedern einen ausreichenden Schutz bieten, um die beschriebenen Probleme zu beheben. Nur falls beides bejaht werden kann, wären satzungsmäßige Haftungsbeschränkungen für AG-Aufsichtsratsmitglieder obsolet und ein Ruf an den Gesetzgeber daher nicht geboten.

A. Halbvermögensschutzklausel nach *Seibt*

Seibt schlägt zur Begrenzung der Haftungsrisiken von Vorstandsmitgliedern vor, in deren Anstellungsverträgen eine sogenannte Halbvermögensschutzklausel aufzunehmen. Nach dieser schuldrechtlichen Abrede soll das im Rahmen der

2302 Siehe 4. Teil § 1.
2303 Dazu ausführlich 3. Teil § 2.
2304 *Seibt,* NZG 2015, 1097; *ders.*, NZG 2016, 361.

ARAG/Garmenbeck-Entscheidung auf zweiter Stufe bestehende Ermessen des für die Anspruchsverfolgung zuständigen Aufsichtsrats ex ante präjudiziert werden. Das Ermessen des Aufsichtsrats soll vorweggebunden und dadurch dem Vorstand zugesichert werden, »in Fällen einer großen Disproportionalität zwischen Haftungsumfang und Schwere des Pflichtverstoßes« die Anspruchsverfolgung höhenmäßig zu begrenzen. Konkret soll der Aufsichtsrat sein Ermessen zwingend in der Weise ausüben, dass er den Anspruch lediglich in der Höhe geltend macht, dass dem Vorstandsmitglied 50 % des Wertes einer Vermögensaufstellung im Sinne des § 802c Abs. 2 ZPO verbleiben. Gleichzeitig soll die Klausel eine »Fiduciary-out-Regelung« vorsehen, wonach in Fällen, in denen eine Verschonung trotz großer Disproportionalität gegen zwingendes Recht verstieße, eine solche unterbleiben soll[2305].

Auch für Aufsichtsratsmitglieder könnte eine Halbvermögensschutzklausel erwogen und entsprechend das Ermessen des Vorstands bei der Geltendmachung von Ansprüchen gegen Aufsichtsratsmitglieder ex ante beschränkt werden. Da für Aufsichtsratsmitglieder kein Anstellungsvertrag besteht, soll nach *Seibt* ein entsprechender Schutz dadurch erreicht werden, dass die Hauptversammlung einen entsprechenden Beschluss zugunsten der Aufsichtsratsmitglieder fasst. Nach *Seibt* sei die Hauptversammlung hierfür gemäß § 113 AktG zuständig, da entsprechende Schutzregelungen entweder Vergütungscharakter haben oder jedenfalls Vergütungssubstitut sind. Zum Schutz der Aufsichtsratsmitglieder soll eine nachträgliche Änderung dieses Beschlusses nur mit einer Mehrheit von 90 % der Anteile möglich sein[2306].

Nach hiesiger Ansicht ist eine solche Klausel für Aufsichtsratsmitglieder aber weder wirksam (I.) noch böte sie den Aufsichtsratsmitgliedern einen echten Schutz (II.), sodass der Vorschlag von *Seibt* satzungsmäßige Haftungsbeschränkungen de lege ferenda nicht obsolet macht.

I. Rechtliche Unwirksamkeit der Halbvermögensschutzklausel

Der Vorschlag von *Seibt* kann satzungsmäßige Haftungsbeschränkungen nur obsolet machen, wenn er mit dem geltenden Recht vereinbar ist. Im Folgenden soll daher zunächst der Standpunkt des Schrifttums zur Wirksamkeit wiedergegeben werden (1.), bevor anschließend selbst zur Halbvermögensschutzklausel Stellung bezogen wird (2.).

2305 *Seibt,* NZG 2015, 1097; *ders.*, NZG 2016, 361; *Seibt/Cziupka*, AG 2015, 93 (108).
2306 *Seibt*, Börsenzeitung vom 12. September 2015, S. 9.

1. Schrifttum verneint Wirksamkeit der Halbvermögensschutzklausel

Das Schrifttum steht dem Vorschlag *Seibts* kritisch gegenüber. Eine Wirksamkeit der Halbvermögensschutzklausel wird einstimmig verneint[2307].

Im Kern sieht das Schrifttum einen Verstoß gegen das Verzichtsverbot gemäß § 93 Abs. 4 S. 3 AktG. Konkret sehen *Habersack* und dem folgend auch *Wettich* und *Schockenhoff* einen Verstoß gegen das in § 93 Abs. 4 S. 3 AktG statuierte Gebot eines zwingend notwendigen Hauptversammlungsbeschlusses. Die Halbvermögensschonung gehe über ein schlichtes Unterlassen des vertretungsberechtigten Organs (hier: Vorstand) hinaus, verschaffe dem Organmitglied (hier: Aufsichtsratsmitglied) eine Einwendung gegenüber der Inanspruchnahme und stehe damit einem partiellen (Vorweg-)Verzicht im Sinne des § 93 Abs. 4 S. 3 AktG gleich[2308]. *Seyfarth* ergänzt, dass die Hauptversammlung erst drei Jahre nach der Entstehung des Anspruchs auf diesen verzichten darf[2309]. *Spindler* und *Deilmann/Dornbusch* verweisen allgemein darauf, dass die Klausel einem Verzicht im Sinne des § 93 Abs. 4 S. 3 AktG wirtschaftlich gleichkäme[2310]. In diesem Zusammenhang kritisieren *Habersack* und *Spindler* zudem, dass die durch die Rechtsprechung aufgestellten ARAG/Garmenbeck-Grundsätze zum Ermessen des Aufsichtsrats (hier: Vorstands) antizipiert und dadurch das durch die Rechtsprechung aufgestellte Regel-Ausnahme-Verhältnis umgekehrt würde[2311].

Überdies nimmt das Schrifttum einen Verstoß gegen zwingendes Aktienrecht an[2312]. Erstens wird ein Verstoß gegen die unbeschränkte Organhaftung gemäß §§ 93, 116 AktG gesehen. Eine Reduzierung der unbeschränkten Organhaftung verstößt gegen die Satzungsstrenge. Dasselbe gelte für die Halbvermögensschutzklausel[2313]. *Seyfarth, Habersack* und *Schockenhoff* sehen zudem einen Verstoß gegen die Verfolgungsreche der Aktionäre (§§ 147 f.), der Gläubiger

2307 *Habersack*, NZG 2015, 1297; *Wettich*, AG 2017, 60 (67); *Schockenhoff*, ZHR 2016, 197 (221 f.); *Deilmann/Dornbusch*, NZG 2016, 201 (206); Krieger/Schneider/*Seyfarth*, 4. Aufl. 2023, § 10 Rn. 10.15; Melot de Beauregard/Lieder/Liersch/*Illhardt*, § 5 Rn. 49; MünchKomm-AktG/*Spindler*, 6. Aufl. 2023, § 93 Rn. 324.

2308 *Habersack*, NZG 2015, 1297 (1300); *Wettich*, AG 2017, 60 (67); *Schockenhoff*, ZHR 2016, 197 (221 f.);

2309 Krieger/Schneider/*Seyfarth*, 4. Aufl. 2023, § 10 Rn. 10.15.

2310 MünchKomm-AktG/*Spindler*, 6. Aufl. 2023, § 93 Rn. 324; *Deilmann/Dornbusch*, NZG 2016, 201 (206).

2311 *Habersack*, NZG 2015, 1297 (1299); MünchKomm-AktG/*Spindler*, 6. Aufl. 2023, § 93 Rn. 324.

2312 *Habersack*, NZG 2015, 1297 (1299); MünchKomm-AktG/*Spindler*, 6. Aufl. 2023, § 93 Rn. 324; Krieger/Schneider/*Seyfarth*, 4. Aufl. 2023, § 10 Rn. 10.15; Melot de Beauregard/Lieder/Liersch/*Illhardt*, § 5 Rn. 49.

2313 *Habersack*, NZG 2015, 1297 (1297, 1299); MünchKomm-AktG/*Spindler*, 6. Aufl. 2023, § 93 Rn. 324.

(§ 93 Abs. 5 AktG) sowie des Insolvenzverwalters. Deren Rechte würden durch die Halbvermögensschutzklausel frühzeitig vereitelt bzw. unterlaufen[2314].

2. Eigene Stellungnahme

Auch nach hiesiger Ansicht, und damit im Einklang mit der Literatur, verstößt die Halbvermögensschutzklausel gegen geltendes Aktienrecht und ist daher unwirksam. Sie verstößt im Ergebnis sowohl gegen das Verzichtsverbot § 93 Abs. 4 S. 3 AktG (a)) als auch gegen sonstiges zwingendes Aktienrecht (b)).

a) Verstoß gegen das Verzichtsverbot § 93 Abs. 4 S. 3 AktG

Die Halbvermögensschutzklausel verstößt im Ergebnis gegen das Verzichtsverbot gemäß § 93 Abs. 4 S. 3 AktG. Entgegen dem Schrifttum verstößt die Halbvermögensschutzklausel zwar weder gegen den nach § 93 Abs. 4 S. 3 AktG erforderlichen Hauptversammlungsbeschluss (1)) noch gegen das Widerspruchsrecht der Minderheit (2)). Die Halbvermögensschutzklausel stellt jedoch eine einem Verzicht wirtschaftlich entsprechende Rechtshandlung dar, sodass die zwingende Wartefrist von drei Jahren und damit der Übereilungsschutz der Aktionäre tangiert ist (3)).

1) Hauptversammlungsbeschluss

§ 93 Abs. 4 S. 3 AktG verlangt für einen Verzicht oder einen Vergleich einen Hauptversammlungsbeschluss, um eine kollusive Enthaftung zwischen Vorstand und Aufsichtsrat zu Lasten der Aktionäre zu vermeiden (*back-scratching*). Die beiden Organe sollen sich nicht gegenseitig enthaften können[2315].

Dieser Zweck wird durch die Halbvermögensschutzklausel nicht tangiert, da eine Enthaftung außerhalb des Unternehmensinteresses nicht möglich ist. Die Halbvermögensschutzklausel erfasst tatbestandlich nur den begrenzten Ermessensspielraum, den die ARAG/Garmenbeck-Rechtsprechung gewährt[2316]. Diese gilt entsprechend für die Verfolgung von Ansprüchen gegen Aufsichtsratsmitglieder durch den Vorstand[2317]. Nach der Rechtsprechung kommt dem Vorstand im Rahmen der Anspruchsverfolgung auf zweiter Stufe ein Ermessensspielraum zu. Er darf von der Anspruchsverfolgung ausnahmsweise absehen, wenn »gewichtige Interessen und Belange der Gesellschaft dafürsprechen«. Diese Entscheidung stellt keinen »autonomen unternehmerischen Ermessensspielraum«

2314 Krieger/Schneider/*Seyfarth*, 4. Aufl. 2023, § 10 Rn. 10.15; *Habersack*, NZG 2015, 1297 (1299); *Schockenhoff*, ZHR 2016, 197 (221 f.).
2315 Siehe 4. Teil § 3 B. I. 2. b) 1).
2316 BGH, NJW 1997, 1926 (1928) – ARAG/Garmenbeck.
2317 Siehe 1. Teil § 4 I.

dar, sondern der Vorstand ist »allein dem Unternehmenswohl verpflichtet«[2318]. Der Ermessensspielraum und damit auch die Halbvermögensschutzklausel erlaubt daher keine (kollusive) Enthaftung, die außerhalb des Unternehmensinteresses liegt (und damit den Schutzzweck des § 93 Abs. 4 S. 3 AktG tangiert). Es wird lediglich zeitlich vorgelagert eine Entscheidung getroffen, die ohnehin nach der ARAG/Garmenbeck-Rechtsprechung dem Vorstand und nicht der Hauptversammlung zukäme.

Hinzu kommt speziell für den Schutz der Aufsichtsratsmitglieder, dass nach dem Vorschlag von *Seibt* mangels Anstellungsvertrags ohnehin ein Hauptversammlungsbeschluss eingeholt werden soll[2319]. Die Hauptversammlung wird daher stärker in die Entscheidung des Vorstands einbezogen als ohne Halbvermögensschutzklausel.

2) Widerspruchsrecht der Minderheit

Auch das Widerspruchsrecht der Minderheit gemäß § 93 Abs. 4 S. 3 AktG, welches das Klageerzwingungsverfahren der Minderheitsaktionäre gemäß § 148 Abs. 1 AktG absichern soll[2320], wird nicht tangiert. Die Verfolgungsrechte der Minderheitsaktionäre werden nicht unterlaufen. Nach dem Vorschlag von *Seibt* soll die Vorabbindung des vertretungsberechtigten Organs bzw. dessen Unterlassen bei der Geltendmachung (bis zur Verjährung) den Anspruch rechtlich unberührt lassen. Ein Klageerzwingungsverfahren gemäß § 148 Abs. 1 AktG soll über die gesamte Höhe auch in den Fällen, welche die Halbvermögensschutzklausel tatbestandlich erfasst, möglich bleiben[2321].

3) Wartefrist von drei Jahren

Ein Verstoß liegt jedoch darin, dass die dreijährige Wartefrist des Verzichtsverbots gemäß § 93 Abs. 4 S. 3 AktG noch nicht abgelaufen ist, wenn die Hauptversammlung den Beschluss zur Halbvermögensschutzklausel trifft. Zu diesem Zeitpunkt sind noch kein pflichtwidriges Verhalten der Aufsichtsratsmitglieder und kein Anspruch gegeben. Zweck der Wartefrist ist vor allem, dass verhindert werden soll, dass Aktionäre über einen Verzicht oder Vergleich bereits zu einem Zeitpunkt entscheiden, in dem sich noch kein abschließendes Bild über die Auswirkungen der schädigenden Handlung gewinnen lässt[2322]. Die Regelung ist paternalistisch und soll die Aktionäre vor sich selbst schützen. Die Aktionäre

2318 BGH, NJW 1997, 1926 (1928) – ARAG/Garmenbeck.
2319 *Seibt*, Börsenzeitung vom 12. September 2015, S. 9.
2320 Siehe zu diesem Zweck 4. Teil § 3 B. I. 2. b) 2).
2321 *Seibt*, NZG 2016, 361 (365).
2322 Siehe 4. Teil § 3 B. I. 2. b) 3).

sollen sich nicht übereilt selbst binden und damit den eigenen Interessen zuwiderhandeln[2323].

Entscheidend ist daher, ob die Aktionäre sich durch die Halbvermögensschutzklausel selbst binden. Dagegen spricht zunächst, dass die Halbvermögensschutzklausel nach dem Vorschlag von *Seibt* lediglich das vertretungsberechtigte Organ (hier: Vorstand) binden soll. Die Geltendmachung durch die Minderheitsaktionäre gemäß § 148 Abs. 1 AktG bleibt möglich. Ob auch die einfache Aktionärsmehrheit gemäß § 147 Abs. 1 S. 1 AktG trotz Anwendung der Halbvermögensschutzklausel nachträglich die Geltendmachung beschließen und den Vorstand (oder einen besonderen Vertreter) zur Geltendmachung verpflichten kann, ist bisher unklar[2324]. Wäre die einfache Aktionärsmehrheit vorweggebunden, wäre der Übereilungsschutz der Wartefrist schon daher tangiert.

Im Ergebnis kommt es darauf jedoch nicht an, da auch eine Vorwegbindung (nur) des vertretungsberechtigten Organs einem Verzicht zumindest wirtschaftlich gleichkäme und damit den Schutzzweck des § 93 Abs. 4 S. 3 AktG tangiert. § 93 Abs. 4 S. 3 AktG gilt (analog) auch für wirtschaftlich einem Verzicht entsprechende Rechtshandlungen. Anerkannt sind etwa: Pactum de non pentendo, Stundung, Anerkenntnis einer negativen Feststellungsklage, Klageverzicht[2325]. Diese Rechtshandlungen unterscheiden sich zwar von der Halbvermögensschutzklausel erheblich dadurch, dass sie sich jeweils auf den Anspruch an sich beziehen und damit jegliche Geltendmachung (auch durch Aktionäre etc.) verhindern. Die Halbvermögensschutzklausel hingegen beschränkt sich (bis zur Verjährung) auf die Geltendmachung durch den Vorstand und verschafft dem Aufsichtsratsmitglied nur diesem gegenüber »eine Einwendung gegenüber der Inanspruchnahme«[2326]. Minderheitsaktionäre, Gläubiger etc. können den Anspruch weiter geltend machen. Auch erfasst die Halbvermögensschutzklausel tatbestandlich nur einen Bereich, in dem der Vorstand ohne Halbvermögensschutzklausel ohnehin nach ARAG/Garmenbeck auf die Geltendmachung verzichten könnte.

Dennoch ist auch allein in der eng umgrenzten Beschränkung der Geltendmachung durch den Vorstand eine verzichtsähnliche Wirkung zu sehen, sodass die Aktionäre durch die dreijährige Wartefrist vor einer übereilten Entscheidung geschützt werden müssen. Der Vorstand ist in der Aktiengesellschaft der für die Anspruchsverfolgung Hauptverantwortliche. Das Aktiengesetz überträgt in erster Linie Vorstand und Aufsichtsrat jeweils die Geltendmachung der gegenseitigen Ansprüche, §§ 78 Abs. 1 S. 1, 112 AktG. Denn die Geltendmachung durch die Aktionäre scheitert regelmäßig an deren Kollektivhandlungsproblemen und

2323 Siehe 4. Teil § 3 B. I. 2. b) 3).

2324 Siehe dazu noch unten, 4. Teil § 4 A. I. 2. b) 2).

2325 BeckOGK/*Fleischer*, AktG, § 93 Rn. 350; Hölters/Weber/*Hölters/Hölters*, 4. Aufl. 2022, § 93 Rn. 294; *Koch*, 19. Aufl. 2025, § 93 Rn. 162.

2326 *Habersack*, NZG 2015, 1297 (1300).

rationaler Apathie[2327]. Die Aktionäre sind daher schutzbedürftig und es bedarf der Sicherstellung, dass die beiden Organe der Verfolgung der Ansprüche nachkommen. Die Rechtsprechung hat vermehrt Entscheidungen getroffen, um dies sicherzustellen[2328]. Könnten die Aktionäre die Befugnisse des Hauptverantwortlichen für die Geltendmachung beschränken, würden sie sich damit faktisch in ähnlicher Weise ihrer Ansprüche berauben, wie bei Handlungen, die den Anspruch an sich beschränken.

Darüber hinaus würde die Halbvermögensschutzklausel das Regel-Ausnahme-Verhältnis nach ARAG/Garmenbeck umkehren[2329]. Nach der ARAG/Garmenbeck-Rechtsprechung darf der Vorstand »anderen Gesichtspunkten als denen des Unternehmenswohls, wie etwa [...] dem Ausmaß der mit der Beitreibung für das Mitglied [...] verbundenen sozialen Konsequenzen, nur in Ausnahmefällen Raum geben«. Nach der Halbvermögensschutzklausel soll hingegen in jedem Fall, in dem von der Verfolgung aus diesen Gründen abgesehen werden kann, auch abgesehen werden. Dies dürfte zwar der regelmäßigen Handhabung in der Praxis entsprechen, sollte durch die Aktionäre aus Gründen des Übereilungsschutzes jedoch nicht noch rechtlich perpetuiert werden können.

b) Verstoß gegen sonstiges zwingendes Aktienrecht

Die Halbvermögensschutzklausel dürfte zudem auch gegen zwingendes Aktienrecht (§ 23 Abs. 5 AktG) verstoßen. Sie verstößt gegen die unbeschränkte Aufsichtsratshaftung, §§ 116, 93 AktG (1)). Einen Verstoß gegen zwingende Verfolgungsrechte könnte die Halbvermögensschutzklausel hingegen durch eine entsprechende Gestaltung abwenden (2)).

1) Unbeschränkte Aufsichtsratshaftung §§ 116 S. 1, 93 AktG

Das Aktiengesetz geht von der unbeschränkten Aufsichtsratshaftung gemäß §§ 116 S. 1, 93 AktG aus. Eine Beschränkung dieser Haftung verstößt gegen die Satzungsstrenge[2330]. Da das pflichtvergessene Aufsichtsratsmitglied sich gegenüber dem Vorstand, welcher das für die Durchsetzung hauptverantwortliche Organ ist, auf die Halbvermögensschutzklausel berufen könnte, würde die Haftung zumindest faktisch beschränkt werden. Die Literatur sieht daher zu Recht auch einen Verstoß gegen die zwingende unbeschränkte Organhaftung. Zumal die Satzungsstrenge vor allem dem Schutz der Anleger durch Standardisierung

2327 Siehe 1. Teil § 4 C., F.

2328 Beispielsweise BGH, NJW 1997, 1926 (1928) – ARAG/Garmenbeck; zuletzt zur Konservierung der Organhaftung durch Verdopplung der Verjährung: BGH, NZG 2018, 1301.

2329 Zutreffend *Habersack*, NZG 2015, 1297 (1299); MünchKomm-AktG/*Spindler*, 6. Aufl. 2023, § 93 Rn. 324.

2330 Dazu bereits 4. Teil § 1 B.

der Satzung dient[2331]. Anleger sollen davor geschützt werden, dass die Satzung überraschende Regelungen enthält[2332]. Wird aber eine Haftungsbeschränkung der Organe durch einen Hauptversammlungsbeschluss (für Aufsichtsratsmitglieder) oder eine anstellungsvertragliche Regelung (für den Vorstand) eingeführt, werden die späteren Aktionäre erst recht überrascht.

2) Durchsetzbarkeit des Anspruchs durch Aktionäre und sonstige Stakeholder

Nach der Literatur könnte die Halbvermögensschutzklausel schließlich gegen zwingende Verfolgungsrechte verstoßen, namentlich der (Minderheits-)Aktionäre, der Gläubiger, des Insolvenzverwalters[2333].

Verstöße gegen die Verfolgungsrechte der qualifizierten Aktionärsminderheit, der Gläubiger oder des Insolvenzverwalters liegen jedoch nicht vor. Nach dem Vorschlag von *Seibt* soll im Falle des § 148 Abs. 1 AktG die qualifizierte Aktionärsminderheit zur Durchsetzung befugt bleiben[2334]. Dasselbe gilt im Falle des § 93 Abs. 5 AktG für die Gläubiger[2335]. Auch erfasst der Wortlaut der Klausel nach dem Entwurf von *Seibt* nicht die Verfolgung durch den Insolvenzverwalter.

Problematisch ist jedoch die Geltendmachung durch die einfache Aktionärsmehrheit gemäß § 147 Abs. 1 S. 1 AktG, der ebenfalls zwingendes Recht darstellt[2336]. *Seibt* befasst sich bisher nicht mit einem Geltendmachungsbeschluss der Hauptversammlung gemäß § 147 Abs. 1 AktG[2337]. Nach § 147 Abs. 1, 2 AktG darf die Hauptversammlung mit einfacher Mehrheit die Geltendmachung beschließen. Sie kann entweder den Vorstand verpflichten, den Anspruch gegen ein Aufsichtsratsmitglied durchzusetzen, oder einen besonderen Vertreter beauftragen. Insbesondere darf die Hauptversammlung auch eine Nichtverfolgungsentscheidung i.S. der ARAG/Garmenbeck-Entscheidung überspielen und den Vorstand gegen seine (auch rechtmäßige) Entscheidung zur Verfolgung des Anspruchs verpflichten[2338]. Diese Möglichkeit darf auch durch die Halbvermögensschutzklausel nicht unterlaufen werden.

2331 Stellvertretend BeckOGK/*Limmer*, AktG, § 23 Rn. 50.

2332 Siehe dazu 3. Teil § 3 B. II.

2333 So der Vorwurf von: Krieger/Schneider/*Seyfarth*, 4. Aufl. 2023, § 10 Rn. 10.15; *Habersack*, NZG 2015, 1297 (1299); *Schockenhoff*, ZHR 2016, 197 (221 f.).

2334 *Seibt*, NZG 2016, 361 (365).

2335 *Seibt*, NZG 2016, 361 (365).

2336 BeckOGK/*Mock*, AktG, § 147 Rn. 5; Hölters/Weber/*Krebs*, 4. Aufl. 2022, § 147 Rn. 2; *Koch*, 19. Aufl. 2025, § 147 Rn. 2.

2337 *Seibt*, NZG 2016, 361 (365) bezieht sich ausdrücklich auf die Aktionärsminderheit gemäß § 148 Abs. 1 S. 2 AktG, nicht auf die einfache Mehrheit gemäß § 147 Abs. 1 S. 1 AktG, welche nicht an die besonderen Voraussetzungen des § 148 AktG gebunden ist.

2338 MünchKomm-AktG/*Habersack*, 6. Aufl. 2023, § 111 Rn. 47.

Unproblematisch ist insofern die Beauftragung eines besonderen Vertreters. Die Halbvermögensschutzklausel erfasst nach dem Entwurf von *Seibt*[2339] tatbestandlich den besonderen Vertreter nicht, sodass Beauftragung und Verfolgung möglich bleiben. Bisher nicht eindeutig ist jedoch, ob die Aktionäre weiterhin durch Hauptversammlungsbeschluss auch den Vorstand im Anwendungsbereich und damit entgegen der Halbvermögensschutzklausel verpflichten können. Die Hauptversammlung müsste den Vorstand zu einer Handlung verpflichten, durch welche er die Halbvermögensschutzklausel verletzt. Wird die Halbvermögensschutzklausel für Aufsichtsratsmitglieder durch Hauptversammlungsbeschluss erreicht, verhielte sie sich zudem treuwidrig. Um einen Verstoß gegen die zwingende Norm § 147 Abs. 1 S. 1 AktG zu vermeiden, müsste die Halbvermögensschutzklausel daher zusätzlich vorsehen, dass eine Verpflichtung des Vorstands durch Hauptversammlungsbeschluss auch im Anwendungsbereich der Halbvermögensschutzklausel möglich bleibt. Andernfalls verstieße die Halbvermögensschutzklausel auch gegen § 147 Abs. 1 S. 1 AktG und damit gegen zwingendes Recht.

II. Kein echter Schutz durch die Halbvermögensschutzklausel

Wie im dritten Kapitel dieser Arbeit herausgearbeitet worden ist, führen hohe Haftungsrisiken für Aufsichtsratsmitglieder dazu, dass diese sich entgegen den Interessen diversifizierter Aktionäre zu risikoavers verhalten und davon abgeschreckt werden, ein Amt als Aufsichtsratsmitglied zu übernehmen[2340]. Auch *Seibt* zielt mit seiner Halbvermögensschutzklausel darauf ab, dem entgegenzuwirken. Die Klausel soll dem »*Human Resource Signaling*« dienen, die Vertrauens- und Unternehmerkultur fördern und die Erfolgsaussichten bei der Personalakquisition verbessern. Zudem soll die Klausel einen »psychologischen Schutz« bieten und damit eine übermäßige Risikoaversion vermeiden[2341].

Der Schutz durch die Halbvermögensschutzklausel ist jedoch bei genauer Betrachtung so gering, dass diese Ziele nicht erreicht werden können, sodass – selbst bei unterstellter Wirksamkeit[2342] – die Möglichkeit satzungsmäßiger Haftungsbeschränkungen für AG-Aufsichtsratsmitglieder de lege ferenda keinesfalls obsolet ist. Die unzähligen Einschränkungen, welche der Halbvermögensschutzklausel erst den Schein der Wirksamkeit geben, sind auf praktischer Ebene ihre Schwächen:

Auf tatbestandlicher Ebene erfasst die Halbvermögensschutzklausel nur Ausnahmefälle, in denen der Vorstand nach ARAG/Garmenbeck auch ohne Halbvermögensschutzklausel von der Inanspruchnahme absehen darf. Die Klausel

2339 *Seibt*, NZG 2015, 1097 (1102).
2340 Siehe 3. Teil § 2 A., B.
2341 *Seibt*, NZG 2016, 361 (362, 367).
2342 Zur Unwirksamkeit siehe oben 4. Teil § 4 A. I.

böte zwar den Vorteil, dass er von der Verfolgung in voller Höhe absehen *müsste*. Auch erfasst der Anwendungsbereich gerade Fälle mit drastischen Folgen[2343], die zu starker Risikoaversion sowie Abschreckung führen (nahe des in dieser Arbeit eingeführten *Tipping Points*[2344]). Dennoch ist der Anwendungsbereich zu gering, um einen echten Schutz und damit Vertrauenseffekt bei den Aufsichtsratsmitgliedern hervorzurufen, zumal die Aufsichtsratsmitglieder als rechtliche Laien kaum absehen können, wann der Anwendungsbereich der Halbvermögensschutzklausel eröffnet ist.

Abseits des engen Anwendungsbereichs können die Aufsichtsratsmitglieder auch nicht darauf vertrauen, dass der Vorstand sein Ermessen tatsächlich im Sinne der Halbvermögensschutzklausel ausüben wird. Das Aufsichtsratsmitglied muss sich darauf verlassen, dass der Vorstand nicht einen Fall des »Fiduciary-out« annimmt und die volle Haftungssumme geltend macht – allein schon, um sicher der eigenen Haftung wegen pflichtwidriger Nichtverfolgung zu entgehen[2345]. Auch den Vorstand trifft die strenge Verfolgungspflicht[2346].

Schließlich wird nur die Geltendmachung durch den Vorstand eingeschränkt. Die sonstigen Verfolgungsrechte bleiben bestehen. So kann eine qualifizierte Aktionärsminderheit gemäß § 148 Abs. 1, 2 AktG, die Gläubiger gemäß §§ 116, 93 Abs. 5 AktG[2347], der Insolvenzverwalter als gefährlichster Kläger[2348], der besondere Vertreter gemäß § 147 Abs. 1 S. 1, 2 AktG oder nach hiesigem Verständnis sogar der Vorstand nach Verpflichtung durch einen Hauptversammlungsbeschluss gemäß § 147 Abs. 1 S. 1 AktG den Anspruch in voller Höhe geltend machen. Auch die Gesamtschuldnerklage durch ein selbst verklagtes Vorstandsmitglied[2349] dürfte durch die Halbvermögensschutzklausel nicht eingeschränkt werden.

B. Grundsätze zum innerbetrieblichen Schadensausgleich

Nach den richterrechtlich entwickelten Grundsätzen zum innerbetrieblichen Schadensausgleich haftet ein Arbeitnehmer dann nicht uneingeschränkt, wenn der Schaden auf einer betrieblichen Tätigkeit beruht[2350], wobei eine gefahrgeneigte Tätigkeit nicht mehr erforderlich ist[2351]. Der Arbeitnehmer haftet bei

2343 *Seibt*, NZG 2016, 361 (367).
2344 Siehe dazu 3. Teil § 2 A. VI.
2345 Mit Blick auf Vorstandsmitglieder: *Wettich*, AG 2017, 60 (69); Melot de Beauregard/Lieder/Liersch/*Illhardt*, § 5 Rn. 49.
2346 Siehe 1. Teil § 4 A. I.
2347 MünchKomm-AktG/*Spindler*, 6. Aufl. 2023, § 93 Rn. 324.
2348 Siehe zu diesem: 1. Teil § 4 D.
2349 Siehe dazu 1. Teil § 4 E.
2350 BAG, NZA 1994, 1083.
2351 So noch BAG, NJW 1958, 235.

leichter Fahrlässigkeit nicht für den Schaden, bei mittlerer Fahrlässigkeit findet eine quotale Schadensteilung statt, wobei die Gesamtumstände von Schadensanlass und Schadensfolgen nach Billigkeitsgründen und Zumutbarkeitsgesichtspunkten gegeneinander abzuwägen sind. Bei grober Fahrlässigkeit haftet der Arbeitnehmer regelmäßig, bei vorsätzlichem Handeln stets in vollem Umfang[2352]. Dies gilt nach der Rechtsprechung auch für leitende Angestellte[2353].

Es könnte erwogen werden, diese Rechtsprechung des BAG auf Aufsichtsratsmitglieder einer AG zu übertragen und daher eine satzungsmäßige Beschränkung der Aufsichtsratshaftung de lege ferenda obsolet zu machen. Nach hiesiger Ansicht sprechen auch tatsächlich die besseren Argumente dafür, die Grundsätze zum innerbetrieblichen Schadensausgleich auf Aufsichtsratsmitglieder zu übertragen (I.). Indes bieten die Grundsätze den Aufsichtsratsmitgliedern keinen vergleichbaren Schutz und den Gesellschaftern keine vergleichbare Flexibilität (II.), sodass eine Übertragbarkeit satzungsmäßige Haftungsbeschränkungen de lege ferenda nicht obsolet macht.

I. Übertragbarkeit der Grundsätze des BAG auf Aufsichtsratsmitglieder

1. Begründung des BAG für seine Grundsätze zur Arbeitnehmerhaftung

Methodisch begründet das BAG seine Rechtsfortbildung damit, dass »die gesetzliche Regelung der §§ 276, 249 BGB den Gestaltungsmöglichkeiten und Risiken im Arbeitsleben nach allgemeiner Rechtsüberzeugung nicht hinreichend Rechnung« trügen. Das Bürgerliche Gesetzbuch enthalte »keine geschlossene Regelung des Arbeitsvertragsrechts« und man sei schon bei dessen Erlass »hinsichtlich der Arbeitnehmerhaftung von einer Gesetzeslücke« ausgegangen. Da die Haftungsrisiken der Arbeitnehmer, auch die Schadenssummen, gewachsen seien, sei das Bedürfnis für eine Regelung immer drängender gewesen[2354].

Früher legitimierte das BAG seine Grundsätze noch mit der Fürsorgepflicht des Arbeitgebers gegenüber den Arbeitnehmern. Diesen Begründungsansatz hat das BAG mit der Zeit jedoch stillschweigend aufgegeben[2355]. Heute werden die Haftungsgrundsätze mit dem Betriebsrisiko des Arbeitgebers legitimiert. Das BAG stellt darauf, dass der Arbeitgeber den Betrieb organisiere und der Arbeitnehmer in diese Organisation eingegliedert und dort weisungsgebunden tätig werde. Der Arbeitgeber präge damit das Haftungsrisiko der Arbeitnehmer, zudem könne er die Risiken versichern[2356]. Dogmatisch verortet das BAG den

2352 BAG, NZA 1994, 1083 (1084).
2353 BAG, DB 2002, 900 (900 f.); BGH, ZIP 2001, 1458 (1460).
2354 BAG, NZA 1994, 1083 (1084).
2355 Beispielsweise BAG, Urteil v. 12. Mai 1960, Az. 2 AZR 78/58; zur Entwicklung Staudinger/*Fischinger*, Neubearbeitung 2022, § 619a Rn. 52.
2356 BAG, NZA 1994, 1083 (1084).

Gedanken des Betriebsrisikos in einer entsprechenden Anwendung des § 254 BGB[2357]. Die Norm gelte auch, »wenn den Geschädigten zwar kein Verschulden trifft, er für den entstandenen Schaden aber aufgrund einer von ihm zu vertretenden Sach- oder Betriebsgefahr mitverantwortlich ist«[2358].

Auch die h.M. in der Literatur zieht den Betriebsrisikogedanken heran[2359]. Insofern werden mehrere Aspekte hervorgehoben: Erstens agiere der Arbeitnehmer fremdbestimmt und unterliege der Weisungsbefugnis des Arbeitgebers, der damit das Haftungsrisiko bestimme. Zweitens agiere der Arbeitnehmer fremdnützig. Der Arbeitgeber erziele die wirtschaftlichen Vorteile aus dem Betrieb, entsprechend solle er auch mit den Risiken belastet werden. Drittens wird angeführt, dass es bei auf Dauer angelegten Rechtsverhältnissen nicht möglich sei, fehlerfrei zu arbeiten. Ähnlich wie bei Betriebsmitteln müsse der Arbeitgeber das Risiko tragen, dass auf Dauer ein Schaden entstehen kann[2360].

2. Schrifttum und Rechtsprechung mehrheitlich gegen eine Übertragung auf Organmitglieder

a) Überwiegender Teil des Schrifttums gegen eine direkte Übertragung

Die herrschende Meinung des Schrifttums spricht sich gegen eine Übertragung der Grundsätze zum innerbetrieblichen Schadensausgleich auf Organmitglieder aus[2361], wobei oft nicht zwischen Vorstand und Aufsichtsrat differenziert wird. Teilweise wird auch speziell die Übertragung auf Aufsichtsratsmitglieder[2362], auch Arbeitnehmervertreter[2363], verneint.

2357 BAG, NZA 1994, 1083 (1084).
2358 BAG, NZA 1994, 1083 (1084).
2359 Stellvertretend Staudinger/*Fischinger*, Neubearbeitung 2022, § 619a Rn. 53, 56.
2360 Staudinger/*Fischinger*, Neubearbeitung 2022, § 619a Rn. 56; MünchKomm-BGB/*Henssler*, 9. Aufl. 2023, § 619a Rn. 9.
2361 *Schall*, FS E. Vetter 2019, 659 (661 ff.); *Fehrenbach*, AG 2015, 761 (768 ff.); *E. Vetter*, NZG 2014, 921 (922); *Paefgen*, AG 2014, 554 (568 f.); Krieger/Schneider/*Seyfarth*, 4. Aufl. 2023, Rn. 10.16; MünchKomm-BGB/*Henssler*, 9. Aufl. 2023, § 619a Rn. 19; Staudinger/*Fischinger*, Neubearbeitung 2022, § 619a Rn. 72; *Fleischer*, ZIP 2014, 1305 (1306); *Haarmann/Weiß*, BB 2014, 2115 (2116); *S. Binder*, Grenzen der Vorstandshaftung, 2016, S. 329; Grigoleit/*Grigoleit/Tomasic*, 2. Aufl. 2020, § 93 Rn. 150; Hölters/Weber/*Hölters/Hölters*, 4. Aufl. 2022, § 93 Rn. 245; Schmidt/Lutter/*Sailer-Coceani*, 5. Aufl. 2024, § 93 Rn. 39.
2362 *Edenfeld/Neufang*, AG 1999, 49; Münchener Hdb. ArbR/*Reichhold*, 6. Aufl. 2024, § 57 Rn. 66; BeckOGK/*Veil*, AktG, § 116 Rn. 146; GK-AktG/*Hopt/Roth*, 5. Aufl. 2018, § 116 Rn. 282.
2363 *Edenfeld/Neufang*, AG 1999, 49; Münchener Hdb. ArbR/*Reichhold*, 6. Aufl. 2024, § 57 Rn. 66.

Die Literatur setzt zunächst methodisch bei der Rechtsfortbildung durch das BAG an. Anders als die Arbeitnehmerhaftung wiesen die §§ 93, 116 AktG keine Regelungslücke auf, die eine entsprechende Rechtsfortbildung erlaube[2364]. Das Organhaftungsrecht sei umfassend und detailliert geregelt[2365], mithin abschließend[2366]. Die Haftungsregelungen seien zwingend[2367] und nicht beschränkbar[2368]. Eine Haftungsmilderung für Organe sehe das Gesetz nicht vor[2369]. Aufgrund der mehrfachen Reformen des Organhaftungsrechts könne auch nicht davon ausgegangen werden, dass eine Lücke durch gewandelte Verhältnisse entstanden sei[2370].

Auch beim Gedanken des Betriebsrisikos wird angesetzt. Organmitglieder seien anders als Arbeitnehmer nicht weisungsgebunden oder abhängig[2371]. Anders als Arbeitnehmer werden Organmitglieder nicht in einen Betrieb eingegliedert und ihnen eine Organisation sowie Aufgaben zugewiesen. Insbesondere Vorstandsmitglieder haben selbst die Organisationshoheit inne und gestalten damit die Risikostruktur[2372]. Auch ein Missverhältnis zwischen Haftung und Vergütung sei bei Organmitgliedern mit Blick auf deren hohe Vergütung nicht gegeben[2373]. Organmitglieder erhielten eine Risikoprämie für die höhere Haftungsgefahr[2374].

Daneben wird mit Spezifika der Organhaftung argumentiert. Nach *Edenfeld/Neufang* widerspreche die Beweislastumkehr der Aufsichtsratshaftung einer

2364 Staudinger/*Fischinger*, Neubearbeitung 2022, § 619a Rn. 72; *Schall*, FS E. Vetter 2019, 659 (664); Krieger/Schneider/*Seyfarth*, 4. Aufl. 2023, Rn. 10.16; *Fleischer*, ZIP 2014, 1305 (1306); *S. Binder*, Grenzen der Vorstandshaftung, 2016, S. 327.

2365 *S. Binder*, Grenzen der Vorstandshaftung, 2016, S. 327.

2366 MünchKomm-BGB/*Henssler*, 9. Aufl. 2023, § 619a Rn. 19; *Edenfeld/Neufang*, AG 1999, 49 (54).

2367 *Schall*, FS E. Vetter 2019, 659 (664).

2368 *Paefgen*, AG 2014, 554 (569).

2369 *Werner*, GmbHR 2014, 792 (794); *Melot de Beauregard/Baur*, DB 2016, 1754 (1758).

2370 *S. Binder*, Grenzen der Vorstandshaftung, 2016, S. 327; *Ph. Scholz*, Die existenzvernichtende Haftung von Vorstandsmitgliedern in der Aktiengesellschaft, 2014, S. 268 f.

2371 *Edenfeld/Neufang*, AG 1999, 49 (54); *Schall*, FS E. Vetter 2019, 659 (661); *E. Vetter*, NZG 2014, 921 (922); *Paefgen*, AG 2014, 554 (568 f.); *Werner*, GmbHR 2014, 792 (794); Staudinger/*Fischinger*, Neubearbeitung 2022, § 619a Rn. 72; Münchener Hdb. ArbR/*Reichhold*, 6. Aufl. 2024, § 57 Rn. 66; zum Vorstand: *S. Binder*, Grenzen der Vorstandshaftung, 2016, S. 314.

2372 *Schall*, FS E. Vetter 2019, 659 (663); *Fehrenbach*, AG 2015, 761 (770); Krieger/Schneider/*Seyfarth*, 4. Aufl. 2023, Rn. 10.16; *Fleischer*, ZIP 2014, 1305 (1306); *Haarmann/Weiß*, BB 2014, 2115 (2116); *S. Binder*, Grenzen der Vorstandshaftung, 2016, S. 317 ff; *Ph. Scholz*, Die existenzvernichtende Haftung von Vorstandsmitgliedern in der Aktiengesellschaft, 2014, S. 268.

2373 *Fehrenbach*, AG 2015, 761 (771); *Schöne/Petersen*, AG 2012, 700 (701).

2374 *Fleischer*, ZIP 2014, 1305 (1306).

Anwendung der Grundsätze zum innerbetrieblichen Schadensausgleich[2375]. Zudem sei eine solche Beschränkung der Organhaftung nicht mit der präventiven Steuerungsfunktion der Haftung vereinbar[2376]. Die Haftung bilde einen Ausgleich für Anreize zur Risikoeingehung durch variable Vergütungsbestandteile[2377].

Schließlich argumentieren *Fleischer* und *Seyfarth* mit Blick auf Vorstandsmitglieder mit einer anderen Stellung im Markt. Das BAG hat seine Arbeitnehmer-Grundsätze unter Heranziehung der Grundrechte auch damit begründet, dass der Gesetzgeber schützend in die Privatautonomie eingreifen müsse, da im Arbeitsleben eine unterschiedliche Vertragsstärke bestehe[2378]. Darauf gestützt betont *Fleischer*, dass Vorstandsmitglieder anders als Arbeitnehmer der Gesellschaft bei Aushandlung ihres Vertrages auf Augenhöhe gegenüberstünden[2379]. Nach *Seyfarth* würden sie anders als Arbeitnehmer die Möglichkeit haben, Tätigkeiten ohne solche Risiken nachzugehen. Sie entschieden sich daher freiwillig für das Haftungsrisiko[2380].

b) Mindermeinung bejaht eine direkte Übertragung

In letzter Zeit positionieren sich jedoch wieder einige Autoren für eine Übertragung der Grundsätze zum innerbetrieblichen Schadensausgleich auf Organmitglieder[2381].

Vor allem *Bachmann* und *Wilhelmi* sprechen sich für eine Übertragung auf Organmitglieder aus. Im Hinblick auf die methodischen Bedenken gegen eine Übertragbarkeit argumentiert *Wilhelmi*[2382] wie zuvor schon *Koch*[2383], dass sich die Regelungslücke zur Rechtsfortbildung, auf die sich das BAG stützt, nur auf einer Wertungsebene ergebe. Die existierenden Regelungen für Arbeitnehmer werden lediglich angesichts »geänderter Verhältnisse als nicht mehr passend angesehen«. Dasselbe gelte jedoch auch für Organmitglieder, auch dort habe sich die Haftungssituation verändert. *Bachmann* und *Wilhelmi* weisen zudem darauf hin, dass wie bei den Normen zur Organhaftung auch die Arbeitnehmerhaftung gesetzlich fixiert sei, nämlich in den §§ 280, 276 BGB, und streng genommen daher auch dort keine Lücke bestehe[2384].

2375 *Edenfeld/Neufang*, AG 1999, 49 (54).
2376 Mit Blick auf die Legalitätspflicht *Paefgen*, AG 2014, 554 (569).
2377 *Fehrenbach*, AG 2015, 761 (772).
2378 BAG, ZIP 1994, 1712 (1715).
2379 *Fleischer*, ZIP 2014, 1305 (1306).
2380 Für Vorstandsmitglieder: Krieger/Schneider/*Seyfarth*, 4. Aufl. 2023, Rn. 10.16.
2381 *Bachmann*, ZIP 2017, 841; *Wilhelmi*, NZG 2017, 681 (684 ff.); *Lotze*, NZKart 2014, 162 (168 f.); *Hoffmann*, NJW 2012, 1393 (1396 f.).
2382 *Wilhelmi*, NZG 2017, 681 (684 f.).
2383 *Koch*, AG 2014, 513 (521).
2384 *Bachmann*, ZIP 2017, 841 (846); *Wilhelmi*, NZG 2017, 681 (685).

Beide Autoren ziehen anschließend auch für Organmitglieder das Betriebsrisiko entsprechend § 254 BGB heran und bejahen eine Vergleichbarkeit mit Arbeitnehmern. Speziell für Aufsichtsratsmitglieder weist *Bachmann* auf den Ausschluss von der Geschäftsführung hin[2385]. Zudem könne die Gesellschaft die Risiken besser versichern[2386]. Nach *Wilhelmi* schließe die Weisungsfreiheit der Organmitglieder eine Übertragbarkeit nicht aus, da diese nur Abwägungsfaktor sei[2387]. Beide stellen zudem auf den Gedanken der Fremdnützigkeit ab. Wie Arbeitnehmer dürften Organmitglieder nicht die wirtschaftlichen Risiken tragen, wenn die Gesellschaft die wirtschaftlichen Chancen innehabe[2388]. *Wilhelmi* sieht eine weitere Vergleichbarkeit darin, dass auch Organmitglieder in einem auf Dauer angelegten Rechtsverhältnis stünden, sodass statistisch zumindest leichte Fahrlässigkeit nicht dauerhaft vermeidbar sei. Auch bestehe ein Missverhältnis zwischen Vergütung und Haftungsrisiko, da die hohen Haftungssummen durch die Vergütung nicht abgegolten seien[2389]. Schließe müsse nach *Bachmann* ein Wertungsgleichlauf mit leitenden Angestellten bestehen, welchen die h.M. das Privileg zubilligt[2390].

c) Zunehmender Teil der Literatur spricht sich für einen Wertungstransfer aufgrund der Treuepflicht aus

Ausgehend von Überlegungen von *Bayer* und *Koch* stellt ein zunehmender Teil des Schrifttums nicht auf das Betriebsrisiko, sondern auf die Fürsorgepflicht der Gesellschaft gegenüber ihrem Organ bzw. die Treuepflicht ab. Die Grundsätze des BAG werden nicht direkt übertragen, sondern es wird ein »Wertungstransfer« durchgeführt. Anders als nach dem Referenzmodell des BAG zum abgestuften Sorgfaltsmaßstab soll die Haftung lediglich für leichte Fahrlässigkeit reduziert werden. Ein vollständiger Regress soll auch in diesem Fall ausgeschlossen sein[2391]. Die genaue Ausgestaltung der Regressreduzierung wird meist einzelfallabhängig, ex post und aufgrund einer Abwägung einer Vielzahl von Faktoren (Grad der Fahrlässigkeit und der Schadensneigung des Unternehmens,

2385 *Bachmann*, ZIP 2017, 841 (843).
2386 *Bachmann*, ZIP 2017, 841 (844).
2387 *Wilhelmi*, NZG 2017, 681 (686 ff.).
2388 *Wilhelmi*, NZG 2017, 681 (684 ff.); *Bachmann*, ZIP 2017, 841 (843); auch *Lotze*, NZKart 2014, 162 (168).
2389 *Wilhelmi*, NZG 2017, 681 (686 f.); zur Vergütung auch *Hoffmann*, NJW 2012, 1393 (1396 f.); *Lotze*, NZKart 2014, 162 (168 f.).
2390 *Bachmann*, ZIP 2017, 841 (842 ff.).
2391 *Bayer*, FS K. Schmidt, 2009, 85 (97); *Koch*, AG 2012, 429 (435 ff.); *ders.*, AG 2014, 513 (521); *Hopt*, ZIP 2013, 1793 (1804), *Casper*, ZHR 2012, 617 (638 ff.); *Brommer*, AG 2013, 121 (128); *Spindler*, AG 2013, 889 (894 f.); *Reichert*, ZHR 2013, 756 (776 ff.); *Bayer/Scholz*, NZG 2014, 926 (28).

Vergütung (Risikoprämie), Höhe des Schadens, Beschäftigungsdauer und Verdienst des Organs etc.) festgelegt[2392].

d) Rechtsprechung gegen eine Übertragung auf Geschäftsleiter

Die Rechtsprechung hat sich bisher wenig mit der Übertragung der Grundsätze zum innerbetrieblichen Schadensausgleich auf Organmitglieder beschäftigt. Für Vorstandsmitglieder hat der BGH sich 1975 ohne nähere Begründung gegen eine Anwendung ausgesprochen[2393]. 1983 hat er dies damit begründet, Zweck der Bestellung der Vorstandsmitglieder sei gerade, dass sie die Risiken durch die Leitung eines Unternehmens beherrschten[2394]. Beide Urteile ergingen jedoch zu einem Zeitpunkt, in dem noch auf das Merkmal der »Gefahrgeneigtheit« abgestellt wurde. Jüngst hat sich, wie auch schon früher[2395], das OLG Düsseldorf gegen eine entsprechende Anwendung auf Vorstandsmitglieder ausgesprochen, da kein gesetzlicher Anhaltspunkt bestehe[2396]. Auch den alternativen Begründungsweg über die Fürsorge- und Treuepflicht lehnt das OLG Düsseldorf ab. Wiederum bestehe keine gesetzliche Grundlage, zudem beinhalte dieser Ansatz erhebliche Unwägbarkeiten für die Ausgestaltung im konkreten Fall[2397]. Das OLG Zweibrücken hat sich vor kurzem gegen eine Anwendung auf GmbH-Geschäftsführer ausgesprochen, soweit Organpflichten betroffen sind[2398]. Mit einer Übertragung auf Aufsichtsratsmitglieder hat sich die Rechtsprechung bisher nicht beschäftigt.

3. Eigene Stellungnahme

Nach hiesiger Ansicht ist der Mindermeinung, die die Grundsätze des BAG in direkter Weise überträgt, für Aufsichtsratsmitglieder zu folgen. Die besseren Argumente sprechen dafür, die Grundsätze des BAG zum innerbetrieblichen Schadensausgleich auf Aufsichtsratsmitglieder zu übertragen. Eine alternative Begründung über die Fürsorge- und Treuepflicht ist daher nicht erforderlich. Die nachfolgende Begründung bezieht sich dabei gleichermaßen auf Vertreter der Anteilseigner und der Arbeitnehmer. Eine Differenzierung widerspräche dem Grundsatz der individuell gleichen Berechtigung und Verantwortung aller Aufsichtsratsmitglieder[2399].

2392 *Koch*, 19. Aufl. 2025, § 93 Rn. 99; *Reichert*, ZHR 2013, 756 (779), *Spindler*, AG 2013, 889 (895); *Casper*, ZHR 2012, 617 (640 ff.).
2393 BGH, WM 1975, 467, Rn. 12.
2394 BGH, Urt. v. 5. Dezember 1983, Az. II ZR 252/82.
2395 OLG Düsseldorf, NJW-RR 1995, 1371 (1377).
2396 OLG Düsseldorf, NZG 2023, 1279, Rn. 156.
2397 OLG Düsseldorf, NZG 2023, 1279, Rn. 155.
2398 OLG Zweibrücken, ZIP 2023, 524 (526).
2399 BGH, NZG 2012, 347, Rn. 18; stellvertretend für das Schrifttum: MünchKomm-AktG/*Habersack*, 6. Auf. 2023, Vorbemerkung zu den §§ 95–116 Rn. 16.

a) Rechtsfortbildung und Regelungslücke

Auf methodischer Ebene ist *Wilhelmi* und *Bachmann* zuzustimmen. Sowohl für Arbeitnehmer als auch für Organmitglieder bestehen gesetzliche Haftungsregelungen (§§ 116 AktG und 280 ff. BGB), die keine Beschränkung vorsehen, sodass kein gewichtiger Unterschied besteht. Die detaillierten Regeln des Organhaftungsrechts (beispielsweise: Beschränkung des Verzichts gemäß § 93 Abs. 4 Satz 3, Gläubigerklagerecht gemäß § 93 Abs. 5 AktG, Kardinalpflichten gemäß § 93 Abs. 3 AktG) sprechen zwar dafür, die Grundsätze zum innerbetrieblichen Schadensausgleich nur modifiziert zu übertragen, schließen eine Übertragung jedoch nicht aus[2400].

Wie von *Wilhelmi* hervorgehoben, begründete das BAG seine Rechtsfortbildung zudem mit wachsenden Haftungsrisiken der Arbeitnehmer durch gewandelte Verhältnisse[2401]. Einen Anstieg der Haftungsrisiken in den letzten Jahren zeichnet auch das Aufsichtsratshaftungsrecht aus[2402].

Schließlich ist es zwar zutreffend, dass der Gesetzgeber sich in mehreren Reformen mit dem Organhaftungsrecht beschäftigt und insofern keine Haftungsbeschränkung eingeführt hat[2403]. Allein deswegen eine Übertragung abzulehnen, erscheint jedoch überzogen, da der Gesetzgeber sich damit nicht ausdrücklich gegen eine Rechtsfortbildung in der Organhaftung ausgesprochen hat.

b) Betriebsrisiko

Die Umstände, welche unter dem Stichwort Betriebsrisiko zur Legitimation der Grundsätze zum innerbetrieblichen Schadensausgleich herangezogen werden, lassen sich auch auf Aufsichtsratsmitglieder übertragen. Dogmatisch lässt sich der Gedanke des Betriebsrisikos auch im Aufsichtsratshaftungsrecht in § 254 BGB verorten, der als Norm des allgemeinen Zivilrechts auch dort anwendbar ist[2404].

1) Organisationseingliederung und fehlende Weisungsgebundenheit

Zunächst gilt das wohl wichtigste Argument gegen eine Übertragung auf Vorstandsmitglieder nicht für Aufsichtsratsmitglieder. Anders als Vorstandsmitglieder haben Aufsichtsratsmitglieder nicht die Möglichkeit, über die Organisation des Unternehmens zu entscheiden und damit ihre eigene Risikostruktur festzulegen. Der Vorstand hat die Leitungsfunktion inne. Ihm obliegt die Orga-

2400 Zutreffend *Bachmann*, ZIP 2017, 841 (847).
2401 BAG, NZA 1994, 1083 (1084).
2402 Siehe 1. Teil § 1, § 2.
2403 *S. Binder*, Grenzen der Vorstandshaftung, 2016, S. 327; *Ph. Scholz*, Die existenzvernichtende Haftung von Vorstandsmitgliedern in der Aktiengesellschaft, 2014, S. 268 f.
2404 Zutreffend *Wilhelmi*, NZG 2017, 681 (685); *Bachmann*, ZIP 2017, 841 (842).

nisationsverantwortung[2405]. Dem Aufsichtsrat hingegen können von Gesetzes wegen Maßnahmen der Geschäftsführung nicht übertragen werden, § 111 Abs. 4 S. 1 AktG, den Aufsichtsratsmitgliedern kommt lediglich eine mitunternehmerische Funktion zu[2406]. Dies eröffnet Spielraum für eine vom Vorstand abweichende Ansicht zu Aufsichtsratsmitgliedern.

Das zweite Gegenargument der h.M., die fehlende Weisungsgebundenheit, gilt hingegen auch für Aufsichtsratsmitglieder. Auch Aufsichtsratsmitglieder sind nicht weisungsgebunden, weder Hauptversammlung noch Vorstand können den Aufsichtsratsmitgliedern Weisungen erteilen[2407].

Dennoch wäre es voreilig, deswegen pauschal eine Übertragung der Grundsätze zum innerbetrieblichen Schadensausgleich auf Aufsichtsratsmitglieder abzulehnen. Denn das Argument der Eingliederung in eine Organisation und der dahinterstehende Gedanke einer Zuweisung von haftungsträchtigen Aufgaben lässt sich trotz fehlender Weisungsgebundenheit übertragen. Aufsichtsratsmitglieder müssen zwingend risikoträchtige Entscheidungen treffen, wenn der Vorstand ihre Zustimmung, beispielsweise gemäß § 111 Abs. 4 S. 2 AktG, einholt. Ähnlich einem Arbeitnehmer, dem eine risikoträchtige Aufgabe vom Arbeitgeber zwingend zugewiesen wird, muss der Aufsichtsrat eine Entscheidung treffen, die bei falscher Entscheidung zur Haftung führen kann. Zudem werden den Aufsichtsratsmitgliedern, wenn nicht durch den Arbeitgeber, so durch das Aktiengesetz zahlreiche zwingende und haftungsträchtige Aufgaben zugewiesen, die dem Interesse der Gesellschaft dienen. Die zunehmende Verrechtlichung der Aufsichtsratsaufgaben[2408] führt dazu, dass dieser nicht selbst über seine Haftungsrisiken bestimmen kann. In gewisser Weise übernimmt das Aktiengesetz daher die Zuweisung von haftungsträchtigen Aufgaben durch den Arbeitgeber. Da die dem Aufsichtsrat durch das Aktiengesetz zugewiesenen Aufgaben dem Unternehmensinteresse und damit vor allem den Interessen der Gesellschaft bzw. der Aktionäre dienen, muss auch der Aufsichtsrat zwingend zugewiesene Aufgaben für »seinen Arbeitgeber« übernehmen[2409].

2) Fremdnützigkeit, Gewinnchance und (Haftungs-)Risiko

Bachmann und *Wilhelmi* ist zuzustimmen, dass auch der Gedanke der Fremdnützigkeit auf Organmitglieder übertragbar ist, für Aufsichtsratsmitglieder gilt

2405 Stellvertretend BeckOGK/*Fleischer*, AktG, § 93 Rn. 73; MünchKomm-AktG/*Spindler*, 6. Aufl. 2023, § 93 Rn. 119.

2406 Siehe 1. Teil § 2 A.

2407 Stellvertretend für die einhellige Meinung MünchKomm-AktG/*Habersack*, 6. Aufl. 2023, § 111 Rn. 162; BGH, ZIP 2006, 2077, Rn. 18.

2408 Siehe dazu schon 1. Teil § 2 D.; zum Vorstand die verschiedenen Kapitel in Krieger/Schneider, 4. Aufl. 2023, 3. Teil, §§ 26 bis 45.

2409 In diese Richtung auch *Riebartsch*, Die Haftung des Aufsichtsrates einer Aktiengesellschaft bei Verletzung der Überwachungspflichten, 2020, S. 178 f.

er im Besonderen. Der Gesellschaft bzw. den Aktionären kommen die wirtschaftlichen Gewinne zu. Die Aufgaben des Aufsichtsrats dienen dem Unternehmensinteresse und damit im Kern der Gewinnerzielungsabsicht der Aktionäre. Wenn der Aufsichtsrat mitunternehmerisch tätig wird, versucht er die Gewinne des Unternehmens zu steigern, wenn er die Tätigkeit des Vorstands überwacht, versucht er Schäden von der Gesellschaft abzuwenden. An den wirtschaftlichen Chancen der Unternehmung partizipieren Aufsichtsratsmitglieder hingegen nicht. Anders als Vorstandsmitglieder erhalten sie keine variablen Vergütungsbestandteile, sondern ausschließlich Fixvergütungen[2410]. Selbst leitende Angestellte, bei denen die Arbeitnehmer-Grundsätze Anwendung finden, erhalten Gewinnbeteiligungen[2411].

Wie im ersten Teil[2412] gezeigt wurde, steht dieser fehlenden Gewinnbeteiligung ein hohes Haftungsrisiko gegenüber, welches auch durch D&O-Versicherungen nicht mitigiert werden kann[2413]. Das Aufsichtsratshaftungsrecht ist unabhängig vom Verschuldensmaßstab strenger als die Arbeitnehmerhaftung, beispielsweise mit Blick auf die Beweislast (§§ 116 S. 1, 93 Abs. 2 S. 2 AktG gegenüber § 619a BGB)[2414]. Relativ zum geringen Zeiteinsatz und der Vergütung ist das Haftungsrisiko der Aufsichtsratsmitglieder sogar höher als bei Vorstandsmitgliedern[2415]. Aufsichtsratsmitglieder tragen daher teilweise das wirtschaftliche Risiko eines Fehlschlags. Zwar müssen die Aufsichtsratsmitglieder fahrlässig handeln, es besteht keine Erfolgshaftung. Wie bei Arbeitnehmern ist jedoch auch die Tätigkeit als Aufsichtsratsmitglied auf eine gewisse Dauer angelegt, sodass es kaum möglich ist, dauerhaft keine leicht fahrlässige Pflichtverletzung zu begehen. Im Ergebnis übernehmen die Aufsichtsratsmitglieder daher einen Teil der wirtschaftlichen Risiken ohne Beteiligung an den wirtschaftlichen Chancen[2416].

Zudem ist es den Gesellschaftern schon deswegen zuzumuten, das Risiko einer leicht fahrlässigen Aufsichtsratspflichtverletzung zu tragen, weil sie sich freiwillig für die Rechtswahl der AG und damit für einen Aufsichtsrat entscheiden. Dies ähnelt der Situation, dass ein Eigentümer eines Unternehmens ein unternehmerisches Konzept wählt, um damit wirtschaftliche Chancen zu erzielen, dieses Konzept jedoch bestimmte Betriebsmittel voraussetzt, die mit wirtschaftlichen Risiken einhergehen. Auch Gesellschafter wählen die Rechtsform der AG, um damit wirtschaftliche Vorteile zu erzielen, beispielsweise das Pres-

2410 Siehe 3. Teil § 1 B. III. 6.

2411 Zur Ausgestaltung variabler Vergütung bei Arbeitnehmern, beispielsweise *Dzida/Naber*, BB 2011, 2613 (2614 ff.).

2412 Siehe 1. Teil § 1 bis § 4.

2413 Siehe 1. Teil § 5 A.

2414 *S. Binder*, Grenzen der Vorstandshaftung, 2016, S. 321.

2415 Siehe 1. Teil § 1 A.

2416 Ähnlich *Riebartsch*, Die Haftung des Aufsichtsrates einer Aktiengesellschaft bei Verletzung der Überwachungspflichten, 2020, S. 179.

tige des Unternehmens zu verbessern. Damit geht jedoch die Pflicht einher, einen Aufsichtsrat zu installieren, dessen Mitglieder bei dauerhafter Tätigkeit eine leicht fahrlässige Pflichtverletzung kaum vermeiden können.

Schließlich wird das Haftungsrisiko der Aufsichtsratsmitglieder auch nicht vollständig in deren Vergütung als Risikoprämie eingepreist und damit den Gesellschaftern ein Teil ihres wirtschaftlichen Risikos entgeltlich abgenommen. Anders als Vorstandsmitglieder erhalten Aufsichtsratsmitglieder keine hohe Vergütung[2417], jedenfalls gemessen an ihrem Haftungsrisiko.

3) Versicherbarkeit

Bachmann ist zuzustimmen, dass auch die Versicherbarkeit von Risiken zum Gedanken des Betriebsrisikos gehört. Wie bei Arbeitnehmern kann auch bezüglich der Schäden durch Aufsichtsratsmitglieder die Gesellschaft diese besser versichern als das Organmitglied[2418]. Auch die D&O-Versicherung spricht als freiwillige Versicherung nicht gegen eine Anwendung der Grundsätze. Private Versicherungen sind nach der Rechtsprechung des BAG ohne Einfluss auf die Haftungsprivilegierung[2419].

c) Sonstige Spezifika der Organhaftung widersprechen Übertragbarkeit nicht

1) Beweislastumkehr

Entgegen *Edenfeld/Neufang*[2420] widerspricht die Beweislastumkehr der Aufsichtsratshaftung gemäß den §§ 116 S. 1, 93 Abs. 2 S. 2 AktG einer Anwendung der Grundsätze zum innerbetrieblichen Schadensausgleich nicht. Materielle und prozessuale Rechtslage sind zu trennen. Der Zweck der Umkehrung der Darlegungs- und Beweislast liegt in der (vermeintlichen) Sachnähe des Aufsichtsratsmitglieds und der Beweisnot der Gesellschaft[2421]. Dieser Zweck widerspricht nicht einer Beschränkung der Aufsichtsratshaftung auf materieller Ebene.

2) Steuerungsfunktion der Aufsichtsratshaftung

Entgegen *Paefgen* und *Fehrenbach*[2422] führt eine Beschränkung der Aufsichtsratshaftung nach den Arbeitnehmergrundsätzen auch nicht dazu, dass der präventive Steuerungseffekt der Aufsichtsratshaftung übermäßig eingeschränkt

2417 PricewaterhouseCoopers, Vergütungsstudie 2020; zu DAX-Unternehmen siehe *Lutter/Krieger/Verse*, 7. Aufl. 2022, Anhang.
2418 *Bachmann*, ZIP 2017, 841 (844).
2419 BAG, NZA 1998, 310 (311); BAG, NZA 2011, 345, Rn. 29.
2420 *Edenfeld/Neufang*, AG 1999, 49 (54).
2421 Siehe 1. Teil § 3 B. I.
2422 *Paefgen*, AG 2014, 554 (569); *Fehrenbach*, AG 2015, 761 (772).

wird. Wie im dritten Teil der Arbeit ausführlich mit Blick auf eine höhenmäßige Beschränkung dargestellt[2423], ist eine unbeschränkte Aufsichtsratshaftung nicht erforderlich, um einen ausreichenden präventiven Effekt zu erzielen:

Aufsichtsratsmitglieder erhalten keine variable Vergütung, die zum Eingehen von Risiken anreizt[2424]. Zudem wirken neben der Organhaftung andere Steuerungsmechanismen, die zur Einhaltung der Pflichten anreizen, beispielsweise Entlastung, Abberufung, Verweigerung der Neubestellung[2425] oder externe Sanktionen durch Aufsichts-, Ordnungswidrigkeiten- und Strafrecht[2426]. Auch kognitive Verzerrungen aus der Verhaltensökonomie sprechen gegen die Erforderlichkeit einer unbeschränkten Haftung[2427]. Schließlich ist die Aufgabe des Aufsichtsrats einzubeziehen. Der präventive Effekt der Aufsichtsratshaftung dient im Kern dem Ziel, dass der Aufsichtsrat ordnungsgemäß den Vorstand überwacht, damit dieser seine Pflichten erfüllt. Die Pflichterfüllung durch den Vorstand kann und wird aber auch durch andere Strategien sichergestellt[2428].

Diese Sichtweise wird auch rechtlich dadurch gestützt, dass der Gesetzgeber für Aufsichtsratsmitglieder, anders als für Vorstandsmitglieder, von einer gesetzlichen Verpflichtung zur Vereinbarung eines angemessenen Selbstbehalts bezüglich der D&O-Versicherung in § 116 S. 1 AktG abgesehen hat, nicht einmal der DCGK empfiehlt dies[2429].

d) (Keine) andere Stellung im Markt

Fleischer und *Seyfarth* ist grundsätzlich – auch für Aufsichtsratsmitglieder – zuzustimmen, dass ein Eingriff in die Vertragsfreiheit durch richterliche Rechtsfortbildung nicht geboten ist, wenn Parteien sich auf Augenhöhe begegnen und daher eine Lösung durch den Markt erzielt werden kann. Diese Herangehensweise entspricht dem Anliegen dieser Arbeit, die eine Verhandlungslösung favorisiert[2430]. Im dritten Teil wurde gezeigt, dass im Kern kein Marktversagen vorliegt, wenn Aufsichtsratsmitglieder und Gesellschaft auf dem Verhandlungsweg die Aufsichtsratshaftung festlegen[2431].

Indes wird diese Verhandlungslösung durch den Gesetzgeber selbst blockiert, sodass die Aufsichtsratsmitglieder trotz Verhandlung auf Augenhöhe keine Reduzierung des Sorgfaltsmaßstabs oder der Haftungssumme erreichen können[2432].

2423 Siehe 3. Teil § 1 B.
2424 Siehe 3. Teil § 1 B. III. 6.
2425 Siehe 3. Teil § 1 B. III. 3.
2426 Siehe 3. Teil § 1 B. III. 4.
2427 Siehe 3. Teil § 1 B. III. 5.
2428 Siehe 3. Teil § 1 B. IV.
2429 Siehe 3. Teil § 1 B. III. 1.
2430 Ergebnisse 3. Teil.
2431 Siehe 3. Teil § 3 B.
2432 Zutreffend zu Vorstandsmitgliedern: *S. Binder*, Grenzen der Vorstandshaftung, 2016, S. 329.

Eine privatautonome Haftungsreduzierung ist in der AG wegen der Satzungsstrenge nicht möglich[2433]. Der Gesetzgeber hat die Marktmechanismen daher selbst ausgehebelt, sodass eine richterliche Rechtsfortbildung als Korrektur verstanden werden kann. Andere Absicherungen, die die Aufsichtsratsmitglieder im Verhandlungswege verlangen können, bieten keinen ausreichenden Schutz, beispielsweise eine von der Gesellschaft finanzierte D&O-Versicherung[2434]. Auch eine Einpreisung des Haftungsrisikos in die Vergütung (Risikoprämie) findet bisher angesichts der geringen Aufsichtsratsvergütung kaum statt[2435].

Selbstverständlich könnten mit *Seyfarth*[2436] Aufsichtsratsmitglieder schlicht auf das Amt verzichten und damit dem Haftungsrisiko entgehen. Diese Möglichkeit soll jedoch gerade verhindert werden. Ziel einer Haftungsbeschränkung ist, dass Aufsichtsratsmitglieder nicht aus Angst vor Haftung von ihren Ämtern zurückgetreten bzw. die Ämter nicht mehr übernehmen[2437]. Diese Möglichkeit liegt daher nicht im Interesse der Gesellschaft und der Aktionäre. Da das Aktiengesetz zwingend die Einführung eines Aufsichtsrats vorsieht, dürfte dies auch nicht dem Willen des Gesetzgebers entsprechen.

Weiter hat das BAG das Argument der unterschiedlichen Verhandlungsstärke bei den Grundrechten verankert. Inzwischen stützt es seine Rechtsprechung jedoch nicht mehr auf die Grundrechte[2438].

Schließlich dürften in vielen Branchen qualifizierte Arbeitnehmer zunehmend eine mindestens vergleichbar starke Verhandlungsposition innehaben wie Aufsichtsratsmitglieder. Es besteht eine Tendenz zum Arbeitnehmermarkt. Die Nachfrage nach qualifizierten Arbeitskräften ist höher als das Angebot[2439]. Dennoch wird man auch qualifizierten Arbeitnehmern zukünftig kaum ihr Haftungsprivileg absprechen.

e) Alternative Begründung über Fürsorge- und Treuepflicht nicht erforderlich

Da die Grundsätze des BAG in direkter Weise auf Aufsichtsratsmitglieder übertragbar sind, bedarf es der alternativen Begründung über die Fürsorge- und Treuepflicht nicht. Das BAG hat einen solchen Begründungsansatz auch inzwischen stillschweigend aufgegeben. Zudem ist *Bachmann* zuzustimmen, dass die Treuepflicht nur eine besondere Ausprägung der allgemeinen Rücksichtnahme-

2433 Siehe 4. Teil § 1.
2434 Siehe 1. Teil § 5 A.
2435 PricewaterhouseCoopers, Vergütungsstudie 2020; zu DAX-Unternehmen siehe *Lutter/Krieger/Verse*, 7. Aufl. 2022, Anhang.
2436 Für Vorstandsmitglieder: Krieger/Schneider/*Seyfarth*, 4. Aufl. 2023, Rn. 10.16.
2437 Siehe 3. Teil § 2 B.
2438 *Annuß*, NZA 1998, 1089 (1094); Staudinger/*Fischinger*, Neubearbeitung 2022, § 619a Rn. 54.
2439 *Scheele*: »Die Arbeit wird uns nicht ausgehen – aber...«, WirtschaftsWoche v. 17. Juli 2022.

pflicht gemäß § 241 Abs. 2 BGB ist, die auch in sonstigen Schuldverhältnissen nicht zu einer Reduzierung des Haftungsumfangs führt[2440].

II. Kein vergleichbarer Schutz für Aufsichtsratsmitglieder, keine Flexibilität für die Gesellschaft

Auch wenn daher im Ergebnis die besseren Argumente dafürsprechen, die Grundsätze zum innerbetrieblichen Schadensausgleich auf Aufsichtsratsmitglieder zu übertragen, sollte der Gesetzgeber deswegen nicht de lege ferenda davon absehen, satzungsmäßige Haftungsbeschränkungen zu ermöglichen. Eine zwingende Haftungsbeschränkung durch richterliche Rechtsfortbildung ist nur die B-Lösung.

Aus Sicht der Aufsichtsratsmitglieder bieten die Grundsätze zum innerbetrieblichen Schadensausgleich nicht denselben Schutz wie eine satzungsmäßige Beschränkung auf einen Haftungshöchstbetrag. Die Rechtslage zur Übertragbarkeit ist unsicher, sodass bei den Aufsichtsratsmitgliedern kein Vertrauenseffekt erzielt werden kann. Für Aufsichtsratsmitglieder fehlt es an Rechtsprechung, für Vorstandsmitglieder positionieren sich Rechtsprechung und herrschende Literatur gegen eine Übertragung[2441].

Selbst bei Anwendung der Grundsätze besteht zudem kein ausreichender Schutz. Bei mittlerer Fahrlässigkeit verbleibt es bei einer quotalen Teilung, die angesichts des systemischen Risikos für hohe Schaden bei der Aufsichtsratshaftung (rechtsform- und organtypisches Risiko[2442]) weiterhin eine Insolvenzgefahr der Aufsichtsratsmitglieder begründen kann[2443]. Überdies ist die Abgrenzung der Fahrlässigkeitsstufen schwammig und daher eine richterliche Entscheidung ex ante kaum zu prognostizieren. Die Grundsätze schaffen daher nicht dasselbe Vertrauen wie ein verschriftlichter Haftungshöchstbetrag in der Satzung, den auch ein juristischer Laie sofort einstufen kann.

Erst recht wird kein Vertrauen geschaffen, wenn man mit einem Teil des Schrifttums auf die Fürsorge- und Treuepflicht abstellt. Die konkrete Ausgestaltung der Haftungsreduzierung ist trotz der Versuche des Schrifttums zur Konkretisierung unklar[2444] und wird meist einzelfallabhängig ex post nach Abwägung einer Vielzahl von Faktoren vorgenommen[2445]. Eine solche Abwägung ex

2440 *Bachmann*, ZIP 2017, 841 (844 f.); kritisch insofern auch *Habersack*, ZHR 2013, 782 (802).
2441 Siehe oben 4. Teil § 4 B. I. 2.
2442 Siehe 1. Teil § 2 A.
2443 In diese Richtung auch *Fleischer*, ZIP 2014, 1305 (1306).
2444 OLG Düsseldorf, NZG 2023, 1279, Rn. 155; *Grunewald*, AG 2013, 813 (815); *Habersack*, ZHR 2013, 782 (803).
2445 Siehe oben 4. Teil § 4 B. I. 2. c).

post bietet wenig Rechtssicherheit[2446]. Die Anwendbarkeit und vor allem die Höhe der Reduzierung ist daher aus der für die Verhaltenssteuerung entscheidenden Sicht ex ante nicht absehbar[2447]. Das Aufsichtsratsmitglied kann den eigenen Schutz nicht prognostizieren und daher kein Vertrauen gewinnen.

Aus Sicht der Unternehmen bieten die Grundsätze zum innerbetrieblichen Schadensausgleich nicht dieselbe Flexibilität wie statutarische Regelungen. Die Grundsätze zum innerbetrieblichen Schadensausgleich sind nach Ansicht des BAG zwingendes Recht[2448] und können daher nicht an eine konkrete Gesellschaft angepasst werden. Zwar dürfte es auch bei Öffnung der Satzungsstrenge faktisch keine große Vielfalt geben, da Stimmrechtsvertreter und institutionelle Investoren für ähnliche Regelungen in den Aktiengesellschaften sorgen werden[2449]. Für Einzelfälle blieben bei Öffnung der Satzungsstrenge aber abweichende Regelungen möglich.

Schließlich sollte die Entscheidung über das Haftungsniveau der Rechtsfortbildung durch die Richterschaft nur dann übertragen werden, wenn der Markt selbst keine sinnvolle Haftungsgestaltung erzielen kann[2450]. Im dritten Teil wurde gezeigt, dass im Kern kein Marktversagen gegeben ist, wenn Aufsichtsratsmitglieder und Gesellschaft bzw. Aktionäre die Aufsichtsratshaftung aushandeln[2451]. Anstelle auf die richterliche Rechtsfortbildung zu setzen, sollte der Gesetzgeber daher die Verhandlungslösung zwischen Aufsichtsratsmitgliedern und Gesellschaft bzw. Aktionären erlauben, mithin das Verbot statutarischer Beschränkungen (mit einigen Ausnahmen![2452]) aufheben.

2446 *Reichert*, ZHR 2013, 756 (779), *Grunewald,* AG 2013, 813 (815).
2447 *Wagner*, ZHR 2014, 227 (277.).
2448 BAG, NZA 2004, 649; MünchKomm-BGB/*Henssler*, 9. Aufl. 2023, § 619a Rn. 13.
2449 Siehe 3. Teil § 3 B. I. 1. b), d), e).
2450 Siehe 3. Teil § 3 A. II.
2451 Siehe 3. Teil § 3 B.
2452 Etwa mit Blick auf Externalitäten oder paternalistisch zum Schutz der Aktionäre mit Blick auf bestimmte Haftungskonstellationen wie Treuepflichtverletzungen, siehe dazu umfassend 3. Teil § 3 B.

Ergebnisse 4. Teil

Im vierten Teil wurde untersucht, ob Gesellschafter de lege lata die Haftung ihrer Aufsichtsratsmitglieder durch Satzungsbeschluss beschränken können. Hierfür wurde zwischen dem obligatorischen Aufsichtsrat der AG, dem fakultativen Aufsichtsrat der mitbestimmungsfreien GmbH und dem obligatorischen Aufsichtsrat der mitbestimmten GmbH differenziert.

Nach der Untersuchung kann die Haftung der Aufsichtsratsmitglieder in der AG entsprechend der überwiegenden Ansicht im Schrifttum nicht wirksam beschränkt werden. Dies betrifft sowohl eine Beschränkung des Sorgfaltsmaßstabs als auch eine summenmäßige Beschränkung. Die Satzungsstrenge gemäß § 23 Abs. 5 S. 1 AktG steht einer wirksamen statutarischen Haftungsbeschränkung entgegen.

Dagegen kann in der mitbestimmungsfreien GmbH in der Satzung wirksam eine Haftungsbeschränkung für Mitglieder eines fakultativen Aufsichtsrats installiert werden. Eine solche Haftungsbeschränkung kann auch die Haftung für grobe Fahrlässigkeit entfallen lassen. Die Grenze bildet erst die Vorsatzhaftung.

Entgegen der g.h.M. im Schrifttum kann zudem die Haftung der Mitglieder des obligatorischen Aufsichtsrats in der mitbestimmten GmbH in der Satzung beschränkt werden. Eine wegen der rechtsformspezifischen Besonderheiten der GmbH modifizierte Anwendung der §§ 116 S. 1, 93 AktG führt dazu, dass im Gegensatz zur AG ein Gestaltungsspielraum für die Gesellschafter anzuerkennen ist. Insbesondere das aktienrechtliche Verzichtsverbot gemäß § 93 Abs. 4 S. 3 AktG ist auf den obligatorischen Aufsichtsrat in der mitbestimmten GmbH nicht anzuwenden, sodass aus der Norm nicht die Unwirksamkeit einer Haftungsbeschränkung abgeleitet werden kann.

Da das geltende Recht für AG-Aufsichtsratsmitglieder keine satzungsmäßigen Haftungsbeschränkungen erlaubt, sollte der Gesetzgeber de lege ferenda eine solche Möglichkeit schaffen. Denn auch Ansätze aus der Literatur zur Beschränkung der Haftung de lege lata können die im dritten Teil beschriebenen Probleme (Risikoaversion, Abschreckung neuer Kandidaten, erhöhte Vorsorgekosten) nicht ausreichend lösen. Die Halbvermögensschutzklausel nach *Seibt* verstößt gegen geltendes Aktienrecht und bietet den Aufsichtsratsmitgliedern selbst bei unterstellter Wirksamkeit praktisch keinen echten Schutz. Die Grundsätze zum innerbetrieblichen Schadensausgleich für Arbeitnehmer lassen sich zwar nach hiesiger Ansicht auf Aufsichtsratsmitglieder übertragen. Sie bieten den Aufsichtsratsmitgliedern jedoch nicht denselben Schutz wie satzungsmäßige Beschränkungen und den Unternehmen weniger Flexibilität, stellen mithin nur eine B-Lösung dar.

5. Teil Reformvorschlag – Haftungsbeschränkung in der AG de lege ferenda

Da die Haftung der Aufsichtsratsmitglieder in der AG aufgrund der Satzungsstrenge nicht in der Satzung beschränkt werden kann und dieses Ergebnis im deutlichen Widerspruch zu den Erkenntnissen der ökonomischen Analyse aus dem dritten Teil steht, soll abschließend ein Reformvorschlag für eine Änderung des AktG hergeleitet werden, um die zwingende Haftung auf das gebotene Maß zurückzuführen.

§ 1 Flexible Beschränkungsmöglichkeit im Interesse der Gesellschafter

Nach den Erkenntnissen im dritten Teil haben Aktionäre unter Umständen ein Interesse daran, die Haftungsrisiken ihrer Aufsichtsratsmitglieder zu reduzieren, da eine beschränkte Haftung ohne Totalreparation aus Gesellschaftersicht (relativ) vorteilhafter sein kann.

Denn auf der einen Seite erfordern die Funktionen der Aufsichtsratshaftung (Kompensation und Prävention) aus Sicht der Gesellschafter im Regelfall nicht die unbeschränkte Haftung. Die Kompensationsfunktion kann vernachlässigt werden, da die Schäden in keinem Verhältnis zum vollstreckungsfähigen Privatvermögen der Aufsichtsratsmitglieder stehen. Anders sieht dies nur aus, wenn das Aufsichtsratsmitglied durch die Pflichtverletzung einen monetären Gewinn erlangt hat, der abgeschöpft werden kann[2453]. Auch die Präventionsfunktion wird in der Regel durch eine beschränkte Haftung ausreichend erfüllt. Die Präventionsfunktion dient der Lösung von Agenturkonflikten. Zwischen den Aufsichtsratsmitgliedern und den Gesellschaftern besteht ein Agenturkonflikt, auf den unter anderem durch die Aufsichtsratshaftung reagiert wird. Diese präventive Maßnahme erfordert jedoch in der Regel keine unbeschränkte Haftung. Da ein Aufsichtsratsmitglied bei Sorgfaltspflichtverletzungen keinen Gewinn erzielt, ist ein geringer präventiver Effekt als Gegenanreiz ausreichend. Die D&O-Versicherung mindert zwar den präventiven Effekt, hebt ihn jedoch

2453 Siehe dazu 3. Teil § 1 A.

nicht auf. Bereits durch die Kombination aus begrenzter Haftung, indirekten Kosten (u.a. Reputationsverlust, emotionaler Druck) und sonstigen Steuerungsinstrumenten (u.a. Verweigerung der Entlastung, der Neubestellung, Abberufung, strafrechtliche Maßnahmen) kann ein ausreichender präventiver Effekt erreicht werden. Dies gilt umso mehr, wenn man die subjektiven Einschätzungen des Aufsichtsratsmitglieds und dessen kognitive Verzerrungen berücksichtigt, die den präventiven Effekt der Haftung verstärken. Schließlich dient die Überwachung durch den Aufsichtsrat und damit mittelbar die Aufsichtsratshaftung vor allem der Abmilderung des Agenturkonflikts zwischen Vorstandsmitgliedern und Aktionären. Die Überwachung durch den Aufsichtsrat stellt hierfür aber nicht die einzige Strategie dar. Verstärken die Aktionäre daher andere Strategien zur Kontrolle der Vorstandsmitglieder, kann weniger Aufsichtsratsüberwachung und damit auch -haftung erforderlich sein[2454].

Ein überwiegendes Interesse an einer unbeschränkten Aufsichtsratshaftung haben Aktionäre hingegen in der Regel nur dann, wenn das Aufsichtsratsmitglied monetäre oder nicht-monetäre Vorteile aus der Pflichtverletzung ziehen kann, sodass ein stärkerer Gegenanreiz erforderlich ist. Bei monetären Eigengewinnen, monetären Gewinnen nahestehender Personen sowie dem Richten in eigener Sache sind Haftungsbeschränkungen daher nie im Gesellschafterinteresse, bei einer Übernahmeverteidigung und dem Erhalt des eigenen Mandats sollten sie eher ausscheiden, bei Interessenkonflikten durch Mehrfachmandate oder Arbeitnehmerstellung sind Beschränkungen trotz des Interessenkonflikts denkbar[2455].

Auf der anderen Seite können Risikoaversion, die Abschreckung neuer Kandidaten und erhöhte Vorsorgekosten aus Sicht der Gesellschafter dafürsprechen, die Aufsichtsratshaftung in der Satzung zu beschränken.

Erstens können breit diversifizierte Gesellschafter, wie Aktionäre, die über Fonds investieren, firmenspezifische Risiken weitgehend ausblenden, sodass sie ein Interesse daran haben, dass Organmitglieder risikoneutral agieren. Aufsichtsratsmitglieder handeln aber schon generell risikoavers. Erst recht ruft ihr Haftungsrisiko risikoaverses Handeln hervor, da Aufsichtsratsmitglieder von erfolgreichen Geschäften mangels variabler Vergütung nicht profitieren, bei Fehlgehen des Geschäfts aber haften können. Dieser Effekt tritt besonders stark auf, wenn die Haftung strukturelle Veränderungen bei den Aufsichtsratsmitgliedern hervorrufen kann. Der Effekt der Risikoaversion beschränkt sich jedoch auf die mitunternehmerischen Aufgaben des Aufsichtsrats (vor allem § 111 Abs. 4 S. 2 AktG). Retrospektive Aufgaben hingegen erfordern keine Risikoabwägung und daher keine Reduzierung der Risikoaversion. Auch für Treuepflichtverletzungen muss Risikoaversion in den meisten Fällen nicht reduziert werden. Aufsichtsratsmitglieder können die Haftung wegen Treuepflichtverletzungen besser vermeiden, da Treuepflichten für das Aufsichtsratsmitglied ex ante

2454 Siehe dazu 3. Teil § 1 B. III., IV.
2455 Siehe dazu 3. Teil § 1 B. III. 7.

besser abgrenzbar sind als Sorgfaltspflichten, die erst die Rechtsprechung konkretisiert. Auch besteht in der Regel kein Interesse der Gesellschafter, einen Anreiz zu solchen Handlungen zu setzen[2456].

Zweitens können hohe Haftungsrisiken (potenzielle) Aufsichtsratsmitglieder davon abschrecken, das Aufsichtsratsamt zu übernehmen oder anreizen, bestehende Ämter aufzugeben. Eine Reduzierung des Haftungsrisikos kann daher der Gewinnung neuer und dem Erhalt bestehender Aufsichtsratsmitglieder dienen. Anders sieht dies bei vorsätzlichen Pflichtverletzungen und in der Regel auch Treue- und grob fahrlässigen Pflichtverletzungen aus. Für diese Fälle wollen die Aktionäre mitunter sogar Personen von der Amtsübernahme abschrecken, die eine diesbezügliche Haftung fürchten. Zudem ist die Vermeidung einer solchen Haftung deutlich einfacher, sodass der Abschreckungseffekt geringer ist[2457].

Drittens können hohe Haftungsrisiken der Aufsichtsratsmitglieder zu erhöhten Vorsorgekosten bei der Gesellschaft führen. Denn anders als bei sonstiger Haftung, übernimmt bei der Aufsichtsratshaftung die Gesellschaft die Kosten der Aufsichtsratsmitglieder zur Vermeidung der Haftung. Dies reizt zu übermäßiger Vorsorge der Aufsichtsratsmitglieder an und kann damit zu überhöhten Kosten bei der Gesellschaft führen. Eine Beschränkung kann dem entgegenwirken[2458].

Eine Regelung de lege ferenda sollte den Aktionären daher ermöglichen, diese Interessen umsetzbar zu machen. Die Regelung sollte den Gesellschaftern hierfür einen breiten Gestaltungsspielraum eröffnen und kein Konzept für eine Beschränkung vorgeben. Denn je nach Gesellschafterkreis und Gesellschaft können die Gesellschafter unterschiedliche Konzepte favorisieren.

So könnten Gesellschafter die Haftungsbeschränkung thematisch begrenzen wollen. Beispielsweise könnten Gesellschafter die Haftungsbeschränkung auf die mitunternehmerischen Aufgaben begrenzen wollen, um ausschließlich der Risikoaversion entgegenzuwirken. Gesellschaften mit wenigen nicht diversifizierten (Groß-)Aktionären ohne Interesse an der Eingehung größerer Risiken könnten hingegen gerade kein Interesse an einer Reduzierung der Risikoaversion haben. Andere Gesellschafter könnten Pflichtverletzungen im Zusammenhang mit Interessenkonflikten aus der Beschränkung ausnehmen wollen, soweit ihnen hierfür nicht ohnehin die Dispositionsbefugnis entzogen wird[2459].

Auch das Maß an Beschränkung (leichte, mittlere, grobe Fahrlässigkeit oder Höhe der summenmäßigen Beschränkung) kann je nach Interessenlage der Gesellschafter stark variieren. Beispielsweise könnte mit Blick auf die Risikoaversion eine summenmäßige Beschränkung so gewählt werden, dass Aufsichtsratsmitglieder (nur) vor einer Haftung »in Millionenhöhe« oder in der Nähe des *tipping points* geschützt werden, bei dem die Risikoaversion stark zunimmt.

2456 Siehe dazu 3. Teil § 2 A. VIII.
2457 Siehe dazu 3. Teil § 2 B.
2458 Siehe dazu 3. Teil § 3 C.
2459 Zum Ausschluss von Treuepflichten, siehe zugleich 5. Teil § 2 A.

Andere Gesellschaften könnten die summenmäßige Beschränkung an die Deckungssummen der D&O-Versicherer oder die x-fache Jahresvergütung der Aufsichtsratsmitglieder anpassen. Nutzen die Gesellschafter bereits andere Strategien zur Kontrolle der Aufsichtsrats- und Vorstandsmitglieder kann eine umfassendere Beschränkung sinnvoll sein. Dasselbe gilt, wenn die Gesellschaft ein Problem bei der Gewinnung neuer Aufsichtsratsmitglieder hat und die Beschränkung als Werbemaßnahme nutzen oder die Kosten bei den Vorsorgemaßnahmen der Aufsichtsratsmitglieder reduzieren will.

Auch wenn infolge Stimmrechtsberatung und institutioneller Investoren nicht in jeder Gesellschaft eine maßgeschneiderte Lösung erwartet werden kann[2460], sollte eine Lösung de lege ferenda eine flexible Gestaltung ermöglichen. Entsprechend könnte wie folgt ein neuer Absatz in § 116 AktG eingefügt werden:

> § 116 Sorgfaltspflicht und Verantwortlichkeit der Aufsichtsratsmitglieder (Entwurf n.F., Änderungen kursiv)
>
> (1) Für die Sorgfaltspflicht und Verantwortlichkeit der Aufsichtsratsmitglieder gelten § 93 mit Ausnahme des Absatzes 2 Satz 3 über die Sorgfaltspflicht und Verantwortlichkeit der Vorstandsmitglieder und § 15b der Insolvenzordnung sinngemäß. Die Aufsichtsratsmitglieder sind insbesondere zur Verschwiegenheit über erhaltene vertrauliche Berichte und vertrauliche Beratungen verpflichtet. Sie sind namentlich zum Ersatz verpflichtet, wenn sie eine unangemessene Vergütung festsetzen (§ 87 Absatz 1).
>
> *(2) Die Satzung kann bestimmen, dass die Pflicht zum Ersatz des Schadens gemäß Absatz 1 Satz 1 in Verbindung mit § 93 Absatz 2 Satz 1 beschränkt wird.*

2460 Siehe dazu 3. Teil § 3 B. I. 1. b), d).

§ 2 Ausschlusstatbestände

Wie in den USA, Delaware, sollte die Regelung jedoch Ausschlusstatbestände vorsehen, in denen eine statutarische Haftungsbeschränkung unwirksam bleibt. Hintergrund ist, dass der Vertragsmechanismus zwar grundsätzlich effizient ist und dies auch für Haftungsbeschränkungen der Aufsichtsratsmitglieder gilt, die ökonomisch als Vertrag zwischen der Gesamtheit der Gesellschafter und dem Aufsichtsratsmitglied angesehen werden können. Im dritten Teil wurde jedoch gezeigt, dass hinsichtlich solcher Haftungsbeschränkungen teilweise ein Marktversagen vorliegt, worauf mit zwingendem Recht reagiert werden sollte. In diesem Sinne sollte die Regelung de lege ferenda zum einen Ausschlusstatbestände vorsehen, die (paternalistisch) als eine Art Restschutz der Aktionäre vor sich selbst dienen (A.). Zum anderen sollte die Regelung Ausschlusstatbestände für Fälle vorsehen, in denen die Aufsichtsratshaftung gezielt zur Verhinderung eines Marktversagens durch Externalitäten der Gesellschaft genutzt wird, mithin aus Gründen des Drittschutzes erforderlich ist (B.).

A. Ausschluss von Haftungsbeschränkungen zum Schutz der Aktionäre

Nach den Erkenntnissen im dritten Teil sollte das AktG für die Aufsichtsratshaftung aus paternalistischer Sicht einen Restschutz der Aktionäre vorsehen. Damit ist gemeint, dass ein Ausschlusstatbestand statutarische Haftungsbeschränkungen unwirksam machen soll, die nie im rationalen Interesse der Aktionäre liegen. Der Ausschlusstatbestand soll eine schwere Eigenschädigung der Aktionäre verhindern.

Für die Notwendigkeit zwingenden Rechts zur Verhinderung einer Eigenschädigung sprechen zunächst die Kollektivhandlungs- und Trittbrettfahrerprobleme. Diese verhindern, dass (Klein-)Aktionäre sinnvolle Haftungsbeschränkungen einführen oder übermäßige Regelungen, die ausschließlich im Interesse der Aufsichtsratsmitglieder liegen, wieder rückgängig machen. Kleinaktionäre haben keinen Anreiz, sich informiert an der Satzungsentscheidung zu beteiligen, da die Kosten im Verhältnis zu ihrem Anteil zu hoch sind. Allerdings reduzieren gewandelte Aktionärsstrukturen wie institutionelle Investoren und Hedgefonds sowie Stimmrechtsberater dieses Risiko erheblich. Institutionelle Investoren und Stimmrechtsberater können themenspezifische Standards für Haftungsbeschränkungen entwickeln und in ihren Gesellschaften etablieren. Hedgefonds haben die Möglichkeit, im Einzelfall schlechte Haftungsregelungen zu korrigieren. Das Recht kann sich daher auf einen Restschutz beschränken[2461].

2461 Siehe dazu 3. Teil § 3 B. I. 1.

Ein ähnliches Ergebnis folgt daraus, dass Haftungsbeschränkungen die kognitiven Fähigkeiten der Aktionäre überfordern können, sodass eine rationale Entscheidung ihrerseits nicht gewährleistet ist. Haftungsbeschränkungen betreffen abstrakte Regelungen für die Zukunft, sodass eine Vielzahl von Informationen verarbeitet werden müssen. Aktionäre können diese möglicherweise nicht vollständig verarbeiten und die Folgen der Haftungsbeschränkung absehen. Zudem können verschiedene kognitive Verzerrungen aus der Verhaltensforschung (*optimism und overconfidence bias*, *availability bias*, Repräsentationsheuristik, *present bias*) dazu führen, dass Aktionäre Haftungsbeschränkungen zustimmen, die ihren eigenen Interessen schaden. Auch diese Probleme werden jedoch durch die gewandelten Aktionärsstrukturen und die Stimmrechtsberatung abgeschwächt. Statt zwingendem Recht sollte als milderes Mittel versucht werden, Aktionäre durch Aufklärung und Kautelen zu einer rationalen Entscheidung zu bewegen. Darüber hinaus sollte sich das zwingende Recht daran orientieren, was die Gesamtheit der Aktionäre und Aufsichtsratsmitglieder hypothetisch rational aushandeln würde. Da die Beschränkung der Haftung für Sorgfaltspflichtverletzungen aus Sicht der Aktionäre auch Vorteile bietet, sollte zwingendes Recht nicht generell Haftungsbeschränkungen untersagen, sondern sich auf einen Restschutz beschränken und nur solche Haftungsbeschränkungen untersagen, die niemals im rationalen Interesse der Aktionäre liegen[2462].

I. *Vorsätzliche Pflichtverletzung*

Ein solcher Restschutz sollte zunächst Haftungsbeschränkungen für Vorsatz erfassen. Diese sind nie im rationalen Interesse der Aktionäre. Eine Regelung de lege ferenda muss jedoch keinen Ausschlusstatbestand für Vorsatz vorsehen, da eine entsprechende Satzungsregelung schon gemäß § 276 Abs. 3 BGB unwirksam wäre.

II. *Treuepflichtverletzung*

Darüber hinaus sollte der Restschutz sich auch auf Pflichtverletzungen erstrecken, die mit Interessenkonflikten der Aufsichtsratsmitglieder einhergehen. Denn erstens ist in diesen Fällen aus präventiver Sicht ein stärkerer Gegenanreiz durch Haftung erforderlich. Während Aufsichtsratsmitglieder bei reinen Sorgfaltspflichtverletzungen von diesen nicht profitieren und daher kein besonderer Anreiz zur Pflichtverletzung besteht, ändert sich das Bild, wenn Aufsichtsratsmitglieder nicht bloß ihre Aufgaben vernachlässigen, sondern eigene Ziele verfolgen. Dann winkt ein Gewinn, sodass stärkere entgegengesetzte Anreize, auch durch Haftung, gesetzt werden müssen. Je stärker die Motivation zur Pflichtverletzung, desto

2462 Siehe dazu 3. Teil § 3 B. I. 4.

stärker muss der entgegensetzte Anreiz sein.[2463] Dies gilt in besonderem Maße, wenn die Pflichtverletzung mit einem monetären Eigengewinn der Aufsichtsratsmitglieder oder einer nahestehenden Person einhergeht. Im Falle eines Interessenkonflikts im Rahmen der Übernahmeverteidigung und vor allem infolge Arbeitnehmerstellung oder Mehrfachmandat ist zwar ebenfalls ein stärkerer Gegenanreiz erforderlich, allerdings nicht in demselben Maße wie bei monetären Eigengewinnen.[2464]

Zweitens dient die Aufsichtsratshaftung im Falle von Treuepflichtverletzungen oft nicht mehr primär der ordnungsgemäßen Überwachung des Vorstands, sondern der Verhinderung pflichtwidrigen reinen Eigenhandelns der Aufsichtsratsmitglieder wie beispielsweise der Ausnutzung unternehmensinterner Informationen oder Geschäftschancen. Während aber eine infolge beschränkter Aufsichtsratshaftung geringere Vorstandsüberwachung durch andere Überwachungsmaßnahmen oder Sanktionen gegenüber dem Vorstand ausgeglichen werden kann, gilt dies nicht, wenn die Aufsichtsratshaftung gerade Eigenhandeln verhindern soll.[2465]

Drittens gelten die Vorteile einer Haftungsbeschränkung aus Sicht der Gesellschafter (Reduzierung von Risikoaversion und Reduzierung eines Abschreckungseffekts auf neue Kandidaten) im Falle von Treuepflichtverletzungen nur eingeschränkt. Die Aktionäre wollen eine etwaige Risikoaversion in solchen Fällen meistens nicht verringern bzw. einen Anreiz zu solchen Handlungen setzen, da die Gewinne der Aufsichtsratsmitglieder meist zu Lasten der Aktionäre gehen. Zudem besteht die für die Risikoaversion typische Asymmetrie aus persönlichen Gewinn- und Haftungschancen für die Aufsichtsratsmitglieder nicht. Schließlich können Aufsichtsratsmitglieder die Haftung wegen Treuepflichtverletzungen besser ex ante vermeiden als Sorgfaltspflichten. Während die an Fahrlässigkeit anknüpfenden Sorgfaltspflichten erst im Nachhinein durch die Rechtsprechung konkretisiert werden, sind Treuepflichten für das Aufsichtsratsmitglied ex ante besser abgrenzbar[2466]. Auch die Gefahr einer Abschreckung neuer Kandidaten durch eine strenge Haftung gilt nicht gleichermaßen. Die Aktionäre haben regelmäßig kein Interesse an neuen Aufsichtsratsmitgliedern, die sich schon vor Amtsübernahme damit beschäftigen, dass sie haften könnten, wenn sie zu Lasten der Gesellschaft eigene Vorteile durchsetzen. Zudem ist der Abschreckungseffekt geringer, da Treuepflichtverletzungen nicht in demselben Maße wie Sorgfaltspflichtverletzungen die Gefahr hoher Schadenssummen innewohnt und Treuepflichtverletzungen für das Aufsichtsratsmitglied leichter vermeidbar sind[2467].

2463 Siehe dazu 3. Teil § 1 B. III. 7.
2464 Siehe dazu 3. Teil § 1 B. III. 7.
2465 Siehe dazu 3. Teil § 1 B. IV.
2466 Siehe dazu 3. Teil § 2 A. VIII.
2467 Siehe dazu 3. Teil § 2 B. III.

Denkbar wäre es daher ähnlich wie in Delaware[2468] generell Haftungsbeschränkungen für Treuepflichtverletzungen ausscheiden zu lassen. Alternativ könnte man wegen der besonderen Gefahren bei monetären Interessenkonflikten einen Ausschlusstatbestand nur für diese Fälle aufnehmen und Ausschlüsse für sonstige Interessenkonflikte vorerst der Gestaltung durch die Satzung zu überlassen. Mit Blick auf die Rechtssicherheit, die Erfahrung von Rechtsprechung und Gesetzgebung mit dem Begriff »Treuepflichtverletzung« und die Praktikabilität erscheint ein genereller Ausschlusstatbestand jedoch als der bessere Weg. Entsprechend könnte der neue Absatz in § 116 AktG wie folgt um einen Satz ergänzt werden:

> *(2) »Die Satzung kann bestimmen, dass die Pflicht zum Ersatz des Schadens gemäß Absatz 1 Satz 1 in Verbindung mit § 93 Absatz 2 Satz 1 beschränkt wird. Dies gilt nicht für eine Verletzung der Treuepflicht.«*

III. Kein Ausschluss für grobe Fahrlässigkeit

Denkbar wäre schließlich ein Ausschlusstatbestand für grobe Fahrlässigkeit. In Delaware gibt es keinen solchen Ausschluss. Ausgeschlossen sind dort jedoch Haftungsbeschränkungen für Handlungen »*not in good faith*«, wodurch u.a. Fälle zwischen grober Fahrlässigkeit und Vorsatz erfasst werden[2469]. Für einen Ausschluss grober Fahrlässigkeit spricht, dass auch hinsichtlich grober Fahrlässigkeit ein stärkerer Anreiz zur Pflichteinhaltung sinnvoll sein kann, damit Aufsichtsratsmitglieder nicht jede Sorgfalt vermissen lassen. Auch besteht die Gefahr einer Abschreckung neuer Kandidaten von der Amtsübernahme nur eingeschränkt. Die Aktionäre haben meist kein Interesse an neuen Aufsichtsratsmitgliedern, die aus Angst vor Haftung wegen grober Fahrlässigkeit das Amt nicht übernehmen wollen, da Kompetenz oder Wille zu fehlen scheinen.[2470] Zudem ist eine Haftung wegen grober Fahrlässigkeit für Aufsichtsratsmitglieder besser vermeidbar als bei leichter Fahrlässigkeit, die bei langfristiger Tätigkeit immer unterlaufen kann.

Gegen einen Ausschlusstatbestand spricht jedoch, dass Aktionäre im Einzelfall eine Beschränkung für grobe Fahrlässigkeit auch gezielt nutzen könnten, um neue Aufsichtsratsmitglieder anzuwerben und einen Vertrauensvorschuss zu gewähren. Den stark reduzierten präventiven Effekt könnten sie beispielsweise durch andere Kontrollmechanismen gegenüber den Aufsichtsratsmitgliedern[2471]

2468 Siehe dazu 2. Teil § 3 C. I.
2469 Siehe dazu 2. Teil § 3 C. IV.
2470 Siehe dazu 3. Teil § 2 B. III.
2471 Siehe dazu 3. Teil § 1 B. III. 2., 3., 4., 5.

oder gegenüber den zu überwachenden Vorstandsmitgliedern[2472] ausgleichen. Auch könnte die Haftung für grobe Fahrlässigkeit nicht gänzlich, sondern beispielsweise nur summenmäßig beschränkt werden. Da den Marktmechanismen grundsätzlich die Vereinbarung sinnvoller Haftungsbeschränkungen zuzutrauen ist, die paternalistischen Ausschlusstatbestände sich daher auf einen Restschutz beschränken sollten und ein Ausschluss für grobe Fahrlässigkeit nicht in jedem Fall den Interessen der Aktionäre widersprechen muss, sollte eine Regelung de lege ferenda die Gestaltung der Haftung für grobe Fahrlässigkeit vorerst dem Markt überlassen. Von einem Ausschlusstatbestand ist daher jedenfalls zunächst abzusehen.

B. Ausschluss von Haftungsbeschränkungen zur Verhinderung von Externalitäten

Um ein Marktversagen durch Externalitäten zu verhindern, sollte die unbeschränkte Haftung des Aufsichtsrats in einigen Fällen zwingend vorgeschrieben werden. Den Gesellschaftern sollte das Recht entzogen werden, über die Aufsichtsratshaftung zu bestimmen, wenn diese auf Verstößen gegen bestimmte außergesellschaftsrechtliche Normen beruht, die speziell der Verhinderung von Externalitäten der Gesellschaften dienen[2473].

Nach klassischer Arbeitsteilung stellt das Gesellschaftsrecht einen leistungsfähigen Organisationsrahmen zur Verfügung, während der Bekämpfung externer Effekte außergesellschaftsrechtliche Normen wie Umwelt-, Kartell-, Arbeitsrecht, Menschenrechtsgesetze oder das Lieferkettensorgfaltspflichtgesetz dienen, die sich an die Gesellschaften richten und damit nur mittelbar in die Entscheidung der Organmitglieder einfließen[2474].

Da jedoch gegenüber großen Unternehmen Sanktionsdefizite bestehen können und die institutionelle Haftungsbeschränkung der Aktionäre Externalitäten begünstigt, kann eine ausschließliche Adressierung der Gesellschaften unzureichend sein, um die Gesellschaften davon abzuhalten, Externalitäten zu erzeugen. In solchen Fällen kann zusätzlich die verhaltenssteuernde Wirkung der Aufsichtsratshaftung genutzt werden, um die Mitglieder des Aufsichtsrats anzureizen, die Rechtsnormen einzuhalten und damit schließlich Externalitäten ihrer Gesellschaft zu unterbinden. Ein Anreiz gegenüber einer natürlichen Person wie einem Aufsichtsratsmitglied ist mit Blick auf die dafür notwendige Sanktionshöhe deutlich leichter zu erzielen als gegenüber einem großen Unternehmen. Da die Aufsichtsratshaftung in diesem Fall Dritten dient (nicht Gesellschaft und

2472 Siehe dazu 3. Teil § 1 B. IV.
2473 Siehe dazu 3. Teil § 3 B. III.
2474 Siehe dazu 3. Teil § 3 B. III. 2.

Aktionären), muss die Haftung in diesem Umfang der Disposition der Aktionäre entzogen werden[2475].

I. Legalitätspflicht

Um dieses Ziel zu erreichen, könnte daher im Einklang mit mehreren Vertretern aus dem Schrifttum[2476] die Haftung eines Aufsichtsratsmitglieds wegen Verstoßes gegen die Legalitätspflicht und die Legalitätskontrollpflicht von der Beschränkungsmöglichkeit in der Satzung ausgenommen werden.

Nach den Überlegungen im dritten Teil ginge eine gänzlich zwingende Legalitätspflicht jedoch über das ökonomisch gebotene Maß hinaus. Die Vorteile einer Adressierung der Aufsichtsratsmitglieder neben den Gesellschaften müssen mit den volkswirtschaftlichen Kosten einer zwingenden Organhaftung wie Risikoaversion, Abschreckung neuer Kandidaten und erhöhten Vorsorgekosten abgewogen werden[2477]. Die Verletzung einer Rechtsnorm stellt ein hohes Haftungsrisiko dar, da Rechtsirrtümer nicht der Business Judgment Rule unterfallen und die Dichte an außergesellschaftsrechtlichen Normen ständig zunimmt. Einen gewissen Schutz bietet nur der Verbotsirrtum.[2478]

Ökonomisch zweckmäßiger wäre es daher, statt einer gänzlich zwingenden Legalitätspflicht, für verschiedene Rechtsbereiche und Normen abzuwägen, ob die Vorteile einer zwingenden unbeschränkten Aufsichtsratshaftung bei Verstößen in diesem Rechtsbereich oder gegen diese Normen, die volkswirtschaftlichen Kosten überwiegen. Es müsste insbesondere untersucht werden, ob in dem konkreten Bereich Sanktionsdefizite gegenüber den Gesellschaften bestehen, sodass eine zusätzliche Adressierung der Aufsichtsratsmitglieder neben den Gesellschaften erforderlich ist; zudem, ob es keine anderen Wege gibt, auf die Externalitäten der Gesellschaften zu reagieren.

Nach der Abwägung im dritten Teil sollte daher beispielsweise im Hinblick auf den Gläubigerschutz die Haftung des Aufsichtsrats zwingend sein, wenn es zu originären Verstößen gegen gläubigerschützende Drittnormen kommt oder wenn der Aufsichtsrat seine Pflicht zur Überwachung des Vorstands in Bezug auf solche Verstöße verletzt[2479]. Dasselbe Prinzip sollte auch für umwelt- und

2475 Siehe dazu 3. Teil § 3 B. III. 2., 3.

2476 *Bachmann/Goette*, Reformbedarf im Aktienrecht 2024, § 11, 275 (288); *Bachmann/Eidenmüller/Engert/Fleischer/Schön*, Rechtsregeln für die geschlossene Kapitalgesellschaft, § 4 S. 109; *Fleischer*, ZIP 2014, 1305 (1315); mit Blick auf die Anwendung arbeitsrechtlicher Grundsätze: *Paefgen*, AG 2014, 554 (569); mit Blick auf Regressbeschränkungen durch die Fürsorgepflicht: *Brommer*, AG 2013, 121 (128); *Bachmann*, Gutachten 70. DJT 2014, E 61; a.A. mit Blick auf gesetzliche summenmäßige Beschränkungen: *Bayer/Scholz*, NZG 2014, 926 (932).

2477 Siehe dazu 3. Teil § 3 B. III. 1., 3. b), 4., 5.

2478 Siehe dazu 3. Teil § 3 B. III. 5. a).

2479 Siehe dazu 3. Teil § 3 B. III. 5. a).

klimaschützende Drittnormen gelten, da insbesondere im Klimabereich eine besondere Gefahr für Externalisierung besteht[2480]. Für arbeitnehmerschützende Normen erscheint eine zwingende Aufsichtsratshaftung hingegen nicht erforderlich[2481].

Wenngleich eine solche Differenzierung hinsichtlich der außergesellschaftsrechtlichen Normen die ökonomisch zweckmäßigere Variante wäre, dürfte sie de lege ferenda praktisch kaum umsetzbar sein. Der Gesetzgeber müsste für jeden Rechtsbereich oder sogar konkrete außergesellschaftsrechtliche Normen abwägen, ob eine Verletzung eines Aufsichtsratsmitglieds hinsichtlich dieser Norm zwingend zur unbeschränkten Aufsichtsratshaftung gemäß § 116 AktG führen soll. Anschließend müsste er entsprechende Zusatznormen schaffen. Dies wäre zwar kein Novum wie § 97 Abs. 5 WpHG zeigt. Dort heißt es:

»Eine Vereinbarung, durch die Ansprüche des Emittenten gegen Vorstandsmitglieder wegen der Inanspruchnahme des Emittenten nach Absatz 1 im Voraus ermäßigt oder erlassen werden, ist unwirksam«.

Die Norm verbietet, dass das Unternehmen den Innenregress gegen das Organmitglied im Voraus beschränkt. Eine solche Abwägung und die Schaffung entsprechender Zusatznormen für sämtliche Rechtsbereiche sind jedoch für den Gesetzgeber kaum machbar.

Alternativ könnte diese Aufgabe an Rechtsprechung und Literatur übertragen werden. Beispielsweise könnte die zwingende unbeschränkte Aufsichtsratshaftung nur an Verstöße von außergesellschaftsrechtlichen Normen geknüpft werden, soweit aus Gründen des Schutzes Dritter eine unbeschränkte Pflicht zum Ersatz des Schadens »erforderlich« ist. Das Wort »erforderlich« könnte den Gerichten die Aufgabe geben, abzuwägen, ob der Normverstoß des Aufsichtsratsmitglieds zwingend mit der unbeschränkten Aufsichtsratshaftung einhergehen muss. Für einzelne Bereiche könnte sich die Rechtsprechung an Wertungen aus anderen Normen orientieren. Im Bereich des Gläubigerschutzes könnten die Gerichte beispielsweise an die Sondertatbestände der §§ 116, 93 Abs. 3 Nr. 1 bis 5 AktG anknüpfen. Da den Gläubigern für diese Verstöße ein Recht zur Geltendmachung gewährt wird (§ 93 Abs. 5 S. 2 AktG) dienen die Vorschriften in besonderen Maßen auch dem Schutz der Gläubiger[2482]. Schon nach geltendem Recht wurden organschützende Regeln daher als unzulässig eingeordnet[2483]. Entsprechend könnte in diesem Bereich eine unbeschränkte Pflicht zum Ersatz des Schadens erforderlich sein.

Für andere Bereiche fehlt jedoch eine entsprechende Anknüpfung. Dies würde zu erheblicher Rechtsunsicherheit führen. Zudem würde dies die Schutzwirkung der Haftungsbeschränkung stark reduzieren. Die Gerichte könnten erst ex

2480 Siehe dazu 3. Teil § 3 B. III. 5. c).

2481 Siehe dazu 3. Teil § 3 B. III. 5. b).

2482 *Bayer/Scholz*, NZG 2014, 926 (928).

2483 Zur Verkürzung der Verjährung der Geschäftsführerhaftung für Verstöße gegen Kapitalerhaltungsvorschriften: BGH, NJW 2002, 3777.

post in einem Gerichtsverfahren wegen Verstoßes des Aufsichtsratsmitglieds gegen eine außergesellschaftsrechtliche Norm feststellen, ob eine Haftungsbeschränkung in der Satzung auch für den konkreten Pflichtverstoß Schutz bietet oder nicht. Dies würde das Ziel, den Aufsichtsratsmitgliedern ex ante eine Vertrauensbasis zu liefern, untergraben. Der Vorteil einer satzungsmäßigen Haftungsbeschränkung gegenüber Konzepten aus der Literatur wie der Fürsorge- und Treuepflicht ist es, dass ihr Anwendungsbereich für das Aufsichtsratsmitglied leicht verständlich und ex ante abgrenzbar ist[2484].

Insgesamt sollte daher, wenngleich dies aus rechtsökonomischer Sicht nicht für jede außergesellschaftsrechtliche Norm die volkswirtschaftlich effizienteste Lösung ist, die Aufsichtsratshaftung wegen eines Verstoßes gegen die gesamte Legalitätspflicht zwingend sein. Entsprechend könnte der neue Absatz in § 116 AktG wie folgt ergänzt werden:

> *(2) »[...] Dies gilt nicht [...] und für eine Pflichtverletzung, die auf dem Verstoß gegen sonstiges Recht beruht (Legalitätspflicht).«*

In der Gesetzesbegründung könnte klargestellt werden, dass die Ausnahme sowohl die eigene Regeltreue des Aufsichtsratsmitglieds als auch die mangelhafte Überwachung des Vorstands hinsichtlich dessen Legalitätspflicht (Legalitätskontrollpflicht des Aufsichtsrats) umfasst.

II. Rückausnahme für Verstöße gegen innergesellschaftliche Normen und ausländische Rechtsnormen

Anstatt, dass für jede außergesellschaftsrechtliche Norm positiv festgelegt wird, dass ein Verstoß des Aufsichtsratsmitglieds zwingend zur unbeschränkten Aufsichtsratshaftung führen soll, könnten stattdessen andersherum für bestimmte Bereiche, in denen keine zwingende Aufsichtsratshaftung erforderlich ist, Rückausnahmen geregelt werden.

Nach den Ergebnissen im dritten Teil sollten insbesondere Verstöße gegen innergesellschaftliche Normen (u.a. Einhaltung des Unternehmensgegenstandes, der Satzung, der Kompetenzverteilung und der Hauptversammlungsbeschlüsse) nicht zwingend zur unbeschränkten Aufsichtsratshaftung führen. Wenngleich diese Fälle unter die Legalitätspflicht fallen, dient die Haftung des Aufsichtsrats in diesen Fällen nicht der Verhinderung von Externalitäten der Gesellschaft gegenüber Dritten, sondern vor allem dem Schutz der Aktionäre vor dem Aufsichtsrat und mittelbar dem Vorstand. Für diese Fälle muss die Haftung aber nicht der Disposition der Aktionäre entzogen werden[2485]; ein paternalistischer Restschutz der Aktionäre ist für diese Fälle auch nicht erforderlich. Entsprechend könnte ein dritter Satz eingefügt werden:

2484 Siehe dazu 3. Teil § 2 A. IX.
2485 Siehe dazu 3. Teil § 3 B. III. 4. c).

(2) *»[...] Satz 2 zweiter Halbsatz gilt nicht bei Verstößen gegen innergesellschaftliche Normen, die dem Schutz der Aktionäre dienen.«*

Dasselbe sollte für ausländische Rechtsnormen gelten, soweit man diese von der Legalitätspflicht als umfasst ansieht. Die zusätzliche Adressierung der Aufsichtsratsmitglieder neben den Gesellschaften dient dem Ziel, Externalitäten der Gesellschaften zu reduzieren und damit einem Marktversagen entgegenzuwirken. Ist Gesellschaftsrecht jedoch schon im Grundsatz nicht dafür zuständig, Externalitäten zu begrenzen, gilt dies erst recht für Externalitäten in fremden Staaten. Die ausländischen Gesetzgeber können selbst Regelungen schaffen, um externe Effekte zu internalisieren. Das deutsche Organhaftungsrecht sollte nicht herangezogen werden, um Marktversagen in anderen Staaten zu korrigieren[2486]. Entsprechend könnte Satz drei weiter ergänzt werden:

(2) *»[...] Satz 2 zweiter Halbsatz gilt nicht bei Verstößen gegen [...], und ausländische Rechtsnormen.«*

2486 Siehe dazu 3. Teil § 3 B. III. 4. c), anders ggf. ausnahmsweise bei globalen Externalitäten wie dem Klimawandel, siehe dazu 3. Teil § 3 B. III. 4. c).

§ 3 Abschließender Reformvorschlag

Da nach den Ergebnissen im dritten Teil aus der möglichen Beeinflussung der Aktionäre durch die Organmitglieder bei der Hauptversammlung[2487] und Informationsasymmetrien der Anleger und deren Schutz durch Standardisierung[2488] keine weiteren Einschränkungen hinsichtlich der Dispositionsfreiheit der Aktionäre über die Aufsichtsratshaftung folgen müssen, empfiehlt sich abschließend folgender Reformvorschlag für eine Änderung des § 116 AktG:

> § 116 Sorgfaltspflicht und Verantwortlichkeit der Aufsichtsratsmitglieder (Entwurf n.F., Änderungen kursiv)
>
> *(1)* Für die Sorgfaltspflicht und Verantwortlichkeit der Aufsichtsratsmitglieder gelten § 93 mit Ausnahme des Absatzes 2 Satz 3 über die Sorgfaltspflicht und Verantwortlichkeit der Vorstandsmitglieder und § 15b der Insolvenzordnung sinngemäß. Die Aufsichtsratsmitglieder sind insbesondere zur Verschwiegenheit über erhaltene vertrauliche Berichte und vertrauliche Beratungen verpflichtet. Sie sind namentlich zum Ersatz verpflichtet, wenn sie eine unangemessene Vergütung festsetzen (§ 87 Absatz 1).
>
> *(2) Die Satzung kann bestimmen, dass die Pflicht zum Ersatz des Schadens gemäß Absatz 1 Satz 1 in Verbindung mit § 93 Absatz 2 Satz 1 beschränkt wird. Dies gilt nicht für eine Verletzung der Treuepflicht und für eine Pflichtverletzung, die auf dem Verstoß gegen sonstiges Recht beruht (Legalitätspflicht). Satz 2 zweiter Halbsatz gilt nicht bei Verstößen gegen innergesellschaftliche Normen, die dem Schutz der Aktionäre dienen, und ausländische Rechtsnormen.*«

2487 Siehe dazu 3. Teil § 3 B. I. 3.
2488 Siehe dazu 3. Teil § 3 B. II.

Zusammenfassung der Arbeit

Ziel dieser Arbeit war, zu untersuchen, ob Aktionäre und GmbH-Gesellschafter die Möglichkeit haben sollten, durch Satzungsbeschluss die Haftung ihrer Aufsichtsratsmitglieder zu beschränken, um auf Haftungsrisiken der Aufsichtsratsmitglieder zu reagieren. Hierfür lassen sich folgende wesentliche Ergebnisse zusammenfassen:

1. Teil

Im ersten Teil der Arbeit konnte als Prämisse für einen Nutzen von Haftungsbeschränkungen gezeigt werden, dass für Aufsichtsratsmitglieder heutzutage ein relevantes Haftungsrisiko besteht.

Galt die Aufsichtsratshaftung vor 20 bis 25 Jahren noch als totes Recht, gilt dies heute nicht mehr. Der Anstieg der Haftungsrisiken für Aufsichtsratsmitglieder lässt sich empirisch plausibilisieren. Erklären lässt er sich zunächst mit dem Rollenwandel des Aufsichtsrats zum Mitunternehmer, der mit einer Zunahme haftungsträchtiger Pflichten einhergeht sowie mit Veränderungen in der Welt, die sich auf seinen Pflichtenumfang auswirken. Entscheidend für das Haftungsrisiko ist das strenge Aufsichtsratshaftungsrecht. Exemplarisch wurden vier Aspekte hervorgehoben. Erstens besteht im Rahmen der Aufsichtsratshaftung ein Risiko für hohe Schäden. Hohe Schäden treten sowohl in AG und (mitbestimmter) GmbH rechtsformtypisch als auch speziell beim Aufsichtsrat organtypisch auf. Zweitens ist im Rahmen der Aufsichtsratshaftung die Darlegungs- und Beweislast umgekehrt, sodass sich Aufsichtsratsmitglieder lange nach dem Ausscheiden aus dem Amt kaum mehr entlasten können, da die Literatur ihnen überwiegend nur unzureichende Ansprüche auf Herausgabe zur Verteidigung erforderlicher Dokumente gewährt. Drittens erhöht eine lange Verjährungsfrist, die sich sowohl in der AG als auch der GmbH zusätzlich verdoppeln kann, das Haftungsrisiko. Viertens tritt ein besonders starker Rückschaufehler auf, der dazu führen kann, dass Schadensersatzansprüche gegen Aufsichtsratsmitglieder bejaht werden, die materiell nicht bestehen.

Die Durchsetzung von Schadensersatzansprüchen gegen Aufsichtsratsmitglieder wird von mehreren Personengruppen übernommen. In der AG trifft den Vorstand entgegen gewichtiger Stimmen in Rechtsprechung und Literatur spiegelbildlich wie den Aufsichtsrat die strenge Verfolgungspflicht i.S. der ARAG/Garmenbeck-Rechtsprechung. In der GmbH werden Ansprüche durch die Gesellschafterversammlung durchgesetzt. Das höchste Durchsetzungsrisiko geht in beiden Rechtsformen vom Insolvenzverwalter aus. Ein weiteres Risiko geht zudem von verklagten Geschäftsleitern aus, die versuchen, bei Aufsichtsratsmitgliedern als Gesamtschuldner Regress zu nehmen. In der AG könnte zudem in Zukunft die Durchsetzung gemäß § 147 Abs. 1 AktG in dem Fall praktische Relevanz erlangen, dass ein Großaktionär ebenfalls seine Pflichten verletzt und infolgedessen beim Geltendmachungsbeschluss einem Stimmrechtsverbot unterliegt.

Schließlich können sich Aufsichtsratsmitglieder weder durch Versicherungen noch durch Regress bei den Geschäftsleitern vollständig vor einer persönlichen Inanspruchnahme schützen. Im Rahmen einer Gesamtschuld zwischen Aufsichtsratsmitgliedern und Geschäftsleitern müssen Geschäftsleiter entgegen der überwiegenden Meinung im Regelfall im Innenverhältnis nicht den vollen Schaden übernehmen.

2. Teil

Um sich der Beantwortung der Frage anzunähern, ob Gesellschafter auf diese Haftungsrisiken mit statutarischen Haftungsbeschränkungen reagieren können sollten, wurde im zweiten Teil rechtsvergleichend untersucht, ob solche Möglichkeiten in den USA und im UK bestehen.

Outside directors in den USA sowie *non-executive directors* im UK eignen sich mit Blick auf statutarische Haftungsbeschränkungen als Vergleichsgruppe für deutsche Aufsichtsratsmitglieder. In der Analyse konnte festgestellt werden, dass sie eine vergleichbare funktionale Stellung in ihren Gesellschaften einnehmen und in einer Gesamtbetrachtung aus materiellem und prozessualem Haftungsrecht ausreichend vergleichbare Haftungsrisiken aufweisen, auf die mit Haftungsbeschränkungen reagiert werden könnte.

Die meisten Bundesstaaten der USA reagieren auf das Haftungsrisiko der *directors* damit, dass sie Gesellschaftern erlauben, die Haftung ihrer *directors* durch Satzungsbeschluss zu beschränken, was in der Praxis auch standardmäßig geschieht. Die Gesetzgeber der Bundesstaaten verfolgten unter anderem die Ziele, die durch Haftungsrisiken gehemmte Risikobereitschaft der *directors* zu erhöhen und einer Abschreckung von der Amtsübernahme entgegenzuwirken. Die Möglichkeit zur Beschränkung der Haftung sieht aber mehrere Ausnahmen vor. So darf die Haftung der *directors* nicht für Treuepflichtverletzungen beschränkt werden. Die Gesetzgeber trauen den Gesellschaftern insofern nicht zu, selbst von Haftungsbeschränkungen abzusehen. Zudem ist die Haftung zu Gunsten einiger Stakeholder zwingend. Sie kann nicht für den Verstoß gegen einige gläubigerschützende Regelungen, bewusste Gesetzesverletzungen sowie für Handlungen und Unterlassungen *not in good faith* beschränkt werden. Letztere Ausnahme erfasst die *Caremark*-Rechtsprechung, wodurch auch die Haftung für schwerwiegende Verstöße gegen die Einrichtung von Compliance-Systemen zwingend ist.

Gänzlich anders geht der Gesetzgeber im UK mit den Haftungsrisiken der *directors* um. Nach Sec. 232 (1) (3) CA kann eine Gesellschaft grundsätzlich nicht wirksam die Haftung ihrer *directors* beschränken. Begründet wird dies damit, dass *directors* nicht umfassend geschützt werden sollten und Gesellschafter vor den Satzungsregeln der Gründer sowie mit Blick auf abstrakte Haftungsbeschränkungen vor sich selbst geschützt werden müssten. Zudem gebe es keine Grundlage für die Behauptung, dass ein Verbot von Haftungsbeschränkungen *directors* von der Amtsübernahme abschrecke.

3. Teil

Ausgehend von den ersten beiden Teilen wurde im dritten Teil der Arbeit untersucht, ob und in welchen Fällen Gesellschaftern aus ökonomischer Sicht die Möglichkeit gegeben sein sollte, durch Satzungsbeschluss die Haftung ihrer Aufsichtsratsmitglieder (insbesondere summenmäßig) zu beschränken.

Insofern konnte zunächst festgestellt werden, dass weder die Kompensations- noch die Präventionsfunktion der Aufsichtsratshaftung die Totalreparation erfordern, sodass Beschränkungen in Frage kommen. Kompensations- und vor allem Präventionsfunktion erfordern die Totalreparation nur, wenn ein Aufsichtsratsmitglied durch seine Pflichtverletzung auf bestimmte eigene Interessen abzielt: monetäre Eigengewinne, monetäre Gewinne für nahestehende Personen oder die Verhinderung monetärer Verluste durch das Richten in eigener Sache. Zielt das Aufsichtsratsmitglied im Rahmen einer Übernahmeverteidigung darauf ab, das eigene Mandat zu erhalten, ist Totalreparation eher erforderlich. Bei sonstigen Interessenkonflikten durch Mehrfachmandate oder Arbeitnehmerstellung kann auf die Totalreparation hingegen eher verzichtet werden.

Erst recht muss bei Sorgfaltspflichtverletzungen keine zwingende unbeschränkte Haftung bestehen. Die Präventionsfunktion muss insofern vor dem Hintergrund der Agenturkonflikte gesehen werden. Die Aufsichtsratshaftung soll den Aufsichtsrat anreizen, den Vorstand zu überwachen und damit den Agenturkonflikt zwischen Aktionären und Vorstand zu lösen. Hierfür ist jedoch auch eine summenmäßig begrenzte Haftung ausreichend, da ein Aufsichtsratsmitglied bei Sorgfaltspflichtverstößen keinen Gewinn erzielt, die D&O-Versicherung den präventiven Effekt nur modifiziert, neben der Haftungssumme auch indirekte Kosten und externe Steuerungsinstrumente wirken und kognitive Verzerrungen den präventiven Haftungseffekt verstärken. Überdies ist der Aufsichtsrat nicht das einzige Mittel, um auf den Vorstand einzuwirken.

Erst recht bedarf es in der phänotypischen GmbH nicht der Totalreparation, da Gesellschafter einer GmbH sich selbst gegenüber ihren Geschäftsführern schützen können, sodass dem Aufsichtsrat und damit auch der Aufsichtsratshaftung eine geringere Rolle zukommt. Das GmbHG bietet mehr Schutzinstrumente als das AktG und die Gesellschafter sind besser zum Selbstschutz fähig.

Gleichzeitig bestehen drei Kerngründe, die aus Sicht der Gesellschafter dafürsprechen können, Satzungsbefugnisse zur Beschränkung der Aufsichtsratshaftung zu nutzen: Risikoaversion der Aufsichtsratsmitglieder, Abschreckung von der Amtsübernahme und erhöhte Vorsorgekosten. Risikoaversion und Abschreckung von der Amtsübernahme lassen sich empirisch plausibilisieren. Eine statutarische summenmäßige Beschränkung kann diesen Gefahren abhelfen.

Das Argument der Risikoaversion gilt dabei aber nur für diversifizierte Gesellschafter und nur für die mitunternehmerischen, nicht die retrospektiven Aufgaben des Aufsichtsrats. Allgemein besteht kein Interesse der Gesellschafter an der Beschränkung der Haftung für Vorsatz und oft auch für Treuepflichtverletzungen sowie grobe Fahrlässigkeit.

Schließlich muss die Dispositionsfreiheit der Gesellschafter bzgl. der Haftung ihrer Aufsichtsratsmitglieder auch nicht umfassend wegen eines Marktversagens untersagt werden. Das Recht sollte sich de lege ferenda auf einen Restschutz durch zwingendes Recht beschränken. Es sollte nur Haftungsbeschränkungen untersagen, die nie im rationalen Interesse der Gesellschafter liegen: mithin Haftungsbeschränkungen für Vorsatz, monetäre Eigengewinne der Aufsichtsratsmitglieder und ggf. für grobe Fahrlässigkeit. Für einen solchen Restschutz spricht, dass Gesellschafter nicht umfassend, aber in geringem Maße vor sich selbst geschützt werden müssen. Gesellschafter könnten in begrenztem Maße übermäßige Haftungsbeschränkungen zu ihren Lasten beschließen oder es unterlassen, solche Beschränkungen nachträglich zu korrigieren. Es besteht zu befürchten, dass Gesellschafter bei der Entscheidung über eine abstrakte Haftungsbeschränkung mit Zukunftsbezug kognitiv überfordert sind und sich verschiedene kognitive Verzerrungen auf die Entscheidung auswirken. Zudem sprechen für einen Restschutz in der AG Kollektivhandlungs- und Trittbrettfahrerprobleme, die durch institutionelle Investoren, Hedgefonds und Stimmrechtsberater zwar reduziert, aber nicht vollständig überwunden werden.

Für weitere Einschränkungen der Dispositionsfreiheit spricht die Vermeidung von Externalitäten. Der Gesetzgeber sollte auch die Aufsichtsratshaftung nutzen, um auf Externalitäten der Gesellschaft zu reagieren. Es wäre ökonomisch zweckmäßig, den Gesellschaftern die Disposition über die Aufsichtsratshaftung zu entziehen, soweit die Aufsichtsratshaftung auf dem Verstoß gegen umwelt-, klima- und jedenfalls in der AG auch gläubigerschützende (nicht aber arbeitnehmerschützende) Normen beruht. Dasselbe gilt für die pflichtwidrige Überwachung des Geschäftsleiters bzgl. dieser Normen. Im Umwelt- und vor allem Klimabereich sollte zudem die Haftung für eine nicht ordnungsgemäße Einrichtung des internen Kontrollsystems (Compliance) mit Blick auf diesbezügliche Normverstöße zwingend sein. Hingegen rechtfertigen weder der Einfluss der Organmitglieder auf die Hauptversammlung noch der Einfluss der Stimmrechtsberater auf die Satzungsentscheidung noch der Anlegerschutz durch Standardisierung eine Untersagung von Haftungsbeschränkungen.

4. Teil

Anschließend wurde im vierten Teil untersucht, ob entsprechend der Erkenntnis des dritten Teils, dass Gesellschafter in AG und GmbH grundsätzlich die Aufsichtsratshaftung beschränken können sollten, dies schon de lege lata möglich ist. Hierfür wurde geprüft, ob Gesellschafter in der AG, der mitbestimmungsfreien GmbH sowie der mitbestimmten GmbH die Aufsichtsratshaftung durch Satzungsbeschluss beschränken können.

Nach der Untersuchung kann nur die Haftung der Aufsichtsratsmitglieder in einer AG nicht wirksam beschränkt werden. Eine entsprechende Regelung verstößt gegen die Satzungsstrenge gemäß § 23 Abs. 5 AktG. Dies gilt auch für summenmäßige Beschränkungen.

Hingegen können Gesellschafter in der mitbestimmungsfreien GmbH die Haftung der Mitglieder des fakultativen Aufsichtsrats durch Satzungsbeschluss beschränken. Eine solche Haftungsbeschränkung kann auch die Haftung für grobe Fahrlässigkeit, nicht hingegen für Vorsatz erfassen.

Entgegen der g.h.M. im Schrifttum kann schließlich auch die Haftung der Mitglieder des obligatorischen Aufsichtsrats in der mitbestimmten GmbH in der Satzung beschränkt werden. Eine wegen der rechtsformspezifischen Besonderheiten der GmbH modifizierte Anwendung der §§ 116 S. 1, 93 AktG führt dazu, dass im Gegensatz zur AG ein Gestaltungsspielraum für Gesellschafter anzuerkennen ist. Insbesondere das aktienrechtliche Verzichtsverbot gemäß § 93 Abs. 4 S. 3 AktG ist auf den obligatorischen Aufsichtsrat in der mitbestimmten GmbH nicht anzuwenden, sodass aus der Norm nicht die Unwirksamkeit einer Haftungsbeschränkung abgeleitet werden kann.

Sonstige Ansätze aus der Literatur zur Beschränkung der Haftung der AG-Aufsichtsratsmitglieder de lege lata (Halbvermögensschutzklausel, Übertragung der Grundsätze zum innerbetrieblichen Schadensausgleich) überzeugen hingegen entweder nicht aus rechtlicher und/oder aus praktischer Sicht und machen statutarische Beschränkungen daher nicht obsolet.

Da folglich in der AG kein Gestaltungsspielraum der Gesellschafter besteht, ein solcher jedoch ökonomisch zu begrüßen wäre, sollte der Gesetzgeber, entsprechend der Beschlussfassung des Schrifttums auf dem 70. Deutschen Juristentag[2489] und entsprechend der Rechtslage in den meisten Bundesstaaten der USA, auch den Aktionären in der AG entsprechende Satzungsbefugnisse einräumen, wobei die obigen Ausnahmen zum Schutz der Gesellschafter und zur Verhinderung von Externalitäten zu berücksichtigen sind. Für die mitbestimmte GmbH empfiehlt sich eine Klarstellung durch den Gesetzgeber, da das überwiegende Schrifttum die Wirksamkeit einer Haftungsbeschränkung ablehnt.

5. Teil

Abschließend wurde im fünften Teil, ausgehend von der Erkenntnis, dass die Haftung der Aufsichtsratsmitglieder in der AG de lege lata nicht in der Satzung

2489 70. DJT 2014, N 61, Beschlüsse: »Es sollte im Grundsatz unter Wahrung berechtigter Informationsinteressen möglich sein, die aktienrechtliche Innenhaftung der Organmitglieder durch die Satzung zu begrenzen«, angenommen: 74:7:6; »die Satzung sollte dabei Haftungshöchstgrenzen einführen können«, angenommen: 63:16:6.

beschränkt werden kann und dies im deutlichen Widerspruch zu den Erkenntnissen der ökonomischen Analyse aus dem dritten Teil steht, ein Reformvorschlag für § 116 AktG hergeleitet. Dafür wurde im ersten Schritt unter Wiederholung der Erkenntnisse aus dem dritten Teil aufgezeigt, dass eine Regelung de lege ferenda kein Konzept für eine Haftungsbeschränkung vorgeben, sondern den Aktionären flexible und individuelle Lösungen ermöglichen sollte.

Im zweiten Schritt wurden anschließend ähnlich dem Konzept aus Delaware, USA, Ausschlusstatbestände hergeleitet, in denen eine Haftungsbeschränkung weiterhin ausscheiden sollte. Ausgehend von den im dritten Teil dargelegten Kollektivhandlungs- und Trittbrettfahrerproblemen sowie kognitive Beschränkungen sollte entsprechend der Idee aus dem dritten Teil eine Art Restschutz der Aktionäre in die Regelung aufgenommen. Es sollten also Ausnahmen paternalistischer Natur zum Schutz der Aktionäre vor sich selbst geregelt werden. In diesem Sinne sollten vorsätzliche Pflichtverletzungen und Treuepflichtverletzungen von der Beschränkungsmöglichkeit ausgenommen werden, wobei für vorsätzliche Pflichtverletzungen kein Regelungsbedarf bestünde. Hinsichtlich der Treuepflichten sollte anders als nach den Erkenntnissen im dritten Teil nicht zwischen den unterschiedlichen Arten von Interessenkonflikten differenziert werden, um die Regelung rechtssicher und praktikabel zu machen. Für grobe Fahrlässigkeit ist vorerst keine Ausnahme erforderlich.

Die weiteren Ausnahmen zielen auf die Verhinderung von Externalitäten und damit auf den Schutz Dritter ab. Die Aufsichtsratshaftung dient in diesen Fällen dem Ziel, dass die Gesellschaften Externalitäten gegenüber Dritten unterlassen. Neben der Adressierung der Gesellschaften durch außergesellschaftsrechtliche Normen, soll auch der Aufsichtsrat durch die Aufsichtsratshaftung dazu angereizt werden, durch eigene Regeltreue und die diesbezügliche Überwachung des Vorstands dazu beizutragen, dass die Gesellschaft die außergesellschaftsrechtlichen Normen einhält und damit Externalitäten unterlassen werden.

Dieses Ziel sollte durch eine zwingende unbeschränkte Legalitätspflicht erreicht werden. Zwar ginge eine gänzlich zwingende Legalitätspflicht nach den Erkenntnissen aus dem dritten Teil über das ökonomisch gebotene Maß hinaus. Eine Differenzierung danach, gegen welche außergesellschaftsrechtliche Norm das Aufsichtsratsmitglied verstößt oder aus welchem Rechtsbereich diese Norm stammt, wäre jedoch praktisch nicht umsetzbar. Dies könnte weder durch den Gesetzgeber noch durch die Rechtsprechung sinnvoll umgesetzt werden und würde zu Rechtsunsicherheit und einem Vertrauensverlust der Aufsichtsratsmitglieder in die Haftungsbeschränkung führen.

Stattdessen sollte daher zunächst die gesamte Legalitätspflicht von der Möglichkeit einer Haftungsbeschränkung in der Satzung ausgenommen werden. Andersherum sollten dann jedoch für einzelne Bereiche, in denen eine zwingende unbeschränkte Aufsichtsratshaftung nicht erforderlich ist, Rückausnahmen geregelt werden. Nicht erforderlich ist die zwingende unbeschränkte Aufsichtsratshaftung insbesondere bei Verstößen des Aufsichtsratsmitglieds gegen innergesellschaftliche Normen, die keine Externalitäten adressieren, sondern überwiegend dem Schutz der Aktionäre dienen, und ausländische Rechtsnormen, die lediglich Externalitäten in anderen Staaten adressieren. Das deutsche Organhaftungsrecht muss kein Marktversagen in anderen Staaten korrigieren.

Daraus folgt abschließend folgender Reformvorschlag für eine Änderung des § 116 AktG:

> § 116 Sorgfaltspflicht und Verantwortlichkeit der Aufsichtsratsmitglieder (Entwurf n.F., Änderungen kursiv)
>
> *(1)* Für die Sorgfaltspflicht und Verantwortlichkeit der Aufsichtsratsmitglieder gelten § 93 mit Ausnahme des Absatzes 2 Satz 3 über die Sorgfaltspflicht und Verantwortlichkeit der Vorstandsmitglieder und § 15b der Insolvenzordnung sinngemäß. Die Aufsichtsratsmitglieder sind insbesondere zur Verschwiegenheit über erhaltene vertrauliche Berichte und vertrauliche Beratungen verpflichtet. Sie sind namentlich zum Ersatz verpflichtet, wenn sie eine unangemessene Vergütung festsetzen (§ 87 Absatz 1).
>
> *(2) Die Satzung kann bestimmen, dass die Pflicht zum Ersatz des Schadens gemäß Absatz 1 Satz 1 in Verbindung mit § 93 Absatz 2 Satz 1 beschränkt wird. Dies gilt nicht für eine Verletzung der Treuepflicht und für eine Pflichtverletzung, die auf dem Verstoß gegen sonstiges Recht beruht (Legalitätspflicht). Satz 2 zweiter Halbsatz gilt nicht bei Verstößen gegen innergesellschaftliche Normen, die dem Schutz der Aktionäre dienen, und ausländische Rechtsnormen.*«

Abkürzungen[2490]

AcP	Archiv für die civilistische Praxis
ADHGB	Gesetz betreffend die Kommanditgesellschaften auf Aktien und die Aktiengesellschaften, 1884
AG	Amtsgericht/Aktiengesellschaft/Die Aktiengesellschaft
AGB	Allgemeine Geschäftsbedingungen
AktG	Aktiengesetz
AO	Abgabenordnung
AR	Der Aufsichtsrat
ARUG II	Gesetz zur Umsetzung der zweiten Aktionärsrechterichtlinie
AVB D&O	Musterbedingungen des Gesamtverbands der Versicherer, Stand: Mai 2020
BAG	Bundesarbeitsgericht
BB	Betriebs-Berater
BeckRS	Beck-Rechtsprechung
BetrVG 1952	Betriebsverfassungsgesetz 1952
CA	Companies Act 2006
CalPERS	California Public Employees' Retirement System
CCZ	Corporate Compliance
CEO	Chief Executive Officer
CSR	Corporate Social Responsibility
DAX	Deutscher Aktienindex
DB	Der Betrieb
DCGK	Deutscher Corporate Governance Kodex 2022
Deka	DekaBank Deutsche Girozentrale (Kreditinstitut)
DJT	Deutscher Juristentag
D&O	Directors-and-Officers
DrittelbG	Gesetz über die Drittelbeteiligung der Arbeitnehmer im Aufsichtsrat
DSGVO	Datenschutz-Grundverordnung
DWS	DWS Group GmbH & Co. KGaA (Vermögensverwalter)
ECFR	European Company and Financial Law Review
ECGI	European Corporate Governance Institute
Einl.	Einleitung
ETF	Exchange-traded-fund (Börsengehandelter Fond)

2490 Den Abkürzungen liegt *Kirchner, Hildebert*, Abkürzungsverzeichnis der Rechtssprache, 10. Aufl., Berlin u.a. 2021 zugrunde. Ergänzend wird nur auf die folgenden Abkürzungen hingewiesen.

EUR	Euro
EWiR	Entscheidungen zum Wirtschaftsrecht
FS	Festschrift
FTSE 100	Financial Times Stock Exchange 100 (britischer Aktienindex)
FTSE 350	Financial Times Stock Exchange 350 (britischer Aktienindex)
GBP	Great Britain Pound (britisches Pfund)
GDV	Gesamtverband der Deutschen Versicherungswirtschaft
ggf.	gegebenenfalls
g.h.M.	ganz herrschende Meinung
GmbH	Gesellschaft mit beschränkter Haftung
GmbHG	Gesetz betreffend die Gesellschaften mit beschränkter Haftung
GmbHR	GmbH-Rundschau
GWB	Gesetz gegen Wettbewerbsbeschränkungen
GWR	Gesellschafts- und Wirtschaftsrecht
Hdb.	Handbuch
HGB	Handelsgesetzbuch
Hrsg.	Herausgeber
IPO	Initial Public Offering
InsO	Insolvenzordnung
i.S.	im Sinne
ISS	Institutional Shareholder Services Inc.
i.V.m.	in Verbindung mit
JZ	Juristen Zeitung
JuS	Juristische Schulung
KSzW	Kölner Schrift zum Wirtschaftsrecht
KWG	Gesetz über das Kreditwesen
LkSG	Gesetz über die unternehmerischen Sorgfaltspflichten zur Vermeidung von Menschenrechtsverletzungen in Lieferketten
LR	Listing Rules
M&A	Mergers & Acquisitions
MDAX	Mid-Cap-DAX (Aktienindex)
Mio.	Millionen
MitbestG	Gesetz über die Mitbestimmung der Arbeitnehmer
MontanMitbestG	Gesetz über die Mitbestimmung der Arbeitnehmer in den Aufsichtsräten und Vorständen der Unternehmen des Bergbaus und der Eisen und Stahl erzeugenden Industrie
Mrd.	Milliarde
MSCI World	Globaler Aktienindex, der die Kursentwicklung von rund 1.600 Aktien aus 23 Industrieländern abbildet
m.w.N.	Mit weiteren Nachweisen

NASDAQ	National Association of Securities Dealers Automated Quotations (US-Börse)
NBER	National Bureau of Economic Research
NJW	Neue Juristische Wochenschrift
NJW-Beil.	Neue Juristische Wochenschrift – Beilage
NJW-RR	Neue Juristische Wochenschrift Rechtsprechungs-Report
NStZ	Neue Zeitschrift für Strafrecht
NZA	Neue Zeitschrift für Arbeitsrecht
NZG	Neue Zeitschrift für Gesellschaftsrecht
OWiG	Gesetz über Ordnungswidrigkeiten
RegE	Regierungsentwurf
RIW	Recht der internationalen Wirtschaft
r+s	recht und schaden
RVG	Gesetz über die Vergütung der Rechtsanwältinnen und Rechtsanwälte
SDAX	Small-Cap-DAX (Aktienindex)
Sec.	Section
sog.	sogenannte
S&P 500	Standard & Poor's 500 (US-Aktienindex)
TecDAX	Technology DAX (Aktienindex)
TransPuG	Gesetz zur weiteren Reform des Aktien- und Bilanzrechts, zu Transparenz und Publizität vom 19. Juli 2002 – BGBl. 2002 I 2681.
UD	Universal demand Gesetze aus den USA
UMAG	Gesetz zur Unternehmensintegrität und Modernisierung des Anfechtungsrechts vom 22. September 2005 – BGBl. I S. 2802.
USD	US-Dollar
UWG	Gesetz gegen den unlauteren Wettbewerb
Vorb.	Vorbemerkung
VorstAG	Gesetz zur Angemessenheit der Vorstandsvergütung vom 31.07.2009 – BGBl. I 2009 S. 2509.
VVG	Gesetz über den Versicherungsvertrag
VW	Volkswagen AG
WM	Wertpapier Mitteilungen
WpHG	Gesetz über den Wertpapierhandel
WpÜG	Wertpapiererwerbs- und Übernahmegesetz
ZGR	Zeitschrift für Unternehmens- und Gesellschaftsrecht
ZHR	Zeitschrift für das gesamte Handels- und Wirtschaftsrecht
ZIP	Zeitschrift für Wirtschaftsrecht

Literatur

Alle Internetquellen wurden zuletzt am 1. Februar 2025 abgerufen.

Adams, Edward S. Bridging the Gap between Ownership and Control, Journal of Corporation Law 2009, Vol. 34, 409 ff.

Akerlof, George A. The Market for »Lemons«: Quality Uncertainty and the Market Mechanism, The Quarterly Journal of Economics 1970, Vol. 84, No. 3, 488 ff.

Aktiengesetz Großkommentar, Hrsg. *Hirte, Heribert, Mülbert, Peter O., Roth, Markus*, 5. Auflage 2014, Vierter Band, Teilband 2 (zitiert: GK-AktG/*Bearbeiter*).

Aktiengesetz Großkommentar, Hrsg. *Hirte, Heribert, Mülbert, Peter O., Roth, Markus*, 5. Auflage 2018, Fünfter Band (zitiert: GK-AktG/*Bearbeiter*).

Aktiengesetz Großkommentar, Hrsg. *Hirte, Heribert, Mülbert, Peter O., Roth*, Markus, 5. Auflage 2018, Achter Band (zitiert: GK-AktG/*Bearbeiter*).

Allianz Global Investors Global Corporate Governance Guidelines März 2024, abrufbar unter: https://www.allianzgi.com/en/our-firm/esg/documents.

Allianz Global Investors, Global Proxy Voting Overview abrufbar unter: https://www.allianzgi.com/en/our-firm/esg/active-stewardship#activestewardship.

Allianz Studie Fünf Risiken, auf die sich Vorstände im Jahr 2020 einstellen müssen, Pressemitteilung vom 04. Dezember 2019, abrufbar unter: https://www.agcs.allianz.com/news-and-insights/news/directors-and-officers-insurance-insights-2020-press-de.html.

Allmendinger, Christoph/Lüneborg, Cäcilie Organhaftung ehemaliger Geschäftsleiter nach dem Formwechsel einer Aktiengesellschaft in eine Gesellschaft mit beschränkter Haftung, ZIP 2017, 1842 ff.

Altmeppen, Holger Gesetz betreffend die Gesellschaften mit beschränkter Haftung, Kommentar, 11. Auflage, Passau 2023 (zitiert: *Altmeppen*).

Altmeppen, Holger Organhaftung wegen des Verjährenlassens von Ansprüchen der Kapitalgesellschaft, ZIP 2019, 1253 ff.

Altmeppen, Holger Persönliche Haftung des Aufsichtsrats für Verletzung der Massesicherungspflicht der Geschäftsleiter, ZIP 2010, 1973 ff.

Anderson, John C./ Lowe, D. Jordan/ Reckers, Philip M.J. — Evaluation of auditor decisions: Hindsigh bias effects and the expectation gap, Journal of Economic Psychology 1993, Vol. 14, 711 ff.

Annuß, Georg — (Nichts) Neues zur Arbeitnehmerhaftung?, NZA 1998, 1089 ff.

Arbeitskreis Recht des Aufsichtsrats — Eckpunkte für eine Reform des Aufsichtsratsrechts, NZG 2021, 477 ff.

Arden, Julius — Haftung der Geschäftsleiter und Aufsichtsratsmitglieder bei unklarer Rechtslage, Tübingen 2018.

Arkes, Hal R./ Faust, David/ Guilmette, Thomas J./ Hart, Kathleen — Eliminating Hindsight Bias, Journal of Applied Psychology 1988, Vol. 73, No. 2, 305 ff.

Armbrüster, Christian — Interessenkonflikte in der D&O-Versicherung, NJW 2016, 897 ff.

Armbrüster, Christian — Herausforderungen für Geschäftsleiter und Versicherer, Handelsblatt live vom 04. April 2022, abrufbar unter: https://live.handelsblatt.com/do-deckungen-in-der-insolvenz/.

Armour, John/ Black, Bernhard/ Cheffins, Brian R./ Nolan, Richard — Private Enforcement of Corporate Law: An Empirical Comparison of the UK and US, Journal of Empirical Legal Studies 2009, Vol. 6, 687 ff.

Arnold, Arnd — Die Steuerung des Vorstandshandelns, Eine rechtsökonomische Untersuchung der Principal-Agent-Problematik in Publikumskapitalgesellschaften, München 2007.

Arnold, Michael — Beteiligung von Investmentgesellschaften und Hedgefonds an börsennotierten Gesellschaften, ZHR 2021, 281 ff.

Arnold, Michael — Verantwortung und Zusammenwirken des Vorstands und Aufsichtsrats bei Compliance-Untersuchungen, ZGR 2014, 76 ff.

Arnold, Michael — Zur Pflicht des Vorstands zur Überwachung des Aufsichtsrats, Festschrift für Gerd Krieger 2020, 41 ff.

Arrow, Kenneth J. — The economics of agency, in: Hrsg. *Pratt, John W., Zeckhauser, Richard*, Principals and agents: the structure of business, Boston 1985, 37–51.

Assmann, Heinz-Dieter/ Schneider, Uwe H./ Mülbert, Peter O. — Wertpapierhandelsrecht, Kommentar, 8. Auflage 2023 (zitiert: Assmann/Schneider/Mülbert/*Bearbeiter*).

Audit Committee Quarterly IV/2018 — Audit Committee Institute e.V., abrufbar unter: https://audit-committee-institute.de/media/aci_quarterly_2018_4.pdf.

Bachmann, Gregor — Anmerkung zu LG München I, Urteil vom 10.12.2013 – 5 HKO 1387/10, ZIP 2014, 579 ff.

Bachmann, Gregor — Corporate Governance nach der Finanzkrise, AG 2011, 181 ff.

Bachmann, Gregor — Der Anwendungsbereich der ARAG-Doktrin, Festschrift für Gerd Krieger, 2020, 61 ff.

Bachmann, Gregor — Die Beschränkung der Organhaftung nach den Grundsätzen des Arbeitsrechts, ZIP 2017, 841 ff.

Bachmann, Gregor — Die Beweisbelastung ausgeschiedener Organmitglieder und ihrer Rechtsnachfolger im Haftungsprozess, Festschrift für Roderich C. Thümmel 2020, 27 ff.

Bachmann, Gregor — Haftungsrisiken für den Aufsichtsrat, AR 2024, 138 ff.

Bachmann, Gregor — Interne Ermittlungen – ohne Grenzen?, ZHR 2016, 563 ff.

Bachmann, Gregor — Organhaftung im Wirecard-Fall, Zugleich Bespr. von LG München I, Teilurteil v. 5.9.2024 – 5 HK O 17452/21, NZG 2024, 1598.

Bachmann, Gregor — Reformbedarf bei der Business Judgment Rule?, ZHR 2013, 1 ff.

Bachmann, Gregor — Reform der Organhaftung? Materielles Haftungsrecht und seine Durchsetzung in privaten und öffentlichen Unternehmen, NJW-Beilage 2014, 43 ff.

Bachmann, Gregor — Verhandlungen des 70. Deutschen Juristentages, Band I, Gutachten E, Reform der Organhaftung? – Materielles Haftungsrecht und seine Durchsetzung in privaten und öffentlichen Unternehmen, Hannover 2014.

Bachmann, Gregor — Weisungsbindung der Aufsichtsratsmitglieder in der nicht mitbestimmten GmbH, Festschrift für Eberhard Vetter 2019, 15 ff.

Bachmann, Gregor/ Eidenmüller, Horst/ Engert, Andreas/ Fleischer, Holger/ Schön, Wolfgang — Rechtsregeln für die geschlossene Kapitalgesellschaft, ZGR-Sonderheft 18, 2012.

Bachmann, Gregor/ Goette, Wulf — Gesellschaftsrechtliche Vereinigung (Hrsg.), Reformbedarf im Aktienrecht 2024, 1. Auflage 2024, § 11 Organhaftung, S. 275 ff.

Baek, Ulrich/ Götze, Cornelius/ Arnold, Christian — Festsetzung und Herabsetzung der Geschäftsführervergütung – Welche Änderungen bringt das VorstAG?, NZG 2009, 1121 ff.

Bajulaiye, Omololu/ Fenwick, Mark/ Skultetyova, Ivona/ Vermeulen, Erik P. M. — Digital Transformation in the Hedge Fund and Private Equity Industry, ECGI Law Working Paper No. 504/2020.

Baker, Lynn A./ Emery, Robert E. — When Every Relationship Is Above Average, Perceptions and Expectations of Divorce at the Time of Marriage, Law and Human Behavior 1993, Vol. 17, No. 4, 439 ff.

Battocletti, Vittoria/ Enriques, Luca/ Romano, Alessandro — Dual Class Share in the Age of Common Ownership, ECGI Law Working Paper No. 628/2022.

Bauer, Jobst-Hubertus/ Krets, Jérôme — Gesellschaftsrechtliche Sonderregeln bei der Beendigung von Vorstands- und Geschäftsführerverträgen, DB 2003, 811 ff.

Baums, Theodor — Managerhaftung und Verjährung, ZHR 2010, 593 ff.

Baums, Theodor — Risiko und Risikosteuerung im Aktienrecht, ZGR 2011, 218 ff.

Baums, Theodor/ Thoma, Georg F./ Verse, Dirk A. — Kommentar zum Wertpapiererwerbs- und Übernahmegesetz, 14. Lieferung, 09.2023 (zitiert: Baums/Thomas/ Verse/*Bearbeiter*).

Baron, Jonathan/ Hershey, John C. — Outcome bias in decision evaluation, Journal of Personality and Social Psychology 1988, Vol. 54, No. 4, 569 ff.

Barron, Greg/ Yechiam, Eldad — The coexistence of overestimation and underweighting of rare events and the contingent recency effect, Judgment and Decision Making 2009, Vol. 4, 447 ff.

Bartl, Harald/ Bartl, Angela/ Beine, Klaus/ Koch, Detlev/ Schlarb, Eberhard/ Schmitt, Michaela C. — GmbH-Recht, 9. Auflage 2024 (zitiert: Bartl/Bartl/Beine/ Koch/Schlarb/Schmitt/*Bearbeiter*).

Bayer, Walter — Anforderungen an die Geltendmachung von Ersatzansprüchen gegen den herrschenden Aktionär gem. § 147 AktG durch die Minderheit (§ 147 AktG), AG 2016, 637 ff.

Bayer, Walter — Die Vergütung von Vorstands- und Aufsichtsratsmitgliedern börsennotierter Gesellschaften nach dem RefE für das ARUG II, DB 2018, 3034 ff.

Bayer, Walter — Legalitätspflicht der Unternehmensleitung, nützliche Gesetzesverstöße und Regress bei verhängten Sanktionen, Festschrift für Karsten Schmidt 2009, 85 ff.

Bayer, Walter — Verhandlungen des 67. Deutschen Juristentages, Band I: Gutachten/Teil E: Empfehlen sich besondere Regelungen für börsennotierte und für geschlossene Gesellschaften?, Erfurt 2008.

Bayer, Walter — Vorstandshaftung in der AG de lege lata und de lege ferenda, NJW 2014, 2546 ff.

Bayer, Walter/ Hoffmann, Thomas — Der »Besondere Vertreter« i.S.v. § 147 Abs. 2 AktG (§ 147 Abs. 2 AktG), AG 2018, 337 ff.

Bayer, Walter/ Hoffmann, Thomas — Drittelbeteiligung der Arbeitnehmer im Aufsichtsrat, AG 2010, R151 ff.

Bayer, Walter/ Hoffmann, Thomas — Hauptversammlungsleitung: Statutarische Regelungen, AG 2012, R339 ff.

Bayer, Walter/ Hoffmann, Thomas — 100 Jahre GmbH-Rundschau – 100 Jahre Rechtstatsachen zur GmbH, GmbHR 2009, 1048 ff.

Bayer, Walter/ Kalss, Susanne — Gesellschaftsrechtliche Vereinigung (Hrsg.), Reformbedarf im Aktienrecht 2024, 1. Auflage 2024, § 5 Lockerung des § 23 Abs. 5 AktG, S. 108 ff.

Bayer, Walter/ Lieder, Jan/ Hoffmann, Thomas — Bundesweite Rechtstatsachen zum Unternehmens- und Gesellschaftsrecht (Stand 1.1.2023), GmbHR 2023, 709 ff.

Bayer, Walter/ Scholz, Philipp — Die Pflichten von Aufsichtsrat und Hauptversammlung beim Vergleich über Haftungsansprüche gegen Vorstandsmitglieder, ZIP 2015, 149 ff.

Bayer, Walter/ Scholz, Philipp — Haftungsbegrenzung und D&O-Versicherung im Recht der aktienrechtlichen Organhaftung, NZG 2014, 926 ff.

Bayer, Walter/ Scholz, Philipp — Organhaftung wegen Nichtdurchsetzung von Ansprüchen der Gesellschaft, NZG 2019, 201 ff.

Bebchuck, Lucian A. — Federalism and the corporation: The desirable limits on state competition in corporation law, Harvard Law Review 1992, Vol. 105, No. 7, 1443 ff.

Bebchuck, Lucian A./ Hirst, Scott — Index funds and the future of corporate governance: theory, evidence and policy, Columbia Law Review 2019, Vol. 119, No. 8, 2029 ff.

Bebchuck, Lucian A./ Cohen, Alma/ Hirst, Scott — The Agency Problems of Institutional Investors, Journal of Economic Perspectives 2017, Vol. 31, Number 3, 89 ff.

Becht, Marco/ Franks, Julian/ Grant, Jeremy — Hedge Fund Activism in Europe, ECGI Finance Working Paper No. 283/2010.

Becker, Gary S. — Crime and Punishment: An Economic Approach, NBER 1974, S. 9–54, in: Hrsg. Gary S. Becker/William M. Landes, Essays in the Economics of Crime and Punishment.

Beck-Online Großkommentar, Aktiengesetz	Hrsg. *Stilz, Eberhard, Veil, Rüdiger* München 2025 (zitiert: BeckOGK/*Bearbeiter*, AktG).
Beck-Online Kommentar, Bürgerliches Gesetzbuch	Hrsg. *Hau, Wolfgang, Poseck, Roman*, München 2025 (zitiert: BeckOK/*Bearbeiter*, BGB).
Beck-Online Kommentar, GmbHG	Hrsg. *Ziemons, Hildegard, Jaeger, Carsten, Pöschke, Moritz*, München 2022, 2024, 2025 (zitiert: BeckOK/*Bearbeiter*, GmbHG).
Beck-Online Kommentar, Handelsgesetzbuch	Hrsg. *Häublein, Martin, Hoffmann-Theinert, Roland*, München 2025 (zitiert: BeckOK/*Bearbeiter*, HGB).
Beck-Online Kommentar, OWiG	Hrsg. *Graf, Jürgen*, München 2025 (zitiert: BeckOK/*Bearbeiter*, OWiG).
Behme, Caspar	Die Vergütung der Mitglieder von Vorstand und Aufsichtsrat – gesellschaftsrechtliche Rahmenbedingungen und Haftungsrisiken, BB 2019, 451 ff.
Behrens, James B.	Delaware Section 102(b)(7): A Statutory Response to the Director and Officer Liability Insurance Crisis, Washington University Law Review 1987, Vol. 65, 481 ff.
Bénabou, Roland/ Tirole, Jean	Individual and corporate social responsibility, FEEM Working paper No. 23 2010, 1 ff.
Bhagat, Sanjai/ Romano, Roberta	Event Studies and the Law: Part II: Empirical Studies of Corporate Law, American Law and Economics Review 2002, Vol. 4, No. 2, 380 ff.
Bicker, Eike	Legalitätspflicht des Vorstands – ohne Wenn und Aber?, AG 2014, 8 ff.
Bieder, Marcus	Grund und Grenzen der Verfolgungspflicht des Aufsichtsrats bei pflichtwidrigem Vorstandshandeln, NZG 2015, 1178 ff.
Binder, Ulrike/ Kraayvanger, Jan	Regress der Kapitalgesellschaft bei der Geschäftsleitung für gegen das Unternehmen verhängte Geldbußen, BB 2015, 1219 ff.
Binder, Sabrina	Grenzen der Vorstandshaftung, Berlin 2016.
Bitter, Georg	Konzernrechtliche Durchgriffshaftung bei Personengesellschaften, 2000.
Bitter, Georg/ Rauhut, Tilman	Grundzüge zivilrechtlicher Methodik – Schlüssel zu einer gelungenen Fallbearbeitung, JuS 2009, 289 ff.
Black, Bernhard	Shareholder Passivity Reexamined, Michigan Law Review 1990, Vol. 89, 520 ff.
Black, Bernhard/ Cheffins, Brian R./ Klausner, Michael	OUTSIDE DIRECTOR LIABILITY, Stanford Law Review 2006, Vol. 55, 1155 ff.

Black, Bernhard/ Cheffins, Brian R./ Klausner, Michael	Outside Directors, Liability Risk and Corporate Governance: A Comparative Analysis, ECGI Working Paper No. 48/2005.
BlackRock	Investment Stewardship, Proxy voting guidelines for European, Middle Eastern, and African securities, Effective as of January 2024, abrufbar unter: https://www.blackrock.com/corporate/literature/fact-sheet/blk-responsible-investment-guidelines-emea.pdf.
BlackRock	Statement on compliance Shareholder Rights Directive II – Implementation of Engagement Policy, September 2020, abrufbar unter: https://www.blackrock.com/corporate/literature/publication/blk-shareholder-rights-directiveii-implementation-engagement-policy.pdf.
BlackRock	global voting spotlight 2023, BlackRock Investment Stewardship, Overview of the 2022-23 proxy voting year, abrufbar unter: https://www.blackrock.com/corporate/insights/investment-stewardship.
Blair, Margaret M.	Ownership and Control, Rethinking Corporate Governance for the Twenty-First-Century, Washington D.C. 1995.
Boecken, Winfried/ Düwell, Franz Josef/ Diller, Martin/ Hanau, Hans	Gesamtes Arbeitsrecht, 2. Auflage 2022 (zitiert: Boecken/Düwell/Diller/Hanau/*Bearbeiter*).
Fischer, Reinfrid/ Schulte-Mattler, Hermann	Kommentar zu Kreditwesengesetz, VO (EU) Nr. 575/2013 (CCR) und Ausführungsvorschriften, 6. Auflage 2023 (zitiert: R. Fischer/Schulte-Mattler/*Bearbeiter*).
Bork, Reinhard/ Schäfer, Carsten	Kommentar zum GmbH-Gesetz, 5. Auflage 2022 (zitiert: Bork/Schäfer/*Bearbeiter*).
Bormann, Michael	Kommentar zu OLG Brandenburg vom 17.2.2009 – 6 U 102/07, GmbHR 2009, 662 ff.
Borris, Christian	Schiedsgerichtsbarkeit und D&O-Versicherung, r+s 2020, 316 ff.
Brav, Alon/ Jiang, Wie/ Li, Rongchen	Governance by Persuasion: Hedge Fund Activism and the Market for Corporate Influence, Finance Working Paper No. 797/2021.
Brellochs, Michael	Institutionelle Investoren (ETF-Fonds, Versicherungen, Pensionskassen) im Gesellschafts- und Kapitalmarktrecht, ZHR 2021, 319 ff.
Brenner, Lyle A./ Koehler, Derek/ Libermann, Varda/ Tversky, Amos	Overconfidence in Probability and Frequency Judgments: A Critical Examination, Organizational Behavior and Human Decision Process 1996, Vol. 65, No. 3, 212 ff.

Brock, Karl — Legalitätsprinzip und Nützlichkeitserwägungen, Berlin 2017.

Brochet, Francois/ Srinivasan Suray — Accountability of independent directors: Evidence from firms subject to securities litigation, Journal of Financial Economics 2014, Vol. 111, 430 ff.

BrokerVergleich.de — ETFs – Zahlen und Fakten, In Deutschland in ETFs angelegtes Vermögen, ETF Anlagevolumen Privatanleger in Deutschland, abrufbar unter: https://www.brokervergleich.de/wissen/statistiken/etfs-zahlen-und-fakten/#in-deutschland-in-etfs-angelegtes-vermoegen.

BrokerVergleich.de — Neobroker-Vergleich 2022, abrufbar unter: https://www.brokervergleich.de/online-broker/neobroker/#wie-verdienen-neobroker-ihr-geld.

Brommer, Andreas — Folgen einer reformierten Aktionärsklage für die Vorstandsinnenhaftung, AG 2013, 121 ff.

Brook, Yaron/ Rao, Ramesh K. — Shareholder Wealth Effects of Directors' Liability Limitation Provisions, Journal of Financial and Quantitative Analysis 1994, Vol. 29, No. 3, 481 ff.

Brouwer, Tobias — Zustimmungsvorbehalte des Aufsichtsrats im Aktien- und GmbH-Recht, 2008.

Bruner, Christopher — Good Faith, State of Mind, and the Outer Boundaries of Director Liability in Corporate Law, Wake Forest Law Review 2006, 1131 ff.

Bürgers, Tobias/ Körber, Torsten/ Lieder, Jan — Aktiengesetz, 6. Auflage 2024 (zitiert: Bürgers/Körber/Lieder/*Bearbeiter*).

Cahn, Andreas — Aufsichtsrat und Business Judgment Rule, WM 2013, 1293 ff.

Cahn, Andreas — Sekundäre Schadensersatzpflichten des Aufsichtsrats wegen unterlassener Anspruchsdurchsetzung – Nachlese zur Easy Software-Entscheidung des BGH, ZHR 2020, 297 ff.

CalPERS — Proxy Voting, International Proxy Votes, abrufbar unter: https://www.calpers.ca.gov/page/investments/corporate-governance/proxy-voting.

Cary, William L. — Federalism and Corporate Law: Reflections Upon Delaware, The Yale Law Journal 1974, Vol. 83, Number 4, 663 ff.

Casper, Matthias — Hat die grundsätzliche Verfolgungspflicht des Aufsichtsrats im Sinne des ARAG/Garmenbeck-Urteils ausgedient?, ZHR 2012, 617 ff.

Cheffins, Brian R. — Company Law: Theory, Structure, and Operation, 1997.

Cheffins, Brian R./ Black, Bernhard	Outside Director Liability Across Countries, Texas Law Review 2006, Vol. 84, 1385 ff.
Choi, Stephen J./ Fisch, Jill E./ Kahan, Marcel	Who Calls the Shots?: How Mutual Funds Vote on Director Elections, Harvard Business Law Review 2013, Vol. 3, 35 ff.
Christensen-Szalanski, Jay J. J. Willham, Cynthia Fobian	The Hindsight Bias: A Meta-analysis, Organizational Behavior and Human Decision Processes 1991, 147 ff.
Chung, Hyeeso H./ Wynn, Jinyoung P.	Managerial legal liability coverage and earnings conservatism, Journal of Accounting and Economics 2008, Vol. 46, 135 ff.
Coffee Jr., John C.	Delaware Court of Chancery: Change, Continuity – and Competition, Columbia Business Law Review 2012, No. 2, 387 ff.
Coffee Jr., John C.	Understanding the Plaintiff's Attorney: The Implications of Economic Theory for Private Enforcement of Law Through Class and Derivative Actions, Columbia Law Review 1986, Vol. 86, 669 ff.
Coffee Jr., John C./ Palia, Daria	The Wolf at the Door: The Impact of Hedge Fund Activism on Corporate Governance, Journal of Corporation Law 2016, Vol. 41, 545 ff.
Coffee Jr., John C./ Schwartz, Donald E.	The Survival of the Derivative Suit: An Evaluation and a Proposal for Legislative Reform, Vol. 81, Columbia Law Review 1981, 261 ff.
Combe, Emmanuel/ Monnier, Constance/ Legal, Renaud	Cartels: the Probability of Getting Caught in the European Union, BEER paper no. 12, 2008.
Condon, Madison	Externalities and the common owner, Washington Law Review 2020, Vol. 95, 1 ff.
Cooter, Robert	Prices and sanctions, Columbia Law Review 1984, Vol. 84, 1523 ff.
Cox, James D./ Thomas, Randall S.	Corporate Darwinism: Disciplining managers in a world with weak shareholder litigation, North Carolina Law Review 2016, Vol. 95, 19 ff.
Cyrus, Rolf	Neue Entwicklungen in der D&O-Versicherung, NZG 2018, 7 ff.
Danninger, Nadja	Organhaftung und Beweislast, 2020.
Dauner-Lieb, Barbara/ Langen, Werner	BGB Schuldrecht Kommentar, Band 2, 4. Auflage 2021 (zitiert: Dauner-Lieb/Langen/*Bearbeiter*).
Davies, Paul	Introduction to Company Law, 3. Auflage, Oxford 2020.
Davies, Paul/ Hopt, Klaus J.	Boards in Europe – Accountability and Convergence, Law Working Paper No. 205/2013, 1 ff.

Davies, Paul, Worthington, Sarah, Hare, Christopher	Gower, Principles of Modern Company Law, 11. Auflage 2021.
Deilmann, Barbara	Abgrenzung der Überwachungsbefugnisse von Gesellschafterversammlung und Aufsichtsrat einer GmbH unter besonderer Berücksichtigung des mitbestimmten Aufsichtsrats, BB 2004, 2253 ff.
Deilmann, Barbara/ Dornbusch, Gregor	Drittanstellungen im Konzern, NZG 2016, 201 ff.
Deilmann, Barbara/ Otte, Sabine	Verteidigung ausgeschiedener Organmitglieder gegen Schadensersatzklagen – Zugang zu Unterlagen der Gesellschaft, BB 2011, 1291 ff.
Deka	Grundsätze der Stimmrechtsausübung, abrufbar unter: https://www.deka.de/privatkunden/ueber-uns/deka-investment-im-profil/corporate-governance.
Deka Investment	Engagement Bericht 2023, abrufbar unter: https://www.deka.de/privatkunden/ueber-uns/deka-investment-im-profil/corporate-governance.
Dietz, Steffen	Zulässigkeit einer Blockabstimmung der Hauptversammlung der AG, BB 2004, 452 ff.
Dietz-Vellmer, Fabian	Organhaftungsansprüche in der Aktiengesellschaft: Anforderungen an Verzicht oder Vergleich durch die Gesellschaft, NZG 2011, 248 ff.
Dominik, Riebartsch	Die Haftung des Aufsichtsrates einer Aktiengesellschaft bei Verletzung der Überwachungspflichten, Kiel 2020.
Doralt, Walter	Organhaftung und D&O-Versicherung, ZGR 2019, 996 ff.
Dörrwächter, Jan	Aktien für den Aufsichtsrat, NZG 2020, 370 ff.
Dörrwächter, Jan	Stimmrechts- und Vergütungsberatung – Interessenkonflikte und Unabhängigkeit, AG 2017, 409 ff.
Dreher, Meinrad	Der Abschluss von D&O-Versicherungen und die aktienrechtliche Zuständigkeitsordnung, ZHR 2001, 293 ff.
Dreher, Meinrad	Die D&O-Individualversicherung, Festschrift für Alfred Bergmann 2018, 145 ff.
Dreher, Meinrad	Die selbstbeteiligungslose D&O-Versicherung in der Aktiengesellschaft, AG 2008, 429 ff.
Dreher, Meinrad/ Görner, Andre	Der angemessene Selbstbehalt in der D&O-Versicherung, ZIP 2003, 2321 ff.
Drinkhausen, Florian/ Marsch-Barner, Reinhard	Zur Rechtsstellung des Aufsichtsratsvorsitzenden als Leiter der Hauptversammlung einer börsennotierten Gesellschaft, AG 2014, 757 ff.

Dunning, David/ Heath, Chip/ Suls, Jerry M. — Flawed Self-Assessment, Implications for Health, Education, and the Workplace, Psychological Science in the Public Interest 2004, Vol. 5, Number 3, 69 ff.

Dürig, Günter/ Herzog, Roman/ Scholz, Rupert — Grundgesetz Kommentar, 2024 (zitiert: Dürig/Herzog/ *Bearbeiter*).

Dzida, Boris/ Naber, Sebastian — Risikosteuerung durch variable Vergütung, BB 2011, 2613 ff.

DWS Investment GmbH — Active Ownership Engagement and Proxy Voting report 2022, abrufbar unter: https://www.dws.com/en-gb/solutions/sustainability/corporate-governance/.

DWS Investment GmbH — DWS Corporate Governance and Proxy Voting policy 2024, abrufbar unter: https://www.dws.com/en-gb/solutions/sustainability/corporate-governance/.

Easterbrook, Frank H./ Fischel, Daniel R. — Antitrust Suits by Targets of Tender Offers, Michigan Law Review 1982, Vol. 80, 1155 ff.

Easterbrook, Frank H./ Fischel, Daniel R. — Limited Liability and the Corporation, University of Chicago Law Review 1985, Vol. 52, 89 ff.

Easterbrook, Frank H./ Fischel, Daniel R. — The economic structure of corporate law, 1. Auflage 1996.

Easterbrook, Frank H./ Fischel, Daniel R. — The Corporate Contract, Columbia Law Review 1989, Vol. 89, 1416 ff.

Edenfeld, Stefan/ Neufang, Sebastian — Die Haftung der Arbeitnehmer Vertreter im Aufsichtsrat, AG 1999, 49 ff.

Eichner, Christian/ Leukel, Tim — Budget- und Mitarbeiterbefragungsrecht des Aufsichtsrats im Kontext aktienrechtlicher Compliance, AG 2020, 513 ff.

Eidenmüller, Horst — Effizienz als Rechtsprinzip, 4. Auflage, Tübingen 2015.

Eidenmüller, Horst — Kapitalgesellschaftsrecht im Spiegel der ökonomischen Theorie, JZ 2001, 1041 ff.

Eisenberg, Melvin A. — Corporations and other Business Organizations: Cases and Materials, 8. Aufl. 2000.

Eisenberg, Melvin A. — The Limits of Cognition and the Limits of Contract, Stanford Law Review 1995, Vol. 47, No. 2, 211 ff.

Eisenberg, Melvin A. — The Structure of Corporation Law, Columbia Law Review 1989, Vol. 89, 1461 ff.

Ellerbrok, Torben — Die Präventionswirkung des Staatshaftungsrechts, Die Verwaltung 2021, 189 ff.

Engert, Andreas — Hedgefonds als aktivistische Aktionäre, ZIP 2006, 2105 ff.

Eufinger, Alexander	Organhaftung bei Verzicht auf Schadensersatzansprüche gegenüber Arbeitnehmern, GWR 2018, 267 ff.
Erfurter Kommentar zum Arbeitsrecht, Hrsg.	*Müller-Glöge, Rudi, Preis, Ulrich, Schmidt, Ingrid,* 25. Auflage, München 2025 (zitiert: ErfK/*Bearbeiter*).
Erickson, Jessica	Corporate Governance in the courtroom: An empirical analysis, William & Mary Law Review 2010, Vol. 51, 1749 ff.
Erman	Bürgerliches Gesetzbuch, Handkommentar, 17. Auflage 2023 (zitiert: Erman/*Bearbeiter*).
Ernst & Young GmbH	Wem gehört der DAX? Analyse der Aktionärsstruktur der DAX-Unternehmen im Jahr 2018 – Kurzfassung, Juni 2019.
Eßwein, Kilian K.	Privatautonome Gestaltung der Vorstandshaftung, 2015.
Explanatory Notes des Government Department	zu Sec. 232, abrufbar unter: https://www.legislation.gov.uk/ukpga/2006/46/notes/division/8/7/1.
Extraetf.com	ETF-Markt für Privatanleger, So investieren Privatanlegerinnen und Privatanleger in ETFs, Marktbericht Oktober 2022, abrufbar unter: https://de.extraetf.com/wissen/etf-markt-fuer-privatanleger.
Fassbach, Burkhard/ Wettich, Carsten	Der Aufsichtsrat: Überwachungsaufgabe, persönliche Haftung und D&O-Versicherung, KSzW 2016, 269 ff.
Fassbach, Burkhard/ Wettich, Carsten	Die D&O-Versicherung in der Hauptversammlung, GWR 2016, 199 ff.
Faure, Michael G./ Leyens, Patrick C.	Directors' and Officers' Liability: Economic Analysis, ECGI Law Working Paper No. 376/2017.
Favoccia, Daniela/ Thorborg, Heiner	Haftung und Reputation: Aufsichtsräte sehen steigendes Risiko, AR 2017, 170 ff.
Fehrenbach, Markus	Zur Frage, ob sich aus dem geltenden Recht Regeln zur Haftungsverschonung oder Haftungsbegrenzung zugunsten von Vorstandsmitgliedern ableiten lassen, AG 2015, 761 ff.
Feldstein, Martin	The Optimal Level Of Social Security Benefits, NBER Working Paper No. 970 1982, 1 ff.
Fich, Eliezer M./ Shivdasani, Anil	Financial fraud, director reputation, and shareholder wealth, Journal of Financial Economics 2007, Vol. 86, 306 ff.
Financial Reporting Council Developments	In Corporate Governance 2011, The Impact And Implementation Of The UK Corporate Governance And Stewardship Codes, Dezember 2011.
Fischel, Daniel R.	The Corporate Governance Movement, Vanderbilt Law Review 1982, Vol. 35, 1259 ff.

Fischel, Daniel R./ Bradley, Michael The role of liability and the derivative suit in corporate law: A theoretical and empirical analysis, Cornell Law Review 1986, Vol. 71, 261 ff.

Fischer, Nicolai Die existenzvernichtende Vorstandshaftung und ihre Begrenzung durch Satzungsbestimmung (de lege lata), Berlin 2018.

Fischer, Sebastian Die Verjährung beim Gesamtschuldnerregress unter Organmitgliedern, ZIP 2014, 406 ff.

Fischhoff, Baruch/ Beyth, Ruth I knew it would happen: Remembered probabilities of once — future things, Organizational Behavior and Human Performance 1975, Vol. 13, 1 ff.

Fleck, Hans-Joachim Eigengeschäfte eines Aufsichtsratsmitglieds, Festschrift für Theodor Heinsius 1991, 89 ff.

Fleischer, Holger Aktienrechtliche Legalitätspflicht und »nützliche« Pflichtverletzungen von Vorstandsmitgliedern, ZIP 2005, 141 ff.

Fleischer, Holger Aufsichtsratshaftung – Anspruchsverjährung – Selbstbezichtigung: Das Easy-Software-Urteil des BGH; ZIP 2018, 2341 ff.

Fleischer, Holger Behavioral Law and Economics im Gesellschafts- und Kapitalmarktrecht – ein Werkstattbericht, Festschrift für Ulrich Immenga 2004, 575 ff.

Fleischer, Holger Corporate Governance in Europa als Mehrebenensystem, ZGR 2012, 160 ff.

Fleischer, Holger Das unternehmerische Ermessen des GmbH-Geschäftsführers und seine GmbH-spezifischen Grenzen, NZG 2011, 521 ff.

Fleischer, Holger Die »Business Judgment Rule« im Spiegel von Rechtsvergleichung und Rechtsökonomie, Festschrift für Herbert Wiedemann 2002, 827 ff.

Fleischer, Holger Die »Business Judgment Rule«: Vom Richterrecht zur Kodifizierung, ZIP 2004, 685 ff.

Fleischer, Holger Gestaltungsgrenzen für Zustimmungsvorbehalte des Aufsichtsrats nach § 111 Abs. 4 S. 2 AktG (§ 111 Abs. 4 S. 2 AktG), BB 2013, 835 ff.

Fleischer, Holger Grundfragen der ökonomischen Theorie im Gesellschafts- und Kapitalmarktrecht, ZGR 2001, 1 ff.

Fleischer, Holger Haftungsfreistellung, Prozesskostenersatz und Versicherung für Vorstandsmitglieder – eine rechtsvergleichende Bestandsaufnahme zur Enthaftung des Managements, WM 2005, 909 ff.

Fleischer, Holger Handbuch des Vorstandsrechts, 1. Auflage, München 2006 (zitiert: Fleischer/*Bearbeiter*, Hdb. des Vorstandsrechts).

Fleischer, Holger Informationsasymmetrie im Vertragsrecht, Eine rechtsvergleichende und interdisziplinäre Abhandlung zu Reichweite und Grenzen vertragsschlußbezogener Aufklärungspflichten, München 2001.

Fleischer, Holger Klimaschutz im Gesellschafts-, Bilanz- und Kapitalmarktrecht, DB 2022, 37 ff.

Fleischer, Holger Ruinöse Managerhaftung: Reaktionsmöglichkeiten de lege lata und de lege ferenda, ZIP 2014, 1305 ff.

Fleischer, Holger Satzungsmäßige Haftungshöchstgrenzen und andere Haftungsmilderungen für Aufsichtsratsmitglieder?, AR 2014, 100 ff.

Fleischer, Holger Verantwortlichkeit von Bankgeschäftsleitern und Finanzmarktkrise, NJW 2010, 1504 ff.

Fleischer, Holger Vergleiche über Organhaftungs-, Einlage- und Drittansprüche der Aktiengesellschaft, AG 2015, 133 ff.

Fleischer, Holger Vertrauen von Geschäftsleitern und Aufsichtsratsmitgliedern auf Informationen Dritter, ZIP 2009, 1397 ff.

Fleischer, Holger Vorstandshaftung wegen pflichtwidrig unterlassener Einholung eines Zustimmungsbeschlusses des Aufsichtsrats, DB 2018, 2619 ff.

Fleischer, Holger Zukunftsfragen der Corporate Governance in Deutschland und Europa: Aufsichtsräte, institutionelle Investoren, Proxy Advisors und Whistleblowers, ZGR 2011, 155 ff.

Fleischer, Holger Zum Inhalt des »Unternehmensinteresses« im GmbH-Recht, GmbHR 2010, 1307 ff.

Fleischer, Holger Zur ergänzenden Anwendung von Aktienrecht auf die GmbH, GmbHR 2008, 673 ff.

Fleischer, Holger Zur Rolle und Regulierung von Stimmrechtsberatern (Proxy Advisors) im deutschen und europäischen Aktien- und Kapitalmarktrecht, AG 2012, 2 ff.

Fleischer, Holger/ Danninger, Nadja Darlegungs- und Beweislast bei Organhaftung und Gesamtrechtsnachfolge, AG 2020, 193 ff.

Fleischer, Holger/ Zimmer, Daniel Beitrag der Verhaltensökonomie (Behavioral Economics) zum Recht, Beihefte der Zeitschrift für das gesamte Handelsrecht und Wirtschaftsrecht, Frankfurt a.M. 2011.

Foerster, Max Beweislastverteilung und Einsichtsrecht bei Inanspruchnahme ausgeschiedener Organmitglieder, ZHR 2012, 221 ff.

Fonk, Hans-Joachim Zustimmungsvorbehalte des AG-Aufsichtsrats, ZGR 2006, 841 ff.

Fortmann, Michael Cyber-/Datenrisiken: Erhebliche Gefahr für Geschäftsleiter und D&O-Versicherer?, r+s 2019, 688 ff.

Frechen, Fabian/ Kochheim, Martin L. Fremdfinanzierung von Prozessen gegen Erfolgsbeteiligung, NJW 2004, 1213 ff.

Freiherr von Falkenhausen Die Haftung außerhalb der Business Judgment Rule, NZG 2012, 644 ff.

Freund, Stefan Gesamtschuldnerregress in der Organhaftung, GmbHR 2013, 785 ff.

Freund, Stefan Organhaftung in der Bauwirtschaft, NJW 2013, 2545 ff.

Freund, Stefan Risikomanagement für Geschäftsführer und Vorstände, NZG 2021, 579 ff.

Freund, Stefan Starke Aufsichtsräte in der Organhaftung, NZG 2018, 1361 ff.

Friedman, Milton Capitalism and Freedom, Chicago 1962.

Fuchs, Andreas/ Zimmermann, Martin Wertpapierhandelsgesetz (WpHG, MAR), Kommentar, 3. Auflage 2024 (zitiert: Fuchs/Zimmermann/*Bearbeiter*).

Füllbrunn, Sascha/ Luhan, Wolfgang Responsibility and limited liability in decision making for others – An experimental consideration, Journal of Economic Psychology 2020, Vol. 77, 1 ff.

Gantchev, Nickolay/ Gredil, Oleg/ Jotikasthira, Chotibhak Governance under the Gun: Spillover Effects of Hedge Fund Activism, ECGI Finance Working Paper No. 562/2018.

Gaul, Björn/ Otto, Björn Auswirkungen des TransPuG auf das Verhältnis zwischen GmbH-Geschäftsführung und Aufsichtsrat, GmbHR 2003, 6 ff.

Gaul, Felix Regressansprüche bei Kartellbußen im Lichte der Rechtsprechung und der aktuellen Debatte über die Reform der Organhaftung, AG 2015, 109 ff.

Gehrlein, Markus/ Born, Manfred/ Simon, Stefan GmbHG, Gesetz betreffend die Gesellschaften mit beschränkter Haftung, Kommentar, 6. Auflage 2024 (zitiert: Gehrlein/Born/Simon/*Bearbeiter*).

Germis, Carsten INTERNE UNTERSUCHUNG ENDET: VW schließt den Dieselskandal ab, Frankfurter Allgemeine Zeitung Online vom 22. Juli 2021, abrufbar unter: https://www.faz.net/aktuell/wirtschaft/unternehmen/interne-untersuchung-endet-vw-schliesst-dieselskandal-ab-17449315.html#:~:text=VW%20schlie%C3%9Ft%20den%20Dieselskandal%20ab&text=Mit%20dem%20Vergleich%20mit%20Winterkorn,Zukunft%20%E2%80%93%20und%20setzt%20ambitionierte%20Ziele.

GDV Gesamtverband der Versicherer — Allgemeine Versicherungsbedingungen für die Vermögensschaden-Haftpflichtversicherung von Aufsichtsräten, Vorständen und Geschäftsführern (AVB D&O), Musterbedingungen des GDV, Stand: Mai 2020, abrufbar unter: https://www.gdv.de/resource/blob/6044/9d0c760f8106f1a81a8a20d4cc6ee12a/05-allgemeine-versicherungsbedingungen-fuer-die-vermoegensschaden-haftpflichtversicherung-von-aufsichtsraeten--vorstaenden-und-geschaeftsfuehrern--avb-d-o--data.pdf.

GDV Gesamtverband der Versicherer — Schaden und Unfall, GDV korrigiert D&O-Statistik – Schadenquote sinkt 2021 deutlich, Artikel vom 07. Oktober 2022, abrufbar unter: https://www.gdv.de/gdv/medien/medieninformationen/gdv-korrigiert-d-o-statistik-schadenquote-sinkt-2021-deutlich--105184.

Geßler, Ernst — Nichtigkeit von Hauptversammlungsbeschlüssen und Satzungsbestimmungen, ZGR 1980, 427 ff.

Gestaltungsfreiheit im Gesellschaftsrecht — Deutschland, Europa und USA, 11. ZGR-Symposium »25 Jahre ZGR«, Hrsg. *Lutter, Marcus, Wiedemann, Herbert*, ZGR-Sonderheft 13, 1998.

Gevurtz, Franklin A. — Corporation Law, 3. Auflage, 2021.

Giesen, Christoph — Prozess um Siemens-Korruptionsaffäre: Ex-Finanzchef Neubürger soll 15 Millionen zahlen, Süddeutsche Zeitung Online vom 11. Dezember 2013, abrufbar unter: https://www.sueddeutsche.de/wirtschaft/prozess-um-siemens-korruptionsaffaere-ex-finanzchef-neubuerger-muss-wohl-15-millionen-zahlen-1.1840755#:~:text=Ein%20Mann%2C%20der%20eigentlich%20mit,Millionen%20Euro%20an%20Siemens%20zur%C3%BCckzuzahlen.

Gilson, Ronald J./ Jeffrey Gordon N. — The agency costs of agency capitalism: Activist investors and the revaluation of governance rights, Columbia Law Review 2013, Vol. 113, 863 ff.

Gilson, Ronald J./ Jeffrey Gordon N. — Controlling Controlling Shareholders, University of Pennsylvania Law Review 2003, Vol. 152, 785 ff.

Giroux, Megan E./ Coburn, Patricia E./ Harley, Erin M./ Conolly, Deborah A./ Bernstein, Daniel M. — Hindsight Bias and Law, Zeitschrift für Psychologie 2016, Vol. 224, No. 3, 190 ff.

GLASS LEWIS, 2024 — Policy Guidelines Germany, Continental Europe, United States, abrufbar unter: https://www.glasslewis.com/voting-policies-upcoming/.

GmbH-Großkommentar	Hrsg. *Habersack, Mathias, Casper, Matthias, Löbbe, Marc*, Band I, 3. Auflage 2019 (zitiert: GmbH-GK/*Bearbeiter*).
GmbH-Großkommentar	Hrsg. *Habersack, Mathias, Casper, Matthias, Löbbe, Marc*, Band II, 3. Auflage 2020 (zitiert: GmbH-GK/*Bearbeiter*).
Goj, Philip	Verjährungsbeginn der aktienrechtlichen Organhaftung bei sog. »Dauerunterlassen«, ZIP 2019, 447 ff.
Gojdka, Victor	Hauptversammlungen: Die Einflüsterer im Dax, Süddeutsche Zeitung Online vom 15. November 2018, abrufbar unter: https://www.sueddeutsche.de/wirtschaft/hauptversammlungen-die-einfluesterer-im-dax-1.4212666.
Gordon, Jeffrey N.	The mandatory structure of corporate law, Columbia Law Review 1989, Vol. 89, No. 7, 1549 ff.
Gordon, Jeffrey N.	Shareholder initiative: A social choice and game theoretic approach to corporate law, Cincinnati Law Review 1991, Vol. 60, 347 ff.
Gordon, Jeffrey N.	Ties that Bond: Duel Class Common Stock and the Problem of Shareholder Choice, California Law Review 1988, Vol. 76, No. 1, 1 ff.
Götz, Heinrich	Rechte und Pflichten des Aufsichtsrats nach dem Transparenz- und Publizitätsgesetz, NZG 2002, 599 ff.
Götz, Heinrich	Zustimmungsvorbehalte des Aufsichtsrats der Aktiengesellschaft, ZGR 1990, 633 ff.
Green, Edith/ Johns, Michael/ Bowman, Jason	The Effects of Injury Severity on Jury Negligence, Law and Human Behavior 1999, Vol. 23, No. 6, 675 ff.
Griffith, Sean J.	Opt-In Stewardship: Designing an Optimal Default Rule for Mutual Fund Voting, Texas Law Review 2020, Vol. 98, 983 ff.
Grigoleit, Hans Christoph	Aktiengesetz Kommentar, 2. Auflage, München 2020 (zitiert: Grigoleit/*Bearbeiter*).
Grigoleit, Hans Christoph	Begründungslinien der Legalitätsverantwortung im Kapitalgesellschaftsrecht, Festschrift für Karsten Schmidt 2019, 367 ff.
Groh, Jakob	Das Einsichtsrecht des ausgeschiedenen, in Anspruch genommenen Vorstandsmitglieds: Umfang, Umsetzung und Verletzungsfolgen, ZIP 2021, 724 ff.
Grooterhorst, Johannes	Das Einsichtnahmerecht des ausgeschiedenen Vorstandsmitgliedes in Geschäftsunterlagen im Haftungsfall, AG 2011, 389 ff.

Großfeld, Bernhard/ Brondics, Klaus	Die Stellung des fakultativen Aufsichtsrates (Beirat) in der Gesellschaft mit beschränkter Haftung und in der GmbH & Co KG, AG 1987, 293 ff.
Grüneberg	Bürgerliches Gesetzbuch, 84. Auflage 2025 (zitiert: Grüneberg/*Bearbeiter*).
Grunewald, Barbara	Haftungsvereinbarungen zwischen Aktiengesellschaft und Vorstandsmitgliedern, AG 2013, 813 ff.
Grunewald, Barbara	Interne Aufklärungspflichten von Vorstand und Aufsichtsrat, NZG 2013, 841 ff.
Grunewald, Barbara	Satzungsfreiheit für das Beschlussmängelrecht, NZG 2009, 967 ff.
Guntermann, Lisa M.	Der Gesamtschuldnerregress unter Vorstandsmitgliedern, AG 2017, 606 ff.
Guntermann, Lisa M.	Der Verjährungsbeginn gem. § 93 VI AktG im Falle der Pflichtverletzung durch Unterlassen – am Beispiel der Haftung des Aufsichtsrats nach verbotener Einlagenrückgewähr, NZG 2018, 851 ff.
Guntermann, Lisa M./ Noack, Ulrich	Gesamtschuldnerregress in der aktienrechtlichen Organhaftung – Haftungsquoten, gestörte Gesamtschuld und D&O-Versicherung, Festschrift für Barbara Grunewald 2021, 253 ff.
Guthrie, Chris/ Rachlinski, Jeffrey J./ Wistrich, Andrew	Inside the Judicial Mind, Cornell Law Faculty Publications 2001, 777 ff.
Haarmann, Wilhelm/ Weiß, Michael	Reformbedarf bei der aktienrechtlichen Organhaftung, BB 2014, 2115 ff.
Haberer, Thomas	Zwingendes Kapitalgesellschaftsrecht, Rechtfertigung und Grenzen, Wien 2009.
Habersack, Mathias	Der Aufsichtsrat zwischen Geschäftsführungsverbot und Überwachungsaufgabe, NZG 2020, 881 ff.
Habersack, Mathias	Enthaftung des Vorstandsmitglieds qua Anstellungsvertrag, NZG 2015, 1297 ff.
Habersack, Mathias	19 Jahre »ARAG/Garmenbeck« – und viele Fragen offen, NZG 2016, 321 ff.
Habersack, Mathias	Perspektiven der aktienrechtlichen Organhaftung, ZHR 2013, 782 ff.
Habersack, Mathias	Verhandlungen des 69. Deutschen Juristentages, Band I, Gutachten E, Staatliche und halbstaatliche Eingriffe in die Unternehmensführung, München 2012.
Habersack, Mathias	Wandlungen des Aktienrechts, AG 2009, 1 ff.

Habersack, Mathias/ Henssler, Martin — Mitbestimmungsrecht, Kommentierung des MitbestG, des DrittelbG, des SEBG und des MgVG, 4. Auflage 2018 (zitiert: Habersack/Henssler/*Bearbeiter*).

Hagen, Patrick — Managerhaftpflicht: Ex-Wirecard-Chef gewinnt gegen Versicherer, Süddeutsche Zeitung Online vom 07. Juli 2021, abrufbar unter: https://www.sueddeutsche.de/wirtschaft/markus-braun-wirecard-schadenersatz-1.5345243.

Hanau, Peter — Verpflichtung zur Abführung von Aufsichtsratsvergütungen an die Hans-Böckler-Stiftung, Arbeitspapier 254, Rechtsgutachten Hans-Böckler Stiftung, 2012.

Hannigan, Brenda — Company Law, 6. Auflage, Oxford 2021.

Harbarth, Stephan — § 93 Abs. 4 Satz 3 AktG und kartellrechtliche Kronzeugenregelungen, Liber Amicorum für Martin Winter 2011, 215 ff.

Harbarth, Stephan/ Brechtel, Micha — Rechtliche Anforderungen an eine pflichtgemäße Compliance-Organisation im Wandel der Zeit, ZIP 2016, 241 ff.

Harbarth, Stephan/ Höfer, Carl — Beginn der Dreijahresfrist des § 93 IV 3 AktG bei nicht abgeschlossener Schadensentstehung, NZG 2016, 686 ff.

Harbarth, Stephan/ Jaspers, Philipp — Verlängerung der Verjährung von Organhaftungsansprüchen durch das Restrukturierungsgesetz, NZG 2011, 368 ff.

Harley, Erin M. — Hindsight Bias In Legal Decision Making, Social Cognition 2007, Vol. 25, No. 1, 48 ff.

Hart, Oliver/ Zingales, Luigi — Companies should maximize shareholder welfare not market value, Journal of Law, Finance, and Accounting 2017, 247 ff.

Hasselbach, Kai — Der Verzicht auf Schadensersatzansprüche gegen Organmitglieder, DB 2010, 2037 ff.

Hasselbach, Kai, Seibel, Markus — Die Freistellung von Vorstandsmitgliedern und leitenden Angestellten von der Haftung für Kartellrechtsverstöße, AG 2008, 770 ff.

Haugh, Todd — Caremark's Behavioral Legacy, Temple Law Review 2018, Vol. 90, 611 ff.

Hauptgutachten — XXII der Monopolkommission gemäß § 44 Abs. 1 Satz 1 GWB, Wettbewerb 2018, 2018.

Hawkins, Scott A., Hastie, Reid — Hindsight: Biased Judgments of Past Events After the Outcomes Are Known, Psychological Bulletin 1990, Vol. 107, No. 3, 311 ff.

Heidel, Thomas — Aktien- und Kapitalmarktrecht, 6. Auflage 2024 (zitiert: Heidel/*Bearbeiter*).

Heinrich, Andreas — Wann machen Schiedsklauseln in Gesellschaftsverträgen Sinn und worauf ist dabei zu achten?, NZG 2016, 1406 ff.

Hell, Patrick — Institutionelle Investoren, Stewardship und ESG, NZG 2019, 338 ff.

Hell, Patrick — Stimmrechtsberater in der modernen Corporate Governance, ZGR 2021, 50 ff.

Helmrich, Jan/ Eidam, Lutz — Untreue durch Verzicht auf Schadensersatzforderungen gegen (ehemalige) Führungskräfte einer Aktiengesellschaft?, ZIP 2011, 257 ff.

Hemeling, Peter — Neuere Entwicklungen in der D & O-Versicherung, Festschrift für Michael Hoffmann-Becking 2013, 491 ff.

Hemeling, Peter — Organisationspflichten des Vorstands zwischen Rechtspflicht und Opportunität, ZHR 2011, 368 ff.

Henn, Harry G./ Alexander, John R. — Laws of Corporations and other business enterprises, 3. Auflage, 1983.

Hennrichs, Joachim — Wahrheit und Dichtung – oder: Aspekte zur Wiederherstellung des Vertrauens in Bilanzen, Festschrift für Völker Röhricht 2005, 881 ff.

Henssler, Martin/ Strohn, Lutz — Gesellschaftsrecht, 6. Auflage, München 2024 (zitiert: Henssler/Strohn/*Bearbeiter*).

Henssler, Martin/ Willemsen, Heinz J./ Kalb, Heinz-Jürgen — Arbeitsrecht Kommentar, 11. Auflage 2024 (zitiert: Henssler/Willemsen/Kalb/*Bearbeiter*).

Heron, Randall A./ Lewellen, Wilbur G. — An Empirical Analysis of the Reincorporation Decision, Journal of Financial and Quantitative Analysis 1998, Vol. 33, No. 4, 549 ff.

Herresthal, Carsten — Die Wirksamkeit von Schiedsabreden mit Vorständen und Geschäftsführern bei Organhaftungsstreitigkeiten, ZIP 2014, 345 ff.

Hicks, John R. — The foundations of welfare economics, Economic Journal 1939, Vol. 49, 696 ff.

Hill, Claire — The Rhetoric of Negative Externalities, Seattle University Law Review 2016, Vol. 39, No. 2, 517 ff.

Hill, Claire/ McDonnel, Brett H. — Reconsidering board oversight duties after the financial crisis, University of Illinois Law Review 2013, Vol. 2013, No. 3, 859 ff.

Hippeli, Michael — Zur Rechtsfigur der actio pro societate – Anerkennung der kleinen Schwester der actio pro socio, GWR 2018, 61 ff.

Hitz, Joerg-Markus/ Lehmann, Nico Empirical Evidence on the Role of Proxy Advisors in European Capital Markets, European Accounting Review 2018, Taylor & Francis Journals, Vol. 27, 713 ff.

Hoffmann, Gunter M. Existenzvernichtende Haftung von Vorständen und Aufsichtsräten?, NJW 2012, 1393 ff.

Holle, Philipp M. Aufarbeitung pflichtwidrigen Vorstandshandelns durch Aufsichtsrat und Aktionäre Inhalt, ZHR 2018, 569 ff.

Hölters, Wolfgang/ Weber, Markus Aktiengesetz Kommentar, 4. Auflage, München 2022 (zitiert: Hölters/Weber/*Bearbeiter*).

Hopt, Klaus J. Der Aufsichtsrat – Bedeutungswandel, Konvergenz, unternehmerische Mitverantwortung, Pflichten- und Haftungszuwachs –, ZGR 2019, 507 ff.

Hopt, Klaus J. Die Haftung von Vorstand und Aufsichtsrat – Zugleich ein Beitrag zur corporate governance-Debatte, Festschrift für Ernst-Joachim Mestmäcker 1996, 909 ff.

Hopt, Klaus J. Die Verantwortlichkeit von Vorstand und Aufsichtsrat: Grundsatz und Praxisprobleme – unter besonderer Berücksichtigung der Banken, ZIP 2013, 1793 ff.

Hopt, Klaus J./ Binder, Jens-Hinrich/ Böcking, Hans-Joachim, Handbuch Corporate Governance von Banken und Versicherungen, München 2020 (zitiert: Hopt/J.-H. Binder/Böcking/*Bearbeiter*).

Hopt, Klaus J./ Leyens, Patrick C. Der Deutsche Corporate Governance Kodex 2020, ZGR 2019, 929 ff.

Hopt, Klaus J./ Leyens, Patrick C. The Structure of the Board of Directors: Boards and Governance Strategies in the US, the UK and Germany, ECGI Law Working Paper No. 567/2021, 1–46.

Horn, Norbert Die Haftung des Vorstands der AG nach § 93 AktG und die Pflichten des Aufsichtsrats (§ 93 AktG), ZIP 1997, 1129 ff.

Hösch, Antonia/ Schrader, Megan Klimaklagen als Unternehmensrisiko, BOARD 2022, 190 ff.

Hoss, Juliane Gesamtschuldnerische Vorstandshaftung, Düsseldorf 2021.

S&P Global Market Intelligence Deutscher Investor Relations Verband, Who owns the German Dax, The Ownership Structure of the German DAX 40 in 2021 – A joint study of S&P Global Market Intelligence and DIRK, 9. Auflage 2022.

Ihlas, Horst D & O, Directors & Officers Liability, 2. Auflage, Berlin 2009.

Ihrig, Hans-Christoph Reformbedarf beim Haftungstatbestand des § 93 AktG, WM 2004, 2098 ff.

ISS, Institutional Shareholder Services Continental Europe, Proxy Voting Guidelines 2024, Benchmark Policy Recommendations, Effective for Meetings on or after February 1, 2024, veröffentlicht Januar 2024, abrufbar unter: https://www.issgovernance.com/policy-gateway/voting-policies/.

ISS, Institutional Shareholder Services United States, Proxy Voting Guidelines 2024, Benchmark Policy Recommendations, Effective for Meetings on or after February 1, 2024, veröffentlicht Januar 2024, abrufbar unter: https://www.issgovernance.com/policy-gateway/voting-policies/.

Jaeger, Carsten/ Trölitzsch, Thomas Unternehmerisches Ermessen des Aufsichtsrats bei der Geltendmachung von Schadensersatzansprüchen gegenüber Vorstandsmitgliedern, ZIP 1995, 1157 ff.

Janjigian, Vahan/ Bolster, Paul J. The elimination of director liability and stockholder returns: An empirical investigation, Journal of Financial Research 1990, Vol. 13, 53 ff.

Jarrell, Gregg A./ Poulsen, Annette B. Dual-class recapitalizations as antitakeover mechanisms, Journal of Financial Economics 1988, Vol. 20, 129 ff.

Jauernig Bürgerliches Gesetzbuch, Kommentar, Hrsg. *Stürner, Rolf*, 19. Auflage 2023 (zitiert: Jauernig/*Bearbeiter*).

Jenne, Moritz/ Miller, Mathias Verjährungsbeginn und Selbstbezichtigung in der Organhaftung, AG 2019, 112 ff.

Jungmann, Carsten Die Business Judgment Rule – ein Institut des allgemeinen Verbandsrechts?, Zur Geltung von § 93 Abs. 1 Satz 2 AktG außerhalb des Aktienrechts, Festschrift für Karsten Schmidt 2009, 831 ff.

Kahan, Marcel/ Rock, Edward B. Index Funds and Corporate Governance: Let shareholders be shareholders, Boston University Law Review 2020, Vol. 100, 1771 ff.

Kahneman, Daniel Schnelles Denken Langsames Denken, 6. Auflage, 2011.

Kahneman, Daniel/ Tversky, Amos Availability: A heuristic for judging frequency and probability, Cognitive Psychology 1973, Vol. 5, 207 ff.

Kahneman, Daniel/ Tversky, Amos Judgment under Uncertainty: Heuristics and Biases, Science, New Series 1974, Vol. 185, No. 4157, 1124 ff.

Kahneman, Daniel/ Tversky, Amos Loss aversion in riskless choice: A reference-dependendent model, Quarterly Journal of Economics 1991, 1039 ff.

Kahneman, Daniel/ Tversky, Amos Prospect theory: An analysis of decision under risk, Econometrica 1979, Vol. 47, No. 2, 263 ff.

Kahneman, Daniel/ Knetsch, Jack L./ Thaler, Richard H. Anomalies, The Endowment Effect, Loss Aversion and Status Quo Bias, Journal of Economic Perspectives 1991, Vol. 5, Number 1, 193 ff.

Kaldor, Nicholas — Welfare Propositions of economics and interpersonal comparisons of utility, Economic Journal 1939, Vol. 49, 549 ff.

Kaplow, Louis — Rules versus Standards: An Economic Analysis, Duke Law Journal 1992, Vol. 42, No. 3, 557 ff.

Karlsruher Kommentar zum Gesetz über Ordnungswidrigkeiten — Hrsg. *Mitsch, Wolfgang*, 5. Auflage 2018 (zitiert: Karlsruher Kommentar zum OWiG/*Bearbeiter*).

Karpoff, Jonathan M./ Malatesta, Paul H. — The wealth effects of second-generation state takeover legislation, Journal of Financial Economics 1989, Vol. 24, 291 ff.

Klausing, Friedrich — Gesetz über Aktiengesellschaften und Kommanditgesellschaften auf Aktien nebst Einführungsgesetz und »amtlicher Begründung«, Berlin 1937.

Kleindiek, Detlev — Die Verfolgung von Schadensersatzansprüchen gegen die Geschäftsführer in der GmbH mit Aufsichtsrat, Festschrift für Friedrich Graf von Westphalen 2010, 387 ff.

Kleinlercher, Daniel/ Huber, Jürgen/ Kirchler, Michael — The impact of different incentive schemes on asset prices, European Economic Review 2014, 68, 137 ff.

Klöhn, Lars — Passive Investoren, Aktivisten und die Reform des deutschen Hauptversammlungsrechts, ZHR 2021, 182 ff.

Klöhn, Lars/ Schwarz, Philip — Die Regulierung institutioneller Stimmrechtsberater, ZIP 2012, 149 ff.

Kneer, Markus/ Bourgeois-Gironde, Sacha — Mens rea ascription, expertise and outcome effects: Professional judges surveyed, Cognition 2017, Vol. 169, 139.

Knop, Carsten — KONZERN VERLANGT SCHADENERSATZ: Siemens' langer Marsch aus der Schmiergeldaffäre, Frankfurter Allgemeine Zeitung Online vom 30. Juli 2008, abrufbar unter: https://www.faz.net/aktuell/wirtschaft/unternehmen/konzern-verlangt-schadenersatz-siemens-langer-marsch-aus-der-schmiergeldaffaere-1671397.html.

Knötzl, Bettina/ Schacherreiter, Judith/ Schopper, Alexander — Der Rückschaufehler bei der richterlichen Urteilsfindung im Schadenersatzprozess, Juristische Blätter 2017, 2 ff.

Koch, Jens — Aktiengesetz Kommentar, 19. Auflage, München 2025.

Koch, Jens — Beschränkung der Regressfolgen im Kapitalgesellschaftsrecht, AG 2012, 429 ff.

Koch, Jens — Das Gesetz zur Unternehmensintegrität und Modernisierung des Anfechtungsrechts (UMAG), ZGR 2006, 769 ff.

Koch, Jens	Die Überwachung des Aufsichtsrats durch den Vorstand, ZHR 2016, 578 ff.
Koch, Jens	Keine Ermessensspielräume bei der Entscheidung über die Inanspruchnahme von Vorstandsmitgliedern, AG 2009, 93 ff.
Koch, Jens	Regressreduzierung im Kapitalgesellschaftsrecht – eine Sammelreplik, AG 2014, 513 ff.
Koch, Robert	Die Rechtsstellung der Gesellschaft und des Organmitglieds in der D&O-Versicherung (II), GmbHR 2004, 160 ff.
Kocher, Jens/ Freiherr von Falkenhausen, Joachim	Streitverkündung und Interessenkonflikte im Organhaftungsprozess, AG 2016, 848 ff.
Köhler, Annette G./ Marten, Kai-Uwe/ Hülsberg, Frank M./ Bender, Gregor	Haftungsrisiken für Gesellschaftsorgane – Aktuelle Beurteilung und Gegenmaßnahmen, BB 2005, 501 ff.
Kölner Kommentar zum Aktiengesetz	Hrsg. *Noack, Ulrich*, *Zetzsche, Dirk,* Band 4, 4. Auflage 2022 (zitiert: KK-AktG/*Bearbeiter*).
Kölner Kommentar zum Aktiengesetz	Hrsg. *Noack, Ulrich*, *Zetzsche, Dirk,* Band 7, 4. Auflage 2023 (zitiert: KK-AktG/*Bearbeiter*).
Kölner Kommentar zum Aktiengesetz	Hrsg. *Zöllner, Wolfgang, Noack, Ulrich,* Band 8, 3. Auflage 2013 (zitiert: KK-AktG/*Bearbeiter*).
Korch, Stefan	Haftung und Verhalten, 2015.
Korch, Stefan/ Chatard, Yannik	Der datenschutzrechtliche Auskunftsanspruch in Geschäftsleiterhaftungsfällen, NZG 2020, 893 ff.
Kornblum, Udo	Bundesweite Rechtstatsachen zum Unternehmens- und Gesellschaftsrecht (Stand 1.1.2021), GmbHR 2021, 681 ff.
Kornblum, Udo	Bundesweite Rechtstatsachen zum Unternehmens- und Gesellschaftsrecht (Stand 1.1.2020), GmbHR 2020, 677 ff.
Kornblum, Udo	Bundesweite Rechtstatsachen zum Unternehmens- und Gesellschaftsrecht (Stand 1.1.2010), GmbHR 2010, 739 ff.
Kornblum, Udo/ Hampf, Thorsten/ Naß, Nicole	Neue württembergische Rechtstatsachen zum Unternehmens- und Gesellschaftsrecht, GmbHR 2000, 1240 ff.
Kraakman, Reinier	Corporate Liability Strategies and the Costs of Legal Controls, Yale Law Journal 1984, Vol. 93, 857 ff.

Kraakman, Reinier, Armour, John, Davies Paul, Enriques, Luca, Hansmann, Henry, Hertig, Gerard, Hopt, Klaus, Kanda, Hindeki, Pargendler, Mariana, Ringe, Wolf-Georg, Rock, Edward — The Anatomy of Corporate Law, 3. Auflage, Oxford 2017 (zitiert: Kraakman et al./*Bearbeiter*, Anatomy of Corporate Law).

Krause, Daniel — Strafrechtliche Haftung des Aufsichtsrates, NStZ 2011, 57 ff.

Kremer, Dennis — BÖRSEN-BERATER: Die geheime Macht im Dax, Frankfurter Allgemeine Zeitung vom 28. April 2014, abrufbar unter: https://www.faz.net/aktuell/finanzen/aktien/agenten-von-grossinvestoren-sind-die-geheime-macht-im-dax-13559562.html.

Krieger, Gerd — Beweislastumkehr und Informationsanspruch des Vorstandsmitglieds bei Schadensersatzforderungen nach § 93 Abs. 2 AktG, Festschrift für Uwe H. Schneider, 2011, 717 ff.

Krieger, Gerd/ Schneider, Uwe H. — Handbuch Managerhaftung, 4. Auflage 2023 (zitiert: Krieger/Schneider/*Bearbeiter*).

Kropff, Bruno — Textausgabe des Aktiengesetzes vom 6.9.1965 und des Einführungsgesetzes vom 6.9.1965 mit Begründung des Regierungsentwurfs, Bericht des Rechtsausschusses des Deutschen Bundestags, Verweisungen und Sachverzeichnis, zusammengestellt von Dr. Bruno Kropff.

Kübler, Friedrich — Erwerbschancen und Organpflichten. – Überlegungen zur Entwicklung der Lehre von den »corporate opportunities«, Festschrift für Winfried Werner 1984, 437 ff.

Kullrich, Antje — D&O-Versicherer wollen Preise hochtreiben, Schadenquoten dürften durch Finanzkrise steigen – Allianz sieht Chancen durch AIG-Probleme, Börsen-Zeitung, Ausgabe 199, 15. Oktober 2008,

Kumpan, Christoph — Der Interessenkonflikt im Deutschen Privatrecht, Eine Untersuchung zur Fremdinteressenwahrung und Unabhängigkeit, 2014.

Kumpan, Christoph — D&O-Versicherung und aktienrechtliche Zuständigkeit im Spannungsfeld von Interessenkonflikten, Festschrift für Klaus J. Hopt 2020, 631 ff.

Kuntz, Thilo — Geltung und Reichweite der Business Judgment Rule in der GmbH, GmbHR 2008, 121 ff.

Kuntz, Thilo — Gestaltung von Kapitalgesellschaften zwischen Freiheit und Zwang, Venture Capital in Deutschland und den USA, Tübingen 2016.

Lange, Frank H. Der Leiter der GmbH-Gesellschafterversammlung, NJW 2015, 3190 ff.

Lange, Oliver D&O-Versicherung und Managerhaftung, Handbuch, 2. Auflage 2022.

Lange, Oliver Zur aktuellen Risikosituation der Aufsichtsratsmitglieder und deren Versicherung, BOARD 2022, 63 ff.

Lederer, Philipp Die Haftung von Aufsichtsratsmitgliedern und nicht geschäftsführenden Direktoren, 2011.

Lee, Thomas C. Limiting Corporate Directors‘ Liability: Delaware's Section 102(b)(7) and the erosion of the directors duty of care, University of Pennsylvania Law Review 1987, Vol. 136, 239 ff.

Leuering, Dieter Organhaftung und Schiedsverfahren, NJW 2014, 657 ff.

Leuering, Dieter/ Dornhegge, Stefanie Geschäftsverteilung zwischen GmbH-Geschäftsführern, NZG 2010, 13 ff.

Levy, Hagit/ Shalev, Ron/ Zur, Emanuel The Effect of CFO Personal Litigation Risk on Firms' Disclosure and Accounting Choices, Contemporary Accounting Research 2018, Vol. 35, 434 ff.

Leyendecker-Langner, Benjamin E. Rechte und Pflichten des Vorstands bei Kompetenzüberschreitungen des Aufsichtsratsvorsitzenden, NZG 2012, 721 ff.

Leyens, Patrick C. Aufsichtsrat: Terra incognita des englischen Gesellschaftsrechts?, Festschrift für Klaus J. Hopt 2010, 3135 ff.

Leyens, Patrick C. Die Mitunterzeichnung der Erklärung zur Unternehmensführung durch den Aufsichtsrat (§ 289f HGB), Festschrift für Eberhard Vetter 2019, 397 ff.

Leyens, Patrick C. Information des Aufsichtsrats, Ökonomisch-funktionale Analyse und Rechtsvergleich zum englischen Board, 2006.

Leyens, Patrick C. Informationsintermediäre des Kapitalmarkts, Private Marktzugangskontrolle durch Abschlussprüfung, Bonitätsrating und Finanzanalyse, 2017.

Leyens, Patrick C. Keine über Insolvenzhaftung mit Strafschadensersatz hinausgehende Insolvenzbetrugshaftung des Geschäftsführers einer Limited bei einzelnem Betrug (»TMC-Stafette«), EWiR 2004, 79 ff.

Leyens, Patrick C./ Schäfer, Hans-Bernd Inhaltskontrolle allgemeiner Geschäftsbedingungen: Rechtsökonomische Überlegungen zu einer einheitlichen Konzeption von BGB und DCFR, AcP 2010, 771 ff.

Lichtenstein, Sarah/ Slovic, Paul/ Fischhoff, Baruch/ Layman, Mark/ Combs, Barbara — Judged Frequency of Lethal Events, Journal of Experimental Psychology: Human Learning and Memory 1978, Vol. 4, No. 6, 551 ff.

Lieder, Jan — Unternehmerische Entscheidungen des Aufsichtsrats, ZGR 2018, 523 ff.

Lieder, Jan/ Becker, Marcus/ Hoffmann, Thomas — Fakultative Aufsichtsgremien, Ein rechtstatsächlicher Streifzug durch die GmbH-Landschaft, GmbHR 2021, 621 ff.

Lieder, Jan/ Becker, Marcus/ Hoffmann, Thomas — Innenrecht, Haftung und Vergütung fakultativer Aufsichtsgremien, GmbHR 2021, 957 ff.

Lin, Chen/ Officer, Micah S./ Wang, Rui/ Zou, Hong — Directors' and officers' liability insurance and loan spreads, Journal of Financial Economics 2013, Vol. 110, 37 ff.

Lochner, Daniel/ Beneke, Moritz — Der Besondere Vertreter in Hauptversammlung und Prozess: aktuelle Praxisfragen, ZIP 2015, 2010 ff.

Lotze, Andreas — Haftung von Vorständen und Geschäftsführern für gegen Unternehmen verhängte Kartellbußgelder, NZKart 2014, 162 ff.

Luther, Martin — § 23 Abs. (5) AktG im Spannungsfeld von Gesetz, Satzung und Einzelentscheidungen der Organe der Aktiengesellschaft, Freundesgabe für Hans Hengeler 1972, 167 ff.

Lutter, Marcus — Die Funktion der Gerichte im Binnenstreit von Kapitalgesellschaften – ein rechtsvergleichender Überblick –, ZGR 1998, 191 ff.

Lutter, Marcus — Haftung und Haftungsfreiräume des GmbH-Geschäftsführers, GmbHR 2000, 301 ff.

Lutter, Marcus — Rechtspolitik in Europa, AG 1995, 309 ff.

Lutter, Marcus/ Hommelhoff, Peter — GmbH-Gesetz Kommentar, 21. Auflage 2023 (zitiert: Lutter/Hommelhoff/*Bearbeiter*).

Lutter, Marcus/ Krieger, Gerd/ Verse, Dirk A. — Rechte und Pflichten des Aufsichtsrats, 7. Auflage 2020.

Lutz, Reinhard — Prozessvertretung der GmbH gegenüber dem Geschäftsführer und actio pro socio bei einstweiligen Verfügungen, NZG 2015, 424 ff.

Maier, Michael	»Wirecard: Wo war der Aufsichtsrat?«, Berliner Zeitung vom 29. Juli 2020, abrufbar unter: https://www.berliner-zeitung.de/wirtschaft-verantwortung/wirecard-ey-scholz-kpmg-bafin-hufeld-banken-li.95884.
Markowitz, Harry	Portfolio Selection, Journal of Finance 1952, Vol. 7, No. 1, 77 ff.
Marsch-Barner, Reinhard/ Schäfer, Frank A.	Handbuch börsennotierte AG, 6. Auflage 2025 (zitiert: Marsch-Barner/Schäfer/*Bearbeiter*).
Masulis, Ronald W./ Shen, Sichen/ Zou, Hong	Director Liability Protection and the Quality of Outside Directors, ECGI Finance Working Paper No. 672/2020.
Max, Dietrich H.	Die Leitung der Hauptversammlung, AG 1991, 77 ff.
McCahery, Joseph A./ Saunter, Zacharias/ Starks, Laura T.	Behind the Scenes: The Corporate Governance Preferences of Institutional Investors, Journal of Finance 2016, Vol. 71, 2905 ff.
McKelvey, Richard D.	Intransitivities in Multidimensional Voting Models and Some Implications for Agenda Control, Journal of Economic Theory 1976, Vol. 12, 472 ff.
Means, Benjamin	A contractual approach to shareholder oppression law, Fordham Law Review 2010, Vol. 79, 1161 ff.
Melot de Beauregard, Paul/ Baur, Maximilian	Die Haftung des leitenden Angestellten, DB 2016, 1754 ff.
Melot de Beauregard, Paul/ Lieder, Jan/ Liersch, Jan	Managerhaftung, Handbuch, München 2022 (zitiert: Melot de Beauregard/Lieder/Liersch/*Bearbeiter*).
Menkel, Andreas	Die Vertretungsbefugnis des Aufsichtsrates bei der Beauftragung Sachverständiger nach § 109 Abs. 1 Satz 2, § 111 Abs. 2 Satz 2 AktG sowie nach § 25d KWG, AG 2019, 330 ff.
Merkt, Hanno	Unternehmensleitung und Interessenkollision, ZHR 1995, 423 ff.
Merkt, Hanno	US-amerikanisches Gesellschaftsrecht, Handbuch, 3. Auflage 2013.
Merkt, Hanno	Rechtliche Grundlagen der Business Judgment Rule im internationalen Vergleich zwischen Divergenz und Konvergen, ZGR 2017, 129 ff.
Mertens, Hans-Joachim	Die gesetzlichen Einschränkungen der Disposition über Ersatzansprüche der Gesellschaft durch Verzicht und Vergleich in der aktien- und konzernrechtlichen Organhaftung, Festschrift für Hans-Joachim Fleck 1988, 209 ff.
Mertens, Hans-Joachim	Satzungs- und Organisationsautonomie im Aktien- und Konzernrecht, ZGR 1994, 426 ff.

Michalski, Lutz/ Heidinger, Andreas/ Leible, Stefan/ Schmidt, Jessica — Kommentar zum Gesetz betreffend die Gesellschaften mit beschränkter Haftung (GmbH-Gesetz), 4. Auflage, München 2023 (zitiert: Michalski/Heidinger/Leible/ J. Schmidt/*Bearbeiter*).

Mitbestimmte Unternehmen in Deutschland — Institut für Mitbestimmung und Unternehmensführung, Hans-Böckler-Stiftung, abrufbar unter: https://www.imu-boeckler.de/de/mitbestimmte-unternehmen-in-deutschland-19328.htm.

Mock, Sebastian — Die Entdeckung des besonderen Vertreters, DB 2008, 393 ff.

Müller-Mürnseer, Felix — Quis custodiet ipsos custodes, Entwicklung, Qualität und Durchsetzung der Pflichten des Aufsichtsrats, Baden-Baden 2020.

Münchener Handbuch des Gesellschaftsrechts — Band 4, Aktiengesellschaft, Hrsg. *Hoffmann-Becking, Michael*, 6. Auflage 2024 (zitiert: Münchener Hdb. GesR/*Bearbeiter*).

Münchener Handbuch zum Arbeitsrecht — Band 1, Individualarbeitsrecht I, Hrsg. *Kiel, Heinrich, Lunk, Stefan, Oetker, Hartmut*, 6. Auflage 2024 (zitiert: Münchener Hdb. ArbR/*Bearbeiter*).

Münchener Kommentar zum Aktiengesetz — Hrsg. *Goette, Wulf, Habersack, Mathias, Kalss, Susanne*, Band 1, 6. Auflage, München 2024 (zitiert: MünchKomm-AktG/*Bearbeiter*).

Münchener Kommentar zum Aktiengesetz — Hrsg. *Goette, Wulf, Habersack, Mathias, Kalss, Susanne*, Band 2, 6. Auflage, München 2023 (zitiert: MünchKomm-AktG/*Bearbeiter*).

Münchener Kommentar zum Aktiengesetz — Hrsg. *Goette, Wulf, Habersack, Mathias, Kalss, Susanne*, Band 3, 6. Auflage, München 2024 (zitiert: MünchKomm-AktG/*Bearbeiter*).

Münchener Kommentar zum Bürgerlichen Gesetzbuch — Hrsg. *Säcker, Franz Jürgen, Rixecker, Roland, Oetker, Hartmut, Limperg, Bettina*, Band 1, 10. Auflage, München 2025 (zitiert: MünchKomm-BGB/*Bearbeiter*).

Münchener Kommentar zum Bürgerlichen Gesetzbuch, — Hrsg. *Säcker, Franz Jürgen, Rixecker, Roland, Oetker, Hartmut, Limperg, Bettina*, Band 2, 9. Auflage, München 2022 (zitiert: MünchKomm-BGB/*Bearbeiter*).

Münchener Kommentar zum Bürgerlichen Gesetzbuch — Hrsg. *Henssler, Martin, Krüger, Wolfgang*, Band 5, 9. Auflage, München 2023 (zitiert: MünchKomm-BGB/*Bearbeiter*).

Münchener Kommentar zum Bürgerlichen Gesetzbuch — Hrsg. *Säcker, Franz Jürgen, Rixecker, Roland, Oetker, Hartmut, Limperg, Bettina*, Band 7, 9. Auflage, München 2024 (zitiert: MünchKomm-BGB/*Bearbeiter*).

Münchener Kommentar zum GmbHG — Hrsg. *Fleischer, Holger, Goette, Wulf*, Band 1, 4. Auflage, München 2022 (zitiert: MünchKomm-GmbH/ *Bearbeiter*).

Münchener Kommentar zum GmbHG	Hrsg. *Fleischer, Holger, Goette, Wulf*, Band 2, 4. Auflage, München 2023 (zitiert: MünchKomm-GmbH/*Bearbeiter*).
Münchener Kommentar zum HGB	Hrsg. *Drescher, Ingo, Fleischer, Holger, Schmidt, Karsten*, Band 2, 5. Auflage, München 2022 (zitiert: MünchKomm-HBG/*Bearbeiter*).
Münchener Kommentar zum HGB	Hrsg. *Drescher, Ingo, Fleischer, Holger, Schmidt, Karsten*, Band 4, 5. Auflage, München 2024 (zitiert: MünchKomm-HGB/*Bearbeiter*).
Münchener Kommentar zur Insolvenzordnung	Hrsg. *Stürner, Rolf, Eidenmüller, Horst, Schoppmeyer, Heinrich*, Band 2, 4. Auflage, München 2019 (zitiert: MünchKomm-InsO/*Bearbeiter*).
Münchener Kommentar zum Versicherungsvertragsgesetz	Hrsg. *Langheid, Theo, Wandt, Manfre*d, Band 1, 3. Auflage, München 2022 (zitiert: MünchKomm-VVG/*Bearbeiter*).
Münchener Kommentar zum Versicherungsvertragsgesetz	Hrsg. *Langheid, Theo, Wandt, Manfred*, Band 2, 3. Auflage, München 2024 (zitiert: MünchKomm-VVG/*Bearbeiter*).
Netter, Jeffry/ Poulsen, Annette	State Corporation Laws and Shareholders: The Recent Experience, Financial Management 1989, Vol. 18, No. 3, 29 ff.
Nippel, Peter	Monitoring and Consulting by an Imperfect Supervisor, Journal of Institutional and Theoretical Economics 1999, Vol. 155, 136 ff.
Nitsche, Sarah	Alexander Falk muss Entschädigung zahlen, FINANCE Magazin vom 21. September 2012, abrufbar unter: https://www.finance-magazin.de/finanzabteilung/treasury/alexander-falk-muss-entschaedigung-zahlen-22927/.
Noack, Ulrich	Der digitale Aufsichtsrat, Festschrift für Eberhard Vetter 2019, 497 ff.
Noack, Ulrich	Organisationspflichten und -strukturen kraft Digitalisierung Inhalt, ZHR 2019, 105 ff.
Noack, Ulrich/ Servatius, Wolfgang/ Haas, Ulrich	Gesetz betreffend die Gesellschaften mit beschränkter Haftung, Beck'sche Kurzkommentare, 24. Auflage, München 2025 (zitiert: Noack/Servatius/Haas/*Bearbeiter*).
Norges Bank	Investment Management, Global voting guidelines 2024, abrufbar unter: https://www.nbim.no/en/responsible-investment/voting/our-voting-records/voting-guidelines/.

Nowicki, Elizabeth A. — Director Inattention and director protection under Delaware general corporation law section 102(b)(7): a proposal for legislative reform, Delaware Journal of Corporate Law 2008, Vol. 33, 695 ff.

OECD — Organisation für wirtschaftliche Zusammenarbeit und Entwicklung, Corporate Governance, The Role of Institutional Investors in Promoting Good Corporate Governance, 2011.

Oetker, Hartmut — Handelsgesetzbuch, Kommentar, 8. Auflage 2024 (zitiert: Oetker/*Bearbeiter*).

Oetker, Hartmut — Weisungsrecht der Gesellschafterversammlung und Zustimmungsvorbehalt des Aufsichtsrats in der mitbestimmten GmbH, ZIP 2015, 1461 ff.

Ott, Nicolas/ Klein, Karen — Hindsight Bias bei der Vorstandshaftung wegen Compliance-Verstößen, AG 2017, 209 ff.

Pacces, Alessio M. — Exit, Voice and Loyalty from the Perspective of Hedge Funds Activism in Corporate Governance, ECGI Law Working paper No. 320/2016.

Pacces, Alessio M. — Hedge Fund Activism and the Revision of the Shareholder Rights Directive, ECGI Working Paper No. 353/2017.

Pacces, Alessio M. — Will the EU Taxonomy Regulation Foster a Sustainable Corporate Governance?, ECGI Law Working Paper No. 611/2021.

Paefgen, Walter G. — Corporate Social Responsibility (CSR) als aktienrechtliche Organverantwortung, Festschrift für Ulrich Seibert 2019, 629 ff.

Paefgen, Walter G. — Die Darlegungs- und Beweislast bei der Business Judgment Rule, NZG 2009, 891 ff.

Paefgen, Walter G. — Dogmatische Grundlagen, Anwendungsbereich und Formulierung einer Business Judgment Rule im künftigen UMAG, AG 2004, 245 ff.

Paefgen, Walter G. — Organhaftung: Bestandsaufnahme und Zukunftsperspektiven, Ein kritischer Werkstattbericht vor dem Hintergrund der Beratungen des 70. Deutschen Juristentages 2014, AG 2014, 554 ff.

Pammler, Sebastian — Die gesellschaftsfinanzierte D&O-Versicherung im Spannungsfeld des Aktienrechts, Berlin 2006.

Pellens, Bernhard — Aktionärsschutz im Konzern, 1994.

Peltzer, Martin — Mehr Ausgewogenheit bei der Vorstandshaftung, Festschrift für Michael Hoffmann-Becking 2013, 861 ff.

Peltzer, Martin — Verschärfung der Haftung von Vorstand und Aufsichtsrat und dadurch entstehende Zielkonflikte – Eine Mahnung, Nebenfolgen zu bedenken, Festschrift für Walther Hadding 2004, 593 ff.

Peters, Kai — Angemessene Informationsbasis als Voraussetzung pflichtgemäßen Vorstandshandelns, AG 2010, 811 ff.

Petrikowski, Moritz — Satzungsstrenge contra Gestaltungsfreiheit im Recht der »Deutschen« AG und SE, Bielefeld 2009.

Pleßke, Claudia — Die Satzungsstrenge im Aktienrecht, 2007.

Plück, Ralf, Lattwein, Alois — Haftungsrisiken für Manager, 2. Auflage, 2004.

Poelzig, Dörte — Stimmrechtsberater – ihre Rolle und ihr rechtlicher Rahmen, ZHR 2021, 373 ff.

Pollman, Elizabeth — Corporate Oversight and Disobedience, Vanderbilt Law Review 2013, Vol. 72, 2014 ff.

Posner, Richard — Economic Analysis of Law, 8. Auflage, 2011.

PricewaterhouseCoopers GmbH Wirtschaftsprüfungsgesellschaft — Vergütungsstudie 2020, Vorstands- und Aufsichtsratsvergütung im Dax, MDax, SDax und TecDax 2014-2019, abrufbar: unter https://www.pwc.de/de/strategie-organisation-prozesse-systeme/verguetungsstudie-vorstand-2020.pdf.

Priester, Hans-Joachim — Die kleine AG – ein neuer Star unter den Rechtsformen?, BB 1996, 333 ff.

Probst, Arno/ Theisen, Manuel R. — Herausforderungen und Grenzen „mitunternehmerischer« Entscheidungen im Aufsichtsrat, Ergebnisse einer Panel-Untersuchung der Aufsichtsratspraxis, DB 2010, 1573 ff.

Probst, Arno/ Theisen, Manuel R. — Vergütung und Haftung des Aufsichtsrats: Ergebnisse der 6. Panel-Befragung, AR 2009, 154 ff.

Pospiech, Lutz — Die Rechtsfolgen der zivilrechtlichen Organhaftung, Mannheim 2017.

Quiang, Xinrong — The Effects of Contracting, Litigation, Regulation, and Tax Costs on Conditional and Unconditional Conservatism: Cross – Sectional Evidence at the Firm Level, The Accounting Review 2007, 759 ff.

Rachlinski, Jeffrey — The Uncertain Psychological Case For Paternalism, Northwestern University Law Review 2003, Vol. 97, 1165 ff.

Rahlmeyer, Niklas, Fassbach, Burkhard — Vorstandshaftung und Prozessfinanzierung, GWR 2015, 331 ff.

Raiser, Thomas — Privatautonome Mitbestimmungsregelungen, BB 1977, 1461 ff.

Raiser, Thomas/ Veil, Rüdiger — Recht der Kapitalgesellschaften, 6. Auflage, 2015.

Raiser, Thomas/ Veil, Rüdiger/ Jacobs, Matthias — Mitbestimmungsgesetz und Drittelbeteiligungsgesetz, 7. Auflage 2020 (zitiert: Raiser/Veil/Jacobs/*Bearbeiter*).

Ramos, Maria Elisabete Gomos — Corporate Indemnification, Experiences in USA and Developments in Germany, Italy and Portugal, ECFR 2017, 723 ff.

Rapp, Geoffrey C. — William & Mary Environmental Law and Policy Review 2006, Vol. 31, Issue 1, 163 ff.

Reichert, Jochem — Existenzgefährdung bei der Durchsetzung von Organhaftungsansprüchen, ZHR 2013, 756 ff.

Reichert, Jochem/ Groh, Jakob — Datenschutz in der Organhaftung – eine Zweckentfremdung, NZG 2021, 1381 ff.

Reichert, Jochem/ Ullrich, Kristin — Haftung von Aufsichtsrat und Vorstand nach dem VorstAG, Festschrift für Uwe H. Schneider 2011, 1017 ff.

Reichert, Maximilian/ Suchy, Oliver — Die Two-Tier Trigger Policy – Marketinginstrument oder zukunftsweisendes D&O-Versicherungskonzept?, NZG 2017, 88 ff.

Company Law Amendment Committee — 1925-26 Report, presented to Parliament by command of His Majesty, Cmd. 2657, 1926.

Reuter, Alexander — Rückbau oder Ausbau der Managerhaftung? Eine Befundung im Licht der neueren Rechtsprechung und der Unternehmenspraxis, ZIP 2016, 597 ff.

Rieder, Markus S./ Holzmann, Daniel — Die Auswirkungen der Finanzkrise auf die Organhaftung, AG 2011, 265 ff.

Rieger, Harald — Gesetzeswortlaut und Rechtswirklichkeit im Aktiengesetz, Festschrift für Martin Peltzer 2001, 339 ff.

Riekers, Oliver — Nachlese zur Hauptversammlungssaison 2015 und Ausblick auf 2016, DB 2015, 2131 ff.

Riekers, Oliver — Nachlese zur Hauptversammlungssaison 2018 und Ausblick auf 2019, DB 2019, 107 ff.

Ringe, Wolf-Georg — Stewardship and Shareholder Engagement in Germany, ECGI Law Working Paper No. 501/2020.

Risse, Jörg — Der Homo iuridicus – ein gefährliches Trugbild, Wie Heuristiken richterliche Entscheidungen beeinflussen, NJW 2018, 2848 ff.

Rizzo, Mario J./ Whitman, Douglas G. — The Knowledge Problem of New Paternalism, Brigham Young University Law Review 2009, 905 ff.

Rock, Edward B. The Logic and (Uncertain) Significance of Institutional Shareholder Activism, Georgetown Law Journal 1991, Vol. 79, 445 ff.

Roese, Neal J./ Vohs, Kathleen D. Hindsight Bias, Perspectives on Psychological Science 2012, Vol. 7, No. 5, 411 ff.

Rosenstein, Stuart/ Wyatt, Jeffrey, G. Outside directors, board independence, and shareholder wealth, Journal of Financial Economics 1990, Vol. 26, 175 ff.

Roth, Günter H./ Wörle, Ulrike Die Unabhängigkeit des Aufsichtsrats – Recht und Wirklichkeit, ZGR 2004, 565 ff.

Roth, Markus Vergütung und Kosten des Aufsichtsrats, Festschrift für Eberhard Vetter 2019, 629 ff.

Rowedder, Heinz/ Pentz, Andreas Gesetz betreffend die Gesellschaften mit beschränkter Haftung: GmbHG, 7. Auflage 2022 (zitiert: Rowedder/ Pentz/*Bearbeiter*).

Ruchatz, Ulrich Auskunftspflichten der Aktiengesellschaft bei Organhaftungsverfahren im Verhältnis zum Anspruchsgegner und gegenüber dem D&O-Versicherer, AG 2015, 1 ff.

Ruffner, Markus Die ökonomischen Grundlagen eines Rechts der Publikumsgesellschaft, Zürich 2000.

Rust, Walter L. Beschränkung der unbeschränkten Vorstandshaftung durch die Satzung der AG, AR 2014, 36 f.

Ryngaert, Michael The effect of poison pill securities on shareholder wealth, Journal of Financial Economics 1988, Vol. 20, 377 ff.

Säcker, Franz Jürgen/ Rehm, Christian Grenzen der Mitwirkung des Aufsichtsrats an unternehmerischen Entscheidungen in der Aktiengesellschaft, DB 2008, 2814 ff.

Saenger, Ingo, Inhester, Michael GmbHG, Handkommentar, 5. Auflage 2024 (zitiert: Saenger/Inhester/*Bearbeiter*).

Sauerwald, Matthias Der Versammlungsleiter im Aktienrecht, 2018.

Schäfer, Carsten Besondere Regelungen für börsennotierte und für nichtbörsennotierte Gesellschaften?, NJW 2008, 2536 ff.

Schäfer, Carsten Die Binnenhaftung von Vorstand und Aufsichtsrat nach der Renovierung durch das UMAG, ZIP 2005, 1253 ff.

Schäfer, Carsten/ Groh, Jakob Gesamtschuld und Mitverschulden in der aktienrechtlichen Organhaftung: Vier Thesen gegen die herkömmliche Betrachtung, Festschrift für Werner F. Ebke 2021, 855 ff.

Schäfer, Hans-Bernd/ Ott, Claus Lehrbuch der ökonomischen Analyse des Zivilrechts, 6. Auflage, Hamburg 2020.

Schall, Alexander Compliance-Pflicht als Loyalitätspflicht – weist Delaware einen Weg zur Haftungsbegrenzung ohne Übernahme des arbeitsrechtlichen Haftungsprivilegs?, Festschrift für Eberhard Vetter 2019, 659 ff.

Schatz, Matthias Beschlussvereitelung durch den Versammlungsleiter und Reaktionsmöglichkeiten der Aktionäre, AG 2015, 696 ff.

Scheele, Detlev ARBEITNEHMERMARKT, Die Arbeit wird uns nicht ausgehen – aber..., WirtschaftsWoche vom 17. Juli 2022, abrufbar unter: https://www.wiwo.de/politik/deutschland/arbeitnehmermarkt-die-arbeit-wird-uns-nicht-ausgehen-aber-/28505482.html.

Schiessl, Maximilian Die Wahrnehmung von Geschäftschancen der GmbH durch ihren Geschäftsführer, GmbHR 1988, 53 ff.

Schiessl, Maximilian ECLR Fairness Opinions im Übernahme- und Gesellschaftsrecht, ZGR 2003, 814 ff.

Schirmer, Jan-Eric Klimahaftung und Compliance, ZIP 2023, 234 ff.

Schmidt, Jessica Die Umsetzung der Aktionärsrechte-Richtlinie 2017: der Referentenentwurf für das ARUG II, NZG 2018, 1201 ff.

Schmidt, Karsten Insolvenzordnung Kommentar, 20. Auflage, München 2023 (zitiert: Schmidt/*Bearbeiter*, InsO).

Schmidt, Karsten/ Lutter, Marcus Aktiengesetz Kommentar, 5. Auflage, Köln 2024 (zitiert: Schmidt/Lutter/*Bearbeiter*).

Schmidt-Rimpler, Walter Grundfragen einer Erneuerung des Vertragsrechts, AcP 1941, 130 ff.

Schmidt-Rimpler, Walter Zum Vertragsproblem, Festschrift für Ludwig Raiser 1974, 3 ff.

Schmolke, Klaus U. Die Aktionärsklage nach §148 AktG, ZGR 2011, 398 ff.

Schmolke, Klaus U. Expulsion and Valuation Clauses – Freedom of contract vs. Legal Paternalism in German Partnership and Close Corporation Law, 9 ECFR 2012, 380 ff.

Schmolke, Klaus U. Institutionelle Anleger und Corporate Governance – Traditionelle institutionelle Investoren vs. Hedgefonds, ZGR 2007, 701 ff.

Schmolke, Klaus U. Zur Reichweite des Stimmverbots nach § 136 Abs. 1 AktG bei Beschlüssen nach § 147 Abs. 1 und 2 AktG, Kommentar zu OLG Düsseldorf v. 16.12.2021 – 6 U 87/20, AG 2022, 203, AG 2022, 192 ff.

Schneider, Sven H. »Unternehmerische Entscheidungen« als Anwendungsvoraussetzung für die Business Judgment Rule, DB 2005, 707 ff.

Schneider, Uwe H. Haftungsmilderung für Vorstandsmitglieder und Geschäftsführer bei fehlerhafter Unternehmensleitung?, Festschrift für Winfried Werner 1984, 795 ff.

Schnorbus, York/ Ganzer, Felix Aufwendungsersatzansprüche der Aufsichtsratsmitglieder und Möglichkeit der Schaffung eines Aufsichtsratsbudgets, BB 2019, 258 ff.

Schnorbus, York/ Ganzer, Felix Recht und Praxis der Prüfung und Verfolgung von Vorstandsfehlverhalten durch den Aufsichtsrat – Teil II, WM 2015, 1877 ff.

Schnorbus, York/ Klormann, Peter Verzicht des Vorstands auf die Einrede der Verjährung nach § 93 VI AktG und die Verfolgungspflicht des Aufsichtsrats nach ARAG/Garmenbeck, NZG 2015, 938 ff.

Schnorr, Tanja Historie und Recht des Aufsichtsrats – deutsche Erfahrungen als Beitrag zum Statut der Europäischen Aktiengesellschaft 1991, 2000.

Schockenhoff, Martin Haftung und Enthaftung von Geschäftsleitern bei Compliance-Verstößen in Konzernen mit Matrix-Strukturen, ZHR 2016, 197 ff.

Schockenhoff, Martin Entstehung und Verjährung von Schadenersatzansprüchen gegen den Aufsichtsrat, AG 2019, 745 ff.

Schockenhoff, Martin Vorstände im Visier aktivistischer Aktionäre, ZIP 2017, 1785 ff.

Schockenhoff, Martin/ Nußbaum, Anton Die neuen Transparenzvorschriften für Stimmrechtsberater, ZGR 2019, 163 ff.

Scholz Kommentar zum GmbH-Gesetz, 13. Auflage 2024 (zitiert: Scholz/*Bearbeiter*).

Scholz, Philipp Die existenzvernichtende Haftung von Vorstandsmitgliedern in der Aktiengesellschaft: eine Untersuchung der Notwendigkeit und Möglichkeiten einer Beschränkung der Vorstandshaftung im geltenden und künftigen Recht, Jena 2014.

Scholz, Philipp Die Haftung bei Verstößen gegen die Business Judgement Rule, AG 2015, 222 ff.

Scholz, Philipp Haftungsprivileg, safe harbor oder verbindliche Konkretisierung des allgemeinen Sorgfaltsmaßstabs?, AG 2018, 173 ff.

Schönberger, Katja Der Zustimmungsvorbehalt des Aufsichtsrates bei Geschäftsführungsmaßnahmen des Vorstands (§ 111 Abs. 4 Satz 2–4 AktG), Jena 2006.

Schöne, Torsten/ Petersen, Sabrina Regressansprüche gegen (ehemalige) Vorstandsmitglieder – quo vadis?, AG 2012, 700 ff.

Schreiber, Kristina/ Brinke, Pauline — Geschäftsführerhaftung im neuen Informationssicherheitsrecht: Kommt der Cyber-Vorstand? Auswirkungen der Umsetzung der NIS2-Richtlinie auf die Pflichten der Leitungsebene, BB 2024, 2696 ff.

Schubert, Werner/ Hommelhoff, Peter — Hundert Jahre Modernes Aktienrecht, Eine Sammlung von Texten und Quellen zur Aktienrechtsreform 1884 mit zwei Einführungen, ZGR Sonderheft 4, 1985.

Schumacher, Florian — Organhaftung und D&O-Versicherung im Schiedsverfahren, NZG 2016, 969 ff.

Schumacher, Harald/ Hielscher, Henryk/ Tödtmann, Claudia — REGRESSFORDERUNGEN, Jetzt sollen die Manager bezahlen, WirtschaftsWoche vom 14. Dezember 2022, abrufbar unter: https://www.wiwo.de/unternehmen/industrie/regressforderungen-jetzt-sollen-die-manager-bezahlen/9178610.html.

Schutzgemeinschaft der Kapitalanleger e.V. — HV-Präsenzen 2015, abrufbar unter: https://sdk.org/veroeffentlichungen/statistiken/?msclkid=a3f4fd66d10711ecbbfa284b9c90b766.

Schwartz, Donald E. — In praise of derivative suits: A commentary on the paper of professors Fischel and Bradley, Vol. 71, Cornell Law Review 1986, 322 ff.

Schweizer, Mark D. — Kognitive Täuschungen vor Gericht, Eine empirische Studie, 2005.

Seibt, Christoph H. — »Halbvermögensschutzklausel« als Instrument zur Vermeidung existenzgefährdender Binnenregressansprüche in Fällen grober Disproportionalität, NZG 2016, 361 ff.

Seibt, Christoph H. — Neuartiges Schutzpaket für Aufsichtsräte, Börsenzeitung vom 12. September 2015.

Seibt, Christoph H. — 20 Thesen zur Binnenverantwortung im Unternehmen im Lichte des reformierten Kapitalmarktsanktionsrechts, NZG 2015, 1097 ff.

Seibt, Christoph H. — 20 Thesen zur Corporate Governance und Unternehmensorganisation in VUCA-Zeiten, DB 2018, 237 ff.

Seibt, Christoph H./ Cziupa, Johannes — Rechtspflichten und Best Practices für Vorstands- und Aufsichtsratshandeln bei der Kapitalmarktrecht-Compliance, AG 2015, 93.

Semler, v. Schenk, Kersten/ Wilsing, Hans-Ulrich — Arbeitshandbuch für Aufsichtsratsmitglieder, 5. Auflage, München 2021 (zitiert: Semler/v. Schenk/Wilsing/*Bearbeiter*).

Shapira, Roy — A New Caremark Era: Causes and Consequences, Washington University Law Review 2021, Vol. 98, 1857 ff.

Shifting the Trillions — Ein nachhaltiges Finanzsystem für die Große Transformation, 31 Empfehlungen des Sustainable-Finance-Beirats an die Bundesregierung, Bericht 2021, abrufbar unter: https://sustainable-finance-beirat.de/publikationen/.

Siepelt, Stefan/ Pütz, Lasse — Die Compliance-Verantwortung des Aufsichtsrats, CCZ 2018, 78 ff.

Simonson, Itamar/ Tversky, Amos — Choice in Context: Tradeoff Contrast and Extremeness Aversion, Journal of Marketing Research 1992, Vol. 29, No. 3, 281 ff.

Slovic, Paul/ Kunreuther, Howard/ White, Gilbert F. — Decision Processes, Rationality and Adjustment to Natural Hazards, 1974.

Smith, Adam — An Inquiry into the Nature and Causes of the Wealth of Nations, Vol. 1, 1776.

Soderquist, Larry D./ Smiddy, Linda O./ Cunningham, Lawrence A. — Corporations And Other Business Organizations: Cases, Materials, Problems, 6. Auflage, 2005.

Spindler, Gerald — Der besondere Vertreter nach § 147 AktG – ein faktisches Minderheitenrecht?, Festschrift für Eberhard Vetter 2019, 763 ff.

Spindler, Gerald — Deregulierung des Aktienrechts?, AG 1998, 53 ff.

Spindler, Gerald — Haftung und Aktionärsklage nach dem neuen UMAG, NZG 2005, 865 ff.

Spindler, Gerald — Organhaftung in der AG – Reformbedarf aus wissenschaftlicher Perspektive, AG 2013, 889 ff.

Spindler, Gerald — Regeln für börsennotierte vs. Regeln für geschlossene Gesellschaften – Vollendung des Begonnenen?, AG 2008, 598 ff.

Spindler, Gerald — Sonderprüfung und Pflichten eines Bankvorstands in der Finanzmarktkrise, NZG 2010, 281 ff.

Statista — Anlagevolumen der Aktienfonds in Deutschland in den Jahren von 1950 bis 2021(in Millionen Euro), 2022, abrufbar unter: https://de.statista.com/statistik/daten/studie/12460/umfrage/vermoegen-der-aktienfonds-in-deutschland-seit-1950/.

Statista — Größte Börsen der Welt nach dem Handelsvolumen mit Aktien im Jahr 2021(in Milliarden US-Dollar), abrufbar unter: https://de.statista.com/statistik/daten/studie/166143/umfrage/groesste-boersenbetreiber-der-welt-nach-handelsvolumen/.

Staudinger	Kommentar zum Bürgerlichen Gesetzbuch, Neubearbeitung 2019, 2020, 2021, 2022, 2023 (zitiert: Staudinger/*Bearbeiter*).
Steffek, Felix	Geschäftsleiterpflichten im englischen Kapitalgesellschaftsrecht – Kodifizierung der directors' duties im Companies Act 2006, GmbHR 2007, 810 ff.
Stelzer, Jan	Die Überwachung des Aufsichtsrats durch den Vorstand in der Aktiengesellschaft, Hürth 2022.
Steuerungsfunktionen des Haftungsrechts im Gesellschafts- und Kapitalmarktrecht	Hrsg. *Bachmann, Gregor, Casper, Matthias, Schäfer, Carsten, Veil, Rüdiger*, 2007.
Stone, Christopher D.	The Place of Enterprise Liability in the Control of Corporate Conduct, Yale Law Journal 1980, Vol. 90, 1 ff.
Strausz, Roland	Delegation of Monitoring in a Principal-Agent Relationship, Review of Economic Studies 1997, Vol. 64, 337 ff.
Strohmaier, Niek/ Pluut, Helen/ van den Bos, Kees/ Adriaanse, Jan/ Vriesendorp, Reinout	Hindsight bias and outcome bias in judging directors' liability and the role of free will beliefs, Journal of Applied Social Psychology 2020, Vol. 51, 141 ff.
Strohn, Lutz	Die Rolle des Aufsichtsrats beim Einsatz von Künstlicher Intelligenz, ZHR 2018, 371 ff.
Süddeutsche Zeitung	Prozesse – Hamm, Aufsichtsräte zu 53,6 Mio Euro Schadenersatz verurteilt, Süddeutsche Zeitung vom 06. April 2022, abrufbar unter: https://www.sueddeutsche.de/panorama/prozesse-hamm-aufsichtsraete-zu-53-6-mio-euro-schadenersatz-verurteilt-dpa.urn-newsml-dpa-com-20090101-220406-99-823073.
Sunstein, Cass R.	Nudging: A Very short Guide, Journal of Consumer Policy 2014, Vol. 37, 583 ff.
Sunstein, Cass R./ Jolls, Christine/ Thaler, Richard H.	A Behavioral Approach to Law and Economics, Stanford Law Review 1998, Vol. 50, No. 5, 1471 ff.
Thaler, Richard H./ Sunstein, Cass R.	Nudge, Wie man kluge Entscheidungen anstößt, 9. Auflage 2017.
Theisen, Manuel R./ Probst, Arne	Aufsichtsratsarbeit und Digitalisierung, DB 2018, 2885 ff.
Theisen, Manuel R./ Probst, Arne	Die Rolle des Aufsichtsrats in der Krise, DB 2016, 1 ff.
Theisen, Manuel R./ Probst, Arne	Krisenresilienz durch gute Corporate Governance, AR 2020, 154 ff.

Thiele, Dominic/ Stübinger, Malte D&O-Versicherungen: Anrechnung von Schadenabwehrkosten auf die Deckungssumme und Wirksamkeit von Serienschadenklauseln, BB 2022, 1027 ff.

Thomas, Stefan Bußgeldregress, Übelszufügung und D&O-Versicherung, NZG 2015, 1409 ff.

Thomas, Stefan Haftpflichtrechtliche Verjährungsverlängerung und D&O-Deckung, AG 2016, 473 ff.

Thole, Christoph Managerhaftung für Gesetzesverstöße, ZHR 2009, 504 ff.

Thompson, Robert B. The Short, But Interesting Life of Good Faith as an Independent Liability Rule, New York Law School Law Review 2010–2011, Vol. 55, 543 ff.

Thora, Cornelius M. Die Streitverkündung – vielschichtig und haftungsträchtig, NJW 2019, 3624 ff.

Thum, Alexander J./ Klofat, Daniel Der ungetreue Aufsichtsrat – Handlungsmöglichkeiten des Vorstands bei Pflichtverletzungen des Aufsichtsrats, NZG 2010, 1087 ff.

Thümmel, Roderich C. Persönliche Haftung von Managern und Aufsichtsräten, 6. Auflage 2024.

Tiedemann, Klaus Untreue bei Interessenkonflikten, Festschrift für Herbert Tröndle 1989, 319 ff.

Tödtmann, Claudia Interview mit D&O-Experte Michael Hendricks: Die unerklärliche Geheimnistuerei der Versicherer, WirtschaftsWoche Management-Blog vom 31. Januar 2018, abrufbar unter: https://blog.wiwo.de/management/2018/01/31/interview-do-experte-michael-hendricks-die-unerklaerliche-geheimnistuerei-der-versicherer/.

Tödtmann, Claudia Schadenersatzforderungen: Wenn Manager ihre Vorgänger verklagen, WirtschaftsWoche Management-Blog vom 17. Dezember 2013, abrufbar unter: https://blog.wiwo.de/management/2013/12/17/schadenersatzforderungen-wenn-manager-ihre-vorganger-verklagen/.

Tödtmann, Claudia Teure Managerfehler, Verluste der D&O-Versicherer – der erste stellt den Geschäftsbetrieb ein, WirtschaftsWoche Management-Blog vom 18. Juni 2018, abrufbar unter: https://blog.wiwo.de/management/2018/06/18/teure-managerfehler-verluste-der-do-versicherer-der-erste-stellt-den-geschaeftsbetrieb-ein/.

Tödtmann, Claudia/ Rother, Franz W./ Böhmer, Reinhold HAFTPFLICHT-POLICEN, Wer haftet, wenn Manager versagen?, WirtschaftsWoche vom 14. März 2016, abrufbar unter: https://www.wiwo.de/unternehmen/auto/haftpflicht-policen-wer-haftet-wenn-manager-versagen/13077142.html.

Towers Perrin, Ihlas & Köberich GmbH & Co. KG — Directors and Officers Liability – Erste D&O-Versicherungsstudie Deutschland 2007.

Towfigh, Emanuel V./ Petersen, Niels — Ökonomische Methoden im Recht, 3. Auflage, Tübingen 2023.

Trebilcock, Michael J. — The Limits of Freedom of Contract, 1993.

Triebel, Volker/ Illmer, Martin/ Ringer, Wolf-Georg/ Vogenauer, Stefan/ Ziegler, Katja — Englisches Handels- und Wirtschaftsrecht, 3. Auflage 2012 (zitiert: Triebel/Illmer/Ringe/Vogenauer/Ziegler/*Bearbeiter*).

Tröger, Tobias — Durchsetzung der Vorstandshaftung, ZHR 2015, 453 ff.

Tröger, Tobias/ Enriques, Luca — Issuer choice in Europe, Cambridge Law Journal 2008, Vol. 67, No. 3, 521 ff.

Tversky, Amos/ Kahneman, Daniel — Judgment under Uncertainty: Heuristics and Biases, Science 1974, Vol. 85, 1124 ff.

Ulmer, Peter — Die Aktionärsklage als Instrument zur Kontrolle des Vorstands- und Aufsichtsratshandelns, ZHR 1999, 290 ff.

Utset, Manuel A. — A Theory of Self-Control Problems and Incomplete Contracting: The Case of Shareholder Contracts, Utah Law Review 2003, No. 4, 1329 ff.

Vanguard — Investment Stewardship, 2023 Annual Report, abrufbar unter: https://corporate.vanguard.com/content/corporatesite/us/en/corp/how-we-advocate/investment-stewardship/reports-and-policies.html.

Vanguard — Proxy voting policy for European and UK portfolio companies, effective February 2024, abrufbar unter: https://corporate.vanguard.com/content/corporatesite/us/en/corp/how-we-advocate/investment-stewardship/reports-and-policies.html.

Van Venrooy, Gerd J. — Haftung der Mitglieder eines fakultativen GmbH-Aufsichtsrats, GmbHR 2009, 449 ff.

Verhandlungen des 67. Deutschen Juristentages — Band II/1, Sitzungsberichte – Referate und Beschlüsse, Erfurt 2008.

Verhandlungen des 67. Deutschen Juristentages — Band II/2, Sitzungsberichte – Diskussion und Beschlussfassung, Erfurt 2008.

Verhandlungen des 69. Deutschen Juristentages — Band II/1, Sitzungsberichte – Referate und Beschlüsse, München 2012.

Verhandlungen des 70. Deutschen Juristentages — Band II/1, Sitzungsberichte – Referate und Beschlüsse, Hannover 2014.

Verhandlungen des 70. Deutschen Juristentages	Band II/2, Sitzungsberichte – Diskussion und Beschlussfassung, Hannover 2014.
Vetter, Eberhard	Aktienrechtliche Organhaftung und Satzungsautonomie, NZG 2014, 921 ff.
Vetter, Eberhard	Corporate Governance in der GmbH – Aufgaben des Aufsichtsrats der GmbH, GmbHR 2011, 449 ff.
Vetter, Eberhard	Shareholders Communication – Wer spricht mit den institutionellen Investoren?, AG 2016, 873 ff.
Vetter, Eberhard	Stärkung der Rolle des Aufsichtsrats durch den BGH, ZGR 2020, 35 ff.
Vetter, Eberhard	Zur Haftung im fakultativen Aufsichtsrat der GmbH, GmbHR 2012, 181 ff.
Vetter, Jochen	Reformbedarf bei der Aktionärsklage nach § 148 AktG?, Festschrift für Michael Hoffmann-Becking 2013, 1317 ff.
Von Hein, Jan	Die Rezeption US-amerikanischen Gesellschaftsrechts in Deutschland, 2008.
Von Hein, Jan	Die Rolle des US-amerikanischen CEO gegenüber dem Board of Directors im Lichte neuerer Entwicklungen, RIW 2002, 501 ff.
Von Preen, Alexander/ Pacher, Sebastian/ Bannas, Vera	Woher kommt der Strukturwandel bei der Aufsichtsratsvergütung?, DB 2014, 1633 ff.
Von Schenk, Kersten	Handlungsbedarf bei der D&O-Versicherung, NZG 2015, 494 ff.
Von Werder, Axel/ Turkali, Julia	Corporate Governance Report 2015: Kodexakzeptanz und Kodexanwendung, DB 2015, 1357 ff.
Voß, Michael	Gesamtschuldnerische Organhaftung, 2008.
VOV D&O-Studie 2013	Managerhaftung & D&O-Versicherung, VOV GmbH.
VOV D&O-Studie 2014	Managerhaftung & D&O-Versicherung, VOV GmbH.
VOV D&O-Studie 2016	Managerhaftung & D&O-Versicherung, VOV GmbH.
VOV D&O-Studie 2017	Managerhaftung & D&O-Versicherung, VOV GmbH.
VOV	Studie Managerhaftung bei Unternehmensinsolvenzen in Deutschland, 2018, VOV GmbH.
Viscusi, Kip	How do Judges think about risk?, American Law and Economic Review 1999, Vol. 1, 26 ff.
Wachter, Thomas	AktG, Kommentar, 4. Auflage 2022 (zitiert: Wachter/*Bearbeiter*).
Wachter, Thomas	Liste der Aufsichtsratsmitglieder, AG 2016, 776 ff.

Waclawik, Erich — Die Gesellschafterklage gegen den Fremdgeschäftsführer im Recht der GmbH, NZG 2022, 652 ff.

Wadewitz, Sabine — Aktionäre bekommen mehr Rechte in virtueller Hauptversammlung, Börsen-Zeitung vom 22. April 2022, abrufbar unter: https://www.boersen-zeitung.de/aktionaere-bekommen-mehr-rechte-in-virtueller-hauptversammlung-35d9bacc-c1a5-11ec-90bc-84fdf3cf25fd.

Wagner, Gerhard — Organhaftung im Interesse der Verhaltenssteuerung – Skizze eines Haftungsregimes, ZHR 2014, 227 ff.

Wagner, Gerhard — Prävention und Verhaltenssteuerung durch Privatrecht – Anmaßung oder legitime Aufgabe?, AcP 2006, 350 ff.

Wake, Sean/ Wormwood, Jolie/ Satpute, Ajay B. — The influence of fear on risk taking: a meta-analysis, Cognition and Emotion 2020, Vol. 34, No. 6, 1143 ff.

Walden, Daniel — Corporate Social Responsibility: Rechte, Pflichten und Haftung von Vorstand und Aufsichtsrat, NZG 2020, 50 ff.

Weber, Christoph A./ Kebekus, Benedict — Diversifizierung und Corporate Governance, ZHR 2020, 324 ff.

Wedemann, Frauke — Gesellschafterkonflikte in geschlossenen Kapitalgesellschaften, 2013.

Weinstein, Neil D. — Unrealistic optimism about future life events, Journal of Personality and Social Psychology 1980, Vol. 39, 806 ff.

Weinstein, Neil D. — Unrealistic optimism about susceptibility to health problems: conclusions from a community-wide sample, Journal of Behavioral Medicine 1987, Vol. 10, 481 ff.

Welch, Edward P./ Saunders, Robert S. — Freedom and its limits in the Delaware general corporation law, Delaware Journal of Corporate Law 2008, Vol. 33, 845 ff.

Weller, Marc-Philippe/ Benz, Nina — Klimaschutz und Corporate Governance, ZGR 2022, 563 ff.

Werner, Rüdiger — Durchsetzung von Schadenersatzansprüchen gegen den Geschäftsführer durch den Minderheitsgesellschafter der GmbH, GmbHR 2017, 849 ff.

Werner, Rüdiger — Möglichkeiten einer privatautonomen Beschränkung der Geschäftsführerhaftung, GmbHR 2014, 792 ff.

Werres, Thomas — Das Ende der Schonzeit, manager magazine 8/2000 vom 31. Juli 2000, abrufbar unter: https://www.manager-magazin.de/unternehmen/das-ende-der-schonzeit-a-fb44088e-0002-0001-0000-000016959540.

Wettich, Carsten — Aktuelle Entwicklungen und Trends in der Hauptversammlungssaison 2016 und Ausblick auf 2017, AG 2017, 60 ff.

Wicke, Thomas — Gesetz betreffend die Gesellschaften mit beschränkter Haftung (GmbHG), Kommentar, 5. Auflage, München 2024 (zitiert: *Wicke*).

Wiedmann, Michael/ Greubel, Marco — Compliance Management Systeme – Ein Beitrag zur effektiven und effizienten Ausgestaltung, CCZ 2019, 88 ff.

Wilhelmi, Rüdiger — Beschränkung der Organhaftung und innerbetrieblicher Schadensausgleich, NZG 2017, 681 ff.

Williams, Sean H. — Sticky Expectations: Responses to Persistent Over-Optimism in Marriage, Employment Contracts and Credit Card Use, Notre Dame Law Review 2009, Vol. 84, 733 ff.

Wilson, Douglas S. — Director and officer liability: State legislative reaction to Smith v. Van Gorkom, Creighton Law Review 1989, Vol. 22, 747 ff.

Zeit Online vom 23. September 2021 — Ingenieure weisen Verantwortung im VW-Dieselprozess von sich, abrufbar unter: https://www.zeit.de/news/2021-09/23/vw-prozess-ingenieur-will-seine-sicht-auf-affaere-schildern?utm_referrer=https%3A%2F%2Fwww.google.de%2F.

Zetzsche, Dirk/ Preiner, Christina — Der Verhaltenskodex für Stimmberater zwischen Vertrags- und Wettbewerbsrecht, AG 2014, 685 ff.

Zeyher, Stefan/ Mader, Florian — Organverantwortung und Zivilprozess, ZHR 2021, 125 ff.

Zimmermann, Klaus — Vereinbarung über die Erledigung von Ersatzansprüchen gegen Vorstandsmitglieder von Aktiengesellschaften, Festschrift für Konrad Duden 1977, 773 ff.

Zimmermann, Martin — Aktienrechtliche Grenzen der Freistellung des Vorstands von kartellrechtlichen Bußgeldern, DB 2008, 687 ff.

Sachregister

Abhandlungen zum deutschen und europäischen Handels- und Wirtschaftsrecht

Gegründet von Götz Hueck Marcus Lutter Wolfgang Zöllner
Herausgegeben von Peter Hommelhoff Ulrich Noack Marc-Philippe Weller

Band 1: Von Dr. Wilfried Haesen
Der Abhängigkeitsbericht im faktischen Konzern
1970. 8°. XXXI, 147 Seiten. Kartoniert. ISBN 3-452-17122-2

Band 2: Von Dr. Peter Sontag
Das Miturheberrecht
1972. 8°. XVIII, 85 Seiten. Kartoniert. ISBN 3-452-17455-7

Band 3: Von Dr. Volkmar Herms
Die Aktie und ihre Übertragung im französischen Recht
1972. 8°. XXII, 112 Seiten. Kartoniert. ISBN 3-452-17452-2

Band 4: Von Dr. Hans-Jochen Hüchting
Abfindung und Ausgleich im aktienrechtlichen Beherrschungsvertrag
1972. 8°. XXXVI, 156 Seiten. Kartoniert. ISBN 3-452-17461-1

Band 5: Von Dr. Dietrich von Stebut
Geheimnisschutz und Verschwiegenheitspflicht im Aktienrecht
1972. 8°. XXIII, 162 Seiten. Kartoniert. ISBN 3-452-17476-X

Band 6: Von Dr. Paul Nicknig
Die Haftung der Mitglieder einer BGB-Gesellschaft für Gesellschaftsschulden
1973. 8°. XXII, 160 Seiten. Kartoniert. ISBN 3-452-17518-9

Band 7: Von Dr. Hans-Peter Overrath
Die Stimmrechtsbindung
1974. 8°. XXVII, 145 Seiten. Kartoniert. ISBN 3-452-17724-6

Band 8: Von Dr. Klaus Wentzel
Das Scheckkartenverfahren der deutschen Kreditinstitute
1974. 8°. XXXVII, 281 Seiten. Kartoniert. ISBN 3-452-17862-5

Band 9: Von Dr. Eberhard Stengel
Die Traditionsfunktion des Orderkonnossements
Wechselwirkung zwischen Sachenrecht und Wertpapierrecht
1975. 8°. XXVI, 219 Seiten. Kartoniert. ISBN 3-452-17906-1

Band 10: Von Dr. Reinhard Frhr. von Dalwigk zu Lichtenfels
Das Effektenkommissionsgeschäft
1975. 8°. XXIII, 160 Seiten. Kartoniert. ISBN 3-452-17941-9

Band 11: Von Dr. Konrad Beyerle
Der unbeschränkt haftende Kommanditist
Ein Beitrag zur Rechtsposition des nicht eingetragenen Kommanditisten
1976. 8°. XXVII, 173 Seiten. Kartoniert. ISBN 3-452-17999-5

Band 12: Von Prof. Dr. Marcus Lutter
Mitbestimmung im Konzern
1975. 8°. XII, 82 Seiten. Kartoniert. ISBN 3-452-17998-7

Band 13: Von Dr. Peter Hommelhoff
Die Sachmängelhaftung beim Unternehmenskauf
1975. 8°. XXV, 132 Seiten. Kartoniert. ISBN 3-452-18036-0

Band 14: Von Dr. Hermann Wilhelm
Die Beendigung des Beherrschungs- und Gewinnabführungsvertrags
1976. 8°. XXIX, 146 Seiten. Kartoniert. ISBN 3-452-18140-5

Band 15: Herausgegeben von Prof. Dr. Marcus Lutter
Die Europäische Aktiengesellschaft
Eine Stellungnahme zur Vorlage der Kommission an den Ministerrat der Europäischen Gemeinschaften über das Statut für Europäische Aktiengesellschaften vom 30. April 1975
2., unveränderte Auflage
1978. 8°. XXI, 459 Seiten. Kartoniert. ISBN 3-452-18399-9

Band 16: Von Dr. Christine Windbichler
Unternehmensverträge und Zusammenschlußkontrolle
Aktienrechtliche Probleme der Auflösung eines Beherrschungs- und Gewinnabführungsvertrages im Rahmen der wettbewerbsrechtlichen Zusammenschlußkontrolle
1977. 8°. XXIV, 109 Seiten. Kartoniert. ISBN 3-452-18291-6

Band 17: Von Dr. Andreas Fallscheer-Schlegel
Das Lastschriftverfahren
Entwicklung und Rechtsprobleme
1977. 8°. XVI, 78 Seiten. Kartoniert. ISBN 3-452-18335-1

Band 18: Von Dr. Lutz Strohn
Die Verfassung der Aktiengesellschaft im faktischen Konzern
Zur Harmonisierung der §§ 31 ff. AktG mit den allgemeinen Bestimmungen des Aktienrechts
1977. 8°. XLII, 200 Seiten. Kartoniert. ISBN 3-452-18345-9

Band 19: Von Dr. Eberhard Hübener
Rechnungslegung bei sinkendem Geldwert
Die Rechtspflicht des Vorstands zur Ermittlung und Offenlegung von Scheingewinnen nach dem geltenden Aktienrecht
1978. 8°. XXXII, 135 Seiten. Kartoniert. ISBN 3-452-18374-2

Band 20: Von Prof. Dr. Wolfgang Zöllner
Maßregelungsverbote und sonstige tarifliche Nebenfolgenklauseln nach Arbeitskämpfen
Zugleich ein Beitrag zu den Grenzen der Tarifautonomie
1977. 8°. IX, 60 Seiten. Kartoniert. ISBN 3-452-18359-9

Band 21: Von Prof. Dr. Alfons Kraft und Prof. Dr. Horst Konzen
Die Arbeiterselbstverwaltung im Spannungsverhältnis von Gesellschafts- und Arbeitsrecht
1978. 8°. IX, 95 Seiten. Kartoniert. ISBN 3-452-18395-5

Band 22: Von Dr. Josef Dierdorf
Herrschaft und Abhängigkeit einer Aktiengesellschaft auf schuldvertraglicher und tatsächlicher Grundlage
1978. 8°. XXXIV, 275 Seiten. Kartoniert. ISBN 3-452-18403-X

Band 23: Von Prof. Dr. Horst Steinmann und Dipl.-Kfm. Elmar Gerum
Reform der Unternehmensverfassung
Methodische und ökonomische Grundüberlegungen
1978. 8°. XXIV, 96 Seiten. Kartoniert. ISBN 3-452-18475-7

Band 24: Von Prof. Dr. Klaus-Peter Martens
Die existentielle Wirtschaftsabhängigkeit
Eine Untersuchung im Spannungsfeld von Konzern- und Wettbewerbsrecht
1978. 8°. IX, 164 Seiten. Kartoniert. ISBN 3-452-18615-6

Band 25: Von Prof. Dr. Dres. h. c. Marcus Lutter
Information und Vertraulichkeit im Aufsichtsrat
3., völlig überarbeitete Auflage
2006. 8°. XX, 342 Seiten. Gebunden. ISBN 978-3-452-24657-8

Band 26: Von Prof. Dr. Walter F. Lindacher
Lockvogel- und Sonderangebote
Rechtliche Grenzen selektiver Niedrigpreisstellung
1979. 8°. VIII, 60 Seiten. Kartoniert. ISBN 3-452-18616-4

Band 27: Von Dr. Hans-Georg Gromann
Die Gleichordnungskonzerne im Konzern- und Wettbewerbsrecht
1979. 8°. XI, 138 Seiten. Kartoniert. ISBN 3-452-18636-9

Band 28: Von Dr. Jörg Oesterreich
Die Betriebsüberlassung zwischen Vertragskonzern und faktischem Konzern
Zum sog. Umgehungsproblem bei den Unternehmensverträgen der §§ 291, 292 I Ziff. 3 AktG
1979. 8°. XII, 180 Seiten. Kartoniert. ISBN 3-452-18686-5

Band 29: Von Dr. Adolf Großmann
Unternehmensziele im Aktienrecht
Eine Untersuchung über Handlungsmaßstäbe für Vorstand und Aufsichtsrat
1981. 8°. XVI, 282 Seiten. Kartoniert. ISBN 3-452-18790-X

Band 30: Von Dr. Wolfram Timm
Die Aktiengesellschaft als Konzernspitze
Die Zuständigkeitsordnung bei der Konzernbildung und Konzernumbildung
1980. 8°. XV, 266 Seiten. Kartoniert. ISBN 3-452-18806-X

Band 31: Von Prof. Dr. Johannes Semler
Leitung und Überwachung der Aktiengesellschaft
Die Leitungsaufgabe des Vorstands und die Überwachungsaufgabe des Aufsichtsrats
2., völlig überarbeitete und erweiterte Auflage
1996. 8°. XXI, 334 Seiten. Kartoniert. ISBN 3-452-23444-4
Gebunden. ISBN 3-452-23445-2

Band 32: Von Dr. Volker Voormann
Der Beirat im Gesellschaftsrecht
2., überarbeitete und ergänzte Auflage
1990. 8°. XV, 241 Seiten. Kartoniert. ISBN 3-452-21575-X

Band 33: Von Dr. Gerd-Werner Krieger
Personalentscheidungen des Aufsichtsrats
1981. 8°. XIV, 325 Seiten. Kartoniert. ISBN 3-452-18950-3

Band 34: Von Dr. Walter Paefgen
Struktur und Aufsichtsratsverfassung der mitbestimmten AG
Zur Gestaltungsmacht der Satzung und der Geschäftsordnung des Aufsichtsrats
1982. 8°. XIX, 432 Seiten. Kartoniert. ISBN 3-452-19142-7

Band 35: Von Dr. Stefan Motzer
Die »positive Vertragsverletzung« des Arbeitnehmers
Zugleich ein Beitrag zur Bestimmung von Inhalt und Rechtsnatur der Arbeitnehmerpflichten
1982. 8°. XI, 285 Seiten. Kartoniert. ISBN 3-452-19258-X

Band 36: Von Prof. Dr. Wolfgang Zöllner
Daten- und Informationsschutz im Arbeitsverhältnis
2., unveränderte Auflage
1983. 8°. XIII, 105 Seiten. Kartoniert. ISBN 3-452-19456-6

Band 37: Von Dr. Axel Fohrmann
Der Arbeitnehmer als Gesellschafter
1982. 8°. XIII, 165 Seiten. Kartoniert. ISBN 3-452-19307-1

Band 38: Von Dr. Christian R. Scharff
Der Nießbrauch an Aktien im Zivil- und Steuerrecht
1982. 8°. XII, 183 Seiten. Kartoniert. ISBN 3-452-19320-9

Band 39: Von Dr. Egon A. Peus
Der Aufsichtsratsvorsitzende
Seine Rechtsstellung nach dem Aktiengesetz und dem Mitbestimmungsgesetz
1983. 8°. XVI, 455 Seiten. Kartoniert. ISBN 3-452-19392-6

Band 40: Von Dr. Bernhard Schirmers
Konditionenempfehlungen, kartellrechtliche Kontrolle und AGB-Gesetz
1983. 8°. X, 109 Seiten. Kartoniert. ISBN 3-452-19378-0

Band 41: Von Dr. Ursula Stein
Das faktische Organ
1984. 8°. XIII, 233 Seiten. Kartoniert. ISBN 3-452-19862-6

Band 42: Von Dr. Peter Duvinage
Die Spaltung von Personengesellschaften
1984. 8°. XVIII, 242 Seiten. Kartoniert. ISBN 3-452-19864-2

Band 43: Von Dr. Wolfgang Theobald
Vor-GmbH und Gründerhaftung
1984. 8°. XI, 164 Seiten. Kartoniert. ISBN 3-452-19877-4

Band 44: Von Dr. Ulrike Wendeling-Schröder
Divisionalisierung, Mitbestimmung und Tarifvertrag
1984. 8°. XIV, 213 Seiten. Kartoniert. ISBN 3-452-20145-7

Band 45: Von Dr. Heribert Hirte
Bezugsrechtsausschluß und Konzernbildung
1986. 8°. XIII, 294 Seiten. Kartoniert. ISBN 3-452-20466-9

Band 46: Von Dr. Ulrich Bauer
Organklagen zwischen Vorstand und Aufsichtsrat der Aktiengesellschaft
1986. 8°. XIV, 147 Seiten. Kartoniert. ISBN 3-452-20501-0

Band 47: Von Dr. Michael Baumgartl
Die konzernbeherrschte Personengesellschaft
1986. 8°. XI, 173 Seiten. Kartoniert. ISBN 3-452-20528-2

Band 48: Von Dr. Michael Weller
Das Kreditkartenverfahren Konstruktion und Sicherung
1986. 8°. XVI, 257 Seiten. Kartoniert. ISBN 3-452-20543-6

Band 49: Von Dr. Michael Kort
Der Abschluß von Beherrschungs- und Gewinnabführungsverträgen im GmbH-Recht
1986. 8°. XII, 189 Seiten. Kartoniert. ISBN 3-452-20544-4

Band 50: Von Dr. Klaus Rellermeyer
Aufsichtsratsausschüsse
1986. 8°. XVI, 301 Seiten. Kartoniert. ISBN 3-452-20648-3

Band 51: Von Dr. Burkhard Bastuck
Enthaftung des Managements
Corporate Indemnification im amerikanischen und deutschen Recht
1986. 8°. XIV, 226 Seiten. Kartoniert. ISBN 3-452-20700-5

Band 52: Von Dr. Günther Hurlebaus
Fehlende Mitbestimmung bei § 87 BetrVG
1987. 8°. XII, 163 Seiten. Kartoniert. ISBN 3-452-20762-5

Band 53: Von Dr. Ralf Gissel
Arbeitnehmerschutz für den GmbH-Geschäftsführer
1987. 8°. XIII, 178 Seiten. Kartoniert. ISBN 3-452-20817-6

Band 54: Von Dr. Andreas Eickhoff
Die Gesellschafterklage im GmbH-Recht
Zur Durchsetzung von Ansprüchen der GmbH durch ihre Gesellschafter
1988. 8°. XIII, 320 Seiten. Kartoniert. ISBN 3-452-20985-7

Band 55: Von Dr. Martina Vomhof
Die Haftung des Liquidators der GmbH
1988. 8°. XV, 216 Seiten. Kartoniert. ISBN 3-452-21143-6

Band 56: Von Dr. Kilian Brodersen
Die Beteiligung der BGB-Gesellschaft an den Personenhandelsgesellschaften
1988. 8°. XIII, 135 Seiten. Kartoniert. ISBN 3-452-21159-2

Band 57: Von Dr. Adolf Maier
Wettbewerbsrechtliche Haftung geschäftsführender Organe
1988. 8°. IX, 154 Seiten. Kartoniert. ISBN 3-452-21199-1

Band 58: Von Dr. Martin Schockenhoff
Gesellschaftsinteresse und Gleichbehandlung beim Bezugsrechtsausschluß
1988. 8°. XIV, 135 Seiten. Kartoniert. ISBN 3-452-21217-3

Band 59: Von Dr. Klaus Hillers
Personengesellschaft und Liquidation
Die Auswirkung der Liquidation auf die vermögensrechtliche Stellung der Gesellschafter
1989. 8°. XXVII, 471 Seiten. Kartoniert. ISBN 3-452-21287-4

Band 60: Von Dr. Rainer Bommert
Verdeckte Vermögensverlagerungen im Aktienrecht
1989. 8°. XVII, 248 Seiten. Kartoniert. ISBN 3-452-21342-0

Band 61: Von Dr. Claudius Dechamps
Wertrechte im Effektengiroverkehr
Zum redlichen Erwerb stückeloser Effekten
1989. 8°. XII, 184 Seiten. Kartoniert. ISBN 3-452-21337-4

Band 62: Von Dr. Ulrich Noack
Fehlerhafte Beschlüsse in Gesellschaften und Vereinen
1989. 8°. XIX, 225 Seiten. Kartoniert. ISBN 3-452-21346-3

Band 63: Von Dr. Volker Matthießen
Stimmrecht und Interessenkollision im Aufsichtsrat
1989. 8°. XX, 554 Seiten. Kartoniert. ISBN 3-452-21460-5

Band 64: Von Dr. Axel Ketzer
Eigenkapitalersetzende Aktionärsdarlehen
1989. 8°. XIV, 221 Seiten. Kartoniert. ISBN 3-452-21382-X

Band 65: Von Dr. Hermann Peter Wohlleben
Informationsrechte des Gesellschafters
1989. 8°. XIV, 251 Seiten. Kartoniert. ISBN 3-452-21368-4

Band 66: Von Dr. Jürgen Ensch
Institutionelle Mitbestimmung und Arbeitnehmereinfluß
1989. 8°. XV, 271 Seiten. Kartoniert. ISBN 3-452-21391-9

Band 67: Von Dr. Barbara Kesselmeier
Ausschließungs- und Nachfolgeregelung in der GmbH-Satzung
1989. 8°. XVIII, 331 Seiten. Kartoniert. ISBN 3-452-21550-4

Band 68: Von Dr. Christoph Heller
Die vermögenslose GmbH
1989. 8°. XIII, 229 Seiten. Kartoniert. ISBN 3-452-21574-1

Band 69: Von Dr. Heiner Drüke
Die Haftung der Muttergesellschaft für Schulden der Tochtergesellschaft
Eine Untersuchung nach deutschem und amerikanischem Recht
1990. 8°. XIII, 213 Seiten. Kartoniert. ISBN 3-452-21821-X

Band 70: Von Dr. Günter Schumann
Optionsanleihen
Rechtliche Grundlagen und aktuelle Probleme
1990. 8°. XV, 378 Seiten. Kartoniert. ISBN 3-452-21896-1

Band 71: Von Dr. Kaspar Frey
Einlagen in Kapitalgesellschaften Gläubigerschutz und Gestaltungsfreiheit
1990. 8°. XV, 242 Seiten. Kartoniert. ISBN 3-452-21714-0

Band 72: Von Dr. Axel Gollnick
Gewinnverwendung im Konzern
1991. 8°. XVI, 232 Seiten. Kartoniert. ISBN 3-452-21951-8

Band 73: Von Dr. Rolf Friedewald
Die personalistische Aktiengesellschaft
1991. 8°. XVIII, 191 Seiten. Kartoniert. ISBN 3-452-21952-6

Band 74: Von Dr. Tilman Bezzenberger
Vorzugsaktien ohne Stimmrecht
1991. 8°. XVI, 215 Seiten. Kartoniert. ISBN 3-452-22083-4

Band 75: Von Prof. Dr. Marcus Lutter
Pflichten und Haftung von Sparkassenorganen
1991. 8°. XVI, 189 Seiten. Kartoniert. ISBN 3-452-22152-0

Band 76: Von Dr. Daniel Wulf
Der Verwaltungsrat öffentlich-rechtlicher Kreditinstitute
Befugnisse und Verantwortlichkeit des Verwaltungsrates öffentlich-rechtlicher Kreditinstitute des Bundes und der Länder
1992. 8°. XII, 161 Seiten. Kartoniert. ISBN 3-452-22219-5

Band 77: Von Dr. Johannes Weisser
Corporate Opportunities
Zum Schutz der Geschäftschancen des Unternehmens im deutschen und im US-amerikanischen Recht
1991. 8°. XVII, 293 Seiten. Kartoniert. ISBN 3-452-21953-4

Band 78: Von Dr. Jan-Peter Kecker
Fungibilisierung von GmbH-Anteilen
Grundlagen und rechtliche Umsetzung
1991. 8°. XVI, 249 Seiten. Kartoniert. ISBN 3-452-22153-9

Band 79: Von Dr. Detlef Kleindiek
Strukturvielfalt im Personengesellschafts-Konzern
Rechtsformspezifische und rechtsformübergreifende Aspekte des Konzernrechts
1991. 8°. XVIII, 373 Seiten. Kartoniert. ISBN 3-452-22084-2

Band 80: Von Dr. Roger Kiem
Die Eintragung der angefochtenen Verschmelzung
Aktienrechtliche und registerrechtliche Auswirkungen von Verschmelzungsblockaden
1991. 8°. XVI, 340 Seiten. Kartoniert. ISBN 3-452-22084-2

Band 81: Von Dr. Oliver Melber
Die Kaduzierung in der GmbH
1993. 8°. XIX, 343 Seiten. Kartoniert. ISBN 3-452-22362-0

Band 82: Von Dr. Marc Hermanns
Unverzichtbare Mitverwaltungsrechte des Personengesellschafters
1993. 8°. XIV, 192 Seiten. Kartoniert. ISBN 3-452-22482-1

Band 83: Von Dr. Peter Versteegen
Konzernverantwortlichkeit und Haftungsprivileg
1993. 8°. XX, 318 Seiten. Kartoniert. ISBN 3-452-22484-8

Band 84: Von Dr. Christopher Frantzen
Genußscheine
Zugleich eine Analyse der Genußscheinbedingungen deutscher Unternehmen
1993. 8°. XVI, 542 Seiten. Kartoniert. ISBN 3-452-22483-X

Band 85: Von Dr. Johann Kindl
Die Teilnahme an der Aufsichtsratssitzung
1993. 8°. XVIII, 236 Seiten. Kartoniert. ISBN 3-452-22636-0

Band 86: Von Dr. Hans Hanau
Individualautonomie und Mitbestimmung in sozialen Angelegenheiten
1993. 8°. XXIII, 259 Seiten. Kartoniert. ISBN 3-452-22637-9

Band 87: Von Dr. Astrid Ernst
Haftung des Erben für neue Geschäftsverbindlichkeiten
Zugleich eine Untersuchung zur Nachlaßeigenschuld und zur Nachlaßzugehörigkeit ererbter Handelsgeschäfte und Personengesellschaftsanteile
1994. 8°. XIV, 161 Seiten. Kartoniert. ISBN 3-452-22771-5

Band 88: Von Dr. Christoph Binge
Gesellschafterklagen gegen Maßnahmen der Geschäftsführer in der GmbH
1994. 8°. XIII, 217 Seiten. Kartoniert. ISBN 3-452-22774-X

Band 89: Von Dr. Christine Ullrich
Verdeckte Vermögensverlagerungen in den Aktien- und GmbH-Rechten Frankreichs, Belgiens und Deutschlands
1994. 8°. XVIII, 231 Seiten. Kartoniert. ISBN 3-452-22772-3

Band 90: Von Dr. Holger Fleischer
Finanzplankredite und Eigenkapitalersatz im Gesellschaftsrecht
1995. 8°. XVII, 379 Seiten. Kartoniert. ISBN 3-452-23046-5

Band 91: Von Dr. Henning W. Wahlers
Konzernbildungskontrolle durch die Hauptversammlung der Obergesellschaft
1995. 8°. XVII, 255 Seiten. Kartoniert. ISBN 3-452-23034-1

Band 92: Von Dr. Ulrich Schroeder
Finanzielle Unterstützung des Aktienerwerbs
Der § 71 a Abs. 1 AktG und sein Vorbild im englischen Gesellschaftsrecht
1995. 8°. XIX, 335 Seiten. Kartoniert. ISBN 3-452-23124-0

Band 93: Von Prof. Dr. Karsten Schmidt
Die Partenreederei als Handelsgesellschaft
Integration einer Sonderrechtsform in das Unternehmensrecht
1995. 8°. XII, 142 Seiten. Kartoniert. ISBN 3-452-23190-9

Band 94: Von Dr. Martin Wolf
Konzernhaftung in Frankreich und England
1995. 8°. XIV, 204 Seiten. Kartoniert. ISBN 3-452-23294-8

Band 95: Von Dr. Burkhard Binnewies
Die Konzerneingangskontrolle in der abhängigen Gesellschaft
1996. 8°. XXIII, 459 Seiten. Kartoniert. ISBN 3-452-23328-6

Band 96: Von Dr. Herbert Vossel
Auskunftsrechte im Aktienkonzern
1996. 8°. XV, 150 Seiten. Kartoniert. ISBN 3-452-23334-0

Band 97: Von Dr. Andreas Witte
Der Prüfungsbericht als Informationsträger im Konzern
Zum System konzerninterner Informationsrechte
1996. 8°. XXII, 272 Seiten. Kartoniert. ISBN 3-452-23364-2

Band 98: Von Dr. Andreas Cahn
Vergleichsverbote im Gesellschaftsrecht
1996. 8°. XIV, 170 Seiten. Kartoniert. ISBN 3-452-23371-5

Band 99: Von Dr. Jan Wittig
Das abstrakte Verpflichtungsgeschäft
Abstraktheit und Einwendungen des ersten Nehmers aus dem Grundgeschäft – insbesondere bei Wechsel und Scheck
1996. 8°. XIII, 200 Seiten. Kartoniert. ISBN 3-452-23465-7

Band 100: Von Dr. Viola Kruse
Sitzverlegung von Kapitalgesellschaften innerhalb der EG
Vereinbarkeit der einschlägigen Regelungen des deutschen Sach- und Kollisionsrechts mit dem EG-Vertrag
1997. 8°. XVII, 286 Seiten. Kartoniert. ISBN 3-452-23761-3

Band 101: Von Dr. Roland Pühler
Das Verbot der Anteilsfinanzierung in Belgien, Frankreich, Italien und den Niederlanden
1996. 8°. XVII, 330 Seiten. Kartoniert. ISBN 3-452-23466-5

Band 102: Von Dr. Jens Hüffer
Das Wertpapier-Verkaufsprospektgesetz
Prospektpflicht und Anlegerschutz
1996. 8°. XVII, 239 Seiten. Kartoniert. ISBN 3-452-23528-9

Band 103: Von Dr. Hans-Friedrich Müller
Das Austrittsrecht des GmbH-Gesellschafters
1996. 8°. XIV, 192 Seiten. Kartoniert. ISBN 3-452-23548-3

Band 104: Von Dr. Hildegard Ziemons
Die Haftung der Gesellschafter für Einflußnahmen auf die Geschäftsführung der GmbH
1996. 8°. XIX, 275 Seiten. Kartoniert. ISBN 3-452-23565-3

Band 105: Von Dr. Sabine Kick
Die Haftung des Erben eines Personenhandelsgesellschafters
1997. 8°. XV, 239 Seiten. Kartoniert. ISBN 3-452-23748-6

Band 106: Von Dr. Hans-Georg Bollweg
Die Wahl des Aufsichtsrats in der Hauptversammlung der Aktiengesellschaft
1997. 8°. XV, 558 Seiten. Kartoniert. ISBN 3-452-23782-6

Band 107: Von Dr. Jasper Neuling
Deutsche GmbH und englische private company
Monismus oder Dualismus im System des Kapitalgesellschaftsrechts
1997. 8°. XVIII, 266 Seiten. Kartoniert. ISBN 3-452-23583-1

Band 108: Von Dr. Oliver Schultz
Die Behebung einzelner Mängel von Organisationsakten in Kapitalgesellschaften
Eine Darstellung für die Aktiengesellschaft und die Gesellschaft mit beschränkter Haftung
1997. 8°. XVII, 347 Seiten. Kartoniert. ISBN 3-452-23936-5

Band 109: Von Dr. Carl-Heinz Witt
Übernahmen von Aktiengesellschaften und Transparenz der Beteiligungsverhältnisse
1998. 8°. XXII, 334 Seiten. Kartoniert. ISBN 3-452-23956-X

Band 110: Von Dr. Caroline Vedder
Zum Begriff »für Rechnung« im AktG und im WpHG
Eine Untersuchung der anteilsbezogenen Regelungen
1999. 8°. XVII, 237 Seiten. Kartoniert. ISBN 3-452-24100-9

Band 111: Von Dr. Carsten Rodemann
Stimmbindungsvereinbarungen in den Aktien- und GmbH-Rechten Deutschlands, Englands, Frankreichs und Belgiens
Eine rechtsvergleichende Untersuchung
1998. 8°. XXVIII, 463 Seiten. Kartoniert. ISBN 3-452-24101-7

Band 112: Von Dr. Matthias Schröder
Schiedsgerichtliche Konfliktbeilegung bei aktienrechtlichen Beschlußmängelklagen
1999. 8°. XXV, 384 Seiten. Kartoniert. ISBN 3-452-24157-2

Band 113: Von Dr. Arend von Riegen
Gesellschafterschutz bei Ausgliederungen durch Einzelrechtsnachfolge
1999. 8°. XVI, 172 Seiten. Kartoniert. ISBN 3-452-24252-8

Band 114: Von Dr. Esther Jansen
Publizitätsverweigerung und Haftung in der GmbH
1999. 8°. XVII, 344 Seiten. Kartoniert. ISBN 3-452-24338-9

Band 115: Von Dr. Friderike Bagel
Der Ausschluß des Bezugsrechts in Europa
1999. 8°. XIV, 407 Seiten. Kartoniert. ISBN 3-452-24423-7

Band 116: Von Dr. Marcus Michael Bechtel, LL.M.
Anlageberatung der Kreditinstitute im Wandel
Aufklärungs-, Beratungs- und Informationspflichten am Beispiel von Optionsgeschäften mit Privatkunden
1999. 8°. XIX, 368 Seiten. Kartoniert. ISBN 3-452-24327-3

Band 117: Von Dr. Tobias Tröger
Treupflicht im Konzernrecht
2000. 8°. XV, 378 Seiten. Kartoniert. ISBN 3-452-24348-6

Band 118: Von Dr. Georg Bitter
Konzernrechtliche Durchgriffshaftung bei Personengesellschaften
2000. 8°. XXVIII, 612 Seiten. Kartoniert. ISBN 3-452-24609-4

Band 119: Von Dr. Jakob Wulff
Aktienoptionen für das Management
Deutsches und Europäisches Recht
2000. 8°. XIV, 325 Seiten. Kartoniert. ISBN 3-452-24608-6

Band 120: Von Dr. Sönke Friedrichsen
Aktienoptionsprogramme für Führungskräfte
Gesellschaftsrecht – Kapitalmarktrecht – Steuerrecht – Bilanzrecht
2000. 8°. XXVI, 435 Seiten. Kartoniert. ISBN 3-452-24621-3

Band 121: Von Dr. Rolf Leinekugel
Die Ausstrahlungswirkungen des Umwandlungsgesetzes
2000. 8°. XV, 282 Seiten. Kartoniert. ISBN 3-452-24625-6

Band 122: Von Dr. Nirmal Robert Banerjea
Die Gesellschafterklage im GmbH- und Aktienrecht
Überlegungen zum deutschen und europäischen Recht vor dem Hintergrund der schweizerischen Verantwortlichkeitsklage und der US-amerikanischen Derivative Suit
2000. 8°. XXIII, 319 Seiten. Kartoniert. ISBN 3-452-24683-3

Band 123: Von Dr. Christian Kersting
Die Vorgesellschaft im europäischen Gesellschaftsrecht
Gemeinschaftsrechtliche Vorgaben und nationale Rechtsordnungen
2000. 8°. XXII, 412 Seiten. Kartoniert. ISBN 3-452-24697-3

Band 124: Von Dr. Marcus Willamowski
Bookbuilding
Die marktorientierte Emission von Aktien nach deutschem und U.S.-amerikanischem Recht
2000. 8°. XXVI, 263 Seiten. Kartoniert. ISBN 3-452-24698-1

Band 125: Von Dr. Magdalena Leinekugel
Die Sachdividende im deutschen und europäischen Aktienrecht
2001. 8°. XIV, 209 Seiten. Kartoniert. ISBN 3-452-24870-4

Band 126: Von Dr. Sandra Thiel, LL.M.
Spartenaktien für deutsche Aktiengesellschaften
Übernahme des US-amerikanischen Tracking Stock-Modells in europäische Rechtsordnungen
2001. 8°. XVII, 384 Seiten. Kartoniert. ISBN 3-452-24932-8

Band 127: Von Dr. Ulrich Bous
Die Konzernleitungsmacht im Insolvenzverfahren konzernverbundener Kapitalgesellschaften
2001. 8°. XVIII, 393 Seiten. Kartoniert. ISBN 3-452-24938-7

Band 128: Von Dr. Carmen Palzer
Fortwirkende organschaftliche Pflichten des Geschäftsführers der GmbH
2001. 8°. XVIII, 275 Seiten. Kartoniert. ISBN 3-452-24997-2

Band 129: Von Dr. Thomas Asmus
Die vinkulierte Mitgliedschaft
Der Schutz mitgliedschaftlicher Vinkulierungsinteressen und das Problem der Gesetzesumgehung
2001. 8°. XVI, 271 Seiten. Kartoniert. ISBN 3-452-25112-8

Band 130: Von Dr. Constantin H. Beier
Der Regelungsauftrag als Gesetzgebungsinstrument im Gesellschaftsrecht
2002. 8°. XX, 316 Seiten. Kartoniert. ISBN 3-452-25160-8

Band 131: Von Dr. Martin Tonner
Tracking Stocks
Zulässigkeit und Gestaltungsmöglichkeiten von Geschäftsbereichsaktien nach deutschem Recht
2002. 8°. XXI, 436 Seiten. Kartoniert. ISBN 3-452-25161-6

Band 132: Von Dr. Rainer Korch
Ringbeteiligungen von Aktiengesellschaften Gesellschafts- und kartellrechtliche Aspekte
2002. 8°. XXI, 372 Seiten. Kartoniert. ISBN 3-452-25175-6

Band 133: Von Dr. Karsten Krebs
Interessenkonflikte bei Aufsichtsratsmandaten in der Aktiengesellschaft
2002. 8°. XVI, 379 Seiten. Kartoniert. ISBN 3-452-25194-2

Band 134: Von Dr. Julia Nienhaus
Kapitalschutz in der Aktiengesellschaft mit atypischer Zwecksetzung
Eine rechtsvergleichende/europarechtliche Untersuchung für Deutschland, Frankreich, Belgien, Großbritannien und Irland
2002. 8°. XXI, 296 Seiten. Kartoniert. ISBN 3-452-25250-7

Band 135: Von Dr. Christian Meyer
Der Nießbrauch an GmbH-Geschäftsanteilen und an Aktien
2002. 8°. XIV, 326 Seiten. Kartoniert. ISBN 3-452-25278-7

Band 136: Von Dr. Thomas Eckhold
Materielle Unterkapitalisierung
Zur Gesellschafterverantwortlichkeit in der Gesellschaft mit beschränkter Haftung
2002. 8°. XVII, 821 Seiten. Kartoniert. ISBN 3-452-25321-X

Band 137: Von Dr. Mario Hüther
Aktionärsbeteiligung und Internet
Eine rechtsvergleichende Bestandsaufnahme korporativer Willensbildung im Zeitalter neuer Medien
2002. 8°. XVII, 481 Seiten. Kartoniert. ISBN 3-452-25341-4

Band 138: Von Dr. Ernst-August Baldamus
Reform der Kapitalrichtlinie
2002. 8°. XIII, 314 Seiten. Kartoniert. ISBN 3-452-25381-3

Band 139: Von Dr. Jan Link
Die Amtsniederlegung durch Gesellschaftsorgane
Eine rechtsformübergreifende Untersuchung des Spannungsfeldes zwischen Rücktrittsfreiheit, Bestandsschutz und Rechtssicherheit
2003. 8°. XVIII, 312 Seiten. Kartoniert. ISBN 3-452-25460-7

Band 140: Von Dr. Nils G. Weiland
Synergieefekte bei der Abfindung außenstehender Gesellschafter
2003. 8°. XIX, 340 Seiten. Kartoniert. ISBN 3-452-25511-5

Band 141: Von Dr. Karen Christina Pelzer
Das Auskunftsrecht der Aktionäre in der Europäischen Union
2003. 8°. XXII, 256 Seiten. Kartoniert. ISBN 3-452-25673-1

Band 142: Von Dr. Wolfgang Servatius
Strukturmaßnahmen als Unternehmensleitung
Die Vorstandspflichten bei unternehmerischen Entscheidungen der Hauptversammlung
2004. 8°. XXIII, 443 Seiten. Kartoniert. ISBN 3-452-25675-8

Band 143: Von Dr. Armin Barthel
Die Beschwerde gegen aufsichtsrechtliche Verfügungen nach dem WpÜG Eine verfahrensvergleichende Untersuchung des Rechtsschutzes gegen verwaltungsbehördliche Entscheidungen vor Zivilgerichten unter Berücksichtigung des Kartell-, Vergabe- und Patentrechts
2004. 8°. XXVIII, 385 Seiten. Kartoniert. ISBN 3-452-25670-7

Band 144: Von Dr. Klaus Schmolke
Organwalterhaftung für Eigenschäden von Kapitalgesellschaftern
2004. 8°. XXI, 424 Seiten. Kartoniert. ISBN 3-452-25674-X

Band 145: Von Dr. Heinrich von Bünau
Beratungsverträge mit Aufsichtsratsmitgliedern im Aktienkonzern
Eine Untersuchung zur Anwendung von § 114 AktG im Konzern
2004. 8°. XVI, 298 Seiten. Kartoniert. ISBN 3-452-25672-3

Band 146: Von Dr. Norbert Boese
Die Anwendungsgrenzen des Erfordernisses sachlicher Rechtfertigung bei HV-Beschlüssen
2004. 8°. XXI, 473 Seiten. Kartoniert. ISBN 3-452-25671-5

Band 147: Von Dr. Hilke Herchen
Agio und verdecktes Agio im Recht der Kapitalgesellschaften
2004. 8°. XVII, 430 Seiten. Kartoniert. ISBN 3-452-25709-6

Band 148: Von Dr. Marc-Philippe Weller
Europäische Rechtsformwahlfreiheit und Gesellschafterhaftung
Zur Anwendung der Existenzvernichtungshaftung auf Scheinauslandsgesellschaften nach »Überseering« und »Inspire Art«
2004. 8°. XXV, 383 Seiten. Kartoniert. ISBN 3-452-25898-X

Band 149: Von Dr. Corinna Mickel
Die Rechtsnatur der Haftung gespaltener Rechtsträger nach § 133 Abs. 1 und 3 UmwG
2004. 8°. XX, 282 Seiten. Kartoniert. ISBN 3-452-25960-9

Band 150: Von Dr. Yves Lakner
Der mehrstufige Konzern
2005. 8°. XVI, 373 Seiten. Kartoniert. ISBN 3-452-25977-3

Band 151: Von Dr. Tobias Böckmann
Gläubigerschutz bei GmbH und close corporation
Eine rechtsvergleichende Untersuchung nach deutschem und US-amerikani- schem Recht unter besonderer Berücksichtigung des Rechts von Delaware, Kalifornien und New York
2005. 8°. XVII, 405 Seiten. Kartoniert. ISBN 3-452-25994-3

Band 152: Von Dr. Alexander Kiefner
Konzernumbildung und Börsengang der Tochter
Die Teilhaberechte der Aktionäre einer Publikums-AG bei der Börsenein- führung von Tochtergesellschaften
2005. 8°. XXIII, 507 Seiten. Kartoniert. ISBN 3-452-26133-6

Band 153: Von Dr. Dirk Zetzsche
Aktionärsinformation in der börsennotierten Aktiengesellschaft
2006. 8°. XIX, 525 Seiten. Kartoniert. ISBN 3-452-26325-8

Band 154: Von Dr. Matthias Budde
Die Haftungsverwirklichung in der masselosen Insolvenz der Kapitalgesellschaft
2006. 8°. XI, 239 Seiten. Kartoniert. ISBN 3-452-26350-9

Band 155: Von Dr. Tom Kirschbaum
Entsprechenserklärungen zum englischen Combined Code und zum Deutschen Corporate Governance Kodex
2006. 8°. XVIII, 419 Seiten. Kartoniert. ISBN 978-3-452-26436-7

Band 156: Von Dr. André Meyer
Der Grundsatz der unbeschränkten Verbandsmitgliederhaftung
2006. 8°. XVI, 456 Seiten. Hardcover. ISBN 978-3-452-26523-4

Band 157: Von Dr. Norbert Bröcker
Nachgründung, Sachgründung und Kapitalschutz
2006. 8°. XVI, 288 Seiten. Hardcover. ISBN 978-3-452-26483-1

Band 158: Von Dr. Christian Gloger
Haftungsbeschränkung versus Gläubigerschutz in der GmbH
Rechtsvergleichende Studie zum deutschen und brasilianischen Recht
2007. 8°. XXIV, 450 Seiten. Hardcover. ISBN 978-3-452-26522-7

Band 159: Von Dr. Alexander Fenzl
Betriebspacht-, Betriebsüberlassungs- und Betriebsführungsverträge in der Konzernpraxis
2007. 8°. XV, 189 Seiten. Hardcover. ISBN 978-3-452-26590-6

Band 160: Von Dr. Tim Florstedt
Der »stille Verband«
2007. 8°. XX, 296 Seiten. Hardcover. ISBN 978-3-452-26600-2

Band 161: Von Dr. Andreas Löhdefink
Acting in Concert und Kontrolle im Übernahmerecht
2007. XX, 472 Seiten. Hardcover. ISBN 978-3-452-26435-0

Band 162: Von Dr. Jörn Jacobs
Die institutionelle Haftungsbeschränkung bei atypischen Erscheinungsformen der Außen-GbR
2007. XVI, 294 Seiten. Hardcover. ISBN 978-3-452-26637-8

Band 163: Von Dr. Frauke Möhrle
Gesellschaftsrechtliche Probleme der D&O-Versicherung
2007. XVI, 260 Seiten. Hardcover. ISBN 978-3-452-26690-3

Band 164: Von Dr. Rouven Redeker
Die Haftung für wrongful trading im englischen Recht
Eine vergleichende Betrachtung der deutschen und der englischen Geschäftsleiterhaftung für Insolvenzverschleppung
2007. XVIII, 280 Seiten. Hardcover. ISBN 978-3-452-26727-6

Band 165: Von Dr. Eva-Maria Wild
Prospekthaftung einer Aktiengesellschaft unter deutschem und europäischem Kapitalschutz
2007. XIV, 289 Seiten. Hardcover. ISBN 978-3-452-26766-5

Band 166: Von Dr. Andreas Stoll
Garantiekapital und konzernspezifischer Gläubigerschutz
2007. XXII, 392 Seiten. Hardcover. ISBN 978-3-452-26775-7

Band 167: Von Dr. Sebastian Mock
Finanzverfassung der Kapitalgesellschaften und internationale Rechnungslegung
2007. XXII, 386 Seiten. Hardcover. ISBN 978-3-452-26802-0

Band 168: Von Andreas Hoger
Kontinuität beim Formwechsel nach dem UmwG und der grenzüberschreitenden Verlegung des Sitzes einer SE
2008. XVIII, 396 Seiten. Hardcover. ISBN 978-3-452-26831-0

Band 169: Von Felix Brammer
Rückerwerbbare Aktien
2008. XX, 422 Seiten. Hardcover. ISBN 978-3-452-26839-6

Band 170: Von Dr. Carsten Wettich
Vorstandsorganisation in der Aktiengesellschaft
Zugleich ein Beitrag zum Kollegialprinzip und dem Grundsatz der Gesamtverantwortung
2008. XVIII, 334 Seiten. Hardcover. ISBN 978-3-452-26864-8

Band 171: Von Dr. Michael Beurskens
Haftung für enttäuschtes Aktionärsvertrauen
2008. XX, 533 Seiten. Hardcover. ISBN 978-3-452-26929-4

Band 172: Von Dr. Moritz von Schlabrendorff
Repricing von Stock Options
Wirtschaftliche Grundlagen - Gesellschaftsrecht - Insiderrecht - Bilanzrecht
2008. XVI, 252 Seiten. Hardcover. ISBN 978-3-452-26933-1

Band 173: Von Dr. Jens-Walter Lüpkes
Zulässigkeit und Zweckmäßigkeit aktienkursorientierter Vergütung von Mitgliedern des Aufsichtsrats
unter besonderer Berücksichtigung des MobilCom-Urteils des BGH vom 16. Februar 2004 zu Aufsichtsrats Stock Option Pragrammen
2008. XVIII, 482 Seiten. Hardcover. ISBN 978-3-452-27001-6

Band 174: Von Dr. Michael Voß
Gesamtschuldnerische Organhaftung
Die gesamtschuldnerische Haftung von Geschäftsleitern und Aufsichtsratsmitgliedern für Pflichtverletzungen und deren interne Haftungsanteile
2008. XVI, 248 Seiten. Hardcover. ISBN 978-3-452-27029-0

Band 175: Von Dr. Matthias Scharf
Umwandlung und Datenschutz
Das Schutzregime des BDSG bei Unternehmensrestrukturierungen nach dem UmwG
2008. XXVI, 452 Seiten. Hardcover. ISBN 978-3-452-27064-1

Band 176: Von Dr. Jens von Lackum
Die Gesetzesumgehung im Europarecht
unter besonderer Berücksichtigung des Europäischen Gesellschaftsrechts
2009. XX, 372 Seiten. Hardcover. ISBN 978-3-452-27054-2

Band 177: Von Dr. Heike Findeisen
Beteiligungserwerb durch genehmigte Sachkapitalerhöhung
2009. XVIII, 234 Seiten. Hardcover. ISBN 978-3-452-27094-8

Band 178: Von Dr. Ingo Fuchs
Der aktienrechtliche Squeeze-out
2009. XVIII, 558 Seiten. Hardcover. ISBN 978-3-452-27097-9

Band 179: Von Dr. Ferit Schnieders
Haftungsfreiräume für unternehmerische Entscheidungen in Deutschland und Italien
2009. XVI, 422 Seiten. Hardcover. ISBN 978-3-4

Band 180: Von Dr. Marco Staake
Ungeschriebene Hauptversammlungskompetenzen in börsennotierten und nicht börsennotierten Aktiengesellschaften
2009. XVI, 280 Seiten. Hardcover. ISBN 978-3-452-27197-6

Band 181: Von Dennis Schlottmann
Wegfall und Entmachtung des einzigen Komplementärs
2009. XX, 392 Seiten. Hardcover. ISBN 978-3-452-27198-3

Band 182: Von Björn Bork
Change of Control-Klauseln in Anstellungsverträgen von Vorstandsmitgliedern
2009. XIV, 272 Seiten . Hardcover. ISBN 978-3-452-27222-5

Band 183: Von Christina Maushake
Audit Committees
Prüfungsausschüsse im US-amerikanischen und deutschen Recht
2009. XX, 672 Seiten. Hardcover. ISBN 978-3-452-27221-8

Band 184: Von Georgios Psaroudakis
Acting in Concert in börsennotierten Gesellschaften
Eine rechtsvergleichende Untersuchung zum US-amerikanischen und europäischen Kapitalmarktrecht einschließlich rechtsökonomischer, kartell- und beweisrechtlicher Aspekte
2009. XXII, 582 Seiten. Hardcover. ISBN 978-3-452-27233-1

Band 185: Von Kristian Klosterkemper
Einflussmöglichkeiten Außenstehender auf den innerkorporativen Bereich der GmbH
Unter besonderer Betrachtung des Einflusses von Gewerkschaften und Banken
2009. XXII, 398 Seiten. Hardcover. ISBN 978-3-452-27240-9

Band 186: Von Christian Dittert
Satzungsbegleitende Aktionärsvereinbarungen
2009. XX, 358 Seiten. Hardcover. ISBN 978-3-452-27250-8

Band 187: Von Dr. Gerrit Forst
Die Beteiligungsvereinbarung nach § 21 SEBG
2010. XX, 474 Seiten. Hardcover. ISBN 978-3-452-27322-2

Band 188: Von Dr. Bastian Schoppe
Aktieneigentum
Verfassungsrechtliche Strukturen und gesellschaftsrechtliche Ausprägungen der Aktie als Gegenstand des Art. 14 GG
2011. XIV, 517 Seiten. Hardcover. ISBN 978-3-452-27497-7

Band 189: Von Dr. Jan Brosius
Die finanzielle Unterstützung des Erwerbs eigener Aktien
§ 71 a AktG im Gesamtgefüge des Kapitalerhaltungsrechts
2011. XIV, 338 Seiten. Hardcover. ISBN 978-3-453-27495-3

Band 190: Von Dr. Ansgar Wimber
Die Behandlung von Vorrats- und Mantelgesellschaften
2011. XIX, 345 Seiten. Hardcover. ISBN 978-3-452-27496-0

Band 191: Von Dr. Benjamin D. Ullrich
Gesellschaftsrecht und steuerliche Gemeinnützigkeit
Die gemeinnützige GmbH und andere Rechtsformen im Spannungsfeld von Gesellschafts- und Steuerrecht
2011. XIX, 395 Seiten. Hardcover. ISBN 978-3-452-27544-8

Band 192: Von Dr. Heike Weninger
Mitbestimmungsspezifische Interessenkonflikte von Arbeitnehmer- vertretern im Aufsichtsrat
2011. XX, 329 Seiten. Hardcover. ISBN 978-3-452-27665-0

Band 193: Von Dr. Thomas Bunz
Der Schutz unternehmerischer Entscheidungen durch das Geschäftsleiterermessen
Ein Beitrag zu mehr Rechtssicherheit im Umgang mit der Business Judgment Rule
2011. XIX, 305 Seiten. Hardcover. ISBN 978-3-452-27666-7

Band 194: Von Dr. Markus Fehrenbach
Der fehlerhafte Gesellschafterbeschluss in der GmbH
Allgemeines Beschlussmängelrecht und analoge Anwendung des Aktienrechts
2011. XIX, 455 Seiten. Hardcover. ISBN 978-3-452-27685-8

Band 195: Von Dr. Charlotte Elisabeth Grundmeier
Rechtspflicht zur Compliance im Konzern
2011. XI, 149 Seiten. Hardcover. ISBN 978-3-452-27686-5

Band 196: Von Dr. Matthias Schatz
Der Missbrauch der Anfechtungsbefugnis durch den Aktionär und die Reform des aktienrechtlichen Beschlussmängelrechts
2012. XVIII, 383 Seiten. Hardcover. ISBN 978-3-452-27687-2

Band 197: Von Dr. Timo Bernau
Unternehmensübernahmen im Spannungsfeld zwischen Übernahmerecht und Fusionskontrolle
Der Bieter in der Pflichtenkoinzidenz zweier gegenläufiger Verfahrensordnungen
2012. XXIII, 550 Seiten. Hardcover. ISBN 978-3-452-27733-6

Band 198: Von Dr. Michiel A. Huizinga
Die Machtbalance zwischen Verwaltung und Hauptversammlung in der Europäischen Gesellschaft (SE)
Eine rechtsvergleichende Untersuchung unter Berücksichtigung des deutschen, niederländischen und englischen Aktienrechts
2012. XVI, 485 Seiten. Hardcover. ISBN 978-3-452-27734-3

Band 199: Von Dr. Jan Hupka, LL.M.
Das Vergütungsvotum der Hauptversammlung
Eine rechtsökonomische und rechtsvergleichende Untersuchung zu § 120 Abs. 4 AktG
2012. XX, 400 Seiten. Hardcover. ISBN 978-3-452-27777-0

Band 200: Von Dr. Philipp Clemens
Das neue Recht der Gesellschafterfremdfinanzierung nach dem MoMiG
2012. XVII, 398 Seiten. Hardcover. ISBN 978-3-452-27793-0

Band 201: Von Dr. Moritz Heuser
Shareholder Activism
Aktienrechtliche Schranken für Anteilseigneraktivismus
2012. XIX, 309 Seiten. Hardcover. ISBN 978-3-452-27812-8

Band 202: Von Dr. Tobias Steber
Die Herabsetzung der Geschäftsführervergütung in der Krise der GmbH
2012. XVII, 224 Seiten. Hardcover. ISBN 978-3-452-27813-5

Band 203: Von Dr. Johannes Traut
Die *Corporate Governance* von Kapitalgesellschaften der öffentlichen Hand
Eine gesellschafts- und europarechtliche Betrachtung unter Einbeziehung rechtsökonomischer Erwägungen
2013. XVIII, 342 Seiten. Hardcover. ISBN 978-3-452-27884-5

Band 204: Von Dr. Philipp Dornbach
Die aktienrechtliche Anfechtungsklage zwischen subjektivem Rechtsschutz und objektiver Rechtskontrolle
Ein Beitrag zur Reform des Beschlussmängelrechts
2013. XXIV, 391 Seiten. Hardcover. ISBN 978-3-452-27850-0

Band 205: Von Dr. J. Frédéric Meilicke
Die Behandlung von Ertragsteuern im Rahmen der Unternehmensbewertung als Rechtsfrage
2013. XV, 268 Seiten. Hardcover. ISBN 978-3-452-27892-0

Band 206: Von Dr. Christian Strothotte
Die Gewinnverwendung in Aktiengesellschaften
Eine Untersuchung zum Recht Deutschlands und des Vereinigten Königreichs
2014. XIX, 571 Seiten. Hardcover. ISBN 978-3-452-28111-1

Band 207: Von Dr. Clara Gräfin von Spee
Gesellschafter im Reorganisationsverfahren
Die Sanierungsbeteiligung der Gesellschafter nach dem ESUG
2014. XVII, 253 Seiten. Hardcover. ISBN 978-3-452-28151-7

Band 208: Von Dr. Ramona Ruf
Leitung und Koordinierung im italienischen Konzernrecht
2014. XIII, 262 Seiten. Hardcover. ISBN 978-3-452-28152-4

Band 209: Von Dr. Dominik Heß
Investorenvereinbarungen
Eine Untersuchung der aktien- und übernahmerechtlichen Zulässigkeit und Schranken von Vereinbarungen zwischen Investor und Aktiengesellschaft
2014. XX, 427 Seiten. Hardcover. ISBN 978-3-452-28160-9

Band 210: Von Dr. Stephan Schneider
Gesellschafter-Stimmpflichten bei Sanierungen
2014. XXII, 399 Seiten. Hardcover. ISBN 978-3-452-28230-9

Band 211: Von Dr. Maximilian Goette
Der Exit der Minderheit aus der GmbH
2014. XXII, 339 Seiten. Hardcover. ISBN 978-3-452-28231-6

Band 212: Von Dr. Axel Hoppe
Gewährung zusätzlicher Aktien bei Unternehmenskäufen und Umwandlungen
2015. XXI, 449 Seiten. Hardcover. ISBN 978-3-452-28310-8

Band 213: Von Dr. Moritz Rademacher, LL.M. (Stell.)
Geschäftsführung und Unternehmensleitung im entflochtenen Energieversorgungskonzern
2015. XVI, 285 Seiten. Hardcover. ISBN 978-3-452-28253-8

Band 214: Von Dr. Arne Pidun
Public Corporate Governance Kodizes
2015. XV, 174 Seiten. Hardcover. ISBN 978-3-452-28333-7

Band 215: Von Dr. Henning Geerken
Erfolgsabhängige Aufsichtsratsvergütung
zugleich ein Beitrag zum Angemessenheitsgebot des § 113 Abs. 1 Satz 3 AktG
2015. XXII, 379 Seiten. Hardcover. ISBN 978-3-452-28313-9

Band 216: Von Dr. Carl Höfer
»Flex-GmbH« statt UG – Eine attraktive Schwester für die alte GmbH!
Vorschläge für eine weitergehende Modernisierung des Rechts der geschlossenen Kapitalgesellschaft
2015. XVI, 382 Seiten. Hardcover. ISBN 978-3-452-28643-7

Band 217: Von Dr. Dominik Kuhn
Zulässigkeit und Folgen der Verwendung von Drittnamen in der Personenfirma
2015. XVII, 424 Seiten. Hardcover. ISBN 978-3-452-28642-0

Band 218: Von Dr. Benjamin Fritz, LL.M. (London)
Die Zwangseinziehung von GmbH-Geschäftsanteilen
Eine dogmatische Untersuchung unter besonderer Berücksichtigung von BGHZ 192, 236
2015. XV, 240 Seiten. Hardcover. ISBN 978-3-452-28690-1

Band 219: Von Dr. Enrico Gätsch
Fiduziarität und Vergütungsautonomie im Vorstandsrecht
Zur zivilvertraglichen, aktien- und verfassungsrechtlichen Kohärenz einer Vergütungsobergrenze
2016. XVII, 397 Seiten. Hardcover. ISBN 978-3-452-28712-0

Band 220: Von Dr. David Cassian Markworth
Scheinsozius und Scheinsozietät
Die Auswirkungen des Rechtsscheins in GbR und PartG
2016. XXIII, 422 Seiten. Hardcover. ISBN 978-3-452-28742-7

Band 221: Von Dr. Velina Ziegler
Konzernleitung im Binnenmarkt
Eine vergleichende Untersuchung zum Recht der zweiten Kapitalgesellschaftsform in Deutschland, Frankreich und Bulgarien
2016. XV, 278 Seiten. Hardcover. ISBN 978-3-452-28771-7

Band 222: Von Dr. Lisa Marleen Guntermann
Das Zusammenspiel von Mindeststammkapitel und institutioneller Haftungsbeschränkung
Eine normative und ökonomische Analyse
2016. XX, 592 Seiten. Hardcover. ISBN 978-3-452-28779-3

Band 223: Von Dr. Anna Dominke
Einheitliche Gruppenleitung über die Binnengrenzen in Europa
Regelungselemente für das Gesetzgebungsprojekt
»Anerkennung des Gruppeninteresses«
2017. XVI, 272 Seiten. Hardcover. ISBN 978-3-452-28859-2

Band 224: Von Dr. Sascha Stiegler
Grenzüberschreitende Sitzverlegungen nach deutschem und europäischem Recht
2017. XIII, 559 Seiten. Hardcover. ISBN 978-3-452-28860-8

Band 225: Von Dr. Johannes Hieronymi
Die Haftung des aktienrechtlichen Vorstands bei Einholung externer Beratung
Eine Untersuchung von Entscheidungsfindung und Verantwortlichkeit der Vorstandsmitglieder einer Aktiengesellschaft im Spiegel höchstrichterlicher Rechtsprechung
2017. XVI, 249 Seiten. Hardcover. ISBN 978-3-452-28929-2

Band 226: Von Dr. Frauke Schmidt
Die Ausstrahlung aufsichtsrechtlicher Corporate Governance auf das Aktienrecht
Überlagerung in der Bankaktiengesellschaft, Entstehungsgeschichte und Perspektiven für die börsennotierte Aktiengesellschaft
2017. XVIII, 404 Seiten. Hardcover. ISBN 978-3-452-28945-2

Band 227: Von Dr. Marc Zuber
Die externe Pflichtenbindung von Aufsichtsratsmitgliedern
2017. XXV, 426 Seiten. Hardcover. ISBN 978-3-452-28951-3

Band 228: Von Dr. Johannes Fütterer
Der Drittanstellungsvertrag
Gesellschaftsrechtliche und arbeitsrechtliche Aspekte der Drittanstellung von Vorstandsmitgliedern und GmbH-Geschäftsführern
2017. XIX, 364 Seiten. Hardcover. ISBN 978-3-452-28967-4

Band 229: Von Dr. Andreas Tarde
Related Party Transactions
Empfehlungen zur Umsetzung der reformierten Aktionärsrechterichtlinie vor dem Hintergrund eines englisch-deutschen Rechtsvergleichs
2018. XIII, 331 Seiten. Hardcover. ISBN 978-3-452-29091-5

Band 230: Von Dr. Jan-Mark Steiner
Die Sanktionierung der flexiblen Frauenquote in Großunternehmen
2018. XXIII, 556 Seiten. Hardcover. ISBN 978-3-452-29147-9

Band 231: Von Dr. Jean Mohamed
Die Legitimationszession im Aktienrecht
Eine Untersuchung zu den Legitimations- und Strukturfragen der anonymen Repräsentanz
2018. XV, 308 Seiten. Hardcover. ISBN 978-3-452-29146-2

Band 232: Von Dr. Ferdinand Blezinger
Gewinnverteilung bei Personengesellschaften
2018. XX, 335 Seiten. Hardcover. ISBN 978-3-452-29145-5

Band 233: Von Dr. Claudius Eschwey
Contingent Convertible Bonds (CoCos)
Bedingte Pflichtwandelanleihen in Deutschland und der Schweiz
2018. XIX, 535 Seiten. Hardcover. ISBN 978-3-452-29181-3

Band 234: Von Dr. Jonas Wehleit
Das Unternehmen Musikgruppe
Eine Fallstudie im deutschen Gesellschafts- und Urheberrecht
2019. XV, 234 Seiten. Hardcover. ISBN 978-3-452-29266-7

Band 235: Von Dr. Isabelle Tassius
Die Innen-KG
Analyse einer neuen Interpretation von stillen Gesellschaften und Treuhandkonstruktionen
2019. XIII, 158 Seiten. Hardcover. ISBN 978-3-452-29299-5

Band 236: Von Dr. Lisa Engelhardt
Wissensverschulden
Eine Systematisierung und Begrenzung der Wissenszurechnung im Unternehmen
2019. XIV, 198 Seiten. Hardcover. ISBN 978-3-452-29310-7

Band 237: Von Dr. Julius Simon
Die Legitimation der CSR-Richtlinie in ihren Auswirkungen auf die Unternehmensverfassung der Aktiengesellschaft
Mit rechtsvergleichenden Bezügen zum Vereinigten Königreich
2019. XVI, 250 Seiten. Hardcover. ISBN 978-3-452-29319-0

Band 238: Von Dr. Pius O. Dolzer
Die Emanzipation des Prüfungsausschusses im Aufsichtsrat
Eine Vermessung im System der Corporate Governance unter Würdigung des Wettbewerbs zwischen dem dualistischen und monistischen Modell der Unternehmensverfassung
2019. XVI, 515 Seiten. Hardcover. ISBN 978-3-452-29559-0

Band 239: Von Dr. Henrik Gildehaus, LL.M.
CoCo-Bonds als Beitrag zur Vermeidung systemischer Risiken im Bankensektor
Eine rechtsvergleichende Untersuchung unter Berücksichtigung der Regelungen zur Sanierung und Abwicklung von Banken
2020. XV, 551 Seiten. Hardcover. ISBN 978-3-452-29308-4

Band 240: Von Dr. Florian Gröntgen
Operativer shareholder activism
Eine rechtliche Analyse des Zusammenspiels von aktivistischen Aktionären und Verwaltungsorganen unter Einbeziehung von Aktionärsrechterichtlinie und ARUG II (RegE)
2020. XVII, 386 Seiten. Hardcover. ISBN 978-3-452-29581-1

Band 241: Von Dr. Conrad Ruppel, LL.M.
Kompetenzabgrenzung bei der extern verwalteten Investmentkommanditgesellschaft
Umsetzung der europäischen AIFM-Richtlinie im EU-Mitgliedstaat Deutschland: Eine normativ-konfliktuelle Betrachtung aus investmentrechtlicher sowie zivil- und gesellschaftsrechtlicher Sicht
2020. XVII, 409 Seiten. Hardcover. ISBN 978-3-452-29638-2

Band 242: Von Dr. Kevin Eisenschmidt
Die Deanonymisierung der »Société Anonyme« in Europa
Eine Betrachtung von Inhaber- und Namensaktie vor dem Hintergrund der reformierten Aktionärsrechterichtlinie
2020. XV, 285 Seiten. Hardcover. ISBN 978-3-452-29667-2

Band 243: Von Dr. Kian Böhmer
Rechnungslegung und ihre Anforderungen an die Unternehmensorganisation
Zur Erforderlichkeit und Ausgestaltung eines wirksamen Compliance-Systems zur Sicherstellung einer ordnungsgemäßen Rechnungslegung
2020. XX, 458 Seiten. Hardcover. ISBN 978-3-452-29682-5

Band 244: Von Dr. Maximilian Selent
Unternehmensführung in börsennotierten Familienunternehmen
Vorstand und Aufsichtsrat im Spannungsfeld zwischen Familie und Corporate Governance
2021. XIX, 419 Seiten. Hardcover. ISBN 978-3-452-29765-5

Band 245: Von Dr. Thomas Kelm
Vom kontrollierenden Aktionär unabhängige Aufsichtsratsmitglieder
Eine Untersuchung von Kosten und Nutzen unabhängiger Aufsichtsratsmitglieder in der Überwachung von Related Party Transactions mit dem Kontrollaktionär
2021. XIV, 384 Seiten. Hardcover. ISBN 978-3-452-29842-3

Band 246: Von Dr. Maximilian Leydecker
Gläubigerschutz bei grenzüberschreitenden Umwandlungen
2021. XVII, 268 Seiten. Hardcover. ISBN 978-3-452-29892-8

Band 247: Von Dr. Dennis Fritz
Der Organhaftungsvergleich zwischen Aktien- und D&O-Versicherungsrecht
2021. XX, 300 Seiten. Hardcover. ISBN 978-3-452-29891-1

Band 248: Von Dr. Markus Lieberknecht
Die internationale Legalitätspflicht
Aktienrechtliche Organhaftung als Instrument globaler Rechtsdurchsetzung
2021. XVIII, 356 Seiten. Hardcover. ISBN 978-3-452-29894-2

Band 249: Von Dr. Nikolas Peter Kau
Zulässigkeit und Grenzen des Investorenkontakts durch den Aufsichtsrat
2021. XXIV, 634 Seiten. Hardcover. ISBN 978-3-452-29841-6

Band 250: Von Dr. Bastian Held
Die übernahmerechtliche Gleichbehandlungspflicht nach § 3 Abs. 1 WpÜG
Eine rechtsdogmatische und rechtsökonomische Untersuchung unter besonderer Berücksichtigung von BGHZ 216, 347
2021. XIX, 362 Seiten. Hardcover. ISBN 978-3-452-29898-0

Band 251: Von Dr. Benedikt Happ
Der fehlerhafte Beschluss in der Personengesellschaft
Allgemeines Beschlussmängelrecht und Institutionenbildung auf Grundlage des Anfechtungsmodells
2021. XVI, 323 Seiten. Hardcover. ISBN 978-3-452-29952-9

Band 252: Von Dr. Sebastian Schwind
Die Matrix im Gesellschafts- und Konzernrecht
Implementierung und Haftungsfragen
2022. XXVII, 582 Seiten. Hardcover. ISBN 978-3-452-29953-6

Band 253: Von Dr. Marcus A. Becker
Suspendierung und Verdachtsabberufung als Instrumente prospektiver Überwachungstätigkeit des Aufsichtsrats der AG
unter einschließender Betrachtung der Rechtslage in der GmbH
2022. XXXI, 971 Seiten. Hardcover. ISBN 978-3-452-29954-3

Band 254: Von Dr. Jan Stelzer
Die Überwachung des Aufsichtsrats durch den Vorstand in der Aktiengesellschaft
2022. XXII, 475 Seiten. Hardcover. ISBN 978-3-452-30063-8

Band 255: Von Dr. Simon Bahlinger
Grenzen der Rechtswahlfreiheit im Gesellschaftsrecht
2022. XVIII, 336 Seiten. Hardcover. ISBN 978-3-452-30064-5

Band 256: Von Dr. Christoph Beckmann
Das aktienrechtliche Mehrstimmrecht
Geschichte, Corporate Governance und Perspektive
2023. XVIII, 414 Seiten. Hardcover. ISBN 978-3-452-30275-5

Band 257: Von Dr. Ken Laws
Die Beschlüsse der Hauptversammlung über die Vorstandsvergütung nach dem ARUG II
2023. XVIII, 322 Seiten. Hardcover. ISBN 978-3-452-30302-8

Band 258: Von Dr. Elias Kehrel
Der Einfluss von Sustainable Finance auf die Nachhaltigkeitsziele deutscher Aktiengesellschaften
Eine Untersuchung vor dem Hintergrund der Nachhaltigkeitsberichtspflichten für institutionelle Anleger und Vermögensverwalter
2023. XIX, 369 Seiten. Hardcover. ISBN 978-3-452-30348-6